朱德新 著

COLECÇÃO CULTURA DE MACAU

澳门文化丛书

碰撞与变迁：
城市化进程中的澳门菜农
（上）

Macao Vegetable Growers in the Process of
Urbanization（Ⅰ）

社会科学文献出版社
SOCIAL SCIENCES ACADEMIC PRESS(CHINA)

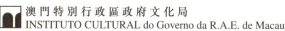
澳門特別行政區政府文化局
INSTITUTO CULTURAL do Governo da R.A.E. de Macau

出版说明

　　国学大师季羡林曾说："在中国 5000 多年的历史上，文化交流有过几次高潮，最后一次也是最重要的一次是西方文化的传入，这一次传入的起点在时间上是明末清初，在地域上就是澳门。"

　　澳门是我国南方一个弹丸之地，因历史的风云际会，成为明清时期"西学东渐"与"东学西传"的桥头堡，并在中西文化碰撞与交融的互动下，形成独树一帜的文化特色。

　　从成立伊始，澳门特区政府文化局就全力支持与澳门或中外文化交流相关的学术研究，设立学术奖励金制度，广邀中外学者参与，在 400 多年积淀下来的历史滩岸边，披沙拣金，论述澳门文化的底蕴与意义，凸显澳门在中外文化交流中所发挥的积极作用。

　　2012 年适逢文化局成立 30 周年志庆，在社会科学文献出版社的鼎力支持下，文化局精选学术奖励金的研究成果，特别策划并资助出版"澳门文化丛书"，旨在推介研究澳门与中外文化交流方面的学术成就，以促进学术界对澳门研究的关注。

　　期望"澳门文化丛书"的出版，能积跬步而至千里，描绘出澳门文化的无限风光。

澳门特区政府文化局

社会科学文献出版社 谨识

目　录

·上　　册·

· 下　　册 ·

图目录

表目录

第一章　导论

一　研究背景：为什么要研究菜农？

（一）问题的提出

城市化（urbanization，又称都市化）被公认为世界各国和地区实现现代化和发展经济的重要推动力之一，20 世纪因而又被称为全球城市化的世纪。澳门也不例外，城市化给澳门经济社会打下了深刻烙印，最明显的特征就是 20 世纪 70 ~ 80 年代澳门城市边缘区（俗称郊区或农区）发生的翻天覆地的变化，此地曾是菜农聚居的地域。在这一变化过程中，牵涉到城市规划的制订与实施、农地管理与收回、鲜活农产品供给、环境卫生治理、木屋拆迁、农产品安全监管、灾害救助等多个领域。但甚为遗憾的是，学术界对此很少提及，以至于许多人不知道 20 世纪的澳门还有农民。

实际上，早在 20 世纪 50 年代初，以来自广东省潮汕地区为主的农民就在澳门半岛新填海区域，如新口岸、马场、黑沙环等地，开垦荒地，种植蔬菜或饲养家畜、家禽，并在这些地方搭建木屋居住。他们以种菜为主要职业，被称为菜农；其居住和活动的地域则是城市边缘区。从 60 年代开始，随着澳门人口增多，经济社会发展，土地需求相应增加。但由于澳门半岛三面环海，土地的获取除了填海造地之外，就是将农耕地改变用途。因此，进入 70 年代，上述边缘区相继成为"都市化发展的目标"①。例如，1972 年澳门半岛农地面积为 0.6564 平方公里，到了 10 年后的 1983 年仅剩 0.1264 平方公里，比 1972 年下降 80.74%②。从社会转型的角度来看，70~90 年代的澳门进入"大规模转型时期"，这一阶段的澳门社会与世界上大部分踏上发展历程的社会相似，出现了大规模的工业化、都市化、生活质量提高等现象③。

与城市化的理论相对照，上述变化也就是"物质形态的城市化"④。主要表现为边缘区（郊区、农村）演变为市区，边缘区（郊区、农村）人口转变为市区人口，农业活动转化为非农业活动等⑤。体现出人口集中、空间形态改变和经济社会结构的变化等⑥。对此，研究城市史的美国学者塞缪尔·P. 海丝（Samuel P. Hays）的看法是，我们不能简单地关注城市人口数量，而是要关注一个乡村社会开始转变为一个城市化社会的过程⑦。同时，还要探讨城市影响向乡村传导的过程⑧。如果仅着眼于城市本身，一个不断城市化的社会是无法被理解的。只有结合了整个历史转变的过程，我们才能了解与城市有关的更为广阔的背景⑨。倘若从这一角度来审视澳门菜农，便可发现 20 世纪 60~80 年代这一澳门

---

① 郑冠伟：《澳门城市规划的发展及延续方向》，《建筑学报》1999 年第 12 期，第 6 页。

② Richard Louis Edmonds，"Land Use in Macau: Changes Between 1972 and 1983," *Land Use Policy* 1（1986），p. 54.

③ 吴志良、陈欣欣：《澳门政治社会研究》，澳门成人教育学会，2000，第 163 页。

④ 刘传江等：《重新解读城市化》，《华中师范大学学报》（人文社会科学版）2001 年第 4 期，第 66 页。

⑤ 刘传江等：《重新解读城市化》，《华中师范大学学报》（人文社会科学版）2001 年第 4 期，第 67 页。

⑥ 崔功豪、王本炎、查彦育编《城市地理学》，江苏教育出版社，1992，第 69 页。

⑦ Samuel P. Hays，"From the History of the City to the History of the Urbanized Society," *Journal of Urban History* 19（1993），p. 3.

⑧ Samuel P. Hays，"The Role of Urbanization in Environmental History," in Samuel P. Hays, eds., *Explorations in Environmental History*, Pittsburgh University Press, 1998, p. 70.

⑨ Samuel P. Hays，"From the History of the City to the History of the Urbanized Society," *Journal of Urban History* 19（1993），p. 3.

边缘区城市化的重要时期，既是菜农从兴起转入式微的全过程，又是城市影响向周边地域不断扩展的过程。因而有必要将澳门边缘区、菜农纳入当时城市化社会的大环境中去探讨，寻找双方的内在关联性。

有鉴于此，本书选择20世纪澳门城市化进程中的菜农作为研究对象，探讨澳门"物质形态的城市化"的演进。当直接切入到50~80年代菜农变迁这样一种独特历史现象的动态画面时，却发现下列问题：

（1）20世纪40~50年代之前的澳门，并无一定规模和数量的菜农，为何在此后却出现？其动因是什么？为何在当今的澳门已不复存在？

（2）在农业生产活动方面，为何菜农频遭自然灾害的侵袭，损失惨重？面对减灾、防灾和灾害救助的局面，为何呈现出政府"冷"、民间"热"的现象？

（3）菜农对澳门民生做出了什么贡献？除此之外，50年代以来复杂环境下的澳门市民能够"吃饱和吃好"，其中的支撑因素来自何方？

（4）面对城市化的快速推进，对边缘区卫生、居住环境带来的新矛盾和新问题，澳葡政府采取怎样的治理措施？各相关利益主体在这一过程中是如何互动的？造成怎样的结果？

（5）当城市化步伐不断加快，城市空间向边缘区扩展之际，澳葡政府是否制订了包含与城市发展速度相适应的城市和农业用地规划？这些规划的特征是什么？对城市发展以及菜农有何影响？

（6）在城市化不断侵蚀农地的情况下，澳葡政府与菜农如何就农地问题展开博弈？双方的行为选择是什么？取得怎样的对局结果？

（7）作为边缘区最大的一块菜田，新口岸是怎样变为城市的？在解决新口岸土地非农化的过程中，采用的是一种什么样的模式？

总之，20世纪中后期的澳门，既是工业化、城市化发展的重要阶段，又是迈向现代化的一个承上启下的环节。当城市化大幕拉开之际，边缘区、菜农以怎样的姿态应对？这想必是人们感兴趣并具现实启示作用的研究课题。

（二）研究意义

梁启超指出："历史的目的在将过去的真事实予以新意义或新价值，以供现代人活动之资鉴。"[1] 更何况我国目前正处于城市化高速发展阶段，经济和社会发展的各种要素正以空前的规模重新组合与聚集。在来势凶猛的城市化过程中，已经出现或将要出现的层出不穷的矛盾和问题，例如农民失地、大拆大建、城市特色消失、环境污染、短期行为、城市治理中的暴力现象等，直接考验着我国城市管理者的行政能力和管理智慧[2]。因此，认真思考和研究澳门边缘区的城市化进程，不仅有助于了解澳门的历史尤其是当代社会史，而且有助于总结其中的经验或吸取教训，这对于为解决今天相关的社会热点问题而提供理论支持和对策建议等都大有裨益。

具体而言，对上述问题进行研究，其理论及实践价值在于：

第一，有助于揭示具有澳门特色的边缘区城市化道路，加深对传统行业发展规律的认识和了解，把握这一时期澳门城市变迁和社会转型的脉搏，拓展澳门历史的研究领域，为丰富"澳门学"的理论内涵略尽绵力[3]。

第二，在极端自然灾害发生频率和强度加大的今天，对自然灾害威胁菜农生存及社会救助过程进行探讨，将这一过程中民间组织对政府功能的替代作用提升到公共危机处理的高度，揭示其特征和启示，既可为民间组织的相关行为寻找示范，又能为在应对公共危机过程中强化民间组织的作用提供理论和事实支持。

第三，边缘区的环境卫生、菜农居住木屋、农产品安全等均属于澳

---

① 梁启超：《中国历史研究法》，中国人民大学出版社，2012，第139页。
② 姜杰：《城市管理名著译丛总序》，载〔英〕罗纳德·麦吉尔《制度发展：第三世界管理透视》，姜杰等译，北京大学出版社，2009，第1页。
③ 吴志良认为，"澳门港口都市发展"也属于澳门学的一项主要内容。参见吴志良《澳门历史研究述评——兼谈中国与西方的观点和方法之沟通》，《史学理论研究》2002年第1期，第51页。

葡政府在城市治理的过程中需要面对的重要问题，运用城市治理理论进行分析，有助于深化对澳葡政府治理史的研究，弄清治理类型，发现问题根源。更为重要的是，面对现在城市环境复杂化提出的新挑战，认真吸取相关教训，有助于政府转变治理模式，重视对各相关利益主体的协调。

第四，按照经济学供求关系的原理，对菜农与内地农产品所占市场份额的变化以及节假日、气候异常情况下的市民农产品购买的探讨，不仅有助于了解澳门市场货源地结构的转换以及当时的民生状况；而且有助于诠释内地人民节衣缩食、加快生产提供更多农产品，为保障民生、平抑物价、促进发展做出的巨大贡献，进一步增强澳门市民对祖国的凝聚力和向心力。

第五，剖析澳葡政府编制规划行为的显著特征以及对城市发展和菜农造成的影响，运用政府与社会两个新视角探讨边缘区城市规划出现问题的根源，从中总结带有规律性的提示，为后来的政府部门在编制、审批、执行城市规划时提供借鉴。

第六，菜农土地收回实质上是土地利益再分配的博弈。有鉴于此，一是通过构建失地菜农与政府的博弈模型，弄清各博弈方的互动决策和行为，从微观、实证层面分析失地菜农的权益是否得到保障，从而找出产生问题的关键，提出土地收回博弈制度困境的破解之道。二是以边缘区的新口岸农地顺利收回为案例，探讨政府与私营企业结成公私伙伴关系（Public-Private Partnership）运作模式所起的主导作用，以及由此带来的多元利益主体的转变，治理结构的重塑，揭示其中的事实经验和理论启示。

总之，上述探讨既可丰富产业、资源、环境与城市协调运行的可持续发展理论，同时又为澳门实现经济适度多元，以及建立环境友好型和资源节约型城市、国际旅游休闲度假中心，甚至为内地农房拆迁、农地占用补偿纠纷问题的解决，进而对构建和谐社会提供有益的启发和借鉴。

二 分析框架：城市化视野下的碰撞与变迁

（一） 确立分析框架的理论和事实依据

由于城市化涉及的多学科性和发展历程的复杂性，各个学科难以超越自身壁垒做出科学解读，无法对城市化各要素动态关系进行整体把握。难怪有外国城市史学者深有感触地指出，"对于历史学家和其他社会科学来说，城市化仍然是一个难以捉摸的研究对象，这在很大程度上是由城市化具备的多重特征所导致的"[①]。为了深入探讨这种"难以捉摸的研究对象"，解决"城市化具备多重特征"的问题，笔者尝试提出"碰撞与变迁"概念，作为传统分析框架的有效替代选择。按照这一框架分析城市化过程中菜农与环境、自然、治理、市场、规划、土地、居所等一系列要素的互动，有利于揭示澳门特色的边缘区城市化道路的本质特征和内在规律。关于"碰撞与变迁"分析框架的理论和事实依据，可从相互关联的四个视角来理解。

第一，从碰撞与变迁的理论内涵分析：按照内地著名经济学家樊纲的论述，碰撞的意思可理解为城市化过程中"充满着矛盾、焦虑、紧张，充满着冲突"[②]。而变迁的概念则可借用诺思（North，D.C.）在《经济史中的结构与变迁》一书中所做的解释，即"指制度创立、变更及随时间变化而被打破的方式"[③]。如将这一含义运用到菜农群体，可表示为菜农的产生、发展以及随时间变化而式微的方式。这就表明，碰撞与变迁构成了菜农及其关联要素在城市化进程中发生变化的特质和方式。

---

① AD Van Der Woude, Akira Hayami, Jan De Vries, eds., *Urbanization in History: A Process of Dynamic Interactions*, Oxford: Oxford University Press, 1995, p. 1.

② 樊纲：《城市化会使市场扩大 特殊含义是农民进城》，中国网（china. com. cn），2010 年 9 月 10 日。

③ 〔美〕道格拉斯·C. 诺思：《经济史中的结构与变迁》，陈郁等译，上海三联书店，1994，第 225 页。

第二，从城市化的动态过程分析：根据城市化理论，城市化是一个受各种因素影响的经济社会发展进程①。同时又是一个复杂的经济、社会、环境、文化等方方面面的系统工程②。尤其是新兴市场国家在工业化、城市化的逐步深化进程中，城市化既包括经济的发展，也包括社会的发展③。整个社会变得更加城市化，城市的发展已经达到了影响政府和政治，影响到被市民所占用的城市以外的区域，影响整个国家的文化、制度及生活方式的水平④。正是基于此，樊纲指出，人们必须承认，"城市化进程不是一个只有幸福没有痛苦的过程"⑤。这一观点同样适用于澳门，城市化快速发展的大背景迫使菜农不断在居住、身份、工作方式、行为方式等方面发生转变，这些转变不可能在平坦的路径上顺利实现，而是经常遭遇自然灾害威胁、澳葡政府的束缚、土地范围缩减等一系列屏障的阻碍，要突破这些阻碍，必然会产生碰撞。

第三，从城乡互动关系来看：内地学者程道平指出，城市增长的动力来源由向心力、离心力和摩擦力三种力量的相互作用形成⑥。因为，根据主要经济联系方向的理论，在非均质空间和近于理智的人类活动的条件下，城市和区域城市体系的空间结构受到主要经济联系方向的牵引而有某种规律性。对外联系由不同方向、强度不均衡的"力场"构成。城市是一个对外联系的开放系统，城市与外部存在向心和离心两种方向的相互作用，统称为"城市引力"⑦。这就类似奥利维埃·多尔富斯

---

① 陈甫军：《中国城市化发展实践的若干理论和政策问题》，《经济学动态》2010 年第 1 期，第 26 页。

② 樊纲：《序　城市化是个系统工程》，载樊纲、武良成主编《城市化：一系列公共政策的集合》，中国经济出版社，2009，第 1 页。

③ 樊纲：《城市化会使市场扩大　特殊含义是农民进城》，中国网（china. com. cn），2010 年 9 月 10 日。

④ Samuel P. Hays, "From the History of the City to the History of the Urbanized Society," *Journal of Urban History* 19（1993），p. 3.

⑤ 樊纲：《城市化会使市场扩大　特殊含义是农民进城》，中国网（china. com. cn），2010 年 9 月 10 日。

⑥ 程道平：《现代城市规划》，科学出版社，2004，第 81 页。

⑦ 王宏伟等：《城市增长理论述评与启示》，《国外城市规划》2003 年第 3 期，第 36 页。

（Olivier Dollfus）提到的，城市化的功能还有"伴随着城市网络的发展——不仅包括维持城市运作的内部网络，还有促进城市与周边环境及与其他城市之间联系的外部网络"①。城市作为人口、产业和各种资源集中的场所，不断吸引大量周边的人才、资金和技术等资源向其集聚。与此同时，产生于城市的技术、管理方式和生活方式等又自发地向周边的区域扩散，从而带动周边区域的发展②。这样一来，集聚与扩散"这一对方向相反、交织作用的作用力，被看做是推动城市不断发展的最基本的动力学解释"③。

在城市化大潮的冲击下，农业人口、农村地域、农业活动等形成"多景观层面的综合转换过程"，集聚与扩散的转换在其动力机制及作用方向上可以表现为，"农村因素因其推力而产生析出并被动地为城市因素所同化，也可以表现为城市因素因其拉力而产生的对农村因素的主动吸引力"，更多的更现实的则是表现为农村的"推力因素"（push factors）和城市的"拉力因素"（pull factors）共同作用而形成的城市对农村的吸引力和辐射力。前者表现为农村因素向城市的集聚，后者表现为城市因素向农村的扩散④。而"农村推力"和"城市拉力"的共同作用，必然形成阻碍产业、家庭产生集聚与扩散运动的力量，即摩擦力。摩擦力分为增长"门槛"（threshold，如自然地理条件门槛、技术设施条件门槛、城市结构门槛和生态环境门槛等）产生的摩擦力和制度变迁产生的摩擦力⑤。如将上述理论用来分析澳门，其城市化进程中也同样存在"农村推力"和"城市拉力"现象，集聚与扩散共同作用产生摩擦力后形成的碰撞，成为这种运动过程中的主要现象。

---

① 〔法〕奥利维埃·多尔富斯：《地理观下全球化》，张戈译，社会科学文献出版社，2010，第15页。
② 王宏伟等：《城市增长理论述评与启示》，《国外城市规划》2003年第3期，第36页。
③ 赵晓雷主编《城市经济与城市群》，上海人民出版社，2009，第159页。
④ 刘传江等：《重新解读城市化》，《华中师范大学学报》（人文社会科学版）2001年第4期，第67页。
⑤ 赵晓雷主编《城市经济与城市群》，上海人民出版社，2009，第157页。

第四，从菜农在城市化进程中所处的地位考察：跨越"门槛"形成的碰撞。与其他国家和地区的农民相比较，菜农受到多道"门槛"的限制。例如：（1）自然条件的限制。大多数菜农居住环境恶劣，条件简陋；生产用地来自于原有填海后荒废的土地，缺乏水利等基础设施，易招致各种自然灾害。（2）市场的限制。一家一户的小农经济粗放型生产模式，决定了菜农产品不具有竞争力，且亦不可能完全满足市民日益增长的消费需求。随着农地的逐渐减少、人力资源成本攀升以及内地农产品在市场上的占有率不断提高，菜农产品不得不退居次要和补充性的地位，菜农的生产利润和积极性受到削弱。（3）澳葡政府的阻碍。随着内地农产品的稳定供给，菜农在城市经济活动中的作用和影响不断下降。因此，在菜农发展的中后期难免受到来自政府治理政策和行为的干扰。（4）农地不断"缩水"对其生存造成的冲击。从 20 世纪 60 年代开始，菜农生产和居住用地受到来自政府、第二产业等多方面用地的侵蚀，谋生基础不断被削弱。上述因素都决定了菜农在城市化过程中会不断遇到各种"门槛"的阻挡，处处碰壁。当其在碰撞中无法逐一跨越这一道道"门槛"之际，也就是其消失之时。具体分析框架参见图 1 – 1。

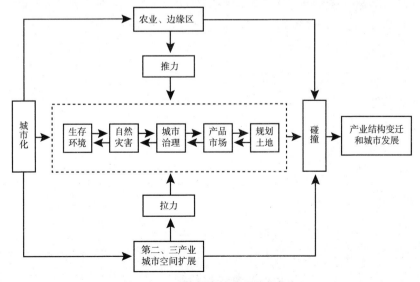

图 1 – 1　碰撞与变迁关系分析框架

（二）内容结构安排和研究方法

按照上述研究框架，本书对有关内容的结构安排如下：

第一章，"导论"。说明研究背景，即为什么要研究城市化进程中的菜农，阐述"碰撞与变迁"分析框架的理论与事实依据，以及与此相关的内容结构安排、研究方法等，还要对国内外相关理论和本土研究成果进行文献综述。

第二章，"边缘缝隙：菜农生存环境"。人的生存首先离不开各种环境，因此，本章需从空间上探讨澳门城市边缘区即菜农居住、生产地域的由来，探讨其地域和行业的物质基础；还要挖掘澳门菜农产生的动因，探讨内、外部力量挤压形成的缝隙，促成菜农的产生；最后，通过澳葡政府对菜农扶持行为过程的描述，探讨其阶段性特征（即政策缝隙），寻找澳葡政府此后政策转向的根源。对菜农主体概貌的展示，目的是把握菜农的总体特征，为后续层层递进的专题探讨奠定分析基础。

第三章，"自然门槛：灾害威胁菜农及社会应对"。菜农从事的是一个"睇天食饭"的行业，自然界的任何变化，既波及蔬菜、家禽和家畜的生长，又威胁到菜农的生命和财产的安全。有鉴于此，本章首先分析各类自然灾害影响菜农的过程和后果；再分别从地理、气候、工业化、城市化、灾害经济学、公共管理等理论或视角探讨灾害形成的动因。最后，说明民间组织在公共危机管理中扮演的重要角色及其对政府功能的替代作用，挖掘其中超越时空界限的经验和启示。

第四章，"遭遇瓶颈：城市治理与菜农"。拟以城市治理理论为分析工具，一是探讨澳葡政府自上而下对边缘区环境卫生整治的单向推动方式，分析这种方式的局限以及由此引发的上下冲突和矛盾。二是探讨澳葡政府严苛的木屋治理措施，审视其对菜农居住环境带来的影响；分析治理背景出现的转折点及其推动相关主体角色的转变，导致木屋治理僵局得到缓解。三是以进口农药"富力多"系列中毒事件为案例，探讨食品安全应急治理过程中政府的监管行为。由于该农药从香港输入，港澳政府的监管具有极大的关联性，拟将两地政府相关行为做比较分析，可深化对此的研究。

第五章，"民生缩影：菜农与内地农产品供给"。本章首先通过探讨澳门市场农产品货源地结构从主要由菜农与内地双方供给到内地单方面供给的转换，说明内地供澳农产品占据市场主导地位的历史必然性以及对民生的重要保障作用。还要根据经济学供给与需求理论，简述重要节假日期间、气候异常情况下的农产品供给，并从市场价格变化的角度，展现市民的喜悦或烦恼。

第六章，"挤出效应：城市化浪潮下的农地用途转移"。农地用途转移问题的形成离不开对其规划的制订和实施。因此，本章将规划与土地一同探讨。同时，还拟以新口岸土地非农化作个案，展示拟用于城市建设的新填海地变为边缘区、再从边缘区转换为城市的一个轮回，以此作为菜农的终结篇。本章又可分为以下三个部分：（1）运用城市规划中"政府行为"和"社会运动"的理论，分析澳葡政府对边缘区城市规划的制订及其后果，探究其对城市发展以及菜农的影响。（2）按照博弈论的原理，透视澳葡政府与菜农在农地收回事件中的行为选择，对双方"讨价还价"式拉锯战进行模型剖析，并探讨其中的谈判策略。（3）以澳门最大的一块菜田新口岸的变迁为案例，剖析澳葡政府与澳门旅游娱乐公司结成公私伙伴模式，顺利完成该地非农化任务的过程，总结其成功运作的经验。

第七章，"结语"。对全书内容进行总结，概述从边缘区演变为市区的澳门特色城市化道路，并展示这条道路所折射出的经验教训。

本书采用的主要方法有：

一是多学科综合研究方法。根据城市化属于跨学科领域，以及科际整合是当今社会科学发展的主要趋势，本书突破单一历史学科的研究范式，综合运用史学、经济学、地理学、社会学、公共管理学等学科的理论和方法。由于多学科内容能得到相应理论的指导，可呈现出社会史、城市史、环境史、经济史、治理史等交相辉映的景象。也就是说，菜农作为澳门历史上一个特殊的群体，其历史也可以通过上述诸多史学分支的范畴来进行探讨。运用这种学科交叉的优势，以期达到用多视角探讨有关菜农变迁的各种因素相互作用和相互渗透的效果。

二是系统分析法。也就是在具体的分析应用上注意微观分析和宏观分析相结合，静态分析与动态分析相结合。正如城市化的进程一样，澳门菜农的变迁也是一个复杂的系统工程，因此，在分析角度上，既要研究澳门菜农的变迁与城市化关系的基本方面，也要研究澳门城市化进程中菜农兴衰的具体细节问题，从而尽可能地将双方紧密结合。在分析范围上，既要有单个要素（例如自然、土地、市场等）对其直接影响的分析，又要有第二、三产业的产业波及效应和区际传递效应等间接影响的分析；在时间跨度上，既要探讨菜农基本消失的短期变迁效应，又要重视菜农撤离家园的后续补偿博弈。

三是口述史方法。口述史研究通常采用跨学科的方法，例如社会学的抽样调查、人类学的深入访谈等，尽管这些方法具有差异性，但核心是脱离"文本解读传统"，深入底层社会开展"自下而上地看历史"的工作。实际上，深入底层社会作为一种研究社会史的科学方法，早在150 多年前的马、恩著述中就已被论及。1858 年 3 月 30 日，马克思在《马志尼和拿破仑》一文中写道："现代历史著述方面的一切真正进步，都是当历史学家从政治形式的外表深入到社会生活的深处时才取得的。"① 如将这一论述运用到菜农研究领域，据笔者的理解，也就是在掌握大量相关文献资料并确定调查线索的基础上，根据该项目内容需求，深入实地向有关当事人或亲历者展开因果追寻、堵漏补缺、印证纠偏等方面的调查访谈工作，以此获取真实可靠的口述史料，弥补文献资料内容的缺陷。

四是历史与逻辑一致性的方法。恩格斯指出，历史过程从哪里开始，思想进程也应当从哪里开始。而思想进程的进一步发展，只不过是

---

① 《马克思恩格斯全集》（第 12 卷），人民出版社，1962，第 450 页。

历史过程在抽象的、理论上前后一贯的形式上的反映。与历史自身过程不同的是，它是"按照现实的历史过程本身的规律修正的"①，这就是历史与逻辑一致性的原则。为此，本书首先通过主体扫描，对边缘区的由来、促使菜农产生的动因以及澳葡政府的农业政策做整体介绍，使人们对菜农的生存环境有立体的了解，并以此勾画出菜农的概貌。再进到深层，即对每一个要素"在它完全成熟而具有典范性的发展点上加以考察"②。这些"发展点"就是：菜农与灾害（生产过程中与客观自然界灾害发生的碰撞）——→菜农治理（居住环境、条件等与主观人为即澳葡政府治理产生的碰撞）——→菜农产品（生产终端即产品与外来货源冲击产生的碰撞）——→菜农土地（谋生基础挤压造成的碰撞，导致菜农最终消失）。从上述分析路径可以看出，其一是这些内容相互联结，密不可分，在逻辑关系上逐层递进；其二是这些内容既照顾到全面性和系统性，即全景扫描，多维呈现，又能够通过专题不断深入（参见图1－2）。

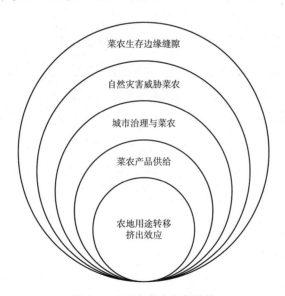

图1－2 研究内容逻辑结构

① 《马克思恩格斯选集》（第2卷），人民出版社，1995，第43页。
② 《马克思恩格斯选集》（第2卷），人民出版社，1995，第43页。

三　文献综述：从国内外相关理论到本土研究

城市化是本书重要的理论背景。在该领域，中外学者长期以来进行了广泛而深入的研究，并取得长足的发展，利用这些理论作研究指南和工具，将有助于开阔视野，找准方向，透过现象看本质，才有可能对城市化进程中澳门菜农的分析取得新的进展和认识。

（一）城市化理论

1. 内地学者对城市化的定义

作为当今世界上最重要的经济社会现象之一，尽管国际学术界对城市化现象的研究已有百余年的历史，但由于城市在社会、政治、经济、文化生活中的作用和影响不断增强，城市化问题已经成为一个多学科研究领域，吸引了包括社会学、经济学、文化学、生态学等多学科的关注，每个学科从自身的特点出发，侧重于研究其中某一方面的问题①。

受城市化研究的多学科性以及城市化发展的复杂性所决定，不同学科的内地学者从不同角度去解读城市化定义内涵，出现较大的差异。例如：仲小敏将城市化界定为一个数量和质量过程②。崔功豪将城市化划分为精神和物质的两个方面③。刘传江从新制度经济学（The New Institutional Economics）的视野，将狭义的城市化含义归纳为四个层次④。高佩义提出城市化含义的"五层次说"⑤。叶裕民把"健康的城

① 陈甬军等：《中国城市化道路新论》，商务印书馆，2009，第29页。
② 仲小敏：《世纪之交中国城市化道路问题的讨论》，《科学·经济·社会》2000年第1期，第40页。
③ 崔功豪、王本炎、查彦育编著《城市地理学》，江苏教育出版社，1992，第69~70页。
④ 刘传江等：《重新解读城市化》，《华中师范大学学报》（人文社会科学版）2001年第4期，第70页。
⑤ 高佩义：《中外城市化比较研究》，南开大学出版社，1991，第3页。

市化过程"归结为至少具有六个方面的内涵①。这样一来，城市化变成"众说纷纭"的现象②。对于这种现象，笔者认为，从研究方法的角度来看：城市化本身就是多方面都在发生变化的现象，因而在客观上形成可由不同学科从不同角度进行解读的有机统一体。倘若站在某个学科或某个侧面对其进行解读，肯定具有不可避免的局限，无法准确反映城市化作为多学科综合体所具有的丰富多彩的本来面目。因此，出现多学科、多角度的城市化定义是正常的现象。这种不同学科、不同角度的解读，不会给人们带来眼花缭乱的感觉。相反，它会促进我们从综合立体的方法去分析和把握城市化的概念，这对于促进城市化的研究以及指导城市化的实践都是非常有益的。有鉴于此，城市化内涵除了内地学者所述的物质与精神、广义与狭义等多维度的区别外，还可从另外两个方面去分析：（1）观察静态、动态结构相结合的城市化。城市化既是由地理、人口、经济、社会、观念和行为方式等诸多要素构成的静态整体结构，又是这些要素相互影响的"历史合力"推动而形成的动态运行过程。（2）审视不同国家、地区城市化的差异性或不同阶段的特征。各个国家和地区的具体情况不同，城市化的发展模式也不可能是千篇一律的。不仅如此，即使是同一个国家和地区的城市化，其运行过程也必然呈现出阶段性的特征。

2. 国外学者的城市化理论

国外尤其是西方发达国家的快速城市化阶段，早于我国半个世纪乃至一个多世纪。因此，国外学者立足于其城市化发展较早、速度较快的实际情况，相关的研究起步早，调查充分，取得了丰硕的成果，并总结出带有普遍规律性的结论，对城市化的进一步发展具有重要的指导作用。

---

① 叶裕民主编《中国城市化与可持续发展》，科学出版社，2007，第6页。
② 陈甬军：《中国城市化发展实践的若干理论和政策问题》，《经济学动态》2010年第1期，第26页。

（1）国外学者的城市化定义与城市化进程规律。

克雷格·邓肯（Craig Duncun）认为，城市化有不同的定义。其中，有学者对增长与城市化做了区分，并视聚居在城市的总人口比例上升的过程为城市化①。据他的观察，城市化进程是一个跨越自然和文化阻碍，并近乎普遍的现象（universal phenomenon）②。哈罗德·卡特（Harold Carter）指出，虽然无法给城市化直接做出定义，但根据城市化的事实可知：从位置上看，城市增长在发展中国家更为显著；在原因方面，城市化的快速推进主要来自经济发展、集聚经济效益、政治和社会变革等。他还承认城市化带来的广泛的和无穷复杂的问题难以被简单加以概括，例如：社会道德失范和族群问题、都市环境脏乱和贫困、污染问题等③。斯皮罗·科斯托夫（Spiro Kostof）引用地理学者强调的20世纪美国城镇化的一些主要特征是："廉价的土地成为缺乏社会价值的商品，改变城市时个人主义盛行，政府却被动而行。"这样一来，"扩展很难有秩序，也难以按照制定好的规划进行，但城市化就是这样发生的"④。

至于城市化进程的理论，影响较大的当属美国地理学者诺瑟姆·雷恩（Northam Ray）于1975年在其 *Urban Geography* 一书中提出的 S 型城市化曲线（urbanization curve），又称"诺瑟姆曲线"（northam curve）（参见图1－3）⑤。

---

① Craig Duncun, "The Macau City Region, A Priori Urban Concepts and Macau Development," in Victor F. S. Sit, eds., *Resources and Development of the Pearl River Delta*, Hong Kong: Wide Angle Press, 1983, p. 152.

② Craig Duncun, "The Macau City Region, A Priori Urban Concepts and Macau Development," in Victor F. S. Sit, eds., *Resources and Development of the Pearl River Delta*, Hong Kong: Wide Angle Press, 1983, p. 154.

③ Harold Carter, *The Study of Urban Geography* (3rd edition), London: Edward Arnold, 1981, pp. 16 – 35.

④〔美〕斯皮罗·科斯托夫：《城市的组合——历史进程中的城市形态》，邓东译，中国建筑工业出版社，2008，第292、296页。

⑤ Northam Ray, *Urban Geography* (2nd edition), New York: John Wiley & Sons, Inc, 1979, p. 65.

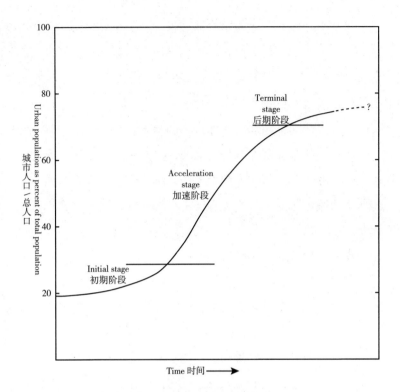

图 1-3 城市化曲线及城市化过程
(The urbanization curve and stages of urbanization)

资料来源: Northam Ray, *Urban Geography* (2nd edition), New York: John Wiley & Sons, Inc, 1979, p. 66.

诺瑟姆·雷恩 (Northam Ray) 以英美等国家在 100~200 年的城市化进程为案例, 通过对各个国家城市人口占总人口比重变化的分析中发现, 一个区域或国家的城市化发展并非呈直线上升趋势, 不同国家和地区人口城市化进程 (即城市人口占总人口的百分比) 有阶段性的变化, 这些变化的共同规律可以概括为一条被拉平 (或拉长) 的 S 型曲线, 这条 S 型曲线可分为初始阶段 (initial stage)、加速阶段 (acceleration stage) 和后期阶段 (terminal stage)[1]。尽管各个国家和地区工业化的起

---

① Northam Ray, *Urban Geography* (2nd edition), New York: John Wiley & Sons, Inc, 1979, p. 66.

步时间和速度不一致，具体的农业地域状况、历史环境、文化传统等因素也有差异，因而城市化的形式、途径、进度不会相同。换言之，并非"任何国家的城市化水平在时间轴上都表现为一条光滑的倒 S 型曲线"。但"大部分国家的数据都支持"此结论①。这表明作为一个客观历史过程，城市化在各个国家和地区所体现的发展趋势和规律是大致相同的。因此，认真学习和借鉴世界城市化发展过程的规律，对深化澳门的城市化研究具有重要作用。据笔者初步考察，澳门城市边缘区的城市化与上述 S 型阶段的城市化演进规律具有一定的相似性：在发展进程上也可相应地分为以下三个阶段：

第一阶段，20 世纪 60 年代：边缘区城市化的初始阶段。纺织等出口工业兴起，博彩业、旅游业、建筑业活跃。经济结构发生变化，特别是农地开始陆续改变用途，标志着城市空间结构向菜农所在的边缘区拓展，这一时期澳门步入城市化的轨道。

第二阶段，20 世纪 70～80 年代：边缘区城市化的加速阶段。到了 70 年代后期，出口工业、旅游博彩和建筑业已成为澳门经济的"三大支柱"。随着工业化水平提高，经济发展，产业结构的重心朝着以制造业、服务业为代表的第二、三产业转移，非第一产业活动的空间聚集带来规模报酬递增，加速了边缘区的城市化进程。

第三阶段，20 世纪 80 年代以后：边缘区城市化的终端阶段。80 年代初菜农全部撤离后，边缘区的城市化进入缓慢发展期。与 S 型曲线不同的是，澳门边缘区的城市化也具有自身特殊性，因为其在城市化开始前并非传统的农业经济社会，加之其地域狭小等方面的原因，边缘区的城市化发展速度比世界一般规律还要快，在 30 多年的时间里，这些地域的第二、三产业不仅得到快速发展，而且在地域、人口方面大致实现了向城市地域、城市人口身份的转变，除渔业外的第一产业基本消失。

---

① 张贡生：《世界城市化规律：文献综述》，《兰州商学院学报》2005 年第 2 期，第 101 页。

（2）城市化进程中的城乡边缘区（rural-urban fringe）理论。

在城市化过程中，随着城市空间向周边区域拓展，城市功能外溢，城市（乡）边缘区不断出现，从而形成了一种独特的城市（乡）边缘区景观。鉴于"城市边缘区空间结构演化实质上是一个不断城市化的过程"[1]，因此，与国外城市化比我国大为超前的客观事实相对应，国外的相关研究也比较早，在 20 世纪 40 年代中期到 60 年代期间，出现了很多关于具体确定城市（乡）边缘区范围及轮廓特征的文献。

克雷格·邓肯（Craig Duncun）表示，城市区域的概念一般应包括三个基本要素：①延伸的都市或者建成区；②动态的城乡边缘区（rural-urban fringe）或城市边缘区（peri-urban fringe）；③紧接的或者接触的腹地（hinterland）。这三个要素都被包含到日常城市系统概念框架中[2]。至于城市边缘区形成的原因，哈罗德·卡特（Harold Carter）认为，"当分散的过程运作时，城市伸延到的地域，会产生城市乡村边缘的概念。有独特特征的地区只是部分地与增长中的都市化综合体同化，其部分地区仍然是郊区，使得很多居民居住在郊区，但其社交生活方式及经济上却不属于郊区"[3]。在边缘区的特征方面，克雷奇（R. G. Golledge）在《悉尼都市边缘区：一项城乡关系的研究》（*Sydney's Metropolitan Fringes：A Study in Rural-urban Relations*）论文中写道，大城市周边的区域，也就是都市和乡村土地用途之间的相接地带成为城乡边缘区，从其地理特征和构成来看，它是乡村和城市之间在土地利用上的影响和互动的结果。一个扩张的城市经常吸收它的边缘区域并创造一个离城市中心更远的"新"边缘区。这个过程使得边缘区范围

①　杨忠伟、徐勇：《基于多元利益的当代苏州市边缘区空间结构演化》，《城市规划学刊》2012 年第 3 期，第 41 页。

②　Craig Duncun，"The Macau City Region, A Priori Urban Concepts and Macau Development," in Victor F. S. Sit, eds., *Resources and Development of the Pearl River Delta*, Hong Kong：Wide Angle Press, 1983, p. 152.

③　Harold Carter, *The Study of Urban Geography* (3rd edition), London：Edward Arnold, 1981, p. 316.

频繁变动①。他通过对悉尼城乡边缘区的研究所得出的结论是，在城市扩张的影响下，城乡边缘区出现如下特征：①不断变化的土地占用模式；②农场规模较小；③农作物生产的精耕细作；④人口具有流动性且是低至中等密度的；⑤居住区范围迅速扩张；⑥提供的服务和公共设施不完善；⑦投机性的土地分块出售和投机性建筑②。

克雷奇（R. G. Golledge）提出的悉尼城乡边缘区七大特征在学术界具有较大影响，例如，这些特征在哈罗德·卡特（Harold Carter）等的书和论文中被完全引用③，克雷格·邓肯（Craig Duncun）也认为其具有普遍性的特点④。

与国外学者对城乡边缘区的理论相对照，澳门菜农居住和生产的主要地域面朝大海，背靠市区，土地大多用于为城市居民提供蔬菜和家畜、家禽等易腐烂的消费品，这些地域恰似克雷奇（R. G. Golledge）所说的"代表着城市扩张的主要区域"⑤，也有类似上述边缘区的多种踪迹：①土地利用的多样性，这些地域的土地有居住、仓储、加工业、农业、道路等方面的混合利用，并无有序的土地利用和统一的空间布局，呈现出零乱的特点，逐渐朝土地非农化的方向转变。②产业结构的快速演进，是第一产业即农业所占比重不断下降直至消失，而第二产业甚至第三产业则不断上升到覆盖全区的过程。③人口结构具有较大的流动性，由于缺乏管理，城市居民可在该地搭建木屋居住，或菜农将其木屋

① R. G. Golledge, "Sydney's Metropolitan Fringes: A Study in Rural-urban Relations," *The Australian Geographer* 7（1960），p. 243.

② R. G. Golledge, "Sydney's Metropolitan Fringes: A Study in Rural-urban Relations," *The Australian Geographer* 7（1960），p. 243.

③ Harold Carter, *The Study of Urban Geography*（3rd edition），London: Edward Arnold, 1981, p. 317.

④ Craig Duncun, "The Macau City Region, A Priori Urban Concepts and Macau Development," in Victor F. S. Sit, eds., *Resources and Development of the Pearl River Delta*, Hong Kong: Wide Angle Press, 1983, p. 155.

⑤ R. G. Golledge, "Sydney's Metropolitan Fringes: A Study in Rural-urban Relations," *The Australian Geographer* 7（1960），p. 243.

改建并以低廉的价格出租等，都吸引了大量外来人口的聚集，使得该地人口具有较大的流动性。至于农作物生产的精耕细作、提供的服务和公共设施不完善等特征，澳门边缘区也具有极大的相似性，对此的探讨将在以下各章节内容中展开。

3. 对澳门城市化的探讨

从笔者接触到的资料来看，明确提出澳门城市化概念并首先进行研究的是克雷格·邓肯（Craig Duncun），他于 1984 年发表的《澳门城区：都市概念与澳门发展》（*The Macau City Region, A Priori Urban Concepts and Macau Development*）论文中，第一次对澳门城市化的进程做出阐述。他指出，"从 1557 年葡萄牙人取得在澳居留权以来，澳门的城市化进程就开始了"[①]。从 1622 年到 1629 年间，一道穿越半岛、连接大炮台（Monte Fort）以保护其居留地免受来自陆地上攻击的城墙被建立起来。虽然这道城墙于约两个世纪后被拆除，但它的位置仍然保留下来，成为一道"定格线"（fixation line），见证城墙内建成区的繁荣以及其后的衰落[②]。

他还指出，尽管澳门的城市化开始于 1557 年，但这道用于防御性的城墙限制了半岛南部原来的城市扩张。而城墙以外的地方，其地质主要成分（geological base）并不适合农业的有效发展。我们可以说澳门城市化的历史进程受制于既定的政治及地理环境。特别是 1840 年以后，一个更强而有力的邻居——香港的兴起，使得澳门黯然失色。同样受惠于拥有一个供现代轮船停泊的深水港，但澳门已不再是东亚地区主要的转口港（entrepôt）。作为一个城市中心

---

① 英文原句为："The process of urbanization has proceeded from the granting of settlement rights to the Portuguese in 1557." Craig Duncun, "The Macau City Region, A Priori Urban Concepts and Macau Development," in Victor F. S. Sit, eds., *Resources and Development of the Pearl River Delta*, Hong Kong: Wide Angle Press, 1983, p. 150。

② Craig Duncun, "The Macau City Region, A Priori Urban Concepts and Macau Development," in Victor F. S. Sit, eds., *Resources and Development of the Pearl River Delta*, Hong Kong: Wide Angle Press, 1983, p. 150.

（urban centre），澳门不再拥有那些与有效城市化强烈相联系的环境①。据笔者对上述内容的理解，克雷格·邓肯（Craig Duncun）所说的 1557 年至 1840 年间，澳门一直沿着城市化的道路前行，只是到了 1840 年之后才中断了。

克雷格·邓肯（Craig Duncun）对 1557 年是澳门城市化开端的论述，与有关这方面的其他论述和事实是有一些区别的：

（1）从时间上判断，1760 年的英国产业革命可视为世界城市化进程的序幕，距今也不过 200 多年的历史。而哈罗德·卡特（Harold Carter）亦于 1981 年在其《都市地理研究》（*The Study of Urban Geography*）一书中写道，按历史学的说法，任何程度上的城市化都是近期的，它是过去 150 年来出现的一个特征②。这些论述与克雷格·邓肯（Craig Duncun）所述的 16 世纪 50 年代相距 200 年左右。

（2）根据城市化的理论，城市化指的不是城市扩大、市容更新、基础设施建设的过程，这种过程叫作城市发展③。城市化的意义不仅是简单的城乡人口、地域结构的转化，更重要的是它体现出"一种产业结构及其空间分布结构的转化，是传统生产方式、生活方式和行为方式向现代化生产方式、生活方式和行为方式的转化，是实现现代化的必经阶段"④。同时，城市化与工业化是相伴而生的，即两者互为动力，共同发展⑤。而 1557 年的澳门还看不到这些特征。

（3）就澳门边缘区的实际来看，据 20 世纪 30～40 年代在澳门任

---

① Craig Duncun, "The Macau City Region, A Priori Urban Concepts and Macau Development," in Victor F. S. Sit, eds., *Resources and Development of the Pearl River Delta*, Hong Kong: Wide Angle Press, 1983, p. 152.

② Harold Carter, *The Study of Urban Geography* (3rd edition), London: Edward Arnold, 1981, p. 23.

③ 樊纲：《序 城市化是个系统工程》，载樊纲、武良成主编《城市化：一系列公共政策的集合》，中国经济出版社，2009，第 1 页。

④ 陈甬军：《中国城市化发展实践的若干理论和政策问题》，《经济学动态》2010 年第 1 期，第 26 页。

⑤ 陈甬军等：《中国城市化道路新论》，商务印书馆，2009，第 50 页。

教的何大章、缪鸿基的介绍，澳葡政府原本在 1938 年澳门半岛东部新填海工程完成后，"计划开辟为新市区及新住宅区，并建有'三合土'大道若干，惟以澳门经济落后，新市区计划一时难以实现，直到 40 年代中期尚无人居住"①。到了 50 年代初，菜农在新填海土地上大规模出现，从客观上中止了澳葡政府拓展城市空间的计划。也就是说，这些新填海区即后来成为边缘区的城市化也不可能发生 50 年代之前。

克雷格·邓肯（Craig Duncun）在上述论文中还指出，只有在 70 年代中后期以来，澳门才得以在外界对该地投资的兴趣以及城市的扩展中复苏过来②。在澳门半岛，城市化首先体现在农地遗迹的消失③。例如，那些曾经牢固地存在于填海地上的乡村特色渐渐磨灭，被扩张的城市完全吞食。几个世纪前的稻田早已消失。在北区及东北区，工业楼宇取代了民用房屋和商业花园，计划延伸的城市道路网亦正在取代外港（porto exterior）后面的农村用地。只能在幸存的矮小针叶树林中才能寻找到从前农地的遗迹，以及一种早期用于家庭生火的木材。今天，这些区域大部分地方已划作花园或停车场之用，在布满建筑物的地方范围内被用作艺术或休闲之用④。

他对 70 年代中后期以来澳门城市化发展的研究，其中提到的北区、东北区以及外港区，大都是 20 世纪 20～30 年代填海形成的郊区，这一地域的变迁即从边缘区到城市的过程，也就是前述澳门"物质形态的

---

① 何大章、缪鸿基：《澳门地理》，广东省文理学院，1946，第 85 页。
② Craig Duncun, "The Macau City Region, A Priori Urban Concepts and Macau Development," in Victor F. S. Sit, eds., *Resources and Development of the Pearl River Delta*, Hong Kong: Wide Angle Press, 1983, p. 152.
③ Craig Duncun, "The Macau City Region, A Priori Urban Concepts and Macau Development," in Victor F. S. Sit, eds., *Resources and Development of the Pearl River Delta*, Hong Kong: Wide Angle Press, 1983, p. 161.
④ Craig Duncun, "The Macau City Region, A Priori Urban Concepts and Macau Development," in Victor F. S. Sit, eds., *Resources and Development of the Pearl River Delta*, Hong Kong: Wide Angle Press, 1983, p. 155.

城市化"的进程。因此，他对澳门这一时期城市化概貌的描绘，基本上是符合当时客观实际的。

（二）菜农研究现状述评

20 世纪 80 年代中期特别是澳门进入过渡期以来，一大批澳门和外地学者的辛勤耕耘和开拓创新，为澳门各个领域带来了丰硕的研究成果，促进澳门学术研究保持强劲的发展势头。与这一蓬勃发展的势态形成鲜明对比的是，菜农至今尚未被各类著作列为专门探讨对象，涉及菜农的学术论文亦很少，更谈不上将其纳入城市化进程的视野中来考察。学界对澳门菜农及其相关领域缺乏深入探讨，使得有关研究呈现出以下特点：

1. 在文献内容方面，介绍澳门菜农的信息零星地散见在一些工具书、澳门通史类书籍以及相关文章中

第一，书籍类。大多数有关澳门的工具书、通史类著作以及 1983 年的《澳门经济年鉴》都提及澳门菜农，其主要内容是：1946 年（也有人认为是 1943 年），广东省潮汕地区一带发生历史上罕见的旱灾，农作物歉收。该地区一些农民逃荒来到澳门，看见大批荒废的土地尚未开垦，于是发挥精耕细作的特长，在包括当时新填海区域在内的土地上开垦，种植蔬菜和饲养家畜，"农业开始进入昌盛佳境"。1952 年发生了"关闸事件"，澳葡政府与内地产生纠纷，内地蔬菜停止供澳。澳葡政府不得不实行鼓励种植蔬菜的政策，给予愿意务农人士自己选择土地开垦种植的权利，澳门农业因而进入"大开发阶段"①。

第二，文章类。（1）研究性质的文章两篇。一是邢荣发在澳门《文化杂志》2005 年第 56 期上发表题为《澳门马场区　沧桑六十年

---

① 黄汉强主编《澳门经济年鉴》，华侨报，1983，第 3 页；元邦建等：《澳门史略》，中流出版社有限公司，1988，第 11 页。

（1925～1985）》的论文，其中对菜农开垦和居住地之一的马场区地域来源，菜田的开垦，马场区菜农遭受台风、旱灾和水灾的危害以及防灾措施，菜农居住的木屋结构等进行了分析。其中对马场菜农的评价是："自菜农开垦而致菜田满布整区，持续了一代人的辛勤奋斗，而使本区成为当年澳门蔬菜自给自足的最大生产基地。解决了当年时有发生的中葡争执而引致闭关断粮为澳门居民所带来的不便，还养育了成千上万的难民及其第二代。"二是杨兆贵在《澳门研究》2009 年第 52 期发表《筚路蓝缕 艰苦卓越——菜农子弟学校简史》的文章，主要对该校四个阶段的发展以及其中一位校长林显富的教育理念和治校之道做了简述，并介绍了菜农子弟学校产生的背景，认为该校自 20 世纪 50 年代创办以来所取得的成就，与澳门菜农的无私奉献、社会各界的支持、林校长推行的各种"合宜得当"的措施具有密不可分的关系。（2）短文三篇。澳门特别行政区政府新闻局于 2002 年 6 月出版的《澳门杂志》，在"社会脉搏"专栏内刊登了郑淑贤的《菜农合群社风雨半世纪》《靠"猪牛办学"的学校》以及艾诗的《赵雪芬婆婆的菜地》这三篇文章。第一篇文章是对菜农合群社创会会长江荣辉的专访，江荣辉概述了菜农合群社在为菜农争取权益、促进菜农的发展以及菜农的顺利变迁方面做的大量工作；并指出该社团自 80 年代开始，没有随菜农的消失而解体，而是紧贴社会的发展实现了成功转型，变成为社区老人和青年服务的机构。第二篇文章介绍了菜农子弟学校于 1956 年成立之初的八年，是依靠菜农变卖猪牛的收入来维持其运作的。在菜农的支持下，该校不断发展壮大，不仅满足了当时澳门北区"移民潮"子女入学的需要，而且从小学教育逐步拓展至初中、高中教育，为高等教育机构和社会输送了大批人才。第三篇文章对 21 世纪初保留的最后一块菜田做了简介，概述菜地主人赵婆婆独居木屋在此种植的艰辛。

2. 在时间跨度方面，菜农处于澳门历史研究"哑铃"（dumbbell）状态的"中端"位置

综观澳门研究的学术发展史可以发现，早在 1828 年，葡萄牙人弗雷塔斯（Guimarães Freitas）炮兵上校就出版了《名城澳门史实记录》①。此表明西方学者在 19 世纪上半叶就开始关注澳门②。但到了新中国成立后，涉及澳门的公开出版物和史料不多。到了 20 世纪 80 年代初，关于澳门问题的学术研究"还几乎是一片荒芜"③。从 80 年代中期开始的中葡关于澳门问题的谈判以来，人们在此前一段时期很少关注澳门历史的状况有了极大的改观。"由于澳门回归的政治效应，以历史研究为中心的澳门研究骤然演变成为中国学术界乃至国际学术界的显学。一方面，澳门研究队伍出现了大规模扩张；另一方面，涌现出繁杂而数量空前的研究成果"④。澳门回归后，虽然头十年间澳门研究的"热度"没有回归期间的"轰轰烈烈"。但澳门历史研究不但没有停歇下来，反而"增添了几分默默耕耘的平实和追求真相的执着，研究的着眼点和出发点也由外及里逐渐转入了内部社会，正在形成里应外合、内联外接、点面相结合的新格局"⑤。

对于上述澳门学术研究的历程，可借用类似"哑铃"（dumbbell）具有"两端"大、"中端"小的特点来形容。其中，位于"哑铃"较大的"两端"，一端是"古代与近代澳门史研究成果丰富"⑥；另一端是 20 世纪 80 年代中期以来形成的澳门各个研究领域蓬勃发展的局面。而位于"哑铃""中端"细小位置的则是 50 年代至 80 年代初的澳门研究，出现了"现当代澳门史研究不够，成果

① 汤开建：《走出瓶颈：澳门历史研究现状与前瞻》，《澳门理工学报》2013 年第 2 期，第 24 页。
② 郝雨凡、汤开建、朱寿桐、林广志：《全球文明史互动发展的澳门范式——论澳门学的学术可能性》，《学术研究》2011 年第 12 期，第 2 页。
③ 汤开建：《澳门开埠初期史研究》，中华书局，1999，第 1 页。
④ 郝雨凡、汤开建、朱寿桐、林广志：《全球文明史互动发展的澳门范式——论澳门学的学术可能性》，《学术研究》2011 年第 12 期，第 2 页。
⑤ 吴志良、林发钦：《澳门人文社会科学研究文选·历史卷前言》，载吴志良、林发钦、何志辉主编《澳门人文社会科学研究文选·历史卷》，社会科学文献出版社，2010，第 1 页。
⑥ 吴志良：《国内外澳门历史研究的现状与趋势》，《澳门研究》2005 年第 29 期，第 131 页。

比较少"①的现象，使得 1949 年后近半个世纪的"澳门历史离我们最近，却又最不为我们所熟悉"②。与此相对应的是，作为主要存在于 20 世纪 50～80 年代初的澳门菜农，也恰好处于"哑铃"的"中端"位置，未得到相应的研究。

3. 在研究成果方面，欠缺 20 世纪 50～80 年代与菜农相关的专题研究

前述 20 世纪 80 年代中后期以来，澳门历史研究呈现的突出特色是，从掌故式研究走向学院式研究，从单一政治学科转向多学科以至跨学科等研究方法的改进，研究主题也由中葡关系史扩散到澳门内部社会的诸多领域。使得"史学研究逐渐淡化民族主义色彩，摆脱政治争拗的束缚，聚集于社会内部的自然演变"③。"研究成果越来越专业化，研究质量也不断提高，部门史论著与日俱增。"④ 这是十分可喜的现象。然而，与 50～80 年代菜农相关的，诸如鲜活农产品供给，农地资源规划、管理和收回，农产品安全监管，边缘区环境卫生整治，木屋治理等方面的专题研究仍有待开展。使得"过去的澳门史研究，研究最深入者为澳门开埠初期一段，到研究澳门近现代史时，主要内容多为中葡关系，对澳门地区内部发展情况极少涉及，或言之不详"⑤的状况至今未得到根本改观。仍然具有"研究以澳门为窗口的中西交往的多，研究澳门社会内部发展的少"⑥ 之特点。因此，倘要深化澳门历史的研究，诚如吴志良所言，其"关键在于研究理论的提升及专题

---

① 吴志良：《国内外澳门历史研究的现状与趋势》，《澳门研究》2005 年第 29 期，第 131 页。

② 金国平、吴志良：《镜海飘渺》，澳门成人教育学会，2001，第 11 页。

③ 吴志良：《澳门历史话语权的回归》，《澳门日报》2012 年 9 月 25 日，第 F5 版。

④ 吴志良、林发钦：《澳门人文社会科学研究文选·历史卷前言》，载吴志良、林发钦、何志辉主编《澳门人文社会科学研究文选·历史卷》，社会科学文献出版社，2010，第 3 页。

⑤ 汤开建、陈文源、叶农主编《鸦片战争后澳门社会生活记实——近代报刊澳门资料选粹》，花城出版社，2001，第 1 页。

⑥ 林发钦：《澳门历史研究内容革新刍议》，《澳门日报》2004 年 12 月 12 日，第 D06 版。

研究的增加"①。

有鉴于上述，本书将综合运用城市化等方面的理论，采用多学科相结合的研究方法，以碰撞与变迁为分析框架，在学习借鉴和利用现有的成果的基础上，在接下来的章节中对 20 世纪城市化进程中与菜农相关的课题，如边缘区环境、自然灾害、城市治理、农产品供给、城市规划、农地收回等逐一进行探讨。

在此还要指出的是，本书涉及学科跨度较大，科学驾驭极为困难，加之笔者又受学识、精力和时间的限制，虽尽力而为，但不当之处恐仍难以避免，切盼读者不吝赐正。

---

① 参见吴志良《澳门历史研究述评——兼谈中国与西方的观点和方法之沟通》，《史学理论研究》2002 年第 1 期，第 54 页。

第二章　边缘缝隙：菜农生存环境

20 世纪 50 年代之前的澳门半岛"土地狭小，岗陵起伏，既乏森林矿产之利，农业生产亦无可言，一切日常饮食所需，工业之主要原料及燃料，皆须由外输入"①。按照诺思（North，D. C.）的论述，这种地理环境和资源状况成为决定该地区的规模和特征的因素之一②。因此，50 年代具有一定规模的菜农的突然产生，体现出极大的偶然性，这是由于菜农的耕地并非传统农地，而是对 20～30 年代填海地进行改造后的土地；大部分菜农也并非澳门本地居民，而是来自外地。如果对此进行探源，那么，是否正如一些澳门宣传资料以及相关书籍介绍的，澳门仅由一个渔村演变而来？早期的澳门有无农村、农田和种植活动？菜农的耕地如果不是传统农地，这些土地又从何而来？菜农的产生除偶然性之外，还有无必然性？澳葡政府对菜农的扶持是否长期持续进行？这些想必都是人们关心的问题。本章拟立足于在解答这些问题的基础上，探讨城市边缘区的由来，研究菜农产生的内外部因素和澳葡政府对菜农政策的变化，力求寻找菜农生存环境体现出来的本质特征，以及由此导致的碰撞根源。

---

① 何大章、缪鸿基：《澳门地理》，广东省文理学院，1946，第 65 页。
② 〔美〕道格拉斯·C. 诺思：《经济史中的结构与变迁》，陈郁等译，上海三联书店，1994，第 71 页。

一 地理维度：城市边缘区的由来

探讨城市边缘区（以下简称边缘区）的由来，牵涉其渊源即澳门历史上有无农村、农田和种植业。而过往对澳门早期历史的研究和宣传中，对此已有整体的判断①。本章第一节将在现有研究的基础上，对澳门早期农村、农田和蔬菜种植进行综合考察。

（一）早期的农村与农田

1. 早期的农田和地理布局

对这一问题，学术界已有相关的研究，档案资料以及方志、古地图中亦有记载，有关内容综述如下：

据汤开建的研究：

> 大致到隆庆末万历初，随着入澳华人的增多，澳门北部的望厦村开村，其依据有二：一是郭棐《粤大记·广东沿海图》，前证大致绘于万历二年以前，该图上标有望下村；二是据死于 1598 年的荷兰画家狄奥多·德·布里（Theodore de Bry）绘的一幅《早期澳门全图》，这幅图绘于澳门开埠后不久的时间，在今望厦地区，画着一位中国农夫在耕地，田地旁边还出现了一片村舍（参见图 2 - 1）。可以表明，这时望厦（当时作望下）村已经开村，大约在隆庆之时②。

---

① 廉联指出，历史上的澳门"既无耕地又无菜田"。廉联：《澳门的娱乐博彩业》，《比较法研究》1999 年第 1 期，第 114 页。元邦建等认为，澳门历史上"早年既是渔村，又是农村"。元邦建：《澳门史略》，中流出版社有限公司，1988，第 10 页。邢荣发指出，澳门半岛具有"半港口城市半农村"的特点。邢荣发：《澳门马场区 沧桑六十年（1925～1985）》，《文化杂志》2005 年第 56 期，第 3 页。濠江客认为，"澳门自古以来是一个渔农业社会"。濠江客：《六十多年前的澳门农业》，《澳门日报》2001 年 6 月 26 日。
② 汤开建：《澳门开埠初期史研究》，中华书局，1999，第 260～261 页。

图 2 - 1 早期澳门全图

资料来源：中国第一历史档案馆等选编《澳门历史地图精选》，华文出版社，2000，第 16 页。

克雷格·邓肯（Craig Duncun）则对澳门半岛地图进行研究后指出：1634 年的澳门，在建成区外有一整块很可能是耕地的区域。在一张由一位福建籍地图绘制者大约于 1790 年绘制的地图中，有两块在城墙和边界之间的区域被标明为稻田。但 1840 年的一份规划，在同一位置，显示有一个花园及一个可能是耕地的符号①。笔者无法找到这份1790 年绘制的地图，但他所说的城墙和边界之间有稻田的特征，则与下图（参见图 2 - 2）相似。据薛凤旋的研究，在该图中"关闸至北墙间的农业土地利用亦清晰地标示"②。

---

① Craig Duncun, "The Macau City Region, A Priori Urban Concepts and Macau Development," in Victor F. S. Sit, eds. , *Resources and Development of the Pearl River Delta*, Hong Kong: Wide Angle Press, 1984, p. 150.

② 薛凤旋：《澳门五百年：一个特殊中国城市的兴起与发展》，香港三联书店、澳门大学、香港浸会大学当代中国研究所，2012，第 36 页。

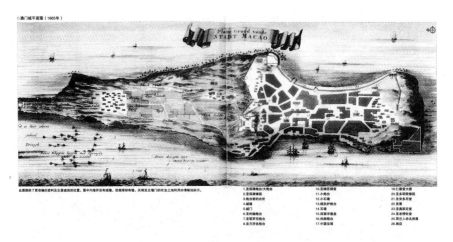

图 2 - 2 澳门城平面图（1665 年）

资料来源：薛凤旋：《澳门五百年：一个特殊中国城市的兴起与发展》，香港三联书店、澳门大学、香港浸会大学当代中国研究所，2012，第 36 ~ 37 页。

卡拉多（Maria Calado）、门德斯（Maria Clara Mendes）等在《澳门从开埠至 20 世纪 70 年代社会经济和城建方面的发展》的著述中指出，在 17 世纪的澳门半岛，葡萄牙人居住的城墙外已有几个村庄，"这些村庄保持传统结构，长方形、两层高的简陋房屋排列有序，千篇一律，只有为适应地形和周围景色时或附近有重要建筑物时才有所改变"①。到了18 世纪，华人所称的荷兰园还是靠近农田的一片空地。龙田村和望厦村继续是农民的村落。两村之间有大片农田，是澳门农产品供应基地。进入 19 世纪，这些华人村落继续保持着自己的生活方式。村落周围是农田②。

在清代道光年间的《香山县志》的地图（局部）中，除标明具有

---

① 〔葡〕卡拉多（Maria Calado）、门德斯（Maria Clara Mendes）等：《澳门从开埠至 20 世纪 70 年代社会经济和城建方面的发展》，《文化杂志》1998 年第 36、37 期，第 17 页。

② 〔葡〕卡拉多、门德斯等：《澳门从开埠至 20 世纪 70 年代社会经济和城建方面的发展》，《文化杂志》1998 年第 36、37 期，第 33、35、39 ~ 41 页。关于此，在澳门改善城市物质条件委员会呈交澳督的《1883 年澳门城市物质改善报告》中也有记载，该报告认为，"广阔的稻田从城市边缘一直延伸到望厦村"。转引自田渝《澳门近代城市的发展与演变——〈澳门及帝汶省宪报〉公牍选译》，《澳门研究》2011 年第 2 期，第 179 页。

一定规模的华人农村望厦村之外，还绘有龙田村、龙环村的位置以及与其相邻的田地（参见图2－3）。

图 2－3　清代澳门地图

资料来源：(道光)《香山县志》（卷四，海防），载广东省地方史志办公室编《广东历代方志集成》（广州府部35），岭南美术出版社，2007，第431页。

至于上述村落的地理、农田位置以及居住概况，北洋大臣李鸿章的幕客程佐衡在1887年对澳门的实地考察中有所涉及。

以土墙外七村而论，望厦介居莲峰、汤狗两山之间，村中约四百户，南北横列，从澳门远望，广厦云连，故名望厦。村中赵、张、沈、何四姓居多，其余黄、李、陈、余等共十数姓，殷实者多。

望厦对面为塔石村，约四五十家，山上西洋坟，有石桥一围。望厦之左为龙田村，约七八十家，其东为龙环村，约三四十家，盖东望洋山形蜿蜒如龙，两村适居其侧故名。望厦之右为沙岗堡，铺户、船厂、灰炉约六七十家，居蓬屋甚多。此五村四方排列，当中空地尽属田园，若新桥、沙犁头两村居诸山之西北隅，与墙内大街相连，非若望厦诸村罗罗可数矣①。

程佐衡对上述农村与农田的描述，恰好与《望厦及其附近村落地图》标志相吻合（参见图 2 - 4）。据吴宏歧等的初步推断，该图是望厦村赵氏后人在光绪十二年（1886）参与清朝政府与葡政府交涉澳门问题时所绘的一种参考地图②。

从总体上看，直至清嘉庆二十三年（1818），葡萄牙人在澳门租居的居留地仍仅限于"东至三巴门、水坑尾门，西至海边，南至妈祖阁，北至沙犁头"，即澳门半岛南部以及中部的一部分。而澳门半岛北部及中部的另一部分，属华人聚居的望厦村、龙环村、龙田村、沙犁头村等村落，这些村落属于香山县管辖，并一直以来都向该县知县缴纳钱粮赋税。

2. 葡人对农田的"占地索租"

1846 年，约翰·亚马留（João Maria Ferreira do Amaral）担任澳门

---

① 《北洋大臣李鸿章为寄送幕客程佐衡巡澳说略事复总理衙门文》（光绪十三年九月初三，1887 年 10 月 19 日）之附件二，出自幕客程佐衡《勘地十说》（光绪十三年八月，1887 年 10 月），载中国第一历史档案馆等《明清时期澳门问题档案文献汇编》（三），人民出版社，1999，第 347 ~ 348 页。

② 吴宏歧、赵湘军：《〈望厦及其附近村落地图〉初步研究》，《文化杂志》2010 年第 77 期，第 189 页。

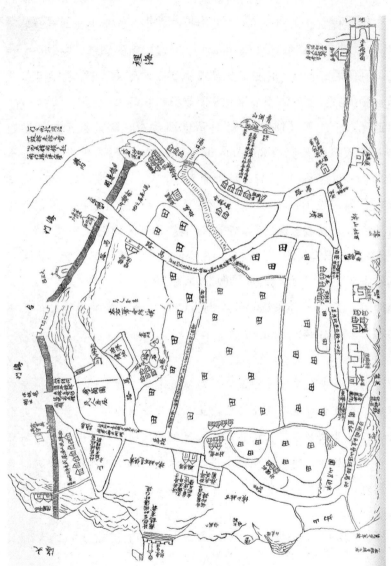

图 2 - 4 《望厦及其附近村落地图》

资料来源：吴宏岐、赵湘军：《〈望厦及其附近村落地图〉初步研究》，《文化杂志》2010 年第 77 期，第 188 页。

总督后，为了实现占据华人农田和村庄的目的，修筑了新的工事，一些用于陆上防卫（例如修建望厦堡垒），另一些用于海上防卫，并翻新改造了陈旧的工事①。关于这方面的事例，施白蒂（Beatriz Basto da Silva）在《澳门编年史（十九世纪）》一书中也有介绍。她指出，澳葡政府于1852年2月19日在劏狗环（Cacilhas）上面建成新的碉堡，"根据命令，取名为玛利皇后二世堡。由此，原望厦碉堡变得无关紧要，加之年久失修，被命令拆除。望厦碉堡后来晚些时候又被重建、启用"②。

清道光二十九年（1849），亚马留借清政府在鸦片战争中战败之机，与澳葡政务委员会（Conselho do Governo）成员内维斯（Ludgero Joaquim de Faria Neves）一起，带领葡萄牙人强行扩大地盘，其中"占普济禅院土名冈豆围税田十亩，并不经明业主，擅行霸占，得税田围筑，种植果木，以为游谦之地，复填筑地基，预为建造夷房地步"。又"霸占望厦、龙田等村税田三顷余，勒令该业户，将土名亩数，在夷税馆，逐一报明，竖立夷字界石，要起税收租"③。

1885年，望厦乡绅张耀晶等在向香山县知事禀控中提到"葡人占地索租事"，有关内容如下：

> 窃生等世居恭常都望厦乡，与澳地毗连。澳夷纳税而居，原有限制，东至水坑尾门西至三巴门止。高筑围墙为界，门以内华夷杂处，门以外坟冢累累，过此则华人税田十数顷，烟户千百家，从无夷人搀入居住，此固非澳夷所得过问者也。近年夷人夜郎自大，日肆鸱张。同治间擅将水坑尾门、三巴门毁拆，预为蚕食地步，厥后

---

① 〔葡〕卡拉多、门德斯等：《澳门从开埠至20世纪70年代社会经济和城建方面的发展》，《文化杂志》1998年第36、37期，第47页。

② 〔葡〕施白蒂（Beatriz Basto da Silva）：《澳门编年史（十九世纪）》，姚京明译，澳门基金会，1998，第112页。

③ 转引自刘芳、章文钦《一部关于清代澳门的珍贵历史记录——葡萄牙东波塔档案馆藏清代澳门中文档案述要》，载刘芳辑，章文钦校《葡萄牙东波塔档案馆藏清代澳门中文档案汇编》（下册），澳门基金会，1999，第872页。

又编列夷字号数于各乡各户首，旧岁又于村前开辟马路，约占税田八亩零，本年又向各处税田、屋宇勒索租钞，得寸入尺①。

为了解上述问题的真相，1887年8月，清政府派候补知府富纯等与香山县知县张文翰前往澳门调查，有关调查内容如下：

接壤前山堤岸之澳门一岛，华洋分界，有新旧两处不同，旧界起于水坑尾，止于三巴门，向立围墙，墙外葡人租地不过得全岛之半，墙内（外）尚有旺厦、龙田、龙环、塔石、沙岗、新桥、沙犁头等七村，环居北半岛，烟户稠密，民皆土著，向不归葡管辖。自葡人毁围墙占全岛，开马路达闸门，遂改闸门，刊写洋字，以为新界，包七村于腹地，合全岛而设兵。此近年葡人侵占全澳及于关闸之实在情形也。

澳门租界半岛原系辟山为埠，本无田粮，华界半岛，七村比邻，惟望厦向有粮田，除近村之田被葡占作马路不计外，现合闸内、闸外归该村管业者，共田四顷有奇，每年赴县按完银米，共银三十余两，并无完纳葡人租税②。

到了1890年7月4日，香山县知县李征庸在上两广总督李瀚章的禀文中写道，"望厦各村民田户籍，仍归华属"。"关闸以南之望厦等村千百家，均系卑县粮户，从未甘向葡人交租，在县控诉有案"③。

---

① 《望厦乡绅张耀晶等为葡人占地索租事禀文》（清光绪十一年四月，1885年），载中国第一历史档案馆等《明清时期澳门问题档案文献汇编》（三），人民出版社，1999，第191页。

② 《候补知府富纯等为遵查澳门地界等情并严防葡人侵占事禀文》（清光绪十三年六月二十日（1887年8月9日），载中国第一历史档案馆等《明清时期澳门问题档案文献汇编》（三），人民出版社，1999，第275～276页。

③ 《香山县知县李征庸为查勘前山师船并未越界及饬各船适中驻泊事禀文》（光绪十六年五月十八，1890年7月4日），载中国第一历史档案馆等《明清时期澳门问题档案文献汇编》（三），人民出版社，1999，第448页。

3. 葡人对早期农地用途的改变

当亚马留于 1848 年霸占了澳门天主教城市与关闸之间的土地后，卡拉多等的研究结果显示："由此出现了城市这一地区的治理问题，舆论要求清理雀仔园及和隆的菜园、新桥水渠和望厦的稻田。"① 据前述《清代澳门望厦赵氏家族事迹考述》附图中标明，清光绪十年（1884）在塔石村附近新开辟马路，"乃葡人占民税田计八亩零"。

1894 年，在澳督高士德（Horta e Costa）领导下开展塔石区的建设工程。该工程范围西至厚望街，南至西坟马路，北至罗利老马路，东至荷兰园正街。据科斯塔的描述，此地原有一片稻田，低于四周的道路，农民们建筑临时堤坝储存雨水，使用自然肥料，"极不卫生"。为解决这个问题，澳葡政府在征用该土地后，从东望洋山和二龙喉半山腰的得胜园取土填平稻田，将其分为几个地段用于建造房屋②。

尽管如此，到了 1889 年，澳门半岛"旧澳门城外的新占区仍以农田为主，现代道路网仍未出现"③（参见图 2 - 5）。

此后，在 1894 ~ 1897 年、1900 ~ 1904 年高士德担任澳督期间，开展了沙岗、望厦等地的建设项目。其中，1901 年 7 月，望厦的房产和木屋被宣布作为公共用途而被征用，工务厅制定了有关区域的治理计划，按照该计划，应修筑一条大街，即现在的高士德马路，这条马路的起点在二龙喉马路附近，连接嘉路米耶圆形地，其他马路应以这里为起点穿过当时是望厦稻田的地区④。

对于上述项目，施白蒂（Beatriz Basto da Silva）在《澳门编年史（二

① 〔葡〕卡拉多、门德斯等：《澳门从开埠至 20 世纪 70 年代社会经济和城建方面的发展》，《文化杂志》1998 年第 36、37 期，第 49 页。

② 〔葡〕科斯塔（Maria de Lourdes Rodrigues Costa）：《澳门建筑史》，《文化杂志》1998 年第 35 期，第 11 ~ 12 页。

③ 薛凤旋：《澳门五百年：一个特殊中国城市的兴起与发展》，香港三联书店、澳门大学、香港浸会大学当代中国研究所，2012，第 99 页。

④ 〔葡〕卡拉多、门德斯等：《澳门从开埠至 20 世纪 70 年代社会经济和城建方面的发展》，《文化杂志》1998 年第 36、37 期，第 49 页。

图 2 – 5　1889 年的澳门半岛

资料来源：薛凤旋：《澳门五百年：一个特殊中国城市的兴起与发展》，香港三联书店、澳门大学、香港浸会大学当代中国研究所，2012，第 99 页。

十世纪）1900~1949》一书中做出进一步的说明：1901 年 7 月 24 日，对在二龙喉马路（士多纽拜大马路，Avenida de Sidónio Pais）及连胜马路之间的"望厦田野中的房屋以及望厦村中房屋的征用被宣布为公益，总面积达 350000 平方米，用于将兴建的新区街道，前地及大马路的建设"①。1902 年，澳门人口增长，住房"奇缺"，房租上涨。建筑用地的购买及租赁"十分兴旺"。1904 年，从塔石山（圣美基山）取土，在龙田村进行填地工程②。

到了 1908 年 2 月 12 日，澳门议事公局工务司发出通告：

> 为卫生起见，按照西一千九百零一年六月二十二日第三十九号札谕准行章程，特行示禁澳门城外望厦之田土即新桥新坊，北至柯高（Horta e Costa）大马路，南至罗利老马路，东至新筑第二街通过卢九花园之西边，西至连胜马路。以上一带地方内之田土不准人耕种蔬果，并勒限三个月至西五月三十一日为止，必须将所有该田土上种植之菜蔬瓜果尽行拔除，移往他处耕植。其该田土之业主着即查照上指章程第二十一款事理，将该田土筑平，一律起建屋宇，毋得违抗，切切！为此通知。戊申年二月十二日③。

1909 年，澳葡政府对正在实施的多个计划予以联结：对新桥、龙田、沙犁头、塔石等地的"总体改善计划"，1909 年 2 月 19 日工务技术委员会会议附条件地通过，并形成 3 月 9 日工务厅第 155 号公函送交秘书处④。

① 〔葡〕施白蒂：《澳门编年史（二十世纪）1900~1949》，金国平译，澳门基金会，1999，第 6~7 页。
② 〔葡〕施白蒂：《澳门编年史（二十世纪）1900~1949》，金国平译，澳门基金会，1999，第 13、20 页。
③ 《澳门宪报》（一千九百零八年三月二十一日第十二号），载汤开建、吴志良主编《〈澳门宪报〉中文资料辑录（1850~1911）》，澳门基金会，2002，第 502 页。
④ 〔葡〕阿丰索（José da Conceição Afonso）：《20 世纪葡萄牙与澳门——城市规划法律史之研究》，载吴志良、林发钦、何志辉主编《澳门人文社会科学研究文选·历史卷（含法制史）》（下卷），社会科学文献出版社，2010，第 1483 页。

　　上述史实表明，华人聚居的望厦村等村落具有一定数量的农田，葡萄牙人侵占澳门后，特别是亚马留于 1846 年担任澳督后，加快了强占其居留地围墙以外农村和农田土地的步伐，并逐渐改变这些村落农地的用途，打破了原有的地理格局。尽管如此，澳门半岛仍有一定范围的农地存在。这在《澳门宪报》上还可查到一些例证，如 1882 年，华人潘礼臣"恳准在沙梨头开设缫丝厂"，该厂"东向田地"①。1889 年，华人何廷光"禀求"开设爆竹厂一间，"该厂坐落在望厦帽围第十一、十三号屋内之花园里，北向望夏庙街，南东均向田地，西向帽围"②。除有华人在田地附近设厂之外，1900 年亦有人把其"承先父遗下旺厦村后背海土名田地二十三亩"，拟"将此田地出卖与人"③。而乔纳森·波特（Jonathan Porter）在 1993 年发表的文章则显示，19 世纪末期，农田仍然沿着半岛北部，分散在水坑尾、城墙和望厦村之间。除了旧大炮台的顶部以外，山地大部分仍是贫瘠的④。至于农田的范围，彭琪瑞等通过研究得出的结论是"在城墙以外的 1/3 面积，主要是稻田及菜地。这个现象大抵至 1910 年仍没有大变动"⑤（参见图 2 - 6）。

（二）早期的蔬菜种植

　　从现有的资料来看，对澳门早期蔬菜种植概况的描述，可追溯到葡萄牙人到来之前。著名的澳门史学家白乐嘉（J. M. Braga）认为：

---

① 《澳门宪报》（一千八百八十二年七月初八日第二十七号），载汤开建、吴志良主编《〈澳门宪报〉中文资料辑录（1850～1911）》，澳门基金会，2002，第 76 页。

② 《澳门宪报》（一千八百八十九年五月初九日第十九号），载汤开建、吴志良主编《〈澳门宪报〉中文资料辑录（1850～1911）》，澳门基金会，2002，第 174 页。

③ 《澳门宪报》（一千九百年七月二十八日第三十号），载汤开建、吴志良主编《〈澳门宪报〉中文资料辑录（1850～1911）》，澳门基金会，2002，第 308 页。

④ Jonathan Porter, "The Transformation of Macau," *Pacific Affairs* 1 (1993), p. 9.

⑤ 彭琪瑞等：《香港与澳门》，香港商务印书馆，1986，第 278 页。郑天祥、黄就顺等也认为，1910 年以前，农用地约占澳门总土地面积的三分之一。郑天祥、黄就顺等：《澳门人口》，澳门基金会，1994，第 9 页。

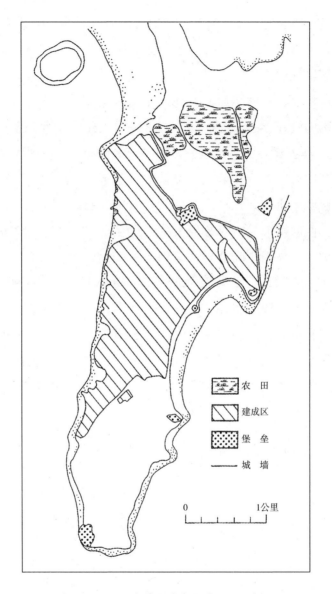

图例：
农　田
建成区
堡　垒
城　墙

0　　　　1公里

图 2 - 6　1769 年澳门半岛土地利用示意图

资料来源：彭琪瑞等：《香港与澳门》，香港商务印书馆，1986，第 276 页。

　　在葡萄牙人抵达澳门之前，半岛上已住有少数渔民。在今天普济禅院即观音堂一带，是当时西江泥沙冲积的地方。寺院极古，但无实录可考。我们只知，此寺院的初期，是一间小祠堂，属于福建移民所有。这些少数移民，也就是澳门的初期居民了。这些初期的居民，有的姓沈，有的姓何。他们居住在此，赖西江所冲积的肥土美壤，从事种植为生①。

自明朝中后期开始，葡萄牙人已在澳门地区开辟种植业。16世纪下半叶，"葡萄牙人在望厦村附近种植了一些从西方带来的农作物，如番薯、玉米和花生，很受香山居民的喜欢。番薯很快在中国推广开来，而吉大是最主要的推广中心"②。而克莱顿（Cathryn Hope Clayton）在《论当代澳门特征及其形成与城市变迁》一文的注释中则提到，澳门最早的全称是"在华的上帝圣名之城澳门市"，但它仅指被围墙围起来的"基督城"。城墙以外是华人的村落、非基督徒的坟地，以及供应这座城市的稻田和养猪场③。

进入17世纪，据耶稣会士1617年的一份正式文件称："一块已开垦出来的土地已经生产出了凤梨、无花果、桃子等，而且那些种下的和打算引进的果树，肯定会使收成增长起来。"这一土地指的是青洲④。另据当时作为澳门土生教士的保罗·德·特林达德的记载，在1630年，澳门是葡萄牙在东方的第二大城市（仅次于果阿），有许多"豪华的建筑和住宅、宽阔的院落和大菜园"⑤。而龙思泰（Anders Ljungstedt）在《早期澳门史》一书中也指出："在望厦和沙梨头之间，是一片广阔的空地，勤劳的农民将这里垦殖得非常肥沃，种植了稻谷和各种各样的蔬菜。"⑥

---

① 转引自汤开建《澳门开埠初期史研究》，中华书局，1999，第254~255页。
② 〔葡〕卡拉多、门德斯等：《澳门从开埠至20世纪70年代社会经济和城建方面的发展》，《文化杂志》1998年第36、37期，第15页。
③ 〔美〕克莱顿（Cathryn Hope Clayton）：《论当代澳门特征及其形成与城市变迁》，《文化杂志》2003年第48期，第16页。
④ 转引自〔瑞典〕龙思泰（Anders Ljungstedt）《早期澳门史》，吴义雄等译，东方出版社，1997，第163页。
⑤ 转引自〔葡〕科斯塔《澳门建筑史》，《文化杂志》1998年第35期，第22页。
⑥ 转引自〔瑞典〕龙思泰《早期澳门史》，吴义雄等译，东方出版社，1997，第43页。

18 世纪，澳门仍保留着与 17 世纪相似的空间结构。其中，龙嵩街在上半叶占用的地段只到圣老楞佐。按卡拉多等的介绍，在这里可以看到市郊的明显特征，住宅都附有或大或小的菜园。在 1764 年的有关记载和带菜园的葡人房屋证实该地区位于市郊①。

19 世纪，澳门的种植业发生变化。据清嘉庆十六年七月（1811 年 8 月）之《署澳门同知辛为奉宪札饬查发疯寺山脚水坑尾沙田及山坡房屋民人事下理事官谕》中记载："澳门发疯寺山脚，土名水坑尾浮沙一段，现已围筑成田"，该田系夷人"于乾隆五十年间逐渐围筑，种植瓜菜"，"现在种植稻谷，约计十四五亩"②。1819 年，城市检察长佩德罗·奥利维拉（Pedro Feliciano de Oliveira）在写给向其询问澳门生活和贸易情况的白屋（Casa Branca）官吏的信件中指出：

> 城里的居民和房屋都不多，皇帝御准葡萄牙人在关闸至妈阁范围内居住，但葡萄牙人只占用了一小部分，空出海滩供船只卸货和集中停泊，还把一些荒地辟为菜园。但二十年来，华人居民由 800 人增加到 40000 人。华人把租来的菜园和土地变为稻田，……③

在祝淮主修《香山县志》时所做的《采访册》之《澳门志略》（清道光七年，1827）中，提到当时澳门的物产有：

> 其草则有菖蒲、荜芨、葡萄、荼蘼、茉莉、梅桂、西番莲、凤

---

① 〔葡〕卡拉多、门德斯等：《澳门从开埠至 20 世纪 70 年代社会经济和城建方面的发展》，《文化杂志》1998 年第 36、37 期，第 33 页。

② 《署澳门同知辛为奉宪札饬查发疯寺山脚水坑尾沙田及山坡房屋民人事下理事官谕》（清嘉庆十六年七月初二日，1811 年 8 月 20 日），载刘芳辑，章文钦校《葡萄牙东波塔档案馆藏清代澳门中文档案汇编》（上册），澳门基金会，1999，第 6 页。

③ 〔葡〕卡拉多、门德斯等：《澳门从开埠至 20 世纪 70 年代社会经济和城建方面的发展》，《文化杂志》1998 年第 36、37 期，第 37 页。

尾草、西洋牡丹。洋葱如独蒜而无肉头，极甘美。番薯，蔓生，如瓜蒌，其皮薄，有红白二色，心亦有红白二色，可生食熟食。荷兰薯有红白二种，出自荷兰国，实结于根，累累如贯珠，性熟而质松，宜熟食。椰菜，种出自西洋，百叶合成，与椰相似。惟澳内地生，别处不结，叶老时每于叶罅发芽，插芽于地，种之。每芽出菜一株，外老叶，其色绿，内嫩叶，白色，春种至冬乃结，春初尤盛，宜熟食，味清甜，其性微寒，亦可腌以为菹，极爽脆。杨桃，一名五棱子，澳门有数株，高六七丈[①]。

从葡萄牙东波塔档案馆藏清代澳门中文档案中，还发现《龙田村钟宅等开列门前税田单》（约道光二十八年，1848）中有这样的记载，"龙田村：钟宅门前围墙外余地一丘，种菜，阔四丈八尺，深一丈六尺，相乘七百六十八井（平方尺）。该税一分二厘八丝"。"陈宅门前围墙外余地一丘，种菜，阔三丈五尺，深一丈六尺，相乘五百六十八井，该税九厘六丝六毫六"[②]。

清同治（1862～1874年）初期，著名的卢氏家族移居澳门后，在望厦村附近的低洼地带购置菜地修建花园（即卢廉若花园，又称卢九花园）。这片菜地当时种植的是"空心菜"[③]。

据潘日明神父介绍，1894年前，"在澳门和湾仔的花园和菜园里种植了各种观赏树木和家用草药"[④]。葡萄牙人在澳门半岛建立的庄园拥有一定数量的田地，从事种植业。在这些庄园中：

---

① 〔清〕祝淮等编纂《澳门志略》（上卷），国家图书馆出版社，2010，第47～48页。

② 《龙田村钟宅等开列门前税田单》（约道光二十八年，1848年），载刘芳辑，章文钦校《葡萄牙东波塔档案馆藏清代澳门中文档案汇编》（上册），澳门基金会，1999，第83页。

③ 〔葡〕安娜·玛利亚·阿马罗（Ana Maria Amaro）：《卢廉若花园的建造与沿革》，颜巧容译，《澳门研究》2012年第2期，第134页。空心菜就是蕹菜。

④ 〔葡〕潘日明神父（Benjamin António Videira Pires, S. J.）：《殊途同归——澳门的文化交融》，苏勤译，澳门文化司署，1992，第81页。

最有名的庄园要算圣若瑟（或曼努沙伊）、圣塔桑沙·菲利帕、莱唐（位于旧西洋坟场对面）和马德雷斯·坎诺西阿诺（在黑沙）的庄园了。还有奥尔塔斯·达·米特拉、沙梨头、澳隆（至1894年）、康帕尼亚、邦热苏斯、莫罗斯和奥尔托·多·圣埃斯皮里托的庄园①。

1883年7月28日，根据第89号训令成立的澳门改善城市物质条件委员会，在其呈交澳督的《1883年澳门城市物质改善报告》中，提出澳门当时急需解决的问题，其中包括改善农田种植的卫生状况，具体内容如下：

澳门从北到南的河流与山脉之间都是农田，也是不卫生的因素之一。但值得注意的是，因为目前的风向，这种不卫生现象趋于缓和。夏季大气气流从南向北移动，使得整个城市弥漫着一股臭气；冬季风向相反，且天气寒冷，垃圾发酵缓慢，同时还有两个推动因素：水和热度。委员会认为，种植水稻和其他作物都需要灌溉，不可能强行禁止，但是另一方面，改善农田卫生条件的规定又让农户非常苦恼，试图改善不卫生的缘由。谷类种植离不开水的浇灌，通过不断的浇灌，防止附着有机物，也可避免因为长期阳光直射导致腐烂。与气候不太炎热的国家不同，在炎热的季节，不断浇灌作物不会给种植带来任何不便。灌溉不当也会对农田造成毁坏，将浇灌次数改为每天一次，其他时间地面都保持干燥，这样必定有益于卫生条件的改善。除了糟糕的灌溉系统，还有许多华人挖掘的水坑，而真正的水塘则淤塞腐臭，建议用小水井取代水坑，可用手泵或风力磨从小水井取水。委员会认为，

---

① 〔葡〕潘日明神父：《殊途同归——澳门的文化交融》，苏勤译，澳门文化司署，1992，第171页。

这些将有助改善公共卫生，除非遭到农户的投诉，这些规则很容易执行，而且不需要很大开销①。

而在前述 1887 年 10 月 19 日，北洋大臣李鸿章的幕客程佐衡在对澳门的实地考察后的禀报中称："从关闸南行莲花茎沙堤，西为菜畦，东为沙滩，约一千余步。"②

关于对澳门种植业的介绍，距今最近的当属 1975 年 3 月《华侨报》记者的采访：

老一辈菜农相传，本澳历史最悠久的菜地，首推望厦和龙田村一带。远在澳门开埠之前，那里已有人种菜。其中尤以望厦村的菜地面积较为辽阔，遍及今天的绿村别墅至柯高马路。大约是五十多年前，随着澳门市容的发展，龙田村湮没了，望厦村相继也变了样，成为鳞次栉比的住宅区。

一直保存到今天的古老菜地，要算是台山嘉翠丽大厦第三座一带的菜地了。它至今亦有一百多年的历史。在这幅由珠圆酒厂连接到关闸的菜地开垦出来时，台山平民屋区还是一片海滩。穿有特大"勇"字制服的清朝士兵，曾到来收过地税。目前在那里生活的菜

①　转引自田渝《澳门近代城市的发展与演变——〈澳门及帝汶省宪报〉公牍选译》，《澳门研究》2011 年第 2 期，第 179、182~183 页。此外，科斯塔在《澳门建筑史》中也提到了 1883 年 7 月 28 日海外省训令建立的负责研究"改善城市物质条件"的委员会，并指出该委员会主要负责工务司和卫生司的工作，还负责直接了解本市各地区的情况，其在制订改善城市环境卫生计划的同时也考虑到了农业地区，认为"在河流和从北到南穿过澳门的山脉之间的洼地是农业地区，这里条件特殊，主要着眼于不卫生的种植方式"。为了改变这种状况，该委员会建议"规定一些改善农村卫生条件的法则"。参见科斯塔《澳门建筑史》，《文化杂志》1998 年第 35 期，第 10 页。

②　《北洋大臣李鸿章为寄送幕客程佐衡巡澳说略事复总理衙门文》（光绪十三年九月初三，1887 年 10 月 19 日）之附件二，出自幕客程佐衡《勘地十说》（光绪十三年八月，1887 年 10 月），载中国第一历史档案馆等《明清时期澳门问题档案文献汇编》（三），人民出版社，1999，第 347 页。

农，有好几户是当年"开荒牛"的子孙①。

尽管从地理学的角度来看，澳门半岛地质的主要成分（geological base）并不适宜农业的有效发展②。但从上述史料中可以发现，自澳门半岛有人居住以来，蔬菜种植现象从未发生变化，而有变化的仅为各个时期蔬菜种植面积、规模和数量的不同而已，这种现象一直延续至50年代初大规模菜农的产生。

（三）边缘区的形成——以马场和新口岸为例

进入1910年之后，"望厦村的稻田、菜园及沼泽地逐渐缩小"，其原因是住宅区和公路的占用③。

可到了1919年以后，特别是1923年后，澳葡政府因大规模填海而形成的土地未及时得到开发，"至少是暂时为农业提供了可以利用的土地"④。但要将这种土地开垦利用的可能性变为现实，其间亦经历了一个曲折的过程，尤其是澳门的一块东北隅填海地从马场到菜田的转变，更说明了这一道理。

① 《本澳菜地话沧桑》，《华侨报》1975年3月29日，第4版。还有老年菜农的回忆称，澳门的种菜历史相当悠久。仅仅是台山的菜地，就已有一百多年的历史。已经湮没的龙田村并不包括在内。群：《台山菜地经历百余年》，《华侨报》1977年9月11日，第5版。在笔者查阅的历史文献中，仅有张甄陶在《论澳门形势状》中指出早期澳门没有蔬菜种植，他认为"其地不生五谷菜蔬，一切仰赖内地"。张甄陶：《论澳门形势状》，载田明曜《香山县志》（卷八），转引自赵春晨《澳门记略校注》，澳门文化司署，1992，第253页。

② Craig Duncun，"The Macau City Region, A Priori Urban Concepts and Macau Development," in Victor F. S. Sit, eds., *Resources and Development of the Pearl River Delta*, Hong Kong：Wide Angle Press, 1984, p.152.

③ 《1912年至1921年拱北关十年贸易报告》，载莫世祥、虞和平、陈奕平编译《近代拱北海关报告汇编（1887～1946）》，澳门基金会，1998，第109页。

④ Craig Duncun，"The Macau City Region, A Priori Urban Concepts and Macau Development," in Victor F. S. Sit, eds., *Resources and Development of the Pearl River Delta*, Hong Kong：Wide Angle Press, 1984, p.152.

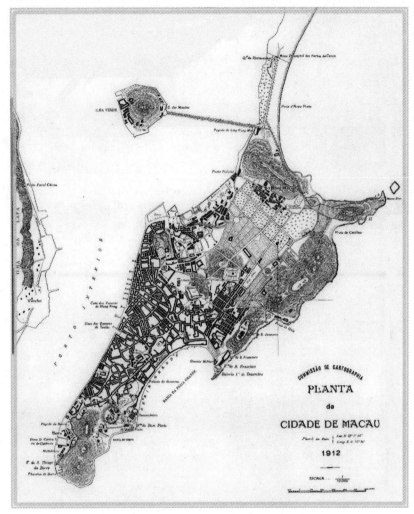

图 2 - 7　1912 年的澳门半岛地图

资料来源：崔世平等策划《21 世纪澳门城市规划纲要研究专题报告》，澳门发展与合作基金会，1999，第 1 ~ 9 页。

1. 边缘区的形成：大规模填海工程

鸦片战争后，由于英占香港的迅速崛起，迫使澳葡政府"更急切谋求改善城市建设"①。但澳门本身面积的狭小，可供城市建设的平坦用

---

① 邢荣发：《明清澳门城市建筑研究》，华夏文化艺术出版社，2007，第 186 页。

地较少，澳葡政府的这种想法受到限制。当 20 世纪初人口迅速增加时，采用填海造地方式获得发展空间，就成为"唯一可以选择的途径"①。从 1919 年起，澳门半岛进入了大规模的港口及城市整治时期②。1919～1924 年，澳葡政府开展内港填海工程计划。到 1923 年，集中填平了澳门西北部，将青洲与澳门北部陆地连成一片，自成一区，即台山区。填成后的该区荒芜，有大量贫民在此居住，搭建草房茅舍，辟地种菜养猪，俨然成村③。接着又填成了青洲大马路两侧，建造筷子基。1923～1938 年进行外港填海工程计划，则填平了澳门半岛东北、东部和东南部的大部分海滩，形成了马场、新口岸、黑沙环等菜农主要聚集区域。这是澳门半岛历史上第一次规模巨大的填海工程，将土地面积由 1912 年的 3.4 平方公里扩展至 5.02 平方公里④，比原有面积扩大 67.7%（参见图 2-8）。

就图 2-9 中菜农分布的马场、新口岸、黑沙环，台山、青洲等多个新填海地点来看，"以新填海区和马场区面积最大，新填海区菜田面积约近三百亩，马场区也有二百多亩"⑤。而"本澳农民一共有七百多户，大都分布在新填海及马场两地"⑥。还有报道认为，"本澳最大的一片菜地是新填海，据说原有菜地超过三万平方公尺，菜农近三百户"⑦。因此，拟侧重对这两个菜农聚集区域的形成作初步探讨。

---

① 谭纵波、崔世平等：《澳门土地利用现状及展望》，载崔世平等策划《21 世纪澳门城市规划纲要研究专题报告》，澳门发展与合作基金会，1999，第 2～16 页。

② 邢荣发：《澳门马场区 沧桑六十年（1925～1985）》，《文化杂志》2005 年第 56 期，第 6 页。

③ 郭声波等：《百年沧桑：试论 1849～1949 年间澳门半岛填海工程与街道建设的关系》，《澳门历史研究》2010 年第 9 期，第 137～138 页。

④ 〔葡〕古万年（Custódio N. P. S. Cónim）、戴敏丽（Maria Fernanda Bragança Teixeira）：《澳门及其人口演变五百年（一五零零年至二零零零年）》，澳门统计暨普查司，1998，第 75 页。

⑤ 《九成五菜田遭水淹 损失三十五万元》，《澳门日报》1966 年 6 月 14 日，第 3 版。这一数字在笔者于 2012 年 6 月 19 日对江荣辉的访问中得到进一步证实。参见 2012 年 6 月 19 日在澳门菜农合群社访问该社创会会长江荣辉（1929 年出生）的记录。

⑥ 《菜农畜牧者日增 春雾有害宜注意》，《澳门日报》1968 年 3 月 25 日，第 4 版。

⑦ 曲同工：《城市发展必然趋势 农地多成建筑用地》，《华侨报》1978 年 9 月 24 日，第 5 版。

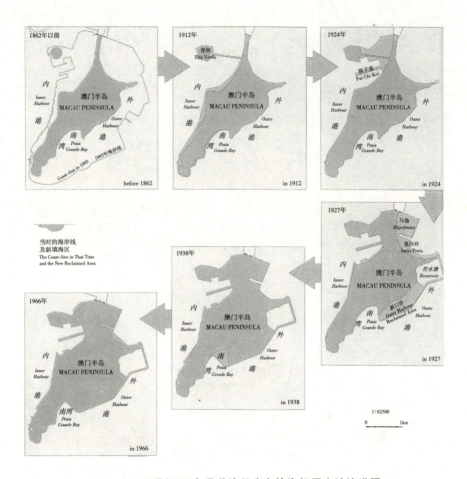

图 2 - 8　20 世纪 60 年代前澳门半岛填海拓展土地演进图

资料来源：黄就顺等：《澳门地图集》，澳门基金会，1997，第 8 页。

2. 菜农主要聚集区域——马场的形成

菜农主要聚集区域之一的马场因其曾作为跑马场而得名。跑马场（Hipódromo，又称赛马场，简称马场）在澳门西北边陲，王文达指出"此系本市新填地区，位于黑沙环船坞之北，原设有澳门骑师俱乐部之跑马场。此区大略以马场海边马路，及骑士马路为界，现几全部辟作菜园"①。邢荣发认为，马场菜园木屋，马场 A、B、C、D 座，马场看台

---

① 王文达：《澳门掌故》，澳门教育出版社，2003，第 286 页。

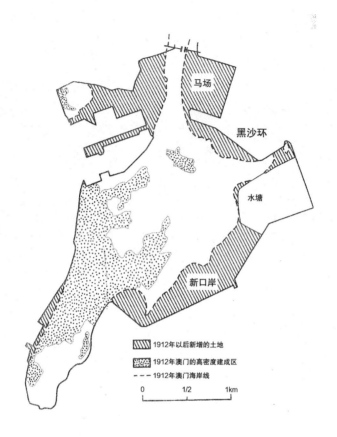

图 2 – 9 1912 年后新增土地示意图

资料来源：T. N. Chiu, "The First Land Use Map of Macau," *Hong Kong Geographical Association Bulletin* 5 (1975), p. 36。

木屋等都是 60～70 年代澳门北部马场区居民住地的名称，"其范围乃指以关闸马路（Istmo de Ferreira do Amaral）为西界，南至黑沙湾马场海边马路（Estrada Marginal do Hipódromo），而东面及北面分别为现在的马场东北大马路（Avenida Leste do Hipódromo）及马场北大马路（Avenida Norte do Hipódromo）的一幅面积约 15 公顷的填海地"①。马场地域的来源及变迁概况如下。

---

① 邢荣发：《澳门马场区 沧桑六十年（1925～1985）》，《文化杂志》2005 年第 56 期，第 6 页。

　　早在 20 世纪 20 年代前，由黑沙环至关闸彩虹村一带，还是一片海滩，积沙成岸，岸边芦兜、杂树丛生。这里虽地处偏僻，但一些渔民和农民为了生计，不畏艰苦，在海边架搭芦兜棚，在荒地上盖搭茅寮，以作居室，其后过了几年，该处才开始筑基，从开辟筷子基挖出的泥沙，运来填地，贫苦的居民陆续迁至，搭屋居住，自成村落①。1923 年，澳葡政府聘请荷兰港口工程公司（Netherlands Harbour Works Company）在此地开展填海工程，经历数载后终于填成平地②。此地填海成陆后，便筑堤基，填平草场，"筑成此一片幅员广袤之场地"③。1924 年，澳葡政府通过 3 月 19 日第 14 号法规订立澳门 20 年代赛马专营权后，便开始积极筹备赛马场④。赛马场划定地界后，原盖搭在地界内的木屋被饬令拆迁，澳葡政府于 1924 年 8 月 22 日⑤开始在此地建成颇具规模的赛马场。1925 年 8 月，澳门赛马专营权由以卢廉若为首的港澳华商获得⑥。建成后的赛马场面积达 200 多亩，大门设在关闸马路中段，大门两侧建有围墙，马场周边再加高成圆形赛马跑道，中部建有供马饮用的大水塘，四周是茂密的草地。看台前一个大草坪，周围是护栏，护栏外设置阶梯式看台，正面看台下建有职员办公室、购票处，以及饲养数十匹马。"一切设备仿效香港"⑦。"密迩关闸，佳景回环，雅丽如画"；"此为创见，诚盛举也"⑧。而马场陈设华丽，亦"堪称远东佳景之一"⑨。

---

① 《马场半世纪来的变迁》，《澳门日报》1973 年 12 月 20 日，第 3 版。
② 《马场廿五年来的变迁》，《澳门日报》1975 年 4 月 14 日，第 4 版。
③ 王文达：《澳门掌故》，澳门教育出版社，2003，第 203 页。
④ 邢荣发：《澳门马场区　沧桑六十年（1925~1985）》，《文化杂志》2005 年第 56 期，第 7 页。
⑤ 〔葡〕施白蒂：《澳门编年史（二十世纪）1900~1949》，金国平译，澳门基金会，1999，第 179 页。
⑥ 〔葡〕施白蒂：《澳门编年史（二十世纪）1900~1949》，金国平译，澳门基金会，1999，第 179 页。
⑦ 王文达：《澳门掌故》，澳门教育出版社，2003，第 203 页。
⑧ 《拱北关民国十六年华洋贸易统计报告书》（1927 年），载《近代拱北海关报告汇编（1887~1946）》，莫世祥、虞和平、陈奕平编译，澳门基金会，1998，第 366 页。
⑨ 《拱北关民国十七年华洋贸易统计报告书》（1928 年），载《近代拱北海关报告汇编（1887~1946）》，莫世祥、虞和平、陈奕平编译，澳门基金会，1998，第 370 页。

1927 年 3 月 9 日，澳门万国赛马体育会在新建成的赛马场举行赛马，港澳赛马分别错开，每两周一次，便于爱好赛马人士每周都有消遣，"也带来了澳门不少繁荣，因那时澳门花事很盛，鸦片公开，故港客都来散钱，所以澳门被称为梳打埠"①。马场按期举行赛马，"甚得群众欢迎"，而香港方面则专门准备一"快捷轮船，于赛马期间往来港澳，凡兴高采烈者，率趁搭此船，以快其心意"②。然而，由于当时澳门工商业落后，人们生活普遍较为困难，"这种玩意只是有钱人才有兴趣"③。因为"进入马场要购票，会员座且非襟悬牌徽不可，富有阶级还有养马的爱好"。每逢周末、周日的赛马场，"成为富有人家玩乐的场所"④。由于澳门的赛马，"实赖港客支持"。1941 年年底太平洋战争爆发后，香港沦陷，赛马场因得不到香港客源的支持而倒闭⑤。

赛马场停止运作后，仍有一些马匹和粮仓中囤积的玉米等留下。1942 年，在日军的经济封锁下，澳门形如孤岛，生活物资来源渠道被完全堵塞，发生大饥荒。"因来源缺乏，澳葡施行管制，因饥馑打击，饿殍载途，赛马早已停顿，澳葡以养马消耗粮食，乃下令将马宰杀，将肉分给公务员军营等，且有部分送给医院老人院等，而仓中玉蜀黍干，也尽量拨出廉价售与居民，因此也减少了一点粮荒，而马场也由此结束……"⑥ 接着，澳葡政府"欲利用马场兴建机场，修筑跑道由今日的彩虹村直延伸至新美安大厦附近"，后由于机场未建成，跑道荒废⑦。马场停业，

---

① 黄衫客：《澳门马场已面目全非（下）》，《华侨报》1973 年 12 月 9 日，第 6 版。
② 黄衫客：《澳门马场已面目全非（下）》，《华侨报》1973 年 12 月 9 日，第 6 版。
③ 施肇：《澳门马场区沧桑》，《华侨报》1981 年 4 月 9 日，第 4 版。
④ 《马场半世纪来的变迁》，《澳门日报》1973 年 12 月 20 日，第 3 版。
⑤ 李福麟：《澳门四个半世纪》，澳门松山学会，1995，第 352 页。
⑥ 黄衫客：《澳门马场已面目全非（下）》，《华侨报》1973 年 12 月 9 日，第 6 版。与此有关的说明是：澳葡政府港务局局长奥古斯托·卡斯特罗·罗德里格斯（Augusto Castro Rodrigues）在 1946 年 12 月的报告中提及，大部分存有的疏浚船只在战争中被转让给了日本人，用以换取大米，解救需要吃饭的澳门居民，没有这些交易，他们会因饥饿而死。转引自〔葡〕施华（Fernando David e Silva）《澳门政府船坞——造船和修船一百年》，蔚玲译，澳门海事博物馆，1996，第 61 页。
⑦ 施肇：《澳门马场区沧桑》，《华侨报》1981 年 4 月 9 日，第 4 版。

围栏倒塌，此地"就像个一望无际的草原，杂草丛生，几及人高"①。

3. 菜农主要聚集区域新口岸的形成

新口岸在未填海前，由加思栏、劏狗环、马交石到黑沙环一带都是海滩，潮水直拍东望洋山（又称松山）、马交石岸边②。1923 年 5 月，由前述荷兰港口工程公司（Netherlands Harbour Works Company）开始填海工程，沿黑沙环至马交石天后庙，沿劏狗环而松山麓直至南湾东端，在这条界线以东及以南填海成陆，以便辟作轮船停泊的新口岸。新口岸填海工程甚具规模，填出面积约 50 公顷，至 1931 年完工，工程持续八年多，耗资 4000 万元，雇用工人最多时达 5000～6000 人，以中国山东省人居多，其余为澳门周边地区前来谋生者。填海所用工具，除靠人力肩挑和小火车运泥之外，还备有浚河船吸海泥填海滩，"其效率颇高，对填海工程大有帮助"③。填海工程完成后，人们遂以"新填海"称呼。填筑土地时，港外的潮水随着大风浪汹涌冲击堤岸，堤岸经常被冲崩。因考虑到沿海地区海岸较浅，有关机构用石块建筑了一条伸展出海外的堤坝。这些堤坝分里外两重，它的范围广阔，一直延伸到马交石和圆台仔，便是当时人们俗称的"长命桥"④。

由于新口岸是荷兰港口工程公司注入海泥填成，水分多，咸度大，地质粘重，地基不稳固，地面常常下陷，虽经 20 余年雨水冲洗，"表土下仍属碱性，且受强速风之影响，收成无甚把握"⑤。初时不适宜建筑和耕种，故广阔的填海地迟迟未能利用。因此，20 世纪 40 年代这里

① 《马场廿五年来的变迁》，《澳门日报》1975 年 4 月 14 日，第 4 版。还有一说是，马场停业后，"有一曾姓市民，以和葡政府有点交情，乃申请一幅地，建临时别墅养病，且扩展以作菜圃，因此例一开，继之申请渐众，那里才有居民"。黄衫客：《澳门马场已面目全非（下）》，《华侨报》1973 年 12 月 9 日，第 6 版。
② 常青：《新填海区的变迁》，《澳门日报》1969 年 8 月 12 日，第 4 版。
③ 梅士敏：《新口岸填海话当年》，《澳门日报》1983 年 2 月 20 日，第 2 版。
④ 黄衫客：《长命桥与新口岸的变迁》，《华侨报》1977 年 11 月 25 日，第 5 版。
⑤ 黄浩然主编《澳门华商年鉴》（第一回·上卷），澳门精华报，1952，第 38 页。

仍很荒芜，野草丛生，处处坑洼，积水成洼，孩子们常结伴前去玩水，也取海泥回校做劳作①。直到新中国成立之前，"新填海等地仍是一片荒芜，杂草长至几乎与人一般高"②。

二　生成动因：内外合力挤压

20 世纪 50 年代之前的澳门，并无具有一定规模的菜农，但有大片新填海的土地。从 50 年代初开始，这些土地得到大面积开垦，促使大规模菜农的勃兴③，这"是当地相当重要经济一环"④，对民生具有深远作用和重大的影响。那么，具有一定规模的菜农是在什么背景下诞生的？产生的动因是什么？这些都是本节要探讨的问题。

（一）菜农产生动因解读

20 世纪 50 年代之前的澳门，蔬菜种植面积不大，市场上的鲜活农产品主要由内地供给，但在 50 年代却突然出现了具有一定规模的菜农。至于菜农⑤出现的原因，大多数学者认为：一是 1946 年⑥广东省潮汕地区发生历史上罕见的旱灾，该地区一些农民逃荒来到澳门，开垦荒地种植蔬菜和饲养家畜，"农业开始进入昌盛佳境"。二是 1952 年澳门边境发生"关闸事件"后，内地蔬菜停止供澳。澳葡政府不得不实行鼓励

①　唐思：《新填海区沧海桑田》，载唐思《澳门风物志续篇》，中国文联出版社，1999，第 39 页。
②　曲同工：《城市发展必然趋势　农地多成建筑用地》，《华侨报》1978 年 9 月 24 日，第 5 版。
③　20 世纪 60 年代中期全澳农耕地达 1000 多亩，占当时平地面积的三分之一。《工商经济发展与农争地　本澳农业生产日趋衰落》，《华侨报》1980 年 12 月 8 日，第 4 版。
④　《一年来工商业概况》，《华侨报》1961 年 2 月 15 日，第 11 版。
⑤　本节所示菜农概念，均为在数量上具有一定规模的菜农。
⑥　还有资料显示，潮汕大饥荒发生的时间是 1947 年。并提到"40 年代初期，澳葡鼓励市民开荒种菜，准许开荒者拥有他们开垦的土地"。参见《本澳菜地话沧桑》，《华侨报》1975 年 3 月 29 日，第 4 版。

种植蔬菜的政策，给予愿意务农人士自己选择土地开垦种植的权利，澳门农业因而进入"大开发阶段"①。少部分学者则表示："由于战后粮食供应不足，澳葡政府在 1950 年初鼓励居民种菜。"② 或指出在 1952 年的"关闸事件"后，"澳葡政府号召居民开荒种菜，并给予菜农选择土地和开发种植的权利。因此关闸一带菜农居多"③。从上可以看出，在菜农出现的原因方面，大多数学者认为有两个外部因素，少部分学者则认为只有一个；在菜农出现的时间上，有些学者表示是在 40 年代开始出现的，也有的认为从 50 年代开始出现。既然前述菜农的出现是澳门历史上的一个大事件，对民生具有深远作用和重大的影响，那么，其出现的原因是否就仅归结为这一两个方面外部因素的推动？有无内部力量的拉动？菜农的出现究竟是在 40 年代还是 50 年代？这一现象反映出新中国成立前后澳门哪些经济、社会和民生特点？这些都值得进一步探究。

1. 内因：20 世纪 40 年代澳葡政府改变空置土地的用途

20 世纪 50 年代初有评论认为，澳门有"一大批可耕而未垦的土地"。但在 40 年代之前，大多数人的主要注意力集中在开发商业方面，忽视这些闲置土地的存在。市民对农业"不屑一顾"④ 产生的后果是

---

① 参见黄汉强主编《澳门经济年鉴》，澳门华侨报，1983，第 3 页；元邦建等：《澳门史略》，中流出版社有限公司，1988，第 11 页；吴志良、杨允中主编《澳门总览》，澳门基金会，1996，第 9 页；黄启臣：《澳门通史（自远古至 1998 年）》，广东教育出版社，1999，第 549 页；黎小江、莫世祥主编《澳门大辞典》，广州出版社，1999，第 295 页；吴志良、杨允中主编《澳门百科全书》，澳门基金会，2005，第 375 页；邢荣发：《澳门马场区　沧桑六十年（1925～1985）》，《文化杂志》，2005 年第 56 期，第 9 页。

② 参见薛凤旋《澳门五百年：一个特殊中国城市的兴起与发展》，香港三联书店、澳门大学、香港浸会大学当代中国研究所，2012，第 212 页。

③ 参见杨兆贵《筚路蓝缕　艰苦卓越——菜农子弟学校简史》，《澳门研究》2009 年第 52 期，第 159 页。

④ 例如，澳葡政府在 1932 年 11 月 26 日的第 268 号立法性法规中对澳门土地批给做出规定，该法规第 77 款即《过渡规定》，包括允许"保留关闸以西菜园及氹仔和路环岛上目前存在的蓬寮"。其中仅提到了"关闸以西菜园"。参见 1932 年第 48 期《政府公报》，转引自〔葡〕施白蒂《澳门编年史（二十世纪）1900～1949》，金国平译，澳门基金会，1999，第 257 页。

"本澳市民生活必需的农产品，均需仰赖外来的接济，每遇交通梗阻，或来途窒塞，便面临严重的威胁"①，"二次世界大战期内所表现的，正是一个深刻的教训"②。这里的"深刻的教训"，就是指抗日战争期间发生的大饥荒事件。1937 年抗日战争爆发，第二年战火波及华南，广东各地频繁遭受日军空袭，居民开始前往澳门躲避战火，使得"澳门商业，顿形改观。其后广州失陷，中山不守，避居来澳者益众"③。与此同时，日军封锁澳门对外水陆交通，控制其与邻近地区的贸易，对澳门的物资流通实行"相当严厉"的管制，意图通过经济封锁的途径，来达到"事实上的占领"④。这样一来，"惟是交通影响，物资无不窒息"⑤。市民赖以生存的大米以及原由广东省中山、四邑等邻近地区生产的蔬菜等鲜活农产品无法输入；而从广东中山、新会等处运米又为日军、汉奸操纵，奸商囤积居奇。特别是 1941 年香港沦陷，大量难民逃往澳门躲避战乱，从外地涌入的人口使澳门人口剧增。1941 年 12 月有15 万人，到 1942 年 2～3 月增至 45 万人，一度高达 50 万人⑥。为保障市民的生存，澳葡政府从 1941 年 12 月 23 日起分发"购取粮食凭券"⑦。粮价最高时暴涨了 30 倍以上。根据官方材料，大米由 1939 年的每斤 0.08 元（澳门元，下同），升至 1945 年的 2.7 元，黑市米被炒至每斤 5 元⑧。但当时澳门市民的平均日薪仅约为 1 元。由于人口空前增加而缺少粮食供应，澳门自 1940 年起至 1942 年爆发历史上空前的大

---

① 黄浩然主编《澳门华商年鉴》（第一回·上卷），澳门精华报，1952，第 39 页。
② 黄浩然主编《澳门华商年鉴》（第一回·上卷），澳门精华报，1952，第 39 页。
③ 何大章、缪鸿基：《澳门地理》，广东省文理学院，1946，第 12 页。
④ 宜野座伸治：《太平洋战争时期的澳日关系——关于日军不占领澳门的初步考察》，《澳门研究》1997 年第 5 期，第 76、80～81 页。
⑤ （澳门松山）《柯维纳总督纪念亭碑记》，澳门中华总商会，1949 年 5 月 28 日。
⑥ 转引自〔葡〕施白蒂《澳门编年史（二十世纪）1900～1949》，金国平译，澳门基金会，1999，第 288～289 页。
⑦ 参见 1941 年第 51 期《政府公报》，转引自〔葡〕施白蒂《澳门编年史（二十世纪）1900～1949》，金国平译，澳门基金会，1999，第 288 页。
⑧ 郑思尧：《澳门经济的发展与前景展望》，《澳门日报》1982 年 6 月 21 日，第 9 版。

饥荒，加之当时的疟疾、瘟疫和霍乱流行，1940 年、1941 年和 1942 年的死亡人口分别为 12850 人、10844 人、16608 人①。到 1943 年，澳门每日仍有近百名新来的难民因饥饿或痢疾倒毙街头②。

施达时（António Estácio）等人的研究结论是，在当时生活困苦、难民越来越多的情况下，"食物的安排变得迫在眉睫，唯有赖农业、畜牧业以及家禽饲养业方可满足此一需要"。所以，澳督戴思乐（Maurício Gabriel Teixeira）于 1942 年颁布了第 761 号立法条例，该条例的序言强调"基于粮食供应和市民卫生的问题，须多加利用可作为农业用途的空置地段"；第一条规定，"当目前情况持续不变时，土地委员会主席有权批给市区内可暂用作耕种的土地"③。也就是说"由于生活指数的暴涨及蔓延远东的战争带来的其他影响"，澳葡政府"暂时允许将城内土地作农业用途"④。香港也有类似的情况，针对粮食的需求增加，港英政府于 1945 年成立农业处（Department of Agriculture），以发展新界的农业⑤。

抗日战争结束后，澳葡政府在 1948 年的第 52 期《政府公报》第三副刊上刊登第 1078 号立法条例，该条例承认澳门半岛受面积所限，

---

① 傅玉兰主编《抗战时期的澳门》，澳门特别行政区文化局澳门博物馆，2001，第 56 页；吴志良、汤开建、金国平主编《澳门编年史》［第五卷：民国时期（1912 ~ 1949）］，广东人民出版社，2009，第 2650 页。另据黄就顺忆述，1942 年新春期间，澳门市民饥寒交迫，竟出现一天死亡 400 人的现象。当年由于死亡人数太多，以至于市政当局不得不将其运往氹仔北安坟场埋葬，于是出现了人们称呼的"万人坑"。参见 2012 年 2 月 28 日在澳门访问黄就顺（1926 年在澳门出生）的记录。与此相关的内容还可参见氹仔老人的回忆，载郑炜明《氹仔路环历史论集》，澳门特别行政区民政总署文化康体部，2007，第 161 页。

② ［葡］施白蒂：《澳门编年史（二十世纪）1900 ~ 1949》，金国平译，澳门基金会，1999，第 293 页。

③ ［葡］施达时（António Estácio）、白加路（Carlos Batalha）：《离岛绿化区的发展》，周庆忠译，澳门特别行政区民政总署，2002，第 12 页。

④ 参见 1942 年 4 月 17 日，第 8 期《政府公报》副刊，转引自［葡］施白蒂《澳门编年史（二十世纪）1900 ~ 949》，金国平译，澳门基金会，1999，第 290 页。也有媒体认为，"40 年代初期，澳葡鼓励市民开荒种菜，准许开荒者拥有他们开垦的土地"。参见《本澳菜地话沧桑》，《华侨报》1975 年 3 月 29 日，第 4 版。

⑤ 薛凤旋、邝智文：《新界乡议局史：由租借地到一国两制》，香港三联书店、香港浸会大学当代中国研究所，2011，第 247 页。

无法"把大量土地用于农业、畜牧及衍生的……"外，还鼓励"尽量利用氹仔和路环……尤其是供应澳门半岛的新鲜粮食、畜养，甚至一些食用牲畜等方面，从而大幅度减少每日从境外进口供市民食用的粮食"①。对于这一主张，施达时等认为，澳门半岛缺乏生产场地种植蔬果、饲养家禽以及生猪。因此，农民及禽畜饲养人士均认为将生产场地迁往离岛"最为理想"。然而，没有可供利用以及能迅速通往该地的桥梁，是巨大的障碍②。此后，随着形势的发展，由于交通等问题未得到及时解决，往氹仔和路环发展农业的计划难以在短期内实现。为解决农产品严重短缺的燃眉之急，澳葡政府也不得不将注意力从离岛转向原本作为城市建设用途，但此时仍然荒芜位于城郊的新填海地。

因此，抗战期间发生大饥荒导致数万人死亡的惨痛教训，迫使澳葡政府将解决食品短缺问题放到头等重要的位置，其标志是改变拟以大片新填海地作为城市建设用途的初衷③，转为鼓励和支持市民在这些土地

---

① 转引自〔葡〕施达时、白加路《离岛绿化区的发展》，周庆忠译，澳门特别行政区民政总署，2002，第12页。

② 〔葡〕施达时、白加路：《离岛绿化区的发展》，周庆忠译，澳门特别行政区民政总署，2002，第12页。直到1968年5月26日，连接氹仔和路环的路氹连贯公路才启用。而改变半岛与离岛之间的关系和功能的主要是1974年建成的连接半岛和氹仔的嘉乐庇总督大桥（Ponte Governador Nobre de Carvalho，又称澳氹大桥）。参见 Craig Duncun, "The Macau City Region, A Priori Urban Concepts and Macau Development," in Victor F. S. Sit, eds., *Resources and Development of the Pearl River Delta*, Hong Kong: Wide Angle Press, 1984, p. 153. 自此以后，市民前往氹仔和路环才不需要乘坐澳葡政府船坞生产的运输船（即客轮，又称汽船——笔者注）。〔葡〕施华：《澳门政府船坞——造船和修船一百年》，蔚玲译，澳门海事博物馆，1996，第81页。

③ 如前所述，澳葡政府在1938年澳门半岛东部新填海工程完成后，"计划辟为新市区及新住宅区，建有三合土大道若干，惟以澳门经济落后，新市区计划一时难以实现，至今尚荒无人居住"。何大章、缪鸿基：《澳门地理》，广东省文理学院，1946，第85页。谭光民在其《澳门的土地资源与经济发展》的论文中也认为，由于抗日战争的爆发，"对土地的需求相对有限"，以及20世纪50年代初美国对港澳贸易实行管制等造成的经济萧条，"导致社会对土地的需求锐减。所以新口岸和南湾填海工程在30年代末已完成，但此后的20多年一直空置未用"。谭光民：《澳门的土地资源与经济发展》，《热带地理》1999年第4期，第326页。

上发展农业。澳葡政府将新填海的土地农业化的发展思路，催生了城市边缘区（urban fringe），即人们俗称郊区的出现。

2. 外因：内地供澳农产品货源不稳定

尽管抗战期间造成的大饥荒迫使澳葡政府改变空置土地的用途，作为种植农产品用地，但这些土地并未及时得到开垦。据菜农合群社创会会长江荣辉的回忆，他 1947 年来澳之时，"澳门并无多少人从事农业，只有关闸马路两旁以及望厦有一些菜田，共有 20 多户农民，约 30 亩至 40 亩土地"[①]。邢荣发的文章也认为，由于澳门蔬菜长期依赖内地供应，本地种菜农民只有"关闸附近、新填海及望厦十数户"[②]。这些观点与30~40 年代在澳门任教的何大章、缪鸿基的研究大致相吻合。按照伦敦大学理查德·L. 埃德蒙斯（Richard Louis Edmonds）的研究，在 20世纪的资料中，最早的一幅澳门土地利用图出自于 1946 年何大章和缪宏基所编的《澳门地理》，当时抗日战争刚结束，后来成为澳门半岛主要边缘区的马场、黑沙环和新口岸等地尚无人开垦。在本地蔬果方面，仅有半岛"北部填地略有出产"（参见图 2 - 10），即"关闸土腰两旁，遍植蔬菜，为澳门唯一之农艺区，附近居民多事种植，茅舍草庐，宛成小村，别有田家风味"[③]。

抗战结束后内地发生国共内战，影响农产品货源的供给。据江荣辉介绍，1949 年 10 月新中国成立后的头几个月，受内地局势变化的影响，供澳农产品处于不稳定状态，市民对农产品的日常消费无法得到满足[④]。研究人口学的学者古万年（Custódio N. P. S. Cónim）和经济统计

---

① 2012 年 6 月 19 日访问江荣辉的记录。

② 邢荣发：《澳门马场区　沧桑六十年（1925~1985）》，澳门《文化杂志》2005 年第 56 期，第 9 页。

③ 何大章、缪鸿基：《澳门地理》，广东省文理学院，1946，第 78、85 页。此外，1950 年 2 月 21 日的《华侨报》也提到，关闸菜园及台山筷子基等处农民于 20 日向市场提供 300 余头生猪。《屠场开杀戒今日食有肉　猪只来源多牛却有问题　鸡价复常态》，《华侨报》1950 年 2 月 21 日，第 3 版。

④ 2012 年 6 月 19 日访问江荣辉的记录。

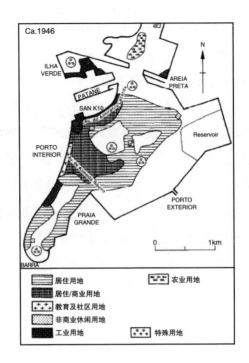

图 2 - 10　1946 年的农地利用图

資料来源：何大章、缪鸿基：《澳门地理》，广东省文理学院，1946，第 84 ~ 85 页。转引自 Richard Louis Edmonds, "Land Use in Macau: Changes between 1972 and 1983," *Land Use Policy* 1 (1986), p. 49。

专家戴敏丽（Maria Fernanda Bragança Teixeira）的研究结果显示，"在 50 年代的前后数年间，部分由中国输入的粮食产品如肉类及蔬菜等的价格遭受严重升幅"[1]。这是由于"大陆形势改观后，农产品出口受到了严格限制，因此影响到凡与澳门民食有关的农产品，价格上涨"[2]。这与香港的情况相似，即"中国大陆政权变化，以致外来农产品供应不稳定，导致价格波动"[3]。

---

① 〔葡〕古万年、戴敏丽：《澳门及其人口演变五百年（一五零零年至二零零零年）》，澳门统计暨普查司，1998，第 433 页。

② 黄浩然主编《澳门华商年鉴》（第一回·上卷），澳门精华报，1952，第 37 页。

③ 彭琪瑞等：《香港与澳门》，香港商务印书馆，1986，第 132 页。

在这样的形势下，"不少人见猎心喜，转而投资"[①]。农产品价格上涨，也带来农民收入的增加。对此，江荣辉认为，当时菜农的收入相对高于一般工人，因为 50 年代初每斤蔬菜售价约为 0.2 ~ 0.3元，若蔬菜丰收，每户菜农月收入可达 200 ~ 300 元；与其相比较，工人月薪则仅为 50 ~ 60 元，前者的收入高于后者达数倍[②]。除农产品价格上涨吸引来澳的农民种菜之外，抗战期间发生的"澳门民食问题的严重"，也使市民"对于此一事业的经营，深具兴趣"[③]。

1950 年 1 月 30 日，拱北海关正式公布，从 2 月 1 日起完全禁止包括生猪在内的所有"活牲"出口，"倘仍有携运，便当作走私论处"。但鸡鸭等三类鲜活农产品不受禁止[④]。受此影响，生猪价格"扶摇直上"，每担由此前的 45 元涨至 230 ~ 250 元[⑤]。对于内地限制肉类食品出口澳门带来的问题，澳葡政府认为"如何疏导来源，及设法增加生产，乃为重要之一着"。在"疏导来源"方面，通过向外国采购食品供应澳门市场，解决内地货源不稳定的问题。澳葡政府有关部门表示，市政厅曾为增加肉类运澳，曾经委员会议，修改肉类进口条例，准许商人由澳洲或美国等处调运大量冻肉返澳。但该条例的修改完成几个月后，"惟商人仍未有将澳洲肉运来者，实由于市政厅之大冷藏库尚未有兴建，诚恐冻肉运来，难以储藏之故"[⑥]。既然从国外的渠道无法解决肉类食品的问题，澳葡政府只能依靠"设法增加生产"的途径。按照

---

① 黄浩然主编《澳门华商年鉴》（第一回·上卷），澳门精华报，1952，第 37 页。

② 2012 年 6 月 19 日访问江荣辉的记录。

③ 黄浩然主编《澳门华商年鉴》（第一回·上卷），澳门精华报，1952，第 37 页。

④ 拱北海关一九五零年一月三十日第二零号布告，转引自《拱北关今日执行禁例　活牲禁出口》，《华侨报》1950 年 2 月 1 日，第 3 版。

⑤ 《拱北关昨日起禁止牲口出口　鸡鸭鹅类不受禁止》，《华侨报》1950 年 2 月 2 日，第 3 版。

⑥ 《政府促进肉类生产　鼓励市民建立农场　路环氹仔地广人稀可资利用　如有申请将予以便利》，《华侨报》1950 年 2 月 9 日，第 3 版。直到 20 多年后的 1977 年，澳门仍没有大型冷冻仓库。参见《关怀澳门同胞生活》，《华侨报》1978 年 3 月 25 日，第 8 版。

《华侨报》记者援引"有关方面"的看法：为维持市民之肉食供应，有关当局"曾一度计划开设宏大畜牧场所"，后由于种种关系，该计划落空。而接下来要做的就是设法引起居民对饲养的兴趣。为此，澳葡政府欢迎市民筹设畜牧场，并提出如在氹仔、路环等处开设，"实为最良好之地点，市民如有提出请求时，当局将设法予以便利"①。由于前述交通阻碍，50 年代初澳葡政府鼓励市民前往氹仔、路环从事农牧业的提议未得到更多市民的响应。

2 月 7 日，拱北海关又发出布告，限制鸭鹅即羽类牲口（又称两脚活牲）的大量输出，凡每人携鸡鸭鹅经关口时，只准带三只，多则加以禁止。此规定从 7 日晨起在内地陆路检查站开始实行②。自该办法实施后，内地由此前输入的 7000～8000 只，减至 2573 只，约相当于平时的三分之一③。2 月 15 日，拱北海关又发出布告，表示"兹奉华南财政经济委员会通知，经奉中央财政经济委员会同意，照顾华南特殊情况，特准活牲中生猪出口，其他牲口仍不准输出"④。2 月 20 日，前述关闸菜园以及台山、筷子基等处农民饲养的共约 300 余头生猪上市，其对民生的影响可谓"屠场开杀戒今日食有肉"⑤。

8 月 2 日，"珠海边防局宣布加强边境防卫和检查，停止向澳门供应粮食和果菜，澳门局势再度紧张。澳葡当局在内外压力下，不得不请华人领袖何贤与中方沟通调停"⑥。此后虽然广东省政府允许珠海的关闸、联安、高沙、北岭、湾仔五个自然村的农民向澳门输出鲜活农产

---

① 《政府促进肉类生产　鼓励市民建立农场　路环氹仔地广人稀可资利用　如有申请将予以便利》，《华侨报》1950 年 2 月 9 日，第 3 版。
② 《内地昨日实行羽类牲口限制输出》，《华侨报》1950 年 2 月 8 日，第 3 版。
③ 《管制之下　羽类牲口来源锐减》，《华侨报》1950 年 2 月 9 日，第 3 版。
④ 《拱北关布告　生猪准办结汇出口　如有区以上政府证明可免》，《华侨报》1950 年 2 月 16 日，第 3 版。
⑤ 《屠场开杀戒今日食有肉　猪只来源多牛却有问题　鸡价复常态》，《华侨报》1950 年 2 月 21 日，第 3 版。
⑥ 吴志良：《生存之道——论澳门政治制度与政治发展》，澳门成人教育学会，1999，第 255～256 页。

品，但是澳门市场时常出现大宗鲜活农产品断货现象。

20世纪50年代初对内地供澳农产品造成重大影响的应属"关闸事件"。1952年7月25日，澳葡军队与内地军队在粤澳边境发生武装冲突，双方展开炮击，致使士兵各有伤亡，这一事件被称为"关闸事件"。8月2日，中方宣布封闭连接澳门与内地的关闸通道。后经15轮谈判，葡方道歉赔偿。8月25日，中方恢复澳门与拱北之间的陆路交通。在"关闸事件"期间，一向依赖广东省中山等地供应蔬菜等鲜活农产品的澳门，顿时断绝了生活资料的来源，"导致有关价格飞涨"①，市民惶恐不安，日常生活受到极大影响。

在这样的背景下，澳葡政府不得不鼓励农业的发展。其主要的表现形式是，"市民可到当时仍然荒芜的土地上，自行划地开垦种植"②。直到1954年，澳葡政府卫生厅与工务厅③"对于居民如有请求在新口岸及黑沙环设农场种植者，经认为对地方上并无妨碍时，便予以批准"。务使"澳门能成为农产品生产地，打破依靠外来观念"④。50年代初的香港也采取了相似的做法，这就是"港英政府为防止中国内地突然停止向香港出口粮食，更大力推动新界农业"。并于1953年将前述农林业处（Department of Agriculture）改组为渔农处（Department of Agriculture and Fisheries）⑤。

3. 菜农劳动力：20世纪40年代后期开始来澳的内地农民

据署名为"务农"的作者撰文介绍，绝大部分菜农是从广东潮汕

---

① 〔葡〕施白蒂：《澳门编年史（二十世纪）1950～1988》，思磊译，澳门基金会，1999，第12页。

② 2012年6月19日访问江荣辉的记录。

③ 澳葡政府工务局成立于1951年，其前身是工务专理局。1959年，该机构更名为工务港口及运输厅。但20世纪60年代的媒体仍普遍将该机构称为工务局或工务厅。为免引起歧义，除引用的原文和注释中出现的史料标题之外，本书将该机构统称为工务厅。

④ 《力求农产品自给自足　当局准备广辟农牧场》，《华侨报》1954年7月16日，第3版。

⑤ 薛凤旋、邝智文：《新界乡议局史：由租借地到一国两制》，香港三联书店、香港浸会大学当代中国研究所，2011，第247～248页。

一带搬迁到澳门的①。潮汕农民来澳有两个原因：一是国共内战的影响。"务农"认为，中国人民在经历了八年抗日战争之后，已是穷困疲乏极了，对幸福的生活极为向往。可是，20世纪40年代后期内战爆发，全国烽火燃遍。当时，"澳门安全"之说在他的家乡一带流行甚广，于是不少人萌生来澳之念，限于经济能力，当时只有一些年轻夫妇和青年男子才有机会带点积蓄来到此地②。来澳门之前，他们中的一些人，"心里对澳门总存有一个美丽的幻想，他们以为，凭着勤劳的双手，在这样一个十里洋场里纵使不能致富发达，也总可以谋个衣食无缺、温饱无忧吧"。他们来到澳门后，发现此地与在家乡的想象"却完全相反"，澳门并非"一个世外桃源"③。二是潮汕发生严重灾害导致的大饥荒。1946年④，广东潮汕一带发生旱灾，农作物颗粒无收，一些农民逃荒来到澳门⑤。他们"孑然而来，无亲无靠，只能靠行乞度日，当时很多人都跑到废置了的马场看台栖身。那里的面积并不大，却挤上了80多户人家，有如沙丁鱼，他们捡拾包咸鱼的破草席铺地而睡，生活实在无法维持下去，有些人被迫卖儿卖女，境况悲惨"。至1950年，澳葡政府强行将他们驱赶至青洲烂地搭"棚仔"居住⑥。

---

① 务农：《为口奔驰来澳种菜》，《澳门日报》1976年9月2日，第5版。至于菜农的来源地构成，据江荣辉回忆，来自潮汕地区的占60%~70%，其余来自广东省中山、珠海和新会等地。参见2012年6月27日访问江荣辉的纪录。

② 务农：《为口奔驰来澳种菜》，《澳门日报》1976年9月2日，第5版。另据江荣辉回忆，当时也有一些三四十岁的夫妇带子女来到澳门。参见2012年6月27日访问江荣辉的记录。

③ 王堪：《"饿死老婆熏臭屋"——记一个老菜农的痛苦遭遇》，《澳门日报》1959年5月17日，第4版。

④ 还有资料显示，潮汕大饥荒发生的时间是1947年。参见《本澳菜地话沧桑》，《华侨报》1975年3月29日，第4版。也有人回忆是1943年。据笔者采访江荣辉的记录，正确的时间应是1946年。参见2012年6月27日访问江荣辉的记录。

⑤ 据江荣辉回忆，当时到港澳经边境时不需用任何证件，可自由出入，因此一些农民便来到澳门。参见2012年6月19日访问江荣辉的记录。

⑥ 有报道认为，在抗战期间和1947年潮汕大饥荒时，相继逃到马场看台附近落足谋生的潮州人，遂到马场、青洲和新填海赛车看台后至水塘侧开荒。《本澳菜地话沧桑》，《华侨报》1975年3月29日，第4版。

也就在 1950 年年底，美国等西方国家向中华人民共和国实施"禁运"政策。香港、澳门亦于 1952 年 6 月和 10 月分别执行贸易"管制"，刚从战争摧残中复苏的澳门经济再度遭到扼杀。直到 1955 年，"澳门经济处于相当艰难的时期"，仅有的神香、爆竹、火柴等简单手工业作坊不断倒闭，"社会失业普遍"[1]。在这样的社会环境中，缺乏资金和技术的来澳农民不仅无法寻找工作，也没有经济条件解决衣食住宿问题[2]。但他们却为澳门菜农的兴起提供了劳动力储备，此与香港农业由稻田大规模地向菜田转变的人力资源动因相似，即"随着中国大陆移民的流入，香港增添了不少来自汕头和广州近郊的经验菜农，为农业变革提供了合适的人力"[3]。

正在极端困难处境中的外来农民，在澳葡政府发展农业的政策鼓励下纷纷"重操故业"[4]，即依靠体力劳动开荒种地维持生存。例如，当澳葡政府允许马场可以开荒种植后，立即拥来大批贫苦失业者，其中不少是昔日原居住在马场看台的居民。他们用茅草或柴皮搭建临时茅棚栖身，暂避风雨。从家乡携带的一点积蓄，都几乎用于购买农具和菜种[5]。有些开荒者白天做泥工、搬运工甚至行乞，晚上则摸黑开荒，披星戴月。有些人无钱买锄头，只得向亲友借贷。当时在马场开荒种菜的

---

① 郑思尧：《澳门经济的发展与前景展望》，《澳门日报》1982 年 6 月 28 日，第 9 版。

② 务农：《为口奔驰来澳种菜》，《澳门日报》1976 年 9 月 2 日，第 5 版。

③ 彭琪瑞等：《香港与澳门》，香港商务印书馆，1986，第 132 页。抗战结束后，1945 年的澳门人口降至 15 万人左右。解放战争时期，内地又有部分人口流向澳门，据 1950 年的调查，澳门人口接近 19 万人。人口增加的原因是，在内地解放后，香港改变了移民条例，限制内地人口入境，使一些内地移民涌入澳门，其中的一部分经澳门中转前往他国，一部分留在澳门定居，"从而形成这一时期人口的上升"。缪鸿基、何大章等：《澳门》，中山大学出版社，1988，第 71 页。笔者推测，这一时期增加的 4 万人当中，有一些人到边缘区开荒种菜。此外，卡拉多等也提到，由于中国农民和渔民的到来，人口从 20 世纪中叶起出现增长，这成为改变澳门面貌的另一个决定性因素。这一观点也可作为对上述论据的补充。〔葡〕卡拉多、门德斯等：《澳门从开埠至 20 世纪 70 年代社会经济和城建方面的发展》，《文化杂志》1998 年第 36、37 期，第 56 页。

④ 务农：《为口奔驰来澳种菜》，《澳门日报》1976 年 9 月 2 日，第 5 版。

⑤ 李磊：《披星戴月的菜农》，《澳门日报》1969 年 3 月 23 日，第 4 版。

共有 51 户人家①。由于海水的不断浸泡，马场的土地碱质太重，不适宜种菜，他们只得到台山口的垃圾堆里去挑垃圾泥，覆盖在荒土上②。历经艰辛改良土壤，"不知付出多少劳力，流下多少汗水"③，才将这些杂草丛生、坷坎不平的地方开垦成可耕作的土地，并经过一段长期间的艰苦劳动④，终于"辟成方横二百余亩之菜田，养活百余农户"⑤。随着马场菜田的相继开辟，"只见田地翩翩，青翠苍绿，农人浇水灌溉，种植收割；农舍木屋，分布其间，呈现田园景色"⑥。"昔日奢靡娱乐之销金窟，变成农副食品生产地，而澳门人民之蔬食亦有所利赖矣"⑦。此后，该地"且仍名之为马场区，然只有其名，不复用以赛马了"⑧。

在新口岸，澳葡政府于 1952 年"还特意鼓励居民开垦荒地"⑨的背景下，不少难民才在该处填平沼泽洼地，挥洒汗水开垦成为"稍微像样的农牧区"⑩。进而成为澳门"最大的一幅菜地"。⑪其后，这里陆续有人搭建木屋（也有砖屋），以靠近松山的山边一带最为密集，居民大多养鸡、猪等家畜，也种花种菜，特别是菜地连成一片，呈现田园风光。此外，还有不少穷苦人家在这里安家，日间入市区工作，晚上回来住宿⑫。

---

① 施肇：《澳门马场区沧桑》，《华侨报》1981 年 4 月 9 日，第 4 版。
② 邢荣发：《澳门马场区　沧桑六十年（1925～1985）》，《文化杂志》2005 年第 56 期，第 10 页。
③ 李磊：《披星戴月的菜农》，《澳门日报》1969 年 3 月 23 日，第 4 版。
④ 务农：《为口奔驰来澳种菜》，《澳门日报》1976 年 9 月 2 日，第 5 版。
⑤ 王文达：《澳门掌故》，澳门教育出版社，1999，第 204 页。
⑥ 唐思：《澳门风物志续篇》，中国文联出版社，1999，第 37 页。
⑦ 王文达：《澳门掌故》，澳门教育出版社，1999，第 204 页。
⑧ 黄衫客：《澳门马场已面目全非（下）》，《华侨报》1973 年 12 月 9 日，第 6 版。
⑨ 曲同工：《城市发展必然趋势　农地多成建筑用地》，《华侨报》1978 年 9 月 24 日，第 5 版。
⑩ 《当局要收回赛车看台后菜地　三十二农户盼收回成命》，《澳门日报》1962 年 8 月 1 日，第 4 版。
⑪ 曲同工：《城市发展必然趋势　农地多成建筑用地》，《华侨报》1978 年 9 月 24 日，第 5 版。
⑫ 唐思：《新填海区沧海桑田》，载唐思《澳门风物志续篇》，中国文联出版社，1999，第 39 页。

上述一定规模菜农的出现，标志着澳门农业开始进入一个"新的发展阶段"①。对此，1952 年有评论指出，"澳门是一个商业的都市"，农牧业和其他各业相比"无异沧海一粟，渺小得无可比拟"，"但是我们稍为留意，年来市郊荒地的不断开垦，和路环、氹仔大小农场、牧场的相继开办，事实有其显著的发展，这是值得注意的"②（参见图 2－11）。到了 1953 年，澳门农业的发展规模进一步扩大，这就出现了以下情况：

> 本澳郊区各处，农民建立菜圃生产及搭木屋居寓者甚多。倘统计全部面积，可能占整个澳门五分之一地段，故每天的农产品生产，较往年增加者甚多，近年市场农产品价格能够稳定，不致时起暴涨，本澳生产额之增加，亦系一最大原因。按当时的发展速度，实可以使澳门能办到农产品自给自足之情况③。

4. 菜农群体：内外合力挤压缝隙中产生

如何看待促成 20 世纪 50 年代澳门农业"有所发展"④ 的内外动因？恩格斯《致约·布洛赫》的信中所涉及的内容，为我们提供了深入分析的新视角。他写道，历史的"最终结果总是从许多单个的意志的相互冲突中产生出来的，而其中每一个意志，又是由于许多特殊的生活条件，才成为它所成为的那样，这样就有无数互相交错的力量，有无数个力的平行四边形，由此就产生出一个合力，即历史结果"⑤。

---

① 2012 年 6 月 19 日访问江荣辉的记录。
② 黄浩然主编《澳门华商年鉴》（第一回·上卷），澳门精华报，1952，第 37 页。
③ 《全澳各区菜园不准再行增加　合计已有百余户》，《华侨报》1953 年 11 月 10 日，第 3 版。
④ 对外贸易部驻广州特派员：《牲畜、家禽对港澳出口会议总结报请核备》（1958 年 1 月 30 日），广东省档案馆藏，档案号：325－1－456－001－031。
⑤ 恩格斯：《致约·布洛赫》，《马克思恩格斯选集》（第 4 卷），人民出版社，1995，第 697 页。

图 2 – 11　黑沙环农田（约 1958 年）

资料来源：李玉田：《李玉田摄影集——濠镜写真六十载》，澳门综艺摄影会，1998，第 24 页。

运用这一理论分析菜农的产生，就是要综合考虑内外各个因素互动关系所形成的"合力"，菜农也就是在这种内外"合力"挤压缝隙中出现的。

　　在内部因素方面：首先，澳门有"一大批可耕而未垦的土地"。这批土地的闲置，成为菜农产生的前提条件。其次，战时大饥荒的教训。澳门作为落后的微型消费城市，一切活动均受对外依赖性所制约，外部任何风吹草动都会带来影响①。在对澳门的各种影响中，威胁最大的莫过于食品供给渠道受阻，因为食品是维系人们日常生存的必需品，它牵涉包括统治者在内的全体市民的身体健康和生命安全。一旦这种情况出现，将会导致社会动荡并进而危及统治者的管治基础。残酷的现实迫使澳葡政府不得不把解决食品来源问题放到头等重要的位置，迅速采取有

---

① 2010 年 8 月 26 日访问黄就顺的记录。

效应对措施，而推动本地农业发展就成为一条可行之道。所以，从这一角度分析，菜农的出现又有着必然性。最后，澳葡政府在被动中做出的选择。澳葡政府改变新填海地作为城市建设用途的计划，从而促成了城市边缘区的出现，此显然有违其填海造地初衷。但在"战后所有基本服务陷于荒废，广大的人口处于饥饿边缘，连同很多是由于革命的改变和在中国的内战之内部表现所引起的政治不明朗情况"下，澳门不得不"再次以本身的方式对无数极具争议的社会及经济的困难寻找解决方法"①。

至于外部因素方面：一是外来货源的不稳定。众所周知，建国初期的中国政府千头万绪，有大量工作并未走上正轨，供澳鲜活农产品有时处于无序状态，澳门市场农产品价格波动较大。在这样的情况下，澳葡政府时常切身感受到食品短缺和物价高涨的困难，迫使其在政策上不得不扶持农业，以此减少对内地农产品的依赖②，并一度将发展农业作为第二次世界大战后澳门"繁荣计划"（Plano de Fomento）的重要组成部分。二是内地农民来澳提供的劳动力资源储备。要解决食品生产问题的最基本条件是土地和人力资源，双方缺一不可。当澳葡政府将发展劳动密集型行业，改变闲置的新填海地作农业发展用途之后，迫切需要的就是利用这些土地的农民，而此时的战火、灾害等促使周边地区农民的涌入，恰好在客观上为澳门新填海地提供了新的主人，菜农由此出现。如将上述原因归结到一点，那就是澳门作为微型经济体的严重对外依赖性，决定了澳葡政府出于"自身利益最大化"的追求，面对内外因素形成之"合力"，

---

① 〔葡〕古万年、戴敏丽：《澳门及其人口演变五百年（一五零零年至二零零零年）》，澳门统计暨普查司，1998，第432页。

② 此与香港相似，据1958年初的一份档案介绍，港英政府力图减少对内地副食品供应的依赖，"近几年来大力扶持港农副业生产"。该档案还提到，"近几年来港澳本地生产（农产品生产——笔者注）亦有所发展"。参见中华人民共和国对外贸易部驻广州特派员《牲畜、家禽对港澳出口会议总结报请核备》（1958年1月30日），广东省档案馆藏，档案号：325-1-456-001-031。

必须做出扶持农业的选择。同时，菜农也在这种内外合力挤压的缝隙中产生。

（二）菜农农产品生产

菜农[①]群体产生后，因地制宜、因时制宜，不断克服困难，摸索和改进方法，走出了一条适合澳门特点的种植和饲养道路。

1. 蔬菜种植

菜农种植蔬菜的品种，以菜心和白菜（俗称小棠菜）最普遍，这也是市民常年特别喜爱食用的蔬菜。其次有生菜、芥菜、菠菜、蕹菜（又名通菜、空心菜）、苋菜、韭菜、芹菜、藤菜（又名潺菜）、君达菜（又名猪乸菜）、枸杞、西芹、萝卜、节瓜、丝瓜、苦瓜、白瓜、葫芦瓜、豆角以及香料科的芫荽（又称芫茜）、葱、蒜等30多个品种[②]。

在上述蔬菜品种中，菜心是生长最快的一种，一般从播种到收割只需45天左右，而在初秋时节，不到一个月便可收割。主要看天气和气温而定，当天气好、气温高时，甚至10多天就可以上市。当天气寒冷，气温只有10度左右时，清晨可看到菜心结霜，这样的天气要较长时间才有收成。虽然天冷菜心生长慢，但这样的菜心"才是最甜、最好食"[③]。菜心的产量不高，一块菜田通常只能收割几十斤。白菜生长期稍长，一般需两个月，但产量比菜心高。其他蔬菜的生长期大约为：苋菜40天、芥菜50天、生菜60天、菠菜60天、蕹菜70天、芥蓝75天等（见表2-1）。与菜心一样，这些蔬菜的生长具体情况还要视气温而

---

① 澳门半岛边缘区农民大多数种植蔬菜，占农民总数的98%以上。氹仔以及路环的黑沙、九澳既有菜农，也有种水稻的农民。参见2012年6月27日访问江荣辉的记录。此外，当时对菜农生产用地有多种称呼，例如：耕地、农地、农田、农圃、菜园、菜田、菜地、菜圃等，本书将其统称为菜田。但为了避免与土地收回的行为产生歧义，在本书第六章中将菜田统称为农地。

② 唐思：《澳门半岛菜地消失》，载唐思《澳门风物志续篇》，中国文联出版社，1999，第368页。

③ 《澳门菜田硕果仅存　七旬老婆婆仍事耕种不弃不离》，《澳门日报》2002年1月5日。

定，如气候暖和，长势较快；如气候寒冷，则长势较慢。蔬菜成长期不超过 50 天的属热季作物，播种后需要 60~80 天才能出售的则属寒季作物①。一块菜田全年可轮栽各种蔬菜 7~8 次之多（生长周期较长的蔬菜例外），每亩菜田每次收获蔬菜 10~20 担（司马担，下同），若平均每亩收获 15 担，全年收获 7 次，每亩可收获 105 担②。

表 2-1　菜农种植蔬菜种类和生长周期

品名	播种季节	生长周期(天)	收获季节
芥　菜	初秋	50	秋、冬、春
芥　蓝	初秋	45	秋、冬、春
椰　菜	初秋	60~75	秋、冬、春
白萝卜	初秋	60~75	秋、冬、春
胡萝卜	初秋	60~75	秋、冬、春
生　菜	冬	30~40	冬春
波　菜	冬	40	冬春
茼　蒿	冬	60	冬春
菜　心	全年	20~45	全年
白　菜	全年	40	全年
苋　菜	初夏	30	夏
水　蕹	初夏	75	夏
旱　蕹	初夏	30~40	夏
潺　菜	初夏	60	夏
枸杞叶	初夏	60	夏

资料来源：根据 20 世纪 60~70 年代的澳门报刊资料，以及访问江荣辉的记录整理所得。

蔬菜种植易受季节变化的影响和限制，节令的掌握很重要。农业谚语"清明前后，种瓜种豆"。节瓜、丝瓜、苦瓜、白瓜、葫芦瓜、豆角、蕹菜、苋菜、潺菜等是夏季蔬菜，多在此时播种（菜农称"下米"）。如果天气回暖推迟，它们的播种日期也相应拖延，或只种植小部分"碰碰运气"。在农历的立秋前后，瓜、豆产量减少，蕹菜、苋菜

---

① 务农：《长年可种只有菜心》，《澳门日报》1976 年 9 月 22 日，第 5 版。
② 黄浩然主编《澳门华商年鉴》（第一回·上卷），澳门精华报，第 37 页。

结出果实，菜农便改种生菜、菠菜、菜心、大芥菜、白菜、韭菜、芹菜、枸杞、芫荽、西芹、萝卜、葱、蒜等一般属于秋冬春季生长的蔬菜。其中，菜心、白菜、芥菜等几种蔬菜对天气状况的要求不太高。70 年代后，菜农一年四季都可以种植这几种蔬菜。除了上述情况外，芥菜、菜心、葱和芥蓝的种植也分冷、热季。例如，菜心虽一年四季均可种植，但菜心也有三样菜种：早种、迟种、半迟早种。什么时候选用什么菜种也是需思考的，假如选种不当，会造成这种蔬菜的过早成熟或不会成熟。白菜也可长年种植，但以秋冬最适宜，此时气候干燥，白菜不会因雨水多而腐烂，收成较好，所以白菜大多在这时上市。生菜宜于冬天种植，其余时间会"起心"，或长得不够茂盛。菠菜和芥蓝的种植多在冬春前后，其余时间不宜种植。蕹菜是夏季作物，多在初春播种，夏天收成，寒冷天气会使蕹菜枯萎。蕹菜分水蕹与旱蕹。把蕹菜头连根放到水中，会从新萌芽长叶的，称为水蕹。水蕹比旱蕹"可口"，价钱也稍贵[1]。而在菜田中播种的是旱蕹。萝卜、苋菜和芫荽与别的蔬菜不同，它们由于根部长，不能条播（插秧）。萝卜是点播种植，忌水，宜于秋冬种植。苋菜和芫荽同是撒播，但"性格"迥异。苋菜耐风雨，多在夏季种植。芫荽是蔬菜中最"软弱"的一种，忌风吹日晒雨淋。因此，夏季的芫荽不多，其价格经常被"炒"至 20 多元 1 斤[2]。

台风经常袭澳对蔬菜生长造成很大的破坏。因此，许多菜农在夏季喜欢种毛瓜、苦瓜、节瓜、丝瓜和豆角（白豆和青豆）等，这是由于瓜、豆生命力强，耐风吹雨打。黄瓜、节瓜等瓜类品种属攀藤科植物，点播、条播均可，通常播种后一个月便要搭瓜棚，搭棚的方式一种是"Λ"字形，另一种是"门"字形。所不同的是"Λ"字形的架子要斜插入土；而"门"字形的架子必须垂直插入土。它们的生长周期约为

---

① 务农：《长年可种只有菜心》，《澳门日报》1976 年 9 月 22 日，第 5 版。

② 据江荣辉介绍，芫荽适宜冬天的气候，因此冬天芫荽的售价相对便宜。参见 2012 年 6 月 27 日访问江荣辉的记录。

70 天左右。豆角类属缠绕科植物，只可点播，20 天后也要搭棚，豆棚架是垂直插的。上述这些都是"外行人难于察觉得出的一种秘密"，"非一两篇文章所能概括得了"。以使用肥料和杀虫药为例，这种农活就很复杂。到 70 年代中后期，杀虫药品种不断增加，虫灾虽未停止，但其祸害的严重性已大为削弱。因为有的虫仅为害一种蔬菜，当菜农对其感到棘手时，便改种其他种类的蔬菜，使原来猖獗的害虫自行消失①。

菜农普遍具有勤恳耐劳、生活省俭的品格。有的菜农白天还要外出做泥工和搬运工，赚钱补贴家庭开支和购买饲料养猪。"他们吃的饻菜（即饭菜——笔者注）以鱼仔和蔬菜为主，剩下的就喂猪。"② 至于日常劳作情况，一位菜农回忆道，他已种了十多年的菜，被称为老菜农，像他这样的"行家"，全澳大概有七八百户之多，"人数可真不少"。他们每天都必须赶在日出之前起床，全家老幼凌晨三四点便要出动，摸黑摘菜。要不然，便赶不上市场"最旺"的时间，蔬菜就要贱价售出，有时甚至卖不完③（参见图 2 - 12）。

菜农从"街市"（即集贸市场——笔者注）回来，又要给蔬菜浇水④（参见图 2 - 13）。掘地、下种、施肥、除虫、除草、摘菜、拔秧和下秧等，"工序非常多，也很讲究经验和技巧"⑤。除一日两餐的时间外，就这样由日出干到日落，整天劳累，做完了农活，还要"照料家畜、打理家务"，到晚上八九点才能稍事休息（参见图 2 - 14）。整天十多个小时的重活，真是让人疲惫不堪。

---

① 务农：《台风海水两大祸患》，《澳门日报》1976 年 9 月 23 日，第 4 版；群：《台山菜地经历百余年》，《华侨报》1977 年 9 月 11 日，第 5 版；务农：《长年可种只有菜心》，《澳门日报》1976 年 9 月 22 日，第 5 版。

② 《种植业最鼎盛时　菜地面积近千亩》，《华侨报》1975 年 3 月 29 日，第 4 版。

③ 李磊：《披星戴月的菜农》，《澳门日报》1969 年 3 月 23 日，第 4 版。

④ 据赵雪芬老人回忆，她年轻时每天都要担 100 多桶水浇菜，每日清晨五六点就得起床去菜田，参见《澳门菜田硕果仅存　七旬老婆婆仍事耕种不弃不离》，《澳门日报》2002 年 1 月 5 日。

⑤ 群：《台山菜地经历百余年》，《华侨报》1977 年 9 月 11 日，第 5 版。

图 2 – 12　黑沙环菜田（1965 年）

资料来源：《昨日之日——冯志峰濠江留影》，澳门艺术博物馆，2010，第 113 页。

图 2 – 13　马场菜农灌溉（20 世纪 70 年代）

资料来源：陈浩星主编《澳门旧事：欧平濠江昔日风貌摄影集》，澳门民政总署，2005，第 66 页。

图 2 - 14　"帮补家计"（20 世纪 60 年代）

资料来源：陈浩星主编《澳门旧事：欧平濠江昔日风貌摄影集》，澳门民政总署，2005，第 68 页。

在菜农的劳作过程中，倘"平常天气还好，要是在寒风砭骨、雨花扑面，或是骄阳似火，炎夏煎人的时节，那种滋味就更不好受了"①。例如，在冬天，当气温降至摄氏十度以下，每天"天未光，城中人还在梦中游"，他们便要"从暖烘烘的被窝"起床，冒着刺骨的寒风，赤手露脚地弯腰在田间操作，将刚收割的菜棵浸在冰冻刺骨的水塘里洗涤，为运往市场出售做准备。在夏天，他们又要顶着炙人的阳光，耐心地在菜田为蔬菜浇水。最难熬的是"大暑热天，皮肤都给煎成黑褐色"②，可谓饱经风霜。

在缺乏大型水利设施的情况下，菜农不得不像照看"婴儿"般精心伺候瓜菜。在没有蔬菜大棚和反季节瓜菜的年代，菜农的瓜菜产品是"顺应季节""靠天收"的时蔬。也就是说：当种菜的季节到了，如果

---

① 李磊：《披星戴月的菜农》，《澳门日报》1969 年 3 月 23 日，第 4 版。
② 翔鹰：《马场抒怀》，《澳门日报》1985 年 8 月 29 日，第 8 版。

"天公不作美"，一滴雨都不下时，土壤没有水分，菜农则必须日夜抗旱担水保苗；反之，当蔬菜收获的季节来临，如果"天公生气"，连降暴雨、台风肆虐以及低温都有可能把蔬菜打烂、淹死或冻坏，菜农眼睁睁地看着辛苦劳作的成果而颗粒无收①。进而导致经济损失甚至欲哭无泪、血本无归。只有在风调雨顺的日子里②，菜农辛勤的汗水才会换来应得的收成，获取利润以维持一家人的温饱③（参见图 2 - 15）。

图 2 - 15　台山菜农（1964 年）

资料来源：《昨日之日——冯志峰濠江留影》，澳门艺术博物馆，2010，第 111 页。

---

① 地处台风威胁范围内的澳门，每年都会遭到狂风暴雨的袭击。每年台风季节，菜农无时无刻不在提心吊胆。李磊：《披星戴月的菜农》，《澳门日报》1969 年 3 月 23 日，第 4 版。

② 在一年中，菜农平均只有九个多月可望有收成。群：《台山菜地经历百余年》，《华侨报》1977 年 9 月 11 日，第 5 版。

③ 以 1960 年为例，"瓜菜终年市价贵多于贱"，而猪、鸡、鸭价格"有起无跌"，同时饲料价格下跌。"两种因素下本澳农牧经营者百分之九十获利"。澳门大众报编印《澳门工商年鉴》（*Anuario Comercial e Industrial de Macau*)）[第五回（1960～1961）]，1961，第二篇第 143 页。

菜农较少种植水稻及其他经济作物的原因：一是缺乏充足的淡水浇灌，无法保障水稻的正常生长；二是与内地农民的情况有别，澳门菜农每户仅一亩左右的耕地，单位土地面积狭小，种植水稻不便于管理；三是种植水稻比种植蔬菜的生长期更长，获取利润较少①。因此，水稻盈利微薄，又辛苦。倘种植水果则占地较多，也不符合澳门耕地少的环境②。此与当时的香港农业相似，据彭琪瑞等的研究，"种菜除了增加更大的单位（土地）产值之外，每年十造的收成，亦将市场价格波动及台风破坏的威胁减低；又可长年种植的收割，适合香港土地短缺的环境"③。因此，从 40 年代末至 50 年代，"新界农业发达，除稻米外，种菜和畜牧业亦见长足发展"④。

2. 家畜、家禽饲养

俗谚认为，"庄稼一枝花，全靠肥当家"。有的菜农回忆，过去在乡下曾流传这样一句老话："种菜不养猪，好比秀才不念书"。这说明种菜离不开养猪，只有多养猪才能获得更多更好的肥料，才能增加蔬菜的产量⑤。同时，卖猪等还可以"增加收入"⑥。因此，菜农除种菜的"主业"之外，"也有不少人搞副业生产，饲养牲畜，包括饲养猪、鸡、鸭、白鸽等"⑦。例如，马场、新口岸等地菜农都是靠种植蔬菜、饲养家畜维持生活的，而后者估计占他们总收入的四成左右⑧。

（1）养猪。

猪肉是澳门居民主要的肉食，市场上的生猪大部分由内地运来，但

①　参见 2012 年 7 月 5 日访问江荣辉的记录。
②　黄汉强、吴志良主编《澳门总览》，澳门基金会，1996，第 252 页。
③　彭琪瑞等：《香港与澳门》，香港商务印书馆，1986，第 132 页。
④　薛凤旋、邝智文：《新界乡议局史：由租借地到一国两制》，香港三联书店、香港浸会大学当代中国研究所，2011，第 248 页。
⑤　铁心：《喂猪馊有学问》，《澳门日报》1976 年 10 月 24 日，第 6 版。
⑥　参见 2012 年 7 月 5 日访问江荣辉的记录。
⑦　《菜农畜牧者日增　春雾有害宜注意》，《澳门日报》1968 年 3 月 25 日，第 4 版。
⑧　《今年郊区菜农望天打卦　畜牧业收入约减三成》，《澳门日报》1960 年 11 月 11 日，第 4 版。

由菜农提供的生猪也占有一定比例。在新口岸从事饲养牲畜的农户约有七至八成，马场区约有六至七成①。其中，"郊区养猪最多的地区是新口岸，每户饲养多的达二三百头，少者也有数头"②。

养猪的农户以家庭式居多，饲养以传统方法为主，以搭盖低矮的锌铁屋或木屋为猪舍，以馊水及酿酒剩余的酒糟（渣滓）掺杂菜叶等作为猪的主要食粮。20世纪50年代的猪饲料容易购买，只需每天到预约好的食店、住户及酒厂③运载便可。当时有许多酒厂生产酒糟，若酒厂附近各农户不能及时前来采购，则"价格大泻"④。猪的食量很大，每天能吃8～14斤稀食，以酒糟作饲料能降低饲养成本。而一些对养猪有心得的菜农通过研究，根据不同品种猪的成长阶段，配以豆饼、玉米、糠、生麸、青草、麸皮、水藻、菜叶等来喂食，但此类饲料的成本较高⑤。养猪最重要的是避免猪得病。由于澳门的春天多雾，夏天炎热多雨，秋冬干燥，猪一年四季都有感染各种传染病的可能。所以，"养猪也有一门学问，这一说法丝毫不过分。本澳养猪的农友每养大一只猪，多多少少都灌注了不少心血"⑥。

猪的生长过程即从出生到育肥，约需10个月左右。猪分乳猪和大猪两种。乳猪是指饲养时间在3～4个月左右，体重在20～30斤以下者，主要供烧烤用。其价格虽然比大猪贵，但因体重轻，经济利润不高。一般是当猪长速缓慢，发育不良，或在市场需求量大，供应不足

① 《菜农畜牧者日增　春雾有害宜注意》，《澳门日报》1968年3月25日，第4版。
② 《郊区饲养猪只　近多患肠胃病》，《澳门日报》1973年10月22日，第4版。上述养猪大多属于副业，专业养猪的不多。参见群《台山菜地经历百余年》，《华侨报》1977年9月11日，第5版。
③ 施白蒂在《澳门编年史（二十世纪）1900～1949》一书中提及，1929年，澳门有54家利用大米做酿酒原料的中国酒厂。参见〔葡〕施白蒂《澳门编年史（二十世纪）1900～1949》，金国平译，澳门基金会，1999，235页。
④ 黄浩然主编《澳门华商年鉴》（第一回·上卷），澳门精华报，1952，第37页。
⑤ 《本澳猪农约千家　供应市场占总销量二成左右》，《华侨报》1977年7月17日，第3版。
⑥ 《养猪大有学问》，《华侨报》1977年9月11日，第5版。

时,菜农才会把乳猪出售。澳门市民烤乳猪所需的货源大多数由菜农提供,以1963年为例,全年销售乳猪4971头,菜农供货4140头,占83.28%[①]。猪的售价一般是按猪的体重而定:适中者即体重在90~150斤,这种猪的售价稍高;过轻则指体重低于80~90斤,过重是指体重高于150斤,这两种猪的售价偏低。据1960年的资料显示,养一头猪,平均每日成本约0.8元,按生长期6个月计算,工序成本144元,加上买"猪仔"的钱,成本超过160元[②]。生猪养大后,卖猪是养猪者最高兴的日子。为配合市场需要,饲养者会一大早起床,预先把猪"谷"肥(通常这一顿的饲料为平时的两三倍)。"谷"肥之目的:一是猪要离开,让它多吃点;二是猪饲料价格相对便宜,猪多吃点能使猪的体重增加,可"卖个好价钱"。然后请几个朋友帮忙,在家里给猪称重量,之后由屠房派车把猪载走[③]。据江荣辉介绍,菜农按照生猪上市前需10个月左右饲养周期的特点,在距市场行情最好之前的这段时间内购买仔猪进行饲养[④]。也就是说,菜农对生猪的饲养与售卖具体时间也得根据市场行情而定,即在购买之前就要根据生猪市场价格变化规划自己的饲养行为。以1963年为例,菜农饲养生猪"上市的特点是多趁节日及市好的时机推出,平时上市较少,如春节前20多天上市量占了第一季总上市量的50%"[⑤]。

(2)养鸡。

在20世纪50年代之前,由于"市场狭窄,饲养者寥寥无几,养鸡业停滞不前"。原因是"当时社会消费力弱,吃得起这种'奢侈品'的

---

① 南光公司:《1963年澳门猪牛市况及我货出口情况》(1964年1月3日),广东省档案馆藏,档案号:325-1-784-115-120。
② 《今年郊区菜农望天打卦 畜牧业收入约减三成》,《澳门日报》1960年11月11日,第4版。
③ 铁心:《猪出栏犹似提款》,《澳门日报》1976年11月2日,第4版。
④ 2012年7月5日访问江荣辉的记录。
⑤ 南光公司:《1963年澳门猪牛市况及我货出口情况》(1964年1月3日),广东省档案馆藏,档案号:325-1-784-115-120。

人不多"。但随着社会的发展，居民购买力日渐提高，鸡成为市民餐桌上的主要食物之一。随着市场需求增加，加上菜农的"积蓄日有所增，为发展养鸡业开拓了销路和提供了经济条件，因此，养鸡业蓬勃地发展"。养鸡的菜农很多，一般饲养 100～200 只。专业养鸡的人不多，但规模较大，一般养 1000～2000 只以上，管理也较完善。专业的养鸡场，由于规模较大，从小鸡到种鸡孵化、育肥都有专门设备。为提高工作效率，方便管理，有利防疫，这些养鸡场划分为雏鸡饲养区、中鸡饲养区和成鸡饲养区，还有病鸡隔离室、饲料贮放及配料室、孵化室和种蛋贮放间等①。

到 20 世纪 70 年代以来，路环养鸡以异军突起之势，发展很快，除增设稍有规模的养鸡场外，一般农户和人家养鸡也相当普遍，数量也较此前增加。据不完全统计，1971 年路环供应澳门市场的鸡达 30000 多只。据该岛居民反映，养鸡业发展迅速，遍布路环市区、九澳、黑沙、石排湾，一般农户及人家，也饲养鸡作为副业，少则数十只，多则几百只。70 年代路环养鸡业发展的原因，是当时的鸡价稳定，市场需求量较大，加上澳门半岛鸡场的设备及鸡舍环境较差，1971 年又发生鸡瘟，鸡的成活率低，以致供不应求，故市场大量吸收路环农户等饲养的鸡，特别是农历正、二、三月，需求量更大。此外，养鸡户由家人自己管理鸡场，节省雇佣工人的费用，可降低成本，也是养鸡农户增加的原因之一。由于鸡价稳定，鸡的生长顺利，此时一般养鸡户都有利可图②。养鸡的"好价好市"，使得有些商人"见猎心喜"，也在路环投资开设大鸡场。较大的养鸡场有四五家，饲养鸡 6000～10000 只③。路环大鸡场的鸡舍，高大通爽，每个鸡场都有几列鸡舍，其中有些鸡舍每列长约

---

① 铁心：《本澳养鸡历史不长》，《澳门日报》1977 年 7 月 26 日，第 5 版；梦齐飞：《谈本澳养鸡行业　养鸡近百户供应市场一半》，《华侨报》1977 年 9 月 11 日，第 5 版。

② 《养鸡屋高大通爽　喂饲料半自动化》，《澳门日报》，1972 年 8 月 6 日，第 4 版；《路环养鸡蓬勃　大量供应本澳》，《华侨报》1972 年 12 月 22 日，第 4 版。

③ 《路环养鸡业发展快》，《澳门日报》1972 年 8 月 6 日，第 4 版。

100 英尺，占地较广；而澳门半岛的鸡场则缺乏这些条件。

养鸡需要一定的房屋，鸡舍不在于讲究，而在于实用。菜农一般因陋就简，利用余房或旧屋修缮改建而成。鸡舍要求通风、干爽、不漏雨，冬天易保暖，夏天不闷热，能防止鼠害，有足够的面积。养鸡设备除鸡舍外，还需具备食槽、饮水器、栖架等。澳门销售的鸡饲料主要以泰国粟米、澳洲麦米、印尼米糠为主。雏鸡长成出栏，一般须经 3 个多月，如较佳品种，则 110 日亦可出栏。澳门有时出现的浓雾天气，对鸡的健康威胁颇大，卫生环境较差和护理欠佳都易招致鸡瘟。因此养鸡业是极担风险的，一般成活率只有七八成，若遇"时症"或瘟疫，养鸡的菜农便血本无归①。

（3）养鸭。

菜农除养鸡、养猪和种菜之外，还有的养鸭。"由于养鸭与养鸡不同，鸭属水性，地方要较大，菜农养鸭的不多，主要分布在新填海，马场，青洲"。1955 年，养鸭在黑沙环海滩及马场菜田等地出现，建有临时鸭寮（即鸭棚），蓄养鸭达 4000～5000 只，被有的媒体称为"新兴一种养鸭事业"②。1968～1969 年，边缘区有 30 多户菜农养鸭。后因有些地段已划入澳葡政府计划的发展区域，在空地缺乏且利润不高的情况下，许多养鸭的菜农都转行或到香港谋生③。70 年代养鸭的菜农有所增加，仅新口岸养鸭就有数十家。其中，有的饲养 30～40 只，也有饲养 3000～4000 只的鸭场（参见图 2-16）。养鸭菜农有所增加的原因是，鸡在生长过程中疾病多，死亡率高，容易亏本，特别新口岸曾发生多次鸡瘟，给菜农带来很大的损失；而鸭的成活率相对高，可少担风险，因此一些菜农被迫停止养鸡，转为养鸭。据 70 年代的媒体报道，由于养鸭饲料价格较高，加之刚孵出的雏鸭每只售价 1 元多，从雏鸭饲养到出栏，

---

① 《饲料贵养鸡无利可图 本澳鸡场均减少饲养》，《华侨报》1975 年 2 月 25 日，第 4 版。

② 《市面鸭价有起无跌 各处菜农均大量蓄养》，《华侨报》1955 年 6 月 8 日，第 3 版。

③ 冬苗：《空地水塘缺乏利润少 本澳养鸭不过万》，《华侨报》1977 年 9 月 11 日，第 5 版。

图 2－16　养鸭（1972 年）

资料来源：陈浩星主编《澳门旧事：欧平濠江昔日风貌摄影集》，澳门民政总署，2005，第 68 页。

每只成本在 6 元左右。只有每只鸭的售价在 7 元以上，才略有盈利，否则也会蚀本。菜农饲养的鸭多来自北京，这种鸭的肉质鲜美，甚受市民欢迎。另外还有"泥鸭""菜鸭"等，但都为大种鸭，可养至 7～8 斤，本地较少饲养。鸭虽对环境的适应力较强，疾病较少，但有时会出现伤风发冷、软脚以及瘟疫等症状，当疫症流行时，有如"狂风扫落叶"，一群鸭 3～4 天内便陆续死亡。养鸭用途主要供应澳门居民食用及烧腊店铺，其余均销往香港①。70 年代后期，专为生蛋出售而养鸭的农户仅 2 家，有母鸭 500 多只②。

从上可以看出，澳门的家禽家畜饲养业中并无集约化的大规模饲养企业，以菜农一家一户分散饲养为主。参照孙东升的研究，这种传统养殖生产方式虽有其落后的一面，但也有存在和发展的合理性。首

① 《养鸭户近骤增》，《澳门日报》1972 年 6 月 24 日，第 4 版。
② 冬苗：《空地水塘缺乏利润少 本澳养鸭不过万》，《华侨报》1977 年 9 月 11 日，第 5 版。

先，它可以充分利用农家饲料，如农副产品中的菜叶等，减少饲料用粮，合理利用资源，这是集约化大企业不具备的优势。其次，饲养畜禽可以为菜田提供大量有机肥，不仅降低种植业的生产成本，还可以改良土壤，促进农业生产的良性循环。而集约化饲养的畜禽粪尿，数量大又过于集中，超出了农田的消化能力，成为环保部门高度重视的污染源。最后，菜农散养的生产方式更能承受市场波动，当产品价格下跌时，农户可以少养、不养或改养。"如果一个万头猪场在畜产品市场波动时，少养就会亏本，不养也要提取房屋及设备的折旧费及工人工资。"①

3. 种植、饲养特点

传统农业土地利用理论认为，农地利用的强度，与距离市场（市区）的远近而有所不同，并作环状分布。高档农产品（high order products）或高土地利用率的农地最接近市区，而低档农产品（low order products）则会远离市区。其主要原因是交通成本造成不同区位的地租差异②。此与前述克雷奇（R. G. Golledge）关于城乡边缘区的农民多种植易腐烂的农产品，而远离中心的乡村区域农民采用的集中混合农业，多种植谷类等农作物的观点相同③。对此，塞缪尔·P·海丝（Samuel P. Hays）则从城市农产品市场对农村造成影响的角度做出解释，他认为，城市通过改变农场产品，使其从生产人们的主食转变为易腐烂的农产品（例如肉类、水果、蔬菜）等，从而改变了邻近地区的农业。因此，城市的食品市场对其周边地区农业特性的影响要高于对距其更遥远的原材料产地④。

上述理论也大致适用于澳门，澳门边缘区土地利用结构和农村

① 孙东升：《中国饲料产业发展研究》，中国农业出版社，2001，第43～44页。

② 转引自彭琪瑞等《香港与澳门》，香港商务印书馆，1986，第137页。

③ R. G. Golledge, "Sydney's Metropolitan Fringes: A Study in Rural-urban Relations," *The Australian Geographer* 7（1960）, p. 247.

④ Samuel P. Hays, "From the History of the City to the History of the Urbanized Society," *Journal of Urban History* 19（1993）, pp. 9 – 10.

聚落的分布空间特点，决定了菜农种植养殖品种和居住形态：一方面是由于蔬菜、家畜和家禽售价的高低主要取决于其品质和新鲜程度，因此，距市区较近并分布在公路两旁、拥有交通便捷条件的半岛平坦农地，适宜于种植和饲养高档农产品，以此提高土地的利用和生产效率。菜农或菜贩利用这一节省交通运输时间和成本的便利条件，每日清晨向市区居民提供其喜爱并有一定需求的一些易腐烂或较易腐烂的产品（例如有叶的高档新鲜蔬菜，鸡、猪等）。而距市区较远的氹仔、路环农地则主要用做种植低档农产品（如水稻等）。也就是说，70 年代中期以前的氹仔和路环农民，来往澳门半岛的交通工具主要依靠渡轮，缺乏半岛菜农距市区"就近"输送易腐烂农产品的条件，故多以种植水稻为主。另一方面，种植、饲养活动需要昼夜细心照料，因而菜农居住房屋不能离菜田和猪舍、鸡舍太远。这样一来，与传统的结心农村（nucleate village）聚落形态不同的是，一片片菜田被相对分散的菜农木屋以及其猪舍、鸡舍所包围①（参见图 2 - 17、图 2 - 18）。

不仅如此，与前述克雷奇（R. G. Golledge）所描述的悉尼城乡边缘区农地规模小、精耕细作、轮种的特点②相同，澳门边缘区的菜农与内地农民的土地较多有区别，菜农的人多地少，正如前述每户一亩左右的农地，只能继续沿用我国几千年来自给自足的小农家庭生产方式，以"一家一户的生产经营，依靠人力精耕细作"③。通过精耕细作，提高蔬

---

① 参见彭琪瑞等《香港与澳门》，香港商务印书馆，1986，第 134 页。另据邢荣发对马场木屋和菜田的研究，认为菜农居住木屋分散在各块菜田之中，分布没有规则。"菜田则开垦成长方块状，约 1.2×10 米一块，称之为一厢。厢与厢之间以一沟状小道隔开，以便挑水灌溉时可均匀浇洒于两边。一亩地约可开三十多厢"。"菜田内小路迂回曲折，盘旋于各家菜地之间"。此外，"整幅菜园区范围内到处挖有大大小小的水塘，水塘之间多以水渠贯之"。邢荣发：《澳门马场区 沧桑六十年（1925～1985）》，《文化杂志》2005 年第 56 期，第 11 页。

② R. G. Golledge, "Sydney's Metropolitan Fringes: A Study in Rural-urban Relations," *The Australian Geographer* 7（1960），p. 243.

③ 唐思：《澳门风物志续篇》，中国文联出版社，1999，第 367 页。

图 2 - 17　20 世纪 60 年代的马场菜农木屋和菜田

　　注：据江荣辉介绍，图中除木屋、菜田之外，左下角为厕所，下边是储存种菜肥料的粪池。

　　资料来源：由澳门菜农合群社提供。

图 2 - 18　1970 年的新口岸菜田

　　资料来源：李玉田：《李玉田摄影集——濠镜写真六十载》，澳门综艺摄影会，1998，第 39 页。

菜的品质和产量。因此，与氹仔和路环种植"两造"水稻的农民不同，菜农有鉴于人多地少的实际，种植蔬菜无休耕时间，实施的是轮种方法。如前述澳门市民最喜爱的菜心是生长最快的一种叶菜，一般从播种到收割只需 20～45 天时间。这样一来，一块菜田全年便可轮栽蔬菜达七八次之多①，从而降低成本，获得更高的回报。

（三）菜田面积和菜农人口演变

1. 菜田面积和菜农人口数量的综述

在对各类资料的整理分析过程中，笔者发现 20 世纪 40～80 年代并无统一的菜田面积、菜农人口数量的数据，各种表述差异极大（参见表 2-2～表 2-6）。

表 2-2　20 世纪 40 年代的菜田和菜农

菜田概况	菜农数量	资料来源
本地蔬果仅有"北部填地略有出产"	—	何大章、缪鸿基：《澳门地理》，广东省文理学院，1946，第 78 页
40 年代中期开始进入昌盛期	—	黄汉强主编《澳门经济年鉴》（1983），华侨报，1983，第 3 页
—	40 年代只有关闸附近、新填海及望厦十数户	邢荣发：《澳门马场区 沧桑六十年（1925～1985）》，《文化杂志》2005 年第 56 期，第 9 页
1945 年的新口岸尚无菜田及木屋，仅有大小水凼16 个	—	卫生厅人员介绍，转引自华伟《疟疾已绝迹》，《华侨报》1976 年 6 月 13 日，第 5 版
1947 年的澳门并无多少人从事农业，只有关闸马路两旁以及望厦有一些菜田	20 多户	2012 年 6 月 19 日访问江荣辉的记录

---

① 黄浩然主编《澳门华商年鉴》（第一回·上卷），澳门精华报，1952，第 37 页。

表 2 - 3　20 世纪 50 年代的菜田和菜农

菜田概况	菜农数量	资料来源
1952 年有菜田 800 ~ 1000 亩	—	黄浩然主编《澳门华商年鉴》(第一回·上卷),澳门精华报,1952,第 37 页
本澳种菜业全盛时期是从 1952 年青洲、马场等区大开荒开始的	—	老菜农忆述,转引自群《台山菜地经历百余年》,《华侨报》1977 年 9 月 11 日,第 5 版
本澳种菜业的兴盛时期以 1952 年青洲、马场、新填海等区大垦荒开始	—	曲同工:《城市发展必然趋势　农地多成建筑用地》,《华侨报》1978 年 9 月 24 日,第 5 版
1957 年的报道:"查本澳四郊菜田数千余亩"	—	《天旱影响农植　郊区各菜园部分已抛荒》,《华侨报》1957 年 8 月 14 日,第 3 版
新口岸、关闸马路和黑沙环的填海区以及马场区有一些菜园	靠菜园维生的有 829 名农民,其中大部分是住在低矮木屋里的难民*	〔葡〕卡拉多、门德斯等:《澳门从开埠至 20 世纪 70 年代社会经济和城建方面的发展》,《文化杂志》1998 年第 36、37 期,第 59 页

注：* 这是卡拉多等在其论文中关于"1930 ~ 1960 年的活力和都市空间布局"部分的阐述,具体时间无法确定——笔者注。

表 2 - 4　20 世纪 60 年代的菜田和菜农

菜田概况	菜农数量	资料来源
	1960 年"本澳郊区各户从业人员估计达五千人"	澳门大众报编印《澳门工商年鉴》[第五回(1960 ~ 1961)],1961,第 143 页
1961 年全澳菜地比过去扩大,达约 1200 亩左右		南光公司:《1961 年澳门果菜市场情况》(1962 年 1 月 31 日),广东省档案馆藏,档案号:325 - 1 - 623 - 052 - 055
1963 年,已耕面积约 1300 亩,未垦荒地约 1000 亩	从事农业约 5000 人,总产值约葡萄牙币 450 万元	广东省外贸局:《澳门市场考察报告》(1963 年 4 月 16 日),载广东省档案馆编《广东澳门档案史料选编》,中国档案出版社,1999,第 290 页

续表

菜田概况	菜农数量	资料来源
60年代中期成为本澳农业史上一个"最旺盛时期"，全澳农耕地达1000多亩，占当时平地面积的1/3。本澳蔬菜上市量和大陆蔬菜上市量，各占50%，"大家平分春色"	—	《工商经济发展与农争地　本澳农业生产日趋衰落》，《华侨报》1980年12月8日，第4版
60年代中期，是澳门农业的鼎盛时期，本澳菜地多达千余亩，日产蔬菜上市约占全澳蔬菜市场供应量一半左右	—	黄汉强主编《澳门经济年鉴》（1983），华侨报，1983，第3页
本澳种菜业的全盛时期在1965年前后，当年全澳（包括氹仔和路环）的菜地面积，超过600亩	菜农最少有500多户	曲同工：《城市发展必然趋势　农地多成建筑用地》，《华侨报》1978年9月24日，第5版
—	1965年"全澳近1000农户"	《霪雨为害菜农　损失约三十万元》，《澳门日报》1965年10月6日，第4版
60年代，可称是澳门农业鼎盛期，菜地多达千余亩	—	唐思：《澳门半岛菜地消失》，载唐思《澳门风物志续篇》，中国文联出版社，1999，第367页
澳门农业的巅峰应是60年代	—	〔葡〕施达时、白加路：《离岛绿化区的发展》，周庆忠译，澳门特别行政区民政总署，2002，第14页
—	60年代菜农达500多户（路氹的农户亦计算在内）	群：《台山菜地经历百余年》，《华侨报》1977年9月11日，第5版
1968～1971年间，"可谓种菜业的全盛时代，菜地面积近千亩"	—	《种植业最鼎盛时菜地面积近千亩》，《华侨报》1975年3月29日，第4版

表2－5　20世纪70年代的菜田和菜农

菜田概况	菜农数量	资料来源
到了1970年,农业用地已下降到占澳门土地面积的1/5	—	郑天祥、黄就顺等:《澳门人口》,澳门基金会,1994,第9页
70年代有菜田600～700亩	—	唐思:《澳门半岛菜地消失》,载唐思《澳门风物志续篇》,中国文联出版社,1999,第368页
1970年"仍有稻田180公顷,蔬菜园120～150公顷"	—	陈正祥:《澳门》,香港中文大学研究院,地理研究报告第36号,1970。转引自彭琪瑞等《香港与澳门》,香港商务印书馆,1986,第278页
70年代初,全澳仍有耕地600～700亩,包括500亩菜地和180亩禾田		元邦建等:《澳门史略》,中流出版社有限公司,1988,第11页
1972年,澳门有近500亩菜田,其中新口岸占150多亩	"本澳四百余户菜农"	《下雨十三英寸处处水淹 各业大受影响全市瘫痪　五百亩菜地变成汪洋》,《华侨报》1972年5月11日,第4版
1972年澳门半岛农业用地面积为0.6564平方公里		Richard Louis Edmonds, "Land Use in Macau: Changes Between 1972 and 1983," *Land Use Policy* 1(1986),p.54
70年代中期,有菜田近千亩	1200多户(每户平均5人),约6000人	2012年6月19日访问江荣辉的记录
1975年,有菜田500多亩,分布在台山、青洲、马场、新口岸等地	600多户	《本澳菜地话沧桑》,《华侨报》1975年3月29日,第4版
1977年,菜地只剩下大约300多亩	农户减至330多户	群:《台山菜地经历百余年》,《华侨报》1977年9月11日,第5版
1978年的报道,菜田仅余300亩左右,约等于全盛时期的一半	菜农约300户	曲同工:《城市发展必然趋势　农地多成建筑用地》,《华侨报》1978年9月24日,第5版

表2-6 20世纪80年代的菜田和菜农

菜田概况	菜农数量	资料来源
1980年的报道：近两三年来，全澳蔬菜产量、耕地面积缩小，澳门半岛耕地不足100亩，平均日上市量不到300担，仅占市场份额的20%	农户约为250户，人数约1250人～1300人	靖斋：《工商经济发展与农争地 本澳农业生产日趋衰落》，《华侨报》1980年12月8日，第4版
1982年4月，菜农估计"现在整个澳门半岛的菜地不够二百亩"	1982年4月，时任菜农合群社主席的江荣辉表示："现在仍可称农民的只有二百多人"	《本澳农业日趋没落 农民只有二百多人》，《华侨报》1982年4月12日，第3张第1版；《蔬菜产量十年减九成》，《华侨报》1982年4月12日，第3张第1版
至1982年底，有记者估计澳门半岛菜地"不够二百亩"，蔬菜日产量500～800斤，仅占市场供应量的10%	菜农100多户	《城市发展农业衰落有因 菜农少菜地不及二百亩》，《华侨报》1983年1月18日，第3张第1版
1983年，澳门半岛农地面积为0.1264平方公里（比1972年下降80.74%）		Richard Richard Louis Edmonds，"Land Use in Macau：Changes Between 1972 and 1983，"*Land Use Policy* 1（1986），p. 54
	"在澳门菜农合群社的积极协助下，一九八四年全澳大约有五百个家庭从事农牧业"（估计这一数字包括氹仔和路环的农户。因为在1983年：路环的九澳村还有人继续种植稻米；而氹仔的农田则分布在卓家村、三家村、上沙及西沙村——笔者注）	〔葡〕施达时、白加路：《离岛绿化区的发展》，周庆忠译，澳门特别行政区民政总署，2002，第17页
	80年代中后期，全澳农户大约200户，日上市蔬菜占市场份额1%左右，大约0.5吨	元邦建等：《澳门史略》，中流出版社有限公司，1988，第10页

从上可看出：有关菜田面积、农户和菜农数量散见在各类资料中。这些数字"五花八门"，出入较大，令人有"眼花缭乱"的感觉，只能供参考。

与上述菜田面积和农户数据情况不同的是，澳葡政府统计暨普查司在有的年份公布从事农业人口数据的资料，但这些数据不仅与上述民间资料有较大差距，而且也不全面。例如，古万年与戴敏丽在《澳门及其人口演变五百年（一五零零年至二零零零年）》一书中提到，1950年的人口普查（按经济活动分类的劳动人口数目）活动统计，从事"农业、畜牧业及林业"的人口为831人，占1.1%。而1960年的人口普查统计，从事"农业、林业及狩猎"的人口为1224人，占3.0%。可是缺乏1970年的人口普查资料，但有当年的澳门劳动人口主要职业的统计资料，其中"农夫、养猪人"为1383人，占2.02%。接下来又有1981年人口普查资料显示，从事"农业、林业森林开采业"的人口为963人，占0.8%[①]。进入1982年，按彭琪瑞等列出的统计资料，当年从事农业、采矿职业的人口为200人，占0.2%[②]。如将上述资料相联结，可相应得出以下菜农人口演变趋势图（参见图2-19）。

2. 农地面积变迁的综述

1962年，一幅土地利用图体现出澳门土地利用模式的较大变化。该图来自 Raquel Soeiro de Brito 所著的 *Imagens de Macau*，后经理查德·L. 埃德蒙斯（Richard Louis Edmonds）对图例作了修改。如图2-20所示，该图与上述1946年地图标明的仅有关闸一小块农地相比较，1962年的澳门，在北部的关闸、马场、黑沙环以及东南部新口岸等区的土地均已开垦成为农地，其总面积并有了较大的扩展。

进入20世纪70年代，1972年农地面积与1962年相比变化不大，除了黑沙环的小部分土地因填海并发展成了工业区之外，整个澳门的西北部和东海岸均为农地（参见图2-21）。

---

① 〔葡〕古万年、戴敏丽：《澳门及其人口演变五百年（一五零零年至二零零零年）》，澳门统计暨普查司，1998，第192、310~312页。

② 彭琪瑞等：《香港与澳门》，香港商务印书馆，1986，第267页。

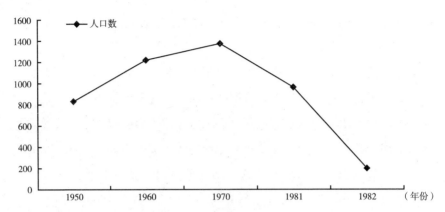

图 2 - 19　菜农人口演变趋势

资料来源：[1]〔葡〕古万年、戴敏丽：《澳门及其人口演变五百年（一五零零年至二零零零年）》，澳门统计暨普查司，1998，第192、310～312页；[2] 彭琪瑞等：《香港与澳门》，香港商务印书馆，1986，第269页。

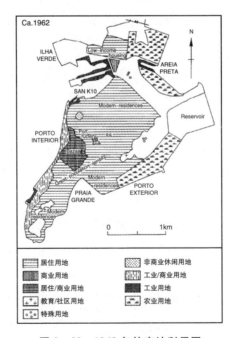

图 2 - 20　1962 年的农地利用图

资料来源：Raquel Soeiro de Brito, *Imagens de Macau*, Lisboa: Agencia Geral do Ultramar, 1962, p. 21, 转引自 Richard Louis Edmonds, "Land Use in Macau: Changes Between 1972 and 1983," *Land Use Policy* 1 (1986), p. 50。

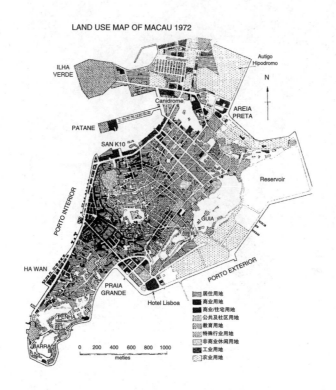

图 2 - 21　1972 年的农地利用图

资料来源：转引自 Richard Louis Edmonds，"Land Use in Macau: Changes Between 1972 and 1983，" *Land Use Policy* 1（1986），p. 53。

进入 20 世纪 80 年代，由理查德·L. 埃德蒙斯（Richard Louis Edmonds）绘制的 1983 年澳门土地利用图中可以清晰地看到农地面积大规模的萎缩（参见图 2 - 22）。由于澳门旅游娱乐公司当时委托北泰建筑公司（下文除引文外，均简称为北泰公司）在新口岸开展的收地行动，这里的所有农业活动几乎都停止了，各类现代化建筑取代了菜农曾经在这里居住的木屋。同样，大部分黑沙环的农地也被工业和居住用地所取代。只有马场区的农地萎缩速度略显缓慢，理查德·L. 埃德蒙斯认为，这是该地与距离当时的市中心新马路相对较远有关①。

---

① Richard Louis Edmonds，"Land Use in Macau: Changes Between 1972 and 1983，" *Land Use Policy* 1（1986），p. 55.

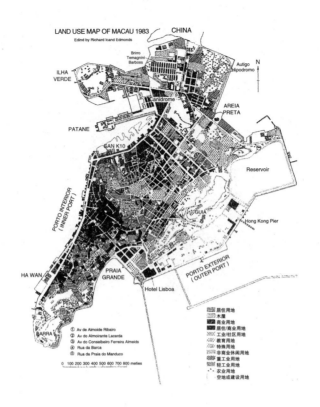

图 2 - 22   1983 年的农地利用图

注：如图所示，新口岸区几乎全区被标注为"空地或者建设用地"，黑沙环区仅有小部分仍是农地，其他主要被标注为工业和住宅用地，仅有澳门北部的马场区尚有部分农地。

资料来源：Richard Louis Edmonds，"Land Use in Macau：Changes Between 1972 and 1983，" *Land Use Policy* 1（1986），p. 53.

倘将上述变化与有关档案资料中关于农地面积的数据纳入图表，其变化曲线见图 2 - 23。

按照上述澳门菜农人口和农地变化趋势图，笔者得出的初步结论是：20 世纪前半期的菜田和菜农不多，50 年代菜农开始进入大规模发展阶段，60 年代中期到达鼎盛期后立即转入下降趋势，70 年代进一步缩减并进入衰退期，80 年代初日趋式微。至于以上各阶段菜田的面积、菜农户数以及人口的准确数据，则有待进一步进行深入细致的研究。

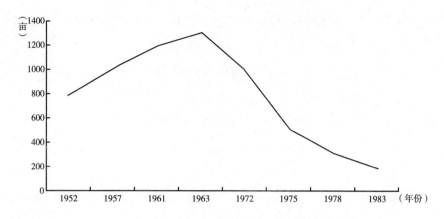

图 2 - 23　澳门半岛农地面积演变趋势

注：由于未能找到 1964～1971 年农地面积的具体数据，故这几年的农地变化趋势无法展现，此图仅供参考。

资料来源：［1］黄浩然主编《澳门华商年鉴》（第一回·上卷），澳门精华报，1952，第 37 页；［2］《天旱影响农植　郊区各菜园部分已抛荒》，《华侨报》1957 年 8 月 14 日，第 3 版；［3］南光贸易公司：《1961 年澳门果菜市场情况》（1962 年 1 月 31 日），广东省档案馆藏，档案号：325 - 1 - 623 - 052 - 055；［4］广东省外贸局：《澳门市场考察报告》（1963 年 4 月 16 日），载广东省档案馆编《广东澳门档案史料选编》，中国档案出版社，1999，第 290 页；［5］Richard Louis Edmonds，"Land Use in Macau：Changes Between 1972 and 1983，" *Land Use Policy* 1（1986），p.54；［6］《本澳菜地话沧桑》，《华侨报》1975 年 3 月 29 日，第 4 版；［7］曲同工：《城市发展必然趋势　农地多成建筑用地》，《华侨报》1978 年 9 月 24 日，第 5 版。

三　政府行为：农业政策的阶段性倾斜

20 世纪 50 年代初澳门有评论指出，澳门农业"原具雏形，只因农民大部缺乏一般农业技术知识，由种子改良以至肥料施用、水利建设、害虫预防等，更缺乏发展的资本。因之成本高，生产少，终岁辛劳，获利无多，提不起发展的兴趣"，其中有志发展的，也因受资金限制而"力不从心，倘能有计划的予以扶助、指导"，就能扩大开垦，对增加生产量，"解决民食问题，当有莫大的收效"[1]。这就表明农业要取得较

---

① 黄浩然主编《澳门华商年鉴》（第一回·上卷），澳门精华报，1952，第 39 页。

快的发展，离不开政府的扶助和指导。实际上，早在1930年11月22日，护理总督马加耶士（João Pereira Magalhães）颁布第551号训令，同意市行政局局长及海岛市公局（Comissão Municipal das Ilhas）局长提出的建议，在路环岛设立一个实验农场，地点在"石排湾政府地段"，用于"植树、耕种、畜牧以及饲养禽鸟"①。1933年10月12日，根据第42期《政府公报》第324号立法性法规，农务局（Reparticão de Agricultura）成立②，专责"在氹仔、路环以及附属地方植树"，并成立"农业及畜牧试验场"③。后由刊载于1936年11月23日第2期《政府公报》上的第27237号命令予以撤销④。1941年7月26日，即第二次世界大战全面爆发后，离岛农业及畜牧业有限公司成立⑤。由此可见，澳葡政府在40年代之前对农业是不够重视的。直到前述40～50年代初客观环境发生的多种变化，才迫使澳葡政府改变政策思路，鼓励市民开垦种植，菜农才得以大规模出现。此后，澳葡政府在50年代期间，继续给予农业阶段性的支持，并在相关的地点、行业、机构设置等方面也有一些作为，本节拟对此进行探讨。

（一）以离岛为重心发展农林牧业的设想

正如前述，澳葡政府最初选择在离岛发展农业，但鉴于往返该地的交

---

① 〔葡〕施达时、白加路：《离岛绿化区的发展》，周庆忠译，澳门特别行政区民政总署，2002，第10页。

② 参见〔葡〕施白蒂《澳门编年史（二十世纪）1900～1949》，金国平译，澳门基金会，1999，第260页。施达时等在其所著书中称，根据第324号训令，澳葡政府设立农业厅。参见〔葡〕施达时、白加路《离岛绿化区的发展》，周庆忠译，澳门特别行政区民政总署，2002，第11页。

③ 〔葡〕施达时、白加路：《离岛绿化区的发展》，周庆忠译，澳门特别行政区民政总署，2002，第11页。

④ 参见〔葡〕施白蒂《澳门编年史（二十世纪）1900～1949》，金国平译，澳门基金会，1999，第260页。

⑤ 〔葡〕施达时、白加路：《离岛绿化区的发展》，周庆忠译，澳门特别行政区民政总署，2002，第12页。1941年8月2日，第31期《政府公报》刊登《离岛农渔有限公司章程》，参见〔葡〕施白蒂《澳门编年史（二十世纪）1900～1949》，金国平译，澳门基金会，1999，第286页。

通障碍以及为解决市民缺乏农产品的燃眉之急，才暂时允许菜农在澳门半岛（以下简称半岛）进行开垦种植。尽管如此，当菜农出现后，澳葡政府一直未放弃利用离岛开拓农林业的做法，并设法将半岛的农业转移至离岛。

1. 派"兽医官"赴香港考察，为在离岛建设农牧场提供参考

澳门的氹仔、路环（又简称路氹或离岛）面积相对广阔，自然生态状况较佳，是发展农业的良好天然环境，这里还建有一些园林及饲养家畜、家禽的场所。但20世纪50年代以来，世界经济的不景气，亦使路氹的农业受到影响，农民的积极性受到打击。有鉴于长期以来出现的农产品供应短缺问题，澳葡政府特别重视路氹的开发，拟在此地建立"巨型畜牧场"。而路氹以及半岛市民，对澳葡政府在离岛的农业发展计划极为关注，认为如能实施，则该地"自可获致繁荣，私人所办畜牧场，将亦恢复并数年蓬勃景象"①。正是在这样的背景下，1953年2月，澳葡政府派市政厅兽医官卫棣嘉（José da Silva Vidigal）赴香港考察。卫棣嘉分别考察香港岛、九龙、新界等地，并参观香港农民对各种农产品的种植与家畜、家禽饲养。卫棣嘉在香港考察一个月并于3月27日返澳后，立即撰写考察报告准备提交政府参考。卫棣嘉在报告中的建议之一是在路氹择地开辟大农场，"以科学方式灌溉种菜，饲养家畜"②。他认为，这一计划倘获实施，不仅能使未来农产品产量增加，减少肉类蔬菜依靠外来进口，保障市民日常生活的需要，而且可向英美各国及葡属各国扩展销售市场；"直接与间接雇用工作人员，预计约达5000人以上，市面一部分失业工人，可获救济，本澳经济情况必能较前改进，地方繁荣可期"③。"当造福本澳市民甚巨"④。

────────────

① 《当局为本澳未来繁荣　决发展渔业增值农产　除自足外更广辟销场》，《华侨报》1953年3月28日，第3版。

② 《当局为本澳未来繁荣　决发展渔业增值农产　除自足外更广辟销场》，《华侨报》1953年3月28日，第3版。

③ 《未来开建农畜牧晒鱼场　可容纳实业工人五千名》，《华侨报》1953年3月31日，第2版。

④ 《当局为本澳未来繁荣　决发展渔业增值农产　除自足外更广辟销场》，《华侨报》1953年3月28日，第3版。

2. 鼓励菜农和市民前往离岛从事农业

澳葡政府接纳了卫棣嘉赴香港考察报告中的建议，表示"倘市区内菜农，愿意迁往路氹两地，当局将设法通融在两地开设农场，以增加生产"①。在澳葡政府这一政策的推动下，一些菜农开始由半岛转往路氹安家，从事种植和饲养业。例如，1953年初，澳葡政府计划将台山、马场一带的耕地收回改作建设用途。该处菜农认为，政府一旦将地收回，将会严重影响他们的生活，于是由有关社团代为向政府请求，希望尽量拨出荒地让其耕种。1953年4月21日，市行政局（Administração do Concelho de Macau）②局长施乐德派发通知书，称澳葡政府"准许此批失去田地之农民，得在氹仔及路环郊区开垦种植"。这些农民除一部分前往路氹开垦农田外，还有小部分农民因眷属过多，"举家迁往路环、氹仔亦需要一笔金钱，而无法前往"③。

1955年年初，台山区各菜农"曾函请市政厅减低菜地租费，以维持菜农生活"。针对这一情况，海岛镇繁荣委员会于1955年11月14日表示，希望半岛菜农能转向路氹择地建筑菜田及牧场，因该处政府的土地"只值费一仙（即1分——笔者注）而已，比澳门任何一处为低廉"，该会"极欢迎一般菜农迁往海岛镇谋发展"④。

1956年11月13日，澳葡政府发布消息称，"由于当局锐意使海岛镇成为绿化农场，由澳迁往之菜农人数逐渐增加"。达致"今年内生产之家畜、家禽及菜蔬，出口额比去年增加三分之一"。澳葡政府表示，半岛菜农如愿迁往路氹，将设法安置。澳葡政府推动菜农到路氹发展的计划"仍在积极进行中"，到1956年底，"牛房及养猪屋落成后，家

---

① 《路氹积极扩展农业　农产品显著增加》，《华侨报》1956年11月14日，第3版。

② 隶属民政厅，凡属政府公布行政措施中的市行政部由该局执行。参见《澳门政府组织系统》，载澳门大众报编印《澳门工商年鉴》［第四回（1959~1960）］，1960，第二篇第34页。

③ 《台山菜农改迁路氹　转在该处郊区垦植》，《华侨报》1953年4月23日，第3版。

④ 《路氹两地租值低廉　欢迎本澳菜农迁往发展》，《华侨报》1955年11月15日，第3版。

畜、家禽生产力当更加强，即运澳之生猪及生鸡鸭数量，势必大增。当局计划路氹两处欲使生产的产品，能够供应本澳需求，则可免向外寻求供应，市面物价当可日趋稳定"①。

20 世纪 60 年代初，澳葡政府继续推行上述计划，决心将"对海本澳离岛氹仔及路环两地，辟设农牧区，将来在该处增设菜园及牧场"②。其着眼点不仅在于增加农产品供应，满足市民生活需要，而且打算将菜田及牧场作为"一般贫民或由大陆来澳乡民，在该处生活"的安置用途。1962 年 7 月，工务厅为此特地派人员赴路氹勘测，计划在两地的山区开辟农牧区。并拟在农牧区内"盖搭小屋，准许一般贫民，在该处地方居住与作业"。澳葡政府拟实施这一计划的原因，主要是准备在新口岸展开"新建设区"。新口岸原有的菜农均须迁移，但"迁移何处地方，颇费考虑"。澳葡政府将路氹划定为农牧区，就是便于新口岸迁离的菜农可到该区重建家园，不至于影响其生活③。但此后该计划未得到落实。

3. 两任澳督巡视路环农林及畜牧场

20 世纪 60 年代初，澳葡政府认为，"农业的发展，间接对本澳的工商业和本澳的经济情况是有辅助作用的"；所以在路氹积极发展农、林、畜牧的工作，在氹仔进行填海工程，在两岛分别建水坝等④。同时，为了表示澳葡政府对发展离岛农牧业的支持，60 年代前期的两任澳督都前往路环巡视。1960 年 8 月 10 日，澳督马济时（Jaime Silvério Marques）赴路环巡视农林及畜牧场⑤。1963 年 4 月 25 日上午，澳督罗必信（António Adriano Faria Lopes dos Santos）中校驱车赴一号码头乘陆

---

① 转引自《路氹积极扩展农业　农产品显著增加》，《华侨报》1956 年 11 月 14 日，第 3 版。

② 《氹仔及路环开设农牧区》，《华侨报》1962 年 7 月 30 日，第 3 版。

③ 《氹仔及路环开设农牧区》，《华侨报》1962 年 7 月 30 日，第 3 版。

④ 澳门大众报编印《澳门工商年鉴》［第六回（1961～1962）］，1962，第二篇第 2～3 页。

⑤ 澳门大众报编印《澳门工商年鉴》［第五回（1960～1961）］，1961，第一篇第 73 页。

军部快艇前往路环农牧场巡视，同行的有民政厅厅长施雅拨、秘书长文第士、地质工程师苏沙、宣传科科长白乐迪等，海岛市市长江雅拨、科长意沙在码头欢迎，并陪同澳督巡视农牧场。澳督等巡视完毕于下午返回半岛。

路环的农牧场是依照 1956 ~ 1964 年繁荣建设计划兴建的，由地质工程师苏沙及农牧专家蓝梅士负责。该农场于 1962 年种植松树 62000 株、枷木树 37000 株、马尾松 10000 株、樟木树 538 株，还种植果树、蔬菜。农场饲养猪 135 头、鸡 120 只。新建水塘工程系储备水源供给农牧之用，该水塘容量约 1000 立方尺，并开辟一个天然水井。该农场计划在九澳、黑沙分别建筑水塘，九澳水塘容量约 119000 立方尺，黑沙水塘容量约 113000 立方尺，以容纳储水之用①。

（二）对发展农林业的支持

据笔者接触到的资料，澳葡政府扶持农林业的工作，主要体现在以下几个方面：

1. 设立农林业管理、研究机构

在离岛发展农业，尤其是在该地设立相关管理、研究机构也属于对农业支持的一部分。1953 年 12 月，澳督史伯泰（Joaquim Marques Esparteiro）决定委任离岛评估委员会，在 60 天期限内提交关于下列问题的研究报告，例如：可以设立农场及畜牧场的地点；选择蔬果种植业"可以强化的地点"；为供应澳门市场和配合离岛的农业及畜牧业的发展，适宜开展哪些农事等。据施达时（António Estácio）等的研究，这个委员会因对工作的"关注、热忱和专心而被嘉许"，却于 1955 年 3 月 29 日被解散。澳葡政府后设立了发展计划委员会，从事"由工务局负责的造林工作"以及发展农业及畜牧业的工作，其中包括"设立菜农合作社和饲养猪只及家禽合作社"。但发展计划委员会

---

① 《澳督罗必信中校　巡视路环农牧场》，《华侨报》1963 年 4 月 26 日，第 3 版。

的存在时间仍不长，1957 年 3 月 16 日的白觉理（Pedro Correia de Barros）总督在第 11 期《政府公报》颁布第 5977 号训令撤销该委员会，取而代之的是"澳门经济资源研究及评估委员会"①。该委员会②的职责包括研究增设工厂，发展工商业、渔牧业以及澳门与邻近地区和葡属非洲地区之间的贸易等问题③。此外，施白蒂（Beatriz Basto da Silva）还提到，1957 年，澳门设立隶属于海外研究学会的海外农学研究会澳门支队，该支队工作至 1974 年，转而隶属于本地政府。施白蒂还认为该支队编制了澳门地图，并进行有关植树以及防腐蚀的研究，"取得成效"④。

1960 年，澳葡政府成立路环农牧林业办事处，"协助此间农牧事业的发展"，委任市政厅兽医官卫棣嘉负责此项工作。该办事处雇用葡籍文员 4 名、华籍工人 30 多名，负责农场工作及饲养牲畜，发展农林畜牧事业。该办事处还在澳葡政府经济厅三楼开设办事处，以方便市民办事，并扩大对各方面的联络⑤。该办事处向外国购买一批家畜、家禽良种，返该处饲养，以便将来分别赠予路氹两地农民，"使努力饲养家畜、家禽工作，冀能收改良机会"。同时也对全澳菜农起指导和示范作用。该办事处还定期为路氹农民饲养的猪、鸡等免费注射防疫针，以求增加产量。待生产额提高后，该办事处可代农民请求政府有关部门将路氹出产的有关家畜及果类制成腊味肉类与凉果等，出口运往葡萄牙各地

① 参见〔葡〕施达时、白加路《离岛绿化区的发展》，周庆忠译，澳门特别行政区民政总署，2002，第 10~14 页。

② 根据第 11 期《政府公报》，"澳门经济资源研究及评价委员会"于 1957 年 3 月 16 日设立，由澳葡政府经济局长罗保主持。转引自〔葡〕施白蒂《澳门编年史（二十世纪）1950~1988》，思磊译，澳门基金会，1999，第 43 页。

③ 郑思尧：《澳门经济的发展与前景展望》，载李鹏翥主编《澳门手册》（1983 年），澳门日报编印，1983，第 20 页。

④ 〔葡〕施白蒂：《澳门编年史（二十世纪）1950~1988》，思磊译，澳门基金会，1999，第 45~46 页。该支队的职能与此后成立的相关机构有何联系或重叠，尚待研究。

⑤ 《当局计划在路环开设大农场 办理种植及养家畜、家禽》，《华侨报》1960 年 8 月 5 日，第 3 版。

或向英美各国推销。

根据刊登在 1960 年 1 月 23 日第 18 期的《政府日报》（Diário do Governo）第一组第 17549 号训令，建立常设性质①的海外农业研究会，其权限包括"协同海外研究委员会及其专业部门，在有需要的海外省份进行基础的农艺研究，以利农业及相关的行业：林业、畜牧业以及自然生物资源利用等的发展"②。1962 年 4 月，澳门亦相应地成立一个工作队。由于有一名农艺工程师③在澳门"负责领导及筹备"，澳督罗必信于是在 1962 年 5 月 26 日颁布第 6994 号训令，将"所有与农业、畜牧及林业发展计划相关的部门"归入海外农业研究会的澳门工作队（以下简称澳门工作队），不再隶属于经济及统计厅。该工作队的工作"颇为多样且涵盖多个范畴"，如土壤学、农田水利、农业、家禽饲养等④。

到了 70 年代中期，澳葡政府鉴于"造林、农业、畜牧及狩猎"等工作必须要加强，但此工作一直由澳门工作队所负责，若设置"以本地为基地的相关部门"更为适宜。因此，1976 年 4 月 28 日，澳督李安道（Garcia Leandro）上校主持澳葡政府咨询委员会会议，通过有关设立农林厅的法律草案，并"检讨其法例以便公布"⑤。

① 〔葡〕施达时、白加路：《离岛绿化区的发展》，周庆忠译，澳门特别行政区民政总署，2002，第 26 页。施白蒂认为训令 17549 号成立的是海外农业研究会，属于临时性质。〔葡〕施白蒂：《澳门编年史（二十世纪）1950～1988》，思磊译，澳门基金会，1999，第 52 页。

② 〔葡〕施达时、白加路：《离岛绿化区的发展》，周庆忠译，澳门特别行政区民政总署，2002，第 26 页。而施白蒂《澳门编年史（二十世纪）1950～1988》一书的记载是，海外农业研究会澳门地区分会于 1961 年成立。参见〔葡〕施白蒂《澳门编年史（二十世纪）1950～1988》，思磊译，澳门基金会，1999，第 55 页。

③ 1962 年 5 月 4 日～1964 年 4 月 23 日，该工作队主管由农艺工程师苏沙（Edgar da Conceição e Sousa）担任。〔葡〕施达时、白加路：《离岛绿化区的发展》，周庆忠译，澳门特别行政区民政总署，2002，第 26、41 页。

④ 〔葡〕施达时、白加路：《离岛绿化区的发展》，周庆忠译，澳门特别行政区民政总署，2002，第 26～27 页。

⑤ 《咨询会通过设立农林厅》，《华侨报》1976 年 4 月 30 日，第 4 版。

1976 年 5 月 22 日，当年第 21 期澳葡《政府公报》颁布李安道签署的第 15/76/M 号法令，在澳门设立农林厅。该法令还规定，农林厅分别增聘技术厅长、二等农事管理员、三等农事管理员各一名。农林厅的职权包括"推动及加强有关维护及保护及增加森林产业的研究"，以及"在能力范围内研究地球科学并在专业范围内广为传播，不单能使人类进一步重视有潜力的资源，更可以善用之"①。农林厅下设技术科、行政科。其中，技术科下设两个部门，一个负责造林、果树栽培、狩猎及畜牧；另一个负责花卉、园艺及一般农业②。

虽然农林厅一直被视为是一个"工作谨慎且有效率"的部门，却在 1985 年底被十一月三十日第 105/85/M 号法令所撤销③。该法令指出，考虑到经济、社会及地理条件不适于农业、饲养和狩猎活动，这证明无须设立主管该活动的政府部门。农林厅的职责和人员转到海岛市政厅，农场改为路环郊野公园④。对此，施达时（António Estácio）等感慨地指出，"在经过差不多九个年头后，本地区历史上第二个独立负责绿化区建立及管理的部门不复存在"⑤。

2. 聘请农业专家来澳，指导和协助发展农牧业

在"当局已下决心改善本澳农牧事业之发展"的过程中，澳葡政府注意到了以下现象：

（1）20 世纪 50 年代中期的几场暴风雨，使"郊外农民损害颇

---

① 《农林处扩大为农林厅》，《华侨报》1976 年 5 月 23 日，第 4 版；〔葡〕施达时、白加路：《离岛绿化区的发展》，周庆忠译，澳门特别行政区民政总署，2002，第 44 页。此外，施白蒂在其《澳门编年史（二十世纪）1950～1988》一书中指出，1976 年 5 月，"设立澳门农业局，以继承海外农业研究队"工作。参见〔葡〕施白蒂《澳门编年史（二十世纪）1950～1988》，思磊译，澳门基金会，1999，第 116 页。

② 《本澳将设"农林厅"代替目前"农林处"》，《澳门日报》1976 年 6 月 4 日，第 4 版。

③ 〔葡〕施达时、白加路：《离岛绿化区的发展》，周庆忠译，澳门特别行政区民政总署，2002，第 52 页。

④ 转引自黄启臣《澳门通史（自远古至 1998 年）》，广东教育出版社，1999，第 551 页。

⑤ 〔葡〕施达时、白加路：《离岛绿化区的发展》，周庆忠译，澳门特别行政区民政总署，2002，第 52 页。

大"。在这种情况下，澳葡政府认为，"虽路氹及本澳郊区各处农场，本足供应本澳居民需用，亦以上述问题，无法继续发展下去"。倘"聘请农作专家来澳指导一般农民种植，俾能利用人力，以消除一般灾害，而使生产上更增加"①。

（2）"近七八年来，本澳各处郊区，菜园增加约百分之七八十，使菜蔬产量，足供本澳大部分之用，惜该等菜农，对于种植及饲养牲畜方法，不知改良，倘当局聘用专家随时予以指导，其扩展情形，更为容易，对于菜蔬及牲畜之供应，将可免全赖外来"②。

（3）由于推动农牧业及造林方面的事务"相当复杂，而且非有专家协助，不能达成任务"。因此，澳葡政府计划在1960年从当地和葡萄牙聘请多名专家指导工作。同时，港英政府农林部亦准备派专家来澳协助指导，使"澳门农牧及造林计划，得以预期完成"。而澳葡政府在1960年预算中拨出的54万多元，就包括了雇用专家的费用③。

1961年，为配合繁荣澳门计划的实施，从葡萄牙聘请农业专家的工作取得新的进展：6月16日，葡萄牙农业专家嘉士度抵澳，协助兽医官卫棣嘉开展有关工作；8月6日，由葡萄牙海外部指派，施利华、廉姆士（两人均属葡萄牙海外委员会委员）两位农业水利工程师抵澳，协助发展农牧业④。针对上述措施，有评论认为，"在当局不断努力下，相信本澳之农牧林业，将有良好成绩"⑤。

3. 拨专项经费资助农牧业

20世纪50年代以来，在澳葡政府的推动下，半岛及路氹等地的

①《延聘专家来澳指导种植 积极发展澳农牧事业》，《华侨报》1958年8月11日，第3版。
②《发展农牧及造林计划 将向葡京聘请专家来澳指导发展》，《华侨报》1960年1月11日，第3版。
③《发展农牧及造林计划 将向葡京聘请专家来澳指导发展》，《华侨报》1960年1月11日，第3版。
④《葡农业专家嘉士度抵澳 协助发展澳农牧林业》，《华侨报》1961年6月17日，第3版；《葡两工程师抵澳 协助发展农牧业》，《华侨报》1961年8月9日，第3版。
⑤《葡农业专家嘉士度抵澳 协助发展澳农牧林业》，《华侨报》1961年6月17日，第3版。

农业发展迅速，菜农从业人口增加很快，农产品产量有所增加。但各地所饲养的家畜和家禽，因"未得良法"，生产不能大幅度提高，无法满足市民消费需要，达不到平抑物价的效果。所以，1958 年下半年，内地农产品减少输澳时，澳门市场的猪、牛、鸡、鸭等售价猛涨，"市民生活负担日益增加，入市主妇，莫不叫苦"①。有鉴于此，市政厅于 1959 年 1 月 13 日发布消息称，"发展本澳农牧及渔业，为本澳当局今年内开始繁荣计划之一，故今年拟定拨五十五万元"。其中包括从澳大利亚等地采购一大批生猪、鸡等优良品种回澳饲养及繁殖，目的在于增加本地鲜活农产品供应，"务求物价降低，市民生活负担减轻"②。

进入 60 年代初期，市政厅派出稽查人员调查牲畜数量，"目的即开始注意本澳农牧发展工作"③。1960 年 1 月 10 日，澳葡政府发布消息称："定由今年开始，预算一年内拨出之五十四万五千余元"，"系用于雇用专家，及添置治疗牲畜药苗与仪器，购置牲种，及松林种子等，相信在各方面的努力下，本澳农牧造林等项发展，必有成果"④。有媒体称，"料在当局不断努力协助之下，本澳一般农畜品供应，将大大改进，对本澳市民生活，将获极大之裨益"⑤。1961 年 4 月 9 日，澳葡政府公布第二期繁荣澳门计划，"第三年拨款五百八十七万余元，大部分发展农牧业"⑥。

4. 指导菜农预防家畜、家禽疾病

1954 年 4 月，市政厅的兽医官为鼓励市民养猪，制订了有关扶持

---

① 《澳葡政府决拨巨款发展农牧》，《华侨报》1959 年 1 月 14 日，第 3 版。
② 《澳葡政府决拨巨款发展农牧》，《华侨报》1959 年 1 月 14 日，第 3 版。
③ 《发展农牧及造林计划　将向葡京聘请专家来澳指导发展》，《华侨报》1960 年 1 月 11 日，第 3 版。
④ 《发展农牧及造林计划　将向葡京聘请专家来澳指导发展》，《华侨报》1960 年 1 月 11 日，第 3 版。
⑤ 《澳葡政府决拨巨款发展农牧》，《华侨报》1959 年 1 月 14 日，第 3 版。
⑥ 澳门大众报编印《澳门工商年鉴》[第五回（1960～1961）]，1961，第一篇第 76 页。

计划，决定除在路氹设置专门地点便利市民申请修建养猪舍之外，还向外国订购大量预防生猪患传染病的"药针"，以确保不会发生猪瘟①。1959 年 1 月，市政厅决定派出该厅兽医官负责指导市民饲养牲畜，并开展饲养牲畜卫生宣传工作，"务使所有农牲场均能注意各项卫生事项，期使牲畜生产力量加强"②。市政厅还于当年拨款在黑沙环、青洲、新口岸、氹仔及路环等处，设立"家畜、家禽医疗所"，专门负责为各种家畜治病，指导农民增加产量。1960 年上半年，兽医官卫棣嘉继续制订饲养牲畜的初步发展计划，其中包括牲畜的医疗及疾病预防，以保障其顺利生长。卫棣嘉建议市政厅拨出款项，继续向外国订购一部分预防疾病"药针"返澳，为猪和鸡注射，防止各种疾病的传染。在开始注射前，先由市政厅兽医处和路环农牧林业办事处派出调查人员数名，赴路氹两地，调查各畜牧场饲养之猪、鸡数量，以便采购确切数量的"药针"。1960 年 7 月，路氹以及半岛菜农开展家畜、家禽调查统计工作③。8 月上旬，卫棣嘉根据家畜、家禽调查统计数量，赴香港采购各种家畜注射防疫"药针"回澳，免费为猪、鸡注射，"以防止时疫发生，保障牲畜之安全而增加生产"④。

（三）对澳葡政府农业政策的评价

根据施达时（António Estácio）等的研究，上述澳葡政府设立的农林业管理和研究机构具有如下特点：

一是 20 世纪 50 年代"委员会"的频繁更换。从 1953 年的离岛评估委员会到 1955 年的发展计划委员会，再到 1957 年的澳门经济资源研究及评估委员会，七年之内就出现三个主管委员会。难怪施达时等不得不发

---

① 《养猪业务蒸蒸日上　现产额几足全市所需》，《华侨报》1954 年 4 月 22 日，第 3 版。
② 《兽医官将负责指导饲养牲畜方法　拟向外地采购良种返澳用助繁殖》，《华侨报》1959 年 1 月 14 日，第 3 版。
③ 《发展澳门畜牧事业　当局实施牲畜防疫注射》，《华侨报》1960 年 7 月 17 日，第 6 版。
④ 《当局计划在路环开设大农场　办理种植及养家畜、家禽》，《华侨报》1960 年 8 月 5 日，第 3 版。

出感叹，"澳葡政府时期的一个特色就是委员会容易设立亦迅速解散"①。

二是有关农业的研究大多未能实行。在上述机构中，澳门工作队存在的时间相对较长，因而有时间开展研究工作，但存在下列现象：

（1）有的研究不切合实际。例如，澳门工作队曾开展设立"一所水耕栽培场，专门生产一些供应香港市场的优质蔬菜"之研究。海外农林研究团团长、农艺工程师施利华（Hélder Lains e Silva）等于 1963 年 7 月 14 日完成的研究报告中，主张"在澳门半岛设立一个水耕栽培中心，面积最小为 1000 平方公尺"，地点设在黑沙环旧马场一带。在严重缺乏淡水资源的澳门，这种措施显然是无法推广的。

（2）有的提议未得到落实。1968 年 3 月，农业管理员雷诺（Vítor Manuel Marques Ramos Reynaud）担任澳门工作队队长时提议"加强氹仔和路环农牧业的发展"。他坚持"批给土地、农业信贷或无偿技术支援等做法有助工作队进行一系列宣传活动，使农民知道由人口过多的澳门半岛迁往离岛的好处"。其中，他认为发放一种"起码作为初期置业的农业信贷"是很有用的。这一提议虽然在"1968/73 年本省第三期发展计划的草案中被提及，但未曾拨款"②。

（3）有的研究任务未能完成。澳门工作队于 1963 年开展半岛菜田的调查研究，但由于缺乏符合资格的人员，该项工作开展时间不长就处于停止状态。正是鉴于以上各方面的原因，江荣辉才得出"澳葡政府的农林管理部门没有理会我们"的结论③。

柯武刚（Wolfgang Kasper）等在《制度经济学——社会秩序与公共政策》一书中引用了 G. 斯蒂格勒于 1971 年出版的《经济管制理论》中的一段话：对于社会中的每个产业来讲，政府要么是一种可能的资

---

① 〔葡〕施达时、白加路：《离岛绿化区的发展》，周庆忠译，澳门特别行政区民政总署，2002，第 14 页。

② 〔葡〕施达时、白加路：《离岛绿化区的发展》，周庆忠译，澳门特别行政区民政总署，2002，第 27 页。

③ 2012 年 6 月 19 日访问江荣辉的记录。

源，要么是一种威胁。政府凭借其权力，收取或给予货币，可以并的确有选择地帮助或伤害了许许多多的产业①。澳门也不例外，澳葡政府50年代初以来通过对上述资源的投入，使得本地农产品生产"有所发展"②。但受人力、财力和物力以及其政策思路的限制，澳葡政府发展农牧业在地域上的体现主要是在氹仔、路环，而非半岛；在行业上的体现主要是在林业，而非农业，何况不少计划仅为"纸上谈兵"，故对菜农生产并无多大的实际帮助作用。

从本章内容结构（参见图2-24）中不难发现，菜农生存的边缘缝隙环境成为其与有关要素碰撞的根源。审视边缘区的由来及建构的历程，可以发现澳门历史上的菜田早已被建筑物或公路等所取代，到50年代初，澳门的新填海地被菜农开垦成菜田建构成为城市边缘区。与其他国家和地区城市边缘区最大的区别在于，澳葡政府填海造地的初衷并非为了发展农业，而是作为城市建设用途。因此，这些地域主要由海泥填充，水分多，碱度大，土壤不仅不适宜种植，而且地势低洼，紧邻大海，一旦台风、暴雨等的发生，"它的灾害性也随着增长"③。更何况菜农主要地域马场的"地势像个锅"，而新口岸又是"槽形"地带，雨水、海浪易入难出，蔬菜一旦被水浸就会"损失惨重"，所以台风或暴雨可说是菜农的"头号敌人"④。因此，澳门菜农的菜田既不宜居、不宜种，又是一个脆弱的生态环境，这种城市边缘区环境的易损性（vulnerability），使得菜农的种植活动无法摆脱与自然灾害发生的碰撞。

从菜农产生的动因方面来看，内外因素的共同挤压迫使澳葡政府下决心采取解决市民生活问题的有效措施。但解决之道首先要具备的是土地资源，这是开展农业生产的最基本条件。但是，当上述内外因素发生

① 〔德〕柯武刚（Wolfgang Kasper）、史漫飞（Manfred E. Streit）：《制度经济学——社会秩序与公共政策》，韩朝华译，商务印书馆，2000，第357、348页。
② 参见中华人民共和国对外贸易部驻广州特派员《牲畜、家禽对港澳出口会议总结报请核备》（1958年1月30日），广东省档案馆藏，档案号：325-1-456-001-031。
③ 彭琪瑞等：《香港与澳门》，香港商务印书馆，1986，第95页。
④ 2012年6月19日访问江荣辉的记录。

变化，即战争和争端的停止，外来货源充分供给，旺盛的内需得到满足后，土地这个决定菜农产生的基本条件必定发生变化，进而严重影响和制约菜农的发展。这是因为前述农地的来源，属于澳葡政府为城市建设和建筑所用的填海地，但战争和争端打乱了澳葡政府的这一部署，迫使其不得不鼓励市民在这些土地上发展农业，这实际上只是其一种权宜之计，是 40～50 年代初食品来源渠道堵塞或波动这一外力作用迫使其做出的临时应变措施，是逆城市化潮流的行为。当战争、争端这一大规模菜农产生的外力因素消失，特别是食品供应步入正轨后，菜农存在的价值和重要性就会下降；加之在内在的工业化、城市化大潮的驱动下，澳葡政府必然将施政重点转向工业、旅游业等行业，进而放弃对农业的扶持。与此同时，工业化、城市化发展对用地的大量需求，又给澳葡政府带来另一种紧迫感，促使其恢复新填海地的原有用途。这些都成为澳葡政府农业政策发生转变的根源。这一点在澳督罗必信于1962 年 8 月 25 日讲话中得到验证，他在记者招待会上发表"繁荣发展澳门计划"时谈及，"澳门为一小小地方，人口过多，又无任何天然资源可供利用，故除商业外，吾人必须发展工业。一种经济不能继续保持纯粹商业性，及不能靠赖农业为一有价值之要素时，即必须转移其目光于工业之展望"①。这就表明澳葡政府考虑放弃对农业的扶持，形成一种自抗战以来到 60 年代初阶段性的扶持行为，即政策缝隙②。对于菜农而言，澳葡政府施政思路的转变，就会成为上述柯武刚所指出的"是一种威胁"并造成"伤害"。所以，菜农求生存、谋发展的行为与

① 《澳门繁荣计划》，载澳门大众报编印《澳门工商年鉴》［第六回（1961～1962）］，1962，第一篇第 41 页。
② 香港的农业也有相似之处，从 20 世纪 40～50 年代，港英政府成立专职农业机构，出台优惠措施，大力支持农业的发展。但自 50 年代末开始，政府不仅未继续实施扶持政策，反而建筑水道将水稻赖以生存的淡水资源引往水库，以供市民食水之用，使其成为农业衰落的重要原因之一。参见薛凤旋、邝智文《新界乡议局史：由租借地到一国两制》，香港三联书店、香港浸会大学当代中国研究所，2011，第 247～249页。

澳葡政府限制、削弱甚至取缔菜农施政方针之间的摩擦碰撞，由此更加
频繁地展开。

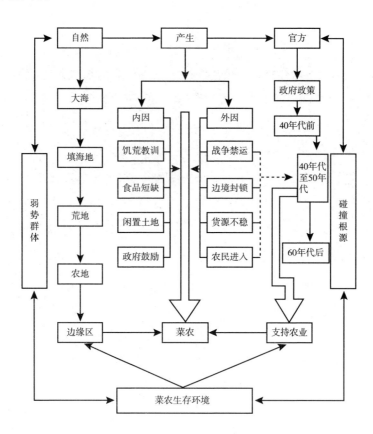

图 2－24　菜农生存边缘缝隙结构

第三章　自然门槛：灾害威胁菜农及社会应对

　　菜农从事的是一个"睇天食饭"的行业，其生产活动离不开他们常挂在嘴边的"望天打卦"。水灾、旱灾、风灾（台风）等自然灾害的经常发生，严重威胁着他们的生命和财产安全。灾害经济学的方法论表明，"任何种类的灾害在本质上都脱离不了自然特征"，"所谓的人为的灾害也不是完全脱离自然物质变化的过程"[①]。自然灾害的频发，不仅具有强烈的破坏性，而且往往伴随一系列的社会问题。作为自然灾害救助责无旁贷的主体，澳葡政府在灾害来临时，应有针对性地采取措施，使灾民早日脱离困境。但颇为耐人寻味的是，在特定的历史时空背景下，澳门社团却代替政府，承担了灾害救助主体的职能。那么，频繁灾害形成的"自然门槛"，如何威胁菜农的生存？需要怎样的一些动因叠加，才能形成交替发生的自然灾害？在澳葡政府对华人社群灾害救助及公共危机管理（public crisis management）未能尽责的情况下，澳门社会特别是民间组织怎样分担这些职能？对于构建相对完善的澳门公共危机应对机制而言，社团主导下的灾害救助有哪些特点和启示？这些问题都值得进一步探究。本章拟在现有研

---

　　① 宋冬林等：《灾害经济学方法论初探——基于马克思两种关系再生产理论》，《北方论丛》2009 年第 3 期，第 156 页。

究的基础①上，运用灾害经济学、公共危机管理学等理论为分析工具，以自然灾害的发生及后果为切入点，全方位剖析灾害的成因，探讨社团在公共危机管理中所扮演的角色。希冀通过这种探讨，能够挖掘出那些超越时空界限的经验。

一 灾害频发：非常态景况下的生存挑战

菜农种菜与渔民捕鱼一样，与自然界息息相关。有署名为"务农"的作者撰文指出，雨水虽可滋润蔬菜，但降雨过多会带来洪水泛滥，淹坏蔬菜；阳光可促进蔬菜快速长大，但太多阳光也会令菜田土地龟裂。在一年四季中，夏季发生自然灾害最多，洪水泛滥与气候干旱都集中在这个季节。冬季受"水浸"的情况较少，但因雨量稀少，干燥的北风经常吹袭，出现干旱的情况也比较多②。因此，在菜农的生活和生产过程中，灾害一直相伴。这些灾害持续时间长，而且有些年份出现数种灾

---

① 在澳门自然灾害研究领域，学术界对台风灾害的发生及灾害救助的研究取得了丰富的成果。例如：汤开建、马根伟对清末澳门镜湖医院的建立与发展做了研究，并指出澳门镜湖医院建立的原因之一，就是为了开展对台风等灾难的救助。该院建立后，发动社会捐款以及投入大批人力，参与到对 1874 年、1875 年、1883 年等年份的台风灾害救灾和赈济活动中，获得澳门各界的好评。参见汤开建、马根伟《清末澳门镜湖医院的建立与发展》，《澳门研究》2005 年第 12 期，第 138～146 页。娄胜华则从澳门华人早期民间结社及其近代变迁的视角，对 19 世纪灾害、非常态移民与澳门公益性民间结社的勃兴进行了研究，其中对澳葡政府、镜湖医院对台风灾民的救济做了分析。参见娄胜华《澳门华人早期民间结社及其近代变迁》，载程惕洁主编《澳门人文社会科学研究文选·社会卷》，社会科学文献出版社，2009，第 165～166、171 页。叶农对澳门地区的台风进行了考察，主要就 1554～1881 年有关对台风的记载、台风给澳门带来的损失以及有关台风的气象观测等进行了研究。参见叶农《澳门地区台风考》，《文化杂志》2002 年第 43 期，第 91～100 页。邢荣发对马场在 1925～1985 年这 60 年间的变迁过程做了研究。其中，对 50～60 年代的台风尤其是发生在 1960 年和 1964 年的两次较大的台风（即"玛丽""维奥娜"）对该地的侵袭，以及四大社团对菜农的灾害救助做了阐述。参见邢荣发《澳门马场区 沧桑六十年（1925～1985）》，《文化杂志》2005 年第 56 期，第 10～11 页。此外，邢荣发还对澳门 19 世纪的台风进行分析，并认为"历史上澳门多次受到台风的严重破坏"。参见邢荣发《明清澳门城市建筑研究》，华夏文化艺术出版社，2007，第 3～5、31 页。

② 务农：《台风海水两大祸患》，《澳门日报》1976 年 9 月 23 日，第 4 版。

害相继发生、造成重大损失的局面。灾害一旦形成链条，必然对菜农带来多重打击，使本已贫穷落后的他们更加不堪重负。对菜农影响较大的灾害如下：

（一）暴雨灾害

如前所述，雨水对蔬菜的生长具有正负相关两方面的效果。一方面，适量雨水对蔬菜起到"滋长润泽之利"；但另一方面，如雨量过大就会形成涝灾。据澳门特别行政区地球物理暨气象局统计，澳门全年各月均有暴雨[①]发生，主要集中在汛期的4~9月（参见表3-1）。由于一些菜田处低洼地带，排水系统欠佳，菜田在暴雨期间均会受到不同程度的浸淹[②]。此外，边缘区主要在新填海的土地上，这些地点地势低并临近大海，雨（海）水易入难出。不仅如此，新口岸菜田背靠松山，面临大海，每当暴雨来临，同时受到山洪和海水的两面夹击。因此，上述因素就决定了澳门的菜田和其他地区的菜田不一样，雨水稍多就会带来灾害（参见表3-2）。

表3-1 1950~1980年澳门每月总降雨量

单位：毫米

年份＼月份	1	2	3	4	5	6	7	8	9	10	11	12	全年
1950	34.5	14.8	27.5	93.9	415.0	362.7	228.9	326.3	255.3	41.7	51.4	7.8	1859.8
1951	33.5	26.7	118.9	340.5	430.4	492.0	188.6	281.4	111.7	157.3	108.0	18.2	2307.2
1952	17.7	21.6	48.5	202.1	272.6	322.3	166.9	417.3	383.2	7.4	0.8	8.1	1868.5
1953	13.2	99.0	137.4	160.3	202.1	237.0	65.5	267.3	473.8	108.5	54.8	112.4	1931.3
1954	22.2	14.0	60.9	248.4	36.2	314.7	211.3	217.1	134.6	23.0	49.4	0.3	1332.1

[①] 根据国家气象局的规定，凡日降水量为50~100毫米称为暴雨，100~250毫米称为大暴雨，250毫米以上称为特大暴雨。参见梁必骐主编《广东的自然灾害》，广东人民出版社，1993，第118页。

[②] 澳门特别行政区地球物理暨气象局网页：www.smg.gov.mo，最后访问日期：2011年10月9日。

续表

月份 年份	1	2	3	4	5	6	7	8	9	10	11	12	全年
1955	3.3	4.2	4.3	126.3	488.9	377.8	423.7	571.9	180.3	0.8	42.9	12.2	2236.6
1956	56.8	73.8	9.7	47.9	193.2	225.4	97.0	251.4	129.5	45.1	49.9	11.7	1191.4
1957	15.5	100.9	116.1	130.9	803.2	261.1	285.9	182.7	206.5	45.4	0.5	5.9	2154.6
1958	38.5	99.6	97.4	45.0	59.1	278.4	296.7	111.5	266.1	34.5	0.7	1.8	1329.3
1959	16.7	220.7	52.9	326.0	178.0	557.1	392.9	320.5	267.0	0.5	3.9	18.2	2354.4
1960	47.5	1.0	49.8	37.8	299.6	459.7	64.6	422.4	200.9	24.8	123.6	13.1	1745.0
1961	10.0	62.8	74.7	252.2	132.3	139.5	473.5	357.9	363.0	74.2	55.2	18.6	2014.2
1962	9.2	71.6	14.7	52.2	239.4	433.2	77.5	47.2	211.4	16.4	23.2	0.3	1196.3
1963	9.5	1.1	8.3	13.5	50.1	309.7	255.7	105.2	156.9	36.7	33.3	1.4	981.4
1964	93.6	7.1	51.7	6.4	195.8	290.6	105.6	364.3	602.4	287.7	3.5	1.5	2010.1
1965	6.3	26.7	32.6	356.8	154.0	350.1	244.3	100.7	501.8	179.3	123.7	4.8	2081.1
1966	3.7	103.1	70.7	248.1	143.9	894.6	404.8	80.5	10.6	6.0	4.7	33.7	2004.4
1967	14.6	43.5	23.4	257.0	58.4	192.2	81.9	461.0	139.8	11.2	37.8	0.9	1321.7
1968	1.9	108.5	147.4	11.9	345.9	450.3	199.2	655.9	30.4	204.9	15.0	35.6	2206.9
1969	82.6	26.2	95.7	270.3	226.1	434.4	382.8	205.0	64.8	125.6	0.0	0.2	1913.5
1670	18.6	3.6	69.8	17.4	506.8	563.6	156.4	437.6	269.0	113.8	4.0	91.4	2252.0
1971	22.2	17.7	7.6	13.4	132.6	341.0	193.6	373.4	72.8	42.1	0.0	140.6	1357.0
1972	54.8	29.4	7.6	90.6	968.0	657.0	159.4	340.4	116.6	78.2	121.0	18.8	2641.8
1973	129.6	13.0	17.8	149.4	736.2	292.5	655.9	560.6	263.6	53.2	8.6	0.0	2880.2
1974	5.4	37.6	45.9	330.4	276.8	452.4	217.0	109.4	224.4	375.2	28.4	138.2	2241.9
1975	50.4	62.8	67.6	72.4	677.0	734.0	213.4	308.0	194.0	362.6	18.2	51.4	2813.0
1976	2.0	17.2	45.6	226.0	120.4	453.0	239.0	556.4	293.2	106.2	3.2	1.2	2063.6
1977	16.6	3.2	9.2	5.6	196.4	102.6	266.8	240.2	339.6	50.4	3.6	9.4	1243.6
1978	17.6	23.2	141.4	356.6	342.4	414.6	238.4	282.6	242.6	379.6	73.8	34.0	2547.0
1979	87.0	8.8	132.4	238.4	613.4	265.4	226.2	410.0	223.0	0.0	4.4	0.2	2209.2
1980	5.0	59.4	52.8	172.6	416.4	275.2	412.6	216.2	161.8	153.0	14.0	0.2	1939.2

资料来源：根据澳门特别行政区地球物理暨气象局网页 www.smg.gov.mo 数据编制。

表3-2 菜农遭受暴雨灾害情况一览

时间	概　况	后果或影响
1955年8月	18日凌晨至19日下午，全澳"陷于凄风苦雨中，豪雨夜以继日，滂沱而下"，达30多个小时。此时正值阴历初一的海水涨潮时期，陆地雨水较难排出，低洼地方"尽成泽国"。新口岸一带水深达2英尺，松山脚的公路亦被淹没，"台山菜田，亦积水盈呎"，"居民狼奔豕突，拖带老少避入市区"	暴雨过后，各地菜田"满目疮痍"。蔬菜不仅遭受暴雨摧残，而且还被从海旁堤基缺口冲进来的咸海水所浸泡。待8月19日午后天晴水退后，菜农纷纷赶紧收割被咸水浸泡的蔬菜，但这些蔬菜因多数腐烂和变坏，只能贱卖。黑沙环、新口岸、台山及关闸的菜农，每户损失数百元[1]

续表

时间	概　况	后果或影响
1957 年 7 月	17 日降暴风雨，蔬菜"为水所浸"，以新口岸最严重，而黑沙环地势相对较高，雨水流出迅速，影响较小	当年 6 月暴雨成灾，暴雨结束后菜农日夜耕耘，以期尽快收割蔬菜上市销售，弥补损失。但此次暴雨不仅造成新口岸菜农"损失甚大"，还使他们弥补损失的愿望落空[2]
1959 年 4 月	20 日晚和 21 日降暴雨，地势低洼、排水管道少的马场、新口岸和台山等地菜田"绝大部分"被淹，水深达 0.5 英尺以上	蔬菜经过一夜浸泡，除蕹菜、豆角外，白菜、芥菜、菜心等忌水泡的蔬菜菜根腐烂，暴雨过后太阳照射导致这些蔬菜坏死。为减少损失，菜农在暴雨停止后赶紧收割白菜出售。但因市场上的白菜太多，价格大跌，批发价降至 1 元多一担。这场暴雨使"菜农经济损失三成左右"[3]
1960 年 8 月	从 24 日起，连降八天大雨。马场、新口岸、黑沙环、台山等菜田大小水凼的水早已装满，由于雨势过大而持续时间长，菜田内积水很难排出，"部分菜田一片汪洋，水深呎余。蔬菜尽遭淹浸，部分蔬菜虽露出地面，但根茎遭水浸"	新口岸菜农损失最大，九成新种下的白菜、菜心、菜苗被雨水打烂，其余一成原种植的蔬菜因水浸泡而腐烂。氹仔农民撒下的菜籽全被雨水冲走，该区农田与新口岸一样，当年连遭旱灾、水灾的双重打击，菜农蒙受重大损失，"几乎全无收入，生活已陷于困境"[4]
1961 年农历正月	正月初二开始下雨，菜农"起初额手称庆"，不料持续一周后仍无回晴迹象，菜农均变为"叫苦连天"	长期下雨造成菜田一片积水，致使新栽种的菜苗大半霉萎，而即将收割的蔬菜根部也开始发烂，菜农被迫提早收割，"获量大减"。同时，菜农被水泡坏，短期内影响蔬菜生产，菜农蒙受双重损失[5]
1961 年 7 月	7 月下旬，"每日均有一场豪雨，有时且连续不停"，持续十日，"霪雨为灾"	"郊外农作物大受摧残，一般菜农，咸望天早放晴"[6]
1963 年 9 月	19 日～20 日，连续两天降雨量约达 76.2 毫米，许多低洼地带遭受水淹，新口岸一带，水深 1 英尺以上	马场中部、台山菜田的蔬菜均受水浸泡，新播种的蔬菜全部损坏。菜农表示，"过去天旱时，正患雨水过少，今反频频下雨，适足以影响农作物，正所谓'不患寡而患不均'"[7]

续表

时间	概　况	后果或影响
1966 年 6 月	12 日的一场暴雨，使 95% 以上的菜田受淹。新口岸因近松山，山洪直泻，使此地变成泽国。马场区的地形像个"锅子"，积水全在此汇集，形成了一个大水塘。圆台仔、台山、青洲等区菜田也大部受淹	大部分蔬菜受灾，菜心、荷兰豆、苋菜、白菜、豆角等遇水淹后枯死。待水退天气转晴才能翻耕菜田，要待 40 天后的 7 月下旬才能收割蔬菜。而在这 40 天内，菜农收入全部"付诸东流"。估计损失约 35 万元左右。新口岸有些菜农饲养的鸡亦遭殃及，其中一户菜农饲养的 100 多只鸡全被淹毙[8]
1968 年 5 月	19～20 日降暴雨，雨量达 108 毫米，"雷电交加，霹雳之声震耳欲聋，大雨倾盆而下，有若万马奔腾"，为当年雨势最猛烈的一次。暴雨使半岛和路凼旱情得以暂时缓和。但青洲禁区因受地势较低以及澳葡政府长期没有疏通下水道的影响，大部分菜田被青洲山泻下的山洪所淹	青洲禁区菜农住房和猪、鸡舍被积水淹至 2 英寸多高。据一些有经验的老菜农表示，在持续而急骤的暴雨摧残下，瓜类将减产二三成，蔬菜（除蕹菜外）减产四成[9]
1969 年 4 月	15 日上午 8 时至晚 8 时，"豪雨倾盆"，降雨量达 150 毫米，成为当年年初以来最大的一场暴雨，"郊区菜地均成泽国"，马场、新口岸、黑沙环一带全遭水淹，有些菜田"水深逾呎"	对菜农而言"这场暴雨比一般台风袭澳所受的损失还大"。一些菜农"望着水汪汪的菜田摇头叹息说，白菜、菜心、芥蓝、生菜、蕹菜、豆角及各种瓜类的瓜秧、菜秧，经过一场豪雨和水浸，都会在三两天内坏死"[10]
1969 年 8 月	7 月以来，经常有狂风暴雨相继而至，每当在菜农播下菜籽或当菜籽发芽的时候，就遭到摧残。新口岸有的菜农一连播种三次，但菜籽都被雨水冲走。8 月 11 日，又降暴雨 97 毫米。澳葡政府有关部门未将松山雨水引入水塘，导致雨水大量倾泻到菜田。尽管菜农已修筑了排水渠，但新口岸是"槽形"地带，无法及时将水排出，蔬菜受灾	新口岸菜田受水淹时间较长，受灾面积较大。加之当年连降暴雨，菜田多次受灾，菜农收入比上年显著减少[11]
1971 年 8 月	8 月上旬"霪雨成灾"，而 8 月 12 日上午的倾盆大雨，雨势猛，持续时间长，"郊区的低洼地方更形同泽国，一片白茫茫"	8 月上旬的"霪雨"，致使菜田中不少刚播下的菜籽被大水冲走，已长大的蔬菜被雨水冲烂，菜叶变成"花菜"，未长成的瓜菜被雨水"蚀坏"。12 日的暴雨使瓜菜损失达 90% 以上[12]

时间	概　况	后果或影响
1971 年 10 月	8 日,降雨引致潮水暴涨,海水涌进地势较低的关闸马路对下洼地以及青洲禁区等地,数十亩菜田受咸水淹浸,"水深逾呎"。菜田地质变咸,潮水退后无法立即补种。水凼(内蓄浇菜用水)也需清除咸水,另蓄淡水供种植浇灌之用	潮水来势迅速,菜农无法及时抢割蔬菜,白菜、菜心和生菜全部"失收"。青洲禁区还不少菜农饲养的家禽被淹死,其中一户淹死鸡 200 只,淹死雏鸭数百只[13]
1972 年 5 月	10～11 日,狂风暴雨横扫澳门。仅 10 日凌晨 0 时至深夜 10 时,共录得雨量 339 毫米。是近六年来的最高降雨量纪录。由 11 日下午 4 时 15 分至晚上 9 时,录得雨量 95 毫米。半岛近 500 亩菜田,85% 以上被淹,尤其是新口岸 150 多亩菜田,"水深及腰,一片汪洋";不少养鸡鸭的菜农,只得将雏鸡、幼鸭搬上二楼,人与家禽同楼住宿。但大一些的猪无处可安置,唯有让其暂时浸泡在水中	蔬菜被水泡浸两天,苋菜、白菜、菜心等全遭毁坏。新口岸养鸡鸭的菜农每户损失逾百只。在罗理基博士大马路尽头处的湾角,一户菜农在 24 小时内有 300 只大小鸭先后被淹死或病死,有些因受惊挤迫踩踏致死。菜农饲养的很多中、幼鸭经不住长时间水中浸泡,受冻死亡。水浸入屋,不少家禽饲料受浸发霉,菜农又"增添一笔损失"。"本澳四百余户菜农,因暴雨而血本无归者达 90% 以上"[14]
1973 年 5 月	5 月上旬以来,连续数日暴雨,"来势惊人",这种天气反常情况近 20 年来罕见。对于农作物好似"打风"(广东民间对台风的俗称——笔者注),菜田蔬菜几乎全都遭摧残。5 月下旬,又连降大雨,雨后阳光猛烈,"气温酷热难当"。由于新口岸地势低,土质差,积水不易宣泄,每遇连天大雨,菜田便遭水浸,蔬菜根部被浸至霉烂。加之雨后蔬菜浸饱水,又突然遭受长时间猛烈阳光的暴晒,蔬菜内的水分迅即升高,"活活把蔬菜烫死"	5 月上旬,菜农们看到辛苦种植的瓜菜相继损坏或死亡,皆感痛心。他们表示:如果天气放晴,待土地干燥后翻土撒种,至少经 20 多天后才能再有收成。在这一段时间内"收成甚差",只好"食谷种"。5 月下旬,新口岸菜田大部分蔬菜被浸死或晒死。"由于受此灾害,新填海的菜地大部分空空如也"[15]
1975 年 5 月	17 日凌晨 0 时至下午 7 时,降雨量达 149.4 毫米,造成水灾。	淹死两个养鸡场 1000 多只(约 2 斤重)中鸡,几十只雏鸡。马场菜田的菜心、白菜等叶菜损失最大,"几乎全部浸死",瓜类和豆角也仅有三四成可收"。由于菜苗也被淹死,若天气转好,至少也须 40 天后蔬菜才能恢复正常供应[16]

续表

时间	概　况	后果或影响
1975 年 6 月	6 月初连降大雨，各区"农友均愁眉不展，本地蔬菜生产几乎全部陷于停顿"。虽然各区菜农对排水防涝做了不少工作，但雨天持续时间长，天晴时间短，来不及迅速疏通水渠，菜田尚未干透又降暴雨。雨季雨水持续不断，菜农无法翻地播种。他们认为，此对蔬菜造成的损失，比台风季节更大	菜心、白菜、芥菜、苋菜和瓜豆虽未被雨水淹没，但根部因土壤长期积水而沤烂。5 月以来，菜农"普遍开工率剧减，收入亦成正比降低"。雨灾还给饲养鸡鸭的菜农造成重大损失[17]
1976 年 4 月	13 日上午，降雨量为 91 毫米，台山嘉翠丽大厦第三座附近一带，以及青洲马路狗场对开处两地的菜田，90% 以上的蔬菜全被超过 1 英尺高的污水淹浸。受灾主要原因是该区一条主干下水道出口处，被沙泥淤塞	暴雨停止后，菜农合力将下水道出口处的淤泥清除，但菜心、芥菜及瓜豆等经水浸泡后，成长率不足一成。"菜农损失惨重"[18]
1976 年 6 月	6 月初连续四天降雨，导致菜田受水灾	大部分叶菜和瓜豆根茎沤烂，受损较严重。幼小瓜豆难以长大，或在未成熟时被风雨打落。雨水过多，"连施肥也不可能，菜秧的成长率更差"[19]
1979 年 5 月	12～16 日，连续五天降雨量达 369.8 毫米。全澳菜田发生涝灾。受灾最严重的是位于罗理基博士大马路旁的一户菜农。由于马路的路基阻挡，雨水长时间不能排出，13 日下暴雨后，他用木糠、木板将鸡站立的地方垫高，但 14 日水势涨得更高，养鸡场被水淹至 6 英尺。鸡棚未被水浸地方太窄小，大部分鸡拥挤一团犹如"叠罗汉"，压在下层的鸡被闷死	不少菜农饲养的鸡被积水淹死，平均每户 10 多只。而罗理基博士大马路旁这户菜农饲养的 2500 多只大小鸡被淹、压死，损失 1.3 万元。饲养这批鸡的成本，是他向台山天成隆饲料铺赊来的。他称已在新口岸居住了 30 多年，养鸡已达 10 年，"第一次遇到如此严重的灾害"[20]
1981 年 5 月	中旬以来"连续多天豪雨，雨势奇大"，青洲、台山、关闸马路和马场 16 户菜农的菜田和家畜、家禽均遭水淹	平均每户被淹死猪 7 头，鸡数十只，加上蔬菜、财物等的被淹，每户损失 1 万多元[21]

时间	概　况	后果或影响
1981 年 9 月	7 日清晨，"一阵狂风暴雨袭击本澳，豪雨倾盆而下"。全日降雨量达 107 毫米。"由于雨势奇大，本澳不少地区积水宣泄不畅，出现水浸现象，水浸地区遍及全澳低地及青洲、台山、关闸马路、马场、筷子基的农地，部分水位高逾膝部"	"菜地的蔬菜遭浸烂"。由于有当年 5 月被水浸淹家畜、家禽的教训，菜农赶紧将鸡、鸭和幼猪搬离低洼处，"避过水灾之劫"[22]

注：[1]《两日夜豪雨　郊区菜田满目疮痍》，《华侨报》1955 年 8 月 20 日，第 3 版。

[2]《昨晨暴风雨摧残下　郊区菜蔬受严重损失》，《华侨报》1957 年 7 月 18 日，第 3 版。

[3]《前晚一场滂沱大雨　郊区菜农损失重大》，《澳门日报》1959 年 4 月 22 日，第 4 版。

[4]《菜禾遭水浸　商业半停顿》，《华侨报》1960 年 9 月 1 日，第 3 版；《新填海菜地九成菜蔬被雨打坏》，《澳门日报》1960 年 8 月 31 日，第 4 版。

[5]《春雨连绵晴日少　郊区菜蔬受灾害》，《华侨报》1961 年 2 月 24 日，第 3 版。

[6]《经旬以来霪雨为灾　农作物大受摧残》，《华侨报》1961 年 8 月 6 日，第 3 版。

[7]《昨日豪雨低地区水浸　郊区农作物大受影响》，《华侨报》1963 年 9 月 21 日，第 3 版。

[8]《九成五菜田遭水淹　损失三十五万元》，《澳门日报》1966 年 6 月 14 日，第 3 版。

[9]《青洲禁区因当局未疏浚下水道　菜地多被淹》，《澳门日报》1968 年 5 月 21 日，第 4 版。

[10]《豪雨倾盆雷电交作　菜农损失惨过打风》，《澳门日报》1969 年 4 月 16 日，第 4 版。

[11]《豪雨倾盆水淹街道　郊区菜田多受损失》，《澳门日报》1969 年 8 月 12 日，第 4 版。

[12]《豪雨摧毁农作物　瓜菜少到价奇昂》，《华侨报》1971 年 8 月 10 日，第 4 版；《郊区瓜菜九成受摧残　松山塌石砑压毁鸡屋》，《澳门日报》1971 年 8 月 13 日，第 4 版。

[13]《黑沙环青洲关闸马路对下地区　海潮淹没数十亩菜地　作物失收农友损失大》，《澳门日报》1971 年 10 月 9 日，第 4 版。

[14]《下雨十三英寸处处水淹　各业大受影响全市瘫痪　五百亩菜地变成汪洋》，《华侨报》1972 年 5 月 11 日，第 4 版；《郊区蔬菜受摧残　猪鸡鸭损失严重》，《澳门日报》1972 年 5 月 12 日，第 4 版；《雷雨奔腾纵情肆虐　农商嗟怨饱受摧残》，《华侨报》1972 年 5 月 12 日，第 4 版。

[15]《天气反常大雨早临廿年罕见　郊区农作物受摧残》，《澳门日报》1973 年 5 月 14 日，第 4 版；《连天天雨后阳光猛烈　新填海蔬菜大受损失》，《澳门日报》，1973 年 5 月 24 日，第 4 版。

[16]《豪雨成灾降雨量近六吋　各区菜地受摧残》，《华侨报》1975 年 5 月 18 日，第 4 版。

[17]《霪雨连绵匝月　农牧饱受摧残》，《华侨报》1975 年 6 月 5 日，第 4 版。

[18]《大雨连绵渠道淤塞　青洲台山菜地受淹》，《华桥报》1976 年 4 月 14 日，第 4 版。

[19]《豪雨不利农物　大部根茎沤烂》，《华侨报》1976 年 6 月 6 日，第 4 版。

[20]《新填海区雨势严重　鸡菜淹死不胜其数》，《华侨报》1979 年 5 月 17 日，第 4 版。

[21]《暴雨成灾　郊区氹仔损失惨重》，《华侨报》1981 年 5 月 20 日，第 4 版。

[22]《昨清晨豪雨狂风大作　低地及北区农田水淹》，《华侨报》1981 年 9 月 8 日，第 1 张第 3 版。

（二）旱灾

俗话说，"鲜鱼水菜"，"有收无收在于水，收多收少在于肥"。水对蔬菜的生长很重要，日常食用的大部分蔬菜含水量达 90%①。其中的旱作农业一般每亩每年需水 300 立方米②。而蔬菜根部一年四季中都要吸取大量水分，尤其是春天的蔬菜播种季节，更有"春雨贵如油"的农谚。蔬菜如果缺水，生长就会变得缓慢；严重缺水就会陷于枯黄甚至无法成活。在澳门，马场、新口岸等地"原是填海填出来的地，没有水源，碰上天时不正，田地就一块块龟裂开来，农作物就活生生的旱死"③。加之菜农的菜田临近大海，海水咸度太高，无法用做灌溉。在水利设施相对缺乏的情况下，除依靠下雨滋润蔬菜之外，菜农大多只有在菜田边挖掘水凼储蓄雨水，浇灌蔬菜。倘若长时间未下雨，就会出现水凼干涸，蔬菜无水浇灌的旱灾现象。

从表 3-1 中可以看到，澳门各个季节降雨量分配不均匀：12 月至次年 1 月，在强冷空气的影响下，出现干冷天气；2~3 月，由于冷空气伴随频繁的冷锋活动，常出现低温阴雨天气，但降雨量不大；4 月，来自海洋的暖湿空气势力加强，才开始有明显的雨量增加。所以，每年 11 月至次年 3~4 月间，因降雨量少被称为旱季。除此之外，干旱在其他季节也会出现。但从农业生产的角度看，对春耕春种危害较大的是春旱④（参见表 3-3）。

---

① 杨铭华等：《当代北京菜篮子史话》，当代中国出版社，2008，第 38 页。
② 郑天祥、黄就顺等：《澳门人口》，澳门基金会，1994，第 6 页。
③ 思峭：《马场开出团结花　马场菜农活学活用新风尚》，《澳门日报》1969 年 9 月 7 日，第 8 版。
④ 参见梁必骐主编《广东的自然灾害》，广东人民出版社，1993，第 145 页。

表 3 - 3 菜农遭受旱灾情况一览

时间	概　况	后果或影响
1954 年春	"春雨贵如油"，但正值春耕农忙之际的澳门，几个月来下雨异常稀少，菜田水凼大部分干涸，即将收获的蔬菜严重缺水，菜农只得到远处挑井水浇灌，辛苦异常	有些菜农因天旱无法下种或种菜，任令菜田置荒。更为严重的是因菜田干旱，"菜农争水集团殴斗层出不穷"[1]
1957 年 8 月	进入 7 月中旬以来，"迄未见有一场稍大的雨下降，一般农民望雨之情十分殷切"。连日天气酷热，室内温度经常超过华摄 92 度以上，而室外阳光似火，各处菜田的大小水凼多数干涸	为避免饲养的生猪受酷热气候影响而生病，菜农将此前每天用水冲洗猪的次数由两次增至四次。许多菜农赴远处挑水灌溉，疲惫艰辛。挑水灌溉仅为杯水车薪，无济于事。"蔬菜缺水灌溉被晒至枯萎，部分无水灌溉的菜田只得抛荒。当此酷热天气，菜农猪农，辛劳比常增加"[2]
1958 年初夏	初夏以来下雨少，邻近许多地区发生旱灾。澳门的淡水来源地西江河道的水位比往年同期降低。青洲附近河道被海水涌入，不能抽取存储食用，"必须向中国当局寻求供应食水，以满足本地日常消耗。本地曾实行强制性配给食水"[3]。受旱灾影响最严重的是菜农，菜田"水池已干涸，田土龟裂"	尽管菜农被迫到远处挑淡水灌溉，但"田上作物，因乏水灌溉"，"百分之九十以上荒芜，瓜菜生产锐减，一般菜农，生活备受打击"[4]
1959 年 11 月	秋冬季节，澳门久旱不雨。由于干旱，澳葡政府在 1959 年连续第二年与内地政府有关部门商谈输入食水，以满足居民日常消耗[5]	部分菜田水凼的存水量很少，灌溉用水不足，蔬菜生长受到影响[6]
1960 年春季	到 1960 年春，出现近半年未有大雨的记录。使得"本年冬间旱象，为前所少见，刻已造成若干灾害"。久旱造成菜田的水凼多数干涸龟裂	有些菜农到莲峰山等地担水应急，但路程遥远，能力有限，"迫得将一部分菜田荒置"。春季本是蔬菜换季的季节，但受旱灾影响，成熟的蔬菜（如老芥蓝等）都未收割，应种的又无法下种，"情况非常恶劣"。以马场菜农为例，每日收入仅两三元，比过去减少一半以上。未种菜的菜农只能靠借贷、"食谷种"度日。而"蔬菜产量锐降，菜价昂贵，间接影响居民生活"[7]

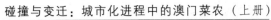

续表

时间	概况	后果或影响
1963 年春季	澳门遇上 80 年来（亦有报道称是 60 年）罕见的旱情。缺水最严重的是新口岸和马场，两地菜田"陷入严重的苦旱中"，因无水灌溉而荒弃的达一半以上	菜心、生菜、菠菜、莴苣等都无法播种和正常生长，有的菜农只得种植抗旱性能较强或能抵挡咸水浸泡的猪姆菜、枸杞、芥蓝等。但是这些蔬菜生长缓慢，例如，两三英寸高的芥蓝才开始开花。许多年轻菜农无法依靠种地维持生活，一部分被迫转行当泥工[8]
1963 年 5 月	随着 1963 年年初以来旱情的不断加剧，到了 5 月，新口岸、马场区缺水而被迫荒弃的菜田分别达 95%、90% 以上。"踏入新填海区或马场区，到处是一片干旱荒凉的旱象，没有一个水塘不是池底龟裂的；一块块菜田即使没荒弃，也没有一块是生机旺盛的"	在旱灾的打击下，菜农损失达 100 万元（不含路氹农民）。许多菜农为了维持"一家几口的生计，惟有放弃耕作转图别业"。其中，转行做泥工的最多，其余替人做佣工、踩自行车载客或当瓜果小贩；还有一些到香港狮子山隧道当挖泥工，人们认为这种工作很危险，可这些菜农"为了两餐和家人的生活，却顾不得那么多了"[9]
1964 年 4 月	4 月下旬以来，烈日高悬，气温上升，半岛和离岛的旱像严重。居民食水亦发生困难。为了抗旱，菜农们不惜长途跋涉，挑水淋菜	新口岸、马场分别有三分之二、三分之一的菜田因缺水而荒弃或无法耕作，路氹旱造禾稻大部分枯死。路环一位农民因挑水积劳成病，吐血病倒。"在亢旱的袭击下，农民的生活更苦上加苦了"[10]
1971 年 4 月	当年春季久旱无雨，到了 4 月中旬，菜田水圳已干涸见底，从中取水浇菜困难，蔬菜长势颇受影响。新口岸菜田的水圳虽未至于滴水全无，但含碱成分不断增加，无法利用	有些菜农为避免损失，被迫用自来水淋菜。但一日所需水费 0.8～1 元多，一个月增加 20～30 元的开支。久旱还使"菜身遍是虫口，蔬菜的成长和质量亦因而大打折扣，农友收入减缩"[11]
1977 年 5 月	当年春天久旱缺雨，对路氹农民和半岛菜农影响最大。路氹两地向来缺乏水利设施，日常用水靠降雨供应。春耕缺水误了插秧的农时，农田无法种	路氹不少田地缺水荒弃，杂草丛生，整个地区种植水稻面积只及往年的三成。路环市区大部分水井水位不断降低，有的已干涸。市民"食水感困难，

续表

时间	概　　况	后果或影响
1977 年 5 月	植"旱造"稻禾，只能种植一般农作物。而半岛菜田水凼蓄水量日渐减少，许多底部呈现龟裂状态	街上大摆水桶阵"。而半岛菜农被迫用自来水灌溉蔬菜，既浪费食水，也增加成本，"菜农为之忧心不已"[12]

注：[1]《水头嫌不足　菜农起斗争》，《华侨报》1954 年 3 月 27 日，第 2 版。

[2]《旬来雨量少　菜田受到影响》，《华侨报》1957 年 8 月 9 日，第 3 版；《天旱影响农植　郊区各菜园部分已抛荒》，《华侨报》1957 年 8 月 14 日，第 3 版；《菜蔬被晒枯萎　猪鸡亦易生病》，《华侨报》1957 年 8 月 15 日，第 3 版。

[3]〔葡〕施白蒂：《澳门编年史（二十世纪）1950~1988》，思磊译，澳门基金会，1999，第 45 页。

[4]《连月天雨少旱象已成　田土呈龟裂影响农植》，《华侨报》1958 年 5 月 20 日，第 3 版；《水塘存量增供应充足　郊区菜田悉恢复耕植》，《华侨报》1958 年 6 月 30 日，第 3 版。

[5]〔葡〕施白蒂：《澳门编年史（二十世纪）1950~1988》，思磊译，澳门基金会，1999，第 49 页。

[6]《路环氹仔旱象已成　农田虽多已收割但犁翻者仍少》，《澳门日报》1959 年 11 月 13 日，第 4 版。

[7]《天气奇旱影响　农田荒置　菜产锐减》，《华侨报》1960 年 1 月 7 日，第 3 版；《春耕工作将延迟　郊区菜田大部缺水灌溉》，《华侨报》1960 年 2 月 26 日，第 3 版；《数月亢旱农民叫苦　郊区蔬菜生长甚差》，《澳门日报》1960 年 2 月 29 日，第 4 版。

[8]《郊区菜地旱象毕呈　马场新填海更缺水》，《澳门日报》1963 年 1 月 17 日，第 4 版；《数月无雨菜农叫苦　马场新填海亢旱严重》，《澳门日报》1963 年 3 月 4 日，第 4 版；《郊区菜地仍苦旱　马场菜农请修水塘迄未实现》，《澳门日报》1963 年 3 月 14 日，第 4 版。

[9]《八十年来少见大旱　郊区菜地十九遭荒弃　菜农损失约一百万元》，《澳门日报》1963 年 5 月 15 日，第 4 版。

[10]《马场三分一菜地丢荒》，《澳门日报》1964 年 4 月 23 日，第 4 版。

[11]《路氹水荒极严重　大批农田未插秧》，《澳门日报》1971 年 4 月 10 日，第 4 版；《本澳郊区出现旱情　蔬菜长势大受影响》，《澳门日报》1971 年 4 月 29 日，第 4 版。

[12]《澳氹路旱情严重　鱼塘干涸田土裂》，《澳门日报》1977 年 5 月 8 日，第 4 版；《九澳种稻仅三成　运水车疲于奔命》，《澳门日报》1977 年 5 月 8 日，第 4 版。

（三）台风灾害

台风（typhoon，澳门市民俗称"打风""风灾""风姐"）是指形成于太平洋西部和南海发展至一定强度的热带气旋，是一种具有强大暖中心结构的气旋性旋涡①。"凡登陆珠江三角洲及附近地区和在南海北部

---

① 黄就顺：《澳门地理》，香港三联书店、澳门基金会，2009，第 34 页。

活动的热带气旋，对澳门均有较大影响。特别是台风带来的狂风、暴雨和风暴潮，具有很大的破坏力"①。这种风暴风力强大，在海上能掀巨浪，毁船只；登陆后又会倒树木、塌房屋；还会引起倾盆暴雨，常造成水灾，严重危及市民生命财产的安全②。因此，台风灾害是全球最严重的自然灾害之一。据联合国对 1947～1980 年台风造成人员死亡数据的统计，台风居十大自然灾害之首位③。一般来说，台风多数集中在夏秋季，即 6～10月。菜农遭受台风侵袭的情况如表 3-4 所示。

表 3-4　菜农遭受风灾情况一览

时间	概　　况	后果或影响
1954 年的台风	当年出现的"埃达""潘美娜"两个台风，对菜农造成的影响较大	台风"埃达"带来的海潮，冲破马场濒临海边的一道矮防波堤，形成 6 个缺口，90% 的土地被淹。台风"潘美娜"掠过后，淹没 60% 的土地，菜农木屋倒塌和损坏 30 多间，"牲畜给淹死的也不少"[1]
1955 年 11 月的台风	马场、青洲及台山的菜农遭受两次台风袭击，毁坏房屋，"海水淹田，作物荡然无存，牲畜损失惨重"	受灾菜农生活陷于困境[2]
1958 年 5 月的台风	30 日晚，天文台悬挂 7 号风球，海面波涛汹涌，港澳交通一度中断，而陆地上最受威胁的是滨海的马场区菜田。在台风的阴影下，菜农"整夜震栗"，纷纷携老带少逃出市区内亲友家避风，只留青壮年留守。部分菜农将家畜搬离，以减少"顾虑"，并将其居住木屋窗户钉牢并上加绳缆，"扰攘终宵"	31 日清晨，滔滔黄浪越过堤基涌入马场。台风过后马场东边一代低洼菜田"均成泽国"，对菜农造成的"损失不轻"[3]

① 澳门特别行政区地球物理暨气象局网页：www. smg. gov. mo，最后访问日期：2011 年10 月 9 日。
② 由于每年有多个台风出现，为了加以区别，港澳地区从 1947 年开始采用美国军方关岛联合台风警报中心（Joint Typhoon Warning Centre，简称 JTWC）制订的西北太平洋台风名称。这个名称系列表初时都用女性名字命名，后应美国女权运动组织的要求，自 1979 年起改为一个男性名和一个女性名分别交替使用。当时港澳媒体经常报道"某某小姐侵袭"的标题，就知道将有某某台风侵袭港澳。黄就顺：《澳门地理》，香港三联书店、澳门基金会，2009，第 34、35 页。
③ 梁必骐主编《广东的自然灾害》，广东人民出版社，1993，第 104 页。

续表

时间	概　况	后果或影响
1958 年 8 月的台风[4]	8 月上旬,台风在澳门以西掠过后,天文台于 8 月 9 日清晨撤除 3 号强风讯号,但当日上午仍受狂风暴雨侵袭	新口岸、黑沙环等处菜田"颇受损失",白菜、芥菜及豆角等被水浸风袭,估计约有"十分之三四遭受破坏"[5]
1960 年 6 月台风"玛丽"	8 日晨,台风开始挟雨侵袭澳门,市区各处整日处于风暴摧残下,全澳陷入半瘫痪状态。到 8 时半,马场菜田已全被海水淹没,水深 1~4 英尺,"原日绿油油菜田顿成白茫茫一片,数约四五百间木屋猪舍,孤立于海水中,迄上午 10 时海水涨势挫顿,因马场地面呈盆形,积水宣泄困难,中午潮退后,受浸如前,直至下午 3 时后,海潮复涨,马场水浸程度迄晚仍在增长中"	马场 200 多亩菜田作物,"已荡然无存,估计每亩作物值百余元,损失达十余万元。同时,农具、家具及衣物部分漂浮散失,损失颇多"。菜田经海水淹浸充满碱性,在"三数个月无法种植","农民生活又陷困境"。新口岸近海边菜田,亦被海水涌入导致水浸,"百余亩作物损失净尽"[6]
1962 年 9 月台风"温黛"	9 月初,受台风"温黛"的侵袭。台山、青洲、黑沙环、马场和新口岸一带许多菜田被水淹,路氹农民种植的蔬菜、水稻遭暴风雨摧毁	蔬菜"大部分被吹折",其中的豆角、丝瓜、苦瓜等损失较大。路氹有 70% 以上的稻田暂时不能种植。"此场台风给他们带来的灾害相当巨大"[7]
1963 年 7 月台风"爱娜斯"	21 日清晨,台风"爱娜斯"掠过澳门时,正刮东北风,马场和黑沙环首其冲。在马场东北角,狂风卷起巨浪直扑堤岸,海水越过堤坝和马路,顺着水势一直流进菜田。其原因是"这几年来,每当台风袭澳,马场所受之威胁最大。该区菜农曾迭次要求当局修筑防水内堤,以防海水侵袭,但直到现在还未获得当局答允"	马场 80 亩菜田瞬间即淹没在一片汪洋中,菜农"几个月的辛勤劳动成果又付诸东流",估计损失约达 11 万元。即使海水退后,这些菜田土壤积聚了不少盐碱,至少也要等待一两个月后才能恢复生产。菜农担心今后的生活,犹如"一滴海水一滴泪","欲哭无声"。黑沙环海边有 30 亩菜田受灾,正值收获季节的豆角、丝瓜、节瓜等经海水浸泡后,也慢慢枯死[8]
1963 年 9 月台风"菲尔"	在收到天文台发出将有台风入侵的天气预报后,自 9 月 6 日开始,马场菜农就在海边马路周围加筑土堤,同时疏通四周的排水管道。但到了 9 月 7 日凌晨 2 时,台风中心最接近澳门时,突转吹东风,风力异常强劲,同时适值涨潮,狂风卷起巨浪,将海水推越堤坝和马路,流入菜田,菜农整夜合力筑堤拦截海潮的愿望落空	马场区三分之一的菜田和 90% 的水凼被咸潮海水淹没。当年 7 月被台风"爱娜斯"侵袭后,菜农恢复生产的努力又付诸东流。"菲尔"结束又要待两个月才能再恢复生产。马场区菜农在一个季度内遭受两次强台风侵袭,双重打击带来巨大的损失[9]

续表

时间	概　况	后果或影响
1964 年 5 月台风"维奥娜"	28 日凌晨,台风"维奥娜"(又称"维奥")以迅雷不及掩耳之势袭击澳门,狂风暴雨将海潮推涌越过马场堤坝进入菜田,整个马场区顿时变成一个内陆湖,有些地方水深及胸	马场菜农刚下的豆角、蕹菜、苋菜、丝瓜、白瓜等夏季瓜菜全被淹。"维奥娜"带来的暴雨引发山洪,将松山脚下新口岸菜田淹没。两地菜田损失 20 万元左右;淹死鸡、鸭 1500 多只,以及许多猪,损失数千元。海潮急涨,青洲禁区内一菜农的鸡鸭被淹死 1000 多只。台风损坏木屋 341 间。菜农生活再次陷入困境中[10]
1964 年 9 月台风"露比"	5 日,受台风"露比"正面吹袭,风势强劲,暴雨成灾。"露比"最高风速达每小时 211 公里,持续 6 小时,是澳门 1953 年以来最猛烈的一次台风[11]。也有人认为是"近半个世纪以来最严重的一次"。死亡 1 人,受伤 15 人,全澳三分之一的地区遭水淹,无家可归或因受危楼威胁者达 1600 多人。半岛菜田均受水灾,积水最深处达 3 英尺多	半岛全部蔬菜被吹坏或淹死。倘要全面恢复生产,需要一段时间。菜农在此期间全无收入,以全澳 1000 名菜农计算,仅蔬菜收入的损失,就达 50 万元。还有些菜农饲养的大、小鸡被淹死 3500 多只,不少生猪也遭淹毙,鸡、猪损失达 2 万元以上。菜农木屋被吹塌和吹坏达 300 多间,修理费需 8 万多元。"露比"使"菜农的生活更是难上加难"[12]
1965 年 9 月台风"爱娜斯"(与 1963 年台风名称相同)	受台风"爱娜斯"的影响,从 26 日起,连续 5 天降暴雨,雨势甚猛,日夜不停,雨量达 400 公厘(约 15.7 英寸)。造成房屋倒塌,半岛菜田几乎全部被淹,部分菜田积水深至膝部,多日不退	蔬菜被淹后立即枯萎腐烂,需全部拔除后翻土、播种,需一段时间后蔬菜才能恢复正常生长。如按每一农户月均收入 300 元计算,"爱娜斯"给全澳近 1000 农户造成损失约 30 万元[13]
1967 年 8 月台风"爱莉斯"	16 日,受台风"爱莉斯"的袭击,台山、青洲菜田全部被淹。新口岸自来水公司水塘内的水,涌过南面堤坝泼到旁边的新口岸菜田,加上松山的山洪,将新口岸三分之一的菜田淹没,水最深之处接近菜农居住木屋的门楣	这些地点的蔬菜多半被淹死,而没有被淹的蔬菜也受到暴风雨的摧残,需经一段时间才能全部恢复生产,菜农生活受到影响。台风袭击期间发生两宗意外伤亡事故,一名青年触电致死,另一名中年妇人关门窗时被玻璃割伤[14]
1968 年 7 月台风"露茜"	"打风不成三日雨",7 月初台风"露茜"在海外转弱之后,给澳门带来暴雨。7 月 3 日晚 9 时至 4 日晚 9 时的 24 小时内,降雨量达 2.7 英寸	马场、新口岸、关闸马路下、圆台仔等处均遭菜浸。据菜农估计,"郊区蔬菜损失将达五成左右"[15]

续表

时间	概　况	后果或影响
1969 年 7 月台风"维奥娜"	27 日中午，台风"维奥娜"（与 1964 年 5 月的台风同名）开始吹袭，气象台自 27 日中午 12 时 30 分悬挂一号风球后，至 29 日晚 9 时共 30 多个小时内，风力最大时需悬挂"黑球"强风讯号（亦称剧烈风势标志），降雨量达 2.8 英寸	在暴风雨侵袭下，不少用竹枝作支撑架的豆角藤茎，被狂风吹至倒伏，原可以收割的豆角也被吹断。其他如白菜秧苗或刚播下的菜籽，亦因风雨的袭击而遭受摧残，使菜农蒙一定的损失[16]
1971 年 7 月台风"露丝"	23 日，"露丝"（或称露茜）相继掠过澳门海域，半岛菜田蔬菜遭受暴风雨侵袭	马场"绝大部分瓜棚和豆棚中的瓜豆均遭到严重摧残"；芥蓝、芥菜、葱等多被吹折腰，伏地不起。新口岸尤其是靠近水翼船码头一带的地势较低，而且出水处又被阻塞，受水浸的菜田较多[17]
1975 年台风"爱茜"	10 月，台风"爱茜"（又称"爱尔茜"）袭澳，全澳菜田均受灾。由于离岛更接近台风，路氹不少屋顶被掀起，电线杆亦有很多被吹倒，几乎全部停电。农作物和鸡受到较大的摧残	黑沙、九澳禾稻当年秋收已告无望。半岛菜田的蔬菜包括白菜、菜心、芥蓝、枸杞等或被连根卷走，或被狂风扫倒，或饱受水渍根茎沤烂。台风来临当晚，电线折断，电流供应突然中断，有些菜农饲养的鸡"惊恐万状，互相倾轧"，"一般每户都损失鸡只一成左右"[18]
1976 年 8 月台风"爱伦"	8 月中旬，当台风"爱伦"迫近澳门时，已接连下了几场大雨，新口岸菜田水浸现象最为严重。25 日上午再降暴雨时，接近松山山麓的地势低洼菜田，积水逾 2 英尺，蔬菜全被淹没。其他各区菜田，虽未成为一片汪洋，但泥土极其潮湿	菜心、白菜以及大部分幼嫩菜棵，经过持续雨水泡浸，不是被沤烂菜根、菜叶，就是被冲走，损失率高达六七成以上。豆角的花和幼豆角，有不少也被狂风暴雨摧毁。"本澳各农区的菜蔬、瓜豆（除蕹菜外），需要经过将近一个月，始可能恢复元气"[19]
1976 年 9 月台风"爱莉斯"（与 1967 年 8 月的台风同名）	19 日，台风"爱莉斯"在澳门掠过后，新口岸、圆台仔、黑沙环、台山、马场菜田的蔬菜因受狂风吹袭而受到损失	新口岸四周空旷的大幅菜田损失较大，芥蓝、白菜受风力吹袭，菜根松动，菜叶开始变绿、毁烂或枯萎；有些菜田播下的枸杞菜籽，也因菜垄沙泥下卸而被冲走。其余地方的菜田，有些丝瓜棚被吹塌，芥蓝、白菜和被狂风暴雨的摧残而损坏[20]

续表

时间	概　　况	后果或影响
1979 年 8 月台风"荷贝"	5 日，台风"荷贝"袭澳，新口岸、马场、青洲等一带菜田多成泽国	当时正值各种瓜类开花时季，各类瓜豆竹棚大部分被吹倒压毁，瓜类全部"失收"。90% 以上的蔬菜被风雨损坏，余下部分多在台风之后被烈日暴晒至枯萎发黄。"荷贝"袭澳摧毁瓜菜"价值以万元计，农友损失惨重"[21]

注：[1] 转引自邢荣发《澳门马场区　沧桑六十年（1925～1985）》，《文化杂志》2005 年第 56 期，第 10 页。

[2]《菜农向社会呼吁救济　四大社团代表今往灾区视察》，《华侨报》1955 年 11 月 20 日，第 3 版。

[3]《马场菜田受损失　低洼地带被海浪涌入俨成泽国》，《华侨报》1958 年 6 月 1 日，第 3 版。

[4] 从当时的报道中，尚未发现 1955 年、1958 年这三次台风的名称。

[5]《市内无大损失　郊区菜田遭破坏》，《华侨报》1958 年 8 月 10 日，第 3 版。

[6]《暴风雨下全市巡礼　马场菜田再遭海水淹没》，《华侨报》1960 年 6 月 9 日，第 2 版。

[7]《郊区及离岛菜园禾田农作物受严重灾害　近海菜地短期内难恢复种植》，《华侨报》1962 年 9 月 3 日，第 3 版。

[8]《海水涌堤坝　马场农田受淹损失十一万元》，《澳门日报》1963 年 7 月 23 日，第 4 版。

[9]《"菲尔"台风郊区肆虐　马场损失最严重》，《澳门日报》1963 年 9 月 8 日，第 4 版。

[10]《防水堤未建历史又重演　海潮淹马场没》，《澳门日报》1964 年 5 月 29 日，第 4 版；《一场台风造成损失　马场新填海等处三百余木屋待修》，《澳门日报》1964 年 6 月 2 日，第 4 版。

[11] 彭琪瑞等：《香港与澳门》，香港商务印书馆，1986，第 254 页。而施白蒂在其书中的记载是最高风速 221 公里/小时，"造成无数破坏以及一场大火灾"。〔葡〕施白蒂：《澳门编年史（二十世纪）1950～1988》，思磊译，澳门基金会，1999，第 68 页。

[12] 唐思：《每年夏季台风季节失》，载唐思《澳门风物志续篇》，中国文联出版社，1999，第 370 页；《"露比"为祸郊区　菜农蔬菜牲畜损失大》，《澳门日报》1964 年 9 月 8 日，第 4 版；黄就顺：《澳门地理》，香港三联书店、澳门基金会，2009，第 40 页。

[13]《霪雨为害菜农　损失约三十万元》，《澳门日报》1965 年 10 月 6 日，第 4 版。

[14]《青洲新填海菜地成泽国　妇人关窗意外割伤》，《澳门日报》1967 年 8 月 22 日，第 4 版。

[15]《低洼地区又成泽国　大雨滂沱下不停　霪雨连绵郊区蔬菜五成受损》，《澳门日报》1968 年 7 月 5 日，第 4 版。

[16]《"维奥娜"带来狂风暴雨　澳路氹菜蔬多损毁》，《澳门日报》1969 年 7 月 30 日，第 4 版。

[17]《风后郊区　菜地巡礼》，《华侨报》1971 年 7 月 24 日，第 4 版。

[18]《比本澳更接近台风中心　离岛灾情较重》，《华侨报》1975 年 10 月 16 日，第 4 版。

[19]《"风姐爱伦"过后带来豪雨　新填海菜地损失较重》，《华侨报》1976 年 8 月 26 日，第 4 版。

[20]《菜地瓜棚遭台风摧毁　蔬菜供应减少价上扬》，《澳门日报》1976 年 9 月 21 日，第 4 版。

[21]《台风摧毁九成瓜菜　菜价暴升主妇皱眉》，《澳门日报》1979 年 8 月 6 日，第 1 版。

从上可以看出，菜农遭遇的台风也具有发生频率高，突发性强，连锁效应显著，成灾强度大的特点①。台风带来的大风、暴雨和海潮，破坏菜田蔬菜，淹死牲畜，甚至人口遇溺事件"亦时有发生"②，对菜农生命和财产造成极大的威胁和损失。台风过后海水淹积菜田，污染淡水资源，不仅使得人畜饮水出现危机，而且导致土地盐碱化，至少在 1 ~ 2 个月内不能下种（参见图 3 - 1）。菜农主要依靠种植蔬菜维生，一旦菜田不能耕种，失去这个主要的生活经费来源，对他们的打击相当严重③。因此，台风过后，菜农除了要投入人力、财力继续种植外，在生

图 3 - 1 受台风侵袭后的新口岸（1964 年）

资料来源：李玉田：《李玉田摄影集——濠镜写真六十载》，澳门综艺摄影会，1998，第 199 页。

---

① 梁必骐主编《广东的自然灾害》，广东人民出版社，1993，第 110 ~ 113 页。

② 邢荣发：《澳门马场区 沧桑六十年（1925 ~ 1985)》，《文化杂志》2005 年第 56 期，第 10 页。

③ 《菜农此次损失严重 初步估计逾十万元》，《澳门日报》1960 年 6 月 10 日，第 4 版。

活方面"却要吃谷种了"①。"很多农民靠借贷或向米铺赊米过日"②。与此同时，台风还摧毁部分菜农居住的木屋，使其无家可归，生活更加困难。

（四）家畜、家禽传染病

菜农除种植蔬菜之外，饲养家畜、家禽收入也是其维持生活的另一项重大经济来源，估计占总收入的四成左右。如果风调雨顺，蔬菜生产、家畜饲养"两旺"，"菜农的生活是可以过得去的"③。但"风调雨顺"并非常态，因为菜农地域的地理条件，对饲养家禽、家畜均有不利的影响：一是澳门位于亚热带，每年尤其是春夏季节的高湿、高温时间较长，最适宜病原菌及体内外寄生虫繁殖增长；二是新口岸、马场、台山、青洲等均属低洼地带，排水不良，对发展畜牧业极不适宜；三是可供利用土地面积有限，每单位面积所养禽畜大大多于合理数量，挤迫情况严重，畜舍比邻皆是，一舍发病极易传染隔邻④。所以，"菜农多以举家人劳力，耕耘自给，维持淡薄生活亦感不易"⑤。

1. 鸡新城疫等传染病

鸡新城疫（Newcastle Disease，ND，俗称鸡瘟，为与当时的称呼相统一，本书亦统称鸡瘟）是由副黏膜病毒引起的一种主要侵害鸡的急性、高度接触性和高度毁灭性疾病。1926 年，鸡新城疫于首先在印度发生，同年又发现于英国新城，故称其为新城疫。鸡不分品种、年龄和性别，均可患上此病⑥。澳门菜农饲养的鸡除易患新城疫之外，还有禽流感（Avian Influenza，AI）、传染性支气管炎（Infectious Bronchitis Chickens，IB）、鸡

---

① 《台风三番四次袭击下　菜蔬生长受影响》，《华侨报》1974 年 11 月 4 日，第 4 版。
② 《旱灾风灾相继为虐　路环氹仔旱造歉收》，《澳门日报》1960 年 8 月 16 日，第 4 版。
③ 《今年郊区菜农望天打卦　畜牧业收入约减三成》，《澳门日报》1960 年 11 月 11 日，第 4 版。
④ 新闻旅游处：《禽兽传染病的预防》，《澳门日报》1975 年 6 月 5 日，第 4 版。
⑤ 《澳农民遭厄运　农植畜牧普遍亏折》，《华侨报》，1958 年 9 月 16 日。
⑥ 魏刚才等主编《鸡场疾病预防与控制》，化学工业出版社，2011，第 133 页。

白痢（Pullorum disease，PD）等传染病，若照顾不周，同样会极大地威胁鸡的生命。据当时的媒体介绍，从总体上看，鸡瘟的潜伏期为 3～5 日。病鸡发生高热（体温升高 1～2 度），初时少吃食，后不进食，并出现昏睡现象；鸡冠、垂肉和眼圈呈暗红色，眼睛半闭半开，眼结膜充血肿胀，有分泌物，好似打瞌睡；鼻、咽有灰色或红色胶性黏液，口黏膜有时少量出血；有时腹泻，粪便呈灰、黄、绿或红色，臭味大；头颈、声门水肿，喉头有水泡声音，呼吸困难，嘴半张开，常有黏液挂在嘴边，并发出"咯咯"的怪声，尾巴下垂，幼毛蓬乱，头颈紧缩，独自立在一角；到后期出现头、腿部麻痹、抽搐，有神经症状。有的不能站立，头向后弯。病程 2～5 天，大多死亡。尚无特效药治疗，主要靠预防，保持养鸡场地的清洁和一定的温度，如发现病禽即行"扑杀，提防传染"①。表 3 – 5 是 20 世纪 50～70 年代相继出现之较严重的鸡传染病。

表 3 – 5　菜农饲养的鸡患传染病情况一览

时间	概　　况	后果或影响
1959 年	9 月以来发生鸡瘟。10 月，马场鸡瘟已停止，但青洲鸡瘟仍猖獗。原因是青洲人烟稠密，空气污浊，鸡瘟、猪瘟互相传染。鸡瘟流行的主要原因，除每年四季更替期间的气温变化剧烈之外，主要是来澳贱价推销的"鸡种"（这些鸡后来都死亡）属于香港一些农场流行瘟疫的鸡	鸡染上这种瘟疫后，有些苟延三四天，有的当天死亡。鸡瘟流行最严重的时候成批死亡。菜农对治疗鸡瘟仍未找到有效办法，只是使用一些民间治疗偏方，收效甚微[1]
1960 年	9 月初以来，"天气凉热靡常，阴晴不定"，"郊区菜田鸡瘟突告猖獗"。其症状是初期眼肿流水，整日瞌睡，食欲不振，消瘦，脚软无力。快的 1～2 日，	这次染上鸡瘟的鸡多属"若干逾斤重之肉鸡"。马场有一户菜农先后购买

---

① 《澳氹郊区鸡瘟猖獗　损失鸡只达七千》，《澳门日报》1969 年 1 月 23 日，第 4 版；《天气不佳祸延牲畜　郊区发生鸡瘟》，《澳门日报》1969 年 11 月 2 日，第 4 版；《新填海发现鸡瘟　损失鸡只数千》，《澳门日报》1973 年 12 月 20 日，第 3 版。

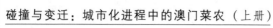
续表

时间	概　况	后果或影响
1960 年	最迟 4~5 日即死亡。菜农虽"极力施救，灌以药丸，然甚少生效，而其传染之迅速，更属惊人"，"往往当晚鸡只饱食后，精神奕奕，翌晨即奄奄一息"。由于传染迅速，菜农赶紧将其隔离，或提早出售	数百元的雏鸡，但能养大的仅 7 只。到 11 月，菜农养鸡数量减少。当年菜农饲养鸡的收入，比上年减少三成左右[2]
1963 年	每年炎夏最容易发生鸡瘟。1963 年的夏季也不例外，有些菜农早上发现鸡染病后立即隔离，但下午又发现新的病鸡。面对尚无特效药医治的鸡瘟，菜农普遍采用"金霉素""高力米仙"等药物预防，至于市面上出售的一种"防霍乱粉"，"效用还未见显著"	马场区鸡瘟最为严重，至 8 月初，约 4000 只 1 斤多重的中鸡死亡，损失约 16000 多元。为避免受波及，许多菜农在鸡还未发病时赶割减价求售。原可每斤卖 3 元的鸡，由于购者压价，每斤仅售 1.2 元。另一些开始发病的鸡，每斤仅售 0.4~0.8 元。养鸡的菜农损失惨重[3]
1965 年	年初天气反常，多吹东风，午间天气温暖，早晚转凉。这种天气影响鸡的生长，地处东北隅的马场鸡瘟开始蔓延，鸡发病时，羽毛蓬松，不饮不食，整天打盹睡觉，身体发热，屙白屎，一般发病 1~2 天死亡，而且传染迅速。菜农虽用"金霉素"等药液救治，但效果并不显著	到 1 月 6 日，马场菜农有 5000 多只鸡（大部分为 1 斤多重）死于鸡瘟。这些都是饲养了 3 个多月的大鸡。饲养每只鸡的成本为雏鸡 1.3 元、饲料 3 元多，而不少菜农赊贷饲料饲养，希望赶在销售旺季的农历年底上市，以还清债款并赚取利润。未料鸡瘟蔓延，梦想落空[4]
1969 年 1 月	1 月 20 日以来，"早晚雾锁濠江，多吹西南风，不时细雨连绵，气候潮湿，天气恶劣"。这种"坏天气"不仅影响人体健康，而且使鸡瘟在澳门半岛"卷土重来"，并蔓延至氹仔	马场、黑沙环、新口岸等地因鸡瘟死亡活鸡达 4000~5000 只，氹仔卓家村有约 2000 只鸡（2~3 斤重）因染上鸡瘟被杀。如以每只成本 4~5 元计算，澳氹两地菜农损失达 2 万~3 万元。菜农养鸡所用的饲料，一般是向饲料店赊进，待鸡长大变卖后才结账，一旦遭到鸡瘟"浩劫"，不但"血本无归，还要揾钱还债，蒙受双重损失，苦不堪言"[5]
1969 年 10~11 月	10 月，天气乍暖还寒，这种气候不但容易使人患伤风感冒，而且也容易使鸡患与人类似的伤风病：第一天，鼻涕增多；第二天，胃口大减，不思饮食；第三、四天，就会发出"嗳嗳"声音，几天就会死亡	新口岸的鸡群患病最严重，几乎每天都有不少鸡患上该症。有的损失半数左右，有一户菜农饲养的 600 只小鸡，突然染病，全部死亡。有的菜农用"双氧水"为鸡洗鼻，或服用"阿士匹林"1 片治伤风，大约一两次就可治愈[6]

续表

时间	概　况	后果或影响
1969 年 12 月	12 月,新口岸鸡瘟日趋严重。此次最易染上鸡瘟的是生长 20 ~ 40 多天的小鸡。这种鸡抵抗力弱,染上瘟疫初期食量大减,鸡冠变成暗红色,常打瞌睡,头颈紧缩,接着呼吸困难,很快死亡。除到了年底天气转冷,小鸡容易着凉生病外,60 年代末新口岸养鸡数量大增,不少菜农和居民所养鸡"由三四百只至七八百只不等,规模较大的则多至三四千只。家家户户都差不多养鸡只,一旦鸡瘟蔓延,便成燎原之势,一发不可收拾"	新口岸每天均有不少鸡死亡,"菜农和居民忍痛把死鸡成箩成箩地倒掉"。其中,有 2 户菜农饲养的 1200 多只鸡死亡。当地一些菜农表示:新口岸"以往虽曾发生鸡瘟,但以今年最为严重,损失也最大"[7]
1971 年	当年的天气变幻无常,鸡疾频频发生,尤其是最易传染的鸡瘟。"农友辛辛苦苦地养大一千几百头鸡,往往一遇鸡瘟,不过几天就全部死去"	鸡瘟的多发使当年鸡成活率仅四成左右,加上鸡饲料不断涨价,一只养 90 多天的 2 斤多重的鸡,仅雏鸡、饲料成本需 5 元左右,以当时的活鸡售价,"实在无利可图。经营养鸡人士对该业前景已开始睇淡"[8]
1973 年	每到入冬后,天气朝寒午热,昼夜温差达 7 度。这一时期饲养家禽、家畜最为困难。12 月初以来,已发现数宗鸡瘟,蔓延迅速	有几户菜农"遭殃",死亡数千只鸡,大多是 1 斤左右的中鸡。面对瘟疫加之饲料成本上涨的风险,养鸡者"已日益减少"[9]
1975 年 6 月	6 月初,"天时不正,雨水特多"。鸡舍门窗经常关闭防雨,鸡长时期处于空气不流通的环境,容易"焗伤风"或肚泻。其症状是闭眼垂头,并且经常"摇头劈口,不发声"	菜农见此情景立即注射针药治疗。病鸡虽经治疗,"成活率却不高,约过十天半月,便会死亡"[10]
1975 年 11 月	11 月出现新的鸡病,当雨停天晴时,有些菜农赶紧将鸡群赶出鸡舍"透气",但有时骤雨突降,来不及赶回鸡舍,鸡群全身湿透又易发生"冷伤风"。还有的是天气变化冷热不均衡,鸡受影响乱飞乱扑相互挤压,有些被践踏受伤,有些压在最下层无法动弹,窒息而死	其中一菜农饲养 500 只小鸡,几日内死亡 200 只左右。此外,台风袭澳时新口岸有的电线被吹断,灯柱倾斜,电源中断,影响使用电力调节鸡舍室温,鸡在冷热失调时互相挤压,不少意外死亡[11]

续表

时间	概况	后果或影响
1976 年 11 月	11 月，一些养鸡菜农和多间农场相继出现鸡瘟症状：鸡在上午精神饱满，胃口很好；下午却有几十只鸡相继"撑几下脚，就扑倒地上，不久即告一命呜呼。瘟疫病发得快，死亡也快"。菜农立即购买针药抢救余下的鸡，但无法阻止瘟疫的蔓延。有报道认为，与往年一样，每逢冬春季节鸡瘟极易流行，主要原因是气候寒冷加上干燥，鸡瘟的病菌十分活跃	其中一个农场饲养近千只肉鸡，在瘟疫流行不到三四天内，只剩下几十只，损失逾万元。青洲有位菜农的家庭式鸡场，养了数百只鸡也被鸡瘟"光顾"，该菜农"欲哭无泪，唯有暂时改行，以维持一家生计"[12]
1976 年 12 月	新口岸一菜农的养鸡场"接近山边"，被突然而至的寒冷山风侵袭，令防疫力薄弱的鸡患上急性传染病。此外，受寒流南袭，气温剧降至 2～3 度，部分鸡因未能及时保温被冻死。同时，鸡为了御寒互相挤压一起取暖，体质病弱的鸡易被压死或焗病。有些纵使幸免于难，但压在下层的鸡排出粪便黏着腹壁，时间一长亦会疴痢。使鸡的成长期延迟数十天甚至病死	新口岸鸡场近千只鸡在"两三天内，几乎全部倒毙"，以重 10 两左右的"中鸡"最多。当一间鸡舍发生了急性传染病，必须经过一段时间的彻底消毒和环境清洁卫生，否则该病仍会重现。这段时间菜农全无收入。由于传染病肆虐，"际此冬春天寒地冻的季节，鸡农闻鸡瘟而色变"[13]

注：[1]《青洲发现猪瘟与鸡瘟　饲养户大多遭受损失》，《澳门日报》1959 年 10 月 25 日，第 4 版。

[2]《郊区鸡瘟又猖獗　因传染迅速各农场受相当损失》，《华侨报》1960 年 9 月 7 日，第 3 版；《今年郊区菜农望天打卦　畜牧业收入约减三成》，《澳门日报》1960 年 11 月 11 日，第 4 版。

[3]《马场等郊区鸡瘟蔓延》，《澳门日报》1963 年 8 月 3 日，第 4 版。

[4]《马场区鸡瘟蔓延　五千多鸡只先后染病而死》，《澳门日报》1965 年 1 月 7 日，第 4 版。

[5]《澳氹郊区鸡瘟猖獗　损失鸡只达七千》，《澳门日报》1969 年 1 月 23 日，第 4 版。

[6]《郊区发生鸡瘟　新填海较严重　每日损失鸡只不少》，《澳门日报》1969 年 11 月 2 日，第 4 版；《天气不佳祸延牲畜　郊区发生鸡瘟》，《澳门日报》1969 年 11 月 2 日，第 4 版。

[7]《新填海鸡瘟蔓延农友多大受损失　患病死鸡经常成箩箩地倒掉》，《澳门日报》1969 年 12 月 6 日，第 4 版。

[8]《鸡瘟威胁本澳养鸡业　鸡只成活率低饲料涨价　养鸡利润大不如前》，《澳门日报》1971 年 12 月 9 日，第 4 版。

[9]《新填海发现鸡瘟　损失鸡只数千》，《澳门日报》1973 年 12 月 20 日，第 3 版。

[10]《天时不正雨水特多　鸡只多染"伤风"病》，《澳门日报》1975 年 6 月 16 日，第 4 版。

[11]《农户饲养猪鸡鸭　近日多病损失大》，《澳门日报》1975 年 11 月 15 日，第 3 版。

[12]《新填海发生鸡瘟　一农场短短数天内死鸡近千》，《华侨报》1976 年 12 月 4 日，第 4 版；《冬春天气要提防　青洲亦发生鸡瘟》，《华侨报》1976 年 12 月 6 日，第 4 版。

[13]《冬春天气要提防　青洲亦发生鸡瘟》，《华侨报》1976 年 12 月 6 日，第 4 版。在此需要指出的是，鸡患常见病毒性、细菌性传染病的种类达 20 多种。笔者据此推测，上述有些鸡患的传染病不一定是鸡瘟，但受当时检测手段的限制，媒体对大多数鸡患传染病的报道可能均称为鸡瘟。对此的科学区分有待于进一步研究。

2. 猪瘟等传染病

一些有经验的菜农认为：养猪是否顺利，最重要的是在饲养过程中猪是否生病。这种病主要是指具有传染性的疾病，主要由病原微生物如细菌、病毒等引起，具有一定的潜伏期和临床表现。猪无论大小，不分季节，都容易患传染病。猪的传染病有很多类，菜农饲养生猪最常见并对猪危害性最大的是猪瘟（Hog Cholera，又称烂肠瘟、败血性传染病）。它是由猪瘟病毒所引起的一种急性、发热、高度接触性和致死性的传染病。以发病急，高热稽留和小血管壁变性引起的广泛出血、梗塞和坏死等病变为特征①。猪舍中只要有一头猪染病，很快就会蔓延。猪染上猪瘟便难以救活。猪瘟病发初期，猪软弱无力，头下垂，腰背弓起，有时口腔黏膜会出现红肿，不愿进食，食量直线下降，日渐消瘦，粪便稀烂，呈黄绿或暗黑色，味臭；皮肤上常有点状和斑状出血，一般出现在腹壁、耳后、四肢等部位，经过 7～10 天即死亡。死亡的猪皮肤上呈现黑点，肾脏、膀肛及咽喉则有明显的出血点。有记者在报道中指出，菜农饲养生猪发生猪瘟的原因，主要是由于天气闷热，雨水过多，泥土过分潮湿，病毒容易传染，加上一般猪舍通风欠佳，猪易患感冒、肺炎，进而发病②。

猪口蹄疫（Foot and Mouth Disease，皮肤、黏膜系统传染病）也是菜农饲养生猪常见的传染病。该病是由口蹄疫病毒引起的急性、热性、高度接触性传染病③。据媒体介绍，猪感染后蹄部皮肤发生水泡，几天后破裂成红色、无血、无脓的烂斑，严重时整个蹄壳脱落。由于蹄烂疼痛，猪不便行走，只能伏卧地上。而口腔黏膜也生长水泡，流出大量的口涎，使得猪无食欲并不进食，以致虚弱无力，肥猪落膘，幼猪甚至死

---

① 江乐泽等主编《猪传染性疾病鉴别诊断与防治技术》，中国农业出版社，2008，第67页。

② 《久旱不雨天时干燥　郊区猪病仍然未遏止》，《澳门日报》1960年2月20日，第4版；《本澳发现猪瘟蔓延范围甚广　已经遍及郊区多处》，《澳门日报》1970年6月13日，第4版；《养猪大有学问》，《澳门日报》，1977年9月11日，第5版。

③ 江乐泽等主编《猪传染性疾病鉴别诊断与防治技术》，中国农业出版社，2008，第161页。

亡。口蹄疫蔓延很快，常能在极短时间内大面积流行。倘邻近养猪的菜农不注意预防，其饲养的猪也会被传染①。菜农饲养生猪患口蹄疫，其致病细菌传播的主要媒介之一是苍蝇。当苍蝇在病猪槽内停留后再飞到其他猪槽时，其细毛小脚沾上的无数病菌就会沾到这里的猪槽。春天苍蝇增多，加速了口蹄病的蔓延。口蹄疫的另一主要传播媒介是运载猪的竹簏笼，当利用保存大量病菌的竹簏笼装运幼猪时，这些幼猪容易在猪笼内沾上口蹄疫的病菌，成为病猪②。还有一种观点认为，猪患口蹄疫的原因是雾大，气候乍暖乍寒，埋藏在地里的各种病菌纷纷复苏，从而将病菌传染给猪③。

此外，菜农饲养生猪患传染病的还有：（1）败血性传染病类。猪丹毒（Erysipelas Suis）、猪沙门氏菌病（Swine Paratyphoid，又称猪副伤寒）、猪链球菌病（Swine Streptococcosis）。（2）呼吸系统传染病类。猪肺疫（Pasteurellosis Suum）、气喘病（Swine Enzootic Pneumonia，又称猪支原体肺炎或地方流行性肺炎）、流行性感冒（Swine Influenza，简称猪流感）。（3）消化系统传染病。猪传染性胃肠炎（Transmissible Gastroenteritis）等。

表 3-6　菜农饲养生猪患猪瘟等传染病情况一览

时间	概况	后果或影响
1959 年 9~10 月	9 月以来，青洲发生猪瘟。原因是前述青洲人烟稠密，空气污浊，鸡瘟、猪瘟互相传染。鸡、猪染上瘟疫后，有些苟延 3~4 天，有的当天死亡。青洲流行的猪瘟症状特殊，猪蹄的指甲下发生裂痕，继之长脓、腐烂并一直向腿上部蔓延	猪患上瘟疫后，除人工灌饮之外，猪不进食，10 天左右病猪死亡。当地街坊说，"这种烂蹄症的猪瘟，是历年来所没有的"。猪瘟流行，给青洲菜农造成程度不同的损失。其中，有 2 户菜农饲养的 21 头大小猪死亡[1]

① 《传染力强威胁新填海养猪户　猪只口蹄病蔓延》，《澳门日报》1976 年 3 月 23 日，第 4 版。

② 《马场亦出现猪瘟　蔓延迅速死亡多》，《华侨报》1976 年 3 月 30 日，第 4 版；《情况较往年同期严重　猪口蹄症续蔓延》，《澳门日报》1976 年 3 月 30 日，第 4 版。

③ 《马场亦出现猪瘟　蔓延迅速死亡多》，《华侨报》1976 年 3 月 30 日，第 4 版；《情况较往年同期严重　猪口蹄症续蔓延》，《澳门日报》1976 年 3 月 30 日，第 4 版。

续表

时间	概　况	后果或影响
1959 年 12 月	12 月下旬,猪瘟又逐渐在青洲、台山、马场等流行。其症状大多是拉稀便,呕吐,不进食,从开始生病到死亡,仅"三数个钟头之久"。饲养者往往猝不及防。据菜农介绍,由于久旱不雨,气候干燥,并且忽冷忽热,牲口容易患病	猪瘟造成损失最大的仍是青洲。青洲大马路旁的菜田,一位菜农饲养的母猪及数头幼猪,相继死亡,损失达 800 多元;他隔壁一位菜农饲养的 20 头大、小猪全部死亡[2]
1960 年春季	在上年底异常气候的继续影响下,1960 年的年初,黑沙环、马场等地菜农,以及沿氹仔公路的大井头、周家村的村民所养的猪,亦陆续发生染上猪瘟死亡事件。进入 2 月,抵抗力弱的幼猪死亡率高	由于幼猪数量减少,价格快速升至 3 元 1 斤,比平时上升 0.8 元。"猪仔涨价,大猪又闹猪瘟",造成养猪数量比上年剧减 50%。此前大井头、周家村的很多村民养猪,"猪舍林立",但受猪瘟影响,"猪寮空空如也,可见养猪业凋零的程度"[3]
1961 年 2 月	从 2 月中旬开始,"霪雨连绵,风向靡定,且湿度甚浓",人畜同受不利影响,卫生厅发出易患麻疹及感冒症的警告。而菜农饲养的猪"突然流行瘟疫,情形之严重,为近数月来所仅见"。病猪最初不能进食,终日沉睡,并大口喘气,大约两三日内死亡;有的抽筋几个小时后就死亡;还有的饱饮水后就断气。染病的多数是 30 斤重以下的猪。由于台山、马场区猪舍稠密,加之菜农用染瘟疫之猪的排泄物淋菜,并以这种受污染的菜喂猪,导致辗转传染	边缘区"每日死于瘟疫之猪只有百余头"。新口岸一菜农饲养的猪在几日内死亡 50 头,他虽种菜但主要靠养猪为生,损失几千元,"已告破产"。生猪上市大幅度减少导致市价"昂贵",不少人前来廉价收购死猪,再转手销售获利。有媒体做出批评,认为"此举对当局法例有所抵触,希望一般养猪户为公德着想,勿将猪尸出售"[4]
1962 年 1 月	1961 年年底以来天气骤变,温差达 20 度,1962 年年初猪受风寒,染病死亡。主要原因是"近来猪价下降,豢养者均感头痛"。"故平日管理疏忽,无心经营,对猪之日常饲料,均以粗劣下品供应,对于防疫安全措施更乏准备",由于购买预防和治疗特效药物的开销较高,对病猪"多不予以医治,而只低价售出了事"	"本年初猪遭受到莫大损失"。其中,新口岸有 2 户菜农饲养的猪损失 300 多头,"此次遭劫实使农牧者欲哭无泪"[5]

续表

时间	概　况	后果或影响
1962 年 3 月	3 月,有些菜农先后发觉所饲养的猪均告染病。病猪初时不进食,眼睛呈红色,继而不愿行动,呆躺地上,在一两天内便死亡。其中,乳猪抵抗力较弱,故患病率较高,死亡更快。一旦发现猪有异态,有些菜农赶紧将病猪贱卖;而另一些菜农则赶紧请人打针、喂药进行抢救	台山菜农在几天内已发现有 50 多只乳猪染病,其中有些已死亡。一头重约 20 斤的乳猪此前能售 40 元左右,患病后仅售 10 多元[6]
1970 年 3 月	3 月初以来,春寒料峭,细雨连绵,湿度颇大的气候威胁家畜健康,新口岸菜农饲养的猪相继出口蹄疫,起初是腿部起泡(白色)及变红,脚趾甲及脚趾附近的皮肤损坏,约两三日后便不能行动,亦不进食	如是大猪,强行喂食,7～10 天会痊愈。否则,3～4 日内便会饿死。而正在吃奶的幼猪或 40～50 斤重的猪则多数会死亡[7]
1970 年 6 月	由于春夏之交的天气时晴时雨,气温极不正常,使得猪瘟在马场、黑沙环、台山尾、青洲等流行。有的菜农为避免更大的损失,宁愿提前割求售以保成本。新口岸虽然未发现猪瘟,但自 6 月以来,不少菜农饲养的猪特别是母猪容易染病,胃口不佳,逐渐消瘦,未找出病因	不少菜农养数十头猪,往往在一个多星期内,便有一半死亡,或只剩下几头。情况最严重的是台山尾,该处养猪菜农 20～30 户,几乎每户都曾先后发现猪瘟,一户以靠养猪为生的菜农,有 100 多头大小猪死亡,多数重约 100 斤,损失近 2 万元[8]
1971 年 11 月～1972 年 2 月	1971 年入秋以来,天气变幻无常且有浓雾,猪瘟在新口岸甚为猖獗。与过去不同的是,病猪起初一般患肠泻拉稀粪,黄、青、黑三色混杂,恶臭刺鼻。若不及时用药治疗,一两天内转变成猪瘟,全身出现红点,不进食,病毒迅速发作,翌日死亡	自 1971 年 11 月到 1972 年 2 月的 4 个月内,死亡 1000 多头,损失总值逾 10 万元。1972 年 2 月下旬,有游客在新口岸长命桥海边发现 30 多头丢弃的死猪。有菜农反映:由于猪瘟未灭,很多人都不敢购买幼猪回来饲养,以免损失[9]
1972 年 4 月	到了 4 月,猪瘟势态扩大并出现"奇怪病状",病猪不时流鼻血,染红猪舍地面;拉干粪蛋,虽进食正常,但身体却渐渐消瘦,约过一个月便会死亡。这种病最初发生在新口岸水塘北角,不久蔓延全区,90% 以上的猪受到传染,形成流行病,死亡率很高	有一位菜农养了 100 多头猪,在不足一个月内全部死亡。为了维持生计,他又再购买 20 多头猪,可在 10 日内又染上"怪病"先后死亡。新口岸九成养猪户都有从近千元到逾万元之间的损失。一位老菜农说,此"怪病"是他住此地 20 多年来所仅见。一位兽医对此也无法判断,仅笼统地说是"猪瘟"[10]

续表

时间	概　况	后果或影响
1973 年 8 ~ 9 月	8 月，新口岸出现"甚为少见"的猪瘟，患病的全是出生约一周的幼猪，"事前并无任何症状，肥胖的猪仔在吃奶中突然卧倒，四肢痉挛，急促喘气，继而口吐白沫，一两小时后便死亡"。此外，猪口蹄疫又在该区蔓延，猪发病时四蹄发软红肿，趾甲溃烂，后蔓延至口部，均起浓长泡，胃口欠佳，渐渐消瘦死亡。其他猪亦遭传染。菜农分析猪病增多原因是自当年农历五月以来，大雨连绵未断，湿度高，气压低，细菌易于繁殖	上述猪瘟传染迅速，"一两天内，整窝猪仔便陆续死亡"。有 1 户菜农饲养的 5 窝幼猪相继全部死亡，但母猪却无碍。有菜农尝试在母猪受孕后，在其体内注射防疫药物，幼猪未出现瘟疫症状。而患口蹄疫的多是 50 ~ 60 斤重的肉猪[11]
1973 年 10 月	新口岸出现猪肠胃病，表现特征是食欲减少，不愿走动，粪便干燥，尿水淡红；重症者停食，呼吸增快。据菜农说，发病的原因可能与天气变化有关。但有记者根据医学书籍解释，认为病因主要是喂食不当，吃过发霉的饲料所致	病猪占该区饲养猪总数的三分之一，经打针治疗后"情况转好"。如染病的猪较多，也就增加了医药费成本。有菜农不能负担，便将猪与早平价"沽出"，以免蚀"大本"。有些菜农除积极治疗病猪外，已着手改善饲料及猪舍环境卫生[12]
1976 年 3 月	继 1975 年年底，台山一菜农饲养的几十头大小猪在一周内相继染口蹄疫不治之后，1976 年 3 月，新口岸、马场又发生猪口蹄疫，蔓延很快。其症状是，口部、蹄部出现水泡几天后即溃烂，病重的猪蹄壳脱落，肥猪落膘，幼猪死亡。染上口蹄病的猪，以幼猪数量最大，初时有点跛拐，如果不留意和及时进行治疗，两三天内，同一间猪舍的其他健康猪也可能会被传染	新口岸一菜农饲养的 100 多头猪均患了该病，部分幼猪死亡。马场也有 5 ~ 6 户菜农饲养的猪受此病传染。其中的一户菜农饲养的母猪患口蹄疫，产下的 10 头幼猪受波及，大、小猪陆续死亡。新口岸养猪菜农采取紧急预防措施，清理猪舍，为猪注射预防针。每支针药 2 ~ 3 元，增加了养猪的成本[13]
1977 年春季	从 1977 年农历年初八以来，半岛及离岛发生猪瘟，主要症状是"疴呕齐发"。初期厌食，继而流鼻涕、呕吐、疴水，疴粥样稀粪，此后转为疴血，流鼻血，体型消瘦很快。有时下午才发现只有几头猪轻微疴呕，但翌日上午，整间猪舍的猪都已"僵直"。即使发现猪已被病菌感染，亦无药可救。其中幼猪因抵抗力弱，死亡比例最大，而中猪和大猪染病后，也难逃一死	此次猪瘟"灾情严重，为近年来所罕见"。一些菜农发现猪瘟开始传染，便立刻把猪推到猪栏廉价急售。"猪栏购进的猪，曾接连成百头死亡"。使得有的猪栏甚至"收盘"（即停止收购）。到 1977 年 3 月 14 日，约有 1000 多头猪病死。由于病猪死亡率高，以致死猪除了被埋掉和由垃圾车载走外，有的被抛到大海。猪瘟猖獗，导致菜农在短期内不敢新购猪在发生猪瘟的猪槽内饲养，致使许多猪舍空置[14]

续表

时间	概　况	后果或影响
1977 年底 ~ 1978 年初	1977 年年底新口岸又发生猪口蹄疫，1978 年年初往马场蔓延。猪患病后严重影响生长，猪即使不病死也会落膘，要经两三个月才能恢复原来的体重	2 户菜农在不到一星期内，相继有 39 头幼猪和 1 只临产大母猪染病死亡。有菜农发现猪患病后尽快出售，只有"不大又不小"的猪因售价不高，才留下治疗[15]

注：[1]《青洲发现猪瘟与鸡瘟　饲养户大多遭受损失》，《澳门日报》1959 年 10 月 25 日，第 4 版。

[2]《猪瘟又在郊区流行　从染病到死亡前后只几小时》，《澳门日报》1959 年 12 月 22 日，第 4 版。

[3]《久旱不雨天时亢燥　郊区猪病仍然未遏止》，《澳门日报》1960 年 2 月 20 日，第 4 版；《猪鸡病疫多　养猪数量大减》，《澳门日报》1960 年 2 月 29 日，第 4 版。

[4]《郊区猪鸡病疫流行》，《澳门日报》1961 年 2 月 5 日，第 4 版；《本澳郊区各农场牲畜瘟疫突流行　猪只每日死亡达百余头》，《华侨报》1961 年 2 月 22 日，第 3 版。

[5]《连日天气寒冷　猪只死亡损失重》，《华侨报》1962 年 1 月 7 日，第 3 版。

[6]《郊区发现猪瘟　病猪多为乳猪　得病后迅即死亡》，《澳门日报》1962 年 3 月 13 日，第 4 版。

[7]《新填海发现口蹄症》，《澳门日报》1970 年 3 月 15 日，第 4 版。

[8]《本澳发现猪瘟蔓延范围甚广　已经遍及郊区多处》，《澳门日报》1970 年 6 月 13 日，第 4 版。

[9]《新填海农户损失惨重　猪瘟鸡瘟流行》，《澳门日报》1972 年 1 月 27 日，第 4 版；《长命桥猪尸满海》，《华侨报》1972 年 2 月 24 日，第 4 版。

[10]《新填海猪瘟蔓延　九成养猪户遭殃》，《澳门日报》1972 年 4 月 18 日，第 4 版。

[11]《来势急骤死亡率高　新填海发生猪瘟》，《澳门日报》1973 年 9 月 11 日，第 4 版。

[12]《郊区饲养猪只　近多患肠胃病》，《澳门日报》1973 年 10 月 22 日，第 4 版。

[13]《传染力强威胁新填海养猪户　猪只口蹄病蔓延》，《澳门日报》1976 年 3 月 23 日，第 4 版；《马场亦出现猪瘟　蔓延迅速死亡多》，《华侨报》1976 年 3 月 30 日，第 4 版；《情况较往年同期严重　猪口蹄症续蔓延》，《澳门日报》1976 年 3 月 30 日，第 4 版。

[14]《春节后猪瘟严重　本澳死猪只近千》，《华侨报》1977 年 3 月 14 日，第 4 版；《猪瘟严重死猪逾千》，《澳门日报》1977 年 3 月 14 日，第 4 版；《新口岸避风塘内　亦出现猪只浮尸》，《华侨报》1977 年 3 月 15 日，第 4 版。

[15]《本澳生猪出现口蹄病》，《华侨报》1977 年 12 月 11 日，第 4 版；《天气反常牲口受害　猪病口蹄鸡发瘟》，《华侨报》1978 年 1 月 19 日，第 4 版。

（五）火灾

火灾与自然环境、气候有一定的关联性，加之菜农居所以木屋为主，其中的木制材料极易引发火灾。而木屋的数量自 1966 年后逐年增加，在当时防火设施严重缺乏及防火意识不足的情况下，一旦发生火灾必然造成严重的后果，居民的木屋、财物、牲畜、家禽都会付诸一炬①（参见表3-7）。

表3-7　菜农遭受火灾情况一览

时间	概　况	后果或影响
1962年11月	11月26日凌晨3时10分，新口岸木屋区发生火灾。直至近凌晨4时，消防局才闻讯派消防车赶往救援。但适值海水退潮，消防车水管汲进了海泥以至爆裂。待第2辆消防车赶到，将水管伸至2号外港码头之外，并用船搭到海中，才解决了消防车水源的问题，但此时火势更加猛烈，"烈焰腾飞，火光冲天，烧得劈啪作响；浓烟弥漫，直卷云霄。夹杂着灾民扶老携幼逃命，呼儿唤母的哭声"。直至4时45分，这场大火才被扑灭	由于半夜发生火警，灾民都在熟睡中，待发觉时火势已经迫近，无不呼儿唤女，仓促出逃，甚少能及时取出衣物，所有钱财衣物以及家畜，均全数付之一炬。此次火灾焚毁木屋20间，亦有报道指焚烧22间（其中有2间养猪屋），损失约6万多元，灾民百余人。倾家荡产，灾民达86人（有后续报道是64人），损失约4万元左右。"该区全体居民，此次所受损失，至为奇重"[1]
1963年2月	2月22日下午，马场一幢木屋失火，附近100多名菜农见义勇为，纷纷前往灌救。由于邻近水凼干涸，要到距木屋更远一些的大水塘取水，往返费时费力，但他们"不避艰苦，尽力灌救"。此后，菜农合群社致电消防局，消防车赶到后，消防队员与菜农共同将大火扑灭	火势炽烈，木屋被焚毁，烧死雏鸡400只，大小猪13头以及家具衣物等，损失2000元。木屋主人是位独身老年妇女，目睹自己一生积聚转眼化为灰烬，伤心痛哭，一度晕厥，醒后"竟图撞墙自尽"[2]
1970年10月	马场一菜农的6间木屋（尚未编门牌号），其中，1间住人，1间养鸡，4间养猪（共有大小猪50多头）。该6间木屋于10月4日凌晨发生大火，经各区菜农、坊众和消防员"奋勇扑灭火势"	在火灾中被烧死的猪有近20头，"鸡只也损失不少。还有很多走失，损失确数，一时难于统计"。"户主哀痛晕厥送院"治疗[3]

---

① 《街坊会关心木屋居民　多年来做了大量工作》，《澳门日报》1976年6月20日，第8版。由于经常发生火灾，且造成重大损失。以至于有房地产公司销售楼宇广告的主题词是："火警频生，触目惊心"。并表示凡经该公司介绍购入屋宇之业主"入伙"时，即可获赠"免费全年火险"以确保业主的楼宇财产"安枕无忧"。《华侨报》1980年3月3日，第6版。

时间	概　况	后果或影响
1981 年 7 月	台山第 11 街 209 号 B 屋 2 层高的木屋，楼上住人，楼下养猪，并以此为生。7 月 3 日，该木屋主人煮猪食的火炉无人看管引致火灾	木屋内存放的数千元现金，少量金饰、家具、电器等财物被焚毁。100 多头猪大部分烧死。财物损失总值约 18 万元（另有媒体报道为 14 万元）。"女户主不禁悲叹一声，多年心血，就此化为乌有"[4]

注：[1]《火神频肆虐昨降临新口岸　木屋廿间付一炬》，《澳门日报》1962 年 11 月 27 日，第 4 版；《昨晨本澳发生两次火警　新口岸菜田区毁木屋廿一间》，《华侨报》1962 年 11 月 27 日，第 3 版。

[2]《马场昨有火警　木屋一幢遭毁　花甲老妇伤心家破竟图撞墙自尽》，《澳门日报》1963 年 2 月 23 日，第 4 版。

[3]《马场今凌晨发生大火　六间木屋焚毁》，《华侨报》1970 年 10 月 4 日，第 4 版。

[4]《台山木屋昨午大火　百余猪只死伤走失》，《华侨报》1981 年 7 月 4 日，第 4 版；《台山木屋失火焚毁　损失财物十多万元》，《澳门日报》1981 年 7 月 4 日，第 1 版。

（六）虫害

虫害属于生物灾害，主要由于生物圈变异所引起的①，根据现掌握的材料，发现菜农种植蔬菜遭受虫害主要集中在 20 世纪 70 年代，主要情况如表 3 - 8 所示。

表 3 - 8　菜农遭受虫害情况一览

时间	概　况	后果或影响
1972 年的狗毛虫灾	每年暮春，乍暖乍寒，雨晴不定，晚上有雾，就是狗毛虫最容易生长的季节。与以往呈毛色花斑的狗毛虫不同，当年出现的这种狗毛虫长约一英寸多，浑身褐黑，遍体皆毛，毛有毒，毛质油滑，掉到水里不下沉。狗毛虫白天蛰伏，晚上便爬出来活动。接触该虫会引起皮肤痕痒和红肿。除葱、辣椒等有辛辣味的蔬菜之外，其他蔬菜狗毛虫都吃。当年的狗毛虫较往年"增加近倍"，只要翻开在菜田的蔬菜叶，都可发现	"这些家伙的胃口甚大"，一夜间可吃掉一块菜田的全部蔬菜，或咬去所有蔬菜的菜心，使其不能再生长。马场一位菜农种了半亩菜苗，不到几天，就只剩下一些光秃秃的菜梗。此外，狗毛虫爬入室内，钻进蚊帐，往往吓得人"哇"的一声惊叫。1972 年新口岸发生过猪瘟、鸡瘟，而 4 月以来"狗毛虫又成灾，使农户慌了手脚"[1]

① 梁必骐主编《广东的自然灾害》，广东人民出版社，1993，第 2、242 页。

续表

时间	概　况	后果或影响
1973 年螺害	5 月以来,新口岸发生"螺灾"。这些害螺一种是小螺,日间钻进沙地下藏匿,晚上出动,专吃那些刚长出的菜秧。另一种是大螺。关于后者的种类,《澳门日报》记者有不同的描述:一是认为"这种害螺像蜗牛似的,触角很长,螺壳啡白色"。二是认为"就是蜗牛,有的大如手掌者"。大螺经常吃菜叶,也是早晚才爬出活动。菜农认为是由于雨多潮湿,地势低注,并靠近山边草丛,适宜螺的繁殖和生长。此外,雨水从山上泻下,也将害螺带入山脚的菜田	"螺灾"一般较多出现在每年春天和初夏的阴雨天。但当年在新口岸出没的害螺,"为数之多,为害之大,为近数年来少见"。受此螺害加上迭受天雨的影响,菜农"收成锐减,约得四成左右"[2]

注：[1]《新填海害螺成灾　农作物大受摧残》,《澳门日报》1973 年 6 月 14 日,第 4 版;《害螺续为患郊区　菜秧一夜被吃光》,《澳门日报》1973 年 6 月 28 日,第 4 版;《新填海螺害未除　蔬菜收获减六成》,《澳门日报》1973 年 7 月 29 日,第 4 版。

[2]《农作物大部受摧残　什么杀虫药也奈何它不得》,《华侨报》1972 年 4 月 17 日,第 4 版;《今年来曾先后发生猪瘟鸡瘟及虫害》,《澳门日报》1972 年 5 月 3 日,第 4 版。

据梁必骐的研究,广东自然灾害具有"多、广、猛"的特点,尤其是经常出现的突发性灾害,来势迅猛,常造成重大损失①。澳门邻近广东,也摆脱不了这种局面。

（1）灾害的持续性。从图 3-2、图 3-3 中可以看出,菜农存在的年代,大多数年份都有灾害发生。例如,1960 年的上半年,马场菜农年初受旱灾,菜地变碱,无法种植。待有雨种下蔬菜后,又遭台风侵袭,海水淹没菜地,将已种的蔬菜摧毁。"接二连三的灾害,这使菜农收入减少几达五成,除了养猪只较多和小部分自己有较好菜地的农民收入不减外,大多农民入息微薄","很多农民靠借贷或向米铺赊米过日"②。

（2）灾害的多样性。在多数年份,菜农要面对的不是一种灾害,而是相继发生的诸如水灾、旱灾、台风以及瘟疫等几种类型的灾害（见图 3-2、图 3-3）。菜农承受了自然灾害种类多,分布广,活动频

① 梁必骐主编《广东的自然灾害》,广东人民出版社,1993,第 19 页。
② 《旱灾风灾相继为虐　路环氹仔早造歉收》,《澳门日报》1960 年 8 月 16 日,第 4 版。

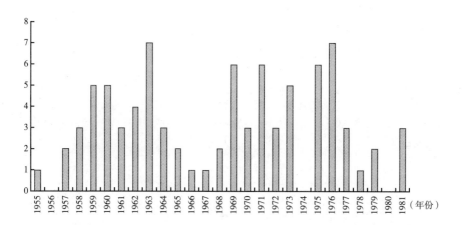

图 3 - 2　菜农受灾频率

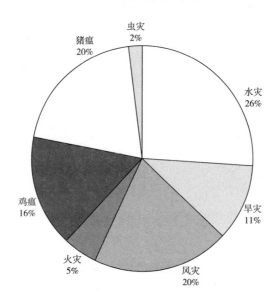

图 3 - 3　菜农受灾分类

繁的多重打击。以 1963 年为例，马场菜农上半年遭遇历史上罕见的大旱，收成全无①。8 月初"风姐爱娜斯"从澳门掠过时，海潮涌过堤

① 施达时等也指出，1963 年的降雨量较低，大部分菜园均处于休耕状态。参见〔葡〕施达时、白加路《离岛绿化区的发展》，周庆忠译，澳门特别行政区民政总署，2002，第 28 页。

基，三分之一的地区被淹。而被淹地区还未恢复生产，又碰上鸡瘟蔓延，"真是祸不单行了"①。

（3）灾害的严重性。由于长期缺乏耕作物质要素的积累和政府的支持，与其他国家和地区的农业相比，菜农的灾害承载能力很低，"老天稍微变脸"都会造成极大的打击，更何况还有几种灾害效应的叠加，以及一些灾害强度超过历史纪录，其带来的严重后果可想而知。据老菜农 1975 年的回忆，认为数十年来，菜农遭受的最严重天灾之一是 1963 年的天旱加接踵而至的台风，"刮倒了绝大部分菜园木屋，菜棵折腰。灾情浩大"②。台风过后海水淹积菜田，地质变碱，这些菜田半年时间不能下种。菜农主要依靠种植蔬菜维生，一旦菜田不能耕种，失去这个主要的生活经费来源，对他们的打击相当严重③。

二　致灾要素：天然自然与人化自然

菜农陷入无时不灾、无灾不重的灾害链条中（参见图 3 - 10），这种处境极端困难的状况实属史上罕见。灾害经济学的方法论认为，无论何种灾害，都具有直接或间接的自然特征，反映了人与自然界，或者说是人化自然与天然自然之间利益关系的失调④。因此，我们不禁要问：为何自然界要顽固地与菜农"作对"？其怎样反映"人化自然"⑤ 与"天然自然"之间利益关系的失调？这就是本节要分析的问题。

---

① 《马场等郊区鸡瘟蔓延》，《澳门日报》1963 年 8 月 3 日，第 4 版。

② 《种植业最鼎盛时　菜地面积近千亩》，《华侨报》1975 年 3 月 29 日，第 4 版。

③ 《菜农此次损失严重　初步估计逾十万元》，《澳门日报》1960 年 6 月 10 日，第 4 版。

④ 宋冬林等：《灾害经济学方法论初探——基于马克思两种关系再生产理论》，《北方论丛》2009 年第 3 期，第 156 页。

⑤ "人化自然"这个概念是马克思在《1844 年经济学哲学手稿》（原文的提法是"人化的自然界"，参见马克思《1844 年经济学哲学手稿》，人民出版社，2000，第 87 页）中首先提出的，其思想可以被理解为"已经被人类社会实践活动改造并打上了人类主体意志烙印的自然界"。参见姚顺良、刘怀玉《自在自然、人化自然与历史自然——马克思哲学的唯物主义基础概念发生逻辑研究》，《河北学刊》2007 年第 5 期，第 7 页。

（一）基于天然自然的视角：脆弱的生态环境

虽然自然灾害"与人类关系密切，常会给人类生存带来危害或损害人类生活环境"[①]，但其在实质上是自然变异过程对人类社会经济系统产生危害性后果的事件[②]。既然灾害的发生离不开与自然的关系，那么，探讨灾害的成因，首先要从自然科学特别是地理、气候的角度去观察。据徐怀礼的研究，农业作为第一产业，其生产方式具有原始生态性，并且以植物、水、阳光等可再生能源为主，社会生产方式与相应的物质变换能力并未超越自然界再生能力和自然恢复能力的限度，此类似恩格斯所说的"生产是在极其狭小的范围内实现的，只要生产在这个基础上进行，它就不可能越出生产者的支配范围，也不会产生鬼怪般、对他们来说是异己的力量"[③]。在这种情况下，人对自然界的适应、依赖和制约关系处于主导地位，人与自然的关系是一种原始、自发的双向互补关系。在这种物质变换循环关系下，灾害多以干旱、洪涝等自然性灾害为主[④]。

依照上述分析线索，观察澳门的自然环境，首先发现的是澳门的降雨量充沛，但"降雨季节分配不均匀，干、湿季节明显"[⑤]。下雨集中在4~9月，这6个月的雨季平均降雨量为1685.1毫米，占年均降雨量的83.7%。其中，4~6月以北方南下冷空气与南方暖湿空气相互作用产生的暴雨为主；7~9月以台风造成的暴雨为主。由于这两个时段与各主要江河的汛期相一致，所以4~6月称为前汛期，7~9月称为后汛期[⑥]。据澳门气象台对20世纪50年代以来近30多年来的观测资料（参见表3-1），澳门各月暴雨次数均超过10次，尤其是5~6月暴雨

① 金子史郎：《世界大灾害》，山东科技出版社，1981，第2页。
② 梁必骐主编《广东的自然灾害》，广东人民出版社，1993，第1页。
③ 《马克思恩格斯选集》（第23卷），人民出版社，1972，第89页。
④ 徐怀礼：《灾害经济学研究》，吉林大学博士学位论文，2007，第47页。
⑤ 刘南威、何广才主编《澳门自然地理》，广东省地图出版社，1992，第85页。
⑥ 梁必骐主编《广东的自然灾害》，广东人民出版社，1993，第119页。

次数最多，均高达 32 次，并且每月均出现近 20 次的大暴雨和 2 次特大暴雨，有时全月的总雨量就是几次暴雨的结果①。因而澳门经常发生水灾。

其次，澳门的干旱季节是 10 月至次年 3 月。此时是高空西风和地面冷空气最强盛的时期，澳门常处于单一冷空气的控制之下，气层很稳定，难以形成云雨天气。即使有冷锋过境，可以造成空气的上升运动，但也因此时大气中水汽含量少而难以形成较大的降雨。长达 6 个月的旱季总降雨量仅为 328 毫米，占年均降雨量的 16.3%。其中，冬季降雨量为 107.7 毫米，占全年总降雨量的 5.4%（参见表 3 - 1）。这就表明澳门在冬季容易发生旱灾②。

再次，台风（typhoon）之侵袭实 "为澳门气候之特色"③。澳门土地虽然狭窄，但面临南海，拥有 43.75 公里长的海岸线④，属于典型的海岸边缘地带（Edge Zone）⑤。由于澳门受海水包围，海洋作用明显，形成于热带洋面强大而深厚的热带气旋（即热带风暴、台风）时常光顾。加上澳门所处位置 "当台风侵袭之要冲，且为台风转向之地，与香港无几差异，尤以澳门半岛东南海岸，面向大海，无所掩蔽，不如香港有所屏障"⑥。每年从 5～10 月，澳门就进入热带风暴与台风侵袭的季节。澳门不仅受热带风暴与台风袭击的时间长，而且影响也较为频繁。从 1953～1978 年，进入澳门 160 公里范围内强劲台风共有 55 次，平均每年 2 次以上⑦。如果将受热带风暴与台风影响的情况计算在内，1955～1984 年的 30 年内共有 196 次，平均每年为 6.5 次⑧。正如前述，

---

① 刘南威、何广才主编《澳门自然地理》，广东省地图出版社，1992，第 87～88 页。
② 刘南威、何广才主编《澳门自然地理》，广东省地图出版社，1992，第 86～87 页。
③ 何大章、缪鸿基：《澳门地理》，广东省文理学院，1946，第 42 页。
④ 刘南威、何广才主编《澳门自然地理》，广东省地图出版社，1992，第 39 页。
⑤ 谭光民：《澳门的土地资源与经济发展》，《热带地理》1999 第 4 期，第 324 页。
⑥ 何大章、缪鸿基：《澳门地理》，广东省文理学院，1946，第 43 页。
⑦ 彭琪瑞等：《香港与澳门》，香港商务印书馆，1986，第 254 页。
⑧ 刘南威、何广才主编《澳门自然地理》，广东省地图出版社，1992，第 94～95 页。

侵袭澳门的热带风暴不仅频繁而且猛烈，热带风暴与台风侵袭时往往都带来狂风暴雨，惊涛骇浪，具有很大的破坏力，颠覆船舶，冲毁海堤，"拔木摧屋，伤害人畜，水陆每遭巨灾"①。

最后，边缘区地质和地势条件具有易灾性。如前所述，这些地域主要位于澳门半岛北部地势低洼地带，主要由挖掘海泥填充，水分多，碱度大，不适宜种植；而且紧邻大海，菜农主要的生活生产地域马场的"地势像个锅"，而新口岸又是"槽形"地带，两地排水设施严重不足。每当台风掠过，浪涛拍岸，海浪乘着风势，越过堤岸涌入菜田，顿时变成泽国。"受灾较重时人畜被淹死，即使受灾较轻蔬菜也被淹死"，菜田受咸水浸泡，"两三月后也未能恢复生产"②。即使是下暴雨，也会导致"积水难消，顿成泽国，农作物受淹坏死，菜农损失严重"③。

（二）基于人化自然的视角：人类活动对自然环境的影响

1. 工业化、城市化对生态环境造成的损害

自然灾害的形成及其成灾强度，不仅受自然环境变异而形成的灾害频率和强度所影响，而且也受到人类活动的制约，还取决于经济结构和社会环境④。从人类活动与自然环境关系的角度观察，聚落地理学（Settlement Geography）认为，自然环境"固然影响人类活动，而人类活动同样地可以改变自然环境"。这是因为"自然环境与人类活动是交互影响的，是互为因果的"⑤。由于城市人口的增长和物质生活水准的提高，市民消费在范围和程度上不断增长，城市周边地区的资源被经常利用⑥。"城

---

① 何大章、缪鸿基：《澳门地理》，广东省文理学院，1946，第43页。
② 《马场防潮获保障　防水内堤将修竣　菜农争取多年才获当局兴建》，《澳门日报》1964年10月27日，第4版。
③ 唐思：《澳门风物志续篇》，中国文联出版社，1999，第37页。
④ 梁必骐主编《广东的自然灾害》，广东人民出版社，1993，第12页。
⑤ 胡振洲：《聚落地理学》，三民书局股份有限公司，1993，第11页。
⑥ Samuel P. Hays, "From the History of the City to the History of the Urbanized Society," *Journal of Urban History* 19（1993），p. 17.

市产生了不断增长的环境负荷，并产生了与自然条件之间的紧张状态"[1]。而我国的历史经验表明，自然灾害"也深受自然环境与人类社会互动的影响"[2]。徐怀礼的研究结果显示，人类活动改变自然环境的体现是"工业化改变了传统生产社会方式，增强了人类社会经济活动对自然资源与环境的影响力，导致了日益显著的社会经济易灾性"[3]。这是由于传统农业生产方式将资源环境作为自己的外在条件，工业化生产则将环境资源视为重要生产要素之一而纳入生产过程中来。在这一过程中，受传统粗放式经济增长方式、不合理经济活动等社会经济因素的影响，经济发展过程中人与自然、经济增长与生态环境之间发生矛盾冲突，环境承载力下降，生态环境恶化。因此，工业化生产方式与自然灾害、人为灾害频发且强度增大直接相关[4]。环境恶化成为自然灾害频发的主要根源[5]。澳门也不例外，工业化和城市化对生态环境以及一些基础设施造成的破坏，增加了菜农受灾害影响的频率和受损失的程度，这样的事例主要有：

第一，1971 年 10 月 8 日晨，潮水暴涨。由于市政厅不顾菜农反对，为开辟"警察球场"而将关闸马路下、近青洲河的堤基拆除，海水从堤基缺口涌进关闸马路对下洼地以及黑沙环、青洲禁区等地，数十亩菜田受咸水淹浸，水深逾尺（英尺）。灾害给菜农带来很大的损失[6]。

第二，1976 年 4 月 13 日上午，台山嘉翠丽大厦第三座附近一带，以及青洲马路狗场对开处范围内，90%以上菜田被超过 1 英尺高的污水淹浸，水退后只有不到 10%的蔬菜能成活。其原因就是某建筑公司在石仔堆进行填土工程，使得台山与青洲区一条主干下水道的出口处被工程所用的泥沙淤塞[7]。

---

① Samuel P. Hays, "The Role of Urbanization in Environmental History," in Samuel P. Hays, eds., *Explorations in Environmental History*, Pittsburgh University Press, 1998, p. 70.

② 阎守诚主编《危机与应对：自然灾害与唐代社会》，人民出版社，2008，第 2 页。

③ 徐怀礼：《灾害经济学研究》，吉林大学博士学位论文，2007，第 53 页。

④ 徐怀礼：《灾害经济学研究》，吉林大学博士学位论文，2007，第 54~55 页。

⑤ 梁必骐主编《广东的自然灾害》，广东人民出版社，1993，第 17 页。

⑥ 《菜农合群社关心受灾农友　设工作组助农友恢复生产》，《澳门日报》1971 年 10 月 10 日，第 4 版。

⑦ 《大雨连绵渠道淤塞　青洲台山菜地受淹》，《华侨报》1976 年 4 月 14 日，第 4 版。

第三，自某建筑公司在筷子基与石仔堆交界开展填海工程后，将该处一条直径逾人高的巨型疏水管取消，改用较小的水管取代。1981 年 5 月中旬，澳门连降多场暴雨，该水管泄水缓慢，积水难消，以至于青洲、台山、关闸马路和马场 16 户菜农的菜田和家畜均遭水淹，每户损失 1 万多元①。

第四，从 1984 年年初开始，有建筑公司对新口岸区域有关地段进行土地平整工程，将附近唯一的排水渠道填平，但此后一直没有修复。4 月 17 日降暴雨，该地段的 10 多户菜农木屋被水淹至 1 米以上，菜田、猪屋及木屋内家具杂物皆受水浸，无法在家住宿。部分菜农无处栖身，唯有在附近停车场及空地上的三轮车过夜歇宿。此次事件"令十多户居民受水浸影响达两日，牲畜、财产因而损失严重"②。

上述事例发生在 20 世纪 70~80 年代，且对菜田造成排水障碍的主要是建筑业。这就表明城市建成区的外延扩张导致地表硬化率提高，使得下垫面的滞水性、渗透性减弱，天然调蓄能力降低，水流速度加快，增加了受灾的风险。③

此外，前述 1977 年农历春节后发生猪瘟，导致 1000 头猪死亡。正如一位兽医所指出的，其主要原因是"自然环境的改变：农业用地大大地压缩，相应地农畜饲养密度增加，再加上连月无雨，全区农户的环境没有自然的清洁，加速了污染的机会"④。这就是城市化的社会环境不断延伸到更广阔的区域⑤，非城市空间变为"不断减少的过程"⑥，增加了家禽、家畜发生传染病概率的案例之一。此正如美国学者斯皮罗·科斯托夫（Spiro Kostof）所诠释的："城市化意味着调整城市结

① 《部分地区因工地破坏　农田去水渠扩大灾情》，《华侨报》1981 年 5 月 12 日，第 4 版。

② 《新填海昨水浸严重　十多户人家盼赔偿》，《澳门日报》1984 年 4 月 19 日，第 2 版。

③ 张书函等：《城市雨水利用措施的灾害防御作用》，《水利水电科技进展》2010 年第 5 期，第 20 页。

④ 《梁定国兽医谈猪瘟》，《华侨报》1977 年 3 月 17 日，第 4 版。

⑤ Samuel P. Hays, "The Role of Urbanization in Environmental History," in Samuel P. Hays, eds., *Explorations in Environmental History*, Pittsburgh University Press, 1998, p. 75.

⑥ Samuel P. Hays, "The Role of Urbanization in Environmental History," in Samuel P. Hays, eds., *Explorations in Environmental History*, Pittsburgh University Press, 1998, p. 80.

构的整体变革以适应经济和社会的变化。变化往往是快速的，比自然变化的步调和范围要深入得多。"[①]

2. 澳葡政府对灾害防范、救助的缺位

灾害救助的主体是政府，但澳葡政府未能完全承担自然灾害防范和救助的领导责任，这也是菜农遭受灾害损失惨重的原因之一。不容否认的是，在上述菜农受灾过程中，澳葡政府官员到灾区视察及参与赈灾的事例不多。据笔者了解的资料，澳葡政府官员视察台风灾区或参与救济的事例有：（1）1960 年 6 月 8 日，台风"玛丽"袭澳，马场菜农损失惨重。暴风过后的 8 日上午 10 时，民政厅厅长施乐德（António Emilio Maria Rodrigues da Silva）、澳督副官巴士度、工务厅厅长高斯特（Bernardino Camilo de Costa，又译哥士打或高斯德）曾到马场等地视察灾情，随后将情形向澳督马济时（Jaime Silvério Marques）报告。9 日上午 10 时，民政厅厅长施乐德，澳督府秘书长狄敏德及副官等到受灾现场视察，随后将莲峰球场拨为临时收容所，由公共救济总会（Commissão Central de Assistência Pública）[②] 煮粥施派。9 日中午，澳督马济时夫妇，亦驱车赶赴灾场巡视[③]。（2）1962 年 11 月 26 日，新口岸菜田木屋发生火灾，灾民被临时安置在公共救济总会在青洲开办的难民临时收容所内。澳葡政府新闻旅游处副处长白乐迪"特于晨早赴该处

[①] 〔美〕斯皮罗·科斯托夫：《城市的组合——历史进程中的城市形态》，邓东译，中国建筑工业出版社，2008，第 292 页。

[②] 1947 年 3 月 22 日，经政府会议通过，澳葡政府特别组织公共救济总会。署理总督萨目尔·维耶拉（Samuel Vieira）为此核准《革新公共救济事业总会章程》，同时颁布第 98 号立法条例，即日立即生效。参见吴志良、汤开建、金国平主编《澳门编年史》［第五卷：民国时期（1912～1949）］，广东人民出版社，2009，第 2721 页。根据该法例，关于全澳之公共救济事宜，均由该会按照各慈善机构，予以分配及调整。澳葡政府每年拨出款项，由该会负责分配。1968 年，该会改称为社会福利处（Instituto de Assistência Social），职能未变。参见《澳门政府组织系统》，载澳门大众报编印《澳门工商年鉴》［第四回（1959～1960）］，1960，第一篇 46 页；《澳门工商年鉴》［第十一回（1970～1971）］，1971，第一篇 74 页。

[③] 《灾民获得四社团救济　澳督民政厅长巡视灾场》，《华侨报》1960 年 6 月 11 日，第 3 版。

巡视，将实情向当局报告"①。（3）1964 年 9 月 5 日，澳门受台风"露比"袭击后，"查本澳受害最重者，为郊区农业，尤以新口岸最严重，有五六百名菜农及家人，暂仍收容在望厦陆军军营内，由公共救济总会在青洲难民营（同上难民临时收容所——笔者注），供给膳食"。为救济风灾灾民，澳督罗必信（António A. F. Lopes dos Santos）中校"饬令各有关机构，将实际受害情形具报，其中以工务厅、民政厅、卫生厅、警察厅、市政厅等申报，最为主要"。待各机关报告各方面的损害结果后，他将依据这些报告并"查明后"，"在政府会议时建议拨出款项，予以施赈"②。从上可以看出，澳葡政府官员在菜农受灾过程中出现的次数不多，而其中澳督罗必信提出的拨款"施赈"也未见报道，与以下详述的四大社团的相关行为相比较，这不能不说是未能完全履行主体责任的表现。反观香港，同样是在自然灾害的袭击下，港英政府设有"农作物损失补偿津贴"，但澳门却无此项保障③。澳葡政府对菜农减灾救助存在缺位现象还体现在：

（1）拖延办理菜农提出的防灾措施。

以马场区为例，这里建有大量木屋，"鳞次栉比"，许多木屋居民（即菜农）依靠种菜养猪维持生存。但该处靠近海滨，地势中部低陷，缺乏一道防护海水漫入的内堤（简称防水内堤），每当夏秋之间的台风季节，台风均会将海水推涌入马场，淹没菜田或木屋，损坏蔬菜，危及菜农生命财产的安全。因此，自菜农在马场开垦种植蔬菜和饲养家畜、家禽以来，灾害一直相伴。1954 年、1957 年、1960 年相继发生的三次较大台风，都给菜农带来巨大的损失。1960 年 6 月，马场遭台风"玛丽"侵袭后，经四大社团呼吁，前来巡视的工务厅厅长高斯特，同意

---

① 《救总及各工会慰问灾民　菜农合群社将派慰问金》，《华侨报》1962 年 11 月 27 日，第 3 版。

② 《澳督令调查风灾实情　将提议拨款进行施赈》，《华侨报》1964 年 9 月 13 日，第 4 版。

③ 《台风摧毁九成瓜菜　菜价暴升主妇皱眉》，《澳门日报》1979 年 8 月 6 日，第 1 版。

在马场近海边筑堤，防止海水涌入，并拟付诸实施，但一直无结果。菜农通过中华总商会，每年至少催促一次仍未得到回复。经过四年时间和至少四次以上的催促①，直到 1964 年年底才获解决。澳葡政府对防水内堤修建时间的不断拖延，给菜农带来巨大的损失。仅 1963 年，菜农就遭受三次台风袭击，这些台风破坏造成的创伤还未抚平，1964 年 5 月又遭受台风"维奥娜"的打击，造成马场区 180 多户菜农被海潮围困的局面。愈演愈烈的惨痛教训、四大社团的推动以及强大的社会压力，终于迫使其到 1964 年年底才不得不兑现 1960 年做出的承诺，建成本属急不容缓的防水内堤②。由此可见，澳葡政府不仅在减灾防灾措施上无所作为，而且对菜农有关这方面的诉求也实施"拖字诀"，使菜农蒙受重大损失。

（2）未开展水利工程建设和及时进行灾后基础设施修复工作。

在本书涉及的年代里，水灾、旱灾和台风等灾害交替发生，暴露出菜田水利等基础设施十分薄弱的问题，菜农对大自然具有极强的依赖性。在水资源方面，农业是一种耗水量大的行业，菜田周边丰富的海水资源不仅不能利用，如进入菜田反而成为蔬菜生长的祸患。菜农地域均为填海而成，地下水源大多是海水，无法利用。自来水也可作为灌溉用水，但此举不仅需要经济成本，更为关键的是澳门缺乏淡水资源，全赖抽取西江水供给，当西江沿岸地区出现干旱，淡水供应减少，澳门就会出现水荒，实行限制用水。菜农如在此时利用自来水灌溉，既增加经济成本负担，又在一定时期内与市民争夺食水反而会受到严厉处罚。例如，1963 年春天，澳门的淡水供应短缺，自来水公司负责人在市政委员会会议上表示，本澳水荒情况确实严重，但非至必要时，该公司不改用咸水供应，如市民不依照规定办法，实行节约用水，要受停水处罚。1963 年 3 月下旬，澳督乘车经过新口岸时，发现一菜农用自来水浇灌

---

① 菜农曾于 1963 年提出自行集资修建，但得不到澳葡政府的批准。
② 《防水内堤将修竣　菜农争取多年才获当局兴建》，《澳门日报》1964 年 10 月 27 日，第 4 版。

菜田，澳督"以目前食水既如此严重，当局经劝告居民，切勿以食水浇花，更何况用水作种植，实属有违法纪，遂即通知自来水公司进行查究"[1]。3月25日，自来水公司到其家里抄水表数据，发现其用水额为30度，超出15度限额的一倍。因此，该菜农被处以停止供应自来水的处罚，"直至水荒解决时止"[2]。因此，在水资源短缺和成本高的情况下，菜农种植用水主要依靠天上降雨形成的地表水。菜田旁边大多有面积大小不等的水凼，就是用来储存雨水以供灌溉的。但水凼仅是一种简单原始的临时储水工具，这种"靠天吃饭"的灌溉模式，不具备防汛抗旱应变能力，一旦遇上多雨或缺雨，都会造成菜田的洪涝或干旱灾害。以马场为例，只有居民在中部位置自行修建的大排水渠和东南、东北角两条小渠。而这三条大小渠的入口处均在中间低洼地带，各处污水集中到该处时已有污泥淤积，造成"排水不及，排水沟太少"[3]的问题，遇有"豪雨"便会泛滥成灾。

不仅灾前如此，灾后澳葡也未及时开展有关设施的修复工作，例如：1970年，暴雨袭澳，劏狗环松山上的"石礐"（山腰公路旁用石头堆砌的围栏——笔者注）崩陷，石头、山泥倾泻压毁松山山脚下"珍记农场"的鸡舍，压死几十只母鸡。据农场的主人（以养鸡为主业的菜农）说，事后曾向市政厅交涉，要求该厅维修劏狗环的"石礐"，以免再发生崩陷现象。但"市政厅当时派来的人，只驾驶一辆汽车在'珍记农场'经过，探头一望，笑一笑就走了"[4]。由于该"石礐"未修理，1971年8月12日上午的倾盆大雨，使该"石礐"再次崩陷，石头、山泥由约3丈高的地方倾泻，再次压毁"珍记农场"鸡舍，185只

① 《新口岸—菜农用自来水种植　用水逾额已被长期停水》，《华侨报》1963年3月26日，第3版。
② 《新口岸—菜农用自来水种植　用水逾额已被长期停水》，《华侨报》1963年3月26日，第3版。
③ 《豪雨成灾降雨量近六吋　各区菜地受摧残》，《华侨报》1975年5月18日，第4版。
④ 《郊区瓜菜九成受摧残　松山塌石礐压毁鸡屋》，《澳门日报》1971年8月13日，第4版。

母鸡被活埋，农场主人也险遭丧命。该主人说"市政当局实在太不负责任了"①。

再以 1972 年 5 月 10～11 日的连降暴雨为例，"降雨量打破了 6 年来纪录，给本澳和路氹两地带来的损失，也是创下新纪录"。灾后一个多星期，仍然疮痍满目。《华侨报》记者针对此现象撰文指出，"偌大的新口岸仅有一条露天渠道，远远不敷这个地势低洼地区之需，往往是大雨大浸，小雨小浸。日前的暴雨成灾，菜农和饲养家禽牲口的农友损失严重。澳葡当局对此不闻不问，亦不采取亡羊补牢措施，协助坊众和农友搞好疏通积水的工作"。因此，该记者气愤地指责澳葡政府"面对众多的舆论和大量的事实，竟一直置之不理，对纳税人的处境，丝毫不思改善"②。

对于澳葡政府灾后修复工作的不力，有些市民只得借助媒体向社会呼吁，目的是通过社会舆论的压力迫使其有所行动。1978 年 8 月 10 日，《澳门日报》发表靠近菜田的马场 C 座木屋居民的投诉信，就是这方面的例子。该信内容如下：

编辑先生：

客套说话恕不多述。我们是马场 C 座木屋的一群居民，年前当局在马场木屋铺筑三合土马路时，没有将低洼地方填高。因此每逢大雨，近菜园的一片 C 座木屋经常浸水，有时甚至水浸入屋。

上月底，台风"爱娜丝"袭澳，带来连场豪雨，水浸情况更为严重。偏偏在这时候，坑渠淤塞，大量污水从坑渠涌出，这一带顿成污水潭，臭气熏天，中人欲呕，蚊虫大量孳生，既妨碍出入，亦严重损害我们健康。但一个多星期以来，当局并没有派人疏通坑渠。

---

① 《郊区瓜菜九成受摧残 松山塌石磊压毁鸡屋》，《澳门日报》1971 年 8 月 13 日，第 4 版。

② 《大雨后疮痍满目 当局胡不谋善后 应亡羊补牢疏通下水道防止水浸》，《华侨报》1972 年 5 月 22 日，第 4 版。

故投函贵报，吁请有关当局，从速派人疏通坑渠，排除污水。

　　敬祝

编安

马场 C 座一群居民上①

众所周知，"水利是农业的命脉"，"小水利"牵涉到"大民生"。因为水利等基础设施建设对于农业的发展，对生态环境的改善以及菜农生命财产安全都具有重要的保障作用。从菜农遭受灾害的事例中可看出，对菜农蔬菜种植的最大的制约因素是水，最薄弱的环节是菜田水利等基础设施建设，这也是影响菜农稳定发展的最大硬伤。但由于菜农是一家一户粗放型的耕作方式，无法集中人力、财力统一开展这方面的建设；菜农合群社也曾组织开沟挖渠，但不足以完全抵御旱涝灾害的侵犯。组织开展水利等基础设施建设应是澳葡政府的公共服务职能之一，并且水利工程也是一种公共产品供给，从这个角度看，澳葡政府在农业相关基础设施建设中的缺位，使菜农在缺乏有效蓄水和排涝水利工程的环境中开展种植活动，这不但制约了生产的发展，而且使他们不得不在灾害频发的环境下作业，生命安全都无法得到应有的保障。

　　（3）有关管理制度存在缺陷，协调成本高。

此以前述 1977 年春季发生的 1000 头猪死亡的猪瘟大流行为例。据菜农称，在猪瘟流行期间，幸免于难的猪大多注射了抗猪瘟的疫苗和血清。这些猪注射了疫苗和血清后免疫力增强，即使是与病猪的猪槽毗邻，受影响也不大，仅出现精神或胃口欠佳现象，几天后就会恢复正常。而注射疫苗和血清的费用不多，注射时需将疫苗与血清混合，分别在猪的耳后等处注射，一次便可免疫。幼猪出生 60 天断奶后便可注射，注射一两天后可能有厌食与呆滞反应，但经一星期后，食欲大

① 《马场 C 座木屋雨后遭水浸　坑渠水倒涌积潭臭气熏天》，《澳门日报》1978 年 8 月 10 日，第 1 版。

振，容易长大。在此后的生长过程中即使染上瘟疫，抵抗力也强，较易治疗。

这些菜农指出，澳门并不出售这种疫苗和血清，香港仅一间药房有售，每注射一次需费数元。疫苗和血清需要保持在零摄氏度以下才能维持药效，故运来澳门需以"干冰"密封保存。此前澳门也有过一两间药房从香港转口购进疫苗供应菜农，但平时疫苗销途有限，疫苗一旦保管欠佳或购入太久便会失效，因此这些药房后来也就放弃疫苗销售。药房不存此类货品，只在有菜农要求购买时，才从香港等地代购来澳[①]。这样一来，当猪瘟大流行时，"十万火急"的疫苗供应就暴露出澳葡政府的许多内生制度性问题：

一是疫苗输入需要办理许可证，增加菜农购买和使用疫苗的麻烦。自1976年澳葡政府对农药采取新的管制措施后，倘无许可证，任何单位和个人不能进口疫苗和血清。猪瘟发生之前，由于澳门缺少疫苗出售，需要到香港购买，返澳时，若被海关查出，还会招致许多麻烦。"因此，很多农友都嫌不方便，没有买上述针药来为猪只注射防疫，不料这次却蒙受惨重损失"[②]。此时的兽医无疫苗使用，也"碰到很大的困难"[③]。

二是申请疫苗的行政手续烦琐，审批过程耗时过长。1976年12月中旬发现猪瘟后，有兽医立即向有关部门申请疫苗入口许可证，但经过卫生局、药剂师公会、公钞局、经济厅、港务厅等几个单位的分别签准，才于1977年3月9日获准进口一批血清及疫苗。这一过程耗时近三个月，且来货数量有限，只能满足一部分菜农的需求，显然无法阻止来势迅猛的瘟疫进一步蔓延。有兽医认为"这是一件遗憾的事"，并针

---

① 《春节后猪瘟严重　本澳死猪只近千》，《华侨报》1977年3月14日，第4版；《新口岸避风塘内亦出现猪只浮尸　畜牧者促当局协助输入疫苗》，《华侨报》1977年3月15日，第4版。

② 《春节后猪瘟严重　本澳死猪只近千》，《华侨报》1977年3月14日，第4版。

③ 《梁定国兽医谈猪瘟》，《华侨报》1977年3月17日，第4版。

对此发问："现在农林厅的工作中心任务是什么？我不知道。就其他地方的农林处的工作内容，是扶植及协助本地农民生产，从理论上，实践上，指导农民，协助农民。在这方面本澳农林厅似乎没有做到。"也就是说，本该对防疫有指导、帮助和支持职能的部门没有出现，而与此无关的部门却要承担责任，难怪这位兽医不得不在媒体上撰文指出，"希望经过这场疫情后，能引起当局的重视"①。

澳葡政府对猪瘟防治的"不作为"，遭到了菜农的强烈反对。由于澳门无防治猪瘟的药物销售，在猪瘟日趋严重的情况下，"农友纷往港抢购，血清近日更售光，瘟病无药可防，农友大感头痛。在此情况下，有关当局却未加援手"②。菜农认为，本来注射疫苗和血清有助于防止猪瘟传染，可是澳门非常缺乏这些药品。因此，在猪瘟继续肆虐的情况下，"养猪的农友促澳葡当局注意维持灾情严重的农区的环境卫生，并且应该协助养猪的农友输入疫苗，及时制止猪瘟的蔓延"③。

1977 年春季猪瘟大流行导致 1000 头猪死亡的案例，正好印证了柯武刚等在《制度经济学——社会秩序与公共政策》一书中提出的观点，即清晰、简单以及"恰当的制度有助于降低繁杂系统中的协调成本（coordination costs）。有助于限制并可能消除人们之间的冲突，还有助于保护个人的自由领域"。反之，"如果制度界定不清，而行为者的领导机构又把规则体系搞得极其繁杂，制度就会陷于繁杂性机能障碍"④。

综上所述，菜农遭受频发灾害并带来严重后果的主要动因是：从地理和气候角度看，澳门地处热带、亚热带，又面临海洋，是我国自然灾

---

① 《梁定国兽医谈猪瘟》，《华侨报》1977 年 3 月 17 日，第 4 版。

② 《猪瘟严重死猪逾千　有关疫苗也被抢购一空》，《澳门日报》1977 年 3 月 14 日，第 4 版。

③ 《新口岸避风塘内亦出现猪只浮尸　畜牧者促当局协助输入疫苗》，《华侨报》1977 年 3 月 15 日，第 4 版。

④ 〔德〕柯武刚、史漫飞：《制度经济学——社会秩序与公共政策》，韩朝华译，商务印书馆，2000，第 109 页、第 154 页。

害多发区和常发区，尤其是台风、暴雨之类的突发性自然灾害的发生频率更居全国首位①。从灾害经济学的视角分析，菜农主要依靠土地、水、太阳能等生态环境与可再生性能源，抵御各种灾害风险的物质基础薄弱；工业化、城市化的快速推进对生态环境和有关基础设施的损坏，增添了菜农的致灾要素。从社会管理的角度探讨，澳葡政府在菜农灾前、灾中和灾后不作为，缺乏公共危机管理机制，未能履行相应的管理职责。这些要素产生效应的叠加，出现更多"人化自然与天然自然之间利益关系失调"②，致使澳门菜农比其他地区农民遭受更多灾害的打击。

三　灾害救助：社团主导下的公共危机管理

处于灾害包围中的菜农，离开社会救助恐寸步难行。以马场为例，自从 20 世纪 50 年代以来，此地"菜田连绵，海堤低矮，每逢风灾，菜农必首当其冲，身受其害，极需援手"③。社会救助（social assistance）涉及灾害救助、贫困救助和特殊救助等。从社会管理的角度来看，作为自然灾害救助责无旁贷的主体是政府。在一般情况下，政府不能也无法包揽全部救助的各项任务，民间组织成为协助政府进行社会救助的重要补充力量。但颇为耐人寻味的是，在澳葡政府对灾害救助"缺位"的环境中，本属重要补充力量的澳门民间组织反而成为华人社会灾害救助的主角。另一方面，公共危机管理学认为，灾害在实质上是一种公共危机，而公共危机管理是"公共管理的一种特殊状态和特殊形式"④。根

---

① 梁必骐主编《广东的自然灾害》，广东人民出版社，1993，第3页、第7页。
② 宋冬林等：《灾害经济学方法论初探——基于马克思两种关系再生产理论》，《北方论丛》2009 年第 3 期，第 156 页。
③ 梅士敏：《历次风灾四大社团多义举　同胞传统守望相助　民风可贵美德值得发扬》，《澳门日报》1983 年 9 月 14 日，第 3 版。
④ 龚维斌：《公共危机管理的内涵及其特点》，《西南政法大学学报》2004 年第 3 期，第 7~9 页。

据这一原理，菜农遭受的重大灾害，也是涉及范围广、影响大、损失严重的突发性灾害，在本质上也是一种公共危机，而公共危机管理应属于澳葡政府的一项重要职能。但在澳门，华人社团尤其是以澳门中华总商会（Associação Comercial de Macau）、澳门工会联合总会（Federação das Associações dos Operiarios de Macau）、澳门镜湖医院慈善会（Associação de Beneficência do Hospital Kiang Wu）、澳门同善堂（Associação Beneficência Tung Sin Tong）① 为代表的民间组织（当时通称四大社团，笔者也采用此称谓；如单一社团出现时，简称商会、工联、镜湖慈善会、同善堂）实际上担负起华人社会公共危机管理的职能。那么，在菜农遭遇灾害数量多，危害大，涉及面广的紧急状态下，四大社团如何分担政府职能，团结、凝聚社会力量，共同努力应对危机，实施救助，使其顺利渡过难关，并尽快恢复正常的生产和生活秩序？菜农合群社怎样积极配合救灾？菜农如何开展自救？四大社团主导下的减灾防灾与救助有哪些特点和启示？这些都是本节拟探讨的问题。

（一）四大社团领导下的减灾救助

灾害引发的菜农与自然界的碰撞，对其生产生活造成极大阻碍，有时甚至严重威胁到生存安全。在灾害频发、菜农损失惨重的紧急关头，社会各界迅速伸出援手，尤其是四大社团，协调、动员和凝聚全社会力量有条不紊地开展应急救助、灾后救助；适时转达广大菜农诉求，充当连接他们与澳葡政府之间的桥梁；努力寻求并帮助解决灾害期间菜农生活和生产的困难以及协助灾后重建等，成为防灾救助的中流砥柱。

1. 1955 年台风以后对受灾菜农的救助

1955 年 11 月，马场、青洲及台山的菜农遭受两次台风袭击，"损失惨重"，菜农生活陷于困境。14 日，各地菜农代表聚集，商讨克服困

---

① 镜湖医院慈善会成立于 1871 年；同善堂成立于 1892 年；中会总商会 1913 年成立，当时名为澳门商会，1916 年正式定名为澳门中华总商会；工会联合总会于 1950 年成立。

难的办法，即席临时成立"救济风灾菜农办事处"，向社会热心人士呼吁救济，并致函商会、工联、镜湖慈善会、同善堂，请求帮助解决当时的困境。该函件的主要内容是：

> 我们是马场及青洲、台山附近的菜农，惨遭两次台风袭击，致海堤崩缺，造成台风毁屋，海水淹田，作物荡然无存，牲畜损失惨重，因此灾区菜农生活无着，饥寒交侵。为此，吁请各界人士，同伸援手俾能度过目前难关，得以重整田舍，从事日后生产，维持生活。
>
> 自从今年农历八月初之台风袭澳，马场东海岸堤基崩塌数次缺口，致马场十分之九的菜地遭到海水淹浸，作物全部损失，家畜亦损失惨重。在台风扫荡之下农舍尽毁，损失巨大。台风过后，土地因受海水淹浸而变质，不能种植。菜农经此次风灾，生活遭遇极严重困难，靠典当借债过活，后经菜农辛勤劳动，经过两个月的整理，才能在变了质的土地上补种蔬菜，大家正满怀希望努力生产，来医治风灾的创伤，至去月底作物已恢复生长，过些日子，即可收获，岂料祸不单行，第一次风灾的创伤未愈，第二次风灾跟着又来①。

四大社团接到菜农来函后，对菜农的悲惨遭遇，均表示关怀与同情。11 月 20 日中午 12 时，商会崔德祺副理事长，理事陈直生、高振武；工联理事长梁培，副理事长甘广、沈炽昌；镜湖慈善会代表郭信坚；同善堂值理叶子如等四大社团代表在商会集中，前往灾区观察。他们到达马场灾区，看到 60～70 亩菜田"虽然咸水退去了，但在干涸了的泥土上，都凝结着一层薄薄的盐花，同时泥土都是硬巴巴的，真是寸草不生"②。崔德祺、梁培对菜农表示，"四大社团对你们都是表示关

---

① 《菜农向社会呼吁救济　四大社团代表今往灾区视察》，《华侨报》1955 年 11 月 20 日，第 3 版。
② 《四大社团代表多人视察马场灾区　准备召开会议进行救济》，《华侨报》1955 年 11 月 26 日，第 3 版。

怀与同情的。因此，今天派代表对视察灾情及了解你们受灾后的情形，回去向四大社团报告，设法给你们帮助，解决你们目前的困难"。梁培说："四大社团对社会福利工作都是努力合作去办的。我们视察过灾区，亲眼见到你们的灾情，你们悲惨的遭遇使我们更深感同情，我们准备向当局建议，迅速动工修填海堤外，而我们四大社团并准备迅速设法帮助你们解决困难，使你们重整田舍，渡过难关。"① 视察结束后，四大社团代表通知受灾菜农，请他们分别将这次受灾最严重的菜农人数，迅速列表送商会转四大社团，以便召开会议，商讨开展救济工作。

11 月 27 日上午 9 时，四大社团代表继续前往台山、青洲、新口岸、黑沙环等灾区视察，并询问及调查两次风灾之损失情形。据菜农称，要经十多天的努力，运泥土铺在被海水浸泡的菜田上，才能恢复生产。四大社团代表除慰问受灾农户外，并依照实际情形先行对最困难的菜农每户发放救济金十元，其中新口岸三户、黑沙湾两户、台山五户，共发放十户②。四大社团经过此次实地调查后，一方面，派出代表向澳葡政府提出建议，请求迅速修复台风冲毁的六处堤坝，使菜田不再受咸水侵袭，以便能够重整土地，恢复生产；经四大社团建议后，澳葡政府答应在日间修复堤坝。另一方面，四大社团理监事、董事、值理等发动捐款救济，集腋成裘，帮助 30 多户受损失最重的菜农得以继续谋生。

12 月 10 日下午 3 时，四大社团召开救济菜农座谈会。崔德祺在会上报告了四大社团最近前往马场、青洲及台山慰问受台风侵袭而遭受严重损失之 35 户菜农并发放慰问金的经过。梁培报告调查受灾菜农的悲惨情况。四大社团代表纷纷发言，一致认为应立即发动捐款救济活动。会议决定，派代表于 12 月 11 日携带捐款，到已经过调查登记核实的

①《四大社团代表多人视察马场灾区 准备召开会议进行救济》，《华侨报》1955 年 11 月 26 日，第 3 版。

②《四大社团代表 昨日继续慰问菜农》，《华侨报》1955 年 11 月 28 日，第 3 版。

35 户受灾菜农家中，按其遭受损失之实际情形，分别发放捐款①。

12 月 11 日下午 2 时，四大社团举行第二次受灾菜农慰问金发放，以及慰问马场、台山、青洲等地受灾最严重 35 户菜农的仪式。四大社团 9 名代表抵达马场时，受到马场菜农 50 人在会场的热烈欢迎。在仪式上，梁培代表四大社团表示"天气寒冷，大家生活本来已经是十分困难，再加上严冬到来，痛苦情形，当更不堪设想，因此今日发放第二次慰问金，使大家能解决部分困难"②。菜农接收救济金后，均对四大社团的善举表示感谢，并表示要努力尽快恢复生产，提供高品质的农产品，以满足市民的消费需要。至此，是次救助受灾菜农的活动基本结束。

2. 台风"玛丽"侵袭下对受灾菜农的救助和灾区的重建

1960 年 6 月 8 日，台风"玛丽"袭澳，"受祸最重者为马场区"③。马场 200 多亩菜田被淹，变成一片汪洋，菜农木屋亦遭风暴吹袭和海水淹浸。台风"玛丽"袭澳强度之大，为澳门近年来罕见，"菜农聚居郊外，首当其冲，受害不轻"；"此次损失严重，初步估计逾十万元"。"菜农，积年累月主要是靠种植蔬菜来维持生活的，一旦失去这个生活的主要手段，对他们来说，打击相当严重"④。面对这场突发的自然灾害，四大社团一如既往地担当了救助和灾后重建的重任。这一工作主要分三个阶段展开：

第一阶段，应急救助。

马场遭受"玛丽"袭击之后，梁培理事长、菜农合群社负责人、菜农子弟学校教师、海员工会工友等 50 多人，立即到马场各户进行抢

---

① 《四社团座谈会报告调查菜农经过　决定今天发放捐款》，《华侨报》1955 年 12 月 11 日，第 3 版。

② 《四大社团代表第二次发菜农慰问金》，《华侨报》1955 年 12 月 12 日，第 3 版。

③ 《四社团风灾善后会议　五重要问题已获解决》，《华侨报》1960 年 6 月 16 日，第 3 版。

④ 《四大社团昨采取措施紧急救济马场菜农　昨起由同善堂负责供应饭菜》，《澳门日报》1960 年 6 月 10 日，第 4 版。

救，说服动员菜农尽快撤离现场。在紧急转移过程中，每户菜农仅留下一个壮男留守以防灾情继续发展之外，有的扶老携幼，有的帮忙抬猪，赶紧撤离水浸地区。在大家的热情帮助下，马场全区近 200 名妇孺老弱，均被安置到菜农子弟学校食宿，其中如一位双眼失明的老人及其两个外孙，也得到妥善照顾。工联送来 50 张毡子及 30 多张席子给这些妇孺使用。菜农合群社煮饭给他们充饥。菜农所饲养的生猪均已转移到安全地点，有些则放在棚架上，均做了妥善处理①。在救助受台风"玛丽"袭击的菜农的活动中，由于菜农合群社的及时组织救援，工联正副理事长、秘书、各工会主席也及时赶到灾区现场协助抢救和说服动员，帮助妇孺老弱以及财产迅速撤离，"使减少损失"②。

第二阶段，灾后救助。

四大社团密切关注马场菜农的受灾情况。灾后的第二天即 6 月 9 日中午 12 时，四大社团负责人举行座谈会，分析评估灾情势态和灾民的需求，"即席作出措施"③，展开灾后救助。会议决定，灾民木屋因暴风雨损坏而发生住宿困难的，要在确保安全的前提下，协助他们在异地寻找房屋进行安置；在受灾场所未进行清理，灾民不能迁回马场原址居住之前，其生活开销由四大社团共同承担；派出医护人员为灾民治病等。会议结束后，商会马万祺副理事长以及梁培、李葵、姚景槐、叶子如、郭信坚、黄平等四大社团代表亲往马场灾区察看灾情，与菜农合群社负责人交谈，详问马场菜农的损失情况，并慰问菜农。

接着，针对这次台风导致马场菜农菜田及居住木屋遭水浸淹、食宿陷于困境的问题，立即落实了 6 月 9 日的会议决策。菜农合群社紧急腾出菜农子弟学校教室，安顿受灾菜农及家属住宿。从 6 月 9 日晚开始，

---

① 《海水淹没马场菜地　蔬菜受损坏　菜地积碱损失甚严重》，《澳门日报》1960 年 6 月 9 日，第 4 版。

② 《四社团风灾善后会议　五重要问题已获解决》，《华侨报》1960 年 6 月 16 日，第 3 版。

③ 《四大社团昨采取措施紧急救济马场菜农　昨起由同善堂负责供应饭菜》，《澳门日报》1960 年 6 月 10 日，第 4 版。

由同善堂负责拨米给菜农子弟学校及海员工会两处，煮饭给马场等地570多名灾民食用（每天早、晚两餐）。以6月10日为例，同善堂于早、晚分别派出灾民饭620份、660份。工联工人医疗所派出医生和护士到菜农子弟学校为菜农诊病。6月10日接受治疗的有30多人，其中患有伤风和发烧的，在医护人员的悉心诊治下，病情都减轻①。四大社团和菜农合群社同时伸出同情之手，展开对灾民的急赈工作，被菜农称为雪中送炭，及时为他们解决了严重的困难。

在6月9日～11日的三天内，四大社团赈灾救济灾民饭菜共计3028份，为103位患病菜农及其家属诊病。在四大社团大力推动和精心组织下，灾民家园善后修复活动进展顺利。6月12日，四大社团停止"派饭"②。到6月14日，大部分灾民已返回原木屋居住，并取回迁移别处的家畜。这标志着对灾民过渡性安置任务的完成，第二阶段工作基本结束。

第三阶段，灾后重建。

早在灾后的第二天即6月10日下午5时，马万祺、梁培再到马场视察灾情时，菜农要求四大社团协助他们解决恢复生产的一些关键性的问题，如抽干马场水凼的咸水，改善一些水利设施等。马万祺和梁培表示，四大社团将尽快召开座谈会，将菜农提出的数项要求进行研究，做出措施，帮助菜农迅速恢复生产③。

当灾后救助工作于6月14日基本结束后，四大社团将工作重心转到组织恢复菜农的生产上来。经过此次台风袭击后的海水淹浸，马场、新口岸等地灾后重建存在不少困难：一是菜田经海水浸泡，必须有多次

---

① 《灾民获得四社团救济　澳督民厅长巡视灾场》，《华侨报》1960年6月11日，第3版；《四大社团昨采取措施紧急救济马场菜农　昨起由同善堂负责供应饭菜》，《澳门日报》1960年6月10日，第4版。

② 《马场临时救济昨结束　四社团将协助菜农解决恢复生产困难》，《澳门日报》1960年6月12日，第4版。

③ 《马场临时救济昨结束　四社团将协助菜农解决恢复生产困难》，《澳门日报》1960年6月12日，第4版。

大雨将泥土的碱性冲淡后才能复耕。二是灾后水凼海水溢满，即使下雨，也是与水凼原来的大量海水混合，盐质亦重，不能用作灌溉；赴远地挑淡水，事倍功半，故需尽快抽出各水凼储积的海水，以便储存雨水，才能浇灌蔬菜。三是在菜田开辟管道，以便将来菜田再遭淹浸时，能加大海水排泄作用。四是菜田所有水凼积满海水，菜农无淡水食用，需赴远地挑水，故希望能导引珠海竹仙洞淡水到马场①。

6月15日下午4时，四大社团代表在商会二楼会议厅举行会议，主要议题是"继急赈之后，又进一步研究积极办法，以便协助菜农消除恢复生产的种种障碍"②。会议由商会理事长何贤任主席。梁培在工作总结中说，四大社团此次救济工作的特点是，"采取先行工作，然后汇报办法"。他又指出，"此次风灾，受祸最重者为马场区"，目前各灾民已返回家居住；但全区水凼之积水须尽快抽排，堤基缺口待修，十余户灾屋（另有林茂塘五户）请求重修，当地居民还希望四大社团协助解决今后的水利问题。继由马万祺讲话，他表示"此次台风掠境，郊区住民遭受灾害，得工联及各方抢救，使损失减少。四社团人士，对灾民极表关怀，初时，曾商借莲峰庙作安置地，已获庙方答允，但该庙庙前，水深没胫，商请消防局派车泵水，亦获局方答允，虽事后安置灾民计划改变，仍以菜农合群社作栖身地"，但莲峰庙及消防局"见义勇为，情殊可感"。"关于马场修堤开渠，抽水等项，已商请工务厅协助办理，至灾屋重修，亦决协助灾民进行"。"对于灾民种种需要，悉设法予以协助"。最后，何贤表示，他对四大社团齐心协力、克服困难，为救助马场等灾民开展的"善后合作"，"深表满意"③。

在四大社团的协调和帮助下，马场菜农有关灾后重建的问题获得初

① 《水凼积碱水未能供灌溉　马场菜农暂难复耕》，《华侨报》1960年6月18日，第3版。
② 《四大社团今开会商讨　协助菜农恢复生产》，《澳门日报》1960年6月15日，第4版。
③ 《四社团风灾善后会议　五重要问题已获解决》，《华侨报》1960年6月16日，第3版。

步解决：（1）关于修补该区马路堤基十处缺口及拓扩管道，以及疏导与排出菜田、水凼等处积水，恢复耕植等方面的问题，已获工务厅答应协助，并于 6 月 16~17 日白天派工人办理。（2）关于解决该区水利设施的问题，亦获四大社团方面"允予以研究，力为协助"。（3）关于马场十多户受灾房屋以及林茂塘五户房屋的重修问题，四大社团决定于 6 月 16 日派人员调查，"斟予款项资助"①。

6 月 20 日，澳葡政府工务厅厅长哥士打与商会代表崔乐其一同前往马场实地巡视，并抽取部分水凼积水化验。6 月 21 日，哥士打指出，此次化验结果表明，台风期间的几场大雨，已将水凼中积水的咸度冲淡至 1000 度，与 1957 年马场菜田遭遇海水淹浸时，水凼积水咸度高达 6000 度，必须全部排出的情况有所不同。此时 1000 度咸度的水凼积水不用排出，"如将所有水凼积水抽去，设使今后如遇天旱，水源即不免发生问题，而有如前数月，无水灌溉之危险"。因此，经工务厅研究，可"用水凼之水源，以供灌溉之用"②。

3. 1962 年新口岸火灾后对受灾菜农的救济

1962 年 11 月 26 日，新口岸菜田木屋火灾发生后，20 户灾民共 64 人（其中成年人 36 名，儿童 28 名）被临时安置在青洲澳门公共救济总会难民临时收容所内。公共救济总会为灾民提供食宿，每日三餐，早餐为茶水、面包，另两餐分上午 10 时及下午 5 时开饭，分八人一桌，三菜一汤。从 11 月 26 日晚上起，公共救济总会为每人发放毛巾一条。由于 60 多名灾民的衣物均被大火烧尽，而连日来天气寒冷，他们缺乏御寒衣物，在收容所内都"缩瑟一团，受寒冬煎熬，凄惨情况，实令人同情"③。

---

① 《四社团风灾善后会议 五重要问题已获解决》，《华侨报》1960 年 6 月 16 日，第 3 版。
② 《马场菜田积水 水质咸度已经大减 经予化验堪供灌溉之用》，《华侨报》1960 年 6 月 22 日，第 3 版。
③ 《新口岸大火灾民境况凄凉 商会同善堂妇联派代表慰问》，《华侨报》1962 年 11 月 28 日，第 3 版。

对于上述情况，"各方面均表关怀"，商会马万祺、陈直生、叶子如等都赶赴现场视察。有媒体呼吁"这些人家有些是经营小本生意的，但多是养猪种菜的，一般都是贫苦大众，一旦房屋烧毁，家产荡然，其苦可知"①。"百余灾民正陷于水深火热中，本澳各慈善机构，目前已在加紧展开救济工作。社会各界人士，应本人类互助同情，伸出同情之手，热心解囊捐助这批不幸灾黎"②。而同善堂也指出，新口岸火灾灾民的"家俱衣物，荡然无存，在寒冷当中，瑟缩号寒，状殊凄苦"；希望"社会人士，共谋施赈，社会前途，实利赖之"③。

在媒体和社团的呼吁下，社会各界人士对这次大火灾民极表关怀，纷纷开展救济工作。11 月 27 日下午，商会、同善堂、妇联、菜农合群社等社团分别派代表前往青洲澳门公共救济总会难民临时收容所，慰问灾民及赠送食品、衣物和慰问金。商会、同善堂代表前往赠送一批棉被、棉衣及食品。其中，棉衣、棉被需由各灾民持取物券到同善堂领取，棉被按每户人口多少分派，棉衣则每人一件，"以御寒冷"。妇联慰问团 11 人由执委张晴晖、罗柏心、林妙真带领前往灾区慰问，并赠予该会会员救济金 20 元、旧衣服一批。菜农合群社派出刘永定、冯湘、谭玉生、李华根 4 人前往慰问，对该社社员灾民送去慰问金及棉被、牛奶、暖水壶等日用品。在 11 月 27 日的一天之内，接受商会及同善堂分派赠品的灾民有 20 户、71 人。④

1963 年 9 月 16 日，新口岸火灾中的部分灾民接到通知，可于"日间"离开难民临时收容所，迁往公共救济总会为他们在马场区新建的木屋⑤，标

① 《火神频肆虐昨降临新口岸　木屋廿间付一炬》，《澳门日报》1962 年 11 月 27 日，第 4 版。

② 《新口岸木屋区大火灾情惨重　灾民从梦中惊醒仅以身免》，《华侨报》1962 年 11 月 27 日，第 3 版。

③ 《天寒地冻嘉惠贫民　同善堂深夜施派棉衣》，《华侨报》1962 年 11 月 28 日，第 3 版。

④ 《新口岸大火灾民境况凄凉　商会同善堂妇联派代表慰问》，《华侨报》1962 年 11 月 28 日，第 3 版。

⑤ 《马场新建成木屋安置三十四户灾民　均为新口岸田畔街如意巷受灾者》，《澳门日报》1963 年 9 月 17 日，第 4 版。

志着对新口岸火灾的灾民救助工作基本结束。

4. 1964 年台风"维奥娜"后对受灾菜农的救助

1964 年 5 月 28 日凌晨，台风"维奥娜"袭澳，海潮涌过堤岸淹没马场，菜农从梦中惊醒时，海潮已淹到屋里，而且越涨越高无法脱身，有些菜农只得将妻儿安置在此前修建的"阁仔"（即临时搭建的小阁楼——笔者注）上躲避；无"阁仔"的菜农，唯有在木床上再叠一些台椅，以避海潮侵袭。当时情况异常危急，如果海潮再涨，水位淹过"阁仔"，后果不堪设想。马场 180 多户菜农被海潮围困，妇女和小孩只能蜷缩在"阁仔"上动弹不得，无法举炊，在狂风暴雨的袭击下，又饥又冷。在这关键时刻，工联梁培、唐星樵等当日上午到马场灾区组织救助和进行慰问。中午，工联和菜农合群社购买面包、饼干 500 包，分乘五艘小艇将食品分发到被困菜农家中。受台风影响无家可归的灾民达千余人，分别在青洲，通商新街及岗顶等收容所暂时收容，由公共救济总会救济。5 月 29 日下午，商会与妇联的负责人前往马场以及收容所慰问受灾菜农。妇联致送灾民慰问金千多元，凡菜农之妇联会员，每人分派慰问金 20 元，木屋区会员每人 10 元。

遭台风"维奥娜"袭击后，马场菜农生活食水来源断绝。5 月 30 日，菜农在请求商会向澳葡政府转达的函件中，提出了"解决马场木屋区食水问题，在木屋区装置自来水管。于自来水管未装妥之前，当局应每日使用水车供应该区居民食水"[1] 的要求。但这一要求并未得到澳葡政府的及时回应，而灾民又处于极度缺乏饮用水进而危及生命的紧急关头，商会立即出面与澳门"亚洲汽水厂"协商，由该厂用水车每日运水供应马场木屋区菜农，初步解决了灾民的食水问题。同时，何贤的捐赠又推动自来水公司加快安装输水管免费供水[2]。在四大社团

---

① 《马场菜农及居民请当局修防水堤　商会协助解决马场自来水及街灯问题》，《澳门日报》1964 年 5 月 31 日，第 4 版。

② 苏祥基主编《马黑佑居民联谊会成立四十五周年纪念特刊》，澳门马黑佑居民联谊会，2010，第 2 页。

等的积极帮助下，菜农得以脱离台风侵袭的困境，逐渐恢复正常的生活和生产。

5. 协助解决马场菜农防水内堤的修建问题

早在 1960 年 6 月 8 日，澳门遭受台风"玛丽"侵袭，马场菜田全被水淹，"损失奇重"。四大社团要求工务厅采取措施，排出马场菜田水凼积满的海水，扩阔菜田排水坑渠，修筑被海水冲崩的石基缺口。1960 年 6 月 20 日，工务厅厅长哥士打与商会代表崔乐其一同前往马场实地巡视，眼看满目疮痍，哥士打同意在马场近海边筑堤，防止海水涌入，并拟付诸实施。但几年以后，该防水内堤才终于得以动工，且是四大社团代表菜农多次催促的结果。

（1）第一次催促。

工务厅厅长许下诺言后，马场菜农盼望多时，仍未见工务厅开始筑堤工作。有鉴于菜农菜田及木屋大多在沿海边的马路旁，为避免发生台风时海水涌入菜田，1961 年 3 月 25 日，菜农代表多人到商会，希望向澳葡政府有关部门转达将沿海马路旁之低陷地带加以填高的要求。并认为该项工程最好在当年台风季节来降之前抓紧修筑，以杜绝海水涌入淹没菜田，造成灾害①。

（2）第二次催促。

1962 年 5 月 3 日，菜农特致函何贤，请其"转促当局，在台风季节来临前，早日动工修筑防水内堤，以保该地区安全"。该函主要内容如下：

> 本澳马场地区，菜农聚居逾千人，皆以种菜养猪为生，惟每年台风季节，海潮有涌过堤岸之危险，淹没耕地，浸淹人畜，倒塌房屋，造成惨剧！其稍轻者，为咸水浸过之地，数月内不能生产，使居民生活临于困境。近以一九五七年及一九六零年两次较大风灾，

---

① 《马场菜田中部低陷　菜农请求设法填高》，《华侨报》1961 年 3 月 26 日，第 3 版。

惨重之情，记忆犹新，当时幸赖当局及各界人士之救济，使农民勉强渡过难关，但农民咸认为每于灾后等待救济，非长远之策，幸蒙工务厅长临马场视察，并同意农民意见，答允修建一条防水内堤，以保障马场千多农民之安全，防止惨剧重现，惟此举至今尚未见有关当局开始动工修筑，未明何因？素仰台端，热心社会福利，对农民生活尤表关怀，用敢函请代转当局，恳请早日动工修筑防水内堤，确保马场农民及牲畜安全。此马场农民之幸，与社会之幸也①。

1962 年 5 月 5 日下午，商会理监事召开第二次联席会议。会议报告事项："菜农合群社函乙件，为马场地区遇台风季节，海潮每有涌过堤岸之危险。恳请代求当局在该地区加设防水内堤，以保人畜安全，业予据情函转有关当局办理"②。

（3）第三次催促。

1963 年 9 月，台风"菲尔"在海南岛文昌附近登陆后，进入北部湾附近并已逐渐消散。但"菲尔"掠过澳门时，给马场区菜农带来严重的损失，三分之一的菜田被咸潮淹没，90% 以上的水凼均渗满了海水不能用作灌溉。将这些水凼的咸潮排出，需要 20 多天时间。除台风"菲尔"之外，澳门在当年的上半年还遭受了两次台风的袭击。马场菜农表示，包括"菲尔"在内的这三次台风均不是在澳门登陆的，只要在马场海边马路修筑一条防潮内堤，这三次咸潮都是可以防止的。经台风"菲尔"的侵袭后，该区菜农认为修筑防潮内堤再也不能延迟，因而于 1963 年 9 月 9 日派出代表携函前往工务厅，要求该厅从速修筑防潮内堤，确保菜农的生命和财产安全。该函主要内容如下：

---

① 《马场农民致函商会转请当局　早日动工修筑防水堤》，《华侨报》1962 年 5 月 4 日，第 3 版；《菜农合群社致函商会　促请当局筑堤防潮以维马场人畜安全》，《澳门日报》1962 年 5 月 4 日，第 4 版。

② 《郊区用油剂杀虫　影响菜农作业》，《华侨报》1962 年 5 月 6 日，第 3 版。

敬启者：

查本澳马场地区，为数千菜农聚居之地，彼等向以辛勤劳动，生产菜蔬及饲养牲畜，供应本澳市民需要为生。惟每年台风季节，海潮每有涌过堤岸之危险，经常淹没耕地，甚至浸死人畜，冲塌房屋等惨重灾情。海水浸过耕地，盐碱成分增大，数月内不能生产，使农民生活，每每临于困境，尤以一九五四、一九五七及一九六零年三次较大风灾造成之灾情，更为严重，至今记忆犹新，当时幸赖当局及各界人士救济帮助，农民方得以度过难关。

为此，农民历来咸认为，为了彻底防止灾情重现，应在马场近海边处加设一条防水内堤。一九六零年风灾之后，蒙贵局局长先生亲临马场灾区视察，同意考虑加设防水内堤，以保障马场居民之安全，惟此举至今尚未见诸实现，实未明何因。

今年三次台风，虽未正面袭澳，惟马场部分地区三次被海水淹浸，农民损失不少。因此迅速建筑防水内堤，实急不容缓也。兹派出马场区代表前来拜访贵局长先生，呈请有关筑堤坝事宜，敬希予以接见，是所至盼。

　　此致
工务局长先生台照

马场区菜农启 ①

但工务厅人员称其厅长到香港未返澳门，马场菜农的请求未得到答复。

自工务厅长于 1960 年承诺修建马场近海边的防水内堤后，马场菜农在每年的台风季节来临时都在请求其尽快动工修建，但到 1964 年 5 月仍未回复。当时的媒体都忍不住抱怨，"可是年复一年，海潮一次又一次侵袭，防水内堤依然还是个空白点，海潮对马场区的居民威胁实在是太大了"②。因

---

① 《马场菜农访工务局　请实践诺言修堤》，《澳门日报》1963 年 9 月 10 日，第 4 版。

② 《四年以来迄未见实践诺言　菜农拟合资兴修又不获许》，《澳门日报》1964 年 5 月 29 日，第 4 版。

此，在上述三次催促未得到回应的情况下，1963 年，该区居民又提议，"如果当局无意修建，就由该区菜农合资修建，奇怪的是当局却又不批准"①。

（4）第四次催促。

1964 年 5 月 29 日下午，在商会、妇联对马场菜农受台风"维奥娜"灾害的慰问活动中，菜农提出四点要求，请商会代转有关当局，希望"能够替灾民解决困难"：

> （一）为防止历史重演，请求当局从速修筑防水内堤；（二）这次台风吹毁的木屋不少，如果依照以往的手续办理申请修理，则要花一段颇长的时间，因此希望工务局能通融办理；（三）目前主要是泵除所积海潮，早日恢复生产，希望当局能协助；（四）作为马场木屋区居民赖以生存的食水来源，关闸马路旁的大水函已渗入海潮不能食用，请求当局从速在该区安装公共自来水喉，解决该区居民食水问题②。

5 月 29 日晚，马场菜农和马场木屋居民举行座谈会，与会者指出，1963 年的三次台风吹袭，皆虽未正面进袭，但每次都有海潮涌入，到 1964 年 5 月还未全部恢复生产。可历史又重演了，前述台风"维奥娜"袭澳，海潮涌过堤岸，淹没整个马场区，180 多户菜农被海潮围困，损失惨重，修筑防水内堤刻不容缓。会议指出，这次受台风影响，全区被淹，淹坏蔬菜，浸死牲畜，主要原因是当局迟迟没有动工修筑防洪内堤之故。因此，会议要求澳葡政府必须负起责任，从速在该区修筑内堤，以免今后该区再遭受潮水的威胁。在经充分的讨论后，座谈会做出了决议，要求当局：

> 一、应立即把马场区的积水抽出，使居民恢复生产；二、迅即

---

① 《四年以来迄未见实践诺言　菜农拟合资兴修又不获许》，《澳门日报》1964 年 5 月 29 日，第 4 版。

② 《商会妇联代表昨慰问马场菜农并支持所提要求》，《澳门日报》1964 年 5 月 30 日，第 4 版。

动工修筑内堤；三、解决食水问题，在该区装置自来水；在装置自来水之前，当局每日使用水车供应该区居民食水；四、扩大马场区内的出水沟；五、即速履行以前的诺言，在木屋居民的住宅区中，装置路灯①。

1964 年 5 月 30 日，木屋街坊代表、马场菜农代表、菜农合群社理事携函拜会商会，请求该会代向有关当局交涉，该函内容如下：

敬启者：

本月廿八日台风袭澳，马场农民及木屋居民损失惨重，除见诸报章外，贵会马副理事长及各理事亲临灾区慰问灾民时，亦已目睹一切，不需赘述矣。

目前灾后，重建家园，恢复生产为当务之急。为此，昨廿九日晚上，我等全马场农民及居民集会，一致提出下列五项要求，恳请贵会代向当局交涉：

（一）当局立即协助把马场区的积水抽出，恢复本区生产。（二）解决马场木屋区食水问题，在木屋区装置自来水，于自来水未装妥之前，当局应每日使用水车供应该区居民食水。（三）迅速动工修筑防水内堤，防止灾情重现。（四）扩大马场排水沟。（五）履行以前诺言，在木屋区中装置街灯。

素仰贵会关心同胞福利，兹特派出本区代表携函拜访，敬希贵会予以接见，并请代将五项要求向当局交涉，是所至祷。

此致
中华总商会

全体马场区农民及木屋区居民谨上②

---

① 《马场菜农木屋居民昨举行座谈会提出五项要求》，《澳门日报》1964 年 5 月 30 日，第 4 版。
② 《马场菜农及居民请当局修防水堤》，《澳门日报》1964 年 5 月 31 日，第 4 版。

1964 年 6 月 5 日，商会理事会召开第五次常务会议。会议对"马场区农民暨木屋居民函乙件，为该区受风灾损失重大，提出五项要求，请代求当局办理由"一事进行了讨论，并决议"照转有关当局研究办理"①。

（5）最后结果。

经过四年来的四次催促，马场区菜农梦寐以求的防水内堤问题才在商会的协助下获得解决。1964 年 7 月，该防水内堤的"图则"（即图纸——笔者注）经工务厅设计完成，待当局拨出款项，即可公开竞投招商承建。有媒体认为，"长期以来，马场区菜农均渴望能有一道防水内堤，该区菜农曾多次向有关当局请求兴建，但迟迟未见实现"；直到最近，在商会的协助下，马场区菜农均希望当局能尽早动工兴建这道防水内堤，因此时正当台风活跃的季节，随时均有台风侵袭的可能，否则"图则"虽已完成，款项如不能及早拨出，此项工程仍有拖延的可能②。在商会、媒体和社会各界以及菜农的不断催促下，此工程经过招标，终于在当年的 8 月开始动工。到了 10 月即将完工之际，防水内堤已长达数千米，高 1 米，而在路面部分也高逾 2 英尺③，马场区 180 多户菜农从此可望免受海潮入侵的威胁④。

（二）菜农合群社参与的减灾救助活动

菜农合群社诞生于 20 世纪 50 年代初，当时的菜农"只懂得为口奔驰，缺乏团结互助精神"⑤。而内地解放之初，很多土豪恶霸、"大天

---

① 《马场受风灾居民提出五项要求　商会决议代转澳葡政府》，《华侨报》1964 年 6 月 7 日，第 4 版；《马场菜农木屋居民台风后提五要求　商会决照转当局》，《澳门日报》1964 年 6 月 6 日，第 4 版。

② 《当局近已设计完成　只待拨出专款便可招商承建》，《澳门日报》1964 年 7 月 21 日，第 4 版。

③ 转引自邢荣发《澳门马场区　沧桑六十年（1925～1985）》，《文化杂志》2005 年第 56 期，第 11 页。

④ 《马场防潮获保障　防水内堤将修竣》，《澳门日报》1964 年 10 月 27 日，第 4 版。

⑤ 务农：《为口奔驰来澳种菜》，《澳门日报》1976 年 9 月 2 日，第 5 版。

二"等三山五岳（现今称黑社会）之类的人物来到澳门，正是"看中了这个弱点"①，欺压勒索菜农，菜农常无故受袭击，并与他们不断发生械斗。与此同时，黑社会人物动辄抢菜，拿着竹竿威胁菜农，经常向每户菜农征收"更练"费（即保护费），大屋五元，小屋三元②。菜农认为自己的人均日薪只有三元左右，这些收入仅能够维特每日的两餐饭，何来"保护费"可交。但黑社会"稍有不顺其意，则喊打喊杀，拉人拆屋"③。许多菜农因交不出"保护费"而被拳打脚踢，甚至吐血昏迷，卧床不起。由于菜农不付钱就会遭受袭击，所以"当时打架斗殴的事经常发生"④。有的菜农说：澳葡当局对此"不仅不予理会，反而经常干扰我们"⑤。据江荣辉回忆，这些打架事件发生后，倘若求助于警察厅，一般都是菜农"吃亏"，因为黑社会人物鼓吹各种歪理邪说，还"往往反咬一口，指责农友打伤人，除被判罚外"，还要迫使菜农"赔偿道歉"⑥。这种情况使菜农逐步认识到团结互助的重要性，"大家都觉得有一所会所（即相当于内地的农会——笔者注）的必要"⑦。因为成立组织后既可以联络感情，又可以共同应对困难。经过一年多时间的筹备，并得到工联的支持，澳门菜农合群社于 1952 年 2 月成立，建社之初有会员近 100 人⑧。

菜农合群社成立后，为维护及争取菜农的合法权益，就黑社会欺负菜农的问题向警察厅交涉求助，在警察厅的调停下，黑社会分

① 务农：《为口奔驰来澳种菜》，《澳门日报》1976 年 9 月 2 日，第 5 版。

② 2012 年 6 月 19 日访问江荣辉的记录。

③ 李磊：《披星戴月的菜农》，《澳门日报》1969 年 3 月 23 日，第 4 版。

④ 2012 年 6 月 19 日访问江荣辉的记录。

⑤ 务农：《为口奔驰来澳种菜》，《澳门日报》1976 年 9 月 2 日，第 5 版。

⑥ 李磊：《披星戴月的菜农》，《澳门日报》1969 年 3 月 23 日，第 4 版。

⑦ 务农：《为口奔驰来澳种菜》，《澳门日报》1976 年 9 月 2 日，第 5 版。

⑧ 该社宗旨是：爱国爱澳，秉承团结互助精神，努力维护菜农合法权益，积极开展垦荒供菜，发展农友福利，拓展文化教育，发展会务等。参见《菜农合群社小史》《团结社友 服务社团——菜农合群社的四十一年》，载《澳门菜农合群社成立五十周年纪念特刊（1952～2002）》，澳门菜农合群社，2002，第 72～73 页。

子的嚣张气焰才有所收敛。与此同时，警方下令"更练"费不可强收，只能自愿给予，数额大小均可。于是，菜农便付五分、一角来应付①。

作为菜农自身的社团组织，菜农合群社始终奋战在减灾防灾与救助的第一线，带领菜农抵御灾害，发动会员捐献，与四大社团等一道帮助菜农灾民脱离困境。

1. 救助受灾和有困难的菜农

1955 年 1 月，青洲木屋区发生火灾，部分菜农房屋被烧毁，菜农合群社及时发动社员捐款救济，第一次向每户灾民发放大米 16 斤、柴 15 斤，帮助他们解决暂时的困难；第二次向每位灾民发放大米 3.5 斤。而捐款除部分用作救助受灾菜农外，其余转交澳门各界救灾大会②。

1959 年 6 月中旬，受"暴雨倾盆"的影响，菜农和搬运、市贩、建筑、香业、爆竹、火柴以及其他行业停工，造成生活上的困难。有鉴于此，工联于 6 月 15 日召开各行业工会、友会的负责人会议，研究和布置当时的紧急救灾工作。与会者反映，工人、菜农因暴雨而造成的困难情况是严重的。菜农合群社负责人说，菜农种在洼地的蔬菜已经全部损失，地势较高的蔬菜除了豆角、丝瓜等有一些还可以保存以外，其余都淹死或者淹坏。菜农生存出现困难，有些因为没有收入来源，被迫将未"够磅"的肉猪提前出卖。会议决定，救灾工作分缓、急两方面进行。凡属因暴雨"而致停灶没饭吃的，则立即救济，帮其渡过难关；至于因雨而倒塌房屋，没屋住的，经过调查了解，则设法帮助解决"③。

---

① 2012 年 6 月 19 日访问江荣辉的记录。但此后菜农被打的现象仍未完全杜绝。例如，1959 年 4 月 18 日，黑沙环慕拉士马路发生一宗凶殴血案，有两名黑社会成员在公路边抓住一个骑自行车运粪肥的菜农，用两条担挑击其头部，该菜农被毒打跌落地上，"后脑当堂穿破"，这两名黑社会成员见状立即逃遁无踪影。参见《两黑社会分子寻衅 路上毒殴菜农》，《澳门日报》1959 年 4 月 19 日，第 4 版。

② 《澳门菜农合群社成立五十周年纪念特刊（1952～2002）》，澳门菜农合群社，2002，第 68 页。

③ 《菜农及部分工人陷困境 工联决定展开紧急救灾》，《澳门日报》1959 年 6 月 16 日，第 4 版。

进入 20 世纪 60 年代以来，菜农合群社组织多项救助活动：

第一，筹集善款，购买物资，帮助有困难的菜农。1962 年从 8 月开始降雨量稀少，半岛及路氹均出现不同程度的旱情。其中，路氹遭受严重干旱，早稻失收，当地农民陷入困苦境地。菜农合群社得悉此消息后，发动菜农捐助，以帮助路氹灾民渡过难关。其中，新口岸菜农筹集善款 100 多元，于 8 月 19 日派代表前往路氹分发给受灾的农民①。8 月 20 日，菜农合群社赴路环黑沙，捐款慰问受灾农民②。此次干旱还造成半岛蔬菜减产，加之饲料价格上涨，家禽、家畜饲养出现困难，菜农收入减少，部分老弱、患病的菜农或劳动力少的家庭"更是朝不保夕"。有鉴于此，菜农合群社于 12 月 20 日派员慰问困难的菜农，向每户菜农赠大米 25 斤③。

第二，对受火灾损坏木屋之马场灾民的救助。1963 年 2 月 22 日下午，马场一位独身老年妇女居住的木屋失火，大火将其一生积聚"转眼化为灰烬"，她不禁"悲痛欲绝，处境凄凉"④。木屋遭焚毁的当天晚上，菜农合群社召开紧急理监事会议，商讨如何进行救济。会议指出，她虽不是菜农合群社的社员，但大家同情她的悲惨遭遇，要发扬互助友爱的精神，决定尽力提供帮助。2 月 23 日，菜农合群社将其从公共救济总会青洲难民临时收容所内接出，安置在菜农家里，暂时解决她的食宿问题。接着，菜农响应菜农合群社的号召纷纷为她捐款⑤，"共捐得

① 《黑沙农民早造失收　合群社捐款慰问》，《澳门日报》1962 年 8 月 19 日，第 4 版。
② 《一年来社团福利　社会福利救济工作》，载澳门大众报编印《澳门工商年鉴》[第七回（1961～1962）]，1962，第四篇第 2 页。
③ 《旱象出现菜农陷困境　菜农合群社今派员慰问农户》，《澳门日报》1962 年 12 月 20 日，第 4 版。
④ 《马场昨有火警　木屋一幢遭毁　花甲老妇伤心家破竟图撞墙自尽》，《澳门日报》1963 年 2 月 23 日，第 4 版。
⑤ 《援助被毁家老妇　菜农昨捐款妇联亦赠金》，《澳门日报》1963 年 2 月 24 日，第 4 版。

二百余元助她重建家园"①。

第三，对独居妇女的援助。马场区一位50多岁的独居妇女在澳举目无亲，身体虚弱，生活困苦。1964年5月28日台风"维奥娜"袭澳期间，她的菜田遭海潮淹没，木屋被吹毁，饲养的几十只鸡被淹死。菜农合群社为此捐出修建木屋所需木材、沥青纸等，并发动附近菜农为其修补木屋，使得这位妇女"感激不已"，"而附近菜农的友爱互助精神在马场一带也传为佳话"②。

到了1967年12月下旬，澳门天寒地冻。新口岸一名50多岁的独居女菜农，平时"靠串鸡毛赚几角钱维生"，由于缺少抵御寒冷的衣服，不幸染上疾病卧床。她无棉被，身上仅盖一件"千钉百补的烂棉衣，双脚伸进麻包袋里，正冷得浑身颤抖，看得令人鼻酸"。菜农合群社工作人员得知情况后立即动员菜农捐款，购买棉被以及大米、腊肉、咸鱼等食物前往慰问，帮助她渡过难关③。

第四，救助房屋倒塌压伤的女孩。受暴雨影响，1966年6月中旬发生多起房屋倒塌事件。6月15日，马场区两间平房倒塌，两个女孩被倒塌的砖瓦杉木活埋，经闻讯赶来的菜农和消防队员合力救出，再由救护车送往山顶医院救治④。

第五，为受灾菜农提供饮用水。如前述1963年上半年澳门发生的特大旱灾中，菜田水凼涓滴全无，土地龟裂，菜农停止生产达三四个月之久，居民也要跑到黑沙环马路去取水食用，路途遥远，担挑辛苦。澳葡政府对该区水荒情况，"视若无睹，不予理会"⑤。因此，菜农合群社一方面向一家汽水厂借来了一辆水车，每天装运饮用水到马场，供菜农及木屋居民

---

① 《工务局近有新措施　木屋破烂不许修》，《澳门日报》1963年4月18日，第4版。
② 《遭台风吹塌木屋　菜农合群社代修建》，《澳门日报》1964年7月4日，第4版。
③ 《新填海菜农关怀贫苦　购买棉被食物赠病妇》，《澳门日报》1967年12月25日，第4版。
④ 《马场两平房倒塌　一家五人同压伤》，《澳门日报》1966年6月16日，第4版。
⑤ 《体现农友团结互助精神的马场木屋石壁水塘》，《澳门日报》1971年12月13日，第4版。

饮用；另一方面又想方设法在马场区内找寻水源，解决水荒问题。

此外，菜农合群社在 20 世纪 60 年代还组织人员到青洲帮助修理受台风损坏的菜农木屋（参见图 3 - 4）。

图 3 - 4　菜农合群社帮助菜农搭建受台风损坏的木屋

资料来源：菜农合群社提供。

2. 改善水利灌溉和抽水设备

借用抽水设备帮助菜农尽快恢复生产。1963 年 9 月 7 日，台风"菲尔"掠过澳门时，90% 的水凼存满不能用作灌溉的海水。台风过后，菜田咸潮退却，但泥土沾染盐分，如无几场大雨冲刷，到年底也很难恢复生产。经菜农合群社负责人的多次奔走和马万祺的协助，分别从自来水公司、港务厅借出口径为三英寸、六英寸的抽水机（参见图 3 - 5），于 9 月 10 日、16 日开工泵水。经过两台抽水机的共同排水，七天内将水凼海水清除，受灾的菜农可提前恢复生产①。

1968 年立夏前后，路凼约 300 亩农田受到干旱的严重威胁，菜农

---

① 《合群社及商会帮助下　两机构借出水泵为马场清除积水》，《澳门日报》1963 年 9 月 17 日，第 4 版。

图 3 – 5　菜农合群社借用抽水机清除菜田中的海水

资料来源：菜农合群社提供。

合群社的理事和社员，分别于 5 月 11 日、13 日前往路氹两地，慰问当地农民，并协助实地调查水源的工作，交流抗旱经验，帮助当地农民成立抗旱小组，发挥集体力量，解决耕地的灌溉问题。菜农合群社理事在调查水源的过程中，了解到当地农田缺水灌溉的原因是山坑水的利用不够充分。为此，他们建议切断出海的山坑水，修建水凼储蓄山水，然后用抽水机将水抽往稻田灌溉。同时，菜农合群社借出两台抽水机支援黑沙和九澳的菜农。这些措施缓解了路氹农田的旱情①。

　　1971 年 10 月 8 日晨，潮水暴涨。由于澳葡政府市政厅不顾菜农反对，为开辟"警察球场"而将关闸马路下、近青洲河的堤基拆除，海水从堤基缺口涌进关闸马路对面的洼地以及黑沙环、青洲禁区等地，数十亩菜田被咸水淹浸。水灾发生当日，菜农合群社负责人到灾区慰问，

---

　　①　《菜农合群社帮助路氹抗旱　理事社员分赴路氹协助农民解决水源》，《澳门日报》1968 年 5 月 14 日，第 4 版。

帮助他们尽快恢复生产。10 月 9 日，菜农合群社召集受灾菜农座谈，听取他们的要求。10 月 10 日，菜农合群社派出七位菜农组成的工作组，携带购置的抽水机，协助菜农抽出菜田、水凼的咸水，以便换上淡水，改变土质的咸度，供恢复种植时浇菜之用。工作组还根据菜农的要求，向澳葡市政当局交涉，要求在"警察球场"附近修筑一条像过去那样的堤基，以免菜田再受灾害①。到了 10 月下旬，关闸马路对面的菜农在被咸水浸过的十多亩菜田里种上了葱，或是将受咸水淹浸不能再长高的生菜或芥蓝拔除，改种菜心，恢复生产的工作取得了新的进展②。

此外，菜农合群社负责人还经常深入基层，访贫问苦，帮助有需要的菜农解决实际困难（参见图 3 - 6）。

图 3 - 6　菜农合群社负责人访贫问苦

注：图右第一人为江荣辉。
资料来源：菜农合群社提供。

---

① 《菜农合群社关心受灾农友　设工作组助农友恢复生产》，《澳门日报》1971 年 10 月 10 日，第 4 版。
② 《在菜农合群社协助下受淹菜地清除潮水　农友相继恢复生产》，《澳门日报》1971 年 10 月 26 日，第 4 版。

（三）菜农开展的减灾防灾与自救

广大菜农积极响应四大社团和菜农合群社的号召，团结互助，在力所能及的范围内想方设法开展抗灾自救活动，在减轻灾害影响方面发挥了重要作用。

1. 抗旱减灾

在多种灾害中，干旱对种菜"也构成一种威胁"。经过菜农的不懈努力，干旱的危害程度有所减轻，但"还是一个悬而未决的问题"[①]。以 1962 年入秋至 1963 年 3 月的干旱为例，澳门遭遇 80 年来罕见的大旱，菜农在全澳大面积干旱的恶劣环境下，艰苦奋战，减少旱灾带来的危害。他们采取的主要措施如下：

浇灌蔬菜。马场、黑沙环的一些菜农不惜跋涉，用自行车从渔翁街天后庙旁的水池载水到菜田灌溉[②]。有些菜农到关闸马路旁的水井排队取水，这里白天和黑夜都"挤满了汲水的菜农"[③]。也有菜农用 0.5 元 1 担的代价购买自来水灌溉，但自来水公司限制用水后，购买自来水也出现困难[④]。此外，不少菜农前往马交石观音阁傍的小水塘汲水。他们分别用自行车、水桶以及手推车作运载工具运水，络绎不绝[⑤]。

栽种耐旱和生产周期长的蔬菜品种，抓住时机抢种。例如，新口岸、马场菜农种植耐旱的猪姆菜、番茄、芥蓝花和芥蓝等；栽种不受旱灾影响但培植时间较长、市场销售价格较低的番薯、竹蔗等[⑥]。又如，4 月中旬接连下了几场雨，但雨量不多，旱象虽未完全解除，但缺水较

---

① 务农：《人人动手解决困难》，《澳门日报》1976 年 9 月 24 日，第 5 版。
② 《本澳新填海及马场菜地　旱亦极严重》，《澳门日报》1963 年 2 月 20 日，第 4 版。
③ 《马场菜农团结自救　昨动工开挖水凼　二百多亩菜地灌溉将获解决》，《澳门日报》1963 年 3 月 23 日，第 4 版。
④ 《郊区菜地仍苦旱　马场菜农请修水塘迄未实现》，《澳门日报》1963 年 3 月 14 日，第 4 版。
⑤ 《观音阁傍小水塘　菜农群往汲水淋菜》，《澳门日报》1963 年 3 月 12 日，第 4 版。
⑥ 《郊区菜地旱象毕呈　马场新填海更缺水》，《澳门日报》1963 年 1 月 17 日，第 4 版。

为严重的马场区和新口岸菜农"得此甘霖后"，立即开始恢复播种部分已荒弃的耕地。但由于旱象还未完全解除，种的多是白菜、菜心等①。

值得一提的是，尽管菜农在 1963 年遭遇历史上罕见的大旱，当年上半年的生产几乎陷入停顿，直到 7 月才开始恢复生产，不少仍负债累累，靠"赊借典当"维持生活；但 7 月中旬，当澳门劳工教育协进会开展筹募劳工子弟学校扩建校舍经费的活动时，依然得到菜农的大力支持。在筹募经费之前，菜农合群社召开各区菜农座谈会，向他们解释开展此项活动的意义。菜农都明白"自己的生活虽然困苦，但是工农如手足，支持工人子弟就学是义不容辞的"，均踊跃认捐。在第一期筹集的款项中，菜农捐款 900 多元②。

2. 挖水塘和水渠

挖水塘的活动出现在马场，该区自 20 世纪 50 年代初大规模开垦菜田以来，干旱现象普遍，一年之中只有七八个月能够种植，其余时间均因缺水而荒弃。1956 年，马场区菜农组成水利会，在关闸兵营旁边挖掘水塘，修筑管道，然后用泵取水进行灌溉。但后来海水倒渗进入水凼内，使水变咸。至 1962 年，该水凼的咸度更高，不能用作灌溉。1963 年年初，马场区菜农曾多次前往工务厅，要求在关闸马路旁另拨地点再挖一个水凼，直到是年 3 月，经菜农合群社和何贤的协助，才获工务厅批准，但工务厅仍未派人员前来划定地点。"正是救旱如救火，附近菜农眼看一畦一畦的蔬菜白白枯死，血本无归，都急如热锅上的蚂蚁"③。

1963 年 3 月 22 日，马场的菜农劳动力全部集中，实行"团结自救"，在关闸马路旁动工挖水塘（参见图 3–7）。马场全体菜农均提供义务劳动，并自筹资金 2000 多元开展工程。经过五天的挖掘，水塘已

---

① 《老天吝洒甘霖郊区旱象未除　马场新填海荒弃菜地仍多》，《澳门日报》1963 年 4 月 18 日，第 4 版。

② 《大旱之年生活困苦　菜农仍热烈支持劳教会筹募经费》，《澳门日报》1963 年 7 月 19 日，第 4 版。

③ 《菜地过半遭荒弃　灌溉用水奇缺　马场菜农盼工务局拨地挖水凼》，《澳门日报》1963 年 3 月 4 日，第 4 版。

图 3 - 7 马场菜农在关闸马路旁挖水塘

资料来源：菜农合群社提供。另参见《马场菜农团结自救 昨动工开挖水
凼》，《澳门日报》1963 年 3 月 23 日，第 4 版。

经挖至底层，水塘深度有三个人高，四周渗出的泉水源源不绝。挖掘水
塘工程在十天内完成，建成后的塘底面积长二丈四尺，阔一丈六尺，四
周砌以石块。由于此处水源充裕，马场 200 多亩菜地在一定时期内可获
足够的灌溉用水，半年多来的旱情也可迎刃而解①。在马场菜农挖掘水
塘的过程中，菜农已急不可待，在竣工前便已开始开泵汲水的工作。由
于塘水的灌溉，近关闸马路旁荒置的菜田得以翻耕，在部分菜田播下菜
苗。与此同时，台山、青州及关闸马路下的菜农，纷纷前来慰问，并向
挖掘水塘的菜农送上面包，"充分表现出互助友爱的精神"②。

挖水渠一事发生在新口岸。长期以来，位于新口岸水塘角附近的菜
田地势低，且不断有地下水从新口岸水塘渗出，每降大雨顿成泽国。然
而，与之相隔一条泥路的赛车看台一带的菜田，由于被马路包围，水源

---

① 《马场菜农团结自救 昨动工开挖水凼》，《澳门日报》1963 年 3 月 23 日，第 4 版。

② 《马场开水凼 水深三人高》，《澳门日报》1963 年 3 月 28 日，第 4 版。

较少，土地较咸，一年当中仅四个月左右可以种植。菜农唯有依靠饲养家畜、家禽谋生，生活困苦。1968 年春，为解决水塘角和赛车看台一带的菜田灌溉问题，在菜农合群社的关心下，新口岸 10 多位菜农带头捐款 300 多元，购买了 60 多条 6 英寸口径的水渠管和一些钢筋、水泥、沙等，几十人集体动工（参见图 3 – 8），挖掘了一条长达 300 多米的渠道，受灌溉的菜田达 20～30 亩，使 20 多户菜农受益，初步解决了此地灌溉困难的问题①。

图 3 – 8　新口岸菜农挖掘灌溉渠

资料来源：澳门菜农合群社提供。

3. 预防和抵御风灾

1960 年 6 月 28 日，澳门天文台悬挂 3 号风球，一再提醒人们台风"奥丽芙"将至。由于吸取 1960 年 6 月初台风"玛丽"的教训，"居民对于台风之来临，均存戒心"，新口岸及马场区木屋居民，"亦有所戒

---

① 《新填海菜农群策群力　新建三百多公尺渠道》，《澳门日报》1968 年 4 月 6 日，第 4 版。

备，购置绳缆，将屋拉紧，猪只牲畜，亦准备搬移，已防风到"。有媒体表示，"居民此种提高警惕措施，已比前进步"①。在台风的影响下，海水暴涨，汹涌的波浪穿越堤基，马场近圆台仔 20 多亩菜田随即被海水淹没，马场东北面同样受到海水威胁。10 多个菜农及时赶修一条土堤，才将海水挡住②，避免出现更大的损失。

4. 积极防治猪传染病

菜农饲养生猪经常发生猪瘟等传染性疾病的原因之一，是有些菜农误认为猪在肮脏的地方才能长大，进而以腐臭、霉烂的饲料喂养，并且不清扫猪舍（又称猪寮、猪棚），猪舍积存粪尿太多，细菌、病毒容易生长繁殖。针对这种现象，一些对养猪有经验的菜农认为，猪的疾病均由饲料和环境的不卫生引起。因此，改善饲养管理工作，保证猪舍的清洁卫生，是保证猪的健康的重要方法。也就是说，"预防重于治疗"③。有鉴于此，一是要注重饲料的新鲜和猪舍的卫生，每隔一段时间用热碱水（有条件的也可以用石灰粉）洗刷墙壁，地面可以撒上一层薄石灰粉杀菌，经常清洗食槽，保持猪舍的干燥通风以及适当的温度。二是鉴于购买国产饲料的成本比外国饲料减少一半，要多购买国产饲料，并在其中加入适量金霉素等药物，能防止禽、畜疾病的发生。三是替猪注射"新成针"（当时的一种疫苗），借此预防猪传染病的发生。四是对患了传染病而死的猪，要做深埋和严格的消毒处理等④。

对于猪的各类传染病，菜农有土方治疗办法。其中，用榕树叶熬汤，与经处理成流质的羊血混合后，给猪喂食，可治一般传染病；用肥皂水洗刷猪身，可治猪丹毒；用大蒜碎块和蒜汁加白酒给猪喂食，可治猪副伤寒；将大蒜捣成泥状加入适量的冷开水，并掺入少量白糖（以

---

① 《避免台风进袭受损失　新口岸泳棚先行拆卸　马场木屋区昨已加强防风准备》，《华侨报》1960 年 6 月 29 日，第 3 版。

② 《部分菜地再遭淹没　马场又遭损失》，《澳门日报》1960 年 6 月 30 日，第 4 版。

③ 《预防重于治疗　饲户应早采取措施》，《澳门日报》1960 年 3 月 13 日，第 4 版。

④ 《菜农畜牧者日增　春雾有害宜注意》，《澳门日报》1968 年 3 月 25 日，第 4 版。

减少大蒜的辣味）后给小猪灌服，可治白痢等①。

在治疗猪口蹄疫方面，菜农也在实践中积累了一些经验。例如，1970年3月，新口岸菜农用白醋与"六六六"杀虫粉（比例大致是在十斤白醋中拌入杀虫粉一两半）调制成液体，盛入喷射器，然后向猪口蹄疫患处以及猪舍内喷射，喷上几次就可使猪痊愈。这种液体倘被猪食用后也无碍②。也有菜农以滴露和杀虫药来防止和治疗猪口蹄疫；也有用樟脑油兑"火水"（即煤油——笔者注）喷射病猪的患处；还有在煮沸的白醋里加白矾，待稍微冷却后将病猪的脚浸泡或淋浇，一天两三次，会收到一定的治疗效果③。

5. 消除虫灾

针对前述1973年5月以来出现的"螺灾"，菜农摸准其在晚上出没的特性，每到入夜之后、日出之前这两个时段到菜田捕捉害螺，每人很快便会捉到200～300只（其数量之多于此可见），然后拿到荒地将之捣烂。一位女菜农说："有时捉害螺捉到心寒，实在太多了，难以捕捉得清，今晚捉了一批，过两晚又会来一批。试想想，眼见生长茂盛的蔬菜被那么多的害螺咬坏，这不是白花心血吗？又怎能不心痛呢！"④而有的菜农曾尝试用一种"杜螺粉"喷洒，对大螺有成效，但对小螺却无效果。有的菜农说，撒石灰粉虽然可以治小螺，但是石灰会损害菜秧，因此不敢轻易使用⑤。

在治理狗毛虫害方面，菜农试用了多种杀虫药水，但收效不大，其原因是：（1）由于狗毛虫窝几乎全在菜田周围的草丛、树底和泥土石头缝内，当菜农喷杀了菜田里的狗毛虫后，两三天后又有菜田周围的另一批狗毛虫"登场"。（2）一般害虫可用杀虫药消灭，可是狗毛虫的生

① 《养猪大有学问》，《澳门日报》1977年9月11日，第5版。
② 《新填海发现口蹄症　用白醋开杀虫粉喷射患处可收到疗效》，《澳门日报》1970年3月15日，第4版。
③ 《马场亦出现猪瘟　蔓延迅速死亡多》，《澳门日报》1976年3月30日，第4版；《天气反常牲口受害　猪病口蹄鸡发瘟》，《华侨报》1978年1月19日，第4版。
④ 《新填海害螺成灾　农作物大受摧残》，《澳门日报》1973年6月14日，第4版。
⑤ 《害螺续为患郊区　菜秧一夜被吃光》，《澳门日报》1973年6月28日，第4版。

命力很强，"杀虫药也没奈它何"，虽然喷撒了杀虫液（粉），也只能迫使它在泥土中蛰伏一两天，待药力消失后，它又爬出来为害。对此，《华侨报》记者指出，对付狗毛虫唯一最有效的消灭方法是，"见一条捉一条，捉了把它弄死"。由于它们昼伏夜出，菜农只有在晚上利用手电筒的亮光在菜田里搜捕。"但这么一来，白天要下地干活，晚上还要挑灯除虫，菜农们可辛劳了"①。由此可见，20世纪70年代的科技水平低，菜农在抵抗虫祸方面是被动无助的，很多时都要依靠原始的人手捕捉。

（四）社团主导下减灾救助的经验和启示

面对菜农遭遇的各种灾害，以四大社团为代表的澳门民间组织发扬同舟共济的精神，协调、动员全社会力量共同开展灾害救助活动，不仅挽救了处于水深火热之中的菜农灾民，而且维护了灾害期间社会平稳有序的运行。可见，民间组织的效能被显著放大，"起到替代政府组织功能的作用"②。其提供的经验和启示远超出了时空界限，仍有现实意义。

1. 与时并进，传承创新，适应需求形势下民间公益慈善力量的整合

众所周知，澳门虽长期受到葡萄牙管治，但和内地一样，其赖以生存的人文根基仍然深深地植根于祖国的母体内③。澳门虽小，"但民风颇为朴实"，中华民族几千年来优秀传统精神的沉淀和博大精深的文化底蕴，一直是承载澳门发展的基础。例如，扶贫济弱、孝老文化、大同思想等中华民族的优良传统，也是澳门社会"一向遗传下来的好民风"，对澳门民众同样具有重要影响。所以，"昔日，本澳或内地发生

---

① 《农作物大部受摧残　什么杀虫药也奈何它不得　菜农只得乘夜搜捕》，《华侨报》1972年4月17日，第4版。

② 宋丁、阮萌：《中国城市进步亟待民间组织的崛起》，载樊纲、武良成主编《城市化：一系列公共政策的集合》，中国经济出版社，2009，第271页。

③ 葡萄牙历史学家卡拉多等认为，尽管存在政治上的差异，而且1974年前葡中关系脆弱甚至没有外交关系，但澳门政府继续代表葡萄牙的主权。澳门的中国人在"语言、宗教和居住方面继续保持自己的文化传统"。〔葡〕卡拉多、门德斯等：《澳门从开埠至20世纪70年代社会经济和城建方面的发展》，《文化杂志》1998年第36、37期，第45、56页。

火灾、水灾、风灾等灾害，本澳社团、各界人士，常以各种形式，开展赈灾活动。以赈风灾而论，一百多年前已有记录"。这"是高义可风，值得表扬，值得发扬的"①。

20世纪50年代以来，四大社团联合开展的菜农台风灾害救助，就将此前的传统慈善救济、赈灾救助提高到一个新的境界。其突出体现是，这些活动不仅继承了上述中华民族的优良传统，而且还针对菜农"靠天吃饭"生产模式所造成的受灾频率高、波及范围广的特点，与时并进，将参与灾害救助的组织拓展到代表澳门社会主要界别的四大社团，调动华人社会的整体力量来应对，以实际行动诠释了在"以人为本"核心思想指导下的"一方有难，八方支援"的博爱精神。正是这种精神使得澳门救济活动从自发性分散救济走向社团集体性共济，促进了华人社团之间的联系与团结，提高了应对突发性自然灾害的效率②。

2. 行善助人，率先垂范，社团领袖凝铸强大的社会感召力

四大社团对菜农的台风灾害救助活动能够取得良好成效，其关键在于形成了一个以何贤、马万祺、崔德祺、梁培等四大社团负责人为代表的优秀领袖群体，这一群体在社会上产生了巨大的感召力。

这种社会感召力一是来自他们具有"仗义疏财、乐善好施的性格与行为"③。仅1957年9月24日的马场风灾，何贤就捐款1万元赈济灾民④。据娄胜华的研究，"与因时应景博取声名的捐赠不同，以长期不间断的公益性捐输彰显了何贤高尚的仁爱品德与社会责任意识，而何贤的社会感召力在持续性慈善实践中与日俱增"⑤。

---

① 梅士敏：《历次风灾三大社团多义举　同胞传统守望相助　民风可贵美德值得发扬》，《澳门日报》1983年9月14日，第3版。

② 娄胜华：《转型时期澳门社团研究——多元社会中法团主义体制解析》，广东人民出版社，2004，第191页。

③ 娄胜华：《转型时期澳门社团研究——多元社会中法团主义体制解析》，广东人民出版社，2004，第281页。

④ 关振东、陈树荣：《何贤传》，澳门出版社，1999，第159页。

⑤ 娄胜华：《转型时期澳门社团研究——多元社会中法团主义体制解析》，广东人民出版社，2004，第283页。

二是来自他们冒着风吹雨打跌落水中的危险，走向灾区第一线，动员和指挥救灾的大无畏气概和精神。前述澳门遭受台风"玛丽"袭击之际，梁培率领救援人员到马场指挥和参与抢救工作，动员菜农紧急撤离灾区。正处于洪水围困中惊恐万分的菜农灾民，看见或得知社团领袖在他们中间，心中的"石头落地"，从而听从指挥，快速有序转移。"梁培等赶赴灾区现场及时协助抢救和说服动员，才免遭致更大的损失"[①]。

三是来自他们长期赈灾救济过程中形成的崇高威望。在对菜农台风灾害救助活动中，除客观条件的阻碍之外[②]，他们都及时到灾区前线考察或在后方组织力量实施救援。他们的行动不仅对于稳定民心、鼓舞士气、有效安排救助活动等起到重要的促进作用[③]，而且在社会上逐步树立起崇高的威望，因而受到澳门各界人士的信赖[④]。

正是这样形成的社会感召力，使得四大社团关于灾害救助的各种意图能够顺利贯通到市民心中，起到动员、组织市民，凝聚各界力量，汇集社会资源，共同支持和参与赈灾的作用。

3. 紧急动员，协调组织，迅速应变的公共危机处理能力

公共危机管理学认为，灾害在实质上是一种公共危机，是"一个事件的突然发生，对于大众正常的生活、工作以至生命财产构成威胁的状态"。它具有突发性和紧急性、不确定性和易变性、社会性和扩散

---

① 《工联菜农海员等负责人 冒暴风雨救助妇孺》，《澳门日报》1960 年 6 月 9 日，第 4 版。

② 主要是交通中断导致身处外地的人无法赶回。例如，1960 年 6 月 8 日，台风"玛丽"袭澳期间，轮船停航，何贤当时正在香港，因而无法及时赶回澳门。

③ 例如，1957 年 10 月 14 日，何贤到马场灾区，监督发放救济金 2.2 万元和大米 4 万多斤，使 1794 人获得救济。关振东、陈树荣：《何贤传》，澳门出版社，1999，第 159 页。

④ 据《澳门工商年鉴》对 1962 年社团活动概况的记载，1961 年以来，商会、镜湖慈善会和同善堂等，"由于主持人历年来对会务处理得体，虽然在每届任满期内，都依例改选，但改选结果，仍然绝大部分旧人蝉联，此种现象，可以见到澳门各界人士对各该社团主持人的信赖"。《一年来社团福利 社团业务发展》，载澳门大众报编印《澳门工商年鉴》[第七回（1961~1962）]，1962，第四篇第 1 页。

性、危害性和破坏性等特点。这种突然爆发的严重威胁社会系统的基本结构或者基本价值规范的形势，要求作为公共危机管理主体的政府，通过建立危机应对机制，采取一系列必要的措施，防范、化解危机。在危机发生过程中尽快恢复社会秩序，保障人们的生命财产安全以及生产生活的正常进行，维护社会稳定和谐。因此，公共危机的特点决定了它是"公共管理的一种特殊状态和特殊形式"①。

就澳门的情况来看，20世纪80年代之前的澳门社团通过自身的组织网络实现社会自治，行使了社会服务和社会管理的职能②。华人社会的公共危机管理职能，大部分也由四大社团承担。四大社团对公共危机的应变特点是：

（1）反应迅速，立即行动。正如荷兰莱顿大学危机管理专家乌里尔·罗森塔尔（Uriel Rosenthal）指出的，当公共危机来临之际，"决策集团必须在很短时间内，在极不确定的情况下作出正确的决策"③。而在1960年6月台风"玛丽"受灾菜农的救助过程中，四大社团"采取先行工作，然后汇报办法"的救助策略，就是一个可以使救援人员在极不确定的情况下迅速行动，以赢得宝贵救助时间，减少损失的例证。又如1979年10月22日下午6时，林茂塘发生大火，烧毁木屋500多间，6000多人无家可归④。同善堂崔德祺主席虽卧病在休养中，但对灾民"极表关怀，一再问讯"，并立即派该堂崔乐其、陈满副主席等赴灾场观察。在了解实际情况后，及时召开紧急会议，决定将一张5万元支票交与沙梨头坊众互助会负责人，让其代为转发给

① 龚维斌：《公共危机管理的内涵及其特点》，《西南政法大学学报》2004年第3期，第7~9页。
② 潘冠瑾：《澳门社团体制变迁——自治、代表与参政》，社会科学文献出版社，2010，第56页。
③ 转引自龚维斌《公共危机管理的内涵及其特点》，《西南政法大学学报》2004年第3期，第7页。
④ 《起火时特警车刚驶至 拆屋断火路竟被制止》，《华侨报》1979年10月23日，第4版。

灾民，成人每人 10 元，儿童每人 5 元，先为灾民解决当时最为紧迫的困难①。这也是一个在"极不确定的情况下作出正确的决策"的例子。

（2）抓住中心，妥善安排。在灾害救助时间紧、任务重、涉及领域广、协调指挥难度大的紧急状态下，四大社团根据赈灾的中心任务，分清轻重缓急，有条不紊地高效地开展赈灾活动。以 1960 年 6 月 8 日的台风"玛丽"灾害为例。"玛丽"袭澳后的第二日中午，四大社团代表会议决定共同承担为无家可归的菜农灾民提供食宿的任务，并将这一中心工作分配落实到各相关社团。这就较好地抓住灾后救助阶段牵涉到灾民生存最关键的环节。

（3）各司其职，各尽其能。根据上述四大社团代表会议的安排，菜农合群社紧急腾出菜农子弟学校安顿灾民住宿，同善堂负责供应灾民的饭菜，工联工人医疗所为灾民治病。此次会议精神得到较好的贯彻执行，使得相关措施被菜农称为雪中送炭之举，及时为他们解除了迫在眉睫的困难②。时隔数十年后，每当提及菜农遇到的灾害和困难之际，江荣辉无不感慨万千，深情地说："要不是何贤先生等的倾力帮助，我们真是搞不掂（广东话：无法解决的意思——笔者注）啊"③。

4. 缓解民怨，化解冲突，维护经济社会稳定发展的"调节器"

在中国历史上，"每次大的农民起义，几乎都有自然灾害相伴随"，但也并不是说"自然灾害一定会引发农民起义，关键是在自然灾害造成的危机面前，封建国家（从中央到地方各级政府）是不是能恰当地应对，负起救灾救荒的职责，及时、有效地救济和安置灾民，使他们能够维持基本生活，继续从事生产。因此，自然灾害也是对国家政权的稳定程度、行政效率、财力物力、吏治好坏等诸方

① 《昨收善款已逾廿万》，《华侨报》1979 年 10 月 24 日，第 4 版。
② 《四大社团昨采取措施　紧急救济马场菜农》，《澳门日报》1960 年 6 月 10 日，第 4 版。
③ 2012 年 7 月 5 日访问江荣辉的记录。

面因素的一个综合考验"①。换言之，历史的教训表明，对自然灾害的处理，牵涉政治、经济、社会稳定发展的大局，不能掉以轻心。据潘冠瑾的研究，就澳门而言，由于"强社团"模式的形成，在"使当地公共冲突最小化、协助和稳固统治方面扮演了关键的角色"②。这种角色在灾害救助中的体现，就是具有维护经济社会稳定发展的"调节器"功能：

（1）为菜农提供公共物品（public goods）和准公共物品（quasi-public goods），保障民生。作为经济学的一个专业术语，公共物品概念是由美国现代著名经济学家保罗·萨缪尔森（Paul Samuelson）1954 年在其《公共支出的纯理论》文章中提出来的。他做出的分析性定义是：任何人消费这种物品不会导致他人对该物品消费的减少。这就把"公共物品"和"私人物品"明确区别开来，并结合到关于市场失灵的理论中③。在公共物品的属性分类中，社会公益属性类的公共物品包括社会保障、公共服务等。按照制度经济学理论，公共供给（public provision）是指政府的一种"行政安排，它使物品和服务能为公民或特定的公民阶层所用"。这种供给可通过公共资助、专用票证、平均发放（例如一场大灾难后发放毛毯）的方式来实现④。这表明公共物品主要是通过政府强制性的制度安排来供给。但在菜农面临重大灾害的环境中，四大社团在许多场合下却代替澳葡政府承担了这一职能。除前述台风"维奥娜"袭澳后，当菜农灾民的生活迫切所需得不到澳葡政府的及时解决之际，商会出面解决马场菜农食水问题之外，商会还针对澳葡政府有关部门不理会灾民水电供应的请求，推动自来水公

① 阎守诚主编《危机与应对：自然灾害与唐代社会》，人民出版社，2008，第 3 页。
② 潘冠瑾：《澳门社团体制变迁——自治、代表与参政》，社会科学文献出版社，2010，第 69 页。
③ 〔德〕乔治·恩德勒（Georges Enderle）：《面向行动的经济伦理学》，高国希等译，上海社会科学院出版社，2002，第 79～80 页。
④ 〔德〕柯武刚、史漫飞：《制度经济学——社会秩序与公共政策》，韩朝华译，商务印书馆，2000，第 369～370 页。

司、电灯公司为马场灾民解决安装自来水龙头、路灯等方面的问题①。同时，四大社团还设法帮助解决灾区水利设施问题，提供医疗服务，帮助灾后重建等。这些都有助于解决灾区的民生困难，帮助灾民尽快恢复生产。

（2）在菜农与澳葡政府之间搭建沟通的桥梁，化解矛盾。四大社团中的商会在这方面发挥了主要作用。前述 1960～1964 年，为马场菜农迫切要求修建防水内堤的事宜，商会就曾多次"业予据情函转有关当局办理"。在这一过程中，尽管菜农的许多诉求并未得到澳葡政府的及时回应，但商会的行为也对政府形成了压力，影响政府的决策与实施，迫使其不得不对有些问题给予解决。而不容忽视的是，以商会为代表的四大社团在菜农与澳葡政府之间构建理性合法形式的纽带，在台风灾害救助和灾后重建期间及时转达菜农的要求和愿望，起到了沟通疏导的作用，在一定程度上化解了潜在的官民矛盾，在客观上缓解了官民的对立。

（3）实施灾害紧急救助，稳定民心。"政府失灵"（government failure）的客观现实，迫使四大社团不得不登上社会舞台，充当起"政府职能的替代物"②。在灾害发生期间，四大社团负责人除赶赴灾区现场组织灾民紧急撤离之外，还及时提供公益服务，组织捐款捐物，扶贫济困，传递爱心，解决灾民维系生存最基本的温饱和住宿问题，这样才使他们对不作为的澳葡政府的愤怒视线得到转移，对灾害危机的恐惧、紧张心理得到安抚，进而在黑暗中看到了光明和希望，方能有信心和勇气去面对危机，战胜困难。

四大社团等通过上述一系列对政府组织社会服务功能的替代，为灾民排忧解难，帮助灾区重建等，在客观上起到减少官民恩怨，化解官民纠纷，避免民间与政府发生摩擦的效果，从而维护了台风灾害期间经济

---

① 参见《商会协助解决马场自来水及街灯问题》，《澳门日报》1964 年 7 月 21 日，第 4 版。

② 阮萌：《公共物品非营利组织供给研究》，载樊纲、武良成主编《城市化：一系列公共政策的集合》，中国经济出版社，2009，第 276 页。

社会稳定发展的大局。

总之，天然自然与人化自然的夹击造成的各类灾害频繁发生，对菜农生命和财产安全造成严重威胁与损失。在澳葡政府对灾害救助"缺位"的环境中，本属灾害救助重要补充力量的四大社团反而成为主角。四大社团通过对澳门社会传统慈善救济活动的传承创新，利用以何贤为代表的优秀领袖群体长期以来积德行善、乐于助人的人格魅力所形成的巨大社会感召力，运用紧急动员、协调组织、应变迅速的公共危机处理方法，组织、协调和动员全社会力量共同开展赈灾救济，及时解决灾民面临的各种生存问题以及灾后重建问题，使得他们能够尽快恢复正常的生产和生活，维护了社会稳定的大局。这样一来，四大社团不仅在实际上担负起对菜农实施灾害救助以及公共危机管理等方面的职能，而且发挥了政府与市场组织不可替代的、独特的优势和作用（参见图3－9）。

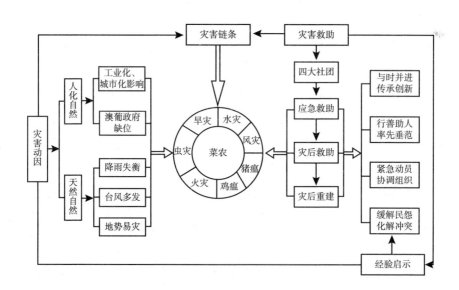

图3－9 菜农灾害的形成动因、后果以及救助的经验启示

当前，城市化、工业化的快速发展，对自然环境造成的负面影响日益凸显，加大了极端自然灾害发生的频率和强度。科学总结并充分借鉴澳门四大社团主导下的台风灾害救助的相关经验，大力扶持民间组织的健康成长，推动它们在自然灾害防范和救助方面发挥独特的优势和作用，有助于弥补政府组织力量的不足，减少灾害造成的损失，促进社会进步与和谐。同时，澳门特别行政区政府也应以史为鉴，并参考其他国家和地区政府自然灾害救助的经验，进一步完善有关法律法规体系，建立以人为本、政府主导、社会互助和灾民自救的自然灾害救助机制，提升澳门社会整体的自然灾害救助能力。

第四章 遭遇瓶颈：城市治理与菜农

就城市化对城市带来的巨大影响而言，樊纲做过深刻的分析，他认为：城市化意味着农民进城，意味着人口集聚，意味着人与自然关系的重大改变。这种改变包括"人们在比较狭小的土地和空间当中大规模聚集所产生的各种环境问题和各种生态问题"。其中包括由一家一户各自解决许多生活必需品的方式，向公用品、公用事业供给的方式转变，如环境问题、垃圾和废弃物品的处理和利用等问题①。受城市化潮流的冲击，边缘区也成为各种问题和矛盾汇聚的地方，诚如顾朝林指出的，缺乏基础设施、缺乏规划、环境恶化和大量的社会问题等②。在新问题和新矛盾层出不穷的背景下，治理理论的权威学者格里·斯托克（Gerry Stoker）在其论文中提道："统治的含义有了变化，意味着一种新的统治过程，意味着统治的条件已经不同于前，或是以新的方法来统治社会。"③ 这种变化或方法就是城市治理（urban governance）。20 世纪末，治理概念在西方学术界的兴起，为城市政治学者提供了相应

---

① 樊纲：《序 城市化是个系统工程》，载樊纲、武良成主编《城市化：一系列公共政策的集合》，中国经济出版社，2009，第 1、4~5 页。
② 顾朝林：《发展中国家城市管治及其对我国的启发》，《城市规划》2001 年第 9 期，第 18 页。
③ 〔英〕格里·斯托克：《作为理论的治理：五个论点》，《国际社会科学》（中文版）1999 年 2 期，第 19 页。

的分析框架，使其视野不再局限于政府机构本身，而且更关注政府与其他相关主体的互动。因此，"治理"作为理论，为具有价值的研究目标提供了分析框架或至少一套界定准则。从治理的视角研究城市政治，研究者的视野不再局限于地方政府机构本身，而扩展至资源拥有主体为实现既定的共同目标所采取的策略或资源调整的程序与机制①。用上述背景和理论审视本书涉及的澳门城市治理领域，澳葡政府面临城市化带来的新矛盾和新问题，采取了怎样的城市治理措施呢？各相关利益主体在这一过程中是如何互动的？造成什么样的后果？这些问题都未受到学术界的关注。有鉴于此，本章拟以城市治理的理论为分析工具，以澳葡政府对边缘区的卫生、居住环境的治理，以及农产品安全应急治理中的政府监管为例，分析相关处理方法及其影响，探讨其城市治理模式和特点，从中吸取可供参考借鉴的教训。

一　自上而下：边缘区卫生治理困境

20 世纪 50 年代以前澳门的蚊蝇不多，仅在炎热夏天的个别场所才出现。据《1912～1921 年拱北关十年贸易报告》记载，"本十年间，望厦村的稻田、菜园及沼泽地逐渐缩小，住宅区和良好的汽车路则在扩大，路灯明亮，榕树成荫，排列整齐，护理得当。蚊子越来越少，疟疾实是闻所未闻"②。进入 50 年代后，城市及边缘区蚊蝇猖獗，危害市民的身体健康。澳葡政府采取不少整治环境的措施，取得一些效果，但无法彻底消灭蚊蝇，导致此问题一直困扰市民并对其健康带来不良影响。

---

① Jon Pierre，"Comparative Urban Governance: Uncovering Complex Causalities," *Urban Affairs Review* 4 (2005)，p. 452.

② 《1912～1921 年拱北关十年贸易报告》，载莫世祥、虞和平、陈奕平编译《近代拱北海关报告汇编（1887～1946）》，澳门基金会，1998，第 109 页。

（一）边缘区卫生环境与澳葡政府的治理措施

1. 20 世纪 50～60 年代边缘区环境卫生概况

（1）蚊蝇肆虐。

从 20 世纪 50 年代初开始，澳葡政府鼓励市民垦荒，农业取得较快发展，边缘区大部分空地均开辟成为菜田或用作养猪，导致"市区被菜田包围"①。菜农种植用水，由其自行挖掘的水凼蓄水提供。菜农种植蔬菜所用肥料，亦以"天然之猪粪、人肥为主"，并多在菜田附近筑露天粪池。此种凼、池多无封盖，有的已经废弃无人使用，这些都成为蚊蝇滋生的源头，使得不论冷热季节，蚊蝇均对市民健康构成威胁。50 年代中期，"蚊蝇猖獗，有增无减"②。

到了 60 年代后，受蚊蝇威胁的既有筷子基、黑沙环、台山、青洲和新口岸的木屋区，又有市中心区域如荷兰园、雀仔园、水坑尾、白马行、新马路及下环区一带；即使是过去有"无蚊之誉"的西湾、南湾一带高等住宅及商业区，每晚亦会"蚊虫肆虐，嗡嗡之声不绝，扰人清梦"。同时，居民不仅是在夏季饱受蚊蝇骚扰，即使是寒冬季节或刮风下雨之夜，"蚊虫亦空群出动"③。据 1961 年媒体的报道，"今年蚊患遍于各区，晚上翁翁之声随处可闻，使一般市民，异常不满，咸拟请求卫生当局，设法将蚊虫扑灭，以免向居民肆虐"④。到了 1963 年，媒体又报道：本来夏天才是蚊蝇繁殖的季节，但夏天还未开始，澳门已受蚊蝇的侵袭，"许多居民都感觉到今年的蚊蝇特别多"⑤。1964 年 5 月，虽

---

① 《污水凼粪池太多　蚊虫滋生　卫生当局应彻底进行灭蚊》，《华侨报》1960 年 4 月 18 日，第 3 版。

② 《郊区菜园水塘粪池多蚊蝇滋生卫生受影响　附近居民盼望当局加强杀虫运动》，《华侨报》1956 年 12 月 6 日，第 3 版。

③ 《郊区粪池水凼助蚊滋长　住宅区大部受蚊威胁》，《华侨报》1960 年 6 月 4 日，第 3 版。

④ 《卫生厅加紧扑灭蚊患　分七地区洒射杀虫水　商借工务厅工人协助工作》，《华侨报》1961 年 4 月 27 日，第 3 版。

⑤ 《暮春虽三月　蚊虫已乱飞　卫生厅长慨谈环境卫生甚差》，《澳门日报》1963 年 4 月 6 日，第 4 版。

未发现疟蚊，"但普通蚊子却大量滋生，大多数蚊在每天黄昏及晚上咬人，也有在白天咬人，使人感到不舒服。除蚊子之外，苍蝇也很多，到处乱飞，令人烦厌"①。此种状况一直延续到60年代末，例如，1969年5月上旬，盛夏还未到来，蚊蝇"又告猖獗。蚊蝇较多的地方除新口岸、南湾、马场、望厦、黑沙环、台山、青洲、马交石外，新桥、下环、提督马路、柯高马路、海傍、塔石一带市区，每当入夜，蚊子成群结队，嗡嗡飞鸣，居民不堪其扰"。由于"蚊患卷土重来"，蚊帐、蚊香以及杀虫水大为畅销，澳门中国土特产公司的国产蚊香业经"销售一空"②。

由于蚊蝇猖獗，疟疾流行，其中以新口岸、台山、马场、青洲、下环、沙梨头区最为严重，然而因新治疟疾特效药价格便宜，收效迅速，一般疟疾病者多自购药物自行医愈，或前往私人诊所就诊，也能奏效，故这些病人未前往官方医疗机构治疗，因此官方发布流行病症人数报告，与实际患者数量有显著差异。但有媒体指出，不能漠视疟疾的严重性。据私营诊所医疗人员称："近日求诊者除感冒占多数外，疟疾数字亦是惊人"。但据医学界人士称：每年秋季末期属疟疾流行季节，该症患者数量在此时增加"原无惊异"，但流行范围之广，情况更为严重，其主要原因是"年内本澳蚊虫披猖，增加疟疾之媒介"③。

（2）蚊蝇肆虐的环境因素。

众所周知，蚊蝇是危害人类身体健康的"敌人"，这是因为蚊蝇等害虫容易滋生并传播寄生虫卵、原生动物包囊及其他病原体，从而导致各种疾病发生，如痢疾、伤寒、疟疾、霍乱、小儿麻痹、脑膜炎、消化系统传染

① 《卫生厅昨约见各报记者　赴新填海视察卫生》，《澳门日报》1964年5月7日，第4版。
② 《蚊患卷土重来　澳葡须予遏止》，《澳门日报》1969年5月9日，第4版。
③ 《郊区农场疟疾渐披猖　菜田水凼粪池成为蚊蚋繁殖温床》，《华侨报》1960年11月22日，第3版。

病、食物中毒等①。蚊蝇容易在亚热带和热带地区生长。主要源头是粪便、厨余垃圾、未腐烂的有机肥料、污水、堆积的植物材料等。雌蚊在污水中产卵，每次可产卵 60～90 个，经过三日便会孵化为孑孓，再经八日便可蜕变成蚊。澳门 60 年代蚊蝇增多的原因，一是地处亚热带，全年温暖潮湿，炎热季节较长，适宜蚊蝇生长；二是澳门边缘区或近边缘区遍布凼、池，市区的环境卫生差，给予蚊蝇繁殖的便利条件。具体原因如下：

第一，居住环境卫生条件恶劣。

澳葡政府卫生厅（Repartição Provincial dos Serviços de Saúde e Higiene）人员公开表示，市民居住环境卫生条件差是滋生蚊蝇的原因之一。这方面的例子有：1963 年 4 月 5 日，卫生厅厅长马丁（José de Paiva Martins，又译马丁士）就蚊蝇特别多的问题解释道，"主要是与天气和环境卫生有关系"。他说，一方面现虽是暮春时节，但天气暖如初夏，随着气温升高，蚊蝇到处滋生；但另一方面是"本澳环境卫生甚差"②。1964 年 4 月 21 日，卫生厅灭蚊蝇部负责人向记者谈及蚊蝇滋生的成因时指出，在市区内，除地下管道淤塞外，有些居民不注意卫生，随地倾倒垃圾，在室内天阶、露台等处存放烂缸破罐，或是发霉的冷饭残羹，这些都会滋生蚊蝇。他还说，郊区的卫生情况比市区更糟糕，是"本澳滋生蚊蝇的主要温床"。其中，"以新填海环境卫生最差"③。该区

① 有记者介绍：澳门蚊的种类，可分疟蚊和普通蚊两大类。顾名思义，疟蚊是能够传染疟疾的蚊种。然而，普通蚊尽管比不上疟蚊可怕，但也是传播病菌的中介，诸如黄热症等。《蚊患何时了》，《华侨报》1976 年 6 月 13 日，第 5 版。但据笔者对有关资料的查阅：疟疾（malaria）是由按蚊叮咬传播疟原虫引起的寄生虫病。其中，在平原地区传播疟疾最重要的是中华按蚊，在山区传播疟疾以微小按蚊为主，在丘陵地区则以雷氏按蚊嗜人血亚种为重要媒介。参见彭文伟主编《传染病学》，人民卫生出版社，2006，第 222 页。因此，估计上述疟蚊也属按蚊类。

② 《暮春虽三月　蚊虫已乱飞　卫生厅长慨谈环境卫生甚差》，《澳门日报》1963 年 4 月 6 日，第 4 版。

③ 《郊区市区卫生欠讲究　夏季未临蚊虫已猖獗》，《澳门日报》1964 年 4 月 22 日，第 4 版。江荣辉说，当时新口岸的种植范围相对少些，此地菜农则多饲养家畜和家禽。参见 2012 年 6 月 27 日的采访记录。

专门饲养家禽的农户约 60 户，家禽约 10000 多只，"由于有些人不大注意卫生，没有经常清理家畜、家禽粪便"①，这里成为苍蝇繁殖的场所。同时，该负责人带领《澳门日报》记者巡视新口岸鸡、鸭舍时，看见"苍蝇迎面扑来，稍一踢动一些破桶烂罐，苍蝇便成群乱飞"②。1965 年 6 月 15 日，此时的卫生厅厅长甘庇路（Nuno Bandeira de Lima Campelo de Andrade）向媒体指出，新口岸、黑沙环、青洲等地的卫生情况最差，是滋生蚊蝇的主要地方之一③。

马场区环境恶劣的状况，就是整个澳门边缘区的一个缩影。1966 年的上半年，马场已聚居包括菜农在内的 400 多户人家，人口增至 2500 多名。这里低矮的木屋鳞次栉比，全区无一条下水道，居民只得将污水泼在屋前屋后，形成一条条地面污水渠。公共厕所、浴室的污水和粪便也经常倒流进污水渠。这些渠并无出水口，只往低洼地方流，污水增多形成无数小"河流"，纵横密布，臭气四溢，成为蚊蝇滋生的温床。除此之外，该区人口稠密、垃圾量大，也是居民"感到头痛"的问题之一。澳葡政府有关部门虽在马场木屋区放置了几个垃圾桶，但有的时候，要隔 3～4 日甚至 10 天左右才有环卫工人前来清理，使得区内垃圾"堆积如山，发出阵阵恶臭，中人欲呕"。该区居民"就这样长年累月在污水和垃圾的包围中生活"。

这种环境所滋生的蚊蝇之多，不到该区实地考察是难以想象的。《澳门日报》记者在 1966 年 8 月 11 日的一篇报道中指出，该区居民提起蚊蝇为患之烈就"紧皱眉头"。白天，"苍蝇乱飞，扑口扑面，老是缠着你，痕痒得怪难受，使你坐立不安"。当居民用餐时，苍蝇就像和人"抢食"，有如"密集轰炸机"。每当用餐者夹菜时，这些苍蝇"哄的一声飞起来"；当用餐者夹过菜后，这些苍蝇又像"豆豉一样聚满在

---

① 《卫生厅昨约见各报记者赴新填海视察卫生》，《澳门日报》1964 年 5 月 7 日，第 4 版。
② 《郊区市区卫生欠讲究　夏季未临蚊虫已猖獗》，《澳门日报》1964 年 4 月 22 日，第 4 版。
③ 《马场有疟蚊出现　市内郊区污水塘设法填塞中》，《澳门日报》1965 年 6 月 17 日，第 4 版。

饭菜上"。晚上，"聚蚊成雷，像吸血鬼似的在你身边徘徊，使你难以安眠，也难以做活"；或"一团一团地笼罩着人们的头上，只要随手向头上一抓，随时可以抓到好几只蚊子。在这种蚊蚋猖狂的环境下，没有蚊帐固然无法睡觉，但即使有了蚊帐，蚊子也会钻进蚊帐里作怪。不少居民每夜起床两三次，拿着火水灯把钻进蚊帐里的蚊子，一只一只地消灭掉，才能睡上一觉"。该区的居民都是"胼手胝足的贫苦大众，他们都是干粗活的，白天干活已经干得筋疲骨痛，晚上难得一觉好睡，其苦可知"。该区居民向澳葡政府有关部门提出改善附近卫生设施的要求，并多次派代表往见公共救济总会负责人，要求修筑下水道和每日清理垃圾，但年复一年，该区卫生状况未有改观。蚊蝇一年比一年多，"今年更多得厉害，因此改善该区的卫生环境已是急不容缓之事"①。

对于菜农木屋区的居住环境，政府部门也有过调查。例如，卫生厅人员在1968年4月根据实地调查数据撰写的"灭蚊报告"中指出，1966年全澳郊区共有木屋1876间，至1968年3月已增至3372间。在过去15个月中，木屋增加数"几达一倍"（参见表4-1、图4-1）。该"灭蚊报告"指出，在上述每一间木屋的周围，皆有作为排泄污水之用的小泥沟3~4条，

表 4-1 边缘区木屋实况

单位：间

区域	1966 年	1967 年	1968 年 1~3 月	备 注
新口岸	446	671	682	新增 11 间,扩建 8 间不在内
马 场	223	732	782	新增 50 间,扩建 4 间不在内
青 洲	671	781	797	新增 16 间,扩建 8 间不在内
台 山	299	562	569	新增 7 间,扩建 1 间不在内
黑沙环	139	153	156	新增 3 间
马交石	98	111	111	无
筷子基	0	264	275	新增 11 间
共 计	1876	3274	3372	4 月份尚在继续增加中

资料来源：《一九六八年三月份灭蚊报告》，《华侨报》1968 年 4 月 30 日，第 4 版。

---

① 《马场地区三不管 无下水道污水成河 垃圾山积蚊蝇为患 二千五百居民呼吁无门 咸盼当局改善》，《澳门日报》1966 年 8 月 11 日，第 4 版。

图 4 - 1　马场木屋区（1959 年）

资料来源：《光影留痕——李公剑半世纪摄影作品集》，澳门出版协会，2008，第
24 页。

共有10000 多条。大多数小泥沟"均积滞污水和粪便，则更为蚊、蝇繁
殖的温床"。该"灭蚊报告"还认为，"如果郊区所有居民把人、畜的
粪便全部都倾进屎坑内，则对苍蝇之控制更为容易，但事实上却不然，
人畜的粪便随处皆是，因此，对苍蝇的控制，也难收到预期的效果
了"①。

　　上述情况到了 60 年代末还有继续加重的趋势，有记者在夏天对
此做了描述。该记者认为，炎夏来临，烈日如火，居住在高楼大厦
有电风扇的人们也"叫苦不绝"，而居住在木屋的菜农则更是一种
煎熬：

　　　　在酷热里受尽烤炙，还要受尽蚊蝇的骚扰和臭气的熏冲。那里
　　的窄小木屋、木棚，大多数都是用锌铁盖顶，太阳的热力很容易传

---

① 《一九六八年三月份灭蚊报告》，《华侨报》1968 年 4 月 30 日，第 4 版。

进去，里面就像一个面包炉。加上那些地方根本就没有下水道，污水粪溺只能倒在棚下或屋旁。在烈日的炙热下，污水、粪溺孳长的蛆虫随处乱爬，苍蝇嗡嗡飞舞，臭气蒸发起来，中人欲呕，幸而那里的人们大都出外劳动，剩下来的妇孺大都溜出门外，找个背阳地方摈炮、穿珠；可是一到夜晚，蚊子便联群结队，拼命咬人，由于那里经常出现小偷，人们睡觉多不敢将窄小门窗打开，一样要在酷热中辗转到天明①。

第二，边缘区水凼、粪池成为蚊蝇滋生的"温床"。

1963年4月5日，卫生厅厅长马丁指出，1962年在郊区发现污水凼约有600个，1963年增至1200多个，比上年增加一倍②。到1964年达到约1510个，其中有些水凼很肮脏，积聚着垃圾，家畜、家禽尸体，粪便，黑得像墨一样，发出难闻的臭气，这些都是孕育蚊蝇生长的地方③。为了证明此，1964年4月21日，卫生厅灭蚊蝇部负责人带领记者前往考察，他们从一个黑色水凼取一小勺水来观察，发现其中不少蚊子孵化的幼虫了。这位负责人说，在这种污水凼内，倘不加以彻底清理，即使倒入20桶杀虫油剂，也不能将其扑灭④。

第三，街道渠洞多储积污水，为蚊蝇生长创造条件。

澳门有些街渠淤塞，引致"黑墨"污水染浸街道，既损市容又碍卫生；一些比较狭窄的街道和路面积存污水，使得来往市民步履维艰。从20世纪50年代中期以来，工务厅不断修理下水道，仅提督大马路一段很短的路面被掘烂，修理四年多后还未竣工。因此，全澳市区许多地

① 《夏日炎炎热浪袭澳　各木屋区蚊蝇孳生》，《澳门日报》1969年6月27日，第4版。
② 《暮春虽三月　蚊虫已乱飞　卫生厅长慨谈环境卫生甚差》，《澳门日报》1963年4月6日，第4版。
③ 《卫生厅昨约见各报记者赴新填海视察卫生》，《澳门日报》1964年5月7日，第4版。
④ 《郊区市区卫生欠讲究　夏季未临蚊虫已猖獗》，《澳门日报》1964年4月22日，第4版。

下水道的沟渠不时发生淤塞，储积污水，促使蚊蝇滋长①。与此同时，"建筑地盘，满是坑穴，容易积水，成为蚊虫的温床"②。这些地点"则无人过问，致蚊虫肆虐日甚一日"③。

1964年4月21日，《澳门日报》记者看到有些渠道失去排水功能，变成"垃圾沟"，原因是有些居民不注意公共卫生，向排水渠倾倒垃圾、烂菜、家畜和家禽粪便，致使其严重淤塞，成为蚊蝇繁殖的场所④。按卫生厅统计，截至1964年5月，全澳有渠洞约5000多个，其中的一半渠洞被卫生厅检验出有孑孓。有鉴于此，卫生厅经常派人员到各水凼、渠洞喷射杀虫油剂，但由于公共环境卫生差，"效果只得四成"，这不仅浪费药物，还增加工作人员的辛劳⑤。

2. 澳葡政府对城市及边缘区环境卫生的整治

疟疾蚊虫容易在水凼或稻田中生长，根治疟疾蚊虫，需将这些地点进行相应的处理，以免蚊虫滋生。有鉴于此，早在1912年3月22日第12期的《政府公报》，刊登了1912年3月19日发出的告示，路环镇及炮台山山谷之间的田地禁止种植水稻，内容如下：

> 仰众知悉，因稻田的积水以及灌溉水道的静止水面有助孑孓生长，为公众卫生着想，按卫生厅意见和署理总督之决定，禁止在路环镇附近的盆地种植稻米。各农户或地主须在《政府公报》刊登本告示后十五天内，拆除上述之蓄水间隔，否则视作违反禁令，将被控以违令罪。兹将本告示译成中文，并刊登于《政府公报》以及张贴在常贴告示处，俾众周知，此布。

---

① 《暮春虽三月　蚊虫已乱飞　卫生厅长慨谈环境卫生甚差》，《澳门日报》1963年4月6日，第4版。

② 《当局加紧灭蚊虫　马场有疟蚊出现》，《澳门日报》1965年6月17日，第4版。

③ 《蚊虫滋生　卫生当局应彻底进行灭蚊》，《华侨报》1960年4月18日，第3版。

④ 《郊区市区卫生欠讲究　夏季未临蚊虫已猖獗》，《澳门日报》1964年4月22日，第4版。

⑤ 《卫生厅昨约见各报记者　赴新填海视察卫生》，《澳门日报》1964年5月7日，第4版。

氹仔和路环司令兼行政局长高士达（Anthero Eduardo Taborda d'Azevedo e Costa）步兵上尉①

到了第二次世界大战期间，由于缺乏治疗药物，有不少人死于疟疾。卫生厅为了根治疟疾的发生，曾在卫生分局特设一个疟疾诊所，专替患者诊治，有时每天到诊者多达70人。澳督戴思乐下令各机关全力支持扑灭疟疾，由葡籍医生山度士及华籍医生郭景星具体负责。但"其时处在战争期间，没有药物供应，独为单方的特效药，为'见连'丸"。据当时的记录，1945年8月尚有疟疾病患者50人，至1946年9月，已降至5人②。20世纪40年代后期，市政厅、工务厅及卫生厅用3年时间将新口岸的16个水凼全部填平，并在该地的地面修筑大小水渠，将雨水排除到大海。这些都对扑灭疟疾蚊蝇，起到了一定的作用。从50年代起，卫生厅在环境卫生方面开展了下列工作：

（1）禁止青洲菜农在木屋内养猪。

1952年以来，青洲区木屋菜农在室内"颇多豢养猪只"，因而遭到该区其他居民的反对，这些居民致函商会，认为此"对于卫生殊属有碍"，"不顾公益，实属不当"③。1953年8月29日，卫生厅派人员到青洲调查后指出，木屋区居民养猪设施不周全，导致猪进入街道，到处留下粪便，对环境卫生造成严重影响，因此限令8月29～31日的三天内，将原饲养在木屋内的所有生猪移往别处，否则将会全部遭到捕杀。这些养猪菜农为了生计，于8月30日以"青洲贫苦木屋居民"吴华带

---

① 转引自〔葡〕施达时、白加路《离岛绿化区的发展》，周庆忠译，澳门特别行政区民政总署，2002，第9页。施白蒂称该期《政府公报》的出版时间是1912年3月23日，该公报公布了海岛市政厅的告示，其内容是根据卫生司的意见，路环镇附近盆地将禁止种植水稻，因稻田中的积水易于蚊子幼虫的繁殖。参见〔葡〕施白蒂《澳门编年史（二十世纪）1900～1949》，金国平译，澳门基金会，1999，第66页。

② 华伟：《疟疾已绝迹　去年采择三千蚊化验　只发现一只是疟疾蚊》，《华侨报》1976年6月13日，第5版。

③ 《青洲居民函致商会　反对在屋内养猪　认部分居民不顾公益实属不当》，《华侨报》1953年10月9日，第3版。

等 13 人的名义致函商会，恳请其代向卫生当局洽商，收回木屋区养猪的禁令。他们写道：

> 呈为劳代请求卫生局收回青洲木屋失业贫民养猪禁令事，窃我辈贫苦居民，因数年前却遭回禄，惨状莫言，幸蒙澳门三大侨团领袖，暨各善长仁翁，鼎力捐施，宏开救济，不致灾民饥寒交迫露宿街头，迅速有家可归，我辈灾民感德大矣，谁料连年工商业不景，形成失业无依者颇众，数口之家，生活实难维持，我辈守法居民，多属从艰苦中求朋拜戚，借贷蝇头之本，豢养猪只三两头，以度困难之生活者。兹因公元一九五三年八月廿九日下午，卫生局派员到查居民养猪，限令三天（即八月卅一日）将所有猪只，迁移别处，否则捕去等情，我辈贫苦郊外居民，实无能力迁移，况原有猪寮年中被窃猪只，为数不少，虽报案亦无寻获，似此情形，实有苦衷，故特函恳贵会，代迅即转呈葡政府卫生局，准许青洲贫民仍旧在木屋内养猪，撤消禁令，体恤民艰，实为德便①。

商会接到养猪居民的请求后，由何贤与卫生厅商洽。双方认为，这种在木屋内饲养猪的做法，确有碍观瞻并严重影响木屋区的环境卫生，须"亟宜撤除"。但考虑到他们难以立即觅地迁离生猪，故只得准许其在木屋内暂养。商会也派人前来调查有关情况，并呼吁猪饲养长大后立即出售，"不可继续仍在该等屋内豢养"。如要继续饲养，必须另觅其他地方。如因其他各种原因不可避免地仍需在木屋内养猪者，只能饲养至 1953 年农历年底。从 1954 年农历初一开始"则不可再在上述地点养猪，免干法纪"②。

---

① 《青洲木屋不准养猪只　居民请商会代向当局求情　认生活困苦再迁觅地维艰》，《华侨报》1953 年 9 月 4 日，第 3 版。
② 《青洲居民函致商会　反对在屋内养猪　认部分居民不顾公益实属不当》，《华侨报》1953 年 10 月 9 日，第 3 版。

（2）计划以街道垃圾粪便用作菜农种植的肥料。

1956 年，由市政厅、卫生厅及警察厅联合展开扑灭蚊蝇的活动，由市政厅申令严禁居民随处乱倒垃圾和粪便，警察厅负责监视居民有无破坏环境卫生的行为，使得市面卫生工作"施行颇称良好"。但其中最大障碍是对垃圾与粪便的处理。有媒体表示：

> 以一般不顾公德及公共卫生之居民，系在厨房内堆积垃圾或夜间随处倾倒垃圾，每因而弄至各街道臭气熏天，居民健康上大受影响，虽经力予禁止，然收效不大，警员巡视，亦防不胜防，倘当局能利用垃圾及粪溺，不只对地方上清洁有裨助，且对种植及生产上亦有极大助力①。

1956 年 10 月，澳门派贾约翰医生、巴士度副公务厅长为代表，参加在台湾召开的环境清洁会议，会议目的是研究各地垃圾处理问题，例如杜绝各项传染疾病之昆虫在垃圾内滋长，利用垃圾、粪便作为生产种植需用的肥料等。有媒体认为，倘能依照会议上提出的办法，"本澳不仅对于市面清洁问题，有极大进展，同时对于种植生产上，亦将具有极大成就"。出席会议的代表返澳后向卫生厅报告上述办法，并提出相应的建议。1956 年 11 月 7 日，卫生厅表示，将按照这些建议，短期内对散布在街道上的垃圾、粪便"采取更进一步改善方法"，以免居民随处倾倒，且能使市民有秩序地交当局收集，运往郊区作耕植之用，"卫生既可以改善，农业生产亦受益"②。但上述计划和方法仅停留在纸上，实际上未得到推行③。

---

① 《利用垃圾粪溺作肥料　出席台清洁会议代表提建议　当局已接纳计划》，《华侨报》1956 年 11 月 8 日，第 3 版。

② 《利用垃圾粪溺作肥料　出席台清洁会议代表提建议　当局已接纳计划》，《华侨报》1956 年 11 月 8 日，第 3 版。

③ 2012 年 6 月 27 日访问江荣辉记录。

（3）借助媒体力量，呼吁市民注意公共卫生。

从 1964～1969 年，卫生厅每年都向公众发出呼吁，并请记者大力宣传，要求全澳居民给予合作，共同做好公共卫生，以达到彻底消灭蚊蝇之目的（参见表 4－2）。

表 4－2　卫生厅借助媒体宣传公共卫生

时间	内　　　容
1964 年	4 月 21 日,《澳门日报》记者往访卫生厅灭蚊蝇部负责人,这位负责人说,要搞好城市清洁卫生,除了当局采取切实有效的措施外,还要居民合作。比如不可将垃圾丢出街外,及时清理垃圾,清除污水等。因此,全澳居民都应注意环境卫生,动手开展扑灭蚊蝇的工作,以预防疾病传染。他认为,为保障居民健康,有关当局应认真采取更加有效措施,疏通管道,清除对种植无益的污水凼,每日继续派灭蚊人员到各处喷射杀虫剂,加强清洁街道和扑灭蚊蝇的工作,使环境卫生得以改善。 他还带领该记者前往新口岸实地考察,意图在于通过媒体的宣传报道,引起市民对环境清洁卫生的重视。当他在新口岸看见一些鸡、鸭舍的卫生条件恶劣时指出,卫生当局多次劝告这些鸡、鸭舍的主人,一定要保持环境卫生,否则便会饬令他们停止饲养[1]。 5 月 6 日,卫生厅约见澳门各报记者,并请该厅负责灭蚊的郭医生讲述扑灭蚊蝇工作情况及计划,之后再率记者实地考察蚊蝇滋生与环境的关系。在考察过程中,郭医生说,在预防霍乱和疟疾的活动中,卫生厅决心大力开展扑灭蚊蝇的工作,并希望居民合作,共同搞好卫生,使扑灭蚊蝇工作顺利进行,借以彻底消灭蚊蝇[2]
1965 年	6 月 16 日,卫生厅厅长甘庇路向记者表示,"郊区有许多废弃的水凼积聚垃圾,家畜、家禽尸体,污水其黑如墨,发出臭味。像这样的水凼,卫生当局决联同有关部门,把它填平"。他指出,有关部门固然要加紧进行工作,扑灭蚊蝇,但还希望居民合作,以祈取得良好成绩[3]
1966 年	初夏,为了防止霍乱发生,卫生厅呼吁居民注意公共卫生,并派出人员到各餐厅、酒楼检查卫生。马场木屋区的居民也希望市政、卫生部门派人员到该区检查[4]
1967 年	4 月 28 日,甘庇路厅长就当时出现不少蚊蝇滋扰居民的事宜做简单答复,并希望各方合作,"设法将蚊虫扑灭"[5]
1968 年	4 月 26 日,为使市民清楚了解菜农住地及菜田的卫生情况,郭医生再次特邀各报记者实地考察新口岸和马场。在经过新口岸木屋区时,发现该处虽仅有 300 多个大小水凼,但全"因未有去水(即排水——笔者注)方法,致积有秽物,发出奇臭,滋生蚊虫及苍蝇"。有些水凼"遍种浮萍及水浮莲,俱为产蚊之温床,但居民拒绝放置杀虫药剂入内。偶以小罐,由该处取水少许观之,即可发现无数孑孓,及将有翼蚊虫,卫生工作人员,对此亦为之叹息"[6]。在新口岸,记者还发现卫生厅工人修筑的"卫生渠"(该渠深达六英尺,原拟借此引污水外流向大海)内"厚积秽物粪溺,无法清除,其中以斗牛场后一带,最不卫生。有的地方,污秽令人难以久留"。卫生厅人员称,其原因是:

续表

时间	内　　　　容
1968 年	该处部分居民，不注意清洁，以致该等水坑，不久又淤塞，且多属粪溷。菜田粪池，未有阻拦，偶遇大雨，粪溷即浮起，与泥路成水平线，致附近臭气熏天。在此种恶劣卫生环境下居住，不仅对个人健康有影响，且滋生蚊虫及苍蝇，对大众有害处[7]

注：[1]《郊区市区卫生欠讲究　夏季未临蚊虫已猖獗》，《澳门日报》1964 年 4 月 22 日，第 4 版。

[2]《卫生厅昨约见各报记者　赴新填海视察卫生》，《澳门日报》1964 年 5 月 7 日，第 4 版。

[3]《当局加紧灭蚊虫　马场有疟蚊出现》，《澳门日报》1965 年 6 月 17 日，第 4 版。

[4]《下水道污水成河　垃圾山积蚊蝇为患　二千五百居民呼吁无门　咸盼当局改善》，《澳门日报》1966 年 8 月 11 日，第 4 版。

[5]《炎夏未临市区到处大闹蚊患　卫生厅长呼吁居民合作》，《华侨报》1967 年 4 月 29 日，第 4 版。

[6]《新口岸卫生环境最差　污秽水凼最易生蚊虫　希望居民与卫生局合作扑灭蚊患》，《华侨报》1968 年 4 月 27 日，第 4 版。

[7]《新口岸卫生环境最差　污秽水凼最易生蚊虫　希望居民与卫生局合作扑灭蚊患》，《华侨报》1968 年 4 月 27 日，第 4 版。

（4）加强灭蚊工作。

20 世纪 50 年代中期以来，卫生厅对菜农提出防治传染病的具体要求，并提醒菜农注意：不要在菜田、水凼内积留污水，粪池也必须加盖密封，以免蚊蝇滋生影响城市卫生环境①。与此同时，卫生厅成立杀虫工作队，派出工作人员分批对菜田附近的水凼、粪池进行检查，并喷洒杀虫药水 DDT（dichloro-dipheny-trichloroethane 的缩写，俗称"滴滴涕"）。尤其是到每年夏季，卫生厅会相应增派人员参与此项工作，"以维该处一带居民之卫生"②。1960 年，世界卫生组织将当年定为推行扑灭疟蚊之年，在世界各地展开灭蚊宣传运动，卫生厅亦扩大宣传，但当时澳门的蚊蝇"反告披猖，有向灭蚊运动挑战之势"③。有鉴于此，

① 《避免蚊蝇乘时滋长　菜农粪池必须封密》，《华侨报》1954 年 6 月 23 日，第 3 版。

② 《郊区菜园水塘　应洒射杀虫水》，《华侨报》1955 年 8 月 3 日，第 3 版。

③ 《污水凼粪池太多　蚊虫滋生　卫生当局应彻底进行灭蚊》，《华侨报》1960 年 4 月 18 日，第 3 版。

卫生厅加大了灭蚊工作的力度，主要体现在以下几方面：

第一，注意卫生"死角"的清洁灭蚊工作。卫生厅每月除派人轮流在各菜田水凼、粪池投放灭蚊药物之外，并针对接近市区人口稠密之处，如沙梨头区未完成修筑的沟渠——这里比此前滋生了更多的蚊蝇，因此卫生厅将灭蚊区域的重心转移到这里。灭蚊队工作人员认为：人口稠密之处以及正在修筑之沟渠，容易滋生蚊蝇，其因在于存储污水，需每天向这些沟渠及污水凼投放杀虫剂。他们还指出，屋宇内也有一些卫生"死角"。倘人人能留意所居地方，如厨房等，如有污水或湿暗烂物等立即清除，则可免滋生蚊蝇。如市民均能留意，市面疟蚊不难扑灭。因此，灭蚊队工作人员在调查住宅时，凡发觉有上述情形，立即通知该处住客设法清除污水①。

第二，与工务厅合作灭蚊。主要体现在：一是向工务厅商借工人，增加灭蚊力量。"对于市面蚊患事件"，卫生厅"均已获知清楚，经进行计划扑灭工作"，但碍于该厅此前派出的灭蚊工作人员"只得十余人，不足分配，倘欲展开扩大工作，实极困难"。因此，卫生厅1961年4月以来"经向工务厅商借二十余名工人每日担任洒射 DDT 工作，连日来，每日均有三四十名此类工人，负责工作，一旦市面蚊蝇扑灭或已减少后，该批工务厅工人，始拨返工务厅工作"。这些工人每日到马场、青洲、台山、新口岸等卫生厅划定区域洒射杀虫剂②。在工务厅工人返回原单位后，卫生厅灭蚊人员并未大幅度下降。1963年4月5日，针对市民对当年蚊蝇多的质疑，马丁厅长解释道，卫生厅为扑灭蚊蝇"现已加强工作"。其根据是，该厅从4月起，已增加15名灭蚊工人，每天均到澳门各区及凼仔、路环喷洒杀虫药③。二是

① 《郊区菜农能充分合作　扑灭疟蚊工作已收效》，《华侨报》1960年7月5日，第3版。

② 《卫生厅加紧扑灭蚊患　分七地区洒射杀虫水　商借工务厅工人协助工作》，《华侨报》1961年4月27日，第3版。

③ 《暮春虽三月　蚊虫已乱飞　卫生厅长慨谈环境卫生甚差》，《澳门日报》1963年4月6日，第4版。

与工务厅合作，装置排污管道。1962 年 5 月，卫生厅向工务厅建议，为加强灭蚊工作，在郊区尚未有地下沟渠网络之前，应先行增设排水筒，设法将污水排出，免使其积存滋生蚊蝇。此项计划经工务厅同意，并拟尽快招商承建此项工程，首先在新口岸菜田区内设置排水管，附近居民产生的所有污水可通过此排入海中。卫生厅称，新口岸区如"将来办理情形良好"，其他如马场、马交石、青洲及台山等地亦可继续装设①。三是与工务厅合作，填平污水凼。20 世纪 60 年代中期，卫生厅针对前述污水凼问题，计划与工务厅合作共同加以解决。1964 年 5 月，卫生厅通知工务厅，派人填塞那些对种植无益的污水凼，这项工程约需时半年②。此外，卫生厅和工务厅联袂派员到建筑工地检查，如发现有积水的坑穴，立即通知地盘工人将其填平③。

第三，加强对水凼的检查化验，消灭孑孓和清除其中的植物。自1965 年 6 月以来，卫生厅每天派出检查疟蚊的工作队，在黑沙环、马场、青洲及新口岸等处菜田喷洒药物。在此过程中，灭蚊队在马场两个水凼中获取一些孑孓作标本，经过化验，发现有些疟蚊原虫混在其中，可能传播疟疾，灭蚊队立即将水凼中的孑孓杀灭。此后在数天之内，该处未再出现此类传染疟疾的蚊虫。但灭蚊队发现这两个水凼都生长一种名为水浮莲的植物，如将灭蚊药物洒下，会被水浮莲阻隔，不能散开；而孑孓仍可躲在水浮莲下获得生存。因此，卫生厅要求拥有水凼的菜农与灭蚊队人员配合，将水浮莲清除④。与此同时，卫生厅派出的检查人员还在新口岸水凼内发现有"猪菜"浮在水面，其认为这种植物容易滋生疟蚊，因而限令新口岸菜农在一周内将其全部清除，否则，将由卫

---

① 《积极扑灭蚊虫　郊区装设排水筒　疏导污水减少孑孓滋生》，《华侨报》1962 年 5 月 7 日，第 3 版。

② 《卫生厅昨约见各报记者　赴新填海视察卫生》，《澳门日报》1964 年 5 月 7 日，第 4 版。

③ 《马场有疟蚊出现　市内郊区污水凼设法填塞中》，《澳门日报》1965 年 6 月 17 日，第 4 版。

④ 《当局加紧灭蚊虫　马场有疟蚊出现》，《澳门日报》1965 年 6 月 17 日，第 4 版。

生厅人员代为移除①。到了 1969 年，从 3 月 1 日开始，卫生厅派出工作人员 30 多名，共分 4 队前往有疟疾蚊虫卵的水凼开展灭蚊活动。并派人到筷子基、岭南中学（旧芦九园）、全澳各街道渠口，甚至进入木屋室内喷射杀虫剂②。

从 20 世纪 70 年代初开始，卫生厅除坚持定期对水凼、粪池开展喷洒杀虫水之外，一如既往地为居民注射预防霍乱疫苗，派人员加强市面卫生检查，特别是检查各饮食店的卫生工作。并通过在戏院放映幻灯宣传片、在街头张贴标语以及在报章发表宣传材料等方式，加强防疫知识的宣传③。

3. 澳葡政府环境卫生整治效果

卫生厅的上述工作得到了一些媒体的肯定，1965 年 6 月，有报道称，"卫生当局以近来市民受蚊虫滋扰，诚恐有传染疟疾之毒蚊出现，带给市民疾病，故检查蚊虫，甚为积极，如验出有疟蚊时，立即进行扑灭，以免为患居民。当局经一再呼吁，倘发现有人染患疟疾时，便立即报知卫生当局，以便进行检查，使能控制疟蚊之滋生"④。对此，可从以下卫生厅公布的有关疟疾蚊蝇卵水凼减少等情况，来证明通过该厅工作人员的努力，灭蚊工作取得了一定的进展：

其一是有疟疾蚊虫卵的水凼"已大为减少"。卫生厅 1968 年 10 月初的统计数据显示，此时的郊区共有水凼 984 个，其中：新口岸 391 个，马场 290 个，台山 40 个，青洲 75 个，黑沙环 132 个，马交石 32 个，林茂塘、望厦、松山脚（近摩罗园）共 14 个⑤。在这些水凼中，

---

① 《卫生当局加强灭蚊　检查队连日出发工作　新口岸农民奉命移去猪菜》，《华侨报》1965 年 6 月 10 日，第 4 版。

② 《共同搞好公共环境卫生　卫生局派员到郊区　喷杀虫水扑灭蚊蝇　三月一日开始目前已获显著成绩》，《华侨报》1969 年 3 月 6 日，第 3 版。

③ 《垃圾随处沟坑塞　卫生厅亦感束手 向有关机构提出却不见下文》，《华侨报》1972 年 4 月 14 日，第 4 版。

④ 《垃圾随处沟坑塞　卫生厅亦感束手 向有关机构提出却不见下文》，《华侨报》1972 年 4 月 14 日，第 4 版。

⑤ 笔者将这些数字相加得到的水凼总数为 974 个。

70 个有疟疾蚊虫卵，经过近半年来的"不断扑灭"，到 1969 年 2 月底减为 20 个[①]。

其二是坚持到粪池喷洒杀虫药水。据卫生厅统计，郊区共有储存肥料的粪池 1404 个，其中：新口岸 281 个，马场 518 个，台山 150 个，黑沙环 131 个，马交石 35 个，青洲 277 个，望厦 1 个，林茂塘 2 个，松山脚 2 个，筷子基 7 个。自 1969 年 3 月 1 日以来，卫生厅每天均派人前往上述各处喷射杀虫药水。"且有显著成绩，澳门各地区，近年苍蝇有显著减少"[②]。

笔者认为，上述数据表明，卫生厅在 20 世纪 50~60 年代对灭蚊工作做了多方面的努力，也取得一些成效，这是不能否认的。但此并非意味着城市及边缘区卫生环境得到根本改观，而"近年苍蝇有显著减少"亦无事实依据。更何况从以下报道中，还可发现 70 年代的澳门，蚊患问题仍未得到彻底解决。例如，70 年代初，澳门两大报社之一的《澳门日报》记者的感受是，新口岸、青洲、黑沙环等处蚊患情况最为严重，该记者曾到过青洲尾垃圾堆，只站了一会，就发觉身上的恤衫扑满苍蝇，一片污黑，使人为之惊骇。该处是滋生苍蝇的巨大渊薮，每天生长无以计数的苍蝇，飞往青洲区及邻近的台山区，传染疾病，危害居民健康[③]。另一大报《华侨报》的记者也有类似感受，该记者描述道，"每到晚上，郊区固然蚊蝇结队，来势汹汹，就是市中心住宅区，亦群蚊乱舞，逐人吸血，晚来睡觉，烧蚊香驱之则使空气混浊，垂蚊帐则既

---

① 《共同搞好公共环境卫生　卫生局派员到郊区　喷杀虫水扑灭蚊蝇　三月一日开始目前已获显著成绩》，《华侨报》1969 年 3 月 6 日，第 3 版。

② 《共同搞好公共环境卫生　卫生局派员到郊区　喷杀虫水扑灭蚊蝇　三月一日开始目前已获显著成绩》，《华侨报》1969 年 3 月 6 日，第 3 版。此外，笔者还发现，内地有关部门对澳门的预防疟疾工作给予大力支持。例如，1981 年 8 月 22 日，澳葡政府卫生司邀请广东省负责传染病预防的医生来澳，商讨消除疟疾方面的合作。广东方面表示，"愿意在澳门附近地区加强消灭疟疾的工作，继续使澳门不被疟疾侵袭"。参见毛连奴、李子龙等编《澳门八一新闻年报》，澳门新闻处，1982，第 53 页。

③ 《街道垃圾堆积臭气熏天　蚊多蝇多影响居民健康》，《澳门日报》1971 年 4 月 24 日，第 4 版。

热且焗，煞是令人厌烦。有很多人，被蚊叮得脸和手脚红点斑斑，有些孩子因叮后伤口痕痒，抓得皮肤溃烂"①。

20世纪70年代中期，澳门的蚊患依旧，据《华侨报》的报道，1976年3月，天气逐渐回暖，畏寒喜热的蚊蝇开始活跃。红街市、青洲、台山、马场、新口岸等区，苍蝇密布饮食店的桌、椅、地板、各种杂物。居民如打开房间的窗门，也不例外。饮一杯清茶，若不停地驱逐，亦有几只苍蝇下来"歇脚"。没有加盖的食物很难避免不让苍蝇沾过，即使玻璃橱窗和纱窗菜柜内，也经常被苍蝇"钻空子"飞入。苍蝇"那几对附着数不清细菌的毛脚，令人不寒而栗"。白天苍蝇云集的地区，进入夜晚后代之而出的是"轰炸机般的蚊群"。尽管那些地区的居民已习惯使用蚊帐，无奈一觉醒来，四肢被蚊叮过留下的"红斑点遍布，痕痒难当"。该记者指出，"市政厅和卫生厅有责任在夏季到来之前，及时采取有效措施，消灭蚊蝇，防止病菌通过蚊蝇传播，影响居民健康"②。进入4月，新口岸附近一带的居民反映，由于该区"与菜地相邻，又与垃圾为伍，卫生比较差，蚊蝇特别多，白天已成群飞来叮人，到晚上就更为厉害，简直疯狂一样的侵袭"③。用"蚊香"驱逐也无济于事，居民深受其扰。新口岸码头广大旅客及码头工作人员亦饱受叮咬之苦，尤其是当时才换上夏季制服的移民警和水警，其手臂及两腿均被叮上红斑。因此，有记者呼吁，蚊蝇滋生，四出袭人，市民不胜其扰，难得安睡，深盼市政厅及卫生当局注意，改善环境卫生，加强灭蚊工作④。此表明自50年代以来，卫生厅并未中断喷射灭蚊药剂等方面的防疫工作，"但收效几乎等于零"⑤，蚊蝇猖獗的阴影始终笼罩着整个澳门。

4. 澳葡政府无法彻底解决蚊蝇肆虐问题的症结

出现上述问题的症结在于，澳葡政府在环境卫生治理方面的角色类

---

① 《聚蚊成阵坐卧不宁 蚊蝇为患人皆厌》，《华侨报》1972年5月3日，第4版。
② 《新街市青洲台山及郊区 蚊蝇麇集驱不尽》，《华侨报》1976年3月11日，第4版。
③ 《新口岸蚊成阵 警员亦吃不消》，《华侨报》1976年4月30日，第4版。
④ 《新口岸蚊成阵 警员亦吃不消》，《华侨报》1976年4月30日，第4版。
⑤ 《聚蚊成阵坐卧不宁 蚊蝇为患人皆厌》，《华侨报》1972年5月3日，第4版。

似传统的官僚政府。正如有学者所言：这种政府基本上是按科层制的模式进行构建，政府单独承担城市公共服务的供应，所有城市事务都由政府按照指令的方式进行管理。这种模式呈现出行政权力集中化、行政组织等级化、行政职能专门化、行政行为程式化等特点。其组织形态大部分从上到下纵向控制，组织内部层级森严，各功能部门之间缺乏横向联系与合作①。从而使得城市公共物品和服务的供给结构显现出单中心、单方向、命令型的特点，在环境卫生清洁领域必然带来管理僵化、各自为政、效率低下等后果。有关问题综述如下：

（1）管理僵化反应慢。

1963 年 4 月，有媒体指出，蚊蝇的威胁很大，不仅影响人们正常生活和工作，而且会带来传染病。随着夏天的到来，蚊蝇渐多，为保障健康，居民都渴望有关当局认真采取有效措施，将某些对种植并无裨益的污水凼填平，彻底疏通沟渠，加强清洁街道，抓紧扑灭蚊蝇工作，使澳门环境卫生获得改善，借以减少传染病发生和蔓延的机会②。但到了 1972 年，澳门整体环境卫生条件恶劣的局面依旧，有评论表示，"我们曾一再指出，本澳环境肮脏，是培育蚊蝇的温床，澳葡当局，应有责任从速采取切实措施，搞好本澳的卫生环境，但奇怪的是，未闻有关方面采取什么积极的行动"③。1975 年，又有媒体认为，做好卫生工作，不仅是喷洒灭蚊水，更重要的是"疏通渠道，清除垃圾，填去水凼，才能取得成效"。尽管市民对澳葡政府的态度"均感到失望"，但"大家都希望有关当局能重视灭蚊工作"④。面对媒体及其所

---

① 王佃利、任宇波：《城市治理模式：类型与变迁分析》，《中共浙江省委党校学报》2009 年第 5 期，第 59 页。

② 《郊区污水凼今年比去年增加一倍　居民盼当局认真采取措施扑灭蚊蝇》，《澳门日报》1963 年 4 月 6 日，第 4 版。

③ 《蚊蝇为患人皆厌　奇怪的是未闻有关方面采取积极行动》，《华侨报》1972 年 5 月 3 日，第 4 版。

④ 《天气转热蚊为患　当局须注意扑灭　搞好公共卫生疏通渠道始取得成效》，《华侨报》，1975 年 4 月 14 日，第 4 版。

反映的市民心声，澳葡政府有关部门并未及时回应，难怪有媒体在1976 年抱怨道，市政厅近来表示要清理垃圾，维持市面卫生，唯只闻楼梯响着。今年热天来得较早，蝇蚊出现得也较早。不知有关当局今年又将采取怎样的措施呢①？

（2）行动单一欠周全。

对于有媒体和市民认为菜田水凼、粪池成为蚊蝇滋生"温床"的问题，有媒体指出：澳门的蚊子多和这些水凼、粪池有一定关系，但假如把造成"蚊患"的责任全部归咎于菜农是不公平的。澳门产生"蚊患"的根本原因是整体卫生环境恶劣，例如，由林茂塘沿沙梨头海边街直至提督马路一带近海边的住户或店号的下水道，一般都是伸向海的，由于那里的海水变浅，流出的污水要经过一段岸边淤泥才能流入大海，因而到处积聚一凼凼的污水；白鸽巢山脚的木屋区甚至连下水道也没有，污水只能沿山坑流下；马场木屋区和台山一带，虽然当局正在修渠铺路，但还未竣工，许多地方仍有一个个污水凼；在新装的路边水渠口，也经常蓄着一潭臭水②。市民随处倒垃圾，建筑地盘的沙石将坑渠堵塞；"大坑渠、林茂塘、石仔堆木屋，屎尿垃圾满棚底，污水聚积；旅游娱乐公司收购的新口岸菜田，因公司管理欠妥，垃圾泥头堆积；市内一些大厦居民，只贪自己方便，不理公众卫生，每每从窗口飞出'空中邮包'，都使蚊蝇繁殖得到机会"③。关于此，葡萄牙卫生部卫生行政调协委员会主席柏立图及医院工作高级督察李比路，于1978 年4 月初来澳视察时亦看出，"城市的基本卫生设备不足，居住环境条件恶劣"④。这表明澳葡政府环境卫生管理职能的严重滞后性，不仅招致广大居民的强烈不满，也受到其上级卫生主管部门官员的变相

① 《新街市青洲台山及郊区　蚊蝇麇集驱不尽》，《华侨报》1976 年3 月11 日，第4 版。
② 《蚊患卷土重来　澳葡须予遏止》，《澳门日报》1969 年5 月9 日，第4 版。
③ 《蚊害严重　蚊香增销二成》，《澳门日报》1977 年7 月10 日，第4 版。
④ 《葡卫生部官员来澳视察后指出本澳卫生设备不足　居住环境条件恶劣》，《澳门日报》1978 年4 月20 日，第1 版。

批评。

（3）各行其是无协调。

蚊蝇滋生的根本原因在于肮脏的环境，但要搞好环境卫生，可说是一个庞大的系统工程，"必须全面展开，始能收到预期的效果"①。对此，卫生厅不无清醒的认识，该厅负责灭蚊的医务人员表示，积极扑灭蚊蝇工作，实非仅卫生厅人员单方面才可发生效力，此为整个社会问题，如无各方面合作，则无法扑灭蚊蝇。包括工务厅、市政厅、卫生厅及附近居民与菜农等必须通力合作，方能收效②。但是，缺乏政府层面的统一部署、指挥和协调，使得牵涉环境卫生的有关部门单独行动，有的部门甚至没有行动。尽管前面提到卫生厅与工务厅曾进行多项合作，但有些仅停留在计划阶段。

1972 年 4 月 13 日，在卫生厅举办的记者招待会上，有记者提问，不少街道堆积垃圾，臭气熏天，水渠淤塞，形成滋生蚊蝇的恶劣环境，卫生厅如何处理？在事实面前，卫生厅属下的卫生分局局长贾约翰也不得不承认"本澳的污秽现象越来越严重"。他说，过去和现在都曾就此问题与其他行政机关磋商，对方亦表示通力协助。"但他们采取什么配合措施，卫生厅是管不到的。即使是平时，每逢接到投诉和发现市面卫生环境恶劣时，卫生厅都有公函通知工务厅、市政厅，不过没有获得具体答复。"③ 这就表明了作为涉及城市清洁卫生管理"一盘棋"的相关政府职能部门，相互之间的步调并不一致。

（4）配置失衡效率低。

具体而言就是从事环卫和灭蚊工作的人员数量不足，无法完成相关任务。

---

① 《蚊蝇为患人皆厌　奇怪的是未闻有关方面采取积极行动》，《华侨报》1972 年 5 月 3 日，第 4 版。

② 《新口岸卫生环境最差　污秽水凼最易生蚊虫　希望居民与卫生局合作扑灭蚊患》，《华侨报》1968 年 4 月 27 日，第 4 版。

③ 《垃圾随处沟坑塞　卫生厅亦感束手　向有关机构提出却不见下文》，《华侨报》1972 年 4 月 14 日，第 4 版。

第一，缺乏清洁工人。

早在 20 世纪 50 年代，卫生厅灭蚊队人员不多，他们喷洒的杀虫水，对于"菜田环绕市区住宅，计全澳有凼池二三千个"，"实感杯水车薪"[1]，于事无补。市民都盼"当局加派人员，经常隔数日遍洒各凼池，则蚊虫当告减少"[2]。可到了 70 年代这个问题仍未解决。70 年代初，有《澳门日报》记者调查发现，1951 年市政厅雇用清洁工人 170 多名。但 20 年后的 1971 年，市区扩展以及人口、大厦、街道快速增加，清洁工作量猛增，但清洁工人数量仍为 170 多名。其中，清扫街道的工人共 140 多名，分成 5 队，每队 20 多人，负责 5 个地区的垃圾清理，每人清扫 20 多条街道，每日 2 次。由于工作量大，清洁工人虽每天尽可能提早开工，延迟收工，但街头堆积的垃圾仍无法在当天完全清除，以至积存过夜。此表明清洁工人手不足，难以应付庞大的垃圾量，形成"积水难消"的局面。若清洁工人因病请假，市政厅又不请人替代，其工作任务就要由别人承担。曾有一名女工请假 2 天，因同队工友工作繁重，自顾不暇，无人代她清理街道，致使该街道"垃圾堆积如山，极不卫生"[3]。

在垃圾搬运方面，该记者还介绍，跟随垃圾车工作的男工，每车仅 2 名。他们每到一个垃圾收集站，就合力将女工们预先装在铁桶和竹箩的垃圾搬到车上。每车装载垃圾 60～80 桶，每桶重近百斤。由于全澳仅有 5 部垃圾车，工人们装满一车垃圾，运送至青洲尾垃圾堆卸下后，

---

① 《农圃水凼蚊虫繁殖　郊区疟疾近流行》，《华侨报》1958 年 11 月 6 日，第 3 版。也有报道认为，每户菜农至少有水凼、粪池各 1～2 个，全澳有水凼及粪池 4000～8000 个。参见《郊区粪池水凼助蚊滋长　住宅区大部受蚊威胁》，《华侨报》1960 年 6 月 4 日，第 3 版。据江荣辉回忆，菜农最高峰时期的农户数量为 1200 户，倘按每户凼、池各 1～2 计算，最多也只能达到约 1200～2400 个。参见 2012 年 6 月 27 日访问记录。

② 《郊区水凼粪池为幼虫繁殖温床　附近居民咸望卫生局切实消灭》，《华侨报》1959 年 3 月 10 日，第 3 版。

③ 《街道垃圾堆积臭气熏天　蚊多蝇多影响居民健康》，《澳门日报》1971 年 4 月 24 日，第 4 版。

又需驾车赶回市区继续运载，每车日均运载 6 ~ 7 次。他们在强度过大的劳动下，积劳成疾，不少人染上肺病和胃病，有的工人还要带病开工，"猝然吐血晕厥倒卧在垃圾堆上"。然而，市政厅不仅不顾及清洁工人工作负荷太重的问题，每当接到居民指责环境卫生甚差的信件时，反而将责任推诿给清洁工人。该记者认为，市政厅"加重了工人的劳动量，剥削了工人的休息时间，还要工人们负责，这是不合理的、不公平的事"。工人们曾要求市政厅增雇清洁工人，但"市政厅却熟视无睹，充耳不闻，对这个问题始终没有切实解决"①。而清洁工人"薪水微薄，月入仅足够糊口，低过一般工厂的待遇，加上这种工作并不好受，所以许多人都不愿吃这行饭"②。

清洁工人的处境和环境卫生状况经上述媒体披露后，在社会上引起强烈反响。广大市民对澳葡政府措施不力存在诸多不满，尤其是对环卫和灭蚊工人的严重缺乏、相关设备陈旧且数量太少等方面提出指责，这种不满达到了顶峰。可见环卫问题已到了社会无法容忍的地步。在社会舆论的逼迫下，澳葡政府及市政厅决定拨款 90 多万元，增购多辆垃圾车，翻修若干破烂公路。1972 年 7 月 18 日，澳葡市政会议开会，决定在这笔款项中，拨出 30 万元购置 4 辆垃圾车，拨款 60 万元修缮公路。而计划增购的垃圾车是拖车式，这种拖车式的车卡可以脱下作为垃圾箱，放置在集中倒垃圾的街道，让居民把垃圾倒在车厢内，待装满垃圾后可将整个车卡拖走③。

第二，卫生厅灭蚊人员数量不足。

尽管卫生厅做了不少工作，但 20 世纪 60 年代末有媒体指出，卫生厅的灭蚊"范围相当广，按照情况，人手实在是不足的，为搞好全澳

---

① 《街道垃圾堆积臭气熏天　蚊多蝇多影响居民健康》，《澳门日报》1971 年 4 月 24 日，第 4 版。

② 《居民切戒乱倒垃圾以免细菌繁殖传染疾病　当局应增加清洁工人及用具　改善工人待遇》，《澳门日报》1970 年 2 月 23 日，第 4 版。

③ 《在社会舆论督促下澳葡昨决定拨款　购垃圾车修马路》，《澳门日报》1972 年 7 月 19 日，第 4 版。

公共卫生，卫生当局实有增派人手的必要"①。到了 70 年代中期，卫生厅灭蚊人员紧缺的问题仍未解决。有媒体认为，全澳菜田的沟渠、水凼，长期以来已是培养蚊蝇的温床。卫生厅虽设有灭蚊蝇组织，"惟限于工作安排乏善，加上灭蚊组人手少，收效甚微"②。例如，1971 年卫生厅灭蚊队有工作人员 30 人，一直到 1976 年仍未增加。工作人员每天分组到新口岸、马场、台山、青洲、黑沙环、松山、新桥、马交石等地喷射药水，又将水凼中的一些孑孓捉回卫生厅检验，以检查是否有疟蚊的幼虫。灭蚊队工作人员除到郊区灭蚊外，还要到市区沟渠中喷洒灭蚊水③。随着时间的推移，有记者发现灭蚊队力量存在不足的具体表现，这就是卫生厅管辖的灭蚊队人员在名义上仍是 30 名，但当中除 2 名管工、5 名带队人员、3 名工人轮流休息之外，参与实际灭蚊工作的仅为 20 名。他们采取分区负责制，其中，新口岸区 9 名，马场区 5 名，负责新口岸、圆台仔、马场、青洲、筷子基、台山、白鸽巢山边等木屋范围的水凼、猪舍、粪池。在这些地方，有些户主会邀请工人进屋喷药，有些户主则予以拒绝，致使蚊蝇得以繁殖后代，"那么工友就无能为力了"④。鉴于实际灭蚊工人仅为 20 名，有记者认为，"以这样的人手，只能在全澳七成的沟坑中喷药。如果轮到在某街道喷药，适逢假期，就要过一星期才再来喷药了"。因此，该记者指出，消灭蚊蝇关系广大居民的健康，卫生厅应切实改进上述不足之处，增加灭蚊人手和设备，积极开展卫生清洁工作，并定期检查改进⑤。

第三，渠务工人、设备严重缺乏，设计、规定不符合现实需求。

---

① 《在社会舆论督促下澳葡昨决定拨款 购垃圾车修马路》，《澳门日报》1972 年 7 月 19 日，第 4 版。
② 《天气转热蚊为患 当局须注意扑灭 搞好公共卫生疏通渠道始取得成效》，《华侨报》1975 年 4 月 14 日，第 4 版。
③ 《蚊患何时了》，《华侨报》1976 年 6 月 13 日，第 5 版。
④ 《蚊害严重 蚊香增销二成》，《澳门日报》1977 年 7 月 10 日，第 4 版。
⑤ 《蚊害严重 蚊香增销二成》，《澳门日报》1977 年 7 月 10 日，第 4 版。

20 世纪 70 年代初的澳门，尚有部分住户无下水道，或下水道欠佳，长期未清理而导致淤塞的渠洞达 90%，如关前正街、新马路、十月初五街、海边新街、南湾街等处部分渠洞的垃圾积塞，每遇大雨，积水难消，"自然形成滋生蚊蚋的温床"[1]。到了 70 年代中后期，不仅横街窄巷街渠淤塞无人清理，即使是繁盛中区的通衢大道如提督马路也有街渠淤塞现象，"竟也会拖延很长时日才有人去疏导，甚至拖了一两年"[2]。由于渠道淤塞随处可见，污水从渠口倒流溢出地面，臭气熏天，令人欲呕，严重影响环境卫生。澳葡政府治理渠道已进行了 20 多年，但淤塞问题始终未得到彻底解决。

渠道淤塞的一个原因是设计不合理。不少渠道的出水口低于海面水平，以致被海泥堵塞。从前的污水渠道是用大石板叠砌的四方形渠，接口处形同"十"字，四通八达，排水流畅。随着人口的不断增加，高楼大厦林立，工务厅延请葡萄牙工程师李加道重新设计地下水渠道网，改铺下水道，将渠道分区截断，并分别在南湾合署大厦、沙梨头海边街大东木厂、大兴街口庇道学校旧址、狗场附近建筑了 4 个区域性总渠，又称泵房，疏导各区支渠流出的污水。每个总渠深达 30 余英尺，渠壁设有铁枝梯级，并装上自动泵污水电机，机器上每隔一英尺安装一个自动掣，共有 7 个掣，如水高 1 英尺，第一个掣自动开启，将污水抽出，如此类推，水深超过 7 英尺后，机器上全部自动掣开启。但是，澳葡政府为了节约用电，关闭电掣，自动掣失去应有的功能，渠水难排出。还有人认为，下水道支渠改铺圆形，渠道更加细窄，污水不能通畅流入各排水渠口，迫使渠水流至区域性的总渠出口，污水流速受阻，容易淤塞[3]。

另一个原因是渠务工人、设备数量严重缺乏。有记者通过调查后发现，街渠平时由市政厅负责保养，街渠内的淤积物亦由该厅派人清理。

---

① 《街道垃圾堆积臭气熏天　蚊多蝇多影响居民健康》，《澳门日报》1971 年 4 月 24 日，第 4 版。

② 《通渠缓慢有原因　关键当局不重视》，《华侨报》1979 年 1 月 9 日，第 4 版。

③ 《九人承担全澳繁重渠务》，《澳门日报》1977 年 7 月 4 日，第 4 版。

但如果街渠已经淤塞，积水流到路面，此时通渠的工作则要由工务厅第二科（渠务科）处理。当街渠淤塞，污水溢出时，通常由清洁工、警察、公职人士或市民通知该科。接到有关工程报告时，该科立即安排人员前往处理。渠务科外勤工作人员 9 人，其中 4 人是通渠技工，余下的是女工和帮工，分为两组，负责澳门半岛、凼仔和路环所有街道和马路的通渠工作①。有鉴于渠道设计不科学、居民随地乱抛垃圾以及其他因素都会使渠道淤塞，渠务工人的劳动更加繁重②。不仅如此，渠务科还缺乏相应的辅助设施，最明显的是既无电话也无汽车，当工人在通渠工作过程中欠缺工具或相应的路标指示牌、指示灯，但仍要继续工作时，便要步行到筷子基尾仓库去取，费力耗时。倘需要的工具、路标是需用汽车运载的，也要待工务厅其他部门的车辆"能够调用时，方能使工程继续进行"。对于因要打烂"三合土"路面才能开展的马路通渠工作，市政厅的条例是"打烂路面是要全幅打烂，将来又要全幅铺上，以维护美观"。在上述人手不足的情况下，这一不符合实际的条例更使街渠的疏通工作量大增，效率低下。该记者呼吁，"通渠工作缓慢情形，盼有关局能加以重视，订出有效措施，给予改善，以维持市民卫生和澳门市容"③。

（二）菜农水凼喷洒农药冲突

艾德·科恩（Ade Kearns）在《城市治理的新挑战》一文中指出，城市治理首先是一个多层次的行为。换言之，城市政府类似人一样处于包括上一级政府在内的关系网中。城市政府同样与在地方和邻里间的低级别治理存在联系，尽管这些关系通常由政府所促进④。这样一来，政

---

① 《通渠缓慢有原因　关键当局不重视》，《华侨报》1979 年 1 月 9 日，第 4 版。
② 《九人承担全澳繁重渠务》，《澳门日报》1977 年 7 月 4 日，第 4 版。
③ 《通渠缓慢有原因　关键当局不重视》，《华侨报》1979 年 1 月 9 日，第 4 版。
④ Ade Kearns and Ronan Paddison, "New Challenges for Urban Governance," *Urban Studies* 37 (2000), p. 848.

府必须协调政府内部、政府与市场、政府与社会等各方面的关系，通过确立合理的利益整合机制，整合不同的利益，以引导和鼓励其他治理主体的参与，实现城市公共服务的有效供给①。但与此相反的是，在边缘区环境卫生整治领域，澳葡政府从自己的主观意志出发，采取单向、单一和垄断的行政方法，单打独斗地包揽全部事务，并在忽略甚至损害菜农利益的基础上片面追求整治效益，引发了与菜农的矛盾和冲突。

1. 菜农对改变油剂杀虫方法的要求与卫生厅的答复

在卫生厅灭蚊队对菜田附近水凼、粪池喷洒杀虫剂的过程中，卫生厅表示，如果菜农希望当局在自己拥有的水凼、粪池进行喷洒，也可以向该厅申请派人前来喷洒②。同时，灭蚊队在喷洒杀虫剂时，也呼吁"菜农应予以合作，切勿将之弃去，因此项杀虫水绝对不妨碍种植，倘予破坏，实足使预防疾病计划受打击，当局希望菜农之合作"③。到了1960年，灭蚊队加大喷洒杀虫剂的力度，但"若干菜农以水凼之水作淋菜之用，恐喷过杀虫水影响农作，故不愿喷射"④。此后，经过澳葡政府的宣传和解释，菜农改变以前不与灭蚊队工作人员合作的做法，对他们在水凼内投放的杀虫剂"已不再予泼去"，增加灭蚊的效力。根据灭蚊队人员的汇报，证明菜田的"疟蚊已大为减少，对于传染疾病力量，开始削弱"⑤。

在1962年之前，菜农认为灭蚊队喷洒的是杀虫粉剂，对耕作、畜牧并无大碍。但从1962年4月起，卫生厅却改用杀虫油剂，对菜农生产、生活带来较大影响。因此，5月初，菜农合群社致函何贤转告卫生

---

① 王佃利：《城市治理中的政府作用机制浅析——从治理主体利益定位的角度》，《甘肃行政学院学报》2008年第6期，第107～108页。
② 《郊区菜园水塘　应洒射杀虫水》，《华侨报》1955年8月3日，第3版。
③ 《加强防治传染病发生　郊区洒射杀虫水　希望菜农合作》，《华侨报》1958年12月9日，第3版。
④ 《污水凼粪池太多　蚊虫滋生　卫生当局应彻底进行灭蚊》，《华侨报》1960年4月18日，第3版。
⑤ 《郊区菜农能充分合作　扑灭疟蚊工作已收效》，《华侨报》1960年7月5日，第3版。

厅，要求其改变在菜田水凼使用该油剂的做法，以消除对菜农生产造成的危害。该函内容如下：

> 卫生当局，为消灭孑孓，经常派员往郊区水凼射下杀虫药水，此举颇佳。惟卫生当局，近改用杀虫油剂，连作农民饮用及喂家畜、家禽之清洁水池，亦一律射下杀虫药水，顿使郊区农业生产遭受严重打击，盖以前采用之粉剂杀虫药，能溶解于水中，既产生杀虫效果，亦无大影响于耕作畜牧，而现在改用之油剂，浮聚于水面，对沉于水底之孑孓，既不能杀除，而对农民之生产，影响甚大，因水面浮聚之杀虫油剂，数日不散，此水用作淋菜，菜则枯萎，用作饲喂家畜、家禽，家畜、家禽则中毒死亡。此等情形，新填海区常见不鲜。又农民割菜后，必先洗菜，然后送至市场出售，菜叶上沾满杀虫油剂，对市民之安全健康，闻说亦受影响。素仰台端关怀农民生活，用敢恳请代转当局研究，改善洒射杀虫办法，采取适当措施，解决上述所产生之害处，则农民幸甚①！

5月5日，商会理监事召开第二次联席会议。会议报告事项包括"菜农合群社函乙件，为卫生当局近改用杀虫油剂喷射郊区水凼，影响农业生产，恳请代求有关当局改善杀虫办法，业予据情函转本澳卫生厅研究办理"②。5月23日，卫生厅厅长马丁针对菜农合群社的函件做出答复，该"函文甚长，达数张纸之多，所陈当局对郊区水凼改洒杀虫油剂问题，言之颇详"，表明卫生厅对菜农所提建议的重视，复函的主要内容是：

> 政府对于郊区农民，最初原仅批出少数耕地，以给农民种菜营

---

① 《马场农民致函商会转请当局早日动工修筑防水堤　并请卫生局改善洒杀虫水办法》，《华侨报》1962年5月4日，第3版。《促请当局筑堤防潮以维马场人畜安全　并请卫生当局勿用杀虫油剂》，《澳门日报》1962年5月4日，第4版。
② 《郊区用油剂杀虫　影响菜农作业》，《华侨报》1962年5月6日，第3版。

生而已①，讵近年来，郊区菜园，越建越多，水凼亦越开越多，例如新口岸一带，以前只有水凼50个，但近日已增至437个，其增加实相当迅速。在以往，新口岸只有少数农民养猪，但现在养猪之猪屋，增加甚多，且地方常不清洁，由于水凼过多之故，蚊虫之滋生太快。

当局不仅要保障郊区居民之健康与安全，亦需保障市中心区居民之健康与安全。不独此也，在蚊虫繁殖过速中，倘如遇有时疫如霍乱等症发生时，则对于全澳居民生命，有莫大之威胁。

由于水凼过多，易生蚊蝇，故水凼必须洒以杀虫剂，以杀死水中子孑，但过去以粉剂容易挥发，效力不能久持，故改用油剂。此油剂浮于水面，系连水底之子孑，容易消灭，不致繁殖，此对于农业生产，或有影响，但舍此之外，并无他法可循，故当局决继续对郊区水凼洒射杀虫油剂，此为全澳居民之卫生而设想者。

马丁还希望"此等容易滋生蚊蝇之水凼，能够完全填塞不用"，并对菜农建议，最好由菜农方面"向自来水公司申请使用廉价自来水，以为菜蔬之灌溉，及豢养牲畜，尤为安全"②。

2. 菜农对卫生厅复函的批驳

卫生厅关于使用杀虫油剂喷洒水凼的答复，以及要求菜农填平水凼、申请使用廉价自来水的建议，并不被菜农所接受。他们接获卫生厅的复函后，立即表达以下看法：

（1）认为卫生厅改用杀虫油剂喷射水凼后，"未见其利，却先见其害"。

其因是卫生厅改用杀虫油剂后，"蚊蝇仍旧多"。入夜后，木屋内全是蚊子，嗡嗡飞鸣，使人不堪其扰，这说明改用杀虫油剂的效果并不显著。他们认为，实际上，喷洒在水凼的杀虫油剂还未将水中的子孑杀

---

① 此与当时的史实不符，相关内容可参见本书第二章第二节。——笔者注
② 《水凼太多蚊蝇易生 杀虫油剂效力较好 为市民健康与安全决继续使用油剂》，《华侨报》1962年5月24日，第3版；《卫生厅复函商会称 油剂杀虫更有效》，《澳门日报》1962年5月24日，第4版。

死，却先把池中的鱼闷死。过往水凼中的鱼是可以把孑孓吃掉而减少蚊蝇繁殖的，现孑孓还未死，鱼却先受其害，这无疑加剧了蚊虫的滋生。同时，喷洒杀虫油剂后，如遇刮风立即将池面上的油剂都吹到另一边，而无油剂的这一边，孑孓却依然可以繁殖，此显示该油剂并非像卫生厅所说的那么有效。此外，菜农利用喷射杀虫油剂的水浇灌蔬菜，油腻沾在菜叶上不易清洗；用这些水混合饲料饲养牲畜，却将其都毒死了。例如，新口岸有户菜农饲养了 60 多只鸭子，曾到喷洒了杀虫油剂的水凼去"游了一会"，不久全部死亡。马场区有户菜农，也因使用曾喷洒杀虫油剂水凼的水饲养鸡，100 多只鸡中毒死亡。仅靠喷射杀虫油剂在水凼中，消灭蚊虫的功效不大，"最重要还是在于改进整个城市环境的卫生"。

（2）认为用自来水灌溉蔬菜"是不容易办到的"。

他们曾做过统计，每亩菜田每天至少要灌溉 70 担水，每担水重约 80 斤，仅马场一区的菜田就有 200 亩。他们指出，倘用自来水灌溉蔬菜，"自来水的供应能吃得消吗？而农民的生活又是这样的困难，饲料贵，但菜价、猪价、三鸟价均下降"，不可能承担这笔庞大的输水管安装费以及自来水费用。他们表示，"当然能够用自来水灌溉和食用是最卫生不过的事情，但是要实现的话，非要当局下决心大力协助不可"。

（3）继续呼吁卫生厅改变喷洒杀虫油剂的做法。

他们表示，城市卫生十分重要，应予以重视，对有助于改进市区卫生的措施，只要能够办得到，也"绝无拒绝之理"。而"卫生厅使用杀虫剂喷射水凼而防止孑孓滋生的良好动机是无可非议的，问题是效果并不理想"。他们只是希望卫生当局改用别种药剂，不再用油剂喷射水凼，既能防止蚊虫滋生，又不妨碍农民耕作，"一举两得这样不更好吗"？因此，他们希望"卫生当局能够照顾菜农们生活的困难，对于使用油剂喷射水凼的灭蚊虫的办法能够再作周详考虑，并予以改善"①。

---

① 《油剂杀虫缺点甚多　菜农仍盼当局改善　申请供应自来水亦不易办到》，《澳门日报》1962 年 5 月 25 日，第 4 版。

但上述看法，未得到卫生厅的回应。

3. 卫生厅继续使用杀虫油剂及其后果

1963 年 4 月 5 日，卫生厅厅长马丁对记者表示，卫生厅 4 月初曾派人到边缘区污水凼抽水化验，在 1000 毫升的水中，竟发现 1000 多个苍蝇卵，"这不能不使人警惕"。他说，卫生厅曾捕捉蚊子和苍蝇化验，发现蚊蝇已具有抗药性，一般杀虫药已经无法将其杀灭。"除非是使用烈性杀虫药，现卫生厅已对使用烈性杀虫药问题，正在考虑中"①。笔者尚未发现卫生厅"正在考虑中"的"使用烈性杀虫药问题"之进一步详情，但从此后的有关资料中，却发现卫生厅不顾菜农的强烈反对，仍继续使用杀虫油剂，对菜农的生产和生活带来了诸多不便，甚至引发了需由法庭解决的纠纷。

随着灭蚊队人员将新口岸全部水凼喷射杀虫油剂后，这些水凼的水"灌溉既不可能，人畜食用也不得"②。1963 年 6 月中旬，圆台仔农区水凼也遭到同样的命运。圆台仔镇东兄弟农场饲养了不少猪和鸡。农场严格执行清洁卫生标准，场内只有一个水凼，四壁围以石块，每日以药物消毒后泵到一个自制的小水塔，输送全场人畜食用。由于该水凼每日消毒，清洁卫生，蚊虫难以滋生。该农场开设一年多以来，灭蚊队从未在此喷射杀虫药水（按照卫生厅喷洒杀虫药水的规定，当水凼验出有沙虫时才能喷射）。该水凼在 1963 年的旱灾中持续干涸多时，直至 6 月上旬下了几场大雨后，才储蓄半池水。6 月中旬，灭蚊队人员在水凼中喷射大量杀虫油剂，水凼的水不能食用。但一群幼猪饮用水凼的水后，却开始发病并有所蔓延，农场主人被迫赶紧关闭水凼，"大好清泉形同白费"③。

———————————

① 《暮春虽三月　蚊虫已乱飞　卫生厅长慨谈环境卫生甚差》，《澳门日报》1963 年 4 月 6 日，第 4 版。

② 《圆台仔农场水池被喷射杀虫水后　幼猪饮后纷染病》，《澳门日报》1963 年 6 月 19 日，第 4 版。

③ 《圆台仔农场水池被喷射杀虫水后　幼猪饮后纷染病》，《澳门日报》1963 年 6 月 19 日，第 4 版。

1963 年 6 月 19 日，灭蚊队人员与新口岸菜农发生激烈的冲突。8 月 27 日，法院提审菜农老人涉嫌持刀恐吓公务员、阻碍办公一案。控方证人灭蚊队人员，到新口岸菜田水凼喷洒杀虫油剂，与被告菜农老人发生纠纷。事后老人被控上述罪名。该案在审讯过程中，被告否认持刀吓人，亦并未阻碍公务员办公，辩称因养猪需用菜田内水凼的水，故请求灭蚊队人员不可再将杀虫油剂倒入水中，因前次在水凼中喷洒杀虫油剂后，该老人用水凼水喂养猪，导致三头猪被毒死，损失很大。但灭蚊队人员拒绝她的请求，仍将两桶杀虫油剂倒入水凼。该老人说"本人睹此情形，指对方害死我，莫如杀死我，乃在厨房中取刀奉与对方，请之杀本人全家，不是本人持刀杀对方"。法官聆听被告口供，传控方第一证人卫生厅职员，该职员当日与其余同事一道去被告菜田水凼内喷洒杀虫油剂，证人答因水凼内有蚊虫，系奉公到该水凼喷洒，以消灭蚊虫，并同时通知被告，该水凼内有杀虫油剂，须经四小时后方可取用，"惟被告因何死猪，则不知情"。辩方与控方及证人供词各异。法官判被告人入狱 20 天，罚款 6 日，每日以 3 元计算，缓刑 2 年，缓刑期内，约束行为，不得犯同样事件，缴律师费 10 元①。

4. 菜农对卫生厅喷洒杀虫油剂的抗拒

经过上述冲突事件后，灭蚊队不顾菜农的反对，仍将水凼作为投放杀虫油剂的重点，加之 1963 年年初以来"天久不雨，郊外菜田龟裂，一般菜农莫不叫苦"。直到 6 月中旬后"频频下雨，旱象解除，菜田已恢复生机，水凼恢复有水，本来可恢复大量生产"②；但由于灭蚊队人员继续在水凼内喷洒杀虫油剂，这些水凼有水不能用作灌溉，严重影响蔬菜生产。为请求改善上述状况，6 月 17 日，菜农推派代表多人赴卫生厅，面禀厅长请求设法解决在水凼内喷洒杀虫油剂的问题，以解除此

---

① 《农妇阻止喷射杀虫水被控持刀恐吓卫生员　法官原情判狱二十天准缓刑两年》，《华侨报》1963 年 8 月 28 日，第 4 版。

② 《雪丽风姐移近冲绳岛影响本澳天气转恶劣　可能带来豪雨旱象尽解除》，《华侨报》1963 年 6 月 18 日，第 4 版。

对菜农的困扰。菜农代表得到的结果是"当局经已答允"①。

尽管卫生厅厅长 1963 年"已答允"解决水凼喷洒杀虫油剂问题，但到 1968 年仍未兑现该承诺。1967 年 4 月 28 日，此时担任卫生厅厅长的甘庇路，就当时澳门出现不少蚊虫滋扰居民的事宜做简单答复。他说：本澳目前滋生蚊虫地区，可划分为两个，一是郊区（如新口岸、青洲、马交石等），另一个是市中心地区。他认为，所有蚊虫均非疟蚊，不致传染疟疾。关于郊区方面，因这些区域大都种菜，开辟水凼和粪池，"原本在技术上，在该等地区扑灭蚊虫滋生并不难，只要将上述水凼填平便可，因污水最容易滋生蚊虫，如非将污水清除，无法办理，然郊区乃种植地区，不能一日缺水，故清除实有困难，只有设法投放杀虫剂在各水凼将虫杀灭，以图补救"。他表示，1966 年，先后向每一大水凼投放杀虫剂达 50 余次②。

由于水凼喷洒杀虫油剂问题未获解决，菜农对灭蚊队的工作采取了程度不同的抵制。1968 年 4 月 23 日，卫生厅在记者招待会上发布的"3 月份灭蚊报告"就是一个明显的例子。该报告主要内容如表 4 - 3。

表 4 - 3　1968 年 3 月部分水凼喷药情况统计

地点	调查数（次）	每一水凼检查（次）	全月检查（次）	全月喷药（次）	未完全杀灭幼虫（个）	有家蚊繁殖（个）	有幼虫繁殖（%）	被阻止喷药（个）	占家蚊繁殖水凼（%）
新口岸	389	6	2334	2010	19	73	14	54	75
马 场	295	4	1170	1138	38	46	2.7	8	17.4
台 山	42	5	210	185	23	28	12	5	18
黑沙环	134	10	1340	1210	13	—	—	13	—
总 计	860	25	5054	4543	93	—	—	80	—

资料来源：根据《一九六八年三月份灭蚊报告》内容编制，该报告载《华侨报》1968 年 4 月 25 日，第 4 版。

---

① 《雪丽风姐移近冲绳岛影响本澳天气转恶劣　可能带来豪雨旱象尽解除》，《华侨报》1963 年 6 月 18 日，第 4 版。

② 《炎夏未临　市内郊区到处大闹蚊患　卫生厅长呼吁居民合作》，《华侨报》1967 年 4 月 29 日，第 4 版。

从表中可以发现，喷洒杀虫油剂仍遭到菜农的抗拒。该报告指出，逐日派出工作队检查水凼，未发现疟蚊幼虫。但有的区域如新口岸，"有大量家蚊幼虫的繁殖"的水凼54个，其主人始终阻止灭蚊队喷洒杀虫剂，"阻止率"达75%。"因此，有大量家蚊幼虫由此等水凼蜕化成蚊，而使居民受到骚扰之苦"。该报告还对此抱怨道："公共卫生需有整体的和多方面的合作，才能收良好的效果。"但就新口岸情况而言，"假若这54个水凼的主人能和我们合作，且不在这些水凼内种植'水浮莲'及'水瓮菜'等（以往是不许种植而必须铲除的），和在郊区所有居民住处自动协助我们，而不使积滞污水"[①]，那么蚊患决不致如此严重。与此同时，有记者在新口岸菜田考察时，也发现有上述类似情况，即有些水凼"遍种浮萍及水浮莲，俱为产蚊之温床，但居民拒绝放置杀虫药剂入内"[②]。

在卫生厅与菜农对使用杀虫油剂问题未达成共识的情况下，菜农对灭蚊队工作"有时很合作，有时又采取不合作的态度，抗拒当局在菜田喷洒杀虫药"。不少菜农指出，这是由于灭蚊队在新口岸、马场的水凼喷杀虫药时，使用的杀虫剂是一种"抽液杀虫药"（即杀虫油剂），由于"抽层"不均匀，水凼表面留有间隙，而且受阳光照射容易挥发变臭，对农作物生长极为不利，缺点多于优点。因此，菜农多采用其他杀虫药。不少菜农提议卫生厅使用"滴滴涕"或"六六六"杀虫剂喷洒水凼，如果适当增加分量，效果可能会更好，而且对农作物生长的影响也较小[③]。

1968年10月23~24日，卫生厅对马场、新口岸两地的386个水凼进行调查，发现其中的70个水凼有疟疾蚊，占调查水凼总数的18.13%。灭蚊队人员立即采用BHC（六氯化苯，又称六氯环己烷）化学剂兑水而成的杀虫剂，喷洒上述水凼，效果显著。灭蚊队人员于11

---

① 《一九六八年三月份灭蚊报告》，《华侨报》1968年4月25日，第4版。
② 《新口岸卫生环境最差　污秽水凼最易生蚊虫　希望居民与卫生局合作扑灭蚊患》，《华侨报》1968年4月27日，第4版。
③ 《菜农及街区工作人员分别座谈灭蚊　菜农表示清理郊区污水杂草消灭蚊虫繁殖》，《澳门日报》1968年5月18日，第4版。

月 4 日前往复查时，发现"菜农觉得该杀虫剂味道浓，不愿意采用"。菜农大多采用"滴滴涕"兑水喷洒，被卫生厅认为"分量不够，生效极微"，使得水凼中出现疟蚊①。

到了 1968 年年底，卫生厅提供的报告显示，经过一年来 1092 次的调查，马场、新口岸两地发现有疟蚊的水凼 125 个，其中有 12 个水凼的主人答应按照卫生厅提供的灭蚊办法去做，10 个使用油剂，2 个使用 BHC 药剂，113 个则不许使用杀虫剂；发现有普通家蚊的水凼 216 个，其中的 138 个允许使用油剂，78 个不允许。从 12 月 1～9 日期间，卫生厅人员在新口岸 348 个水凼中，发现 41 个有疟蚊，但水凼主人都不许使用杀虫剂。根据调查报告，卫生厅认为马场方面的菜农"甚为合作，全都容许卫生厅人员到场喷射杀虫剂，未有遭到反对，新口岸方面则较困难"。该报告指出，新口岸、马场区菜农已组成小组，协助卫生厅进行广泛调查，"将对这次灭蚊运动有帮助"②。

针对上述菜农抗拒卫生厅在水凼使用杀虫油剂的情况，1968 年 12 月 9 日，卫生厅厅长甘庇路在一个有关解决疟蚊问题的记者招待会上称，郊区菜田的不少水凼有疟蚊虫卵，而且有逐渐增加的趋势。其原因是一般有水凼的菜农，使用的杀虫剂药力不够，但又阻止灭蚊队人员日常到菜田水凼喷洒，使疟蚊虫卵得以繁殖，这是很危险的。他表示，卫生当局所用杀虫油剂经过医生检验，分量适合，不但可以消灭蚊虫，而且不影响农作物的正常生长，"菜农大可放心"。因此，他呼吁这些有水凼的菜农，为公共卫生着想：一是配合灭蚊队人员的工作，让其到自己的水凼喷洒杀虫油剂；倘自己使用杀虫剂时，也应加重分量，方能达至有效杀虫效果。二是希望菜农拔除种植在水凼内的一部分用作饲养的"猪菜"等植物，同时尽量拔除水凼边的青草，以便该杀虫剂无菜叶的

---

① 《马场新口岸菜地水凼发现疟疾蚊　因菜农所用杀虫剂药力不够》，《华侨报》1968 年 12 月 10 日，第 4 版。
② 《马场新口岸菜地水凼发现疟疾蚊　因菜农所用杀虫剂药力不够》，《华侨报》1968 年 12 月 10 日，第 4 版。

阻挡，能顺利渗透到水中，发挥杀虫功效①。虽然甘庇路通过媒体要求菜农放弃对喷洒杀虫油剂的抗拒，并呼吁菜农放心使用，但菜农仍觉得该杀虫剂味道浓，不喜欢使用②。

鉴于卫生厅灭蚊工作存在的缺陷，菜农对卫生厅使用杀虫油剂的抗拒态度一直延续到 70 年代中后期，当灭蚊队到一些菜田水凼喷洒杀虫油剂时，"往往遭到菜农阻止"，其因同前一样，即菜农顾虑到水凼一旦喷洒了杀虫油剂，当药力在水中未消失时，他们不能用水来淋菜，直接影响到自己的生活。因此，有很多菜田水凼的蚊虫，都因而逃过灭蚊队的喷药，得以保存生命，繁殖下去③。由此看来，卫生厅仍未兑现菜农期盼解决的在水凼内喷洒杀虫油剂问题的承诺，使得使用与抗拒的博弈一直存在到菜田水凼的消失为止④。

上述喷洒杀虫油剂的矛盾和冲突，起因首先在于局部（菜农）利益与全局（公众）利益无法达到合理均衡。卫生厅站在"全澳居民之卫生而设想"的立场上，不惜采取一切用药手段，彻底消灭蚊蝇。而菜农站在自身利益的立场上，认为喷洒杀虫剂不应影响自己的生产和生活，以确保自己的生存和发展。这里还需指出的是，除卫生厅使用杀虫剂具有弊端之外，如菜农不注意选择杀虫剂以及未选择正确的使用方法，亦容易造成市民进食蔬菜中毒的后果（此将在本章第三节探讨）。此表明双方如果不采取科学的杀虫剂使用方法，都会产生负面效果（参见图 4 - 2）。因而需要整合局部利益与全局利益的诉求，即需要把握全局利益（卫生厅用药）与局部利益（菜农用药）双方的平衡、环卫（卫生厅用药）与生产（菜农用药）之间的平衡，才能实现双赢的格局。

---

① 《卫生厅长呼吁市民搞好环境卫生》，《华侨报》1968 年 12 月 10 日，第 4 版。
② 《马场新口岸菜地水凼发现疟疾蚊　因菜农所用杀虫剂药力不够》，《华侨报》1968 年 12 月 10 日，第 4 版。
③ 杨挺：《蚊患何时了》，《华侨报》1976 年 6 月 13 日，第 5 版。
④ 据江荣辉介绍，卫生厅人员在水凼喷洒杀虫剂期间，有时会考虑到菜农的实际困难，当菜农向其"求情"时，这些人员便将杀虫剂泼往坑渠，回去后向卫生厅报告称：已在水凼喷洒杀虫剂了。参见 2012 年 6 月 27 日访问江荣辉的记录。

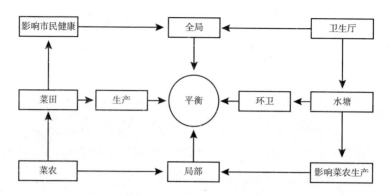

图 4 - 2　卫生厅与菜农使用杀虫剂的后果及关系

其次，澳葡政府在决策过程中仅以主观设想为依据，未能广纳民意。例如，卫生厅使用杀虫油剂之前，并未实地调查，认真听取菜农的建议，仅从最大限度地消灭蚊蝇的主观理想作为决策依据。当菜农遭受这种决策带来的损失，并致函卫生厅表示强烈反对时，卫生厅负责人在主观上为菜农的安全着想，希望菜农将蓄水以作灌溉用途的水凼全部填塞，"向自来水公司申请使用廉价自来水"取而代之。这种设想，无论从淡水资源极度缺乏的澳门，还是从菜农经济负担等角度考虑，都充满了理想色彩，在实际操作层面上是无法实现的。

再次，依靠行政命令的手段强制推行有关措施，既付出高成本的执行力，又收不到相应的效果。蚊蝇大量滋生的原因主要在于整体卫生环境的恶劣，需全面综合治理，而喷洒杀虫药只是其中的一种手段。更何况有些杀虫剂还兼有污染水土环境以及毒害人、禽、畜等副作用。同时，喷药也会使蚊蝇产生抗药性。卫生厅与菜农在水凼用药发生冲突的过程中，没有从实际出发，未采取沟通对话、协商协调的方式推进工作，拒绝接受菜农关于使用烈性较轻的杀虫粉剂的建议，坚持使用杀虫油剂，片面追求杀虫效用，这样的活动不仅得不到作为城市治理的相关利益主体菜农的主动积极参与，反而引起菜农的强烈不满和抵制，无法达到预定的行政目标。

上述问题出现的根源在于澳葡政府的城市治理"单中心"模式。

正如有的外地媒体所评论的：澳门组织章程赋予澳督无限的权力，但他缺乏一个组织健全的行政机器。政府的政策往往要靠澳督的行政法令或通过特别委员会去执行。直至 20 世纪 80 年代初，绝大多数政府高级官员都是"职业军人"①。对此，无论是葡萄牙政府或是澳葡政府都毫不避讳。例如，1982 年 10 月 11 日，葡萄牙行政改革部副部长罗栢士在澳门指出，今日各国政府均认为改革公共行政是优先处理的工作，使政府有能力来满足市民的需要，这点在澳门尤为重要，因为澳门的行政制度较为繁复，且权力太过于集中，应做"彻底的改革"②。1985 年 10 月 8 日，澳督高斯达（Firmino José da Costa）在接受葡萄牙《时报》记者访问时谈道，他 1981 年 7 月抵澳时"所遭遇的问题"。他说，70 年代中期以来，由于澳门人口急剧上升，工商业迅速发展，建筑业有所增长，居民生活亦普遍地提高，一切都在迅速发展，但政府的行政结构很脆弱，以致当他抵澳时，发现当时的澳门"无论在行政系统或基建方面都濒临崩溃的边缘，因此对这两个问题要进行有限的解决"③。

实际上，不仅是 20 世纪 70 年代中期以来，此前也有这种现象，在城市化不断提速的大环境中，面对农地用途转移、人口集聚等城市化要素对城市和边缘区环境卫生等带来的新挑战，"城市管理现不能理解为关于'由上至下'或者'命令和控制'模式的治理"④。但澳葡政府无法消除公共政策"路径依赖"（path dependence）的自我强化效应，仍沿袭传统的"由上至下"或"命令和控制"的城市治理模式，使得其采取的相关措施没有民意吸纳作基础，未能得到相关利益主体的积极参

---

① 《澳门的兴起》，柳佐民译自香港《亚洲周刊》（*Asia Week*），转引自《澳门日报》1980 年 11 月 2 日，第 2 版。

② 《葡行政部副部长指出　澳葡政府行政制度繁复　权力太集中应改革》，《澳门日报》1982 年 10 月 12 日，第 2 版。

③ 《澳督谈澳葡政府近年工作情况　把握时机进行结构改革　重建政府推动经建发展》，《华侨报》1985 年 10 月 11 日，第 1 张第 4 版。

④ Ade Kearns and Ronan Paddison, "New Challenges for Urban Governance," *Urban Studies* 37（2000）, p. 845.

与和支持，因此不可能真正解决一直困扰市民的公共环境卫生问题。相反，依靠广大市民参与城市治理过程中所体现出来的巨大潜力和作用，方能破解公共环境卫生的难题。这方面的例证有：1968 年 6～7 月，在"全澳街区坊众灭蚊委员会"领导下，各街区坊众灭蚊工作组动员灭蚊工作人员 3000 多人，参与灭蚊活动的居民则遍及全澳而"无法计算"，共清除垃圾量达 196 辆货车（约 300 吨），清洗街道 236 条，疏通淤塞渠口 147 个，喷洒杀虫药 170600 毫升①。这一灭蚊运动的成绩卓著，就连卫生厅人员也不得不加以肯定②。同时，澳葡政府在卫生整治的过程中，无视菜农的利益诉求甚至损害菜农的利益，也加剧了双方的分歧和矛盾，其推行的措施必然受到菜农的抵制，导致双方冲突不断发生，在公共产品供给、利益冲突协调、公共服务改善等方面碰壁，引起包括菜农在内的全澳居民的不满，难以避免陷入困境的结局（参见图 4－3）。

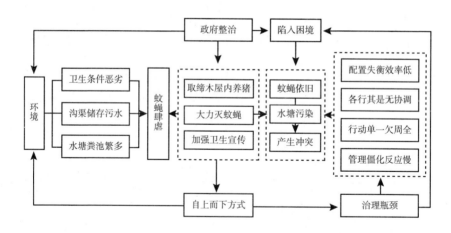

图 4－3 澳葡政府边缘区环境卫生整治背景、措施和后果

---

① 《灭蚊运动成绩卓著》，《澳门日报》1968 年 7 月 20 日，第 4 版。
② 《共同搞好公共环境卫生 卫生局派员到郊区 喷杀虫水扑灭蚊蝇 三月一日开始目前已获显著成绩》，《华侨报》1969 年 3 月 6 日，第 3 版。

二 角色转变：木屋治理僵局的缓解

自人类开始聚居城市以来，配套设施不足、环境拥挤等贫困阶层住房问题已成为城市生活不可取的一面①，也使得城市贫困和空间不公的现象成为其繁荣背后挥之不去的阴影。贫民区（或称木屋区、贫民窟、不发达区域等）的存在，不仅来自人口扩张或全球化的非人为压力，也是治理失败（failure of governance）的结果。因此，联合国人居署（UN-Habitant）提倡展开"良好、包容和平等"的城市治理，使贫民区成为城市必需的和具创造力的一部分。但必须指出的是，"贫民区既是问题的本身，也是问题解决方案的物质性表达"②。也就是说，贫民区在使城市贫困问题更加突出的同时，也可被视为解决城市住房短缺的暂时性方案。因此，如何妥善解决贫民区问题成为城市政府的一大治理难题。

本节所探讨边缘区也类似贫民区，同样面临一些治理难题。这体现在两方面，一是包括菜农在内的贫民居住木屋的普遍性，二是社会背景的特殊性。就前者而言，边缘区以木屋为主要建筑形式。从 20 世纪 40 年代开始，包括涌入澳门的内地难民在内的澳门城市低下阶层屡屡通过兴建木屋的方式来解决住房问题。这使面积不大的澳门半岛上出现了十多个木屋区，木屋呈现"星罗棋布，人口稠密"的态势③。关于后者，因为澳门处于澳葡政府与民间华人社会共存的特殊二元社会结构中④，

---

① *The Challenges of Slums Global Report on Human Settlements*, United Nations Human Settlements Program, 2003, p. 40.

② 〔英〕约翰·托尼：《城市秩序：城市、文化和权力导论》，郑娟等译，上海人民出版社，2010，第 115 页。

③ 木屋区的数量和面积在 20 世纪 70 年代达到顶峰，当时澳门半岛陆地和水上木屋合计约 6200 间，居民达 4000 多户。参见《全澳木屋六千间 居民达四千多户》，《华侨报》1976 年 6 月 20 日，第 4 版。

④ 吴志良在对澳门市民社会的构建这一问题的研究中，认为澳门"主权与治权的完全分离，决定了澳门的特殊法律地位及其政治结构和权威形态"。在这一背景下，"澳门社会事实上一直存在着不很完善却算和谐的二元结构"，但双方之间"未能形（转下页注）

这既为解决木屋问题增添复杂性，又使木屋治理进程出现了新的特点。

对于发展中国家城市的木屋区领域，有学者归纳了学界相关研究的四个主题。一是政府对木屋区展开的清拆和重建计划。这类计划被认为是城市政府与影响城市正常发展、城市生活和公共秩序的都市贫困现象以及非法占地行为进行的斗争。二是城市的土地所有权制度。此类研究强调木屋区居民对其土地和房屋并不享有任何法律上的权利，因而无法得到任何正常的城市服务，木屋区居民在一些城市甚至无法被雇用。三是部分城市规划者尝试使木屋区的法律地位正常化，以便实施城市的住房、交通和社会政策。四是在二元论视角下审视城市中的木屋区或贫民区与城市其他部分的共存现象，导致公共主体在不同的城市区域实施不同的政策，并致使木屋区政策在默许（例如使木屋区正常化、合法化、提出升级或重新安置方案）和镇压（例如拆除木屋、驱逐木屋居民或者强制安置）之间反复摇摆，木屋区问题因而成为一种"公共政策困境"（public policy dilemma）①。

菜农木屋案例也在一定程度上反映了上述研究主题。澳葡政府在20世纪50年代末至60年代中期采取清拆私建房屋和严禁改建的方式，以期逐步消灭木屋区。因为木屋搭建在政府公地上，包括菜农在内的所有木屋居民并未获得土地所有权，这影响了木屋区作为城市一部分理应

（接上页注）成良性互动和制衡关系"。参见吴志良、陈欣欣《澳门政治社会研究》，澳门成人教育学会，2000，第145、154页。娄胜华认为，"在澳门特殊的管治历程中，逐渐形成一种特殊的社会结构——华人与葡人共处分治的双层二元复合社会结构。'双层'是指政府与民间两个层次，'二元'是指华人与葡人两个不同的社区单元"。参见娄胜华《转型时期澳门社团研究——多元社会中发团主义体制解析》，广东人民出版社，2004，第217页。另外，也有学者从政治学的角度，研究澳门历史上存在的"二元政治"现象。参见冷夏《"二元政治"的客观存在与重新整合——兼议澳门行政区管治模式的构筑》，载余振、林媛主编《澳门人文社会科学研究文选·政治卷》，社会科学文献出版社，2010，第205~217页。

① Thomas Aguilera, *The Hidden Side of Metropolization: Governing Squats and Slums in Paris: Illegal Cities and Public Policy Dilemmas*, Paper presented at the International RC21 Conference, 2011, p. 5, EB/OL, http://academos.ro/sites/default/files/biblio - docs/249/rt13 - 2 - aguilera. pdf.

获得的包括水、电供应等在内的公共产品和公共服务。尽管澳葡政府从未赋予木屋区合法地位，但其确有考虑在木屋区实施各类特殊政策，例如 70 年代木屋委员会所提出的种种动议。此外，澳葡政府在默许木屋区存在还是强制拆除木屋区的做法上的摇摆不定非常明显。即使是在 1966 年的"一二·三"事件后，澳葡政府在木屋问题上的治理手段已从强硬转向妥协，但在个别案例上，仍试图重新采取强拆和限制修理的措施，以实现其在部分地区的政策目标。但是，除了上述被学术界普遍关注的研究主题外，菜农木屋案例也反映了一些澳门的特殊性。这种特殊性集中体现在以"一二·三"事件为转折点的前后两个阶段菜农木屋治理所体现的截然不同的特点，这在其他城市是不常见的。

（一）治理背景：木屋区的形成

治理背景是指治理过程所处的特定时空背景，科学分析这一背景，对于理解不同时期城市治理的转变尤为重要。因为"城市治理的根本变化，只有对城市的政经背景或其管理者的持续政治演算和相应行动作出充分考虑，才能得到恰当的解释"[1]。对于治理背景的分析，已被学者广泛运用于不同时期城市治理实践的研究中。例如艾伦·斯玛特（Alan Smart）在分析香港的木屋区城市治理时指出，20 世纪 80 年代港英政府在木屋政策上的转变，与包括 1984 年中英联合声明颁布、经济发展战略转变、中长期房屋政策形成在内的一系列重大历史事件和政府治理转型存在紧密的联系[2]。

1. 木屋的由来

"木屋"（又称"棚寮"）是一种习惯称法，系指包括菜农在内的城市贫困阶层在边缘区所建的居所。尽管被称作"木屋"，但这些房屋

---

① Alan Digaetano and Elizabeth Strom, "Comparative Urban Governance: An Integrated Approach," *Urban Affairs Review* 38, 2003, p. 360.

② Alan Smart, "Unruly Place: Urban Governance and the Persistence of illegality in Hong Kong's Urban Squatter Areas," *American Anthropologist* 1, 2001, pp. 35 – 36.

的建筑材料并不一定完全是木材，也可能包括砖石或锌铁等建筑材料。因此，澳葡政府统计部门将其定义为："作居住用途而无规律性之建筑物，无一般规定涉及，及用旧物料建成之居住单位"①。澳门的木屋早已存在，20世纪初龙田、望厦等地村民往往搭建"以竹为柱，以茅草为顶"的简陋住宅居住，这可以看作后来"板樟为壁，胶纸和锌铁为顶"之木屋的前身②。20年代前后，马场区一带仍是一片海滩，岸边"芦兜、杂树丛生"，但也有"一些渔民和农民为了生活，虽地处偏僻，不畏艰苦，在海边架搭芦兜棚、在荒地上盖搭茅寮，以作居室"③。但在20~30年代马场区的填海工程完成后，由于该处土地批给了以卢廉若为首的港澳商人兴建赛马场④，原本居住于该地的渔民和农民，被"饬令拆迁"，很多贫苦人家只得拆迁到附近的台山区⑤。再加上澳葡政府自1936年起至抗战前期，对木屋采取严厉的管理政策，下令拆除各区木屋，因此这一时期也被认为是"本澳有史以来最少木屋"的时期⑥。

此后，澳葡政府对木屋的管理又逐渐宽松，到20世纪40年代，形成了白鸽巢旁的木屋区和沿海林茂塘区的艇棚屋区。而抗战后期的

① 澳门统计暨普查司：《一九八一年第二次居住调查研究报告》，澳门统计暨普查司，1987，第9页。

② 姚云龙：《澳门木屋区的沧桑》，《澳门日报》1965年6月17日，第4版。

③ 《马场半世纪来的变迁》，《澳门日报》1973年12月20日，第3版。

④ 邢荣发：《澳门马场 沧桑六十年（1925~1985）》，《文化杂志》2005年第56期，第7页。

⑤ 据报道，当时的木屋居民一致要求有关方面补偿，以减少损失，但是"马场方面却不予理会，一意孤行，以堤基作水准，铲去小丘，填平洼地。建搭在小丘上的茅屋，虽未被拆卸，但地基却被挖空，以致茅屋倒塌，葵、木毁烂，不能复用，外出工作后回家的居民见家园被毁，损失不少，欲哭无泪，唯有收拾一些家具用品，觅地而居。同时，被饬令拆迁的居民，认为有关方面蛮不讲理，但为了减少损失，被迫自动拆除，保存葵、木，搬往台山荒地，重建居室。至于被拆茅屋的废料，全由有关方面送去妈阁焚烧，化为灰烬"。这起木屋拆除事件可以被视作早期木屋拆迁的一个案例。参见《马场半世纪来的变迁》，《澳门日报》1973年12月20日，第3版。

⑥ 姚云龙：《澳门木屋区的沧桑》，《澳门日报》1965年6月17日，第4版。

澳门由于马场停办，赛马场内一片荒凉，逐渐有居民以及逃难的难民在这里兴建木屋①。总体而言，50 年代以前，澳门各区出现了规模不大的木屋区，许多后来成为菜农木屋区的荒地还未得到开发，例如，后成为澳门主要木屋区之一的台山区，在 1950 年还是"宽广的荒原，野草丛生，只有一小部分被当时设在该区的难民所的难民开辟为菜地，仅有的木屋寥寥可数"②。另外一个例子是抗战初期的青洲区，据有人回忆，"当时该处附近，仍是荒落无人居的，甚而菜圃农场也少"；直到抗战后期，很多难民自内地涌来，该区才"渐有人居"③。

　　20 世纪 50 年代初，澳葡政府实行鼓励垦殖的政策，宣布马场等旷地可以开荒种菜，于是出现了大量菜农开垦荒地，盖搭木屋作为居住以及饲养家禽、家畜用途。在 50 年代"还是荒凉的旷地"，且仅"有些河涌、水塘和三五养鸭寮"的青洲区，到 1961 年已是"木屋、平民屋林立，住民估计超过四千人"，同年的马场区"菜田亦木屋节次鳞比，户口超过四百个单位，住民逾二千人"，黑沙环和新口岸"亦有逾千住民"④。据《华侨报》记者 1960 年的估计，当时澳门的木屋区已有马场、台山、青洲、新口岸、黑沙环、新桥大坑渠、林茂塘、白鸽巢山、石昌街等处，估计木屋数量"达五千间以上，住民凡三万人"⑤。

　　这一时期木屋区的形成有其深刻的社会背景，有些木屋区的居

---

① 据后来人回忆，澳葡政府准许在马场兴建木屋是源自"有一位曾姓市民，以和葡政府有点交情，乃申请一幅地，建临时别墅养病，且扩展以作菜圃，因此例一开，继之申请渐众，那里才有居民"。黄衫客：《澳门马场已面目全非（下）》《华侨报》1973 年 12 月 9 日，第 6 版。

② 《全澳木屋六千间　居民达四千多户》，《华侨报》1976 年 6 月 20 日，第 8 版。

③ 黄衫客：《澳门马场已面目全非（下）》，《华侨报》1973 年 12 月 9 日，第 6 版。此外，对于早期木屋兴建的原因，除了为个人居住所搭建的木屋之外，还有许多木屋是为了安置其他地区的灾民（台风灾害、火灾）而建；例如 1928 年兴建的巴坡沙坊和 1936 年兴建的筷子基坊。郑国明：《住房资源分配与政府行为——澳门公共房屋政策的若干分析》，《澳门研究》，1998 年第 8 期，第 234 页。

④ 《青洲　马场　黑沙环平民区新面貌》，《华侨报》1961 年 2 月 15 日，第 11 版。

⑤ 《禁在郊区各地搭盖木屋》，《华侨报》1960 年 12 月 7 日，第 3 版。

民组成不一定与菜农有关，例如 1961 年的青洲木屋区，其"住民十之九是小贩、车工、工厂、三行工友、手作仔和若干商贩户等劳苦大众"①。而此前在崔家园及白鸽巢山的木屋区居民则以爆竹工人为多②。但不可否认的是，菜农群体与木屋区之间有着密切关系，澳葡政府的木屋管理政策必然对菜农在木屋区的居住和生活带来深刻的影响。

2. 菜农的垦荒导致木屋数量的激增

如上所述，因菜农在开垦土地从事农业的时候，往往自己盖搭木屋用作居所。例如，在开荒初期，他们"一根扁担一把锄，边开荒，边当泥工"③。有的只能住在"咸鱼席棚"内，即以两张竹席支撑在地上，如沙滩的帐幕，晚上撑开，白天拆除。此后，菜农才逐渐在菜田边搭建矮小的锌铁屋居住。这些锌铁木屋的情形是："人住在不能坐立的假阁楼上，猪只则养在楼下，这种人猪同屋的状况，一直保持到六三年左右。"④

另据邢荣发的研究，在当时菜农普遍聚居的马场区，其搭建木屋的基本形式如下："菜农的居所多为木结构加上镀锌坑板外壳建成的一层或两层结构，并用镀锌坑板作金字屋顶，分散在各块菜田之中，分布没有规则，东一群西一排，座向杂乱，大多占地 50～100 平方米左右，另配有猪栏（棚屋）或鸡寮等。"菜农木屋一般楼下为起居室，楼上为睡房，在楼上建有露台以便晒晾衣物。厕所为茅坑形式兼具积肥功能，一举两得⑤。

由于这一时期的农业发展迅速，在当时主要的菜农聚居地如马场，菜田分布在星罗棋布的木屋之间，有些木屋高至两三层，菜农在

---

① 《青洲　马场　黑沙环平民区新面貌》，《华侨报》1961 年 2 月 15 日，第 11 版。
② 《全澳木屋知多少?》，《澳门日报》1982 年 10 月 19 日，第 2 版。
③ 李磊：《披星戴月的菜农》，《澳门日报》1969 年 3 月 23 日，第 4 版。
④ 《种植业最鼎盛时　菜地面积近千亩》，《华侨报》1975 年 3 月 29 日，第 4 版。
⑤ 邢荣发：《澳门马场区　沧桑六十年（1925～1985）》，《文化杂志》2005 年第 56 期，第 11 页。

这里从事"种菜养猪养鸡鸭等"，在外人看来彷如一个"热闹的村落"。由此可见，这样的菜农聚居地本身就形成了木屋区（参见图4－4），菜农盖搭的木屋也构成了木屋区的一部分，甚至有些地方的整个木屋区都是由菜农盖搭的木屋构成，当时黑沙环电厂附近的木屋区即是一例①。

图4－4　东面新填海木屋区（20世纪60年代末）

资料来源：《光影留痕—李公剑半世纪摄影作品集》，澳门出版协会，2008，第25页。

3. 各木屋区的形成与菜农也有极大的关联性

纵观20世纪50年代澳门木屋区居民的变迁，菜农往往是这些木屋区的第一代居民。例如，50年代初，澳葡政府将台山区土地分成不同等份的地段，以开投方式公开竞投。当时前来承投的居民都希望利用土

---

① 黄杉客：《澳门马场已面目全非（上）》，《华侨报》1973年12月8日，第6版；《青洲　马场　黑沙环平民区新面貌》，《华侨报》1961年2月15日，第11版。另有材料指出，台山区早在1928年即有"七百余间鸭寮，共有人口近二千人"。参见《台山面貌日新》，《华侨报》1974年12月3日，第4版。此外，需要指出的是，尽管台山区菜农人数不断减少，但至20世纪80年代仍有部分菜农，因此80年代政府在此收地兴建平民大厦时曾与菜农发生纠纷。

地饲养生猪。此后，该区便成为澳门主要木屋区之一的台山区，这里的第一代居民就是养猪的菜农。但到了 50 年代末，饲养生猪利润下降，养猪的菜农于是纷纷转行或搬离此地另谋发展。到了 70 年代，随着工业化的发展，此地"总数约一百户的木屋区居民，绝大部分是工人家庭，从事各行各业"①。

从总体上看，另一个既是菜农主要聚居地，同时也是主要木屋区的马场，是自 20 世纪 50 年代初在澳葡政府鼓励垦荒政策下由菜农开垦，并在此地搭建木屋居住的。60～70 年代，由于工业的快速发展，这里又成为澳门的主要工业区和住宅区。到 1961 年时，这里的居民仍以菜农为主，仅有"部分是打工仔"，随着后来该区兴建多幢工业大厦和住宅新厦，尤其是 1972 年佑汉建筑公司在该区部分农地上，建设 2000 多个住宅的佑汉新村，马场居民人口急增至逾万人。从此时起，该区居民从事工业的越来越多，而菜农则随着城市化发展造成的农地萎缩而逐渐转业或迁离此区②。

4. 菜农改造鸡、猪舍转而租售的行为促使木屋区容量拓展

20 世纪 60 年代初，市区房屋租金相对较高，有些市民无力负担，于是也前往边缘区旷地盖搭房屋栖身。1961 年，很多市民因为"近年屋租贵"而前往接近市中心区的新口岸菜田，"找片菜地，盖间木屋居住"，使得这里"住户日增"③。到 1963 年，如上文所述，出于经济环境变化和猪饲料、生猪价格的变动（例如，当时主要的猪饲料麦糠每担售 20 多元，而养大的生猪每担才售 140～150 元，一头乳猪要吃几担麦糠才能长到 100 斤，因此养猪普遍赔本），养猪不再赚钱，很多菜农原本用来养猪的猪舍逐渐空置。再加上这一年气候较热，蔬菜失收，菜农生活

---

①　《大规模牧场多数结束》，《华侨报》1958 年 10 月 31 日，第 3 版；《全澳木屋六千间居民达四千多户》，《华侨报》1976 年 6 月 20 日，第 8 版。

②　《居民激增几十倍约万余人　马场二十五年来的变迁》，《澳门日报》1975 年 4 月 14 日，第 4 版。

③　《青州　马场　黑沙环平民区新面貌》，《华侨报》1961 年 2 月 15 日，第 11 版。

顿时陷入困境，需另寻收入渠道。加之此时市区房屋租金仍居高不下①，市民难以负担，于是向这些木屋"打主意"，起初多是一些与菜农有亲戚关系的市民，暂借猪舍栖宿。后来一些菜农将原用做猪舍的木屋稍加改造用作住房出租。由于租金低廉，"问津者大不乏人"。据《澳门日报》记者估计，当时全澳大约有近半猪舍变成民房。尤其是新口岸区接近市区，猪舍改造为民房的现象最为普遍，有 70～80 间猪舍变作民房出租。这些由猪舍改造的木屋，居住环境极为简陋，仅用木板和胶纸板搭成，多数是成"金"字形，中间最高处一般为 2 米多，两边倾斜位置仅 1 米多，房间中低矮处仅 3 英尺多，即便住户"矮小如武大郎，亦无法挺直身子"。这些猪舍改建的木屋每月可给菜农带来百余元租金，比养猪更有利可图，于是菜农乐于接受这种变化。此现象也在南光贸易公司的一份报告中得到证实，该报告指出，1963 年的养猪成本不断上升，迫使不少菜农"放弃经营，有的见房租高涨而将猪舍盖搭成房屋出租"②。可以想见，这些由猪舍改建的木屋无疑使木屋区的规模进一步扩大，尤其是新口岸区在这一时期的木屋鳞次栉比，数不胜数③。

　　到了 1972 年年初，有媒体报道了海外归侨对澳门的印象，其中一个就是"住屋困难"。他们表示当时城市房屋租金较贵（"租新楼的一厅两房，动辄月租百多二百"），而"有能力置业的毕竟是少数"。因此"有些归侨索性在马场等木屋区购置一间小木屋栖身，甚至只能租住木屋的一部分"④。

---

① 有记者描述当时的情况：市区"一间不大不小的房间，动辄就收四五十元房租。而一般的受薪阶级只有百来元月薪，单付房租就花去月薪的一半，又叫他怎能负担得起呢"？参见《升斗小民生活日苦　市区租值高涨猪寮改充民房》，《澳门日报》1963 年 4 月 20 日，第 4 版。

② 参见南光贸易公司《1963 年澳门猪牛市况及我货出口情况》（1964 年 1 月 3 日），广东省档案馆藏，档案号：325－1－784－115－120。

③ 《升斗小民生活日苦　市区租值高涨猪寮改充民房》，《澳门日报》1963 年 4 月 20 日，第 4 版；《新填海区的变迁》，《澳门日报》1969 年 8 月 12 日，第 4 版。

④ 《归侨对本澳有何印象？》，《澳门日报》1972 年 1 月 23 日，第 4 版。

类似的情况也发生在 20 世纪 80 年代初，大量内地合法和非法移民涌入澳门，令澳门的"居住问题日益严重，房屋供不应求"。在这样的背景下，市区房屋租金上涨，而各个不断发展的新城区居住密度大增①，因此菜农将木屋改建成简易房屋租给他人居住的现象再度出现。有台山居民回忆，台山、青洲区在 80 年代已很少有菜农养猪，因为养猪赚钱少。自 1979 年春天开始，内地移民不断来澳定居，房屋缺乏，这些养猪的菜农将猪栏加搭一个上盖，成为可以出租或者出售的房屋。一间由猪舍改建的约 80 平方尺的小房，可售 1.2 万元左右。而出租的租金大约每月 300～350 元，每间这样的由猪栏改建的"人窦"仅可住 4 人。澳门电台记者估计，当时全澳这种改建房有 300～400 间，容纳近 2000 人。而马场也有些菜农将原来的鸡舍、猪舍拆建成简陋的锌铁屋出租，每个床位 60～70 元，"听说收入比养猪养鸡还高"②。"一段时期，木屋区内用以饲养禽畜的地方也居满人。"③ 可以说，在特定时期下，菜农改造鸡舍、猪舍出租行为也间接促进了木屋区的扩展，增加了木屋区接纳人口的容量。总之，尽管 50～80 年代菜农的发展经历了一个由盛转衰的过程，但其一直是木屋区的主要居住群体之一，而菜农与木屋区的形成及发展，都有较高的关联度。

此外，市民无论是到边缘区搭建木屋居住，还是在边缘区租住木屋，都要到市区上班等，正好与克雷奇（R. G. Golledge）对悉尼城乡边

---

① 例如马场区在 1972 年佑汉新村兴建之前，该区人口不足 1 万，1981 年人口估计有 4 万～5 万人，据马场街坊会负责人透露，当时该区大部分人口是来自内地的合法、非法移民。据说 1980～1981 年从福建省来的移民，仅居住在黑沙环马场区的就有 7000～8000 人。《黑沙环马场人口激增　交通水电治安待解决》，《华侨报》1981 年 11 月 6 日，第 1 张第 3 版。

② 《黑沙环马场人口激增　交通水电治安待解决》，《华侨报》1981 年 11 月 6 日，第 1 张第 3 版；《内地客在澳境况堪哀　猪栏改作人窦》，《澳门日报》1981 年 5 月 7 日，第 1 版；《青台区离岛猪栏改人居》，《华侨报》1981 年 5 月 7 日，第 2 版。

③ 黄振权：《鎏金岁月——木屋安置的我思》，载郑国明主编《房屋局十五周年特刊》，澳门特别行政区政府房屋局，2005，第 62 页。

缘区做出研究后得出的"人口具有流动性"的结论①相似，而且也证实了哈罗德·卡特（Harold Carter）关于"很多居民居住在边缘区，但社交生活方式及经济上却不属于边缘区"的观点②。

至于抗战结束后半岛木屋大量出现的根本原因，则是澳葡政府治理能力不足与城市住房需求之间的矛盾，这同时也是菜农木屋问题的重要治理背景。就本书所涉及的时间范围来看，澳葡政府在解决住房问题上的治理能力十分匮乏。在50年代，澳葡政府对于涌入的内地难民缺乏相应的安置手段，使包括菜农在内的难民被迫在半岛填海区的荒地上搭建木屋解决居住问题。到了60年代，尽管其对住房问题有所认识，但缺少解决问题的积极态度和能力，这尤其体现在这一时期澳葡政府所兴建的社会房屋数量上③。据此后的房屋司司长的总结，50～60年代中期澳葡政府仅"建成了四座小型公屋"，此后的嘉乐庇总督执政时期也仅"提供了340个单位"④。其数量对于解决当时为数众多的木屋区居民的居住问题无异于杯水车薪。这正如伊恩·斯科特（Ian Scott）所指出的："不像香港在70年代花大力气发展住房、教育和社会房屋，同期的澳门政府是一个十足的自由放任的政府（laissez-faire government），对于在这些领域扮演更积极的角色缺乏兴趣。"⑤ 在这样的治理背景下，包括菜农在内的内地难民和部分处于社会底层的市民不得不通过搭盖木屋来解决居住问题，而澳葡政府在很长一段时间内无法独力解决木屋居

① R. G. Golledge, "Sydney's Metropolitan Fringes: A Study in Rural-urban Relations," *The Australian Geographer* 7（1960）, p. 243.

② Harold Carter, *The Study of Urban Geography*（3rd edition）, London: Edward Arnold, 1981, p. 316.

③ 1964年出台的新口岸区规划将该地大部分土地划为建设住宅，体现出澳葡政府中的一部分人士认识到城市住房问题的重要性。但由于种种原因，这份规划很快被弃之不用。

④〔葡〕Joaquim Mendes Macedo de Loureiro:《澳门的社会房屋》,《行政》1994年第7册第24～25期，第506页。

⑤ Ian Scott, "Social Stability and Economic Growth," in Newman M. K. Lam and Ian Scott, eds., *Gaming, Governance and Public Policy in Macao*, Hong Kong: Hong Kong University Press, 2011, p. 5.

民的安置问题，只得通过各种粗暴的手段对木屋区加以限制，形成了木屋治理僵局。

（二）1959～1966 年澳葡政府对菜农木屋的治理

澳葡政府木屋治理政策的对象，主要是 20 世纪 60～70 年代方兴未艾的木屋区。澳葡政府的木屋治理措施可分为两大类，一是严禁木屋居民私自盖搭木屋，同时对原有木屋采取种种限制；二是考虑建设平民屋徙置木屋居民，拆除木屋。但"因徙置非短期可就"①，安置木屋居民需要一个长期的过程。其中，从 1960 年开始，为了整顿市容以发展旅游业，澳葡政府主要对新建木屋和原有木屋严格执行拆除潜建、限制修理的政策。

1. 禁止、拆除擅建木屋

在 1958 年以前，澳葡政府对于居民占地兴建木屋基本上是没有限制的。以菜农为例，在 1952 年大开荒运动的初期，菜农受经济所限，只能住在前述"咸鱼席棚"内。此后，菜农通过务农获得一定的收入，纷纷开始在农地上建造木屋栖身。澳葡政府虽对他们建造木屋持反对态度，但是菜农通过给工务厅"巡栏"（即稽查——笔者注）送"茶水钱"等方式，使有关部门对他们建造木屋"睁一只眼闭一只眼"②。而官方则对于这一时期容许菜农兴建木屋的原因做了如下说明："鉴于当时该等地段未有立即使用，而且占用者大多数系属贫穷或经济脆弱的人士，有关当局基于照顾人道的原因，未有采取禁止措施，以取缔在政府公地上盖搭棚寮或木屋作住宅或农耕目的之用"③。

但自 1958 年开始，澳葡政府的态度有所转变，其认为澳门可以发展旅游娱乐业，而当时各个木屋区的破旧面貌，有碍观瞻，不利于吸引

---

① 《禁在郊区各地搭盖木屋》，《华侨报》1960 年 12 月 7 日，第 3 版。

② 2012 年 6 月 19 日访问江荣辉的记录。

③ 《禁在政府公地　盖搭棚寮木屋》，《华侨报》1973 年 8 月 26 日，第 4 版。

游客，影响"繁荣计划"的实施①。因此需要"整饬市容"。为了实现这一目标，澳葡政府计划通过禁止和取缔新建木屋，严格限制原有木屋修理和防止其扩建等方式，最终"逐步消灭木屋区"②。因此，自 50 年代末开始，澳葡政府改变了过去对居民盖搭木屋不闻不问的放任态度，转而严加管理，一旦发现居民有此行为，即要求限期拆除。这对于已经习惯在自己菜田里搭建木屋的菜农，无疑造成了较大影响，1959 年路环菜农木屋被强拆的事件就是一个很好的例子。

虽有后人回忆澳葡政府是自 1960 年开始收紧木屋治理措施的③，但实际上在 1959 年，澳葡政府就对一些其认为是违规搭建的菜农木屋采取了清拆行动。这一年，路环有菜农租用教会的土地进行农作，他原有两间木屋，分别用作住屋和猪舍，而住屋在一年前因该教会新建学校而拆除，他只得搬到原本用作猪舍的木屋居住，但人多屋窄（全家七人），因此他便东挪西借，准备新搭建一间。在他开始兴建之后，曾受到教会神父和工务厅的阻止，但他认为"菜农在自己租地上建木屋，是一向的惯例"，因此继续修建。1959 年 5 月 21 日晨，工务厅派出两名"帮办"、一名"巡栏"、六名警察、数名职员与路环警区区长，将正在修建的木屋强行拆除④。

从这起事件中可以看出，澳葡政府与菜农在私建木屋问题上出现较大的分歧。由于此前澳葡政府一向对修建木屋并无严格限制，使得菜农认为在菜田上搭建木屋是理所当然的行为。当 1959 年澳葡政府相关政策立场突然转变，不再允许居民擅自搭建木屋时，显然并未得到菜农的充分理解，以至于在这起事件中，菜农根本意识不

① 《极力发展娱乐业　多吸引外国游客》，《华侨报》1958 年 11 月 18 日，第 3 版；《木屋待修者多　申请手续麻烦》，《澳门日报》1965 年 6 月 17 日，第 4 版。

② 《禁在郊区各地搭盖木屋》，《华侨报》1960 年 12 月 7 日，第 3 版；《木屋待修者多　申请手续麻烦》，《澳门日报》1965 年 6 月 17 日，第 4 版。

③ 《木屋待修者多　申请手续麻烦》，《澳门日报》1965 年 6 月 17 日，第 4 版。

④ 《路环一菜农的木屋被工务局强行拆除》，《澳门日报》1959 年 5 月 23 日，第 4版。

到自己的行为已被澳葡政府所禁止。这是引致这起强拆事件的一个重要原因。

　　20 世纪 50 年代末 60 年代初的这一强拆事件，成为澳葡政府木屋治理政策突然收紧的信号。此后，澳葡政府发现有人私自占地搭建木屋，立即要求有关屋主限期拆除，否则派人执行强拆。在澳葡政府眼中，这种管理方式将有助于实现其为美化市容而"逐步消灭木屋"的政策目标。因此。从 1960 年年底起，澳葡政府正式实施禁止擅建木屋的政策，并对居民修理木屋也做出严格限制。工务厅派出稽查人员，对马场、台山、青洲、新口岸、黑沙环等主要木屋区①做经常性巡视，倘发现居民擅自新盖木屋，就"饬令拆去"。例如，在 1960 年 12 月底，关闸马路近马场侧，有人在路边旷地搭盖的几间木屋被发现并督促其拆除，建造木屋的材料费及工人工资等数千元的损失，由屋主自行承担。工务厅还警告居民，今后勿擅盖木屋，徒招致损失②。

　　20 世纪 60 年代初，澳门发展旅游业得到了葡萄牙海外部的正式肯定。1961 年 2 月 13 日，葡萄牙海外部部长发布"海外省总代理处第 18267 号部令"，"在澳门省设立一个旅游区"。该"部令"的序言中写道："旅游业由于是一个相当重要的财富源泉，所以可以成为一个改变澳门现实经济结构的重要因素；为了达到这个目标，必须采取必要的有助于发展这个有前途的产业的措施，以此为澳门省提供新的生活能力。"③ 为进一步配合发展旅游业的施政措施，1962 年 7 月 27 日，工务厅就木屋事宜发出布告。布告中提出，除非得到澳葡政府的特别许可，禁止居民在半岛占领公地私建木屋，作居住或农业、畜牧用途，该布告全文如下：

---

① 据《华侨报》记者 1960 年的估计，木屋数量"达五千间以上，住民凡三万人左右"。参见《禁在郊区各地搭盖木屋》，《华侨报》1960 年 12 月 7 日，第 3 版。

② 《禁在郊区各地搭盖木屋》，《华侨报》1960 年 12 月 7 日，第 3 版。

③ 《海外省总代理处第 18267 号部令》，《政府公报》1961 年 3 月 4 日。另见《葡萄牙海外部宣称　澳门成立旅游区》，《澳门日报》1961 年 3 月 5 日，第 4 版。

澳门省工务港口运输厅布告：

　　为布告事，现奉上峰令，在澳门半岛内，除经上峰特别准许外，不得再有占领公地增建木屋，以为居住或农业畜牧之用。如获上峰许可，得在冰仔或路环岛批地建筑木屋，但须先向本厅申请方可。兹将本布告译汉，刊登政府公报及本省各报，并标贴在布告处，仰关系人等，一体知照。

　　此布，一九六二年七月二十七日

　　　　　　　　　　　　　　　　　　署理厅长巴士度 [1]

　　即便澳葡政府收紧木屋管理政策，但由于20世纪60年代初人口增加，土地资源日趋紧张，很多人为生活所迫无力承担市区昂贵的屋租，需另寻居所。1963年年初，有很多人在边缘区公地"觅一方空旷地段，私自盖搭木屋，以谋免费栖身。"这种私建木屋的行为，"一户创首，百户相随"。在黑沙环、台山、青洲一带，"此类新建无牌木屋如雨后春笋"，使边缘区"平添不少屋宇"。警方注意到这个现象，在2月7日通知这些住户，要求他们自行拆迁，并告知如果不自行拆除，将由工务厅派人前往强拆，并会将全部材料搬走，"户主必损失更大"。据报道，2月8日左右已有不少户主自行拆卸，"只青洲马路，于前一日内，已拆四间"。在此事件之后，澳葡政府再次发出警告，"今后市民如想在公地盖搭屋宇，必须获得工务厅准许，始可动工，否则只有徒劳人力，损失金钱而已"[2]。4月，新口岸区编号为21号及92号的两间菜农木屋，接到工务厅通知。通知书上指出，他们是未经申请而在新口岸公地上盖搭木屋及猪舍的，因此被分别罚款50元，并要在接到通知书之日起五天内将木屋拆卸，否则由工务厅派人执行。由于时间紧迫，觅居处不易等原因，这两户菜农未能按上述要求在限期内拆屋。于是在4月9日，工务厅派出

---

① 《郊区各处公地　禁居民私搭木屋》，《华侨报》1962年7月28日，第3版。
② 《私占公地搭木屋　多处新居被拆除》，《华侨报》1963年2月8日，第3版。

六名工人将其木屋及猪舍拆卸。这两户菜农"顿失栖依，彷徨无措"。尤其是这些木屋的木料、锌铁都被搬走，使他们无法在短期内另搭木屋，居住、生活均陷入困境。而工务厅仍表示将继续在该区调查，如发现擅盖木屋，将通知户主限期拆卸，如逾期未拆，将执行强拆①。

同时，面对木屋不断增多的情况，澳葡政府也在法律上做出应对。在 1963 年 7 月 31 日颁布的第 1600 号立法条例所核准的《澳门建筑条例》（*Regulamento Geral da Construção*）中②，有关规定内容如下：

> 第三一二条——澳门市区内、外或海岛市各地方或郊外所有建筑物，无论其性质或用途，在设计方面，施工方面及保养方面，对所属地区之市容，应提供庄严与美观之价值。又任何建筑，倘因其位置、面貌、尺寸对于所属地区之面貌有所影响，或对于具明显历史或艺术价值之房屋或地方有所妨碍，又或对于美丽风景有所破坏者，概不得兴建。
>
> 第三一三条——上述所指之事宜，包括修建、重建或改建均应遵守。
>
> 第四百一十三条——凡建筑物有倒塌之虞或对于公共卫生具有危险性，又凡一层或两层已完成或未完成之棚寮，以及其他小型建筑物，由于其工程设计未经核准或未领有准照，工务港口运输厅应经有关验证后，有权命令将之全部或局部拆卸③。

上述条例，为澳葡政府出于"整顿市容"之目的而拆除居民木屋提供了法律基础；而该章程第四百一十三条更赋予工务厅将未申请建筑许可的棚寮或"对公共卫生具有危险性"建筑物拆卸的权力。有了法律

---

① 《工务局昨强制执行　拆除新口岸两木屋》，《澳门日报》1963 年 4 月 10 日，第 4 版。
② 该立法条例载于 1963 年《政府公报》第 30 期。
③ 该译文参见《市行政局重申旧令　禁在政府公地盖搭棚寮木屋》，《华侨报》1973 年 8 月 26 日，第 4 版。

上的支持，到了 1964 年，澳葡政府对木屋面积的控制更加严厉，不但禁止擅建木屋，居民未经许可也不能将木屋扩建。就在这一年，澳葡政府对台山、青洲等处的木屋面积多次进行登记，并在其门前注明尺寸，然后三令五申不许未经申请擅自扩建，"如有违背，即被劝令改正，否则当局依法执行强拆，并将木板锌铁没收"。7 月，马交石、新口岸以及关闸马路等地已有三间木屋被工务厅强行拆除，关闸马路木屋住户因抗拒工务厅人员的强拆，第二天就有警察到场"监拆"。结果"该户主未有抵抗，全座木屋迅即夷为平地"①。澳葡政府的上述多项措施看似取得了一定的效果，据统计，1966 年边缘区木屋数量不到 2000 间，比过去大为减少②。

2. 对木屋修理的限制

如果说 1959 年开始的澳葡政府拆除擅建木屋政策，反映了其与木屋区居民之间新建木屋的拆建之争的话，那么在同一时期澳葡政府对原住户修理木屋的种种严苛限制，则反映了两者在修理还是扩建上的不同态度。如上文所述，这一时期澳葡政府对木屋的修理有严格的要求，甚至对木屋面积进行登记并丈量木屋高度，其出发点就是制止木屋居民借修理之名擅自扩建木屋。这一点在工务厅 1960 年对居民修理木屋的要求中就有充分体现，工务厅指出："对于原有旧木屋，如因过旧毁烂或漏雨，需拆去重新修盖时，屋主应记新盖木屋之面积地点及高度，须保持原有范围，切勿超逾，否则该局亦饬令拆去。"③

据有关资料记载，澳葡政府对于木屋修理的严格管理也始于 1960

---

① 《郊区扩建木屋陆续执行拆毁》，《华侨报》1964 年 7 月 17 日，第 4 版。值得一提的是，在 1964 年还出现了澳葡政府不说明原因即对有人居住的木屋强行上锁的现象。1964 年 8 月 4 日下午 3 时左右，澳葡政府派人到马场，将 A 座一列数间木屋强行上锁，其中有几家适从外返来，睹状即向有关人员理论后未被加锁。但 A 座七号一户居民刚巧全家外出，门外只上了一把门锁。有关人员却认为这间木屋无人居住，在门外特意加上一把大铜锁，不准该户居民进入。不料至下午 3 时许，这户居民接到街坊通知，说他的房屋已被有关当局派员上锁，他立即赶回，但已不得其门而入。参见《马场 A 座七号木屋昨突被封闭》，《澳门日报》1964 年 8 月 5 日，第 4 版。

② 《一九六八年三月份灭蚊报告》，《华侨报》1968 年 4 月 30 日，第 4 版

③ 《禁在郊区各地搭盖木屋》，《华侨报》1960 年 12 月 7 日，第 3 版。

年，同样是为了整饬市容，实行这一时期的"繁荣计划"，达到逐步消灭木屋的目的。除了原有木屋之外，不许再行盖搭，而对于原有木屋，如因居民家庭人口增加而要扩建的话，也只能在原有面积上扩建三分之一①。

到了 1963 年，澳葡政府不但不允许木屋扩建，而且也一度做出了禁止修理的规定。1963 年 5 月 14 日，市行政局派人到马场、新口岸等地张贴布告，禁止木屋居民擅自修理、改建木屋，该布告称："仰所有木屋之业主暨住客注意，倘未获工务港口及运输厅特别许可，禁止将木屋修理、扩大或新建。如有违犯，一律予以拆卸。"②

这条禁令代表着澳葡政府采用"一刀切"的方法限制木屋居民通过任何方式改变木屋的构造，意味着即使木屋残破漏雨或受灾损坏也只能保持原貌而不能做任何修理。这样的做法明显缺乏人性化。后经商会交涉，工务厅才答复："修理木屋需向工务局有关部门申请，经工务局长批准，方可动工。在修理时只限用旧木屋所用之材料。"③

本来，对于广大菜农等木屋居民来说，"兴建和修葺木屋需要先经申请也是无可厚非的，只要手续简单，时间快捷就行了"④。但是实际情况绝非如此，木屋修理递交申请后往往需要在工务厅和市政厅之间辗转反复，整个程序耗时费事。有时甚至遭到有关部门职员"左推右挡，不予答复"。关于这一时期木屋修理申请程序，《澳门日报》在 1965 年刊登的一篇报道做出如下描述：

> 然而，申请的手续是怎样呢？首先花一元二角买一张申请纸，写一封葡文信，交给工务厅，再由工务厅把信移交市行政局。大概

---

① 据史料表明，这一点也是商会和政府方面协商才争取到的，何贤当时曾转达澳督批示，木屋准许扩大原有面积的三分之一。参见《且听木屋居民的诉苦　遭毁木屋禁重搭　破屋请修无答复》，《澳门日报》1963 年 5 月 15 日，第 4 版。

② 《禁木屋居民　擅修葺住宅》，《澳门日报》1963 年 5 月 15 日，第 4 版。

③ 《且听木屋居民的诉苦　遭毁木屋禁重搭　破屋请修无答复》，《澳门日报》1963 年 5 月 15 日，第 4 版。

④ 《氹仔农户修理木屋难　申请耗时不易获批准》，《澳门日报》1965 年 7 月 17 日，第 4 版。

距离申请时十天之后，市行政局派出行政警员到查，认可，在申请信上加注，发还给工务局。这样又经过大约十天，工务局再着巡栏来量度（即测量——笔者注）修理的尺寸，再过两三天，屋主获得通知后，才能动工修理。那就是说，要修理木屋，从申请时起，起码经过三周后才能获许动工①。

1963 年后，澳葡政府对木屋修理的要求日益严格，一方面，即使是十分微小的修理，只要未经申请，澳葡政府就会要求拆除。另一方面，对居民修理木屋的材料也有严格限制，《澳门日报》1965 年的两篇报道对此是这样描述的：

　　修理原有的木屋，尽管是因为屋顶漏水，或者墙壁的木板破烂透风，钉上一块锌铁以遮挡风雨之微，也要进行申请，否则，有关方面不但饬令把钉上的一块锌铁拆下，而且连同钉上锌铁的那个部分也一概拆毁②。

　　如居民用新的木料、新的胶纸都受到他们的干涉，认为旧木屋不能用新材料修理。其次，木屋上盖的胶纸如果有一块半块烂了，居民也要向当局申请，批准后才可更换③。

尽管在澳葡政府看来，其对修理木屋的种种限制可以防止原有木屋区的面积因扩建而增大，从而实现其"逐步消灭木屋"的目的。但是这样的做法对居民正常的木屋修理造成严重影响。实际上，木屋很容易

---

① 《木屋待修者多　申请手续麻烦》，《澳门日报》1965 年 6 月 17 日，第 4 版。另有报道描述了当时的木屋修理申请程序后认为，该程序需要"往返多次的申请和检查，起码要等一个月左右才能动工修建"。参见《马场新填海等处　三百余木屋待修》，《澳门日报》1964 年 6 月 2 日，第 4 版。
② 《木屋待修者多　申请手续麻烦》，《澳门日报》1965 年 6 月 17 日，第 4 版。
③ 《氹仔农户修理木屋难　申请耗时不易获批准》，《澳门日报》1965 年 7 月 17 日，第 4 版。

受到火灾和台风的侵袭而毁坏，故需及时修理或重建，在这种情况下，很多木屋居民不愿意遵循正常程序花费较多时间等待澳葡政府批准其修理的申请，但私自修理又往往会遭到澳葡政府的干涉和要求拆除。这样的两难处境给木屋居民带来极大困扰，也使得官民之间矛盾重重。可以说，澳葡政府在灾后居民住所被毁亟待重建时，仍对木屋修理锱铢必较，是这一时期僵硬的管治手法①的集中体现。在更深层面上，则反映出澳葡政府对木屋居民生命及财产安全的漠视。此以 1963 年马场老妇火灾后修理木屋被澳葡政府制止，1964 年两次台风后的木屋维修以及木屋加固防风问题为例，阐述这一时期澳葡政府对居民修理木屋的限制。

1963 年 2 月 22 日下午 4 时，马场老年妇女的一幢木屋失火被毁。事后菜农合群社发动捐款帮助她渡过难关。到了 5 月，马场菜农"仗义解囊"，共筹资金 300 多元，帮助她重建家园。而她也购置木料，准备在被焚木屋残旧支柱上重新搭建屋顶，修缮后的木屋面积不但不会扩大，反而比原木屋矮至少三分之一，但她的申请却遭到工务厅的拒绝。除了这位老年妇女，当时另有五户木屋居民向工务厅提出修理申请，但均不获批准。广大马场菜农对其做法颇为不解，于是联合致函商会，表明"木屋损坏申请修葺，实属合情合理"，希望商会能代他们向澳葡政府转达简化木屋修理烦琐程序的请求②，并指出"农民居住木屋乃澳门之现实问题，应获合理安排"③。

除了火灾灾民修理木屋重建家园的行动受到澳葡政府的干涉外，1964～1965 年，菜农木屋受台风侵袭，损毁严重，急需修理时，澳葡

① 吴志良：《生存之道——论澳门政治制度与政治发展》，澳门成人教育学会，1998，第 258 页。

② 其在给商会的函件中希望商会能转达政府，今后"一般木屋小修，尽量免除申请手续；全面修建，也请简化申请手续，批准期限有一定时间，不应无限拖延"。参见《且听木屋居民的诉苦 遭毁木屋禁重搭 破屋请修无答复》，《澳门日报》1963 年 5 月 15 日，第 4 版。

③ 《工务局近有新措施 木屋破烂不许修》，《澳门日报》1963 年 4 月 18 日，第 4 版；《且听木屋居民的诉苦 遭毁木屋禁重搭 破屋请修无答复》，《澳门日报》1963 年 5 月 15 日，第 4 版。

政府仍坚持原有的烦琐申请程序，对于菜农灾后木屋修理以及加固木屋防范台风造成了不利影响。因此，在当时台风灾害背景下官民关于木屋修理的纠纷中，一方面，在商会等社团的协商和帮助下，一些居民的木屋修理申请得到了澳葡政府特事特办的待遇。他们通过商会向工务厅集体申请，可以在相对较短的时间内获得批准。另一方面，个别木屋居民在台风即将吹袭的紧急情况下，未经申请将木屋顶和门窗加固，则遭到了澳葡政府的粗暴干涉。澳葡政府的后一种做法引起广大木屋菜农的不满。

1964 年 5 月 28 日，台风"维奥娜"带来的海潮袭击澳门，马场和新口岸等地成为重灾区，无数木屋被海水冲毁或被暴风吹塌①（参见图 4 – 5）。

据菜农合群社事后统计，新口岸、马场、黑沙环、关闸马路、青洲等地的 341 间大小木屋（含猪舍、鸡舍）需修理。这些木屋灾民深明如果按以往程序向工务厅申请，"起码要等一个月左右才能动工修理"。但"木屋被吹毁的居民，现在已遭受日晒雨淋之苦，如果这次也要再等一个月才能动工修建，那居民就苦透了"②。因此，在灾后的第二天，马场菜农对前来慰问的商会和妇联代表提出四点要求，请求代其向澳葡政府交涉。其中一条就是"这次台风摧毁的木屋不少，如果依照以往的手续办理申请修理，则要花一段颇长的时间，因此希望工务厅能通融办理"③。在菜农合群社和商会等社团的帮助下，工务厅对马场台风灾害后木屋修理申请，加快批复的进度。到了 6 月 10 日，马场灾区"有不少木屋，已获准修理"④。

一年后，由商会和其他慈善团体在青洲区兴建的木屋"残破不堪，难御风雨"，且很多也受到 1964 年多场台风的影响受损。很多

---

① 《"维奥娜"小姐带来"祸水"　海水淹没马场菜田区》，《华侨报》1965 年 5 月 29 日，第 4 版。
② 《马场新填海等处　三百余木屋待修》，《澳门日报》1964 年 6 月 2 日，第 4 版。
③ 《商会妇联代表　昨日慰问马场菜农　并支持所提要求》，《澳门日报》1964 年 5 月 30 日，第 4 版；《灾民分三处收容　商会妇联去慰问》，《华侨报》1964 年 5 月 30 日，第 4 版。
④ 《马场被风吹毁　木屋亦进行重修》，《华侨报》1964 年 6 月 10 日，第 4 版。

图4－5　台风过后的新口岸（1964年）

资料来源：陈浩星主编《澳门旧事：欧平濠江昔日风貌摄影集》，澳门民政总署，2005，第49页。

住户因此自行修理，但却遭到工务厅的阻挠，"修葺好的也要拆卸"。眼见1965年的夏季台风多发季节又将来临，青洲坊众互助会为木屋修理问题召开专门会议，并请求商会代向工务厅交涉。经交涉后，工务厅同意由商会代为集体申请。消息传出后，立即有100多间木屋户主在商会登记，由商会代向工务厅申请。与上述"维奥娜"台风损坏木屋需维修情况一样，工务厅也加快了批准的速度，到了 1965 年 6 月，经集体申请的青洲区部分木屋已获准修理和加固①。

但是，从现有资料看，上述事件并非普遍现象，一般居民修理木屋往往面临许多困难。也就是说，在没有社团介入的情况下，工务厅严格执行其未经申请不得修理木屋的规定，即使是十分微小的修补工作也不允许，而且接受申请后的审批时间也如此前一样拖延费时。有些菜农遵循正常程序向政府有关部门申请修理木屋，等待时间往往不止数周或一月。例如 1964 年 9 月，台风"露比"吹毁氹仔卓家村、三家村等地菜农的九间木屋，这些木屋损坏程度严重，"有的板壁破烂了，有的板壁和上盖都被吹走，只剩下几条木柱"。但直到 1965 年 7 月，这些木屋的修理申请仍未获得有关方面批准②。在这种情况下，不难理解木屋居民往往不愿意遵循正常途径申请和修理木屋，在澳门夏天台风多发季节，纷纷自行维护和加固木屋。

但是，就在 1965 年的夏天，澳葡政府对居民自行修理木屋的限制达到了"锱铢必较"的地步，很多菜农仅对木屋做了一点修补，被发现后也会限令拆除。一方面，在 7 月的台风"法妮黛"到来之前，居民纷纷加固和维护木屋，青洲石仔堆有一户木屋居民因为屋顶漏水，便在屋顶加盖了一层胶纸。一般来说，在屋顶加盖胶纸既不会影响木屋的面积，又非扩建。但被工务厅稽查人员发现后，立即被限令拆除，这户居民不得不在漏雨的木屋里度过多雨和多台风的夏季③。

另一方面，在上述台风"法妮黛"到来之前，由于菜农纷纷吸收了上年台风"维奥娜"和"露比"吹毁木屋的教训，将木屋的屋顶及

---

① 《台风季节防范未然　青洲破烂木屋纷纷修葺》，《澳门日报》1965 年 6 月 10 日，第 4 版。

② 《台风季节已到临　氹仔农户修理木屋难》，《澳门日报》1965 年 7 月 17 日，第 4 版。

③ 《台风季节防范未然　青洲破烂木屋纷纷修葺》，《澳门日报》1965 年 6 月 10 日，第 4 版。

门窗用木条等材料加固，因此都能平安度过这次台风的侵袭。"只一小部分未能及时防范的木屋屋顶或门窗被吹毁，但一般受毁程度均不严重。"① 然而，在台风离开澳门后，这些临时加固木屋的住户也受到工务厅的干涉。工务厅认为此系未经申请获批的，因此限令他们拆除，"即使补办申请手续亦不准"。《澳门日报》记者报道了一些被要求拆除木屋加固材料的例子：（1）在关闸马路下方居住的一位菜农，在台风将至前买了几条木条钉在屋顶上，以防止屋顶被台风掀翻。此被工务厅"巡栏"发现，要他在五日内拆除。这位菜农表示，如果拆除，必须拔出钉在木条上的铁钉，进而导致木屋漏雨。为此，他请求补办申请手续免于拆除木条，但遭拒绝。（2）圆台仔有两户菜农，同样是台风来临前在屋顶上加盖锌铁片或胶纸，台风过后也被要求限期拆除。他们表示，此仅是对免使台风破坏木屋的临时措施，并愿意补办申请手续，但仍不获同意。

上述事件引起了包括菜农在内之木屋居民的普遍不满。《澳门日报》综合了他们的意见，一针见血地指出：

> 不少居民认为，现在正当台风季节，台风将会接踵来袭，为了木屋居民的安全，工务厅不应把规定执行得太机械，应灵活应变，改善措施，方便居民及时修理木屋，而在台风来袭前夕，居民临时加固了木屋，无非是为了安全着想，不应连补上一块胶纸之微，也要加以干涉②。

3. 禁止木屋火灾灾民在原址重建家园

1962 年 11 月 26 日，新口岸木屋区发生火灾，导致 20 多间木屋被毁，并使 86 名灾民无家可归。这些灾民"有些是经营小本生意的，但

---

① 《"法妮黛"过门不入　新口岸菜地部分受淹》，《澳门日报》1965 年 7 月 16 日，第 4 版。

② 《木屋加固防台风　工务厅竟亦干涉》，《澳门日报》1965 年 7 月 25 日，第 4 版。

多是养猪种菜的，一般都是贫苦大众"①。在火灾发生后数小时，澳葡政府便派人在火灾现场用"水泥椿柱及棘线围起来"，并派警察在火场周围守卫，不准灾民接近②。数日后，市行政局要求灾民到该局登记，并对灾民表示，政府决定收回该地，并考虑将灾民迁往别处搭木屋居住③。但对于受重创的灾民来说，在原址重建家园是他们最大的诉求，他们曾向行政局表达但未获许可。12 月 5 日，灾民代表赴商会递信，请求其出面斡旋。该信全文如下：

敬启者：

　　我们原是新口岸木屋区的居民，一九六二年十一月廿六日晨三时半，新口岸因不幸起火成灾，三间商店十一间住户，六十二位居民，均遭到火灾的惨劫，所有商店商品，居民家俱，衣物，牲畜等均变为灰烬，全部倾家荡产，此不幸灾劫，灾民痛不欲生。事后，幸蒙各界同胞关心，又得当局照顾，将我等安置在青洲难民收容所，食宿暂算有着落，虽然为此，但我们丧失家园之苦，终究不能消除，思念前途，无一不泪如泉涌，个别灾民，甚至想了残生，眼看灾民已成事实，纵使疼痛，亦难于挽危为安，情有悲愤为力量，希望在原处重复家园，恢复生产，安定生活。不料在灾后数小时，当局竟将灾区筑柱围栏，并派出警方人员，日夜守险，市行政局又言及不许我们在原灾区重建，拟将全部灾民，徙置在马场附近，惨遭火劫的灾黎，而对此情此景，有如晴天霹雳，内心更感疼痛万分，我等一向生活于新口岸，熟悉该处环境，所有菜地，已种菜蔬，畜养牲口，与日俱增，居民又互有联系，各商店与居民，亦建立供销习惯，尚有赊账未收，倘一旦迁移别处，生产及生意，均遭到无可限量的损失，我们全体灾民，日前一致要求当局准予在新口岸原灾区重建家园，并给予经济上的救济，但至

① 《火神频肆虐昨降临新口岸　木屋二十间付一炬》，《澳门日报》1962 年 11 月 27 日，第 4 版。
② 《当局拟另择地点　让灾民重搭木屋》，《澳门日报》1962 年 11 月 28 日，第 4 版。
③ 《灾户到市行政局登记　盼能在原地重建家园》，《澳门日报》1962 年 11 月 27 日，第 4 版。

今尚未获当局确实答复，素仰贵会热心慈善工作，为同胞排难解困，用敢恳请贵会各善长仁翁，伸出同情之手，全力支持我等之不幸，代我等灾民向当局请求，使我等能在原灾区重建家园，免令我等流离失所，沦落街头，处于极其贫寒之中，实无限感激矣。

　　此致
中华总商会何贤长暨列位理监事先生台照

新口岸灾民六八号 B 区丽娟六人，……①

　　但澳葡政府坚决要将这批灾民迁往别处，并在 12 月中旬表示，将在马场北面拨出荒地给他们重建家园，同时要求灾民登记所需面积②。对此，灾民又于 12 月 19 日到访商会，要求代向澳葡政府表达他们的诉求。他们表示："当局虽然在马场北面拨出荒地让他们定居，但该处地势低洼经常水浸，不易居住。他们希望当局尽可能答允他们能在灾场原地重建家园。否则，也要另行在青洲地区拨出适当地点，让他们安居。此外，他们希望当局延长收容时日，继续提供食宿，使能有所充分准备。"③ 这些要求未被澳葡政府接纳，1963 年 9 月，澳葡政府仍将这批灾民安置在马场④。

　　20 世纪 60 年代以来，澳葡政府针对新口岸木屋区采取多项行动，其中尤为值得关注的是禁止木屋灾民在原址重建家园一事。尽管将灾民迁往马场是澳葡政府的一贯做法⑤，但这一事件也反映出其对发生火灾

① 《新口岸大火灾民　请准在原区重建家园》，《华侨报》1962 年 12 月 6 日，第 3 版；《新口岸灾民代表　携函赴商会求援》，《澳门日报》1962 年 12 月 6 日，第 4 版。

② 《救济会昨通知新口岸灾民　拨马场荒地作定居》，《澳门日报》1962 年 12 月 18 日，第 4 版。

③ 《新口岸灾民　昨再访商会》，《澳门日报》1962 年 12 月 20 日，第 4 版。

④ 参见《马场新建成木屋　安置三十四户灾民》，《澳门日报》1963 年 9 月 17 日，第 4 版，在该报道列出的获安置灾民名单中，包括部分新口岸火灾的灾民，估计其他灾民也会被陆续安置在该区。

⑤ 例如，当时木屋区火灾频发，澳葡政府在 1963 年 9 月在马场建成一批木屋，除了用于安置新口岸火灾灾民，也被用作安置田畔街大火及如意巷塌屋的灾民。且据报道，待后续木屋建成后，政府方面还计划安置嘉野度将军街的火灾灾民。参见《马场新建成木屋　安置三十四户灾民》，《澳门日报》1963 年 9 月 17 日，第 4 版。

后的新口岸土地用途另有想法。因为灾后澳葡政府立即封锁现场，且毫不理会灾民多次表达希望在原址重建家园的强烈诉求，加之1962年澳葡政府对该区的规划也在"酝酿之中"。因此笔者认为此事件表明澳葡政府为收回土地而无视灾民的诉求，迫使他们迁离此地。另外，也体现了新口岸区土地在澳葡政府心目中的特殊位置，使其在处理木屋问题的同时也一并考虑收回该区土地，这与澳葡政府在其他木屋区实施的以"逐步消灭木屋"为目的，拆除擅建木屋、限制木屋修理为主要手段的管理政策是有区别的。

作为这一时期澳葡政府对木屋管理措施的总结，从现掌握的资料中可以发现，以1959年澳葡政府强拆路环吴姓菜农私自盖搭的木屋为起点，澳葡政府对边缘区木屋的态度日趋强硬。到1965年，澳葡政府对于修理木屋的严格控制达到了"顶点"。从总体上看，至1966年12月为止，其对木屋的管理措施以严禁木屋居民擅建木屋和限制居民修理木屋为主，其治理政策以及对相关法规措施的演进如图4-6所示。

在澳葡政府的严厉限制下，半岛木屋数量有所下降。1960年，《华侨报》记者估计全澳木屋（包括离岛）总数在5000间以上。1965年，《澳门日报》记者调查半岛木屋区数量约有3100间。到了1966年，官方实地统计的资料显示为1894间，这些都比1960年媒体的估算数大幅度下降。

（三）"一二·三"事件后澳葡政府对菜农木屋的治理

从菜农木屋治理的整体进程来看，上述治理僵局并未一直延续，以1966年爆发的"一二·三"事件为转折点，这种局面得到改观。该事件与此前澳葡政府的治理方式和手段有关。正如某些事件亲历者将事件的原因归纳为人们发泄"对澳葡政府种种考虑欠妥的政策、部分官员的傲慢以及底层官僚腐败无能的失望情绪"①。然而，更为重要的是，

---

① Cathryn Clayton, "The Hapless Imperialist? Portuguese Rule in 1960s Macau," in Bryba Goodman and David Goodman, eds., *Twentieth Century Colonialism and China: Localities, the Everyday, and the World*, New York: Routledge, 2012, p. 215.

1. ·1959年5月：强拆路环吴姓菜农木屋，应为澳葡政府收紧木屋管理政策的标志。

2. ·1960年12月：正式宣传"禁在郊区各地搭盖木屋"，修理木屋需要申请，同时开始派人员在木屋区稽查，发现私建木屋即拆除。

3. ·1969年7月：发出布告，禁止占领公地私盖木屋，作居住或农业畜牧用途。

4. ·1963年2月：派警察通知屋主限期拆除新建木屋。

5. ·1963年4月：对新口岸两间不能在限期内自行拆除的擅建木屋强行拆迁。

6. ·1963年5月：张贴布告禁止居民擅自修理、扩建木屋。当月，马场老妇修理被火灾烧毁木屋的申请被拒绝。

7. ·1963年7月：颁布《建筑总章程》，赋予工务厅将未申请的"棚寮"或"对公共卫生具有危险性"建筑物拆卸的权力，从而为拆除木屋提供了法律基础。

8. ·1964年7月：开展木屋面积的丈量。马交石、新口岸及关闸马路三间木屋因扩建而被执行强制拆除。

9. ·1964年6月：经商会与工务厅协商后，被台风"维奥娜"吹毁木屋的居民才被允许通过集体申请手续进行木屋修理。

10. ·1965年6月：青洲及石仔堆居民自行维修木屋遭到工务厅的干涉。

11. ·1965年7月：凼仔有些1964年9月被台风"露比"吹毁的木屋，近一年后仍未获准修理。

12. ·1965年7月：关闸马路、圆台仔的菜农为防范台风加固木屋，受到工务厅干涉。

图 4 - 6　澳葡政府 1959 ~ 1966 年木屋治理政策法规及措施的演进

该事件既对澳门社会带来的广泛而深远的影响，又彻底改变了菜农木屋的治理进程。这种转折体现在两个方面：一是该事件迫使澳葡政府转变治理态度，正视华人社会的需求，推动整个政府的治理开始转型。对此，吴志良曾做过全面的评价："澳葡政府经此一役，吸取了深刻的惨痛教训，逐渐调整改变其僵硬过时的殖民政策和手段，这为澳门长远政治社会稳定、经济民生进步、民族融合发展以及法律合理完善创造了起码的条件。"① 二是与治理转型相呼应，菜农及相关社团等政府以外的治理主体也实现了角色转换。这就为此后各主体之间就解决木屋清拆安置等复杂问题所开展的互动，奠定了相应的基础。

1. "一二·三"事件：从强硬到妥协的转折点

正如吴志良所述，"所谓的'一二·三'事件，并不仅指1966年12月3日发生的惨剧，而是一场自11月中开始，连续数月的群众运动"②。据一位西方记者的观察，当时的澳门"即使是交通法规这样最简单的法律也难以执行"③。该事件的起因、过程和结果并不在本节论述的范围内，本节主要讨论的是，该事件的发生，打断了澳葡政府严苛木屋治理政策的实施进程。在澳葡政府无暇顾及的情况下，私建木屋在较短时间内以"野火烧不尽，春风吹又生"之势在边缘区迅速扩展。

仅在"一二·三"事件爆发后的数周，黑沙环、马场、台山、青洲、筷子基等木屋区的贫苦居民，立即"乘机大兴土木，建搭木屋"。据估计，仅1966年12月，各区"参差不齐之新木屋约达千间"。除了一般居民搭建木屋解决居住问题外，也有"用木料钉本三二百元，完成一间木屋，供予应用者，可售一千几百"的牟利现象。由于这些木屋在市面上"甚为抢手"，使他们借此大发"投机财"。有记者在分析其原因时指出，本来澳葡政府对居民擅自搭盖木屋"早有禁令，惟近日当局未暇顾及，因此一般市民'你搭我搭'，新木屋遂日继多出现"④。

---

① 吴志良：《澳门政治制度史》，广东人民出版社，2010，第217页。
② 吴志良：《生存之道——论澳门政治制度与政治发展》，澳门成人教育学会，1998，第259~260页。
③ 〔英〕Anthony R. Dicks：《一个无法有天的世界——一位西方记者笔下50、60年代的澳门》，《澳门研究》2006年第35期，第161页。
④ 《郊区新搭木屋　总数约达千间》，《华侨报》1966年12月28日，第4版。

进入 1967 年，私建木屋的风潮可谓愈演愈烈。由于澳葡政府严禁私建木屋的政策趋于放松，加上这一时期的人口增加，贫困居民无力承担市区房屋的租金转而到边缘区搭建木屋的数量也不断增加。所以，从1967 年 1 月开始，新口岸、渔翁街、黑沙环、马场、台山、青洲、筷子基、沙梨头、白鸽巢山边等旷地，"续有新木屋出现"。到了 3 月，《华侨报》估计木屋总数"除原有者已增加四千余间"，其中以青洲、马场、台山三区新建木屋数量最多①。有报道称，边缘区"每天均有新木屋建成，原有之旧木屋，住客亦将之加高扩大"。有些新建木屋甚至颇为豪华，有"二层骑楼、花园、晒台，有如洋房式者"，并不像是贫苦居民兴建，更像是市区有产者所为②。

这股风潮在 1968 年达到高峰。当时私建木屋占地极广，使得"郊区几无空地"，甚至还出现了"市内空房空楼日多，不少贴出招租，但过问者少"，"反之郊区旷地，新建木屋日有出现"的奇景③。这种现象也反映在官方公布的资料中。前述 1968 年的一份官方灭蚊报告，也印证了这一时期新建木屋数量大增的概况：1966 年全澳边缘区共有木屋1894 间，至 1968 年 3 月已增至 3372 间。在过去 15 个月中，"木屋增加数几达一倍"④。而有关媒体估计的数字则更为夸张，例如上文所述，《华侨报》估计 1967 年头三个月已新建了 4000 间木屋。可以说，在澳葡政府因"一二·三"事件而对木屋放松管理一年之后，1968 年澳门各主要木屋区的木屋数量很快就回到甚至超过 1965 年的水准（如图4 -7所示）。

---

① 《近月纷纷盖搭下　郊区木屋数大增》，《华侨报》1967 年 3 月 9 日，第 4 版。这篇报道还称当时各区新建木屋情况为"新木屋马场千余间，青洲约八百间，台山七八百间，其余各地区亦有数百间，筷子基一般泊于两岸之艇户，为木艇年久失修，不蔽风日，亦乘机在岸边搭建木屋"。因此新建木屋"大小不一，参差不齐，望之如星罗棋布"。

② 《市内各处空地　增加不少木屋》，《华侨报》1967 年 8 月 25 日，第 4 版。

③ 《占地强盖木屋　郊区几无空地》，《华侨报》1968 年 2 月 15 日，第 4 版。

④ 《一九六八年三月份灭蚊报告》，《华侨报》1968 年 4 月 30 日，第 4 版。

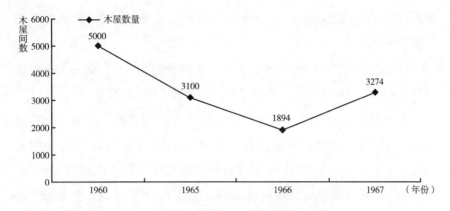

图 4 – 7　20 世纪 60 年代木屋变动趋势

注：需要指出的是，澳葡政府统计部门在 20 世纪 70 年代末 80 年代初才开始进行正式的房屋统计。因此，在上述资料中，除了 1968 年的灭蚊报告中的木屋数字出自官方卫生部门之外，其他资料均整理自媒体报道中的估算部分，可能与事实有一定偏差，对此的研究有待深入。

资料来源：《禁在郊区各地搭盖木屋》，《华侨报》1960 年 12 月 7 日，第 3 版；《木屋待修者多　申请手续麻烦》，《澳门日报》1965 年 6 月 17 日，第 4 版；《一九六八年三月份灭蚊报告》，《华侨报》1968 年 4 月 30 日，第 4 版；《近月纷纷盖搭下　郊区木屋数大增》，《华侨报》1967 年 3 月 9 日，第 4 版。

从以上木屋数量变动状况中可得出一个基本结论，那就是澳葡政府在 60 年代采取的以"逐步消灭木屋"为目的的木屋政策，也许可以暂时抑制木屋数量，但是无助于从源头上解决木屋问题。一旦其降低政策执行力度，居民在边缘区私建木屋行为就势必"反弹"。

2. 木屋政策的转变

1967 年以来，澳葡政府在木屋政策上出现了的一个明显变化，就是较少采用此前强拆逾期未拆的私建木屋，以及限制居民未经申请扩建或修理木屋的严苛管理手段，取而代之的是相对宽松的木屋治理方式。尽管仍以严禁居民擅建木屋为原则，但在政策具体实施方面则有松动。此外，其重新开始研究制订兴建住宅安置木屋居民的计划。这主要体现在澳葡政府 60 年代末 70 年代初的三份政府文件及其成立的木屋管理委员会（又称木屋管制委员会，以下简称木屋委员会）的有关工作中。但这种转变并不彻底，在某些特定地区存在政策上的摇摆现象，1976 年 6 月澳葡政府对新口岸木屋区采取的行动就是一个例证。本节主要从两个方面探讨澳葡政府在"一二·三"事件之后的木屋政策。一方面，通过分析这一时期的政府档案，探讨其木屋政策的总体原则和目标；另一方面，通过与过去一个时期的比较，探讨其在具体政策执行上的转变。

如上所述，1966 年年底开始出现私建木屋的风潮，新建木屋数量大增。针对这一问题，澳葡政府于 1968 年、1971 年和 1973 年相继对外发出三份布告。其中 1968 年的布告是澳葡政府秘书处对外发出的，而后两份则是澳葡政府行政局发出的内容相同的布告。这三份布告产生于特定的历史背景下，但其中清晰地体现了一个原则，即澳葡政府对待木屋的态度和过去并未有根本的改变，仍然坚持严禁居民私建木屋这一原则。同时，这三份布告还全面阐述了澳门木屋问题的缘由、政府禁止私建木屋的原则、实施这一原则的理由及相关措施，因而值得解读。

首先，澳葡政府秘书处于 1968 年 3 月发出布告，表示政府已了解到当时新建木屋大量出现且有投机者建木屋牟利的情况，并指出这些木屋的卫生条件差，容易引起火灾。该份公报相对于此前强硬的限制措施，立场和姿态均有所软化①。该布告指出，木屋大量出现的主要原因

---

① 鉴于该布告对于本研究有重要意义，特将其全文转载如下：

澳门省政府秘书处布告：

关于盖搭棚寮事宜：

本澳一如在发展中的城市，难免有用木料或其他临时性物料僭搭住所的情况，该等住所几在各街区内都有发现。

近数年来，无论政府或一些私人虽然兴建若干住宅，但事实上数量仍是不足的，因而引致许多临时建筑物（棚寮）的出现，造成严重的问题，而应该避免的。

在过去数月来，僭建情况更形严重，因为有人盖搭棚寮，以作出售，转让或出租等谋利之举，这只是对少数人有利而对大众有害。又查最近所建成的棚寮，大部分并非用作住宅，而系经营小生意者，尤以理发店或咖啡汽水档为多。

本澳市容，因而有所改变。

此等临时建筑物的存在，也缺乏最低限度的卫生设备。例如：无去水渠（即排水渠——笔者注），空气光线不足及缺乏用水等，足以威胁居住者与其他居民的健康，该等棚寮及其附近不良的卫生环境，乃人所共知者。至于积聚污水或其他原因所散发臭味，尤足以使许多地区居民产生不便与妨碍。另一方面，用易燃物料盖棚寮，火警堪虞，因为棚寮既属易燃，一旦发生火警，火势必定猛烈，显然对于居住者的安全与财物，足以构成严重的威胁。临时凑集一些材料在水上架搭棚寮，不（转下页注）

是"近数年来，无论政府或一些私人虽然兴建若干住宅，但事实上数量仍是不足的"。在这一背景下，"本澳一如在发展中的城市，难免有用木料或其他临时性物料僭搭住所的情况"。这些内容显示出在"一二·三"事件之后，政府对于一些容易引发官民矛盾的政策有所检讨，并开始正视木屋问题的根源在于政府建屋不足，表明政府努力建屋的意愿（其在布告中称"屋荒的问题固然存在，为解决这个问题，不独政府正在努力中！在可能范围内，逐步兴建更多的屋宇，而慈善机构和社会人士也愿意贡献其力量"）。其对居民不要私建房屋的呼吁，也是通过"讲道理"的方式，详细对公众说明兴建木屋所带来的卫生和消防问题，并用相对诚恳的语句发出，即"吁请澳门广大市民的合作和了解，协助政府来达到这样的目的；避免用木材或其他临时材料盖搭或扩建棚寮"。

考虑到该布告发表的时间为 1968 年 3 月，其时"一二·三"事件刚过去数月，因此可以明显看出这份布告在语言上的温和，没有指责居民私建木屋为非法行为，更多地采取"动之以情"的方式对居民进行劝导。尽管如此，在布告最后仍然呼吁居民合作，"避免用木料或其他临时材料盖搭或扩建棚寮"，可见其在政策上仍然是不希望和不允许居民私占空地建造木屋的。

（接上页注①）但有上述的不方便，同时更影响船只的活动和停泊，尤其是台风的时候，而以沙梨头为甚；也妨碍到海旁的管理，废物随意倾弃，沟渠纵横，以至港口逐渐淤塞。

　　屋荒的问题固然存在，为解决这个问题，不独政府正在努力中！在可能范围内，逐步兴建更多的屋宇，而慈善机构和社会人士也愿意贡献其力量。

　　用木料或其他临时材料盖搭的棚寮，对公共利益是有损害的，因此应该防止它继续发展下去。

　　这里，吁请澳门广大市民的合作和了解，协助政府来达到这样的目的；避免用木料或其他临时材料盖搭或扩建棚寮。

一九六八年三月十六日
秘书长　波治

　　转引自《僭建木屋谋利　实对大众有害》，《华侨报》1968 年 3 月 27 日，第 4 版。

此后，澳葡政府市行政局于 1971 年和 1973 年两次发出布告①，严令禁止私建木屋。相对 1968 年的布告，这两份内容一样的布告措辞严厉，篇幅较长，从政府过去容许木屋存在的原因②、木屋区存在的问题③、有关部门拆除木屋的法律依据④等多个方面，论述了澳葡政府在木屋问题上的政策和立场。在布告最后，提出了四点措施，其核心在于严禁居民私自建木屋的行为：

一、澳门市行政局对于今后任何兴建的新棚寮——在管辖区内——或扩建旧的棚寮，应勒令即停工，并限于二十四小时内将已建成的部分拆除。倘依限拆除，关系人得取回建筑用料；否则，市行政局得请求工务厅将该建筑物予以拆除，而建筑用料则由政府没收，送存工务厅货仓。

凡在该地点进行任何僭建工程者，应即遵守本局或任何部门之命令，立刻停止；倘系受雇工作者，应即提供有关资料。否则，对于该项违犯将作为系由其本人负责论。

二、现有棚寮——虽在非法情况下——及其有同样情况而作农

① 两份布告的全文分别载于澳门大众报编印《澳门工商年鉴》[第十一回（1971～1972年）]，1972，第一篇第 15A～15B 页；澳门大众报编印《澳门工商年鉴》[第十二回（1972～1973 年）]，1973，第一篇第 105～106 页。另外可参见《澳葡布告即日起禁止僭建新木屋》，《华侨报》1971 年 3 月 4 日，第 4 版；《禁在政府公地 盖搭棚寮木屋》，《华侨报》1973 年 8 月 26 日，第 4 版；《不准僭建新木屋 禁木屋菜地买卖》，《澳门日报》1973 年 8 月 26 日，第 4 版。

② 布告指出，澳葡政府在 50 年代对于贫苦居民占据公地盖搭木屋未加干涉的原因在于："鉴于当时该等地段未有立即使用，而且占用者大多数系属贫穷或经济脆弱的人士，有关当局未有采取禁止措施，以取缔在政府公地上盖搭棚寮或木屋作住宅或农耕目之用。"

③ 与 1968 年的布告相似，1971 年和 1973 年两份布告中指出木屋区存在的主要问题有二。一是木屋区的卫生问题，其在布告中称："如此建成的木屋系缺乏卫生条件，因该等屋既无适当卫生设备，不但影响占用者本身的健康，且影响公众的健康，因此很容易引致传染病及流行性疾病的传播。"二是投机者占用公地搭建木屋牟利的行为，其指出："……发觉在该等地段，不但有人以谋利为目的，建筑木屋出售或出租与第三者，亦有人将耕地出售。此等举动与现行法例系有抵触，因为该等地段，固非彼等的私有物业，系受政府管制，任何转让或出售概不合法，不得予以承认者。"

④ 主要是 1963 年建筑总章程中的第 312 条，第 313 条和第 413 条，参见本节前述内容。

业或农牧用途的地段，澳门市行政局将编制有关登记表予以登记；表内除备载位置、住户或使用人姓名及占用日期等资料外，并记载其他资料。

三、凡建有棚寮或者木屋或作农业用途的政府公地，禁止以任何方式买卖或转让。为此，希各市民，务宜审慎，以免受骗。

四、希望市民予以最佳合作，使目前所采取的措施获得良好的效果。因此项措施的目的不仅在维护所有市民的利益，抑且对于公共卫生、市容的整洁和天然美景均有所保障①。

仅以上述措施而论，可以看出其政策的重心仍在防范居民擅建木屋上，其要求新建木屋立即停工，并警告将对违反者实施强拆且没收建筑材料。从这点来说，看似澳葡政府是在旧调重弹，重新拿出 20 世纪 60 年代严禁居民私搭木屋的那一套，但仔细解读，仍能看出其木屋政策相比此前出现的转变，这主要体现在以下两点：第一，木屋政策的出发点不再是像 60 年代那样为发展旅游业，片面地要求"整饬市容"和"逐步消灭木屋"。自 1968 年起发布的三份布告都明确指出了木屋区存在的现实问题，那就是严重的卫生问题和消防隐患，这对"公共利益是有损害的"，因此政府才需要对木屋进行特别管理、取缔私建木屋的行为。这些转变是很重要的，一方面说明澳葡政府开始正视木屋区存在的卫生和消防等方面的问题，进而以解决这些问题为出发点来制定与木屋有关的政策；另一方面，澳葡政府开始从城市公共利益的角度来处理木屋问题，相比其在 60 年代仅单纯从发展经济的角度来看待木屋区的存在也是一种进步，这为其在 70 年代中期相对宽松的木屋治理措施奠定了基础。

第二，从 1971 年和 1973 年的两份布告内容来看，澳葡政府意识

---

① 《禁在政府公地　盖搭棚寮木屋》，《华侨报》1973 年 8 月 26 日，第 4 版；《不准僭建新木屋　禁木屋菜地买卖》，《澳门日报》1973 年 8 月 26 日，第 4 版。

到木屋住户成分复杂，其中既有包括菜农群体在内的"贫穷或经济脆弱的人士"，也有"以非法手段霸占政府地段而建作住宅"以及"出租出售与第三者"的投资、投机者存在。这点体现在两份布告所宣布的措施二和措施三中。对于广大贫苦居民及菜农所居住的"现有棚寮"以及建设在"作农业或农牧用途的地段"的木屋，澳葡政府打算对其进行统一登记以便进行管理。与此同时，两份布告的措施三都禁止"以任何方式买卖或转让"现有棚寮或作农业用途的公地。这项措施就是为了防止趁地价高涨时出售木屋、农地之投资与投机行为而设置的①。

与上述布告内容更为直接和重要的转变，是澳葡政府执行木屋政策时的灵活与宽松。这体现在以下事例中：

其一，1971 年的布告发布之后，澳葡政府立即采取行动，派出工作人员在边缘区调查，如发现"扩建或新建木屋，即予劝令停止"②。总体来说，尽管澳葡政府在布告中强调严禁新建木屋，否则将实施强拆。但在实践中，对于新建木屋，澳葡政府往往对建屋者"予劝令停止"，而少有强拆情况的发生。甚至据后来的一些媒体报道，1966 ～1976 年的近十年间，其均未对木屋采取过强拆手段③。

其二，对原有木屋，澳葡政府也一改过往粗暴和僵硬的政策。一是对每间木屋采取登记编号的措施。经编号的木屋便视为合法；将来发觉未经登记及编号码的木屋，则视为僭建者，须予拆除。这样的措施为其后来对木屋区实施有效治理提供了基本依据。二是派出行政人员前往各木屋区拍照，摄取各木屋占地面积及形状的照片，以便将来如有僭建或扩建的事件发生，便有图为证，着令拆除④。用拍摄方法以掌握木屋占

---

① 此表明当时农地或木屋买卖、转让行为较普遍。
② 《澳葡市行政局防止僭建扩建木屋　派员前赴木屋区进行拍摄及登记》，《华侨报》1971 年 3 月 11 日，第 4 版。
③ 参见《新填海拆屋事件　昨商谈仍无结果》，《华侨报》1976 年 7 月 4 日，第 4 版。
④ 《澳葡市行政局防止僭建扩建木屋　派员前赴木屋区进行拍摄及登记》，《华侨报》1971 年 3 月 11 日，第 4 版。

地面积的手段，并以此作为验证木屋是否扩建的依据，这显然比此前一段时期的方式更为科学。

其三，值得一提的是，澳葡政府对原有木屋的管理体现出了一定程度的"不作为"，而由有关社团代为管理。以菜农木屋为例，据现有资料显示，自"一二·三"事件发生到 1975 年前后的时间里，菜农维修或改建木屋可以直接向菜农合群社申请，由其调查后发出"批准纸"，而"政府是承认菜农合群社对盖搭木屋所发出的批准纸的"①。还有资料指出，这一时期澳葡政府"处理有关农友木屋问题时，事前是和菜农合群社联系的"②。由此可见，在菜农木屋的问题上，澳葡政府和菜农合群社出现一定的互动，是这一时期社团功能"拟政府化"现象③的又一例证。由于资料有限，笔者无法对此现象做进一步研究。但可以指出的是，这种互动与 60 年代澳葡政府限制居民修理和改建木屋的种种严苛政策相比较，无疑更为宽松，且能在一定程度上满足菜农的实际需要。

总之，"一二·三"事件后，尽管澳葡政府仍然强调严禁居民私建木屋，但在木屋政策上有了较大的转变。到了 1975 年，这种转变的趋势变得更为明显，因为该年成立的木屋委员会④开始对木屋居民的安置问题进行研究。

---

① 《新口岸改建鸡寮险出事　菜农与警员对峙三小时》，《华侨报》1976 年 6 月 2 日，第 4 版。

② 《菜农代表访当局　促简化修屋手续》，《澳门日报》1976 年 6 月 5 日，第 4 版。

③ 娄胜华：《转型时期澳门社团研究——多元社会中法团主义体制解析》，广东人民出版社，2004，第 218 页。

④ 关于木屋委员会的名称、成立时间和组织架构，有关史料的记载均不一致。首先，该委员会的译名未统一，当时的华文报纸有的将之称为"木屋管理委员会"，有的称之为"木屋管制委员会"；其次，《华侨报》1976 年的一篇报道中称，该委员会在 1970 年已成立，其成员包括市政厅、警察厅、港务厅、工务厅和市行政局的负责人。参见《本澳及离岛合计　木屋达六千多间》，《华侨报》1976 年 5 月 5 日，第 4 版。而在 1975 年年初关于木屋委员会的多篇报道中，普遍称该会是"最近成立的"，其构成除上述各单位负责人外，还包括海岛市长以及市政委员。参见《木屋如欲另建厨房　可向市行政局申请》，《华侨报》1975 年 2 月 27 日，第 4 版。因此，关于该委员会的准确信息，仍需进一步了解。考虑到 1975 年有多篇史料都认为该会是 1975 年而非 1970 年成立的，本文采用前者的观点。

3. 澳葡政府木屋委员会的成立及有关措施

1975 年，澳葡政府成立木屋委员会，以民政厅厅长申道恕为主席，其成员包括市行政局、警察厅、港务厅、工务厅和海岛市的主要负责人以及市政委员[①]。可以说，这样一个专门研究如何管理全澳木屋区之委员会的成立，及该委员会成员构成的多元化[②]，都说明澳葡政府对木屋问题的重视。该委员会成立后的有关措施如下：

其一，关注木屋区居民的居住环境问题，并到木屋区考察。1975年 2 月底，木屋委员会开会研究木屋管理法例，并一致认为现在是时候"对以前很多硬性规定予以放宽"。该委员会认为："木屋管理问题应有所改善，如现存的木屋，厨房亦在屋内，情形危险。为了安全计，放宽可向行政局申请加建一独立性木屋厨房。"对此，该会进一步解释，"委员会仍然是禁止新建木屋居住，但原有的容许其扩大，只视乎实际需要（如为安全计）"[③]。

如前所述，澳葡政府在 20 世纪 60 年代严格限制原有木屋面积，不允许以任何理由扩建。而在此时，该委员会能从木屋防火及居民人身安全的角度考虑，允许其在木屋原有面积之外加建一间独立厨房，而不是将这种行为视为非法扩建而予以禁止，这是值得肯定的。

为了解木屋区的社情民意，委员会委员定期到各区考察。2 月 27日，该委员会委员共同前往青洲木屋区考察。其原因是一年前市政厅曾收到该区居民的来信，表示该区电线架设、自来水供应及防火设备

---

① 具体来说，该委员会的成员包括当时的市政厅长申道恕（主席）、市行政局长陆能度、警察厅长艾威立、港务厅副厅长沙加度、工务厅长罗新耀、海岛市长巴路士、市政委员崔德祺等。参见《木屋如欲另建厨房　可向市行政局申请》，《华侨报》1975 年 2 月 27 日，第 4 版；《木屋管制委员会组成　禁止建搭新木屋》，《澳门日报》1975 年 2 月 27 日，第 4 版。

② 从组成上来看，木屋委员会的组织架构包括涉及木屋管理相关职能的主要政府部门，例如：木屋兴建、修理（市政厅、市行政局、工务厅），治安（警察厅）以及水上木屋（港务厅）的相关负责人；离岛政府代表（海岛市长），以及华人社会的代表（市政委员崔德祺）。这样的组织架构有助于集思广益，有效解决木屋问题。

③ 《木屋如欲另建厨房　可向市行政局申请》，《华侨报》1975 年 2 月 27 日，第 4 版。

"均未如理想"。在对青洲区进行考察并与陪同视察的青洲街坊会代表交换意见后，申道恕表示该区环境需改善。他同时认为"这次是政府部门第一次与街坊会接触，此是好现象，政府希望今后能与街坊会加强联系和合作"。同时，对于木屋区某些较为突出的环境问题，申道恕也指出"青洲区有工厂流出化学液体，影响木屋居民生活环境问题，政府现已与港务厅方面研究，准备铺设一条长喉管设法将化学液体引离该区"①。这次与街坊会合作了解木屋区实际情况的结果，一方面表明木屋委员会注意到了木屋区的消防和环境问题；另一方面也表明澳葡政府开始重视社区坊会的意见，在制定政策时会考虑听取他们的声音。这是澳葡政府木屋治理政策转变的重要表现。

其二，开始重新研究木屋居民安置问题。早在 1960 年，澳葡政府就有计划另建住宅安置木屋居民。当时有报道指出，工务厅为整顿市容，除了拆除新建木屋外，也计划对原有木屋进行拆迁和徙置，只是"因徙置非短期可就，故目前先限制新盖"。但有媒体对澳葡政府的安置计划表示质疑，认为 20 世纪 60 年代包括离岛在内的木屋区居民数量庞大，兴建住宅安置、迁离木屋居民工程浩大，困难较多。"以该局之工作效率，诚非容易完成"②。因此，在整个 60 年代都未能实现其对木屋居民的安置计划③。

---

① 《青洲马场两地　逐步改建砖屋》，《华侨报》1975 年 3 月 1 日，第 4 版；《当局拟建廉租屋　徙置木屋区居民》，《澳门日报》1975 年 3 月 1 日，第 4 版。

② 《禁在郊区各地搭建木屋》，《华侨报》1960 年 12 月 7 日，第 3 版。

③ 尽管在当时的条件下难以将所有木屋居民进行安置，但 20 世纪 60 年代的一些史料表明，澳葡政府并未放弃安置木屋居民的努力。1965 年曾传出消息，澳葡政府为使市容美观以及良好的市区卫生面貌，拟定了一个新的徙置计划，准备将市区内所有木屋及烂船住宅一律拆除，另在青洲增建贫民屋，约可容纳 2 万～3 万人。在 1968 年则传出了另一个版本的安置计划，澳葡政府及公共救济总会为美化市容，将对市内木屋做出有计划的拆除。在安置居民方面，首先将台山区现有贫民屋宇，改建为四层至八层楼大厦，并在台山及青洲建立廉价大厦，"以广纳贫民住居"。参见《市区擅建各木屋　将被有计划拆迁》，《华侨报》1968 年 10 月 26 日，第 4 版。这些 60 年代的安置计划体现出政府安置木屋居民的一个基本思路，那就是通过在台山、青洲等地兴建平民大厦安置木屋居民，可以说，后来的一些安置木屋居民的措施基本上就是按照这个思路来进行的。

木屋委员会成立后的一个重要工作，就是研究如何安置木屋居民的问题。该委员会于 3 月份在青洲木屋区视察之际，工务交通司韦奇立就对陪同的坊会代表表示，政府拟计划兴建新平民屋，以改善居民之居住环境。此后，木屋委员会在研究木屋区基本情况后，草拟安置木屋居民计划的基本内容和目的是：

　　　　先由澳葡当局拨出一笔款项，兴建一批廉价楼宇，以不牟利方式廉价出租或出售给木屋居民，作为徙置。徙置木屋居民后，将原有地段拨出一部分拍卖，得款后充作继续兴建廉价楼宇用。兴建廉价楼宇的地点，初步选定在青洲区①。

　　　　希望借此逐渐徙置木屋区居民，改善他们之居住环境，以期逐渐将木屋淘汰②。

　　其后，木屋委员会组织一个专门小组，紧锣密鼓地研究这份新的安置计划。该小组派人到青洲木屋区等地进行调查和勘测，搜集有关资料。据申道恕 3 月底表示，解决兴建平民大厦的先决条件，一是经费，二是地点。对此，委员会都在研究解决办法，包括：

　　　　经费方面，首期兴建费用将由政府垫支，建成后，木屋区住户购买或租赁所得资金部分还给政府，部分用来继续兴建平民楼宇。至于地点方面，由于澳门面积小，空地已难觅到，现有关方面正在青洲和旧马场看台附近进行测量工作，同时了解木屋住户数量，在搜集好资料后，再行设计徙置区图则，作为第一期兴建平民大厦之计划③。

---

① 《当局拟建廉租屋徙置木屋区居民》，《澳门日报》1975 年 3 月 1 日，第 4 版。
② 《木屋如欲另建厨房　可向市行政局申请》，《华侨报》1975 年 2 月 27 日，第 4 版。
③ 《当局拟在青洲及马场　建平民屋徙置木屋居民》，《华侨报》1975 年 3 月 26 日，第 4 版；《木屋管制委员会　计划建徙置新厦》，《澳门日报》1975 年 3 月 26 日，第 4 版。

事实上，在澳门彻底清拆木屋及安置木屋居民是一个复杂的系统工程。从此角度而言，上述研究还是远远不够的，例如有关政府垫付首期兴建经费方面，就当时的情况而言，澳葡政府很难拿出这笔经费来①。从另外一个角度看，木屋委员会提出的相关措施，标志着澳葡政府一改60年代只重视如何"消灭木屋区"而不大理会如何安置的做法，重新开始关注木屋居民的安置问题。而以兴建平民大厦为核心的安置措施比以往的计划更具体，为今后清拆木屋和安置居民指明了大方向，向着彻底解决木屋问题迈出了重要的一步。

其三，对新口岸木屋采取严格的限制措施。仅一年后，与上述木屋委员会"容许木屋扩大"等表态自相矛盾的是，该委员会针对特定木屋区（新口岸）采取了如同60年代的一系列严格限制措施。事情的起因在于木屋委员会发现："关于新口岸木屋区，娱乐公司有徙置责任，一方面收购大部分木屋，另一方面又在台山区兴建廉价砖屋徙置。但获补价之木屋居民，有些却收钱后仍在该区或在马场重建木屋，这是违反徙置的目的。"② 因此，委员会担心新口岸木屋区居民在土地将被澳门旅游娱乐股份有限公司（以下简称娱乐公司）收购之前，趁机以修理木屋为名加盖、扩建木屋，借此索要更高的补偿金额。这种对居民在木屋被收购之前采取投机行为的担忧，进而转化为一系列行动。

首先，委员会对居民修理木屋再度如60年代那样加以限制，要求居民进行申请。当时有媒体报道木屋申请程序如同以前一样繁杂，凡欲修理或加高木屋的居民，均须向市行政局申请，然后由市行政局派员调查核实后才能签批。在此严格的条件下，尽管"已有的木屋申请维修者不少"，但是"加高者的申请不易批准，扩大占地面积的则受到严禁"③。

---

① 两年后，澳葡政府统计厅厅长在关于木屋调查的新闻发布会上，回答如何解决木屋区居民拆迁、安置问题时表示："目前政府仍未有这项打算，因政府仍未有经费兴建大量廉租屋"。参见《全澳木屋区展开调查》，《华侨报》1977年8月21日，第4版。

② 《木屋如欲另建厨房　可向市行政局申请》，《华侨报》1975年2月27日，第4版。

③ 《本澳及离岛合计　木屋达六千多间》，《华侨报》1976年5月5日，第4版。

到了 1976 年 4 月，澳葡政府与娱乐公司签订了新一期博彩专营合约，约定将由娱乐公司承担徙置新口岸木屋区义务，收购新口岸木屋并建平民大厦安置该地居民①。两个月后，澳葡政府立即决定对新口岸木屋区采取类似 60 年代曾频繁使用的强硬措施，限制新口岸木屋区面积的扩展，确保娱乐公司的收地行动得以顺利进行。但是包括菜农在内的新口岸木屋居民，显然不会再如 60 年代那样，默默接受木屋被澳葡政府突然强拆以及禁止修理之类的不合理对待。6 月 1 日，澳葡政府"集合五个部门数十名军装和民装人员，携带大锤、铁笔"②，突然前往新口岸一户菜农正在兴建的木屋，准备实行强拆。而新口岸菜农和木屋居民则团结一致，与来势汹汹的拆屋人员在雨中互相对峙近三小时（参见图 4 - 8），强烈反对这种突如其来的木屋强拆行动。对这一过程，有媒体是这样报道的：

> 逾百菜农、居民闻讯，从四面八方赶来，将木屋围住，阻止拆屋人员入内，市行政局人员及警员几次劝令他们离去，但坊众、菜农坚决表示要离去就大家离去。双方在雨中僵持，直至将近六点，市行政局长陆能度到来，看见当时的情形，表示这是一场误会……，随即下令所有人员撤退③。

在上述拆屋事件两周后（6 月 15 日），市行政局又拒绝了两户新口岸菜农修理破烂木屋的请求，并通知菜农合群社"当局今后不再批准

图 4 – 8　新口岸菜农与澳葡政府拆屋人员在雨中对峙

资料来源：《新口岸改建鸡寮险出事　菜农与警员对峙三小时》，《华侨报》
1976 年 6 月 2 日，第 4 版。

新口岸木屋区居民维修木屋"①。获悉木屋修理遭禁止的消息后，菜农
合群社和新填海居民联谊会多次派代表向澳葡政府提出抗议。菜农合群
社还与澳葡政府就新口岸木屋区徙置问题展开多轮谈判，最终使这两户
菜农修理申请获得批准。

　　以上事件可以视为澳葡政府针对即将被收回的特殊地段采取的特殊
政策。对于 1976 年澳葡政府木屋治理政策突然收紧的转变，有评论指
出：

　　　　木屋管制委员会的工作不应局限于防止非法潜建木屋，必须同
　　时致力于帮助木屋居民改善居住环境，照顾他们的困难，妥善安
　　置。木屋区居民大部分是劳动人民，缴交不起昂贵的私人楼宇租
　　金，当局又不能供应足够的公共楼宇。城市的发展和木屋区的存
　　在，是有矛盾的。而清除木屋区的唯一可行之道，在于多建廉租的

①　《当局决不再批准新填海木屋维修》，《华侨报》1976 年 6 月 21 日，第 4 版。《禁扩建
　　维修木屋　农友居民表不满》，《澳门日报》1976 年 6 月 21 日，第 4 版。

公共房屋①。

笔者同意该评论员的观点，实际上，不仅是这一时期的木屋委员会，从 1959 年一直到 80 年代，澳葡政府木屋治理政策的重点都是防止非法潜建木屋以及实施对木屋的各种限制性规定，而在改善木屋区居住环境和兴建公共房屋安置木屋居民这两个与木屋居民密切相关的问题上，则力度不够。本来木屋委员会在 1975 年采用的一系列行动，标志着澳葡政府对过往政策的纠正，木屋的居住环境问题以及兴建平民大厦安置木屋居民的计划等都被提上日程。然而，1976 年对新口岸木屋区再次采取的强拆和禁止修理等措施，表明该委员会在木屋问题上的摇摆不定，说明澳葡政府的转变仍不够彻底，无法真正站在木屋居民需求的角度上去解决实际问题。

不过，1976 年新口岸发生的准备强拆和禁止修理措施只是暂时性的。1976 年后，由于新口岸木屋徙置工作逐步走上正轨，澳葡政府也未重拾 20 世纪 60 年代的严格限制政策来治理木屋区。接下来的数年间，娱乐公司委托北泰公司耗时多年，完成了对新口岸农地和木屋的收购、迁移任务。

从 20 世纪 80 年代初开始，很多内地平民通过合法和非法途径涌入澳门，成为新一批的木屋居民，使得木屋数量一直居高不下②。同时，由于菜农在 70 年代末 80 年代初在澳门经济产业结构中日渐式微，从事农业的人口日渐下降，再加上以新口岸土地非农化以及以

①　逸群：《消灭木屋区唯一途径　应多建大厦合理迁徙》，《华侨报》1976 年 6 月 20 日，第 8 版。

②　《华侨报》记者根据相关数据估计，从 1978～1981 年的三年间，来澳的合法和非法移民约 7 万～8 万人，依照当时澳门人口比例来估算，全澳人口因此增长 20%。这批人中的中低收入者很多选择了边缘区木屋作为落脚点。根据澳葡政府统计厅 1980 年 3 月份的统计，全澳各区共有木屋 4433 间，居住木屋区的居民则有 28714 人。参见江之鸟《是好事还是坏事？　人口剧增对经济的影响》，《华侨报》1981 年 1 月 29 日，第 9 版；《统计厅发表居住房屋数字称全澳住宅近五万个》，《澳门日报》1980 年 11 月 3 日，第 1 版。

1985 年后马场区收地行动等为代表的一系列农地收回行动，部分菜农（例如新口岸区）因为开发商或者政府提供了平民大厦或者社会房屋来安置，不再作为木屋居民成为澳葡政府木屋政策的治理对象①。

由于这些新情况的出现，这一时期的木屋居民出现了一轮自然更替，菜农撤出木屋区后，很多木屋主人变成了新移民②。而顺应这些新的情况，20 世纪 80 年代澳葡政府的木屋政策又经历了新一轮的转变，例如，澳葡政府在 1984 年成立房屋协调署③，同年颁布了经济房屋法④，1985 年宣布斥资 750 万元在市区和离岛建造三个临时安置区，安置政府发展地段上要清拆木屋的居民⑤，1993 年颁布了清拆木屋的法令⑥，在政府架构、房屋政策和专项法令方面，为清拆木屋及安置木屋居民做出了很多努力。木屋区的面貌也不可避免地受到城市化浪潮的冲刷，逐步被高楼大厦的城市景观所取代。

（四）木屋治理主体的转变

对治理主体（actor）的分析是城市治理研究中的重点问题之一。王佃利指出，城市治理主体是一个包容性的体系，众多的利益相关

---

① 另有部分菜农，因在收地行动中没有得到政府的妥善安置，被迫另寻居所。没有统一的安置条件是这一时期收地造成矛盾纠纷的主要原因之一。具体内容参见本书第六章第二节。

② 以马场区为例，邢荣发认为，马场区在二次大战后经历了"菜园时期"和"地域用途转营时期"。这两个历史阶段的更替，使得马场区从"当年澳门蔬菜自给自足的最大生产基地"变成了新移民入住后的"一片高厦林立，澳门居住人口密度最高的社区"。参见邢荣发《澳门马场区　沧桑六十年（1925～1985）》，《文化杂志》2005 年第 56 期，第 13 页。

③ 第 41//84/M 号法令，此后政府通过 69/85/M 号法令把房屋协调署升格为房屋协调司，到了 1990 年，政府又成立了澳门房屋司来负责统一实施政府的相关房屋政策。

④ 第 123/84/M 号法令《房屋发展合同》。

⑤ 《当局建三个临时安置区　安置发展地段木屋居民》，《澳门日报》1985 年 2 月 3 日，第 2 版。

⑥ 第 13/93/M 号法令《消除非法兴建木屋制度》。

者在组织形式上可以归结为三类利益主体：政府部门、私营部门和非营利组织，并且可以通过利益定位、利益关系和利益互动三个维度对主体进行分析①。在具备组织形式的治理主体之外，城市市民也可以被纳入治理主体的体系中进行分析，但由于其个体利益和诉求的分散性特征，在多数情况下处于弱势地位。其参与城市治理的权利更多通过利益代表——民间组织或者政党来行使②。因此，需要结合木屋案例，选取澳葡政府、民间社团（主要包括菜农合群社）和菜农为对象，分析这三类治理主体在菜农木屋治理进程中的利益互动和角色转换。

1. 澳葡政府：从强硬到妥协的转变

如何阐明治理过程中政府所扮演的角色，是整个治理研究当中的一个具有挑战性的问题③，也是对治理主体进行分析的重中之重。与部分内地学者根据内地现阶段的基本国情，将城市政府定义为城市治理核心主体④相比较，国外学者对城市治理中政府的角色和作用有不同的表述。例如，乔恩·皮埃尔（Jon Pierre）认为，一如这些程序所反映，城市治理在大多数情况下都展现出以政治机构为中心的景象，被普遍认定由这些机构完完全全所支配。治理理论则让我们摆脱这一普遍思维，把这些机构视为城市治理中的一员，思考其角色和作用。政府在治理中的角色并非绝对的而是持续多变的⑤。

这一观点可以运用在分析澳葡政府在菜农木屋治理进程中角色的扮演，因为其角色也不是固定的，而是多变的。在治理背景出现重大转折

---

① 王佃利：《城市治理体系及其分析维度》，《中国行政管理》2008 年第 12 期，第 73 页。

② 徐静：《城市治理研究的最新进展及一般分析框架》，《珠江经济》2008 年第 5 期，第 9 页。

③ 王志锋：《城市治理的经济学分析》，北京大学出版社，2010，第 12 页。

④ 徐静：《城市治理研究的最新进展及一般分析框架》，《珠江经济》2008 年第 5 期，第 8 页。

⑤ Jon Pierre, "Comparative Urban Governance: Uncovering Complex Causalities," *Urban Affairs Review* 4 (2005), pp. 452 – 453.

之前，澳葡政府在木屋问题中普遍运用强制拆除木屋等粗暴手段，且在木屋修理上设定严苛的程序。同时基本不理会菜农等木屋居民的利益诉求，对木屋区的情况缺乏切实了解。这都反映了这一时期的澳葡政府在木屋问题上的葡式统治色彩①。

此后，"一二·三"事件的冲击推动澳葡政府在菜农木屋问题上的治理开始转变，其在菜农木屋问题上开始与其他治理主体互动，在治理进程中所扮演的角色也出现了变化。例如，仅就菜农木屋治理进程来看，从70年代初开始，其在治理过程中基本不再采用强拆木屋和限制木屋等粗暴手段，而是通过发布通告劝谕市民、登记木屋情况等温和的手段对木屋区进行管理，体现了其治理手段的进步。在治理态度上，澳葡政府高级官员在70年代中期两度前往木屋区视察情况，尤其关注木屋区的居住环境问题；1975年成立了由政府跨部门组成的木屋委员会，这些都反映了澳葡政府在治理态度上对木屋区的重视，并对区内情况进行分析调研。这也表明60年代末到70年代中前期的澳葡政府在治理手段和治理态度上出现了一定程度的转变，成为缓解木屋治理僵局的关键因素。

2. 相关社团：从协助到介入角色扮演的转变

非营利组织或者民间社团也是城市治理中的重要治理主体，并在其中发挥着重要作用。在菜农木屋案例中的社团，主要涉及菜农合群社。该社在治理进程中扮演的角色和发挥的作用，也随着社团自身发展、治理背景转换等因素的影响而出现了较大转变。在治理阶段前期，菜农合群社的工作重点主要放在保障会员利益以及改善生产和生活条件方面，如前述1962年对马场菜农老妇木屋火灾后的救助，或就修建边缘区水利设施等问题多次致函商会，请求商会代转澳葡政府，要求其兑现承诺等。

---

① Cathryn Clayton, "The Hapless Imperialist? Portuguese Rule in 1960s Macau," in Bryba Goodman and David Goodman, eds., *Twentieth Century Colonialism and China: Localities, the Everyday, and the World*, New York: Routledge, 2012, p. 215.

经历了治理背景的转变以及自身力量的发展，在 20 世纪 60 年代末 70 年代初，菜农合群社参与菜农木屋治理方式有了较大变化，并在其中发挥了举足轻重的作用。具体来说，菜农合群社广泛而深入地参与到菜农木屋修理和清拆安置等实践问题的治理进程当中，其与澳葡政府的互动在某种程度上体现了社团在澳门合作主义治理中的"互相赋权"（empowerment）①，但在菜农木屋问题中这种赋权是单向的和默示的。就木屋修理问题而言，"一二·三"事件后很长一段时间内，菜农合群社逐步实现了在菜农木屋修理和扩建问题上的自治，因为此时如有菜农修理和扩建木屋的需求，可向该社提出申请，由其审核后发出"批准纸"，允许修理。这种"批准纸"的效力是澳葡政府默许的。可见这是澳葡政府通过默许的方式赋予该社一定的权力资源。

3. 菜农：从被动接受到积极应对的转变

在城市治理主体当中，"城市市民的参与是城市治理的基础结构，它们既是一种政治参与，也是社会参与，体现了其政治利益和社会利益的要求，构成了城市治理发展的微观基础"②。澳门的城市治理也不例外，离不开广大菜农的参与，尽管其在木屋治理方面的参与，在很大程度上是通过菜农合群社等社团来实现的，但是通过全面考察菜农在治理过程中的活动，仍可发现其角色扮演的转变。

在木屋治理进程的初期，面对澳葡政府的限时强拆和限制修理的粗暴治理手段，由于表达利益诉求的管道不多，被拆除木屋的菜农只能"顿失栖依，彷徨无措"。但经历了治理进程的磨炼特别是"一二·三"事件后，菜农在与澳葡政府的互动过程中不再被动承受一些难以接受的措施，而是团结起来积极应对。前述 1976 年新口岸菜农和澳葡政府行政局人员在雨中对持多时，最终阻止对方拆除木屋的行为即是一例。由

---

① 娄胜华：《转型时期澳门社团研究——多元社会中法团主义体制解析》，广东人民出版社，2004，第 335~336 页。

② 王佃利：《城市治理体系及其分析维度》，《中国行政管理》2008 年第 12 期，第 75 页。

此可见，在与其他治理主体在木屋问题的互动过程中，菜农从被动接受转为积极应对，在一定程度上对澳葡政府在木屋治理僵局中的转变，起到了推动作用。

边缘区木屋是农耕社会的主要标志之一，也是落后社区的表现。按照空间结构转换的城市化理论，木屋的存在、减少和逐渐消失与澳门城市化进程大致是同步的，尽管澳葡政府在木屋治理过程中，在拆建策略、方法上有差别，导致木屋数量产生波动，过程曲折，但其被城市化所淘汰之结局是不可逆转的。在这一过程中，关键是作为城市化推动变量的澳葡政府公共政策，在治理过程中能够照顾到菜农的实际，找到双方利益的平衡点，既不违背城市化的潮流而有计划、有步骤地拆除木屋，又要充分维护木屋菜农的权益，才能使失去木屋的菜农得到妥善安置，使双方角力造成的碰撞损失降低，使社会稳定和谐发展。

三 实施监管：农产品安全应急治理

世界卫生组织（World Health Organization，WHO）指出，食品安全监管是一种政府实施的"强制性管理活动，旨在为消费者提供保护，确保从生产、处理、储存、加工直到销售过程中食品安全"①。在 20 世纪 50 年代的澳门，澳葡政府也通过相关措施行使食品安全监管的主体职责，主要体现在当进口农药"富粒多"造成人、畜系列中毒事件后所实施的监管。由于该农药从香港输入，港澳政府的监管具有极大的关联性，倘将两地政府的相关行为做出比较分析，可深化对此的研究。这样一来，港澳政府针对"富粒多"农药的输入和使用采取的监管措施是什么？这些措施是否阻止了该农药危害事态的进一步扩大？对菜农种

① 转引自张晓涛、孙长学《我国食品安全监管体制：现状、问题与对策——基于食品安全监管主体角度分析》，《经济体制改革》2008 年第 1 期，第 45 页。

植蔬菜有何影响？两地政府监管措施的共通性和差异性是什么？这些问题均未受到学术界的关注。有鉴于此，本节拟以上述系列中毒事件的演进为线索，运用有关食品安全监管的理论，剖析政府的监管措施，并对其做出比较分析。

（一）"富粒多"系列中毒事件的演进

仅在港澳农业大规模兴起的最初十多年内，就发生了一系列人、畜中毒的事件。如果仔细考察事件的前因后果，就会发现这不是偶然的，而是与这十年来菜农在生产过程中广泛使用德国 Bayer 公司生产的"富粒多"（Folidol）杀虫剂（以下简称"富粒多"）相关。部分菜农因追求经济效益使用这种农药，导致毒害影响逐步从田间向市民的餐桌蔓延，最后酿成严重的食品安全事件。

澳门菜农使用农药造成经济损失的事例，最早是在 1952 年年底到 1953 年年初的猪瘟流行过程中发现的。猪瘟的流行使养猪的菜农"多告失败而亏折，而至裹足不前"。一般人认为，造成猪瘟的其中一个原因是气候反常，"天气不佳"。但许多"猪栏"（生猪经销商——笔者注）商人同时也发现了另一个重要的原因，就是"郊外及海岛镇等处农场林立"，"农民除豢养牲畜外，多数种植蔬菜"[①]。为了消灭蔬菜上的害虫，多数菜农使用一种"较烈性的杀虫药"，并将一些未加清洗的蔬菜煮熟喂猪，猪食用这些仍然残留杀虫剂的蔬菜后逐渐中毒死亡。这种消灭蔬菜害虫的方法，"无异为一种慢性害猪"的行为。此后，许多菜农都注意到了这个问题，驱除蔬菜害虫不再使用烈性杀虫药，而是采用"鱼藤浸水"[②] 等药性较为温和的传统杀虫药。这样一来，菜农用这

---

① 《港禁用富粒多毒剂　药商近大量运澳推销》，《华侨报》1955 年 7 月 20 日，第 3 版。
② 即用鱼藤熬水，挤出其乳白色胶液，用水稀释，以竹叶蘸之洒向受虫害的菜棵。这种杀虫剂对消灭青虫、黑虫、田螺、吊丝虫等害虫有效果。《菜农生活能改善　饮水思源念祖国》，《华侨报》1975 年 3 月 29 日，第 4 版。另据江荣辉回忆，渔民也常将"鱼藤浸水"喷洒在水中，以这种方法捕鱼。参见 2012 年 6 月 19 日访问江荣辉的记录。

种非烈性杀虫药喷洒的蔬菜饲养猪，猪瘟减少，生猪产量增加，"对此间肉食补助甚大"①。

尽管"鱼藤浸水"之类的传统杀虫剂对人、畜具有一定的安全性，但其杀虫效力远不及"富粒多"。据香港报纸记载，"富粒多"是一种剧毒有机磷剂，属于"巴拿芬类"杀虫药中的一种，只要使用万分之四至万分之七即可杀绝一切虫类，杀虫效力比 DDT 强 50 多倍②。这种功效"为许多农民所重视"③，不少菜农为节省成本和追求高效，在生产过程中使用"富粒多"④。但使用"富粒多"却存在很大的风险，因其"不论浓淡都能致人于死，且沾在蔬菜上面，十日至十二日都不能消除"⑤。为避免这种风险，使用者必须依照该杀虫剂说明书的规定，用一份杀虫剂调兑一万份水来使用。用"富粒多"喷洒蔬菜，必须经一段时间后方可收割。同时，购买"富粒多"喷洒过的蔬菜，也必须用水彻底清洗干净才能食用，倘洗涤不充分，往往造成食用者中毒。因此，医务人员提醒市民，用"富粒多"喷洒过的菜叶，即使经过七天以上的日晒雨淋，毒性仍未散尽，故提醒市民进食前要将其多次洗涤干净。也有媒体呼吁菜农多使用"鱼藤浸水"杀虫剂之类的"旧法除虫，危险性当较少"；否则，使用富粒多杀虫剂时，"必须悉照仿单所规定之办法，方可以减少危险"⑥。尽管如此，在无相关政府部门的严厉监管之下，"富粒多"仍然被广泛使用，进而造成多宗中毒事件。

1955 年，港英政府彭定祥医官在中华医学会所做的"富粒多杀人"实例报告中，将涉及该农药中毒身亡的事件分为"自杀、谋杀与误杀"

① 《猪病时发现真因 吃带有毒素饲料引起慢性毒致死》，《华侨报》1953 年 6 月 17 日，第 3 版。
② 《富粒多的秘密》，《大公报》1959 年 12 月 7 日，第 4 版。
③ 《香港菜田曾喷洒富粒多 吃蔬菜慎防中毒 为免生命危险须把蔬菜浸洗干净》，《大公报》1959 年 11 月 28 日，第 4 版。
④ 《禁用富粒多毒剂后 菜农近仍有暗中施用 毒液性甚剧烈购菜烹食宜涤净》，《华侨报》1955 年 9 月 20 日，第 3 版。
⑤ 方群：《可怕的富粒多!》，《大公报》1959 年 11 月 28 日，第 4 版。
⑥ 《港禁用富粒多毒剂 药商近大量运澳推销》，《华侨报》1955 年 7 月 20 日，第 3 版。

三类①。其中，谋杀与自杀的案例分别是：1954 年 7 月 1 日，香港新界米铺村两农民因"富粒多"中毒死亡。"其始以为此两人误服而已，后来查出死者曾与人发生钱债纠纷，猪油内被掺入含有富粒多的杀虫剂；农人不察，以猪油炒面果腹，食后瞬即死亡。"11 月 14 日，居住在香港京士柏山边木屋的一男人因"无法过活，服含富粒多杀虫剂自杀，仅饮少许即告死亡，遗下的杀虫剂证明由日本运来"②。

彭定祥在其报告中提及的实例大多属第三类，即"误杀"。例如：1954 年 10 月 24 日，新界农村木屋一妇女因与其丈夫发生争执后，拟用杀虫剂兑酒服食自杀，但饮前闻其子哭闹，急入房内劝慰，"不料丈夫即于此时归来，见桌上有酒即饮，未几死亡，事后验出毒酒亦含有富粒多"。1955 年 5 月 4 日，香港仔黄竹坑村有菜农使用"富粒多"淋菜，农药在挥发的过程中被儿童不慎吸入，导致四名小童"离奇毙命"③。同月，新界一名儿童死亡时，被人发现手中握有"富粒多"空罐一个。就在一个月后的 6 月 28 日，九龙五经堂印刷所十名工人饮用猪脚汤后，九人毙命，经化验发现汤中含有极浓的"富粒多"成分④。

鉴于 1955 年 5～6 月发生多宗市民中毒事件，港英政府于 7 月将该农药列为危险毒品，并制订紧急法例严禁销售和使用。8 月，澳葡政府卫生厅也紧随香港颁布规定，禁止私自运入并公开发售"富粒多"等十余种含有烈性毒质的农药。但港澳政府的禁令"并不能使富粒多绝迹，若干不法之徒，像偷运海洛因般把富粒多从国外运到香港来，以之掺杂其他药液，运至新界售与农人。当然，农人方面只知杀虫水好用，能根治害虫，对毒剂中是否含有富粒多仍不甚了解"⑤。

在港英政府有关部门认为"富粒多"属危险毒品，禁止在药房销

① 转引自端木惠《杀人凶手富粒多》，《大公报》1959 年 11 月 29 日，第 4 版。
② 端木惠：《杀人凶手富粒多》，《大公报》1959 年 11 月 29 日，第 4 版。
③ 《香港仔黄竹坑　四小孩突暴毙》，《文汇报》，1955 年 5 月 6 日，第 4 版。
④ 《十人饮汤中毒九人毙命》，《文汇报》1955 年 6 月 29 日，第 4 版。
⑤ 端木惠：《杀人凶手富粒多》，《大公报》1959 年 11 月 29 日，第 4 版。

售以及禁止农民使用的情况下，香港药商迫不得已私自用货船将该杀虫剂运往澳门推销，"来货既大量，售价乃大跌"。在澳门销售的"富粒多"，由原来的每瓶 9 元多跌至 5 元多①。到了 9 月，由于港英政府继续严禁农民施用及贮藏"富粒多"，使其在当地的市价不断下降，由每磅 6～7 元跌至 0.6～0.7 元②。一些菜农仍贪图其"价廉、杀虫效大，照常购用"③。这就使澳门菜农的日常生产过程中意外频发，造成伤害人、畜等后果。具体事例包括：（1）鸡中毒。1955 年 8 月 22 日，马场区近海边之东北角菜田的一位菜农，在使用"富粒多"喷洒白菜时，雾状液体随风飘到毗邻菜田另一位菜农的鸡笼，毒毙 10 多只鸡，鸡笼主人及家中的其他人接触此雾状液体后亦感觉头脑晕眩。双方乃为此大兴口角，并于随后各邀集同乡 20 多名，携带锄头等利器酝酿斗殴，幸有其中的长者"从旁劝导，卒以鸡死原因主要为喷洒毒液"，并劝喷洒者赔偿 30 元作为邻居鸡死亡的损失费，事件始告平息④。（2）猪中毒。1955 年 11 月 19 日，台山区一养猪菜农向附近菜田的菜农购买白菜喂猪，10 多只大小猪进食后全部死亡。对此，有媒体呼吁，倘市民购用此种经过烈性杀虫药喷洒过的蔬菜，而不经多次清水洗涤时，"相信会与猪只同样中毒暴毙，故市民今后购用菜类回家，切须多次洗涤，以免有危险事件发生"⑤。（3）菜农不慎中毒。1956 年 11 月 4 日，一位居住在关闸菜田的少女，在路上拾到一个"富粒多"的空瓶玩耍，之后未洗手又倒水喝，饮水时已将手中所沾"富粒多"杀虫剂液体混入水中，故喝水后不久，这名少女"毒性即发作，精神颓丧，呕吐大

---

① 端木惠：《杀人凶手富粒多》，《大公报》1959 年 11 月 29 日，第 4 版。
② 《禁用富粒多毒剂后　菜农近仍有暗中施用　毒液性甚剧烈购菜烹食宜涤净》，《华侨报》1955 年 9 月 20 日，第 3 版。
③ 《菜农喷射富粒多杀虫　邻家鸡只十余遭毒死》，《华侨报》1955 年 8 月 23 日，第 3 版。
④ 《菜农喷射富粒多杀虫　邻家鸡只十余遭毒死》，《华侨报》1955 年 8 月 23 日，第 3 版。
⑤ 《大小猪十余同时暴毙　疑白菜曾用烈性杀虫剂洒射引致　此项毒剂早公布禁用将严加查究》，《华侨报》1955 年 11 月 21 日，第 3 版。

作，须用药油施救亦告无效"，其父母赶紧将其送往镜湖医院救治，经医生为她洗胃后，"呕吐仍未止，且瞳孔放大，情况颇严重，截至深夜，仍未脱离危险"①。1958 年 5 月 8 日，家住马交石的一位菜农在菜田喷洒杀虫水时，突然一阵狂风迎面吹来，将其手中所持喷射筒喷出的杀虫水，转向吹至其面部，致使其吸入一些杀虫水，"顿觉喉咙间干涸，口里舌部麻痹"，"恐生意外"，立刻搭车前往镜湖医院求医，随后留院由医生为之注射盐水针，"至晚上病况未有若何变化"②。

在香港，港英政府颁布"富粒多"的禁令后，市民中毒事件仍在发生。1957 年年初，香港西贡壁屋村有一农民发觉其饲养的家畜陆续在田边死亡，"莫名其妙"；到 2 月 21 日，两夫妇亦同时中"富粒多"毒死亡，其因是该村农民使用"富粒多"淋菜；4 月，香港上水古洞村一农民从田边拾咸鱼带回家中做菜，由于该咸鱼含"富粒多"毒素，全家进食后两人立即死亡③。1958 年 5 月，香港新界蓝地有 200 只猪、狗在田野间死亡，"当时怀疑有人立心毒狗，殊不知也是吃了菜地毒物致死。可能菜田洒下了富粒多毒液"④。

1959 年 1 月的澳门，在三日内共有 14 名市民进食白菜中毒入院：1 月 14 日，发生两宗市民食用白菜中毒事件。第一宗发生在雅丰素雅布基街，第二宗发生在黑沙环。两宗事件中的三名患者均送镜湖医院救治，"幸无事出院"⑤。15 日，又发生三宗市民进食白菜中毒事件。一宗在新桥区光复街，另一宗在文第士街，还有一宗在何光来巷，均为进

① 《玩弄曾载毒药空筒　菜园少女中毒险丧生》，《华侨报》1956 年 11 月 5 日，第 3 版。
② 《菜农摆乌龙　喷射杀虫水》，《华侨报》1958 年 5 月 9 日，第 3 版。此外，据江荣辉回忆，一妇女误将"富粒多"当成洗发水洗头，结果将性命赔上。参见 2012 年 6 月 19 日访问江荣辉的记录。
③ 端木惠：《杀人凶手富粒多》，《大公报》1959 年 11 月 29 日，第 4 版。
④ 端木惠：《杀人凶手富粒多》，《大公报》1959 年 11 月 29 日，第 4 版。
⑤ 《食本地菜蔬提防中毒　昨日本澳已发生两宗》，《华侨报》1959 年 1 月 15 日，第 3 版。

食白菜后当场晕倒，或"头晕目眩，呕吐大作"。这三宗事件中的七名患者先后被送往山顶医院洗胃后苏醒，有的当晚仍需留院治疗，有的经"注射盐水针施救，情况已有好转"。她们怀疑食用的白菜叶上沾有浓厚的杀虫药液①。16 日，又有两宗"用白菜佐膳，吃后中毒事件发生"。第一宗发生在青洲木屋区，母女二人午间用鱿鱼炒白菜佐餐，吃后同感晕眩呕吐，急送镜湖医院救治。第二宗发生在喇利维喇街，一家五口午间用膳时，两女孩先后各饮一碗白菜汤后，立即感到"昏眩作呕"，其余人赶紧将她们送往镜湖医院求医。该两宗中毒事件症状较轻，在迅速送往医院由医生洗胃及注射盐水针后，已无大碍离院返家。据医生称，染及上述烈性"富粒多"杀虫剂而中毒者，其特征是"头晕目眩，呕吐大作，应急往医院救治，症状轻者，较易治愈，重者则容易引致死亡，不易施救"②。

关于产生上述中毒事件的原因，有澳门菜农向《华侨报》记者反映：白菜本无毒，有毒是叶上喷洒的杀虫药未除净所致，因白菜、芥蓝等蔬菜最容易生虫，菜农平常均要喷洒杀虫药，但菜心、生菜等则虫害较少，故喷洒杀虫药亦较少。他指出，菜农近年来以使用"富粒多"喷洒蔬菜较为普遍③。针对上述中毒事件，《华侨报》一是谴责菜农使用"富粒多"喷洒蔬菜造成严重后果。该报指出，上述市民食用白菜后中毒的毒质，是沾在菜上的杀虫药液，当菜农喷洒过杀虫液，药性还未消退，就收割赴市；居民购买后洗涤未净，食用便会中毒。而用剧烈农药喷洒过的蔬菜，即使洗过多次，也有残存挥发未尽的毒质。居民除了希望政府对毒性过烈杀虫水的运销、买卖、使用加以禁止及严予惩处外，还"希望菜农不可以人命为儿戏，勿用烈性杀虫剂，以免引起此

---

① 《吃白菜中毒两日发生五宗 光复街文第士街昨四人同样中毒》，《华侨报》1959 年 1 月 16 日，第 3 版。

② 《吃白菜中毒事件 昨续发现两宗三人中毒》，《华侨报》1959 年 1 月 17 日，第 3 版。

③ 《吃白菜中毒两日发生五宗 光复街文第士街昨四人同样中毒》，《华侨报》1959 年 1 月 16 日，第 3 版。

类事件"①，并盼菜农"本公德心，对洒过杀虫水，而挥发未尽的蔬菜，勿收割出售"②。二是针对一些家庭主妇认为蔬菜煮熟后可减轻原经农药喷洒过的毒性，故在购买后忽略清洗的现象，呼吁市民进食蔬菜前，应事先用水多次清洗，以免留下杀虫水，以致中毒③。中毒事件也在社会上引起强烈反响，"居民甚表关怀，人心惶惶"④。引致中毒的白菜均购自柯高马路新街市内蔬菜摊档，因此，此街市附近为之骚动，入市"将军"（系指购菜的男士）和"主妇"，"拢聚耳语"，人们对"街市的蔬菜，已起戒心"，特别是对白菜戒心更大，"竟全无顾客问津"⑤。

上述事件或多或少与"富粒多"有关联，因而被称为"富粒多"系列中毒事件，也是 20 世纪 50 年代港澳的重大食品安全事件，给公众健康带来了严重危害。据香港报载资料，自 1954 年 4 月到 1955 年 12 月，有 33 名居民死于"富粒多"中毒⑥。在澳门，尽管未造成人员死亡，但"富粒多"中毒现象有从少到多、从田间到餐桌、从家畜向人群蔓延的趋势。特别是 1959 年 1 月发生的 14 名市民进食白菜中毒的食品安全事件，引起社会的高度关注。

（二）港澳政府对农药使用的监管

综观"富粒多"中毒系列事件的全过程，不难发现其具有发生频率高、突发性强、连锁效应显著、危害性大的特征。两地政府针对这些

---

① 《吃白菜中毒事件　昨续发现两宗三人中毒》，《华侨报》1959 年 1 月 17 日，第 3 版。
② 《吃白菜中毒两日发生五宗　光复街文第士街昨四人同样中毒》，《华侨报》1959 年 1 月 16 日，第 3 版。
③ 《食本地菜蔬提防中毒　昨日本澳已发生两宗》，《华侨报》1959 年 1 月 15 日，第 3 版。
④ 《吃白菜中毒事件　昨续发现两宗三人中毒》，《华侨报》，1959 年 1 月 17 日，第 3 版。
⑤ 《吃白菜中毒两日发生五宗　光复街文第士街昨四人同样中毒》，《华侨报》1959 年 1 月 16 日，第 3 版。
⑥ 《吃白菜中毒两日发生五宗　光复街文第士街昨四人同样中毒》，《华侨报》1959 年 1 月 16 日，第 3 版。

特征，采取了相应的监管措施：

1. 紧急立法或颁布禁令实施监管

鉴于 1955 年 5～6 月的"富粒多"危害事件进入高发期，港英政府立即于 7 月 15 日颁布了《紧急农业毒品》法例，法例规定"香港政府已经完全禁止售卖、购买及使用"富粒多"，违法者应被罚款 5000 元及监禁 12 个月。该法颁布后，"农林渔业管理处处长，经已奉令派视察员，执行此项法例，裁判官亦经奉令，如有人违反此法例，有权下令将此种杀虫剂没收充公"。港英政府新闻处还透露，如果菜农在该年 8 月 14 日以前交出"富粒多"可获补偿，倘在此后交出则无补偿而且要受重罚[①]。8 月，澳葡政府亦追随香港方面的做法，对"富粒多"等农药实施进口禁令。卫生厅于 11 月表示，"此类烈性杀虫药，菜农仍有取用者，实为彼辈不顾法纪，私自在港廉价购得，私运回澳之故，此举当局倘经查出，决定执行处罚"[②]。

尽管"富粒多"的售卖与使用均属非法行为，但在 1959 年年底，港英政府仍"察觉危险之有机磷质毒物非法输入，且为本港若干农民作为喷洒菜蔬用途"。有鉴于此，农林渔业管理处处长特于 1959 年 11 月 27 日向菜农发出广播文告。该文告强调"富粒多"及其他有关杀虫药，对人类有生命危险。他要求任何用这些杀虫药的菜农，立即停止使用，并将所持有的此类杀虫药交给附近的农业站[③]。

在港英政府于 1959 年年底再度严厉管控"富粒多"的背景下，澳葡政府卫生厅"为防止发生意外事件因而导致死亡起见"，也于 12 月 7 日发出布告，严禁买卖及输入"富粒多"等 12 种农药。布告全文如下：

---

① 《磷质杀虫剂禁买卖》，《大公报》1955 年 7 月 16 日，第 4 版。
② 《大小猪十余同时暴毙　疑白菜曾用烈性杀虫剂洒射引致　此项毒剂早公布禁用将严加查究》，《华侨报》1955 年 11 月 21 日，第 3 版。
③ 《香港菜田曾喷洒富粒多　吃蔬菜慎防中毒　为免生命危险须把蔬菜浸洗干净》，《大公报》1959 年 11 月 28 日，第 4 版。

为布告事：兹为防止发生意外事件因而导致死亡起见，特再行郑重布告，仰所有市民切实注意各种有机磷农药，尤其是：

阿发米特，Aphamite

奥格隆，Alkron

哥罗地安，Corothion

富粒多，Folidol

富粒多 E 六○五，Folidol E – 605

富斯弗斯，Folfex

基尔科斯，Kilphos

马来地安，Malathion

皮登，Pethanc

太亚科斯，Thiophos

威布科斯，Vapophos

巴勒地安，Parathion 等

均具剧烈毒素，切勿轻于使用，即以手接触，亦属危险，可能引致死亡。自一九五五年以来，在澳门虽未有发生因该种农场常用之农药而引起死亡事件，但近来香港方面却有人因食染有该项药剂之蔬菜而发生中毒事件数宗。为此希各市民周知，凡供食之蔬菜，务宜小心洗涤清洁为要。又仰各市民，尤其商人与农民知悉，各种有机磷农药继续严禁售买及输入，倘有违犯，定予究办，切宜凛遵，此布。

一九五九年十二月七日　署理厅长贾约翰①

半年后，卫生厅再度发现富粒多等"烈性农药，在当局禁令下，其中仍有人向香港偷运来澳图利，不惜危害生命"。有鉴于此，卫生厅"为杜绝此项烈性杀虫剂输入使用及贩卖"，于 1960 年 6 月 4 日再次发

---

① 《一九五九年行政法例　禁售用有机磷农药》，载澳门大众报编印《澳门工商年鉴》[第四回（1959~1960）]，1960，第一篇 9 页；另参见《十二种烈性农药　严禁输入及发售》，《澳门日报》1959 年 12 月 11 日，第 4 版。

出布告指出：

  查此种有机磷杀虫剂，原系一项烈性杀虫药，为郊区菜农常购之以为杜杀菜蔬上之囊虫而用者，效力颇强，但如用者不谙其用法，或其菜蔬洒有此类烈性杀虫药未经挥发完妥，食其菜蔬，极易中毒，甚至死亡。日前，港澳两地当局，已将此项烈性杀虫剂，加以禁用，及输入与售卖，以为居民保安，查此项烈性杀虫剂，在当局禁令下，其中仍有人向香港偷运来澳图利，不惜危害生命，卫生厅为杜绝此项烈性杀虫剂输入使用及贩卖，特重申禁令，希商民注意，免蹈法纪。

该布告全文如下：

  为布告事，查本澳居民，仍有继续使用有机磷农药，对于市民安全，受严重影响，因为此种农药，有强烈毒质，能危害生命，本澳亦时有发生。兹特再行布告，该种农药，绝对禁止在本澳输入使用及贩卖，如发现存有或贩卖者，按照一九二九年所颁布立法条例第九五号之规定，罚款最高额二百五十元，并得科以暂停营业之处分。兹将最普通之有机磷农药开列如下：

富粒多，Folidol

富粒多 E 六〇五，Folidole605

富斯弗斯，Fosfex

哥罗地安，Corothion

太亚科斯，Tiophos

威布科斯，Vapophos

基尔科斯，Kilphos

奥格隆，Alkron

皮登，Pethane

阿发米特，Aphamite

巴勒登，Bladan

多烈 ，Tolly

碟爹力，Dipterex

菜园宝物，Farms Treasurers

马来地安，Malathion 等

此外，近日新出品而有同样毒质者，亦一律禁止，仰各市民遵照，此布。

一九六〇年五月卅一日，厅长马丁士①

2. 逮捕非法储藏、销售"富粒多"人员，搜查店铺没收农药并罚款

1959 年 1 月，澳门发生市民食用白菜中毒事件后，卫生厅、警察厅立即派出卫生稽查人员展开调查，并到销售"毒白菜"的"街市"查验菜档蔬菜。卫生厅对菜农施用烈性杀虫剂，"引为遗憾，因当局经明令禁止市民携运八种烈性富粒多等杀虫水入口，倘有发觉，即施严厉处罚，惟其中有不少菜农，利该等禁品，功效颇大，故仍私自由香港潜办入口应用"。并希望各菜农，"以后应依当局公布禁令办理，免发生危险，倘仍私自携运入口，一经发觉，决予严罚"②。此后，除连续发布禁令之外，澳葡政府有关部门对各种杀虫药入口和使用的管制更加严格，而且到关口、码头严加查缉，发觉有人携带即予以没收。1960 年 3 月中旬，卫生厅到一些经营杀虫剂的店铺搜查，并将某店铺所存 200 多瓶杀虫剂全部没收。另一间店铺因藏有几瓶上述杀虫药剂，被卫生厅察觉后，按照"出卖杀虫药未经许可的条例"，罚款 100 元。该店已于 4 月 13 日前接到罚款通知书，规定要

---

① 《卫生厅重申禁令 严禁输入使用贩卖有机磷农药》，《华侨报》1960 年 6 月 5 日，第 6 版。此外，该布告中所列农药中外文名称、大小写以及有关外文字母与 1959 年的布告中的所列农药略有区别。

② 《当局严密注意菜农乱用毒剂 决予严罚》，《华侨报》1959 年 1 月 17 日，第 3 版。

其在十天内缴交。

在香港，港英政府工商署缉私人员在合作事业管理处及农林渔业管理处的配合下，于 1959 年 11 月 28 日在九龙及新界，分别逮捕非法储藏、销售"富粒多"的人员 19 名，并没收了 5000 罐装或瓶装的这类毒品①。

3. 提醒市民重视"富粒多"的危害，要求在进食蔬菜前注意清洗

1959 年 11 月 27 日，港英政府新闻处向全港市民发出警告称，"富粒多""对于一切生物包括人类在内均同样危险，不论任何浓度均能致命，甚至在极稀淡程度中，即使不能致命亦能引起极严重及痛苦之病情"。港英政府医务监督亦从此日起通过电台、报章吁请主妇、餐厅及任何烹饪食物的人在煮食蔬菜之前，务宜将蔬菜彻底洗涤②。港英政府的做法受到舆论的好评，有评论称，"今天又发现香港菜农使用富粒多，虽然后果如何，尚难预料，但港英政府及时通过报章及广播促请居民注意，此举正是十分需要的"③。

澳葡政府卫生厅也于前述布告中指出，各种农药"均具剧烈毒素，切勿轻于使用，即以手接触，亦属危险，可能引致死亡"，"为此希各市民周知，凡供食之蔬菜，务宜小心洗涤清洁为要"④。

4. 解除"富粒多"事件对市民造成的疑虑

1959 年 11 月以来，香港市民食用蔬菜发生多起中毒事件，起初怀疑是喷洒"富粒多"所引致，人们一时"杯弓蛇影"，"许多人饮食后不舒服均疑与此有关"，引起"轩然大波"。有鉴于此，港英政府新闻处于 1959 年 12 月 3 日举行新闻发布会，称过去十多天来

---

① 《港英政府大举搜索富粒多　新界九龙十九人昨被捕》，《大公报》1959 年 11 月 29 日，第 4 版。

② 《香港菜田曾喷洒富粒多　吃蔬菜慎防中毒　为免生命危险须把蔬菜浸洗干净》，《大公报》1959 年 11 月 28 日，第 4 版。

③ 方群：《可怕的富粒多!》，《大公报》1959 年 11 月 28 日，第 4 版。

④ 《一九五九年行政法例　禁售用有机磷农药》，载澳门大众报编印《澳门工商年鉴》[第四回（1959～1960）]，1960，第一篇 9 页。

发生的中毒事件，经医生检验后均非"富粒多"中毒。至于如何防止"富粒多"中毒的问题，该发言人表示："菜蔬多洗几次，即可保证安全。此外无更佳方法。"有记者问："港英政府是否将于适当时间宣称解除富粒多威胁？"该发言人回答："此时尚难预言。"① 港英政府对蔬菜中毒案件的澄清，使得"紧张的'富粒多'风云才逐渐平静下来"②。

（三）港澳政府农药监管措施对菜农造成的影响

1. "富粒多"事件使菜农蔬菜销售量大幅度减少

自港英政府于 1959 年 11 月 27 日提醒市民重视"富粒多"的危害，并做出要求市民在煮食蔬菜前必须洗净以防中毒的劝导后，全港居民对购买蔬菜颇具戒心，"富粒多阴影笼罩香江，连日蔬菜批发及零售价格均告大跌"。其中，芥蓝从每担 40 多元港币降至 10 多元港币，上等菜心亦由 40 多元港币减至 6~7 元港币，白菜由 10 元港币降至 5~6 元港币，芥菜由 10 多元港币降至 6~7 元港币。白菜与芥菜降价幅度略小，原因是前者可以晒干，后者可腌制酸菜。对此，"菜栏与菜贩莫不愁眉苦脸"③。据新界蔬菜产销联合总社负责人称，自"菜毒疑潮发生后，虽然为期仅历一周，但菜农损失，估计已超过三十余万元（港币）"④。

在蔬菜滞销跌价、菜农损失惨重的情况下，新界蔬菜产销联合总社指出，"使用巴拿芬类毒性杀虫药实属极大错误"，除迅速要求该社

---

① 《港英政府新闻处发言人答本报记者称　连日来中毒事件　均与富粒多无关　但蔬菜价大跌菜农损失惨重》，《大公报》1959 年 12 月 3 日，第 4 版。
② 《当局严加管制下　杀虫药已无货供应　菜农均盼适当放宽》，《澳门日报》1960 年 4 月 17 日，第 4 版。
③ 《港英政府新闻处发言人答本报记者称　连日来中毒事件　均与富粒多无关　但蔬菜价大跌菜农损失惨重》，《大公报》1959 年 12 月 3 日，第 4 版。
④ 《菜毒疑潮风起　菜农损失三十万　西洋菜跌至十五元一担》，《大公报》1959 年 12 月 7 日，第 4 版。

9000 多户社员立即停止使用"富粒多"，"以确保公众安全"之外，还发布"本地新界出产的蔬菜可安心购食"的五方面理由：

（一）菜农喷射杀虫药俱在菜苗时期，至将届上市之前，已甚少喷射虫药；（二）菜田每日须浇水两三次，即有虫药经洗擦干净；（三）阳光空气之氧化作用亦使虫药消失；（四）出市之前，菜农必将蔬菜全部放于水中冲洗。虫药何存之有？（五）居民食用之前，再经洗涤，何毒之有①？

与此同时，该社还致函港英政府辅政司，要求速派技术人员分赴新界各种菜区域深入调查，检验蔬菜，公布实况，宣布解除"富粒多"的威胁，"以安定人心"②。为回应该社的要求，农林渔业管理处及合作事业管理处人员在乡村广泛搜查，并与农民团体及个别农民就此事进行商谈。他们均表示："现已无人使用巴拿芬类杀虫药。"在此基础上，港英政府发言人于 1959 年 12 月 5 日称："受杀虫药中毒的危险已成过去，市民对于新界出产之菜蔬，可以放心食用。"但该发言人亦同时指出："虽然极端小心将菜蔬洗净之需要，已未有以前重要，惟为卫生起见，亦应将一切菜蔬洗净方好食用。"由此可见，经过香港警方及缉私人员的努力，蔬菜因沾染"富粒多"等"巴拿芬"类杀虫药"所引起之对人类生命危险，现在相信已经消除"③。

在澳门，署名为楚学文的作者于 1959 年 12 月 12 日在《澳门日

---

① 《菜农呼吁港英政府派人调查新界蔬菜实况　因居民咸具戒心　菜农惨遭损失》，《大公报》1959 年 12 月 5 日，第 4 版。
② 《蔬菜难销售价大跌　黄竹坑菜农齐叫苦　农村互助会就职谈及富粒多》，《大公报》1959 年 12 月 4 日，第 4 版；《菜农呼吁港英政府派人调查新界蔬菜实况　因居民咸具戒心　菜农惨遭损失》，《大公报》1959 年 12 月 5 日，第 4 版。
③ 《富粒多已无人用　食蔬菜大可放心　港英政府发言人昨有此声明》，《大公报》1959 年 12 月 6 日，第 4 版。

报》上撰文指出，"富粒多"风云对澳门蔬菜销售有间接影响。因为澳门所销蔬菜的货源渠道有三：一是内地，二是香港转来，三是本地菜农种的蔬菜；但自 1959 年 11 月中旬以来，内地和香港输澳蔬菜未增反而减少，而本地蔬菜上市量未减反而有所增加。他指出，从上市量来看，并未产生任何影响；但从价格方面来看，近十天来，多种蔬菜，尤其是畅销的叶菜如菜心、芥蓝、白菜和生菜等，价格均降（参见表 4-4）。蔬菜价格下跌的一个原因，是以前不少经销商每天都贩运新鲜蔬菜前往香港，而在这段时间内则大为减少，导致在澳门上市的蔬菜虽未增加，却少了一条销路。所有来澳蔬菜都要集中在澳门市场销售，"货多价跌，这是自然的道理"①。即"富粒多"事件使香港居民对蔬菜"咸具戒心"，因而减少食用蔬菜，本澳销港蔬菜量下降，"形成市道呆滞，价格也不免随着降低"，菜农"因而受到若干的损失"②。

表 4-4 1959 年 11~12 月澳门市场蔬菜供应量和价格

单位：担/元

品种	11 月 27 日~12 月 6 日			11 月 17 日~11 月 26 日		价格降幅（%）
	来源地	数量	价格	数量	价格	
蔬菜	内地	4500	—	8200	—	
	香港	1700	—	600	—	
	澳门	1200	—	1100	—	
芥蓝	内地	280	3~10	380	5~15	-2~5
	澳门	100	8~22	100	10~30	-2~8
白菜	内地	180	1~6	1260	2~8	-1~2
	澳门	170	5~16	130	6~20	-1~4
生菜	内地	很少	4~10	30	—	
	澳门	110	4~15	70	7~22	-3~7

---

① 楚学文：《最近蔬菜市道》，《澳门日报》1959 年 12 月 12 日，第 4 版。
② 《富粒多疑云威胁 菜蔬输港减少 形成市道呆滞》，《澳门日报》1959 年 12 月 4 日，第 4 版。

品种	11月27日~12月6日			11月17日~11月26日		价格降幅（%）
	来源地	数量	价格	数量	价格	
菜心	内地	160	6~15	320	7~20	
	澳门	210	10~25	210	8~25	

资料来源：根据楚学文《最近蔬菜市道》文章内容编制，该文载《澳门日报》1959年12月12日，第4版。

有记者期望香港怀疑中毒案和"富粒多"有关的风暴赶紧过去，并认为如果港方能进一步找出食用者中毒的真正原因，解除居民对吃菜的疑虑，那么，香港市民对食用蔬菜的戒心就可以消除，澳门蔬菜输港亦可以从滞转畅了①。在港英政府新闻处于1959年12月3日举行新闻发布会，宣布过去十多天来发生的中毒事件，经医生检验后均非"富粒多"中毒后，有澳门媒体认为澳门的中毒事件也并非都是"富粒多"所引致。该媒体指出，"本来，用烟骨水和鱼藤都是旧法，正是古已有之。但是，使用烟骨水灭虫，一般都是把烟骨浸水淋菜，十天后才收割菜蔬上市，这样的菜蔬对吃者来说，是绝对不会发生什么乱子的。但是如果淋后过两、三天就收割，特别是把烟骨沙撒在菜蔬上，这就可能使吃者发生不良后果。记得今年一月初，本澳曾经发生过吃了白菜中毒的案件，就是有些蔬菜撒上了烟骨沙的缘故"②。也就是说，即使是菜农使用传统的"鱼藤浸水"作杀虫剂也有毒性，"鱼藤浸水"喷洒在蔬菜上，要经过一段较长时间后毒性才消失。反之，收割上市出售的蔬菜仍沾有毒素，对居民健康仍具有不良影响。

2. 澳葡政府严禁农药进口对菜农生产造成妨碍

1959年12月，澳葡政府采取严禁一切农药入口的措施后，商人已经不敢入货，市面上无杀虫剂供应。杀虫剂"一旦断市"，让菜农"深感不便"。当时正值蔬菜容易滋生各种害虫的时候，若无杀虫剂喷

---

① 《本澳杀虫药告绝市　菜农种菜引起不便》，《澳门日报》1959年12月4日，第4版。
② 《"富粒多威胁"疑云疑雨》，《澳门日报》1959年12月4日，第4版。

洒蔬菜，就无法保证蔬菜的正常生长。因此，"菜农们都无不大伤脑筋"。有些菜农为了应急，只好准备使用"烟骨水""鱼藤浸水"喷洒蔬菜灭虫①。进入 1960 年 4 月的初夏季节，"南风一起"，青虫等害虫便大量滋生。菜农希望有关方面既要注意居民的食品安全，亦需考虑菜农生产上的困难，按照实际情况适当处理对杀虫剂的管制。菜农们说："蔬菜如防虫防得不好，造成大量减产，居民的蔬菜需求亦会受到影响。"② 但澳葡政府有关部门毫不理会菜农在生产中缺乏农药使用带来的问题，继续采取严禁政策，给菜农的蔬菜生产带来困难。

此后，受"富粒多"事件影响，澳葡政府一直以农药为毒药作借口，严禁任何农药输入③。据江荣辉回忆，在这样的情况下，他们咨询主营内地产品在澳门的总代理，即南光贸易公司，其推荐内地生产并由内地农民长期使用的低毒高效"卫农""农果"牌农药④，并将此农药交菜农试用后效果良好。于是，菜农合群社与卫生厅多次交涉，认为内地农民可以使用为何澳门菜农不能用。接着，该社提出申请报告以及该农药样本，交卫生厅化验符合其标准后，获得一定数量的内地农药进口配额。1962 年，菜农合群社与南光贸易公司签订合同，由其负责从内地采购国产"卫农""农果"牌农药来澳销售⑤。有媒体报道，这些农药不仅具有高度杀虫效能，对植物生长无妨碍，而且人畜少

---

① 《本澳杀虫药告绝市　菜农种菜引起不便》，《澳门日报》1959 年 12 月 4 日，第 4 版。
② 《当局严加管制下　杀虫药已无货供应　菜农均盼适当放宽》，《澳门日报》1960 年 4 月 17 日，第 4 版。
③ 参见《菜农生活能改善　饮水思源念祖国》，《华侨报》1975 年 3 月 29 日，第 4 版。
④ 据《澳门日报》报道，"卫农"杀虫药是内地生产的一种农药，以磷有机杀虫剂为主，辅以适量氯有机化合物，并考虑到对植物生长的影响，采用最新科学方法、严密的化学处理精制而成。因此，它具有高效的杀虫效能，兼有胃毒、接触、熏蒸三种杀虫作用；但对植物生长却绝无影响，人畜吸入少量也无损健康，身体或四肢皮肤略有接触也不致有害，是一种杀虫效果迅速而"残效期"短的理想杀虫剂。当时的澳门半岛和路氹菜农已大多采用此杀虫药，"效果甚佳，备受称赞"。"卫农"杀虫药除了对农作物害虫有强大杀灭作用外，还对蚊子、孑孓、苍蝇等具有显著的杀灭效能。《灭蚊战争转入新阶段　今起全面喷射杀虫药》，《澳门日报》1968 年 6 月 2 日，第 4 版。
⑤ 2012 年 7 月 5 日访问江荣辉的记录。

量吸入，亦无损健康。蔬菜经喷洒三天后，即可采摘食用。菜农使用这种农药三年以来，"均未发生任何意外事件"。由于该农药具有上述优点，菜农均乐于采用，每月销量达1000瓶（每瓶100毫升）左右①。

但在1965年12月3日，澳葡政府港务厅突然将进口的1000瓶"卫农"牌农药扣留，称需经卫生厅化验批准后才准进口，这一举动使得该农药脱销。部分菜田缺乏农药喷洒，很快出现虫害。12月19日，菜农合群社一方面特派出代表多人前往卫生厅，向厅长陈述困难，请求放宽限制，准许进口②。另一方面前往商会拜访何贤，请他前往港务厅交涉。经何贤的出面"调停"，该批农药最终也被"放行"③。

这一时期内，菜农合群社提供的相关服务为菜农生产给予有益的帮助和便利。例如，该社为菜农兴办福利事务，如筹备资金开办合作社，贩卖日用百货与农用物品等④。至于包销农用物品方面，江荣辉称，菜农合群社早期向香港进口肥料、杀虫剂等农业用品。由于"没有付饮茶钱"，澳葡政府水警稽查队扣查这些货物，不准运来澳门。与此相比，另一家支付了"饮茶钱"的公司，从香港运澳的相关物资则顺利进入。有鉴于此，菜农合群社与其进行交涉，最终获准入澳⑤。

从上可以看出，澳葡政府在1959年市民食用蔬菜中毒事件以及香

---

① 《"卫农牌"农药被扣　蔬菜生产受影响　菜农代表访卫生局要求改善》，《澳门日报》1965年12月20日，第4版。也有评论认为，"大约是六三年，祖国特准'卫农'和'农果'等效力良好的农药销澳，保障了菜农在虫祸侵袭下维持劳动成果的收成"。《菜农生活能改善　饮水思源念祖国》，《华侨报》1975年3月29日，第4版。

② 《"卫农牌"农药被扣　蔬菜生产受影响　菜农代表访卫生局要求改善》，《澳门日报》1965年12月20日，第4版。

③ 2012年7月5日访问江荣辉的记录。

④ 《菜农合群社小史》，载《澳门菜农合群社成立五十周年纪念特刊（1952～2002）》，澳门菜农合群社，2002，第72页。

⑤ 2012年7月5日访问江荣辉的记录。

港方面再度严禁"富粒多"的背景下，开始严加监管农药的输入和使用。这种做法的出发点无疑是正确的，但其执行力度与此前的反差过大，导致菜农蔬菜种植过程中使用农药的正常需求得不到满足，进而对本地农业产生了很大的负面影响，有矫枉过正之嫌。

（四）港澳政府对"富粒多"监管的比较分析

鲜活农产品是市民日常生活的必需品，关系到身体健康和生命安全，牵涉到每一个人的切身利益。而蔬菜生产环节中农药的使用犹如一把双刃剑，它是消除病、虫、草害的重要物质基础，蔬菜高产稳产的重要保障①；但使用不当，或市民不注意清洗农药喷洒过的蔬菜，亦会造成人、畜中毒或死亡。按照塞缪尔·P. 海丝（Samuel P. Hays）的研究，城市的发展为城市农产品消费影响从城市向农村的传导提供了机会，而农业生产的主动权继续从农产品生产者向加工者和销售商转移，后者要求前者提供优质和形状美观的产品，以迎合消费者的偏好，由此产生的压力迫使农民在农产品生产过程中使用更多的农药或化肥等②。鉴于喷洒农药是蔬菜生产过程中的重要环节，这就使得有关用药安全的监管，也对港澳政府的施政能力和水准构成考验。倘若认真审视这场考验，不难发现其在监管程度、功效和策略上的共通性与差异性。

1. 港澳政府在干预程度上都从最低直接跨越到最高

根据玛丽安·G. 马丁内斯（Marian Garcia Martinez）等的研究，按照政府干预程度从低到高排列，食品安全监管中的手段可分为：无干预（no intervention），行业自我规管（self-regulation），政府和企业联合规管（co-regulation），提供资讯和教育（information & education），以激励机制为基础的监管架构（incentive based structures），直接命令式和控制

---

① "农药的使用可使农业总产值增长 15% ~ 30% 。"参见《谈食品污染和食品卫生》，《华侨报》1986 年 11 月 8 日，第 1 张第 4 版。

② Samuel P. Hays, "From the History of the City to the History of the Urbanized Society," *Journal of Urban History* 19 (1993), p. 21.

式的干预（*direct comman and control intervention*）①。据此标准考察"富粒多"事件，可以发现在 1955 年之前，港澳政府并未预见到该农药的传入和使用会对公众健康造成严重影响，因而未立例进行管制，任何药房都可以购到此类"毒剂"②。此时的港澳政府对"富粒多"采取的是干预程度最低的"无干预"监管手段。在"富粒多"中毒事件进入高发期后，港澳政府立即采用了干预程度最高的"直接命令式和控制式的干预"（紧急立法或颁布禁令，搜查店铺并逮捕非法储藏、销售人员等）监管手段。因此，在干预程度上，除"提供资讯和教育"外，港澳政府并未采用中等强度的干预，而是实现了从最低直接到最高的转变。

2. 港澳政府实施的监管，均无法及时切断"富粒多"危害生成链条

前述 1955 年 7～8 月，港澳政府分别紧急立法或颁布禁令实施监管，但"富粒多"从传入到使用的各个环节并未因此脱节或消失，仍然发生多起人、畜中毒伤亡事件。这就说明港澳政府的立法或禁令无法真正阻断市场上"富粒多"的流通，菜农仍能正常购买和使用，港澳政府的监管暴露出问题。例如：在香港，1957 年还有四人死于该农药中毒。直到 1959 年 11 月，港英政府再度出招严厉监管"富粒多"，就因为有关部门发现该农药"竟有人从外埠偷运入港，转手售与新界菜农使用"③。

在澳门，"富粒多"传入之初，有关媒体曾提醒菜农安全使用农药，但澳葡政府基本上对这种烈性农药被菜农大规模使用可能造成的危害没有清醒的认识，也未对菜农安全使用农药发出指引，这就为日后的中毒事件埋下了伏笔。到了 1955 年 8 月，澳葡政府追随香港方面的有关措施，也对"富粒多"等农药的进口实施禁令；但该禁令更多涉及

① Marian Garcia Martinez, Andrew Fearne, Julie A. Caswell, Spencer Henson, "Co-regulation as a Possible Model for Food Safety Governance: Opportunities for Public-private Partnerships," *Food Policy* 32（2007），p. 301.

② 端木惠：《杀人凶手富粒多》，《大公报》1959 年 11 月 29 日，第 4 版。

③ 《香港菜田曾喷洒富粒多 吃蔬菜慎防中毒 为免生命危险须把蔬菜浸洗干净》，《大公报》1959 年 11 月 28 日，第 4 版。

的是大规模进口，对市民和药商因港货价廉而"私自以货船运澳应用"的行为则无能为力①。菜农对"富粒多"的使用也从公开转入地下②。因此，澳葡政府发布禁令的三年多后仍发生了在三日内连续有十多名市民农药中毒的事件。

3. 在监管策略上，港英政府注意到农业发展与农产品安全之间的平衡，而澳葡政府则有片面性

"富粒多"事件在对公众健康造成威胁的同时，也对菜农的生产带来重大打击。一般而言，监管者在维护公众健康的同时，亦应兼顾农业产业的发展，两者不可偏废。在这一方面，两地政府尽管都对农药使用实施严厉监管，但港英政府主要禁止的是"富粒多"，其他农药诸如"嘉多露""红多利""马拿太恩""富福"等在农业生产过程中则是允许使用的③。此表明港英政府对各种农药的禁用是区别对待的。实际上，早在 50 年代初港英政府实施的农业政策中，也包含了对与农药相似的另一种化工生产品即化肥使用的指导。例如港英政府南区官员的报告（*Southern District Officer Reports*）提及，1951～1952 年，有很多农民到香港南部的银湾（Silvermine Bay）开荒种植。有鉴于此，港英政府在 1953 年设置一处农业站，开始为这里的农民在种植、选种和化肥使用方面提供相应的建议④。同时，在"富粒多"事件导致市民恐慌"索性暂时不吃蔬菜"，菜农蒙受重大经济损失的背景下，港英政府农业部门及时派员到新界农村监控和调查，确认菜农放弃使用"富粒多"的真实情况，并及时向社会通报"富粒多已无人用，食蔬菜大可放心"的

---

① 据报道，1955 年 8 月澳葡政府实施相关禁令以来，四个月内仅有两批由"德星号"轮船运来的烈性杀虫药被查出。参见《大小猪十余同时暴毙　疑白菜曾用烈性农药洒射引致　此项毒剂早公布禁用将严加查究》，《华侨报》1955 年 11 月 21 日，第 3 版。

② 《禁用富粒多毒剂后　菜农近仍有暗中施用》，《华侨报》1955 年 9 月 20 日，第 3 版。

③ 《蔬菜难销售价大跌　黄竹坑菜农齐叫苦　农村互助会就职谈及富粒多》，《大公报》1959 年 12 月 4 日，第 4 版。

④ John Strickland, *Southern District Officer Reports Islands and Villages in Rural Hong Kong, 1910 - 1960*, Hong Kong: Hong Kong University Press, 2010, pp. 112 - 113.

信息。这一举措对消除市民对进食蔬菜的恐慌、及时化解该事件对农业的影响无疑具有积极作用。

与港英政府监管策略相反，当"富粒多"事件发生后，澳葡政府并未考虑菜农生产的实际需要，而是采用了严禁所有农药输入的"一刀切"做法。尽管其出发点是为了严加管控蔬菜生产过程中农药的使用，保护消费者利益；但割裂了农产品安全与农产品产业之间的关系，不利于调动农产品生产者的积极性，进而影响了市民对蔬菜的需求，在农产品生产者和消费者之间"两端不讨好"。同时，这种矫枉过正的策略，反映出在重大食品安全事件发生后，政府在执行相关措施时存在一种倾向，即强调安全，不惜牺牲竞争系统协调能力和控制能力的培养，并因而牺牲繁荣[①]。因此，在应对食品安全事件的时候需要注意生产者和消费者之间的利益平衡。也就是说，当政府行使保护性职能时，应像柯武刚等指出的："必须永远牢记管制的终极目的，即制度服务于公民"，当政府在决定"是否应当积极干预以使公民免于某种风险时，永远要考虑管制的成本，包括考虑强加于公民的服从成本（compliance costs）"。而这些成本都是公民在服从政府法律和政府管制（外在制度）时所必须承受的资源消耗[②]。只有这样，政府的相关措施才能达到既能筑起一道确保市民生命安全和身体健康的牢固防线，又能为广大菜农、市民所接受与配合，从而在强化政府保护性职能这双可以看得见的手时，避免"比市场失败更为严重的政策失败，从而降低消费者的福利"[③]。

"民以食为天"，食品安全是民生的头等大事，任何政府部门都不能掉以轻心，行使好食品安全监管的政府主体职能，有利于确保市民身

---

① 〔德〕柯武刚、史漫飞：《制度经济学——社会秩序与公共政策》，韩朝华译，商务印书馆，2000，第361页。

② 〔德〕柯武刚、史漫飞：《制度经济学——社会秩序与公共政策》，韩朝华译，商务印书馆，2000，第360页、第378页。

③ 转引自任燕等《政府在食品安全监管中的职能转变与策略选择——基于北京市场的案例调研》，《公共管理学报》2011第8期，第17页。

体健康和生命安全。当前，我国食品安全监管面临严峻的挑战，各种突发食品安全事件的频繁发生，凸显出政府建立一个"从田间到餐桌"（from farm to table）食品安全监管体系①的重要性和紧迫性。在这样的背景下，认真总结和分析"富粒多"中毒系列事件，将会为我们带来诸多有益的借鉴和启示。

---

① 参见 World Health Organization：FAQ：from farm to table，a new approach to global food safety，［EB/OL］，http：//www. fao. org/english/newsroom/news/2003/15903 - en. html，最后访问日期 2013 年 7 月 11 日。

朱德新　著

COLECÇÃO CULTURA DE MACAU

澳门文化丛书

碰撞与变迁：
城市化进程中的澳门菜农
（下）

Macao Vegetable Growers in the Process of
Urbanization（II）

社会科学文献出版社
SOCIAL SCIENCES ACADEMIC PRESS(CHINA)

澳門特別行政區政府文化局
INSTITUTO CULTURAL do Governo da R.A.E. de Macau

目 录

·上 册·

图目录

表目录

第五章 民生缩影：菜农与内地农产品供给

由于城市人口增长和物质生活水准的提高，城市消费在范围和程度上不断扩展①；但菜农生产的产品受土地资源和气候条件的制约，并不能完全满足这种需求。按照著名经济学家萨缪尔森提出的"没有一个市场是孤立的岛屿"的理论②，澳门需要周边国家、地区特别是祖国内地农产品的供给。当历史的车轮驶入 20 世纪 70 ~ 80 年代，城市建成区外延扩张，人口快速增长，边缘区菜田面积不断缩小，市民对鲜活农产品（以下简称农产品）需求的迅速增加与澳门菜农无法满足该需求的矛盾越来越突出，这一矛盾推动澳门市场主要农产品货源地结构从由菜农和内地双方供给到内地一方供给的重大转变。因此，本章主要考察这一转变过程及其产生的作用和影响。此外，还根据经济学供给与需求理论，对重要节假日期间农产品供应、气候异常情况下市民对蔬菜的购买做一初步探讨，从市场价格变化的角度，展现民生缩影。

---

① Samuel P. Hays, "From the History of the City to the History of the Urbanized Society," *Journal of Urban History* 19 (1993), p. 17.

② 〔美〕保罗·A. 萨缪尔森、威廉·D. 诺德豪斯:《经济学》，高鸿业等译，中国发展出版社，1992，第 119 页。

一　此消彼长：农产品市场货源地结构转换

从菜农于 20 世纪 50 年代初大规模诞生至 80 年代初，澳门农产品的主要货源地结构经历了菜农产品供给量不断下降、内地农产品供给量逐渐增加的过程，呈现出此消彼长的态势。具体而言，在城市化、工业化浪潮驱动下，城市空间加速扩展，农地不断减少，菜农提供的农产品产量也逐渐减少。到了 70 年代中后期，菜农提供的农产品更加无法满足市民日益增长的消费需求。这些因素产生的内在拉力与外部因素形成的推力，共同促使农产品货源地结构实现平稳转变，即到 70 年代末 80 年代初绝大部分菜农产品退出市场之际，也就是内地农产品全面取代其成为澳门市场货源地"主角"之时。这种转变对保障民生以及促进经济社会发展起到了重大作用。

（一）农产品货源地结构转换路径

1. 20 世纪 50 年代：内地货源不稳定时期

正如本书第二章所述，澳葡政府为摆脱对外粮食以及农产品的严重依赖性，"免使此类日常食用品价格为外处操纵"①，迫不得已于 50 年代初鼓励市民开垦耕种荒地，还推动农民到氹仔、路环办农场。到 1953 年 11 月，半岛及氹仔、路环等地"先后增加之农场及畜牧场者，为数极多，比去年多出一倍，市面菜园目前数达 150 间左右，生产额突然提增"。这改变了"本澳菜蔬牲口，恒靠江门及中山四乡运来，本澳绝少大量生产，故有时价格高涨"的状况②。这样一来，从 50 年代初开始，菜农与内地同行一道，承担起向澳门农产品市场提供大部分货源的重任。

（1）蔬菜供给。

1953 年年底，菜农蔬菜产量猛增，不仅可以满足全澳市民消费，而且

---

① 《广辟农场增加畜牧种植　路氹菜蔬产额破纪录　每日输出七十担大部分运港推销　本澳台山青洲各地菜园达百五处》，《华侨报》1953 年 11 月 20 日，第 3 版。

② 《广辟农场增加畜牧种植　路氹菜蔬产额破纪录　每日输出七十担大部分运港推销　本澳台山青洲各地菜园达百五处》，《华侨报》1953 年 11 月 20 日，第 3 版。

开始运销香港。有媒体根据菜农提供信息做出的报道称：1953 年 11 月，
"氹仔每天运澳菜蔬有六十至七十担之多，打破以往输出记录。其中大部分
即日申请转运香港销售。一般市民，不轻易相信澳门农产品亦有输往供应
香港者，最近氹仔白菜数十担运港，以事实证明，澳门农业已在有成效发
展中"①。但 1954 年年初出现"暖冬"现象，本应是隆冬腊月气候却"一
若初夏时节"，蔬菜加速生长，导致以下情景：

> 菜蔬大量上市，形成供过于求，市价乃大倾泻。本市所产菜蔬，
> 一向主要靠香港扯销，惟最近港地菜产，亦成供过于求，故本市去途
> 又滞塞；加上大陆菜蔬不断涌出充斥，形成菜市一蹶不振。一般菜农
> 卖菜所得，几不够菜种肥料本钱，故菜农终日胼手胝足，并无所获②。

距此次"菜市一蹶不振"后不到两年，由于澳门遭受台风的袭击，
1955 年 11 月下旬以来又出现另一番景象：

> 连日蔬菜市价迭涨，白菜和萝卜每担昨（11 月 27 日——笔者注）
> 售价为廿余元，菜心卅余元，芥蓝卅余元，萝卜卅余元，菜价之贵，
> 为入冬以来所仅见，街市零沽价更昂，一般主妇莫不大伤脑筋。据菜
> 栏商人谈：最近菜蔬价涨原因，主要系自本月初遭受台风袭击后，本
> 市菜田作物普遍被风摧残，而新种下菜秧，尚须时日，目前本市蔬菜产
> 量不及平时三成，同时，近两星期内地出口蔬菜剧减，加上香港菜商高
> 价向本市购办蔬菜，遂形成求过于供③。

---

① 《广辟农场增加畜牧种植　路氹菜蔬产额破纪录　每日输出七十担大部分运港推销
　本澳台山青洲各地菜园达百五处》，《华侨报》1953 年 11 月 20 日，第 3 版。
② 《菜蔬长得快　市价跌得凶　菜农所获不偿本钱　叫苦连天》，《华侨报》1954 年 1
　月 13 日，第 3 版。
③ 《产量减缩求过于供　菜蔬价迭涨　港客仍高价扯购》，《华侨报》1955 年 11 月 28
　日，第 3 版。

尽管这一时期的菜农产品的市场占有率有所扩大，但内地供货量却在一定程度上仍然主宰澳门市场相关产品的价格。例如 1956 年 11 月中旬，澳门的蔬菜市价呈现"两极化"态势，"时令"菠菜每斤售价在 0.3~0.4 元，芥蓝售价 0.3 元，但白菜仅为 0.05~0.1 元。据菜栏商人反映，菠菜成"热门货"的原因，主要是内地甚少输出，仅靠澳门菜农供应。而白菜则多是内地农民稻田秋收完成后，利用空置稻田种植的，当时正值收获季节，"故白菜出口激增，形成满坑满谷，市价大贱"①。由于白菜每担仅售 3~4 元，价极廉宜，"一般养猪者，都购之以作饲料"。但与之相反的是生姜价格，"内地来货少，路环货少到，供不应求，售价颇高，每担 70 元"②。

时至 1958 年 5 月初，内地蔬菜供应量大增，澳门市场蔬菜价格出现大跌现象：

> 内地瓜菜以压倒姿态大量涌至，每日来货满坑满谷，供过于求，形成急水难消状，因此市价下泄。查昨（即 5 月 6 日——笔者注）市大盘黄瓜每担低至一元至一元半，当时得令之节瓜平（广东话，即便宜——笔者注）至五六元，白菜每担二元，菜心四五元，运来瓜菜所得，几不足运费及夫力费支销，遑论种植之劳力、种子及肥料成本。在菜贱之下，本市菜田所产作物，菜农以赴市所得不够车费，多将之作猪之饲料，或任令在田间萎黄，不予收割③。

但这种情况持续时间不长，当年 8 月至第二年 3 月间，内地蔬菜"输来量锐减，加上港货客经常在澳抢购运港"，澳门的蔬菜：

① 《白菜近丰收 因多运澳市价特廉 菠菜少到竟成奇货》，《华侨报》1956 年 11 月 14 日，第 3 版。
② 《白菜近丰收 价贱作饲料 生姜呈疏渴 价高成奇货》，《华侨报》1956 年 11 月 16 日，第 3 版。
③ 《瓜菜大量至供过于求 急水难消市价已下泄 菜贱虽伤农 入市主妇皆大欢喜》，《华侨报》1958 年 5 月 7 日，第 3 版。

出现近十多年来罕见的奇贵现象。过去菜贵只一两个月就平复，但这次一贵，却达半年，菜心、白菜稳企于每斤六七毫的高价，即一向视为猪菜的削菜，也卖至两毫半斤。菜是居民主要副食品，因为长期性价贵，一般人诚有啖菜根不易之叹，由于菜贵，居民生活费较前加重[①]。

但从1958年的总体情况来看，澳门市场约需蔬菜22万担，菜农仅能生产3万担左右，"其余数量都必须仰赖于内地供应"。"由于祖国的工农业大跃进，1958年内地输澳货品占5500余万元，几占本澳进口货的半数。"其中，供澳蔬菜16万担，总值163万多元，占澳门蔬菜市场份额的85%[②]。

（2）生猪和"三鸟"供给。

澳门市场上的肉类产品主要是指生猪及"三鸟"（珠江三角洲地区民众对鸡、鸭、鹅的俗称，下同）。由于"澳门本地牲畜家禽的饲养量有限"，"居民每年所消费的肉类，大多要依靠内地来货供应"[③]。1952年，有资料介绍如下：

澳门的家畜，多由各菜农饲养作为副业，很少大规模经营。由澳门屠场统计，每天须要屠宰肉猪120头至150头，每月约要4000多头，全年约40000头至50000头之多。但澳门本身的产量，平均每月约得300头至500头，全年产量也不过4000多头，相差值数量为1与10之比，通常是靠石岐、江门、阳江、海口等地供应，一旦来源断绝，当有"食无肉"之叹[④]。

① 《半年来菜贵回顺　海产激增价亦跌》，《华侨报》1959年3月22日，第3版。
② 澳门大众报社编印《澳门工商年鉴》［第三回（1958～1959）］，1959，第3、12～13页。
③ 澳门大众报社编印《澳门工商年鉴》［第三回（1958～1959）］，1959，第3、12～13页。
④ 黄浩然主编《澳门华商年鉴》（第一回·上卷），澳门精华报社，1952，第37页。

但 20 世纪 50 年代前半期，内地供澳生猪处于时而停运、时而来货减少的不稳定状态。例如，1953 年 11 月，"岐猪停运本澳达旬日"，使得 26 日的猪价最高为每担 360 元，平时其均价 330～340 元，幼猪 500 元，母猪 800 元[1]。在"猪市涨价"的驱动下，台山、马场、新口岸、黑沙环、青洲和路环、氹仔新盖搭养猪用的木屋、茅舍达 400～500 间。这又导致第二年本地生猪上市量增加，每担售价又降至 200～230 元，"比去年猪贵时约跌三分之一"[2]。

到了 1955 年，生猪、"三鸟"市场价格仍处于不稳定状态。此以 1955～1959 年《华侨报》有关报道（参见表 5－1）为例，说明 50 年代后半期内地与菜农向澳门市场提供生猪、"三鸟"货源的变化情况。

表 5－1　1955～1959 年澳门市场生猪、"三鸟"货源变化及影响

年　份	日　期	标　　题
1955 年	6 月 8 日	市面鸭价有起无跌,各处菜农均大量蓄养,本澳各农场所蓄鸭四五千只,路环、氹仔有人投资大规模饲养
	7 月 18 日	市内鸡价狂涨不已,新设养鸡场遍布郊区,路氹养鸡业更兴盛如雨后春笋,目下本地鸡只已陆续上市供应
	8 月 2 日	猪鸡鸭价频频告涨,刺激畜牧事业趋蓬勃,当局决在路氹辟建广大畜牧场,并筑养猪屋舍数十座廉租供用
	12 月 19 日	本地猪供应增加,昨市价已略回顺,大陆快有到,涨风将遏制
1956 年	11 月 9 日	大陆猪来源有限,本地猪又成奇货,猪商大量搜购昨日起价又扳升,港猪价较澳为昂,港商来澳搜购
	11 月 16 日	大陆猪不足供应,本地猪价继续上扬,制腊工作已展开,猪肉需量大增,猪商加强收购,本地猪又创新价
		内地鸡雏,恢复运澳,惟售价奇昂
	12 月 18 日	大陆土产品大量运出,菜蔬尤丰盛大部转港,澳港线货轮载运繁忙业务好转,圣诞节期近牲口大量运到供应
	12 月 27 日	冬至过后,生猪需求少,市价已回顺

----

① 《内地未有出口　生猪供应仍陷中断　市价逐渐提高　养猪菜农日增》,《华侨报》1953 年 11 月 27 日,第 3 版。

② 《澳养猪业务蒸蒸日上　现产额几足全市所需　岐猪少到饲料跌价形成业务蓬勃　拥有游资者纷向该行业转移目标》,《华侨报》1954 年 4 月 22 日,第 3 版。

续表

年　份	日　期	标　题
1957 年	7 月 12 日	三鸟货疏市渴，昨日市价均起，生猪来途多顿呈滞市，本地猪受影响价暴跌
	8 月 21 日	大陆毛鸭，供过于求，昨市价转低廉
1958 年	5 月 10 日	猪价锐降下，郊区养猪日益减少，大部猪寮都已空置，饲料昂贵养着亏本
	6 月 3 日	大陆货多来价贱影响，澳氹鸡鸭场大部结束，饲料昂贵成本难划算致遭亏折，售价长期低廉多数无力再支持
	8 月 4 日	本澳农牧业走向下坡，菜田猪屋顶让费大跌，不少放盘无人问津只任之荒置，牲口菜蔬价频降菜农损失极大
	8 月 11 日	延聘专家来澳指导种植，积极发展澳农牧事业，俟兽医官假满返澳计划即展开，目的求农牧产品能有充足供应
	9 月 16 日	澳农民遭厄运，农植畜牧普遍亏折，大陆货充斥售价日低跌，成本既高昂卖出都亏蚀
	12 月 25 日	冬至牲口奇缺，本地猪价复飞涨，鸡猪昨无货到供应欠允，鹅鸭尚有运来售价稍顺
	12 月 26 日	大陆猪断市，屠宰量减少，售价高昂食肉客不敢下手，本地猪吃香销量反告减少
	12 月 29 日	大陆猪昨有到，数量少价难降，仓库已空供应仍感不敷
1959 年	1 月 6 日	市内饮食业遭受严重打击，居民生活受影响同感威胁，猪鸡鸭价直线上升，比两月前涨逾两倍，入市主妇莫不皱眉，贫苦居民更感痛苦
		内地猪鸡断市，本地猪价续涨，鸡类稀少吃香
	1 月 7 日	牲口供应奇缺，肉食价不断上涨，大鸡价高达十元有人沿街收购，毛鸭有到价仍昂，牛肉市亦趋涨
	1 月 8 日	大陆牲口供应失调，猪价暴涨民生受影响，金边生猪昨运到供应，首批先到二百头今后将续有运到，鸡只如有划算，金边鸡随后运来
	1 月 12 日	来源稀疏影响，蔬肉食价悉飞涨，内地猪鸡鹅久已无货到，毛鸭虽运至售价殊高昂
	1 月 14 日	肉食菜蔬售价频涨中，澳葡政府决拨巨款发展农牧，兽医官将负责指导饲养牲畜方法，拟向外地采购良种返澳用助繁殖
	1 月 26 日	春节牲口免缺乏，大陆猪昨日恢复运澳，每担售二百三十元，价廉招客颇见畅销，金边生猪贵昨暂停盘，鸡鸭腊味将续有到，居民渡岁减少烦恼
	1 月 30 日	内地生猪大量到，金边生猪价再暴跌，最低售价跌至一百五十元，供应丰销途弱，后市难振作
	2 月 7 日	大陆生鸡四百只，昨日赶运到供销，肉鹅毛鸭同船大量抵澳

资料来源：表格中所载日期的《华侨报》第 3 版有关报道的标题和副标题，标点符号为笔者所加。

从表 5-1 可以看出，受条件所限，菜农产品数量不能满足市场需求，其中一半以上必须依靠内地供应。而在内地供澳货源中，一些时段亦有很大程度的增长。这正如 20 世纪 50 年代末有评论指出的，"近数年来，随着祖国经济建设的飞速发展，农畜产品产量的不断增长，内地供应澳门的牲畜相当充裕"[①]。例如，1955～1957 年，内地生猪年供应量为 20000 头，1958 年增至 29000 头。有记者调查发现，内地生猪批发价"适当，经营内地生猪的栏商和肉商普遍获利"，很受欢迎[②]。因此，当内地肉类供给充足时，"澳门的肉类市场得以稳定，价格也适合于大众的购买水准"。以 1958 年的肉类价格为例，内地生猪批发价每担160 元左右，活鸡 260 元左右，活鸭 165 元左右。与上年相比，"肉类价格都有下降"[③]。

在外地生猪方面，"因运输途远，损耗大，成本高，而且货源不正常，过去甚少来澳"。但到了 1959 年，"因澳门猪市一度疏竭，才开始运来销售"[④]。1959 年 1 月，内地仅运来 500 头生猪，使得猪价急剧攀高，每担升至 290 元。但从 2 月份开始，内地生猪供应量增加，生猪价格随之降至每担 215 元左右。自 5 月后，内地生猪供应充足，售价"稳企"在 200 元左右。据此可见，澳门猪肉市场的稳定与内地生猪正常供应密切关联[⑤]。1959 年 8 月 1～24 日，澳门全市生猪总成交量为 3168头，其中内地生猪 1819 头，澳门本地生猪 1074 头，金边生猪 200 头，泰国生猪 50 头，冲绳岛生猪 25 头。

与此同时，内地的肉类供应，对本地"家畜、家禽的饲养业影响并不大"。1959 年《澳门工商年鉴》的作者以菜农饲养数量最多的生猪为

---

① 澳门大众报社编印《澳门工商年鉴》[第三回（1958～1959）]，1959，第二篇第 12 页。
② 楚学文：《内地猪牛供应充足　牲畜市情呈现稳定》，《澳门日报》1959 年 8 月 26 日，第 4 版。
③ 澳门大众报社编印《澳门工商年鉴》[第三回（1958～1959）]，1959，第二篇第 12 页。
④ 澳门大众报社编印《澳门工商年鉴》[第三回（1958～1959）]，1959，第二篇第 12 页。
⑤ 楚学文：《内地猪牛供应充足　牲畜市情呈现稳定》，《澳门日报》1959 年 8 月 26 日，第 4 版。

例，指出澳门全市 1958 年容纳量在 5 万头左右，内地供澳生猪 29000 头，"本地生猪上市数量则达到二万多头，占市场份额的 40% 以上"①。

（3）中央和广东省为解决供澳货源不稳定所采取的措施。

为补充对澳农产品的供应，20 世纪 50 年代的边境小额贸易取得较大发展。早在 40 年代，澳门周边地区的农民可带少量自产的该类产品入澳销售。如 1947 年 7 月 15 日，"拱北总税务司训令，当地商民输往澳门的鲜活农产品，准予纳税放行并结出口外汇，准其纳税进口零星物品，免领许可证。28 日，拱北关布告规定，出口货值不得超过 25 美元，进口货值不得超过 200 港币"。1949 年 11 月拱北地区解放后，为照顾边民的历史习惯，是年 12 月 11 日由华南海关处转发广州军管会颁布的《港澳边缘区小额肩挑贸易临时办法》，以及 1950 年 10 月 18 日拱北关奉命执行中南财委华南分会颁布的《华南边缘区对外贸易管理办法》，规定边缘区 50 华里以内自产自销的边民可凭当地外贸机构登记和签发的"对外贸易证"及"输出入表"输出农副土特产品，海关凭证验放。自用的生产和生活用品，实行限品种和定量免税输入的办法。该办法于 1952 年停止执行。1954 年 7 月 1 日，根据广东省政法委的指示，保留关闸、联安、高沙、北岭、湾仔五个自然村的边境小额贸易分散经营，其他村庄改为集中经营，凭许可证输出。因此，从 1954 年下半年开始，除临近澳门的上述五个自然村保留边境小额贸易外，其余地区由国营外贸公司统一收购农产品出口代替了边境小额贸易。自此，小额贸易出口的农产品数量逐年下降。1953 年为 12862 吨，货值港币 269 万元；1959 年下降至 1063 吨，货值港币 44.8 万元②。

---

① 澳门大众报社编印《澳门工商年鉴》[第三回（1958～1959）]，1959，第二篇第 12 页。

② 中国拱北海关编《拱北海关志》，海洋出版社，1993，第 29、34、88 页。此后，该办法于 1967 年取消。参见国务院办公厅印发《港澳经济考察报告》（1978 年 6 月 16 日），广东省档案馆藏，档案号：235－2－144－070－083。但赵艳珍则认为，该措施于 1969 年 4 月取消，原因是"被认为违背对外贸易统制政策"。原创汇较多的部分蔬菜等转由外贸部门收购后出口，农民"由于利益受损，无心发展，不久便中断出口"。参见赵艳珍《珠澳关系史话》，珠海出版社，2006，第 207 页。

与此同时，针对 50 年代一些年份供澳货源不稳定带来的困扰民生问题，党中央高度重视并不断采取措施努力加以解决。1952 年 5 月 14 日，中央财经委员会主任陈云签发中财委复贸易部并报周恩来和中共中央电。复电指出，对于资本主义国家和地区的贸易"要作进一步努力，尽量打开局面，特别是港澳和南洋"，它们需要内地的一些土特产，"放弃这个市场对我不利"①。为了进一步落实中央政府于 50 年代初确立的"内销服从外销"的外贸方针，1956 年 6 月，国家有关部门在《对港澳贸易座谈会总结（草案）》中表示，这一方针"是国家进行社会主义经济建设的长远政策"，"因此必须继续向有关部门和群众进行耐心的宣传和解释，说明保证出口物资供应的重要性，取得各地党政和有关部门的支持，保证内销服从外销政策的贯彻执行"②。特别是在 50 年代末内地发生严重自然灾害，农业歉收，内地市场缺乏农产品供应，人民生活处于艰难困苦的情况下，中央为确保港澳市场农产品供应所采取的有关措施如下：

一是将港澳农产品供应从经济问题的角度提到政治问题的高度来对待，要求千方百计予以解决。1959 年 2 月 24 日，中央批转的李富春、李先念、薄一波《关于市场情况和轻工业生产问题的报告》中指出，"应当了解，如果因为国内市场一时的紧张而把出口物资挤掉或者推迟出口时间，不仅会影响国内急需物资的及时进口，而且会造成政治上的损失"。其中，"对港澳副食品供应问题极为重要，必须解决"。这是因为当时"港澳副食品价格上涨很多，当地商业界和居民都有抱怨情绪，反动报纸对我们在大肆进行污蔑。这不仅是一个经济问题，而且是一个政治问题。我们要求各有关省市对中央已经布置了的对港澳的出口任务，努力保证完成"③。

———————

① 中共中央文献研究室编《陈云年谱》（中册），中央文献出版社，2000，第 138 页。

② 《对港澳贸易座谈会总结（草案）》（1956 年 6 月 5 日），广东省档案馆藏，档案号：302－1－50－127－134。

③ 《中共中央批转李富春、李先念、薄一波〈关于市场情况和轻工业生产问题的报告〉》（1959 年 2 月 24 日），载中共中央文献研究室编《建国以来重要文献选编》（第 12 册），中央文献出版社，1996，第 78~79 页。

二是缩减农产品消费，以供出口需要。前述 1959 年 2 月 24 日中央批转李富春、李先念、薄一波起草的报告提出，当前一个重要问题，是如何适当地减少一些农村的副食品消费量，以便匀一点出来供城市和出口需要，"这是一个方针性问题"。有些人民公社吃得多了一些，也留得多了一些，这固然对改善农民的伙食有好处。但是，"如果不加控制，就会把供应城市和供应出口的东西吃掉"①。3 月 28 日，毛泽东在中央政治局扩大会议上听取李先念的汇报时说，"过去陈云曾经提过有些东西应该内销服从外销，我很赞成这样提。我们要节衣缩食保证出口，否则六亿五千万人每人多吃一口就吃掉了"②。

三是采取"一挤、二顶、三超"的方法，以确保出口任务的完成。对于该办法，中共中央、国务院在 1959 年 10 月 26 日下发的《关于力争完成今年对外贸易的收购任务和出口任务的紧急指示》中的有关解释是："挤"，就是在内外兼顾的原则下，某些品种没有完成计划，凡是国内可以少吃、不吃，少用、不用的商品，应当决心挤出来供应出口。"顶"，就是对于实在完不成出口任务的商品，应当坚决用其他可以出口的商品（粮、油、棉除外）来顶替。"超"，就是凡是有条件超计划出口的商品，应当力争超计划出口③。

作为"物产丰富，特别是生产亚热带作物的潜力很大"，邻近港澳，交通便利，在农产品向港澳出口上比其他地区更具有利条件的广东省④，按照中央的部署，也为解决供澳货源不稳定的问题采取了积极的

---

① 《中共中央批转李富春、李先念、薄一波〈关于市场情况和轻工业生产问题的报告〉》（1959 年 2 月 24 日），载中共中央文献研究室编《建国以来重要文献选编》（第 12 册），中央文献出版社，1996，第 72 页。

② 转引自李光和《试论新中国外贸史上的内销服从外销的方针》，《中共党史研究》2011 年第 1 期，第 76 页。

③ 《中共中央、国务院关于力争完成今年对外贸易的收购任务和出口任务的紧急指示》（1959 年 10 月 26 日），载中共中央文献研究室编《建国以来重要文献选编》（第 12 册），中央文献出版社，1996，第 633 页。

④ 广东省外贸局：《关于广东省对外贸易的历史情况、存在问题及七年规划》（1956 年 5 月 17 日），广东省档案馆藏，档案号：302－1－50－114－126。

行动：

第一，制订出口规划，实现有序供给。1956 年 5 月，广东省外贸局在编制扩大外贸出口七年规划中指出：有关部门一是要"彼此间上下密切联系配合，衔接好计划，组织长期生产供应，安排好出口货源工作"。二是为保证出口货源按质保量按时供应，要划定专供出口生产的外销地区，建立外销用的冷藏、仓储设备。三是尽管广东省的出口货源不足，也要根据该省生产农产品的特点"尽量挤出外销，对因此而内销不足部分由国内其他地区调拨供应"①。

第二，产销结合，挖掘货源。1956 年 9 月，广东省外贸局王斗光副局长在全省对外贸易会议上的总结报告中指出，要继续密切供货部门和生产部门的关系，主动协助双方统一做好生产安排和收购工作。各口岸局、处及各有出口任务的企业单位，要"发挥各个环节的主动性积极性。均应有主要负责干部领导组织货源的工作，组织一定的人力下乡到产地"，"协助收购"以"消除目前互不通气或由于某些货源紧张互相封锁情况的现象"，这"对保证完成出口计划任务更有重大意义"②。

第三，召开专门会议，解决实际问题。1958 年 1 月 24～25 日，广东省食品进出口公司就解决供澳货源不稳定的问题，在广州组织召开会议。与会者为有关部门"蔬菜主办人员"，会前准备材料包括：（1）1957 年各个口岸供澳蔬菜配额执行情况，包括具体品种、数量、时间。（2）不按配额供应的原因，应着重检查单纯的售价思想，在平日出口当中，有无轻视供澳的思想。（3）提出改善蔬菜供澳的可行办法。该公司强调"关于蔬菜供澳问题，我司十分重视。由于澳门地区小，在蔬菜供应上有着特别的困难，所以在数量上要特别注意，当我司供应澳门计划确定

① 广东省外贸局：《关于广东省对外贸易的历史情况、存在问题及七年规划》（1956 年 5 月 17 日），广东省档案馆藏，档案号：302－1－50－114－126。

② 广东省外贸局：《王斗光副局长在全省对外贸易会议的总结报告》（1956 年 10 月 16 日），广东省档案馆藏，档案号：302－1－50－135－143。

后，供应单位应严格遵守，若有发生供应不足现象，即刻以电话与各有关单位联系衔接"①。与此同时，该公司通过对 1957 年广东省供港澳农产品计划完成情况的总结，在《1958 年活猪出口意见（草案）》中提出有关解决措施：一方面是"按照计划数字'均匀输出'。坚决保证淡产季节有充足的供应"，"要求各口岸坚决执行按配额出口，前缺后不补的办法"。另一方面是"为了确保对港澳市场每一时刻的供应，建议上级调供广州食品冻肉 1000 吨，以便在必要时拿来与肉食调换活猪，支援对港澳出口"②。

第四，克服困难，扩大出口。到了 1958 年秋，有着 3800 万人口的广东省已存在"买东西还要排队，猪肉还不够吃"的现象③。但针对 1959 年初澳门市场农产品供应短缺，影响澳门同胞欢度春节的问题，1 月下旬，中共广东省委第一书记陶铸利用到珠海前山视察水坝之机，邀约澳门各界代表会谈，他在会上表示："决定尽可能内，恢复大量牲口副食品运澳。"④ 会后，陶铸的讲话精神立即得到广东省有关部门的落实，据 1 月 26 日的媒体报道，"查昨日首批大陆生猪果恢复运抵，此间市面猪价开始下降，同时运澳者，另有大批柴炭，及其他日用品，相信在春节期间，物价不致有继续飞涨之虞"，"居民渡岁减少烦恼"⑤。2 月 6 日，广东省有关部门就副食品供应问题在广州举行港澳同胞座谈会，陶铸在会上表示，在港澳同胞中，90% 以上是广东省人，中共广东省的组织和广东省人民委员会，对港澳同胞当然负有更多的责任。内地对香港、澳门同胞的生活一直是非常关心的，从来不会拒绝应该做和可

---

① 广东省食品进出口公司：《蔬菜供澳问题的会议日期》（1958 年 1 月 3 日），广东省档案馆藏，档案号：325 - 1 - 450 - 051 - 053。

② 广东省食品进出口公司：《1958 年活猪出口意见（草案）》，广东省档案馆藏，档案号：325 - 1 - 456 - 013 - 014。

③ 《1958 年秋季交易会陶铸同志对港澳工商界和华侨讲话（记录）》，广东省档案馆藏，档案号：304 - 1 - 23 - 39 - 39。

④ 《春节牲口免缺乏　大陆生猪昨日恢复运澳》，《华侨报》1959 年 1 月 26 日，第 3 版。

⑤ 《鸡鸭腊味将续有到　居民渡岁减少烦恼》，《华侨报》1959 年 1 月 26 日，第 3 版。

能做的一切事情。对港澳同胞的大米、蔬菜和肉类的需要，广东省打算维持过去的供应水准。其中，对澳门的大米需求量，按 100% 的供应；对港澳的蔬菜供应量，按 60% 左右供应；一年内供应澳门 35000 头生猪；至于鸡、鸭、蛋尽量做到充分供应①。陶铸的讲话在澳门社会上引起热烈反响，其中，菜农合群社主席江荣辉于 3 月 14 日在该社成立六周年纪念日及第七届理监事就职典礼上表示，"上月陶铸书记的关于照顾澳门同胞的讲话"，"我们澳门农民表示衷心的感谢"②。1959 年 11月，广东省委农业、财贸书记会议决定，分批建立生猪、家禽等商品生产基地，并制订相应规划，确定出口货源的重点县。通过以上措施，1959 年广东省对港澳出口的副食品占全国的 60% 以上③。

尽管中央和广东省都为解决供澳货源短缺问题做出了不懈努力，但50 年代前期的粤澳边境形势不稳定，中央政府确定的"内销服从外销"外贸方针也有一个在实践中不断完善的过程④。尤其是在供澳农产品过程中，仍"存在着计划分配后不按计划供澳，或执行不好"⑤ 等"严重的缺点"⑥。如有些口岸因特殊困难，导致"原计划不能贯彻执行，货源涌来时，则尽量发送，只要求减轻本身压力，少存、少死亡"；或对境外"市场情况或口岸仓库条件考虑得不够，因此反映在外销市场上是经常发生脱销，或突然积压现象"⑦；或输澳生猪有"规格不符，包

---

① 陈昕等主编《澳门全记录》，上海人民出版社，1999，第 95、109 页。

② 《菜农合群社昨庆六周年　七届理监事同时就职》，《澳门日报》1959 年 3 月 15 日，第 4 版。

③ 李光和等：《改革开放前广东省出口商品生产基地建设的历史考察》，《当代中国史研究》2011 年第 5 期，第 50 页。

④ 参见李光和《试论新中国外贸史上的内销服从外销的方针》，《中共党史研究》2011年第 1 期，第 71 页。

⑤ 广东省食品进出口公司：《蔬菜供澳问题的会议日期》（1958 年 1 月 3 日），广东省档案馆藏，档案号：325 - 1 - 450 - 051 - 053。

⑥ 对外贸易部驻广州特派员：《牲畜、家禽对港澳出口会议总结报请核备》（1958 年 1月 30 日），广东省档案馆藏，档案号：325 - 1 - 456 - 001 - 031。

⑦ 对外贸易部驻广州特派员：《牲畜、家禽对港澳出口会议总结报请核备》（1958 年 1月 30 日），广东省档案馆藏，档案号：325 - 1 - 456 - 001 - 031。

装不善，运输延误"①　等方面的不均衡状态，"致澳门市场不够供应"②，50 年代的一些年份澳门市场农产品价格波动仍然较大。

2. 20 世纪 60 年代：内地货源稳步增长时期

20 世纪 60 年代的澳门，人口增长，加工工业、对外贸易兴起③，旅游业、建筑业、制农业等也呈现兴旺景象④，对农产品的需求量也随之增加。在这一时期，澳门经济在 "1963～1966 年为第一次发展高潮，1967～1968 年因受 '一二·三' 事件影响而陷入第一次不景气"⑤。与此同时，这一时期也是澳门农业得到快速发展的阶段。1961 年的菜田约达 1200 亩⑥，1963 年达到 1300 亩⑦。到 60 年代中期，全澳农耕地达 1000 多亩，占当时平地面积的三分之一。"此时，本澳蔬菜上市量和大陆蔬菜上市量，一半对一半，在市场上大家平分春色。"⑧尽管如此，本地农产品与市民的消费需求差距仍然很大。

60 年代初的内地仍处于经济严重困难时期，人民还在过 "苦日子"，供应港澳农产品必然受到影响。对此，中央极为重视并且想方设法予以解决：第一，发出紧急动员的指示，成立专职机构领导收购和出口的工作。1960 年 8 月 10 日，中央发出《关于全党大搞对外贸易收购

---

① 广东省食品进出口公司：《希详细检查输澳生猪重复发生事故》（1955 年 8 月 8 日），广东省档案馆藏，档案号：325－1－65－055－055。

② 广东省食品进出口公司：《蔬菜供澳问题的会议日期》（1958 年 1 月 3 日），广东省档案馆藏，档案号：325－1－450－051－053。

③ 国务院办公厅：《港澳经济考察报告》（1978 年 6 月 16 日），广东省档案馆藏，档案号：235－2－144－070－083。

④ 南光公司：《1963 年猪牛市况及我货出口情况》（1963 年 1 月 7 日），广东省档案馆藏，档案号：325－1－784－115－120。

⑤ 郑光滨：《澳门经济的发展及对 1990 年代前景的探讨》，载杨允中主编《澳门人文社会科学研究文选·经济卷》，社会科学文献出版社，2009，第 35 页。

⑥ 南光公司：《1961 年澳门果菜市场情况》（1962 年 1 月 31 日），广东省档案馆藏，档案号：325－1－623－052－055。

⑦ 广东省外贸局：《澳门市场考察报告》（1963 年 4 月 16 日），载广东省档案馆编《广东澳门档案史料选编》，中国档案出版社，1999，第 290 页。

⑧ 《工商经济发展与农争地　本澳农业生产日趋衰落》，《华侨报》1980 年 12 月 8 日，第 4 版。

和出口运动的紧急指示》，要求全党紧急动员起来，发奋图强，拿出比上年下半年更大的劲头，大抓增产节约，大抓收购，大抓出口，大抓调运，全面开展一个轰轰烈烈的收购、出口和调运运动，坚决完成北戴河会议确定的对外贸易收购和出口计划。中央还决定，组成以周恩来为负责人，李富春、李先念为成员的三人小组，建立对外贸易指挥部，全权指挥全国的收购、出口和调运运动，严格控制进口①。第二，在强调大力开展收购和出口的同时，采取适当措施鼓励农业生产。全党全国人民紧急动员开展收购、出口和调运工作之际，陈云于1960年10月做出提醒，他认为"现在大家都忙于粮食和外贸，国内市场没有很好抓，是个很大缺陷"②。因此，他于1960年12月31日致信邓小平，答复他关于1961年家禽、蛋品出口金额的问题，说大约有3000万美元的产品都出口到香港市场。这部分产品如果不统购而由自由市场交易，国家可用自由市场价格购到一部分，香港的供应不致全部中断，让家禽、蛋品上自由市场，对刺激生产大有好处③。第三，进一步加强领导，以保证全面完成出口任务。1961年2月7日，中央在批准财贸办公室《关于1961年对外贸易若干问题的请示报告》中提出要求：为了保证完成今年对外贸易计划，中央要求各省、市、自治区党委和中央各有关部门党组进一步加强对出口商品生产和出口货源组织工作的领导。中央各有关部门要指定一位副部长负责组织对外贸易货源的工作，切实做到按时间、按品种、按数量、按质量地完成出口供货计划④。

与此同时，60年代初期供应港澳地区的农产品数量减少，物价上

---

① 《中共中央关于全党大搞对外贸易收购和出口运动的紧急指示》（1960年8月10日），载中共中央文献研究室编《建国以来重要文献选编》（第13册），中央文献出版社，1996，第513~514页。

② 中共中央文献研究室编《陈云年谱》（下册），中央文献出版社，2000，第50页。

③ 中共中央文献研究室编《陈云年谱》（下册），中央文献出版社，2000，第55页。

④ 《中央中央批准财贸办公室〈关于1961年对外贸易若干问题的请示报告〉》（1961年2月7日），载中共中央文献研究室编《建国以来重要文献选编》（第14册），中央文献出版社，1997，第181页。

涨。当地居民迫切希望内地能扩大供应，以满足他们的基本生活需要。
在时任总理周恩来等国家领导人的亲切关怀下，中央有关部委决定开设
每天以运送鲜活商品为主的快运货物列车到港澳。从 1962 年起，由湖
北江岸、上海新龙华和河南郑州北始发的 751 次、753 次和 755 次快运
列车相继开行。三趟快车风雨无阻，安全准时，被港澳同胞称为"生
命号快车"①。

　　经过上述努力以及"严格执行配额制度均匀供给，充分发挥广东
口岸的机动作用"② 等措施，1962 年港澳市场农产品供应有了较大改
观。以生猪供应为例，内地所占比例由 1961 年的 37.78% 升至 57%，
品质亦有所提高③。1963 年，国家外贸部下发通知，"正式明文规定澳
门南光贸易公司为国内各进出口公司在澳门的代理处"④。该公司从内
地组织大量农产品货源供澳，以满足澳门居民的消费需求。

　　然而，60 年代中后期的"文化大革命"给内地工农业生产带来很
大的冲击。尽管如此，内地排除干扰，继续坚持向港澳提供农产品。例
如，1966 年 8 月，广东省食品进出口公司、澳门南光贸易公司与内地
有关口岸协商，对供澳蔬菜安排提出要求：倘珠海货源不足的，由中山
县的石岐及时补充；倘个别品种还有需要的，则由江门及其他口岸补
充。至于补充的品种和数量，均由南光贸易公司及时用电报通知各口
岸，"对澳门市场必须绝对保证满足需要"⑤。

　　又如，1968 年 9 月，广东省革命委员会生产组向广州市，海南区，

---

① 陈昕等主编《澳门全记录》，上海人民出版社，1999，第 118 页。
② 广东省食品进出口公司：《1962 年生猪收购与出口小结》（1963 年 1 月 10 日），广东
　省档案馆藏，档案号：325 - 1 - 655 - 067 - 076。
③ 广东省食品进出口公司：《1962 年生猪收购与出口小结》（1963 年 1 月 10 日），广东
　省档案馆藏，档案号：325 - 1 - 655 - 067 - 076。
④ 广东省外贸局：《转发外贸部明确规定澳门南光公司为国内各进出口公司在澳门的代
　理处的通知》（1963 年 1 月 10 日），广东省档案馆藏，档案号：324 - 1 - 116 - 031 -
　031。
⑤ 广东省食品进出口公司：《下达 1966 年 11 月至 1967 年 4 月对澳门蔬菜出口作业安
　排》（1966 年 8 月 2 日），广东省档案馆藏，档案号：325 - 1 - 893 - 027 - 034。

各专区、自治州，各市、县革命委员会生产组下发《关于切实做好对港澳出口供应工作的通知》。该通知指出，"我省对港澳出口商品供应工作，负有重大的责任"；但"近几个月来，由于一小撮阶级敌人的破坏及反动的无政府主义思潮的影响，在农副产品收购上两条道路斗争非常尖锐，使我对港、澳出口商品出现下降现象（特别是鸡、鹅、蛋、杂鱼、水海产品、菜牛和一部分水果、蔬菜等副食品）。还有些商品质量下降"。一些国家和地区趁机"争夺我香港市场，美国的大米、冻鸡，日本的蔬菜，丹麦的冻肉，泰国的鲜蛋，印尼的菜牛"等"都采取降价竞销，排挤我货"。有鉴于此，该通知要求各级革命委员会生产组认识到"做好对港澳出口商品的供应工作，具有重大的政治意义"。为"把对港、澳供应工作切实做好"，通知要求：

> 各级革命委员会生产组应迅速把国家计划层层落实到公社、大队、生产队。活鸡任务应当以公社为单位，根据今年国家计划实行派购，9～12月，每户派购一只。各地区要立即进行布置，迅速合理分配到户。要立即充分发动群众，掀起一个群众性的交售副食品的高潮，把符合出口规格的产品积极交售给国家。
>
> 各级革委会及主营部门应对本地区负担的对港澳出口供应任务，特别是对于长期供应不足的商品（如河鲜杂鱼、水海产品、鲜蛋、活鹅和一些加工的副食品等），要立即进行一次全面检查，迅速弄清情况，对于存在问题，及时采取有效措施加以解决①。

由于内地有关省份和部门高度重视并采取切实可行的方法，输澳农产品继续保持增长，从而在一定程度上满足了港澳居民的生活需要。

---

① 广东省革委会生产组：《关于切实做好对港澳出口供应工作的通知》（1968 年 9 月 2 日），广东省档案馆藏，档案号：229 - 4 - 11 - 024 - 025。

（1）蔬菜供应。

1960年年初的蔬菜上市量"与澳门市场的需求大体适应"。例如，1960年1~2月各种蔬菜总到货量40000多担，平均每日700担左右，比上年同期增加20%。3月1~27日，内地输澳蔬菜13000担，本地上市约为2300担，自香港运来约2000担，共17000多担，平均每天600多担①。据《澳门工商年鉴》记载，1960年全年蔬菜上市量为12387吨，比上年减少6%。主要原因是"本地菜蔬上市减少，内地来货比上年增加"。在上述蔬菜中，"青苗类蔬菜的西洋菜、小白菜、菜心等到货最为充足"，"部分果菜到货还未能满足市场的需求"。在价格方面，青苗类蔬菜售价下跌，如西洋菜比上年下降3%~4%，小白菜下降22%，椰菜下降50%②。从总体货源比重来看，1960年内地供澳蔬菜（含香港转来的内地货源，下同）占市场比重76.9%，菜农提供蔬菜占15.71%，我国台湾、香港地区以及外国货源占7.35%③。

1961年"蔬菜上市增多"④。全年蔬菜总到货量14093吨，比上年增加13.77%。其中，内地到货9220吨（含香港转来的内地货源），比上年减少3.26%，占市场比重65.43%，比上年下降11.47%。澳门菜农种植蔬菜上市量3137吨，比上年增加63%，占市场比重22.51%，比上年提高6.8%。我国台湾、香港地区以及外国货源增加86.62%，占比重12.06%，比上年提高4.71%⑤。

到了1962年，由于澳门的人口增加，"菜蔬销途有所扩展"。全年蔬菜上市量为15700多吨，比上年增长10%以上。其中，内地约占

---

① 楚学文：《上市蔬菜甚见充裕》，《澳门日报》1960年3月30日，第4版。

② 《去年各行业概况 蔬菜供应减少》，载澳门大众报社编印《澳门工商年鉴》［第五回（1960~1961）］，1961，第二篇第26、144页。

③ 南光贸易公司：《1961年澳门果菜市场情况》（1961年1月31日），广东省档案馆藏，档案号：325-1-623-052-055。

④ 《一年来粮食品市场概况 蔬菜上市增多》，载澳门大众报社编印《澳门工商年鉴》［第六回（1961~1962）］，1962，第二篇第156页。

⑤ 南光贸易公司：《1961年澳门果菜市场情况》（1961年），广东省档案馆藏，档案号：325-1-623-052-055。

60%，澳门菜农约占30%，我国台湾地区和日本约占10%①。

1963年，澳门及广东各地遭遇60年来罕见的大旱，在干旱最严重的夏季，本地蔬菜产量约比上年减少10%。我国台湾地区和日本等地也受到水灾、风灾的影响，输澳蔬菜数量均比上年减少5%左右。但内地供澳蔬菜不仅未减少，反而大幅度增加。据不完全统计，1～11月，内地供澳蔬菜9890多吨，比上年同期增加2890多吨，约增41%，市场占有率提高至75%，从而弥补了澳门菜农蔬菜供给减少的缺口。由于内地蔬菜供应量的增加，蔬菜价格反而比上年同期稳定。以当时新上市的蔬菜为例：慈姑由每担300多元降至40～50元，粉葛由200元左右降至25元，莲藕由60～70元降至25元。"价格之稳定于此可见一斑。"因此，有媒体反映，"如非内地蔬菜供应增加，本澳居民非要吃贵菜不可了"②。

1965年全年蔬菜市场销售量达15000多吨，比上年增长近10%。其中，由于内地"供应丰裕，品种增多，各种菜卖价趋低"③（参见图5-1）。

1966年6月，"连天豪雨"的侵袭影响了澳门蔬菜的生长，菜价上涨。营地街市11日售价：青豆角每斤由0.15元涨至0.5元，白菜由0.2元涨至0.4元，芥菜、菜心由0.3元涨至0.6元，芥蓝由0.5元涨至1元。"菜价攀升一倍多。"④

1968年11月初，内地运澳蔬菜每天达40多吨，主要包括菜心、芥蓝、白菜、西洋菜、大白菜、萝卜、芋头等。由于品种多，货源充裕，街市蔬菜零售价平均每斤比上周普遍下跌0.2～0.3元。因此，有

① 《六二年食粮市况　蔬菜销量增加》，载澳门大众报社编印《澳门工商年鉴》[第七回（1962～1963）]，1963，第二篇第180页。
② 《大旱之年出现奇迹　内地蔬菜供应大增》，《澳门日报》1963年12月23日，第4版。
③ 《去年食粮品市况　蔬菜到货丰裕》，载澳门大众报社编印《澳门工商年鉴》[第九回（1965～1966）]，1966，第二篇第182页。
④ 《郊区蔬菜生长受影响　部分菜价攀升一倍余》，《澳门日报》1966年6月12日，第4版。

图 5 - 1　青草街流动小贩（1966 年）

资料来源：《昨日之日——冯志峰濠江留影》，澳门艺术博物馆，2010，第 75 页。

评论指出："值此深秋干燥季节，居民需要多吃点菜蔬汤水，国内蔬菜大量供应，正满足同胞的要求。"①

（2）生猪和"三鸟"供应。

20 世纪 60 年代初，金边生猪恢复运澳，使澳门市民不必"捱贵

---

① 《内地每天运到逾四十吨　蔬菜价平品种多　居民入市笑呵呵》，《澳门日报》1968
年 10 月 31 日，第 4 版。

肉"，对稳定猪肉价格起到了积极的作用。1960 年 4 月，由香港分别运到金边生猪 200 头、内地生猪 300 头。"因货多充场，市价必研顺。"当月本地生猪每担降至 170 元，内地生猪每担降至 180 元，金边生猪售价 190 元，比前一批次跌 10 多元。据猪栏称：3 月份香港猪价上涨时，"金边生猪少到"；同时，由澳门将净猪肉运往香港，每斤售 7 元，可获利 2 元多。故每晚有不少商人将猪肉由澳运港图利。"惟自香港猪源转多，售价回顺后，本澳净猪肉运港，已无利可图，猪肉商乃停止净猪肉运港。"① 从当年澳门市场整体情况来看，1960 年内地供应量比上年有所增加，"尤以下半年增加更多"，例如全市活猪总成交量达 54399头，家禽到货量 1516000 只，增加 56%。其中，内地输澳家禽 1058055公斤，货值 9273368 元；生猪 1754260 公斤，货值 3890031 元。由于内地货源供给增加，"一年来澳门食品市场价格一般趋向下跌。如生猪比上年下降百分之七左右"②。

可到了 1961 年 1 月，内地生猪输澳"已断多时，掀起本澳猪价涨潮"。在一个月内，本地生猪由每担 170 元起升至 200 元以上，内地生猪则由每担 140 元涨至 180 元。在当时的批发市场上，本地猪占 90%，一度涨至每担 220 元。有商人称，在内地生猪"来途仍断续之际，市价无法降回原水准"。因猪价上涨，猪栏向周边国家采购生猪。1 月 23日有金边生猪 200 头由港运澳，每担售 205 元③。直到 6 月，由于内地生猪大量供澳，生猪存货"甚为充裕，即至端午节来临，用猪不担心缺乏，售价不致攀升"，如本地生猪每担 185 元，内地生猪每担 195 元，金边生猪每担 200～205 元④。所以，1962 年的《澳门工商年鉴》记载，1961 年全市的生猪屠宰量 52000 头，其中，内地供澳生猪 1293919 公

① 《生猪近大量涌到　销途转滞价回跌》，《华侨报》1960 年 4 月 13 日，第 3 版。
② 澳门大众报社编印《澳门工商年鉴》［第五回（1960～1961）］，1961，第二篇第 25、143 页。
③ 《生猪来存均称疏渴　本地猪上市近获善价》，《华侨报》1961 年 1 月 23 日，第 3 版。
④ 《生猪存货充裕　本地猪虽疏价亦低廉》，《华侨报》1961 年 6 月 12 日，第 3 版。

斤，货值 2587838 元。当年上半年由于货源缺乏，价格上涨；下半年"则好转，来源充沛，市价告跌"。与上年相比较，"大抵每担涨 10 元至 20 元"。1961 年家禽销量共 120 多万头，比上年减少 17%。其中，内地供澳家禽 710234 公斤，货值 2840536 元[①]。

1962 年的生猪销量随着澳门人口的增加而扩大，全年成交量为 70000 头，比上年增长近 30%，创抗战结束以来的最高纪录。由于供应充足，"年内猪价直线下降"，内地生猪最高价从年初的每担 200 元降至年底的 165 元，菜农饲养的生猪价从 195 元降至 160 元，金边生猪从 195 元跌至 170 元[②]。其中，内地生猪、"三鸟"供澳数量显著增加，价格趋降（参见表 5-2），且质量、规格亦比上年提高。例如，生猪从每头平均 80 斤增至 100 斤以上，而且肉肥、皮薄；供澳"三鸟"也比上年"肥大"，深受经销商和市民的欢迎，销量大增。有评论指出，"这足以反映我国在农业生产上，已克服了过去三年自然灾害的影响，使农产品有所增产。估计今后内地对本澳副食品的供应，将会更为充沛，更能满足澳门同胞日常需要"[③]。

表 5-2　1961～1962 年生猪、"三鸟"价格对比

单位：元/担

品种	1962 年 9 月	1961 年 9 月	降价
生猪	150	200	50
鸡	195	240	45
鸭	130	150	20
鹅	145	210	65

资料来源：《猪牛三鸟蔬果供应本澳　今年比去年显著增加　市价比去年降低品质亦提高》，《澳门日报》1962 年 10 月 21 日，第 4 版。

———————————

① 澳门大众报社编印《澳门工商年鉴》[第六回（1961～1962）]，1962，第二篇第 4、27 页。

② 《六二年食粮市况　牲口市情看好》，载澳门大众报社编印《澳门工商年鉴》[第七回（1962～1963）]，1963，第二篇第 179 页。

③ 《猪牛三鸟蔬果供应本澳　今年比去年显著增加　市价比去年降低品质亦提高》，《澳门日报》1962 年 10 月 21 日，第 4 版。

事实正是如此，澳门蔬菜肉类供应商积极面对现实，努力扩大货源。内地有关部门更加重视"外贸出口"，供澳农产品逐步走上正轨。这一点在南光贸易公司撰写的《1963 年澳门猪牛市况及我货出口情况》中得到印证，1963 年澳门生猪市场"在上年已经增大的基础上继续获得扩展"，全年生猪成交总量达到 79632 头，比澳门历史上最高销量1939 年的 71226 头还多 8406 头，比上年的头数增长 13.69%，重量增长 23.06%。全年生猪平均价格比上年"略为下降，大约低 3%"。猪价稳定的原因，主要是内地"供应充裕，来货数量均衡"。1963 年内地生猪共销售 60926 头，比上年的头数增长 31.92%；重量 3333.13 吨，增长 46.43%；占市场比例（以头数计）76.51%。菜农饲养生猪成交量 15649 头，比上年的头数减少 29.49%；重量 920.58 吨，比上年下降27.18%，占市场比例（以头数计）从上年的 31.69% 降至 19.62%。外地生猪成交量 3058 头，重量 264.25 吨，分别增长 83.55% 和 101.92%，占市场比例（以头数计）3.84%，比上年提高 1.46%①。

1967 年 9 月上旬，从石岐、江门等地由水路运来生猪、鸡鸭等"一大批"，13 日又从石岐运来生猪 370 头。有记者认为，当日的"生猪价虽然报起，由此大批土产运来，当可稍将涨风遏止"②。

1968 年 9 月初，内地"三鸟近日大宗运到"，仅 5 日一天就从江门、石岐等地运来活鸡 5600 多只、毛鸭 4200 多只、肥鹅 200 多只。由于"货源充沛，价格廉宜"③。

1969 年 8 月，在澳门的传统节日"盂兰节"期间，内地供澳毛鸭货源充沛，每日从石岐等地运到 4000 多只，"价格尚稳"④。1969 年，澳门的生猪屠宰量达 7 万多头⑤。

① 南光贸易公司：《1963 年澳门猪牛市况及我货出口情况》（1964 年 1 月 3 日），广东省档案馆藏，档案号：325 - 1 - 784 - 115 - 120。
② 《生猪昨多来价反攀升 瓜蔬大量至供应充裕》，《华侨报》1967 年 9 月 14 日，第 4 版。
③ 《蔬菜货少成珍品 大批三鸟日日来》，《澳门日报》1968 年 9 月 5 日，第 4 版。
④ 《港猪肉掀起涨风 商人来澳扯购肉排》，《澳门日报》1969 年 8 月 21 日，第 4 版。
⑤ 《本澳屠宰量达最高纪录 每月宰猪八千》，《澳门日报》1972 年 5 月 28 日，第 4 版。

由于内地高度重视并采取了切实可行的方法，输澳农产品继续保持增长。以生猪供应为例，一是供澳的数量稳中有升，二是猪肉价格平稳。它使得"一般贫苦大众都可以尝到肉味"。在澳门菜农方面，其在60年代中期进入发展顶峰后很快步入下降轨道。菜农农产品产量下降的缺额，大部分由内地大幅度增加来货作为补充，从而形成了内地供澳货源逐步扩大、澳门菜农供货数量不断减少的趋势。

3. 20世纪70年代至80年代初：内地货源逐渐占有市场大部分份额时期

20世纪70年代，澳门经济继1968年开始的第二次发展高潮之后，又于1976年到1981年上半年间呈现出第三次发展高潮[①]。城市化、工业化步伐的加快，使得农地面积进一步"缩水"，菜农从业人口以及农产品供给量大幅度降低，市场比重加快缩减。

在内地，尽管70年代前半期仍处于"文化大革命"期间，中央政府和有关部门也没有丝毫放松对港澳农产品的供应。例如，1970年2月发生春节后生猪上市货源减少的情况，为了做好对港澳的供应，广东省食品进出口公司在《下达三月份港澳畜禽果菜出口配额》中指出，"上级多次指示我们做好组织货源收购及仓库保养工作，为此，要求各有关口岸结合当地的具体情况，在当地革委会的领导下和有关部门的支持下，做好这项工作"[②]。到了1974年8月16日，国务院办公厅在《对港澳出口供应工作座谈会纪要》中特别强调："港澳是我国的领土，98%以上的人口是我国同胞。做好对港澳的出口供应工作，在政治上、经济上都有着重要意义。遵照中央对港澳的方针，我们要充分利用港澳的作用，巩固我传统市场，积极发展我对港澳的出口。"因此，对港澳

---

① 郑光滨：《澳门经济的发展及对1990年代前景的探讨》，载杨允中主编《澳门人文社会科学研究文选·经济卷》，社会科学文献出版社，2009，第35页。

② 广东省食品进出口公司：《下达三月份港澳畜禽果菜出口配额》（1970年2月16日），广东省档案馆藏，档案号：235-1-983-103-106。

地区的农产品等"一定要保证供应，巩固和发展我在港澳市场的优势地位"。为了达到此目标，该纪要指出，"要有计划地建立和发展对港澳出口农副产品的生产基地。要提高商品质量，增加花色品种，改进包装，加强我出口商品对港澳市场的适应性。要加强收购、调运，特别是对鲜活农产品一定要保证优先装运，坚持开好三趟快运货物列车，按计划、按配额均衡发货"①。

通过各有关方面的共同努力，内地供澳农产品未受到"文化大革命"的干扰。也正是如此，澳门市民日常生活未受 1974～1975 年的西方战后经济危机及石油危机双重打击带来的影响。"文化大革命"结束后，特别是 1978 年党的十一届三中全会召开以后，农村开始实行家庭联产承包责任制，大大调动了农民的生产积极性，使得内地供澳货源数量猛增，而且质量高，品种更加多样化，并迅速成为澳门市场的主要货源地。有关具体变化情况如下：

（1）蔬菜供应。

1970 年 1 月中旬，气温"剧降"，蔬菜长势缓慢，上市蔬菜较少，"价格扳高"，菜心每斤 0.7～0.8 元，芥蓝每斤 0.5～0.8 元。1 月的蔬菜价格，"一般比暖和天气的菜价贵两三角"②。全年蔬菜上市量 14800 多吨，其中 80% 来自内地③。1971 年，截至 11 月 5 日，当年内地蔬菜来货量比上年全年增加三分之一。而 10 月以来的"时令"瓜菜如菜心、芥蓝、西洋菜、萝卜等，每天运澳达 20～30 吨之多。由于供应充裕，质佳价廉，"主妇无不为之笑逐颜开"④。

① 国务院办公厅：《对港澳出口供应工作座谈会纪要》（1974 年 8 月 16 日），广东省档案馆藏，档案号：235－2－95－007－008。

② 《预测今明天仍寒冷 寒风冷雨气温降 鱼菜市价略扳升》，《澳门日报》1970 年 1 月 19 日，第 4 版。

③ 《两年来粮食市况 蔬菜售价不稳定》，载澳门大众报社编印《澳门工商年鉴》[第十一回（1970～1971）]，1971，第二篇 188 页。

④ 《内地瓜菜多供应 较去年增三分之一 近日瓜菜批价均趋降》，《澳门日报》1971 年 11 月 6 日，第 4 版。

1972 年 2 月，春节过后，各行业纷纷开市，内地运来的菜心、芥菜、西洋菜、萝卜等数量增加，"菜价大平"①（参见图 5 - 2）。

图 5 - 2　高士德大马路露天农产品市场繁忙场景（1972 年）

资料来源：陈浩星主编《澳门旧事：欧平濠江昔日风貌摄影集》，澳门民政总署，2005，第 77 页。

1973 年 3 月下旬，内地瓜菜每日上市量达 20 吨，菜栏批发价比当月中旬下降一半至三分之一。"供应市场数量大增，价钱回顺。"②

（2）生猪和"三鸟"供应。

1970 年，澳门生猪屠宰量达到 8 万多头，当年生猪批发价每担在 200～215 元。而生猪销况趋好的主要原因是"国产生猪长期充裕供应，抑制住市价的暴升，使我们能经常吃到价廉物美的猪肉"③。

① 《大米来途充裕价稳　内地蔬菜多供应价续降》，《澳门日报》1972 年 2 月 23 日，第 4 版。
② 《菜蔬近日多供应　市场批发价回顺》，《澳门日报》1973 年 3 月 22 日，第 4 版。
③ 《两年来粮食市况　畜牲市销较旺》，载澳门大众报社编印《澳门工商年鉴》[第十一回（1970～1971）]，1971，第二篇 188 页。

1971 年澳门生猪屠宰量近 10 万头，1972 年超过 10 万头。在 1970～1972 年生猪屠宰量中，澳门菜农提供约 1000 头，其余绝大部分来自内地。内地为照顾澳门同胞，供澳生猪由 1972 年 1 月 1 日起，每担批发价调低 10～20 元。"本澳市场的猪肉零售价也相继降低。"① "一般人家因猪肉价稳，而又供应充足，也就多购猪肉佐膳。"②

1973 年 1 月 30 日，从江门运来鸡 2300 多只、鸭 900 多只、鹅 300 多只，从清远运来鸡 900 只。"由于来货较为充裕，价格反比前日稍降。"③

1977 年 1～11 月，内地运来生猪 5367.7 吨，货值 2887.4 万元，占全澳生猪进口量的 82.96%；活鸡 568 吨，货值 407.3 万元，占进口量的 84.81%；活鸭 823 吨，货值 520.05 万元，占进口量的 96.85%。与此同时，由于澳门没有冷冻仓库，冻猪牛肉、"三鸟"等全由香港输来。运入冻鸡及内脏共 783.9 吨，货值 172.5 万元；冻猪牛肉及内脏共 1720.2 吨，货值 592.6 万元。而这些冷冻产品大部分也由内地生产。这就显示出澳门市场的猪和"三鸟"大部分由内地供应④（参见图 5－3）。

上述资料显示，这一时期的澳门市场大部分农产品货源由内地提供，澳门菜农所占比例很小。

踏入 1980 年，澳门菜农面临土地、生产成本以及外来货源冲击等内外多重压力的制约，除鸡、鸭外的农产品市场占有份额均降至 20% 以下。菜农产品大幅度下降的份额主要由内地产品填补（参见图 5－4）。

---

① 《内地生猪降价 自元旦起每担批价调低十至廿元》，《澳门日报》1972 年 1 月 4 日，第 4 版。

② 《本澳屠宰量达最高纪录 每月宰猪八千》，《澳门日报》1972 年 5 月 28 日，第 4 版。

③ 《年宵市况较去年畅旺》，《澳门日报》1973 年 1 月 31 日，第 4 版。

④ 澳葡政府统计厅资料，转引自《关怀澳门同胞生活》，《华侨报》1978 年 3 月 25 日，第 8 版。

图 5 - 3　销售活鸡的摊档

资料来源：黄汉强主编《澳门经济年鉴》（第六章农业、渔业）中的插图，载黄汉强主编《澳门经济年鉴》（1983），华侨报社，1983。

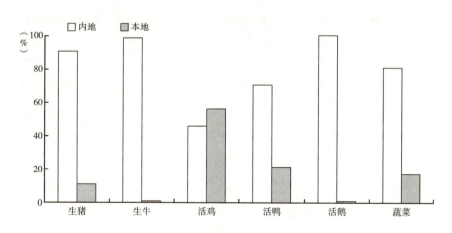

图 5 - 4　1980 年内地与菜农提供货源比例

资料来源：《内地牲口鱼菜供澳　近年来大幅度增加》，《澳门日报》1981 年 4 月 6 日，第 9 版。

到了 1981 年，澳门市场全年上市蔬菜量 23350 吨，每日消费 61 吨。其中，内地货源比例进一步扩大，供货口岸除了珠海地区外，还有石岐、江门、新会及广州等地，在供应正常情况下，珠海地区每天来货 6~7 车，其他口岸来货约 10 车，每天共约 60 吨。从香港和国外有关地区输入的蔬菜所占比例不大，主要是冷藏蔬菜。此外，美国的西芹、西洋菜，中国台湾地区的马铃薯、洋葱、番茄等亦时有上市（参见表 5-3）。

表 5-3 1981 年澳门蔬菜市场各货源地所占比例

货源地	数　量	比　重	影　响
内地	18694 多吨	占总进口量 91.1%	有媒体称"内地蔬菜控制了本澳的蔬菜市场"[1]
其他国家和地区	826 吨	占总进口量 8.9%	因受运费及外汇波动的影响，蔬菜价格一般比内地货源贵，而且有不断上涨的趋势。但来货量少，"对一般市民日常消费没有影响"[2]
本地	日产量 400~500 斤	约占市场份额 10%[3]	

资料来源：[1]《内地供应占八成　珠海特区来货最多》，《华侨报》1982 年 9 月 1 日，第 3 张第 1 版。

[2]《内地供应占八成　珠海特区来货最多》，《华侨报》1982 年 9 月 1 日，第 3 张第 1 版。

[3]《蔬菜产量十年减九成》，《华侨报》1982 年 4 月 12 日，第 3 张第 1 版。

这里还须补充说明的是，内地克服各种困难，努力向港澳供给农产品，也有以此换取更多外汇的目的。这是因为，自新中国成立后，随着经济建设事业的不断发展，进口任务逐渐加重，迫切需要更多的外汇。至于创汇的途径，正如陈云所言，"我们的工业品在国际市场上打开销路不容易，农产品则不同，销路有保证，而且生产周期短，见效快"①。也就是说农产品出口港澳"收汇较易"②。例如，50 年代后期的对港澳

---

① 中共中央文献研究室编《陈云年谱》（下册），中央文献出版社，2000，第 80 页。

② 南光公司：《函报关于生意做法的建议问题请示由》（1962 年 2 月 14 日），广东省档案馆藏，档案号：325-1-65-012-013。

贸易"每年可以拿到两亿以上的美元，单只对港澳出口副食品一项，就有七千万美元"①。到60年代初，针对当时市场出现的农产品供给严重短缺的问题，陈云于1961年5月指出，稳定市场，关键是进口一些粮食。用农产品换汇进口粮食，"就可以向农民少拿粮食"，农民可用这些粮食饲养鸡、鸭、猪等，增加出口②。所以，就在当年9月，中共中央在批转李先念《关于市场、物价和货币流通问题的报告》中指出："先外后内，争取多出口，正是为了国内人民生活，为了保城市，为了保护农民生产积极性，这是当前调整国民经济中的一项重要措施。"③ 1978年，国家计委和有关部门根据《今后八年发展对外贸易　增加外汇收入的规划纲要》，先后与上海、浙江、江苏、广东等省市研究了关于增加生产、扩大出口商品生产的具体规划，初步确立了一些项目。其中，有关宝安、珠海两县建立面向港澳出口商品基地创汇目标的设想是：1980年达到2亿美元，比1977年增加2倍；1982年达5亿美元，比1977年增加7倍④。这就表明党和国家大力向港澳供给农产品，除满足当地同胞日常生活所需，促进港澳长期繁荣稳定的目的之外，还有以此换取外汇支援经济建设和保障民生的考虑。

综上所述，20世纪50～80年代初澳门市场农产品来源变化特点如下：

50年代，澳门菜农货源占有一定比例，内地供货则不稳定；60年代，澳门菜农在中期曾一度达到其发展的顶峰，但很快转为下降趋势，

---

① 中共中央批转李富春、李先念、薄一波《关于市场情况和轻工业生产问题的报告》（1959年2月24日），载《建国以来重要文献选编》（第12册），中央文献出版社，1996，第79页。

② 中共中央文献研究室编《陈云年谱》（下册），中央文献出版社，2000，第80页。

③ 《中共中央批转李先念〈关于市场、物价和货币流通问题的报告〉》（1961年9月16日），载《建国以来重要文献选编》（第14册），中央文献出版社，1997，第693～694页。

④ 国务院办公厅：《港澳经济考察报告》（1978年6月16日），广东省档案馆藏，档案号：235－2－144－070－083。

而内地货源则稳步增长，进入上升轨道；70 年代，澳门菜农产品供给量继续下降，内地货源升势加速，占有市场大部分的份额；80 年代初，澳门菜农主要产品数量逐步降至 10%～20% 并逐渐消失，内地货源取代菜农占有市场绝大部分的份额。这一货源地结构的转变路径，既具有平稳过渡的特点，也恰好展示出澳门菜农从产生、壮大到日趋式微的全过程。

（二）内外互动：澳门农产品市场货源地结构转换的动因

20 世纪 80 年代初澳门市场农产品主要货源地结构从澳门菜农与内地双方供给到主要由内地供给的快速转换：一方面，这与澳门边缘区城市化的发展轨迹是大致相吻合的，从 70 年代开始特别是从 70 年代后期到 80 年代，边缘区进入了类似"诺瑟姆曲线"（Northam Curve）界定 S 型城市化演进规律中的"加速成长期"（acceleration stage）①。城市化、工业化以及旅游业迅猛发展促使人口往市区集聚，人口增加，人均收入的增长以及消费观念、方式的改变，相应地也带来农产品消费的大幅度增长，从而形成了强劲需求的"拉力因素"（pull factors）。另一方面，受产业结构演进规律的制约，菜农的人力资源短缺，城市空间对菜田的不断侵蚀，即土地利用明显从此前填海地上的农业用途向商业或者商业与居住用途转变②，以及受到生产成本增加等方面的影响，菜农于 70 年代末 80 年代初提供农产品的数量大幅度缩减。正当菜农产品迅速缩减与市民对农产品的需求猛增产生的较大矛盾无法解决之际，内地结束了"文化大革命"，特别是以 1978 年中共十一届三中全会为标志，国家走上了以经济建设为中心的发展道路，农村生产制度实现根本变革和创新，极大地解放了农村生产力。加之党和国家高度重视对港澳民生具有重要影响的农产品的供应，供澳货源大幅度增长，

① See Northam Ray, *Urban Geography* (2nd.), New York: John Wiley & Sons, Inc, 1979, pp. 65 – 67.

② Jonathan Porter, "The Transformation of Macau," *Pacific Affairs* 1 (1993), p. 11.

这些都形成了对澳门农产品货源地结构转换强大的"推力因素"（push factors）。

1. 澳门农产品货源地结构转换的拉力

相对其他市场而言，澳门消费市场较小，而本地菜农产品又占有一定份额，要实现主要农产品从二元向一元渠道的转换，首先必须具备的条件是拉动内需，即减少本地供给，提高消费需求，腾出更大的消费需求空间。这方面的拉动力量主要体现在：

（1）澳门经济快速发展，居住人口和来澳旅客数量快速增长，农产品消费需求不断增加。

1974 年葡萄牙发生"四二五革命"后，"殖民化的行政结构消失并逐渐为更民主、更分权化的法律框架所取代"[1]。1976 年，葡萄牙政府修改宪法，改变对外政策，承认澳门为葡萄牙管治下的中国领土，并给予澳门地区享有行政、经济、财政及立法的自主权。这一变化的效果正如时任葡萄牙总统恩尼斯所言，"澳门能够不受葡萄牙所经历的政治不稳定之影响，政府可致力解决当地的问题"[2]。1979 年 2 月 8 日，中葡两国建立外交关系。在澳门，澳督李安道（Garcia Leandro）从 1974 年至 1979 年，"使本地区从里斯本相对地得到很大的政治行政自主，执行接近当地亲中负责人的政策，并非正式访问中国"[3]。中国内地、葡萄牙、澳门地区三方面的关系有所发展，澳门与内地的经贸往来更加紧密，并从外界投资的增加以及城市扩展中得到复苏[4]。

---

① 〔葡〕施华：《澳门政府船坞——造船和修船一百年》，蔚玲译，海事博物馆，1996，第 84 页。

② 《在新澳督高斯达上校的就职典礼中总统的讲话》（1981 年 6 月 16 日），载毛连奴、李子龙等编《澳门八一新闻年报》，澳门新闻处，1982，第 32 页。

③ 〔葡〕施白蒂：《澳门编年史（二十世纪）1950~1988》，思磊译，澳门基金会，1999，第 111 页。

④ Craig Duncun, "The Macau City Region, A Priori Urban Concepts and Macau Development," in Victor F. S. Sit, eds., *Resources and Development of the Pearl River Delta*, Hong Kong: Wide Angle Press, 1983, p. 152.

在内外经济环境好转的影响下，据世界经济合作与发展组织（Organization for Economic，Co-operation and Development，OECD）的一项资料显示：从 1971 年至 1981 年的十年间，澳门的经济增长率平均每年达到 16.7%，"是世界经济增长最高的地区之一"①。加之 70 年代中期以来澳门局势的稳定，也使得移民大量涌入②，来澳旅客迅速增长：1978 年至 1982 年间，"来自内地的移民人数估计逾十五万人，其中大部分为年轻力壮者"。澳门劳动力市场一改过去长期供不应求的状态，充足的劳动力资源及稳定的劳动力价格，使澳门的外销产品更具竞争力③。来澳旅客方面，1973 年为 200 多万人次，1976 年达到 250 万人次，而 1979 年突破 300 万人次，到 1980 年增至 400 万人次。从 1976 年至 1981 年间，平均年增长率达 13% 以上④。上述因素都对澳门的内部消费起到一定的刺激作用。

（2）澳门市场蔬菜、肉类产品的销售量不断增长，表明市民消费模式改变，对该类产品的需求有偏好。

樊纲认为，城市化的快速发展"并不意味着对农业产品需求的减少，相反人们生活水平的提高总是会对农业产品提出更大的需求"⑤。而 70 年代末 80 年初，澳门市民对蔬菜、肉类消费需求具有一定幅度的增长（参见表 5 - 4），正好印证了樊纲的观点。

---

① 转引自黄汉强、吴志良主编《澳门总览》，澳门基金会，1996，第 172 页。

② Craig Duncun，"The Macau City Region，A Priori Urban Concepts and Macau Development，" in Victor F. S. Sit，eds.，*Resources and Development of the Pearl River Delta*，Hong Kong：Wide Angle Press，1983，p. 152.

③ 《80 年代的澳门经济》，载李鹏翥主编《澳门手册——澳门日报创刊三十周年纪念特刊》，澳门日报，1988，第 64 页。此外，施白蒂在《澳门编年史（二十世纪）1950～1988》一书中也指出，1978 年，"中国新的移民潮涌到澳门。最近两年，每年平均有 20000 人（包括越南人，他们不仅是从海上来）"。〔葡〕施白蒂：《澳门编年史（二十世纪）1950～1988》，思磊译，澳门基金会，1999，第 123 页。

④ 〔葡〕古万年：戴敏丽：《澳门及其人口演变五百年（一五零零年至二零零零年）》，澳门统计暨普查司，1998，第 471 页。

⑤ 樊纲：《序 城市化是个系统工程》，载樊纲、武良成主编《城市化：一系列公共政策的集合》，中国经济出版社，2009，第 3 页。

表 5 - 4　1979 ~ 1980 年有关农产品消费增长率

品种	1980 年	1979 年	增长（%）
生猪	178400 多头/10752 吨	169852 多头/10222 吨	5
生鸡	1192000 多只/1500 吨	1095300 多只/1421 吨	8.8
生鸭	889900 多只/1500 吨	711400 多只/1207 吨	25
生鹅	82400 多只/270 吨	80500 多只/239 吨	2.4
蔬菜	20300 多吨	16300 多吨	7

资料来源：《本澳主要食品上市量逐年递增》，《澳门日报》1981 年 4 月 29 日，第 9 版。

与"城市人口数量和市民消费需求增长"[1] 相对应，1980 年的"一般鸡鸭栏生意，均有百分之十五以上的增长"。有记者分析认为，其原因除人口不断增加以及生活水准提高外，饮食结构"讲究"也是主要的因素。在以前，除非过年过节，"平时是很少劏鸡杀鸭的，但今天已经变得再普遍没有了"[2]。

进入 1981 年，1 ~ 4 月的新鲜猪肉、牛肉和各类冻肉总销量为 7327238 斤，比上年同期增长 7%，并超过 1980 年全年销量的三分之一。澳葡政府市政厅发言人称，肉类销量增加的原因有：外地人口不断涌入，人口数量"直线上升"；大量港客在周六、周日来澳游玩，饮食业市况好；家庭电器使用增加，储存肉类食品方便。除此之外，近年来工商业不断发展，市民收入增加，"对物质的追求亦告增加，连带对饮食的要求也提高，以前清茶淡饭已经满足，现在市民购买力增强，肉类销售量亦跟着提高"[3]。按照经济学的理论，偏好（preference）是个人生理上及后天养成的对物品的"要求习性"，是影响需求的主要要素之一[4]。澳门市民饮食偏好的改变，必然大幅度增加对肉类产品的消费需求。

---

[1]　Samuel P. Hays，"The Role of Urbanization in Environmental History，" in Samuel P. Hays，eds.，Explorations in Environmental History，Pittsburgh University Press，1998，p. 76.

[2]　《活鸡鸭日上市六千余只　四千只由中国内地运来　二千三百只本地供应》，《华侨报》1981 年 6 月 2 日，第 9 版。

[3]　《人口增旅客多　雪柜使用普遍　肉类总销量增百分之七》，《华侨报》1981 年 7 月 13 日，第 1 张第 3 版。

[4]　蔡宏进：《经济学》，五南图书出版股份有限公司，2006，第 25 页。

（3）澳门菜农日趋式微，其提供的产品数量"缺口"需要填补。

早在20世纪60年代初，菜农就面临人力资源成本增加、制约其生产能力的局面。在60年代之前，菜农种菜及养猪雇用散工每日工资约3元，长工每月60元，随时随地可以挑选"精壮者"。而"大陆来澳客，为求食宿，甚至低过上述待遇亦为之"。但自1960年起，香港的就业容易及工资"较为优厚"的条件，吸引澳门各行业工人转往该地谋生，致使澳门出现"用工荒"现象：

> 不仅无法找到本澳农牧工，即使大陆来客，亦因其他工商行业，抢先雇用，均不愿操耕种养猪工作，目前散工出自每日六元，长工月薪一百元，并供应食宿，亦难觅人力，此种现象为香港战后及大陆解放直至目前，近廿年来罕见之现象。由于觅工困难，故目前菜农及养猪户均系家庭式经营，属自耕自养性质，因菜价及猪价无法追上工薪，故拥有超过家人劳力所及之菜田主，迫得将过剩菜田，改种悭工悭水的番薯、薯仔、芋头、枸杞、豆类、椰菜等①。

20世纪80年代初，菜农不仅要面临更加紧迫的人力资源紧缺的问题，而且还遭受农地缩水、成本增加、内地货源冲击等方面的"挤压"，蔬菜产量"剧减"。对此，菜农合群社两位负责人于1981年11月接受澳门电台访问时做出的解释是：

> 一、主要是整个城市发展需要，因为目前在城市内可以建筑的面积愈来愈少，必然转向郊区发展。近年建筑商纷纷收购耕地，用来做建设或货仓。
>
> 二、现在一般农民年纪较大，下一代宁愿投入社会其他行业，

---

① 《各业工人荒渴下　郊区农场受打击　低薪工人难得高薪又无力负担》，《华侨报》1960年11月25日，第3版。

不愿做辛苦的耕种工作，以致无人接手。

　　三、近两年国内实行开放政策，大量蔬菜入口，价格较本地便宜，种类多的情况下，本地菜农自然无法竞争。十年前，本澳农民包括种植蔬菜、饲养家禽、养鱼和种花的约有一千人左右，而现在只剩下不足两百人[①]。

　　1981 年，菜农生产蔬菜每日"仅几百斤，占全澳消耗的百分之十"。此前菜田的主要地点如马场、黑沙环、青洲、台山、新口岸等，部分已被开辟为马路（如黑沙环）或被用作发展地段（如新口岸）[②]。这就是类似卡拉多（Maria Calado）、门德斯（Maria Clara Mendes）等所说的：当时的澳门处于一个"以急速和不可预见的节奏发生变化的环境里"，经济和人口的同步增长导致城市扩张，占用空地[③]，菜田大幅度减少。例如，1972 年澳门半岛农业用地面积为 0.6564 平方公里，到 1983 年仅有 0.1264 平方公里，比 1972 年下降 80.74%[④]。随着城市化的加速推进，除了上述因素外，菜农还要"应付日益涨价的菜种、肥料和杀虫药等开支，经营倍感困难"[⑤]。因此，本来以种菜为主要收入的农民，只能依赖其他收入，例如将猪栏拆建出租作住宅等，而种菜已变成副业[⑥]。这就印证了西方城市化理论中区位学派（Locational

----

① 《本澳蔬菜九成靠进口》，《澳门日报》1981 年 11 月 4 日，第 2 版。

② 《本澳蔬菜九成靠进口》，《澳门日报》1981 年 11 月 4 日，第 2 版。

③ 〔葡〕卡拉多、门德斯等：《澳门从开埠至 20 世纪 70 年代社会经济和城建方面的发展》，《文化杂志》1998 年第 36、37 期，第 56 页。

④ Richard Louis Edmonds, "Land Use in Macau: Changes Between 1972 and 1983," *Land Use Policy* 1 (1986), p. 54.

⑤ 《内地供应占八成　珠海特区来货最多》，《华侨报》1982 年 9 月 1 日，第 3 张第 1 版。

⑥ 《本澳蔬菜九成靠进口》，《澳门日报》1981 年 11 月 4 日，第 2 版。实际上，这种情况早在 1963 年已出现，当时的养猪成本不断上升迫使不少菜农"放弃经营，有的见房租高涨而将猪舍盖搭成房屋出租"。参见南光贸易公司《1963 年澳门猪牛市况及我货出口情况》（1964 年 1 月 3 日），广东省档案馆藏，档案号：325 - 1 - 784 - 115 - 120。

Approach）所指出的，城市化突出的体现是农民生产和分配活动脱离第一产业而向其他经济活动转移①。这些都迫使菜农放弃耕作，改变身份，融入城市，反而成为农产品的消费者，这不仅导致其产品原占有的市场份额需要填补，而且使得市场接纳农产品容量的空间更大。

2. 澳门农产品货源地结构转换的推力

在 20 世纪 50 ~ 70 年代的澳门，内地提供的农产品一直在市场上占有很大比例，但这种比例在 70 年代末快速上升，并进而成为澳门市场货源地"主角"，出现这种突飞猛进发展势头的推力如下：

（1）党中央和广东省政府对供澳农产品的高度重视和大力支持。

澳门的近邻广东省特别是珠江三角洲地区，既是澳门农产品市场内地货源的最大来源地②，又是供澳农产品的生力军和"蓄水池"。所以，党中央极为关心和重视广东省在这方面发挥的作用。"文化大革命"结束一年后的 1977 年 11 月 17 日，邓小平在听取广东省委工作汇报时指示："供应香港、澳门，是个大问题。你们要提个方案，……譬如，搞几个现代化养猪场、养鸡场……以进养出。"③ 1978 年 4 月 19 日，在中央政治局会议上，华国锋、邓小平、李先念等中央领导进一步指示，支持广东省的宝安、珠海建设农副产品出口基地④。

为了进一步做好对澳门农产品供应等方面的工作，80 年代前期，广东省多位省长访问澳门。其中，1980 年 6 月 4 日，时任广东省省长习仲勋应澳门总督伊芝迪（Melo Egidio）的邀请访问澳门，这是新中国成立以来广东省最高级别的官方代表团首次正式访问澳门。习仲勋抵达澳门

---

① Charles, Tilly, *An Urban World*, Boston：Little Brown and Company, Inc, 1974, p. 26.

② Craig Duncun, "The Macau City Region, A Priori Urban Concepts and Macau Development," in Victor F. S. Sit, eds., *Resources and Development of the Pearl River Delta*, Hong Kong：Wide Angle Press, 1983, p. 152.

③ 《邓小平年谱（1975 ~ 1977）》（上），中央文献出版社，2004，第 238 页。

④ 《政治局讨论〈今后 11 年发展对外贸易，增加外汇收入的规划要点〉时，华主席、邓副主席、李副主席的指示》（1978 年 4 月 19 日），转引自深圳市史志办公室《中国共产党深圳历史》（第二卷 1949 ~ 1978），中共党史出版社，2012，第 282 页。

后，第二天清晨 7 时 30 分首先来到蔬菜栏、水果栏（蔬菜、水果批发商——笔者注）进行实地考察。当时"正是最热闹的时刻，数车蔬菜排着长龙等待落货，来自拱北、湾仔、石岐等地的菜农紧张地挤塞在菜栏门前交货，叫价之声四起"①。"习省长在湿滑的路上左穿右插，走到一间又一间的菜栏了解本澳的蔬菜批发情况及内地蔬菜运澳供销情况，指着门前堆着的蔬菜，哪些是产自珠海的，哪些是产自中山的。"② 6 月 7 日，习仲勋在澳督举行的宴会上表示，"广东省一定尽最大的努力，为实现四个现代化和澳门的稳定和发展提供各种可能的合作"③。

三年后的 1983 年 8 月 24 日，时任广东省省长的梁灵光应澳督高斯达（Firmino José da Costa）邀请访澳。梁灵光在访澳期间举行的答谢宴会上表示："澳门还处在发展之中，还有许多事情要做。就我们来说，凡是有利澳门进一步繁荣和稳定的事业，我们都将一如既往，尽可能地给予支持和帮助。"④ 这些都表明，中共广东省委、省政府不仅高度重视并尽最大努力向澳门提供农产品，而且关心该产品输澳、在澳销售以及市民的购买情况。

（2）在珠海建副食品基地并将其改为省辖市，扩大对澳门农产品的供应。

遵照"中央领导同志多次指示，要把宝安、珠海两个县，建设成为面向港澳的可靠的出口基地"⑤ 的要求，1978 年 3 月，国家计委、外贸部和广东省共同对这两个县开办副食品生产基地问题做了研究。1978 年 4 月 10 日至 5 月 6 日，国家计委和外贸部组织经济贸易考察组到港澳，对农产品市场等做了调查，并先后与驻港澳机构以及广东省进一步

---

① 《昨上午省长活动忙　漫步菜栏问市况》，《华侨报》1980 年 6 月 6 日，第 4 版。
② 《习省长来到果菜市场》，《澳门日报》1980 年 6 月 6 日，第 2 版。
③ 《习仲勋省长在澳督举行的宴会上讲话》，《澳门日报》1980 年 6 月 7 日，第 2 版。
④ 《梁省长昨设答谢宴　表示凡有利澳门繁荣和稳定的事业定会支援》，《澳门日报》1983 年 8 月 25 日，第 2 版。
⑤ 国务院办公厅：《港澳经济考察报告》（1978 年 6 月 16 日），广东省档案馆藏，档案号：235 - 2 - 144 - 070 - 083。

商量，草拟了有关建设规划，并设想"经过三五年的努力，实现中央领导同志的指示，把这两个县建设成为具有相当水平的工农业结合的生产基地和对外加工基地"。其中，要将"这两个县的农业，由生产粮食为主，逐步转移到主要经营出口的副食品"，以达到"大办副食品生产基地，增产鲜活商品出口"之目的①。按照这一规划，广东省外贸部门进行了具体落实。在珠海县方面，要在香洲、前山、拱北等地大力发展猪、牛、鸡、蔬菜、水果及塘鱼的生产，有关基地建设与农产品生产同步进行，提高产品质量，增加出口品种和数量②。

1979 年 3 月，经国务院批准，撤销珠海县，改为广东省直辖市。关于珠海升格为省辖市的原因，据珠海市改革委员会主任甘伟光介绍，珠海地处珠江口，背山面海，毗邻港澳，土地肥沃，农产品丰富，在发展出口商品，开展对外贸易等方面的条件十分有利。所以，珠海升格为省辖市，就是为了进一步加强领导，组织各方面力量，根据与澳门交通运输便利的优势，大力发展蔬菜种植以及生猪、"三鸟"养殖业，扩大蔬菜种植面积，增加鲜活商品出口。甘伟光说，珠海已开办 49 个供出口的养猪场，新盖猪舍 400 多幢，占地面积 20000 平方米。正在兴建中的 340 多幢猪舍下半年可投产。在蔬菜种植方面，既重视栽种如韭菜、香芹、香菜、春笋等类传统出口蔬菜，又大力引进外来优质产品，还要扩大喷灌面积，目前已有 170 亩菜田实施喷灌种植③。珠海将力争按照中央政府的要求，对农产品的生产和出口，要做到"优质、高产、多品种，港澳市场什么时候要，什么时候送"④。与此同时，珠海市采取

① 国务院办公厅：《港澳经济考察报告》（1978 年 6 月 16 日），广东省档案馆藏，档案号：235 - 2 - 144 - 070 - 083。
② 《广东省认真贯彻对港澳政策　深圳珠海建外贸基地》，《澳门日报》1978 年 4 月 19 日，第 1 版。
③ 《珠海市发展工业旅游　建供澳门鲜活农产品基地》，《澳门日报》1979 年 5 月 6 日，第 1 版。
④ 国务院办公厅印发《港澳经济考察报告》（1978 年 6 月 16 日），广东省档案馆藏，档案号：235 - 2 - 144 - 070 - 083。

多种措施鼓励种植出口蔬菜，激发了农民的积极性，1979 年春季全市蔬菜种植面积比上年扩大 50%[①]。

（3）实行联产承包责任制和小额贸易，激发了珠海农民的积极性，供澳农产品大幅度增长。

20 世纪 70 年代末 80 年代初，珠海落实联产承包责任制即"大包干"后，农民充分发挥政策上的优惠条件，调整生产布局，因地制宜开展多种经营，积极发展家庭副业。与此同时，内地政府实行"交多少收多少"措施，农民种菜有了销路，后顾之忧解除，产量大幅度提高[②]。例如，前山公社南溪大队社员汤旺，1982 年在完成 10 亩水稻包产任务的前提下，与市食品进出口公司签订了包销合同，饲养出口肉鸭 6100 只，加上饲养生猪等，全年纯收入 23000 多元。很多种菜专业户，一年四季都能种上适合澳门市场的高品质、多样化的瓜菜，既为国家创造外汇，也增加了收入。"联产责任制和特殊政策给珠海市农村带来生机勃勃的大好局面。"[③] 加之前述出口商品基地的建立和发展，极大地满足了澳门市民对优质新鲜蔬菜以及其他副食品的需要。

70 年代末，内地农村还实行个体生产，并恢复实施"边境小额贸易办法"[④]，小额贸易经营的区域和经营的品种范围进一步扩大。邻近澳门的前山、南屏、湾仔、唐家、下栅、小林、南水、三灶、香洲及海岛各公社的社队集体生产的农产品，在完成国家收购任务后均可由珠海各专业外贸公司代办出口，交由驻澳门贸易机构指定的客户经营[⑤]。与

---

① 《珠海种菜面积增五成　今年饲养三鸟四十万》，《澳门日报》1979 年 4 月 26 日，第 2 版。

② 《内地供应占八成　珠海特区来货最多》，《华侨报》1982 年 9 月 1 日，第 3 张第 1 版。

③ 洪汉波、赖天贤：《珠海农户收入激增》，《澳门日报》1983 年 2 月 21 日，第 3 版。

④ 此办法曾于 1967 年取消。转引自国务院办公厅《港澳经济考察报告》（1978 年 6 月 16 日），广东省档案馆藏，档案号：235 - 2 - 144 - 070 - 083。

⑤ 赵艳珍：《珠澳关系史话》，珠海出版社，2006，第 215 页。

此同时，珠海的农民可以个人自由买卖方式开展蔬菜交易，蔬菜的出口则由珠海市集中收购后，运抵澳门菜栏。澳门近邻的珠海前山及湾仔的农户，则可以个人挑蔬菜来澳门出售。珠海推行符合农村实际的政策，在种植蔬菜具有较高收益的驱动下，部分农民甚至把稻田也改作菜田，宁愿购买高价粮代替公粮，扩大蔬菜栽种面积，为澳门市民提供大量优质和新鲜的蔬菜。因此，到了80年代初，澳门市场上95%以上的叶菜来自内地，尤其是菜心、白菜等绝大部分来自珠海[1]。

（三）民生保障：澳门农产品市场货源地结构转换的作用

从经济学的角度看，物价不仅是微观经济学理论中关于供求关系的反映，而且是传统宏观经济学所关注的主要问题之一。因为物价平稳也是多数经济行为者除就业与收入之外的另一项重要的需求。如果物价不平稳，则个人的支出很难控制，心理上也会慌张不安[2]。所以，物价稳定，既可以保持社会安宁，又可以促进经济发展[3]。而50～70年代澳门农产品市场货源，从主要由本地、内地两方面提供逐渐向内地单方面承担的平稳转换，使得澳门农产品的物价也随之基本保持稳定，不仅弥补了菜农产品无法适应市民日常消费需求的不足，而且对澳门市民的日常生活需求、经济社会稳定发展的大局做出了积极的配合。对此，澳门社会各界和媒体都给予了充分肯定和高度赞扬。

1. 满足需求，维系民生

这主要体现在以下两个方面：

---

[1] 《青苗类基本满足需要　根块类五大品种则奇缺》，《澳门日报》1984年5月14日，第9版。

[2] 蔡宏进：《经济学》，五南图书出版股份有限公司，2006，第38页。

[3] 参见关锋《经济发展和收入分配》，载杨允中主编《澳门人文社会科学研究文选·经济卷》，社会科学文献出版社，2009，第511页。

（1）按需供应。

早在 1962 年，内地就针对港澳居民食品消费注重品质和特色的需求，调运大批广东湛江的高脚猪、江门等地的本地猪、湖北等省的改良白猪，"受到港澳市场的欢迎"①。1973 年 10 月，何贤表示，祖国经常为港澳同胞着想，当内地"有关领导人听到港澳蔬菜缺乏，菜价贵，就表示要在邻近港澳的县份扩大蔬菜的种植面积，增加产量，以便满足同胞的需要"②。不仅如此，内地有关部门还从数量、品种、质量上尽可能满足澳门市民的需要。例如，澳门市民喜欢应时鲜嫩的蔬菜，珠海县就近生产就近供应，每天从湾仔装船，从前山装车，还有的从石岐搭配运澳。澳门市民经常食用菜心，内地农民就克服季节的限制进行种植，使得"澳门同胞一年四季都可以吃到喜爱的菜心"③。

1979 年春季广交会期间，我国粮油食品交易团副团长冯立夫表示，党和国家十分关心对港澳农产品的供应，经各方努力，很多以前比较短缺的产品都得到恢复供应。例如，在 70 年代以前，港澳的鲜蛋供应"基本上是国货，但后来曾一度急剧下跌"，到 1979 年恢复供应并基本上满足两地需求。此外，塘鱼、粉丝、花生等都恢复了供应④。因此，澳门同胞庆祝中华人民共和国成立 34 周年筹备委员会副主任委员、澳门南光贸易公司总经理柯正平，于 1983 年 9 月 10 日在筹备国庆第一次全体筹委会议暨第一次常委会议上讲话中指出，大米、鱼、肉、鸡、鸭、蔬菜等副食品都是每天从内地源源不绝供应澳门的，"澳门同胞的日常生活都与祖国息息相关"⑤。

---

① 广东省食品进出口公司：《1962 年生猪收购与出口小结》（1963 年 1 月 10 日），广东省档案馆藏，档案号：325 - 1 - 65 - 060 - 060。

② 《在穗访问王宽诚　何贤　汤秉达　叶若林等谈港澳副食品供应问题》，《澳门日报》1973 年 10 月 20 日，第 4 版。

③ 《一棵青菜万颗心》，《华侨报》1976 年 1 月 9 日，第 5 版。

④ 《倘非币值变动价格将保持稳定　祖国增加粮油供应港澳　多线保障蔬菜生猪货源》，《澳门日报》1979 年 4 月 22 日，第 2 版。

⑤ 《柯正平谈我国目前形势》，《华侨报》1983 年 9 月 11 日，第 1 张第 4 版。

（2）保障供应。

党和国家十分关心港澳农产品的供应，当邻近澳门的农产品供给区域受异常气候影响，供澳货源减少时，内地有关部门就从广州、佛山甚至"穿洋过海、水陆兼程"从海南岛等地赶运蔬菜供澳；当澳门所需的洋葱、马铃薯、萝卜等根茎块状类蔬菜不在澳门邻近口岸地区生产时，便从广西、湖南、湖北、山东、天津、上海、北京①甚至遥远的黑龙江省"跨山越岭"运来。

到了70年代后期，针对华南地区处于台风地带，每次刮台风便会影响到对港澳蔬菜供应的状况，内地有关部门从1979年起分别建立三条蔬菜供应线：第一条是广东，第二条是湖南、湖北，第三条是河北、山东。如华南有灾时，华中、华北提供农产品，以应对恶劣气候和保障供应。至于生猪供应方面，除广东、湖南、湖北外，中央政府还增加安徽、浙江、河南和河北的猪源，以调动七省的力量共同保证对港澳的供给②。此表明内地有关部门在总结以往经验的基础上，在恶劣气候条件下对港澳的农产品供应已形成了一个成熟的运作机制，使得日常供港澳农产品具有坚实的保障。这正如香港工商界知名人士叶若林指出的，"在自然灾害的情况下，祖国仍然很关心港澳同胞"③。所以，有澳门媒体指出，无论是在50年代末60年代初严重经济困难时期，还是在"文化大革命"期间"四人帮"猖獗破坏生产和外贸的日子里；"不管是天气晴朗还是刮风下雨，不管春光明媚还是天寒地冻，也不管是时价高还是时价低，从不间断提供货源"④。也就是说，无论在何种情况下，"祖

---

① 据原北京市农业局副局长杨铭华回忆，20世纪70年代，中国粮油进出口公司为了开辟对港澳地区的蔬菜贸易，在北京近郊的商品菜基地内收购品质好的蔬菜出口。杨铭华等：《当代北京菜篮子史话》，当代中国出版社，2008，第28页。

② 《倘非币值变动价格将保持稳定　祖国增加粮油供应港澳　多线保障蔬菜生猪货源》，《澳门日报》1979年4月22日，第2版。

③ 《在穗访问王宽诚　何贤　汤秉达　叶若林等谈港澳副食品供应问题》，《澳门日报》1973年10月20日，第4版。

④ 《一棵青菜万颗心》，《华侨报》1976年1月9日，第5版。

国人民对澳门同胞十分关怀，在大力恢复和发展蔬菜生产的基础上，亦尽力增加对澳门蔬菜的供应"①。内地运来的"条条蔬菜含情深，澳门同胞吃在嘴里甜在心啊"②！

2. 抗击通胀，平抑物价

20 世纪 70 年代前期，针对港澳有人就农产品"大谈广辟来源"，给一些市民造成误解的问题，港澳工商界知名人士王宽诚、何贤、汤秉达、叶若林、梁灿辉等于 1973 年秋季广交会期间就此接受记者采访，谈及的有关内容是：第一，认为外国及有关地区在港澳市场都有农产品销售，"竞争相当激烈"③，但消费者喜欢购买内地产品。对此，梁灿辉说："有人现在大谈广辟来源。其实，商人们早已经每天在动脑筋，如果外国货能打开市场的，很快便运来。"叶若林、梁灿辉指出，"以美国生菜为例，用飞机运港，一斤运费一元，要卖四元多"；但与其相反的是，内地蔬菜既新鲜，又"不用坐飞机，价格肯定比外国便宜"。因此，价廉物美的内地鲜活农产品"才会受到同胞的欢迎"，"始终销量第一"。第二，认为鲜活农产品的特点④决定了该产品必须尽快销售，但销售价格并非由主观愿望而制定，"更要服从供求规律"。对此，叶若林说，鲜活农产品的贮存时间很短，"猪牛、三鸟拖的时间久便

---

① 《天气影响生产　蔬菜价格上涨》，《澳门日报》1976 年 8 月 28 日，第 5 版。

② 《一棵青菜万颗心》，《华侨报》1976 年 1 月 9 日，第 5 版。

③ 这正如有评论指出的，澳门市场虽小，但竞争十分激烈。这是因为澳门是一个自由港，世界各地产品都可以自由竞争。无论是消费品，还是工业原料，如果产品品质差、款式落后、交货不及时等，只要稍有不慎，外货就会趁机而入。加之澳门距香港近在咫尺，如果某些产品，因交货不理想或缺供，"他们在几天甚至几个小时就能供应上"。汉平：《澳门经贸发展与内地贸易前景》，《香港市场》1987 年 10 月 21 日，第 22 页。

④ 孙天法认为，农产品具有对自然的依赖性、产品的易腐蚀性、非标准化、生产周期性、生产的时间性、生产的分散性等特点。参见孙天法《非均衡经济学》，经济科学出版社，2003，第 126～130 页。冯忠泽等则提出具有消费时限性、难标准化、品质隐匿性、效用滞后性、价格有限性和测定毁灭性等特点。参见冯忠泽、李庆江、任爱胜《中国农产品及农产品市场特点分析》，《中国农学通报》第 24 卷第 9 期（2008年 9 月），第 100～101 页。

会死亡，蔬菜存久一两天也会腐烂"。"不是我们想卖贵些便行，你贵，消费者便不买。"只有价格合理，才能为消费者所接受，能够尽快卖出。第三，内地鲜活农产品既平抑了物价，又减少通货膨胀带来的影响。对此，王宽诚等指出：祖国鲜活农产品的源源供应，对港澳的物价起了稳定的作用，解决了不少居民日常生活的困难。何贤表示，"如果不是这样，澳门因受西方世界的通货膨胀的影响，物价就会上涨得更厉害"①。

到了70年代中期，受到西方经济危机的打击，加上澳门币剧跌，物价上涨给许多澳门居民生活带来极大的影响。针对这种情况，内地"总是充分考虑澳门同胞的消费水准，在价格上给予适当照顾"②。例如，内地农产品的有些品种的价格一方面跟随国际价格的变化而变化，另一方面尽量根据澳门市民的购买力进行调整，有些农产品到岸价比香港低，如冻鸡翼每吨价格比香港低700～800元。又由于澳门币贬值、港币上升，农产品完全以澳门币的币值交易，售价不计"补水"（即兑换差价——笔者注）③。

进入1978年，尽管内地遭遇严重自然灾害，但对港澳的供应，无论价格和数量都未受影响，价格仍基本保持稳定。其中，虽然港币对人民币已大幅贬值，但内地有关部门规定，为避免增加市民的负担，港商仍可以港币继续计价和结算④。这样一来，内地供澳生活必需品如生猪、蛋品、蔬菜等，70年代以来的"十多年涨幅不到一倍，而澳门的物价指数却上涨了近两倍"⑤。

关于内地对澳门市民生活的全方位支持，何贤深有感触地指出，"试想想，在今天的不景气中，如果没有祖国源源不断的货物供应，广

---

① 《在穗访问王宽诚　何贤　汤秉达　叶若林等谈港澳副食品供应问题》，《澳门日报》1973年10月20日，第4版。
② 《一棵青菜万颗心》，《华侨报》1976年1月9日，第5版。
③ 《祖国源源供澳主副食品》，《华侨报》1976年6月5日，第8版。
④ 《侨非币值变动价格将保持稳定　祖国增加粮油供应港澳　多线保障蔬菜生猪货源》，《澳门日报》1979年4月22日，第2版。
⑤ 汉平：《澳门经贸发展与内地贸易前景》，《香港市场》1987年10月21日，第22页。

大澳门同胞的生活，将是如何的困难"①。这种"给予澳门特殊关照"的原因，是"澳门不像香港那样繁荣"②。由于内地农产品的"质量好，品种多，价格合理，经济实惠，既适合澳门各阶层的需要，又适合广大居民的购买力，所以广受欢迎，百分之九十五以上同胞热爱祖国，爱用国货"③。因此，有澳门媒体指出，在此"严重的情势下"，澳门同胞生活能够安定，生活费用也比较低，这与祖国对澳门供应足够的主副食品和照顾是分不开的，饮水思源，广大爱国同胞对祖国的关怀照顾，感到无限的温暖④。

3. 安定社会，促进发展

在澳门这样一个地域狭小，既无资源、资金又无市场的海岛型经济体系中，1971～1981 年十年间的年均经济增长率为 16.7%，高于东南亚"四小龙"的经济增长率，很大程度上也是依靠了内地的关怀照顾。对此，可用 1977 年澳葡政府的统计资料以及媒体的评论做进一步说明：1967～1976 年的十年间，包括农产品在内的内地供澳货物数量增长近两倍（参见表 5 - 5）。

表 5 - 5　1967～1976 年内地供澳货品数额一览

年份	国内供澳货品总额(万元)	增长(%)	年份	国内供澳货品总额(万元)	增长(%)
1967	8455.6	100.0	1972	15384.4	181.9
1968	9108.2	107.7	1973	19596.5	231.8
1969	9225.0	109.1	1974	16332.0	193.2
1970	10668.8	126.2	1975	15101.7	178.6
1971	11975.4	141.6	1976	23329.6	275.9

资料来源：转引自《国内优先供应港澳粮油副食品　十年来供澳货物总额增近两倍》，《华侨报》1977 年 5 月 21 日，第 5 版。

---

① 《展望祖国　令人感奋》，《澳门日报》1975 年 2 月 11 日，第 5 版。
② 《何贤谈澳门发展近况》，柳佐民译自香港《亚洲周刊》，转引自《澳门日报》1980 年 10 月 28 日，第 1 版。
③ 《祖国源源供澳主副食品　成为安定澳门广大居民生活重要因素》，《澳门日报》1976 年 7 月 17 日，第 4 版。
④ 《广大同胞爱祖国用国货心中倍觉温暖》，《澳门日报》1976 年 7 月 17 日，第 4 版。

《华侨报》对上述内地供澳货物在十年间的变化所做的评论如下：

> 1974 年、1975 年的国内供澳货品略有下降，主要是因为本澳经济受西方经济危机打击而衰退，对国内货物需求减少的缘故。这一事实说明，国内货物输澳，完全是按照本澳经济发展的需求的，从中也反映了国内供澳货物的性质，是为稳定和促进澳门经济的繁荣①。

到了 1978 年 3 月，针对前述内地将在珠海和宝安筹建农产品生产基地，以向港澳市场提供更多农产品的措施，时任全国五届人大代表、五届政协委员的何贤向媒体表示，这"对港澳同胞来说，无疑是个大好消息。从本澳来看，内地以更丰富的生猪、'三鸟'等副食品就近供应，对于进一步安定社会，稳定物价和改善居民生活，都是大有好处的"②。

1982 年 1 月 11 日，澳门建筑商人也在《澳门日报》举行的座谈会上指出，港澳经济的发展，尤其是建筑地产业的复苏，较其他地区快，其原因之一是港澳获得祖国即时供应充足的生活必需品，安定居民的生活③。有鉴于此，1983 年 9 月 10 日，柯正平在筹备国庆第一次全体筹委会议暨第一次常委会议上讲话中做出总结：

> 澳门生活必需品价钱比较平稳，这是与祖国的关怀照顾分不开的。目前，我国货约占澳门进口总值的三分之一左右，居各国供澳货品的首位。由于国货价格合理，在一定程度上减少澳门通货膨胀的压力，降低了澳门产品的制造成本，加强了澳门产品在国际市场上的竞争能力，维护了本澳居民的基本生活，对促进澳门经济的发

---

① 《在拱北扩展农场有利本澳经济》，《华侨报》1978 年 3 月 25 日，第 8 版。
② 《在拱北扩展农场有利本澳经济》，《华侨报》1978 年 3 月 25 日，第 8 版。
③ 梅士敏：《广东供澳鲜活商品　货源充足品种齐全》，《澳门日报》1982 年 1 月 13 日，第 2 版。

展和维持社会的稳定产生了良好的作用①。

在此还须指出的是，菜农也为满足市民日常生活所需做出了重大贡献。第一，他们自 20 世纪 50 年代初大规模诞生以来，无论是在前述何种恶劣的气候或灾害等艰难的条件下，还是在缺乏水利、机械设备等原始手工劳作环境中，都保持了我国劳动人民踏实、勤奋、进取等优良传统，继续沿用我国几千年来自给自足自然经济的小农家庭经营方式，采用劳动集约型的精耕细作手段，因地制宜，因时制宜，因需制宜，努力提高土地生产率。在没有蔬菜大棚和反季节农产品的年代，菜农产品不仅施用农家肥，而且是"顺应季节"的时蔬；而猪、鸡等主要家畜和家禽也采取散养和圈养方式，保持新鲜、无污染，这些都符合现时统称的"有机""绿色"条件，较好地满足了部分市民对优质蔬菜的需求。第二，菜农耕作的菜田原非农业用地，客观自然生态环境的脆弱性以及澳葡政府在 60～70 年代设置的种种障碍，给他们的种植和饲养活动造成很大的困难。但他们针对这些困难，不断摸索和改进有关方法，坚持源源不断地向市场提供浸透心血与汗水的劳动成果。尤其是内地供澳农产品货源不稳定的 50 年代，正是菜农在相对艰苦的条件下勤奋劳作，提供产品弥补节假日以及气候异常期间市场供应的不足。尽管城市化浪潮"冲走"了他们的菜田，其提供的蔬菜市场份额随着时间推移越来越小，并逐渐退出市场，但不会因此抹杀他们 30 多年来为满足市民日常生活需求以及促进经济社会稳定发展所做出的重大贡献。

综上所述，20 世纪 50～70 年代，澳门市场农产品主要由内地和澳门菜农提供。其中，内地有关部门克服各种困难和干扰，千方百计组织供澳货源。随着澳门城市化带来的地域空间向边缘区菜田的迅速扩展，澳门菜农农产品供给量不断下降，而内地农产品的供给量却逐渐增加。到了 70 年代末 80 年代初，当澳门菜农产品无法满足市民日益增长的消

---

① 《柯正平谈我国目前形势》，《华侨报》1983 年 9 月 11 日，第 1 张第 4 版。

费需求之际，恰逢中央政府在农村实行以联产承包责任制为核心的改革，并有针对性地在澳门周边地区采取多种扩大生产的措施，推动供澳货源大幅度增长，及时填补菜农供给量快速下降的缺口，显示出内地"经济和对外贸易取得巨大进展以及中国政府贯彻对港澳地区的政策，并且特别重视加强对港澳物资供应的结果"[①]（参见图5-5）。

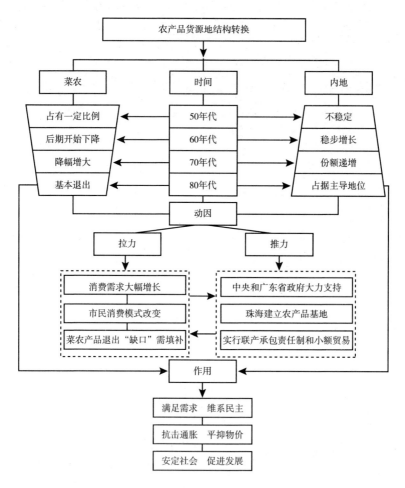

图5-5　澳门农产品货源地结构转换路径示意图

[①]　郑思尧：《澳门经济的发展与前景展望》，载李鹏翥主编《澳门手册》，澳门日报社，1983，第29页。

二　从困难到宽裕：节日农产品供给变化趋势

澳门虽长期受到葡萄牙的管治，但和内地其他地区一样，其赖以生存的人文根基仍然深深地植根于祖国的母体内，使得这里的"民情风俗与内地无殊"[1]。因此，与当下流行的圣诞节、情人节等外来节日相比较，20世纪50～80年代的各种农历传统节日往往更受澳门市民的欢迎。例如，农历腊月二十三日和二十四日的灶祭要"谢灶神"，农历二月初七惊蛰要"打小人"，农历五月初五端午节时"粽子飘香"，农历八月十五日中秋节"人月双圆"等。与祖国南方地区一样，这些传统节日均是市民日常生活的重要组成部分，是一代人对过去澳门生活的集体回忆。而这些节日中的许多传统活动，例如酬神或者聚餐等，均离不开生猪、"三鸟"以及蔬菜等农产品。由于节日期间市民普遍对这些产品有着旺盛的需求，根据经济学供求关系的理论，如果此时供应不足，就容易出现价格飙升现象，使得市民减少购买；与之相反，如果供应充足，那么这些货源的种类和价格就会保持稳定，市民不必"捱贵菜"，可以按需购买大饱"口福"，心情舒畅欢度佳节。因此，农产品供给对澳门市民的节日生活有着重要的影响，各种应节农产品更被赋予浓厚的精神和民俗意义，使得节假日期间应节农产品的供给数量和价格也可被视为"民生缩影"。因此，本节拟就一些主要传统节假日期间内地、澳门菜农提供农产品及其上市情况，探讨其价格变化趋势及对民生的影响。

（一）冬至期间农产品供应

作为我国传统的二十四节气之一，冬至也是澳门民间的一个重要节日，市民普遍将冬至称为"冬节"。时至今日，冬至仍然是澳门特别行

---

[1]　何大章、缪鸿基：《澳门地理》，广东省文理学院，1946，第1页。

政区的公众假期。农产品消费成为重要的消费品，使其在"人心目中就是吃的节日"①。正如 1960 年 12 月 21 日的《华侨报》所报道的：

> 今日为农历十一月初五，序属冬至节，该节为大节日之一，成语有"冬至大过年"，虽然热闹气氛比不上农历新年，但在商场人士看来，确比新年重要，因节后渐迫近年关，买卖进入最紧张阶段，若干行业一年生意盈亏，端视乎期内之旺淡。
>
> 今日住户人家，晨间多煮汤圆，围台共食，傍晚盛备三牲酒点，柑果冥镪，拜祭后共谋饱醉。而商店老板例设盛筵，欢宴西家，部分工厂下午休息，部分商店提早上铺，让工人店员欢渡佳节。预料入夜后娱乐场所较平日热闹②。

从上不难发现，在冬至节庆活动中，聚餐是比较重要的环节，其中"住户人家，大多盛备一种酒礼，祭神祀先，共谋饱醉，而店号亦宰鸡杀鸭，旨酒佳肴，东西家尽情欢宴"③。这就使得"劏鸡杀鸭，大快朵颐，共叙天伦之乐"④ 所需的肉类（主要是猪、鸡和鸭）等农产品消费成为市民冬至节日活动中不可或缺的元素（参见表 5－6）。

表 5－6　20 世纪 50～70 年代部分年份冬至期间的农产品供应情况

时间	供应情况	价格变化
1956 年 11 月至冬至前	内地生猪在冬至前一个月来货较少，但到了 12 月中旬，在港澳商人赴广州参观"广交会"后，内地和港澳地区恢复贸易，冬至前大量生猪输澳	菜农饲养的生猪（以下简称本地猪）价格在冬至前一个月经历了一次大幅波动的过程。11 月 16 日前后，曾售至每担 270 元的高价，但在冬至前"回顺"至每担 225 元[1]

① 何玛丽：《今夕冬至》，《澳门日报》2011 年 12 月 27 日，第 E3 版。
② 《全澳市民欢度佳节　应节物品供应无缺》，《华侨报》1960 年 12 月 21 日，第 3 版。
③ 《今日冬节　习俗相沿市况扰攘　佳肴旨酒商户同欢》，《华侨报》1958 年 12 月 23 日，第 3 版。
④ 《明日冬节至大快朵颐》，《华侨报》1970 年 12 月 21 日，第 4 版。

续表

时间	供应情况	价格变化
1958 年 12 月 25 日	冬至前一周内基本无内地生猪、活鸡运澳。冬至当日，猪商收购菜农饲养的生猪 200 多头屠宰应市；节前"鸡栏里只有本地鸡应市"	从冬至前一周开始，本地猪每担最高达 240 元，这一价格"比未起价前，涨百元之巨，售价之飞涨，为年来所仅见"。鸡价同样上涨，12 月 23 日，大鸡项（未下过蛋的鸡，下同）上午每斤 6 元，下午每斤 6.4 元[2]
1960 年 12 月 21 日	全日屠杀生猪 300 余头，"系比平日多倍几"，内地鸡鸭也大量运到，节前一天运到毛鸭 2000 多只。蔬菜方面，香港、本地和内地均大量供应	生猪售价每担 175 元，并不昂贵；毛鸭每斤批发价 2.1 元，无波动。蔬菜售价保持平稳，例如香港运来的绍菜每担 17 元，本地菜心 10～20 元[3]
1966 年 12 月 21 日	共屠 290 余头生猪以应市；内地鸡鸭数千只以及 7 车蔬菜也在节前运到	鸡项每斤批发价 3.75 元，大鸭 1.5 元，价格便宜。菜价也十分低廉，莲藕、粉葛每担 25 元，菜心、西洋菜 10 多元，芥蓝 6 元，椰菜、绍菜分别 7 元[4]
1968 年 12 月 22 日	节前单日共屠宰生猪 400 头，比平日多一倍，比往年同期多屠 50 头；冬至前两天已有近 10000 只鸡上市，12 月 21 日内地又运到 4000 多只，而菜农所饲养的鸡也大量推出。有 7 卡车蔬菜从内地运至，"尚有约百箩由湾仔运来"	猪肉售价稳定无变化；鸡"售价不但不起，反告降价"，21 日大鸡项批发价每斤 3.2 元，比上一日跌 0.2 元；毛鸭、生鹅售价保持平稳。应节蔬菜方面：菜心每担批发价 30 元，西洋菜 12 元，白菜 20 元，绍菜 8 元，芥菜 6 元。农产品价格便宜，呈现出"今日冬节主妇易商量"的景象[5]
1969 年 12 月 22 日	冬至前共屠宰生猪 350 多头，比平日多屠百余头；12 月 21 日内地运来 1000 多只鸡鸭以及各种蔬菜，本地鸡鸭也大量上市	"三鸟"价格售价平稳，猪肉价格也"一片稳定"。蔬菜方面，除莲藕每担 55 元，价格较昂贵外，其他如菜心 50 元，粉葛 26 元，白菜仅售 7 元[6]
1970 年 12 月 22 日	节前从内地的小榄运到活鸡 2800 多只，石岐等地运到鹅鸭 2000 多只；另外，12 月 20 日还从江门运来鸡 3200 只。生猪屠宰量 402 头，比平日增加约一倍	"三鸟"价格"应涨反降"，大鸡项每斤 4 元，中鸡项 3.3 元；猪肉价格无大波动，本地猪每担 205 元[7]
1971 年 12 月 22 日	节前由内地江门、石岐、珠海运到"三鸟" 5000 多只，其中活鸡占 4000 多只，比平日来货增长 50% 以上。屠宰生猪 390 多头，比平日增加约一倍	节前鸡价变动不大[8]

续表

时间	供应情况	价格变化
1976 年 12 月 22 日	内地与本地鸡分别上市 2700 只、5000 多只；本地猪及内地猪，21 日共上市 523 头，比上年同期多约 50 头，比节前则多约 200 头。受天气影响，本地蔬菜上市不多，但分别从珠海、石岐运到 24000 公斤、1600 公斤	由于需求较大，加上逐步摆脱经济危机影响，市民收入增加，肉类价格上涨。本地、内地猪每担批发价分别为 360 元、370 ~ 380 元，比节前加价 15 元，比上年同期升 35 元左右。鸡鸭价格比节前上升约 20%。蔬菜价格便宜[9]
1979 年 12 月 22 日	节前中山、江门和阳江等地"三鸟"供澳达 5000 多只。由于天气较好，珠海蔬菜大量运澳，应节蔬菜供应量比正常时期多三分之一	鸡价变化不大，鸭、鹅价格则比往年低；蔬菜品种多，价格便宜，充分满足市民需求[10]

注：[1]《大陆生猪不足供应 本地猪价继续上扬》，《华侨报》1956 年 11 月 16 日，第 3 版；《大陆土产品大量运出》，《华侨报》1956 年 12 月 18 日，第 3 版。

[2]《冬节牲口奇缺 本地猪价复飞涨》，《华侨报》1958 年 12 月 25 日，第 3 版。

[3]《全澳市民欢度佳节 应节物品供应无缺》，《华侨报》1960 年 12 月 21 日，第 3 版。

[4]《寒风冷雨迎冬节 牲口鱼蔬价低廉》，《华侨报》1966 年 12 月 22 日，第 3 版。

[5]《今日冬节主妇易商量》，《华侨报》1968 年 12 月 22 日，第 4 版。

[6]《今日冬节难免俗 应节物品上市足》，《华侨报》1969 年 12 月 22 日，第 4 版。

[7]《今日为农历"冬至" 内地副食品来途充裕》，《澳门日报》1970 年 12 月 22 日，第 4 版。

[8]《供应居民贺中秋需要 牲口蔬果大量上市》，《华侨报》1976 年 9 月 7 日，第 4 版。

[9]《鸡价上涨约两成 蔬菜水果滞市 价格廉宜抵食》，《华侨报》1976 年 12 月 22 日，第 4 版。

[10]《冬大过年 家家欢聚》，《澳门日报》1979 年 12 月 22 日，第 2 版。

如表 5 - 6 所示，在 50 年代末（1956 年和 1958 年），由于内地货源供应短缺，冬至农产品市场出现连锁反应。以生猪供应为例，这种连锁反应（参见图 5 - 6）带来了农产品价格大幅波动、市民"揇贵菜"的后果，降低了欢度冬至的气氛。但从 60 年代起，内地有关部门重视澳门同胞节假日生活，通过多种渠道组织货源，确保冬至期间各主要农产品"来货充足，价格廉宜"，上述连锁反应得到消除，市民对应节农产品的需求得到满足。

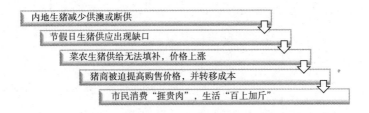

图 5 - 6 20 世纪 50 年代部分年份冬至期间生猪供应价格连锁反应图

（二）尾祃与春节期间的农产品供应

每年农历腊月末至正月初一春节之前，澳门市民会庆祝几个具有特色的节日。在这些节日里，人们对农产品也有很大的消费需求。在农历十二月末，澳门街头会出现"腊鼓频催，一年将了"的岁末景象。从农历十二月十六日起，"人们节目频繁"。首先是要做尾祃即祃祭。该习俗由古代朔望互市、翌日祃祭之俗演化而来，是盛行于港澳与珠江三角洲地区工商界的习俗。做祃仪式多为在商店门口摆设香案拜祭土地公，其规模比一般的祭典简略。农历每月初二、十六为祃祭，正月初二是每年第一个祃，称开祃，十二月十六是尾祃（最后一次祃），每月初二、十六都要分别做祃祭，而头祃和尾祃较为隆重①。在农历十二月十六尾祃期间，商人、市民都要做祃祭。十六当晚要"劏鸡杀鸭、煲猪肉等整番几味，先奉过神，然后店伴们大饱一顿"。各店铺在尾祃后总结一年的收入开支、存货、债务，计划来年的工作等，进入繁忙阶段。

然后，农历十二月二十三和二十四为传统的谢灶日（又称为灶祭），祭拜灶君。谢灶的阶层区分严格，有"官三、民四、昼家五"之分（即官府及有官职的人，在二十三谢灶，一般市民在二十四谢灶，水上居民在二十五谢灶）。这些规矩不能搞错，否则以犯法论处。谢灶祭品除鸡、猪、鲮鱼等之外，还必须有蔗糖、桔、酒。过去官府祭灶之后即不再办

---

① 蔡佩玲主编《口述历史——昔日中秋在澳门》，澳门东亚大学公开学院同学会、录像空间、澳门历史学会，2007，第 59 页。

公，大小事情留待下年解决，所以这一天又被称为"小除夕"。

最后，是我国人民最为隆重的传统节日即正月初一的春节。在此之前有团年和开年，人们会在农历十二月二十八、二十九、三十这几天中，选一日做"团年"（现普遍在大年三十，即传统节日除夕来团年）。古时不论外出远近，非不得已，必定赶回家中团聚。一家老少团圆，欢聚一堂，畅谈一年来的各种经历。在除夕夜阖家聚集，均准备盛餐（主要农产品有鸡、鸭、猪、蔬菜、土鲮鱼、慈姑等），贡神祭祖，然后举行家宴，慰劳一年来的辛勤劳动，有的还邀请至亲到家饮宴。在团年饭的菜式中，各款均留下一些，用大碟盛着，和土鲮鱼一双、慈姑、利是（又称红包。——笔者注）一封等放在米缸内，名曰"押年"。至来年正月初二才取来食。正月初二被称为开祃，又叫"开年"，即一年万事之始。

尾祃、谢灶、团年、开年等习俗，对于一般老百姓来说，"为了'有得食'，一月慰劳店伴两餐，不算过分，整年工作，在年尾食得两顿，也无可非议"①。所以尾祃和谢灶等俗例一直被保留至今，成为春节前颇具特色的节日。在这些节日中，庆祝方式基本上是店家和打工仔一起，或者举家团聚，饱餐一顿；抑或如谢灶一样准备一些鸡、猪、糖果等祭品酬神。可以看出，要顺利开展节日活动，就离不开农产品的消费。但受资料限制，此处仅拟对尾祃、春节期间的农产品供给情况作一初步探讨（参见表5－7、表5－8）。

表5－7　20世纪60~80年代部分年份尾祃期间的农产品供应情况

时间	供应情况	价格变动
1962年1月10日	共屠宰生猪320头，比平时多屠120头。内地、香港及本地均有大量应节鸡鸭和蔬菜上市	鸡鸭因需求大，价格较贵。大鸡项每斤5元，大鸭项2.5元，中鸭2.2元，价格"颇为坚好"。蔬菜价格节前"不涨反降"：菜心、绍菜批发价每担10元；慈姑因新上市，售50元，但也"并不昂贵"[1]

---

① 尾祃、谢灶、团年、开年的资料来源除有注明之外，均转引自墨斗《尾祃　谢灶　团年》，《华侨报》1981年1月20日，第10版。

续表

时间	供应情况	价格变动
1964 年 1 月 30 日	节日共屠宰生猪 350 头，比平时多屠 80 头，以应节日所需；内地和香港活鸡来货量不足，但有本地鸡大量上市作补充。蔬菜方面因天气寒冷，上市量减少	鸡鸭售价平稳，大鸡项每斤 4 元，中鸡 3.6 元，生鸡 2.8 元。蔬菜价格较高，菜心每担 50 元；韭菜、生菜可作"打边炉"，分别售 70 元和 25 元[2]
1965 年 1 月 18 日	节前共屠宰生猪 327 头，比平日多屠 60 头，但屠猪数量比上年同期减少。节前鸡的死亡率较高，供应不足。而蔬菜则供应充足	大鸡项每斤 4.6 元，中鸡 4.2 元，价格上涨。各类蔬菜中除西洋菜每担 20 元，菜心 25 元外，"其余因供求相应，价均低廉而稳定"[3]
1967 年 1 月 26 日	内地分别运来鸡鸭 2000 多只、1000 多只。本地鸡鸭也大量上市。由于天气暖和，本地蔬菜大量上市，而内地也有 7 车运到，供应充裕	鸡鸭售价"不升反降"。大鸡项每斤 3.5 元，大鸭每斤 1.7 元。各类蔬菜售价均比平时低，菜心每担 13 元，西洋菜 10 元[4]
1970 年 1 月 23 日	节前共屠宰生猪 385 头，比平日多屠 35 头。来自本地和内地的鸡鸭、蔬菜均大量上市	正可谓"猪肉无起价不若多购来祭肚，大鸡有充场何妨以此作羹汤"。例如大鸡项每斤批发价 5 元，大鸭 3.2 元。各种蔬菜价廉，仅因香港菜心涨价，澳门菜心价格亦被"扯高"，每担批发价在 40～70 元[5]
1979 年 1 月 14 日	内地活鸡"来货很疏"，本地鸡供应正常	鸡价趋势上涨。例如大鸡项每斤 8.2 元，比此前上涨 0.4 元[6]
1981 年 1 月 20 日	节日期间本地和内地鸡每日上市共 5000 多只。节日前夕每天都有 10 多车内地蔬菜运到，货源比此前增加 50%	因需求关系，节日鸡价"一片牛皮"，例如大鸡项，每斤 8.7 元。尽管天气寒冷，但蔬菜"不起价"。生菜、菠菜每担 100 元左右，只有韭菜则因市民"打边炉"的需求而稍贵，售 150 元[7]

注：[1]《大量屠猪应尾祃需要》，《华侨报》1962 年 1 月 11 日，第 3 版。
[2]《尾祃今来临年关紧逼》，《华侨报》1964 年 1 月 30 日，第 4 版。
[3]《今日农历尾祃　鸡价上升》，《华侨报》1965 年 1 月 18 日，第 4 版。
[4]《今日已为尾祃　蔬菜牲口均廉》，《华侨报》1967 年 1 月 26 日，第 4 版。
[5]《今日尾祃》，《华侨报》1970 年 1 月 23 日，第 4 版。
[6]《今日农历尾祃　鸡只价格上扬》，《华侨报》1979 年 1 月 14 日，第 4 版。
[7]《尾祃明日来临　菜牲足供价廉》，《华侨报》1981 年 1 月 20 日，第 3 版。

从表 5－7 反映的情况来看，历年来尾祃期间鲜活农副产品价格相对稳定。对于节日期间最为畅销的家禽来说，诚如菜栏商人所指出的，"本澳鸡鸭价格上落，主要视乎国内来货情形如何"①。因此在历年尾祃期间，鸡鸭价格有时会因为内地供应充足反而下跌（如1967年的鸡价均在节前"回顺"），有时则因为内地供应不充足，而节日期间的市民需求旺盛，本地农产品"趁势涨价"，应节农副产品价格比平时略高（如1965年和1979年的鸡价），但是涨幅不会太大，即使鸡鸭在一定程度上涨价，但由于过节，市民还是可以接受的。而在蔬菜价格方面，则容易受天气影响和内地货源两大因素主宰。如果天气寒冷且内地供应不足，价格就会上涨。但在内地供应充足的情况下，即使天气较为寒冷，价格也不会产生太大波动，例如1981年尾祃期间的蔬菜供应情况。所以，尽管尾祃期间市民对鲜活农副产品需求大，但其价格还是由天气、内地和本地供应量等多种因素来决定的，并未有一个统一的涨跌趋势。而在诸多因素中，内地供应量的多寡仍是尾祃期间农产品价格高低的决定性因素。

表 5-8 20 世纪 60~70 年代部分年份春节前夕的农产品供应情况

时间	供应情况	价格变动
1960 年 1 月 27 日（除夕）	半个月来生猪每天平均屠宰量达 180~190 头，比往日增 30~40 头；"内地牲畜，家禽源源运来，足供节日需求"。但蔬菜则供应不足	肉类和蔬菜价格各异。一方面，"蔬果疏市价攀升"；另一方面，肉类农产品价格保持稳定，经济能力差的人也吃得起肉[1]
1962 年 2 月初（岁晚）	本地和内地蔬菜大量上市，很多菜栏蔬菜堆放"满坑满谷"，情形为过去少见。2 月初，每天都有 1000 只左右内地鸡运到，本地鸡有约 500 只上市，同时还有香港运来鸡 500 只，货源充足	蔬菜价格便宜，绍菜每担批发价 10 元，椰菜 5 元，菜心 15 元，往年价格较贵的粉葛、慈姑、莲藕等的价格下降。例如慈姑售 30 多元（上年同期为 100 余元）。鸡价便宜，本地生鸡每斤售价 1.6~2.5 元，内地鲜鸡 1.2~2.1 元。而香港大鸡则因品质佳，每斤批发价 4.8 元，也比平时香港鸡价便宜[2]

① 《今日农历尾祃　鸡只价格上扬》，《华侨报》1979 年 1 月 14 日，第 4 版。

续表

时间	供应情况	价格变动
1965 年 1 月 29 日（农历腊月二十八日）	蔬菜大量上市	蔬菜售价低廉，"为往年同期所少见"。除荷兰豆每担 40 元外，其余如菜心每担 6 ～ 10 元，西洋菜 5 元，绍菜 15 元，慈姑 20 元，芥菜 15 元，芥蓝 7 元，萝卜 15 元；生菜、椰菜和芋头批发价均为 3 元[3]
1966 年 1 月 17 日（岁晚）	内地"运澳蔬菜，达 13 车之多，比平日多到两倍多，来货之多，破以前纪录"。再加上当时天气回暖，蔬菜生长较快，本地蔬菜大量上市	蔬菜"售价暴降"，菜心每担仅售 2 ～ 3 元，芥蓝 3 元，绍菜 13 元，慈姑 7 元，仅莲藕 15 元，"已算较昂"[4]
1972 年 2 月 11 日（岁晚）	节前"生猪来存两丰，足供所需"；连日来，本地每天有 3000 ～ 4000 只鸡鸭上市，内地亦有 2000 只运到	本地猪每担 185 元，内地猪 195 元，"价钱稳定无波动"。澳门鸡鸭价廉，而香港鸡价昂贵，本澳有部分鸡转往香港销售[5]

注：[1] 楚学文：《岁晚市场漫步》，《澳门日报》1960 年 1 月 27 日，第 4 版。
[2]《岁晚市民应欢喜　蔬菜鸡鸭价廉宜》，《华侨报》1962 年 2 月 2 日，第 3 版。
[3]《尚有两天即除夕　牲口蔬菜大量来》，《华侨报》1965 年 1 月 30 日，第 4 版。
[4]《农历岁除前市况　内地蔬菜多供应》，《华侨报》1966 年 1 月 18 日，第 4 版。
[5]《满足同胞迎春所需　牲口果蔬供应足》，《华侨报》1972 年 2 月 11 日，第 4 版。

　　如表 5 - 8 所示，自 1960 年后澳门春节农副产品供应情况充足，此与内地的大力支持是分不开的。到了 70 年代，内地有关部门充分照顾澳门同胞欢度节日，还特别调配他们喜欢的某些种类的农产品供澳。这一时期值得一提的事例有两件。

　　第一，20 世纪 70 年代初，内地有关部门特地调运清远鸡输澳，以满足市民节假日的消费需求。例如在 1973 年和 1976 年春节前夕，都有大量清远鸡运到，使市民过节时可以"享口福"。以下是 1973 年春节前夕的报道：

　　　　近日内地三鸟运澳数量已比平时增加，除江门、石岐、小榄、珠海等地外，还特别从清远调运有名的清远鸡来澳供应。清远鸡肥而不腻，骨软肉滑，味道鲜美，每年只国庆节及春节才运澳供应，甚受同胞欢迎①。

第二，1980 年，由于这一年许多港澳同胞返乡度岁，江门、石岐、佛山等地侨乡需保留部分数量的"三鸟"在当地供应，因此上述地区春节期间供澳货源减少。但内地有关部门及时从湛江、阳江等地调运一批"三鸟"供澳。尽管湛江、阳江与澳门之间距离相对较远，但难得"司机工友昼夜开车，日夜兼程"，终于在 2 月 14 日街市"收秤"前运到 8000 多只（大部分是鸡），"瞬即售罄"。其中的肉鸡项每斤"栏价"（批发价——下同）7～15.2 元，生鸡 10 元，母鸡 9 元。本地鸡亦有 4000～5000 只上市，售 12 元左右②。

总体而言，澳门春节前农副产品的供应情况和历年冬至的情况十分相似。1960 年，因气候异常和供应减小等原因，应节蔬菜价格高昂，使得市民望而却步，"可省就省，不作多购"；但随后几年情况就有了很大改变，例如 1962 年春节应节蔬菜"满坑满谷"，从而满足了市民春节前吃团年饭和"开年"的需要。

（三）端午节期间农产品供应

每年农历五月初五是我国传统的端午节，澳门华人也有过这个节日的习俗，正是"粽子香飘千古事，忠魂永驻万年芳"③。一般而言，"度节仍需的物品，除粽品而外，牲口也占很重要部分"④。在 60 年代，"虽然龙舟鼓已告绝响，海面竞渡，不可复观。但依然家家悬艾涂符，正午以粽品生果，吊祭屈原，晚上则旨酒佳肴，同度节日"⑤。由此可见，除了传统应节食品粽子之外，鸡、鸭、猪、鹅、蔬菜等也是端午节

① 《年宵市况较去年畅旺　内地年货供应颇充裕》，《澳门日报》1973 年 1 月 31 日，第 4 版。另参见《内地年货源源供应》，《澳门日报》1976 年 1 月 28 日，第 4 版。
② 《年宵市况空前畅旺》，《澳门日报》1980 年 2 月 15 日，第 2 版。
③ 《端午届临念屈原　家家度佳节》，《华侨报》1970 年 6 月 8 日，第 4 版。
④ 《端午节前鸡价起》，《华侨报》1971 年 5 月 25 日，第 4 版。
⑤ 《应节物品　源源供应》，《华侨报》1961 年 6 月 17 日，第 3 版。

市民消费的重要食品。因此，"在端午节市民度节中，首先当以鸡只销途为最大，其次则为毛鸭，至生鹅一项，销途比较狭窄，以渔民购用者多"①（参见表5-9）。

表5-9 20世纪60~70年代部分年份端午节期间的农产品供应情况

时间	供应情况	价格变动
1961年6月17日	节前有金边生猪150头，内地猪99头运到；本地猪亦有部分上市。15日屠宰生猪230头，比平时多屠宰130头。节前数日，香港运到不少鸡，16日再有数百只内地鸡运到	生猪价格下跌，例如本地猪每担175元，比15日下跌5元；活鸡在"节前当销时日，不单不起市，反告跌价"，如大鸡项，每斤栏价3.8元，约比此前下跌0.5元[1]
1963年6月25日（节日前夕）	全澳共屠宰生猪约430头，比平日多屠近300头。内地运来鸡1000余只，鸭3000余只，鹅300余只；本地鸡上市2000余只。蔬菜供应方面，叶菜类较少，瓜类充足	本地及内地猪每担135~140元，价格稳定。大鸡项每斤4.2元，比节前涨0.2元。蔬菜方面，冬瓜、节瓜较为便宜，每担5元；粉葛较贵，售60元[2]
1970年6月8日	节前共屠宰生猪406头，比平日多屠200头；内地和本地鸡在节前分别上市1000余只，内地运来毛鸭1000多只；蔬菜供应也较为充裕	猪"售价稳企"，波动不大。"三鸟"价格廉宜。大鸡项每斤5.2元，大鸭每斤2.5元，"市道颇佳"。节前各类蔬菜价格同样下跌，只有菜心及芥菜因来货较少而较贵，菜心每担批发价70元，芥菜110元[3]
1971年5月26日	节前每天都有2000只本地鸡上市，内地江门、石岐两地运到"三鸟"2500多只。各类蔬菜供应充裕	各类瓜菜价格便宜，例如菜心每担35~40元。生猪售价稳定，每担205~210元。由于节日期间"居民办理嫁娶喜庆宴会多"，因此"大鸡项售价扯起"，每斤（批发价）5.6元。而鸭鹅方面，节前"亦有货到"，价格稳定，大鸭每斤2.39元，肥鹅3.4元[4]
1972年6月14日（节日前夕）	13日屠宰生猪350多头，比平时增加50%；14日屠宰生猪近500头，比平时增加一倍以上。13日，珠海运来鸡1700只、鸭1700只、鹅250只，江门也将有大量"三鸟"运到。蔬菜方面同样供应充足，例如13日"从珠海、广州运到40000斤"	"三鸟"价格平稳，例如活鸡批发价每斤2~2.4元。生猪方面价格并无变动。蔬菜价格便宜[5]

① 《三鸟市道一片稳定 端午节前大量运到》，《华侨报》1980年6月11日，第3版。

续表

时间	供应情况	价格变动
1974 年 6 月 20 日	节前屠宰生猪 450 头，比平时增加 150 头。本地有 5000 只鸡上市，内地节前也运到 1500 只鸡，1500 只鸭。还有 6 车蔬菜运到	猪肉价格无大变动，内地猪每担 350 元，本地猪 360 元；大鸡项每斤 8 元，涨 0.3 元；大鸭 3.2 元。"蔬菜价比前日涨了三成。"菜心每担 70 元，丝瓜 65 元，节瓜 30 ～ 65 元[6]

注：[1]《应节物品　源源供应》，《华侨报》1961 年 6 月 17 日，第 3 版。

[2]《为应佳节所需　昨屠猪四百余头》，《华侨报》1963 年 6 月 25 日，第 4 版。

[3]《端午届临念屈原　家家度佳节》，《华侨报》1970 年 6 月 8 日，第 4 版。

[4]《端阳节近三鸟价扳升　夏季瓜果货足价廉》，《澳门日报》1971 年 5 月 27 日，第 4 版；《端午节前鸡价起》，《华侨报》1971 年 5 月 25 日，第 4 版。

[5]《节前供应充裕价平稳》，《澳门日报》1972 年 6 月 14 日，第 4 版；《端阳佳节　粽子飘香》，《澳门日报》1972 年 6 月 15 日，第 4 版；《榴火飞红　粽子飘香》，《华侨报》1972 年 6 月 15 日，第 4 版。

[6]《今天共庆端午节》，《华侨报》1974 年 6 月 20 日，第 4 版。

从上述情况来看，60 年代端午节各项应节食品基本上供应无缺。在 1961 年更出现了因端午节活鸡供应量较多，价格"应涨反跌"的情况。而在 70 年代，这种情况基本上得到了延续，到了 80 年代，端午节的"三鸟"、肉类以及蔬菜供应也出现了新的特征。

1980 年 6 月 11 日的端午节前夕，应节"三鸟"如往常一样大量上市。而有媒体评论注意到，澳门半岛"本地鸡"所占数量较少，很多来自"散家在离岛所经营的养鸡场，规模虽较小，但家数却相当多"，这些离岛农户散养的鸡每天都能供应 1000 多只，到了端午节则会相应增加供应。同时，"内地如石岐、江门一带，每逢上述节令期间，亦有大量运来供应"。另外，也有一些酒店偏爱香港九龙农民饲养的鸡，"每天亦向九龙新界办运数百只来澳供应"。澳门半岛菜农提供活鸡数量大幅度减少的原因是，70 年代后期娱乐公司加快了对新口岸全区收回菜田土地的步伐，以及城市建设对边缘区土地的占用，菜农逐渐淡出养殖行业，使得 80 年代后澳门本地鸡的来源主要由离岛"散家"们提供。

在这一背景下，1980 年端午节期间的应节"三鸟"，"售价不敢过昂"。本地大鸡项每斤售 10 元，生鸡 6 元，大鸭 5.2 元、生鹅 5.5～6 元；内地与九龙新界的来货，"售价则微高些，但亦不算过高"。有商人称，"三鸟有充足货源，在供应不缺情况下，售价或虽微好，但亦不会过高，市民度节，自不会吃贵货"。因此，《华侨报》记者指出，"当此百物腾贵中，三鸟售价，在近多年来，实亦比较其他如猪肉、鱼肉为廉宜可买的"①。

（四）盂兰节期间农产品供应

农历七月十四的盂兰节俗称"鬼节"，持续一个月的"鬼月"在这一天达到高潮。很多市民都相信"七月，地狱门大开，孤魂野鬼四出游荡，故是月又称'鬼月'"。因此，在农历七月，均有市民作"烧衣"之举，"人们一般都会在盂兰节期间摆路祭，每天入夜后，大街小巷，常见不少人家在门前燃点香烛，焚烧金银衣纸，到处火光熊熊，显得气氛诡秘，增添迷信色彩。祭祀时，还将米饭、豆腐、烧鸭、果品之类祭品撒出去，说是让鬼魂饱食"②。市民在盂兰节期间进行"烧衣"活动时，"除纸料店应节纸祭品畅行而外，过节者则多购毛鸭为多，毛鸭可称在该节中的必需品"③（参见表 5－10）。

表 5－10　20 世纪 50～60 年代部分年份盂兰节期间的农产品供应情况

时间	供应情况	价格变动
1957 年 8 月 9 日	节前有大量鸡鸭从内地运来,但蔬菜受天气炎热影响,上市不多	鸡鸭"售价稳定,不因畅销而攀升",而蔬菜则售价高昂[1]
1962 年 8 月初	节前有大量内地毛鸭运到,呈"急水难消"之势;本地蔬菜也陆续上市	毛鸭售价低廉。本地蔬菜售价稳定,例如菜心每担 17 元[2]

---

① 《三鸟市道一片稳定　端午节前大量运到》，《华侨报》1980 年 6 月 11 日，第 3 版；《方便市民度端午节需求三鸟　近万只运到供应》，《华侨报》1980 年 6 月 17 日，第 3 版。

② 唐思：《澳门风物志》，澳门基金会，1994，第 251 页。

③ 《盂兰节中的需用品》，《华侨报》1980 年 8 月 7 日，第 2 版。

时间	供应情况	价格变动
1963 年 8 月 29 日（节日前夕）	节前内地毛鸭每天运到 2000 ~ 3000 只，生猪来途充足，蔬菜方面"上市亦多"	因毛鸭需求大而涨价。例如本地大鸭每斤 2.5 元，上升 0.2 元。生猪则"售价反降"，本地及内地猪每担 165 元。蔬菜售价平稳，例如菜心每担 15 元[3]
1968 年 8 月 7 日	8 月 6 日，由内地运到 2000 多只毛鸭，本地鸡大量上市，内地也有数百只运到。蔬菜来源充裕	鸭类畅销，价格保持平稳，例如大鸭每斤 2 元。鸡类"上价货稳好"，大鸡项每斤 3.5 元。蔬菜普遍售价廉宜，例如白菜每担 10 元[4]
1969 年 8 月 21 日	节日期间内地毛鸭每天运到 4000 多只；蔬菜则上市不多	毛鸭"价格尚稳"，大鸭每斤批发价 2.1 元；香港肉价上涨，很多香港商人前来购买，推高售价。例如肉排每斤涨 0.4 元；蔬菜售价上扬，例如菜心每担 60 ~ 75 元[5]

注：[1]《烧衣需要牲口市稳　菜蔬货少售价扯高》，《华侨报》1957 年 8 月 9 日，第 3 版。

[2]《盂兰节中　毛鸭多到》，《华侨报》1962 年 8 月 9 日，第 3 版。

[3]《盂兰节近鸭价涨　生猪多来价转顺》，《华侨报》1963 年 8 月 29 日，第 4 版。

[4]《盂兰节今天最后　应节物品将畅销》，《华侨报》1968 年 8 月 7 日，第 4 版。

[5]《香港猪肉掀起涨风　商人来澳扯购肉排》，《澳门日报》1969 年 8 月 21 日，第 4 版。

从上述情况来看，一方面，尽管节日对鸡鸭的需求量较大，但内地来货充足，价格基本保持稳定；另一方面，由于该节日在夏天，澳门及周边地区容易受到高温造成的旱灾以及台风等异常天气的影响，蔬菜有时供应不稳定，价格有所波动。

（五）中秋节期间农产品供应

"一年容易又中秋"。对于农历八月十五的中秋节，有媒体描述如下：

街头上又见孩子们夜提花灯玩耍，提醒人们一年一度的中秋佳节又来临了。论节令，中秋节是大节，因此居民颇为重视，除了吃月饼赏月之外，不少家庭还割鸡杀鸭，阖家团聚，大吃一餐。而不少商行、工厂均放假一天，甚至戏院也选"大片"上映，好让居民欢度佳节①。

① 《明日中秋节　阖家庆团圆》，《澳门日报》1978 年 9 月 16 日，第 2 版。

从上可见，除了传统食品月饼之外，"三鸟"也是市民聚餐时必不可少的，中秋节前后农产品供应状况对市民节日生活同样有很大影响（参见表 5 - 11、图 5 - 7）。

表 5 - 11　20 世纪 50 ~ 80 年代部分年份中秋节期间的农产品供应情况

时间	供应情况	价格变动
1959 年 9 月 16 日	8 月份应节蔬菜来货较少，价格较贵。到了中秋节前夕则"供应量已有增加，供求关系得到一些缓和"。例如内地于 13 日、14 日和 15 日分别运来芋头 47 担、36 担和 60 担左右	蔬菜价格出现了比往年同期高 20% ~ 40% 的情况，但部分蔬菜在节前售价下跌，例如莲藕由每担 80 元降至 60 元[1]
1961 年 9 月 20 日（节日前夕）	节前除内地运来 300 只毛鸭之外，内地家畜、家禽大量运到，本地也有上市。蔬菜上市量较少	猪牛售价无变动。但其他农产品售价均出现上涨。上等鸡售价高；大鸭批发价每斤 2.5 元，上涨 0.2 元。各类蔬菜"售价坚挺"，芋头每斤售 45 元，"价殊高昂"[2]
1962 年 9 月 13 日	节前内地运来生猪 250 头，节日当天全澳屠猪 500 多头。另有活鸡 30 笼从江门运到	生猪"售价无上涨"。鸡价平稳，例如大鸡项最高零售价每斤 5 元，"不致过昂"[3]
1964 年 9 月 20 日	肉类供应充裕。节前一天屠宰生猪 527 头"备应节之用"。内地和本地分别推出 3000 多只鸡上市。但蔬菜因节前"新蔬未长成"，供应奇缺，个别品种蔬菜更有"断市之虞"	猪售价稳定，鸡价节前"不涨反降"，例如大鸡项每斤 4.8 元。与肉类产品正好相反，节日期间蔬菜"价格奇昂"，例如菜心每担 70 元，莲藕 50 元[4]
1971 年 9 月 9 日（节日前夕）	江门、石岐、小榄等地运到"三鸟"3600 多只，蔬菜上市量有所减少	"三鸟"价格平稳，例如大鸭每斤 2.75 元。蔬菜则"价钱中等"，例如菜心每担 75 ~ 115 元[5]
1972 年 9 月 21 日（节日前夕）	节前"应节物品，大量充场"。内地生猪大量供应，内地分别运到 5000 只鸡及 5 车蔬菜。本地鸡则因天气原因，上市较少	"生猪价最平"。本地猪每担 190 ~ 195 元，内地猪 200 ~ 205 元，售价无大波动。鸡价无大变动。蔬菜售价不贵，例如莲藕每担 22 ~ 24 元[6]
1976 年 9 月 6 日（中秋前夕）	应节农产品大量运到。本澳和内地总计上市达 5500 只。尽管 9 月天气不好，但中秋节期间内地仍组织货源输澳，仅 9 月 6 日一天就有 5 车内地蔬菜运澳	本地鸡每斤批发价与上年一样，内地鸡价格比上年同期略降。因来货充裕，蔬菜价格不断下降，例如莲藕每担 60 ~ 100 元[7]

续表

时间	供应情况	价格变动
1979 年 10 月 5 日	节前果品、"三鸟"、蔬菜等过节货品源源不断由内地运到	"三鸟"销途畅旺，其中以清远鸡最为抢手，价钱起落不大，仅比平时上涨 10% 左右。由于过节需求量大，蔬菜价格略为上扬[8]
1980 年 9 月 23 日	节前一日屠宰生猪 520 多头，比平日多屠 120 头，以满足节日需要。鸡鸭方面，节前数日由本地及内地石岐、江门、珠海、广州、清远、韶关、梧州等处运来活鸡 10000 多只。节前蔬菜大量上市	"三鸟"售价不贵，例如大鸡项每斤 9.5元。猪价保持稳定。节前一周尽管天气不好，但"各类蔬菜生果的市道均告畅销，价格亦多告下降"[9]

注：[1]楚学文：《漫谈中秋应节蔬果市情》，《澳门日报》1959 年 9 月 16 日，第 4 版。

[2]《中秋佳节渐弥　迎节品销途转畅》，《华侨报》1961 年 9 月 20 日，第 3 版。

[3]《佳节牲口供应多》，《华侨报》1962 年 9 月 14 日，第 3 版。

[4]《中秋市况热闹　牲口供应足　蔬菜奇昂》，《华侨报》1964 年 9 月 20 日，第 4 版。

[5]《中秋将届　莲子价涨　金华火腿货疏市爽》，《澳门日报》1971 年 9 月 9 日，第 4 版。

[6]《中秋节前夕物品供应充足》，《华侨报》1972 年 9 月 21 日，第 4 版。

[7]《供应居民贺中秋需要　牲口蔬果大量上市》，《华侨报》1976 年 9 月 7 日，第 4 版。

[8]《中秋市况一片畅旺　佳果多到三鸟畅旺》，《澳门日报》1979 年 10 月 6 日，第 2 版。

[9]《去周市场巡礼》，《华侨报》1980 年 9 月 22 日，第 2 版；《一年容易又中秋》，《华侨报》1980 年 9 月 23 日，第 2 版。

图 5－7　买鸡过中秋（20 世纪 70 年代）

资料来源：《逝水年华——李超宏摄影集》，澳门综艺摄影会，2001，第 62 页。

总之，与上述多个节日情况一样，20 世纪 50 年代末 60 年代初的中秋节，由于内地供应不稳定以及异常天气等原因，1959 年和 1961 年分别出现了应节蔬菜和"三鸟"价格较高的情况，增加了市民节假日的经济负担。从 60 年代末直到 70 年代，随着内地对澳门农产品输送量的增加，各种应节农产品价格保持稳定，基本上满足了市民阖家欢度中秋佳节时"一饱口福"的愿望。

（六）农产品供应与澳门市民的节假日生活

对上述主要传统节假日期间农产品供应情况进行分析，可初步得出以下结论：

1. 应节农产品是市民欢度佳节的必需品

如前所述，在节假日期间，市民按照传统习俗进行聚餐或酬神等活动均离不开农产品。与珠江三角洲地区的居民一样，澳门市民也具有"无鸡不欢""无鸡不成宴"的饮食习惯，节日聚餐"杀鸡宰鸭，少不了的"[1]。因此，节假日期间农产品尤其是"三鸟"的供应，直接决定了市民各项应节活动能否顺利进行。无论是本地还是内地提供货源，都对市民欢度佳节构成了重要的物质保障。

另外，除在家进行聚餐外，到酒楼饭店聚会也是市民欢度佳节的一个重要途径，而农产品供应充足与否，直接影响到这些场所是否兴旺以及市民过节的整体节日氛围。此外，冬季节假日前后制腊作坊也要大量购进猪肉、"三鸟"肉类进行加工，腌制腊味产品供应市民以及远销世界各国，供喜爱该传统产品的华人华侨消费。因此，节假日农产品供应品种、数量及其价格不仅影响民生，而且还直接决定了上述酒楼饭店、作坊的经营成本和效益，从而具有一定的经济功能。

2. 内地对供澳节假日农产品的大力支持

如前所述，尽管各个节假日农产品供应情况千差万别，不能一概而

---

① 《今日农历尾祃　鸡只价格上扬》，《华侨报》1979 年 1 月 14 日，第 4 版。

论，但存在的一个基本趋势是，在 20 世纪 50 年代末 60 年代初，内地来货数量不稳定，使得节假日农产品价格波动，让市民"捱贵菜"。

例如，因内地农产品来源稀缺甚至断供①带来的菜肉价格暴涨，从 1958 年冬至前开始一直持续到 1959 年春节前夕。在此期间出现了市民因猪肉贵而改用肉类罐头来佐膳的情况②，而蔬菜价格高涨也让市民感叹"咬菜根亦不易"③，民生疾苦，可见一斑。对当时应节农产品价格高涨带来市民生活的影响，《华侨报》有比较贴切的描述。该报指出，"由冬至节前以迄现在，副食品市价一路上涨，比目前一般贵了两、三倍，这次涨风时间之长，涨势之凶，近年来所仅见，不仅饮食业生意大受打击，而民生也备受威胁"：

> 民生方面困难情形，也因肉菜价涨而严重，入市主妇和"将军"（到集贸市场采购农产品的男士——笔者注）们，举目肉菜都奇贵，难免彷徨失措，因为每餐的菜钱，无法与肉菜相对的调整，迫得谋而其次，以下价品替代。要想保持原日食料水准，非增加副食费不可，即是说，以往每月膳费 30 元的，除 10 元柴米外，余 20 元买菜，现在要享回同样菜式，那就要付出伙食费 50 元以上，在富有者，因不当一回事，在小市民，则有百上加斤之感了④。

但上述情况从 60 年代初得到很大的改善，市民节日买菜时候"毋须捱贵货"⑤。此以冬至为例，1966 年《华侨报》记者使用了"今日冬

---

① 以生猪为例，据统计，1959 年 1 月份内地生猪仅运到 500 头，"当时的猪价便急剧扳高"，每担售价达 290 元。参见楚学文《内地猪牛供应充足　牲畜市情呈现稳定》，《澳门日报》1959 年 8 月 26 日，第 4 版。

② 《大陆肉罐头类悉增价》，《华侨报》1959 年 1 月 12 日，第 3 版。

③ 《咬菜根亦不易　蔬菜售价连日升升》，《华侨报》1959 年 1 月 20 日，第 3 版。

④ 《市内饮食业遭受严重打击　居民生活受影响同感威胁》，《华侨报》1959 年 1 月 6 日，第 3 版。

⑤ 《今日冬节主妇易商量》，《华侨报》1968 年 12 月 22 日，第 4 版。

节主妇易商量"的口语化标题来介绍冬至农产品市况，意指市民上街买菜时价钱"好商量"。此充分说明了当时菜肉供应充足，价钱便宜。三年后，该报在对冬至的报道中采用了一首打油诗"今日冬至难免俗，应节物品上市足；鸡鸭果蔬陈满目，祭神更兼利口腹"为标题①。此既反映了当时农产品供应充足、价钱便宜的市况，也体现出市民购买应节食品时的心声。到了 70 年代，由于在冬至期间部分鸡鸭产品集中上市，各种应节农产品价格在节日期间"不涨反降"。这一独特现象对于市民来说，不但不用"捱贵肉"，反而可以购买到比平日更便宜的应节农产品，无疑有利于市民欢度佳节。即使在某些时段因节假日市场需求量较大而出现一定程度的上涨，但涨幅不大，也属于市民可接受的范围。这一现象是与中央政府和内地各省有关部门对港澳同胞节假日农产品消费的高度重视以及采取的有效措施分不开的。

中央政府除做好日常农产品供应之外，从 60 年代开始加强对港澳节日农产品的输送，并专门为加强港澳节假日农产品的供应而做出部署：1962 年 5 月 23 日，广东省人委在《关于端午节对港澳副食品供应的通知》中指出，"端午节是我国传统节日，为了做好港澳市场节日副食品供应，兹根据国务院指示精神，结合我省货源情况和港澳市场需要，安排各专区节日供应港澳副食品任务"。"希各地接文后，迅速布置贯彻"：（1）"立即组织力量，大力开展收购工作"；（2）"妥善安排长短途运输，压缩地销，支援出口"；（3）"各地商业部门库存中符合出口规格的商品，要尽量挤出来交外贸出口"；（4）通知中的供货安排表中没有列出的其他产品，当地有货源而港澳市场又有需要的，"应积极组织出口，保证节日供应"②。

到了 1962 年 10 月，广东省根据生产上市和港澳市民消费需要的特点，"先后采取了提前交货奖励与计划外奖励的措施，有效地调动了地

---

① 《今日冬节难免俗　应节物品上市足》，《华侨报》1969 年 12 月 22 日，第 4 版。

② 广东省人委：《关于端午节对港澳副食品供应的通知》（1962 年 5 月 23 日），广东省档案馆藏，档案号：294 - 2 - 6 - 022 - 023。

方的积极性，各地踊跃交生猪供外贸出口"。由于各地按计划积极交货，1962年年底生猪库存量达到5万多头，"为1963年春节港澳市场的供应奠定了充足的货源"①。因此，广东省食品进出口公司在1962年的工作总结中提出，"抓好节前或旺季上市前货源安排工作，是保证节日供应与均衡出口的关键"②。

进入70年代，内地虽处于"文化大革命"时期，中央和各级政府仍抓紧对港澳节日期间的农产品供应。1970年12月7日，"根据周总理和中央首长的指示"，广东省财贸战线委员会发出《抓紧做好对港澳元旦春节供应工作通知》。该通知指出，"做好港澳元旦春节供应，是体现伟大社会主义祖国对港澳爱国同胞的关怀"。该委员会就港澳元旦春节农产品供应列出"分地区要货安排表"，要求广东省属广州市、各地区财贸战线革命委员会按照此安排表"认真抓好收购、出口工作"，并强调"有些没有落实，希望各地努力搞一些"③。

为了更好地践行中央的指示精神，有关部门努力消除灾害造成运输线路中断的障碍，想方设法向港澳组织和运送节日货源。这方面的案例有：1975年7月河南发生水灾，8月初京广铁路"断道"，北方各省供港澳农产品受到影响。然而，"为了做好在中秋节和国庆日对港澳市场的供应，体现祖国对港澳同胞的关怀"，在京广线尚未通车的情况下，外贸部门立即精心组织供港澳货源，而铁路部门则"有货就有车，车到就装货"，"把困难留给自己，给外贸很大的支持"④。其中，对北方省份一时缺供的某些农产品，安排南方各省多供应。如分别从广东、湖

---

① 广东省食品进出口公司：《1962年生猪收购与出口小结》（1963年1月10日），广东省档案馆藏，档案号：325－1－655－067－076。

② 广东省食品进出口公司：《三鸟小结》（发文和成文时间不详），广东省档案馆藏，档案号：325－1－655－057－066。

③ 广东省财贸战线委员会：《抓紧做好对港澳元旦春节供应工作通知》（1970年12月7日），广东省档案馆藏，档案号：294－A2.9－13－30。

④ 对外贸易部编《供港澳节日物资的十个专列已如期发出》（第48期）（1975年9月18日），广东省档案馆藏，档案号：235－2－220－124－124。

南、四川调运活猪、土豆等。北方省份原供港澳的蔬菜等农产品，在铁道部的支援下绕道运送。并从新疆空运哈密瓜、无籽葡萄到香港"及时应市"。据外贸部的统计资料，8月份对港澳市场供应13000万美元，比上年同期增加21.1%。9月份，包括南方在内的供港澳物资共发送94000吨，"超过外贸年度月平均计划进度"；对港澳市场供应15500万美元，比上年同期增加22.9%，"适应了市场需要"①。由于内地有关省份和部门的密切协作，克服困难并采取切实可行的方法，"全力以赴抓好出口"，使得60～70年代的节日期间输往港澳的农产品保持稳定增长，从而满足了港澳居民应节消费的需要。

3. 本地菜农产品也在市民节假日生活中扮演了重要的角色

在内地来货不稳定的20世纪50年代，正是澳门本地菜农在相对艰苦条件下勤奋劳作，才使得本地出产的农产品在一定程度上弥补了节假日市场供应不足的窘境。60年代中期，本地菜农与内地在澳门节假日农产品市场上提供的产品曾大致"各占半壁江山"，为保障市民节假日生活发挥了举足轻重的作用。70年代以来，菜农产品供应量有所缩减，但也占有一定的市场份额。菜农提供的农产品"较为新鲜，而且排放整齐，颇能吸引顾客，但价钱稍贵。内地菜由于交通时间的限制，不及本地菜新鲜"②，这对70年代由内地农产品开始主导的澳门节假日农产品市场来说，也是一个重要的补充。到了80年代初，即使在澳门半岛菜农因大规模收地而不再从事农业的情况下，每天也仍有离岛养鸡的"散家"农民供应1000多只鸡，"而到了端午节、中秋节、冬至和除夕新年期间，则大量上市，以应市民购买"③。这些都表明，澳门菜农为满足节假日期间市民对农产品的需求也做出了重大贡献。

---

① 对外贸易部编《河南发生水灾京广线断道后及时采取措施　对港澳供应物资取得较好成绩》（第52期）（1975年10月22日），广东省档案馆藏，档案号：235 - 2 - 220 - 132 - 133。

② 《菜地日少难以解决》，《澳门日报》1976年9月25日，第6版。

③ 《三鸟市道一片稳定　端午节前大量运到》，《华侨报》1980年6月11日，第3版；《方便市民度端午节需求　三鸟近万只运到供应》，《华侨报》1980年6月17日，第3版。

三 物价波动：气候异常期间蔬菜供求失衡

20 世纪 50 ~ 70 年代，澳门经常发生的自然灾害、气候变化等异常情况（以下简称气候异常），对菜农在露天种植的蔬菜危害最大，使得本地农产品产量下降，供给减少，价格上涨。这种物价波动立即传导到市民的"菜篮子"，进而影响市民的日常生活。影响气候异常期间蔬菜价格波动的原因是多方面的，其中，内地因素具有极其重要的作用。在内地政府有关部门千方百计增加供澳货源的情况下，本地农产品供给量骤然下降的缺口在一定程度上能够得到填补，供求均衡，价格平稳，减轻了澳门市民"捱贵菜"的烦恼，成为"安定澳门同胞生活一个极为重要的因素"[1]。由此可见，气候异常时期蔬菜价格必然上涨的局面并非常态，内地货源成为扭转物价上涨趋势的关键变量。这一历史现象，至今未受到学术界的关注。有鉴于此，本节拟对 50 年代以来气候异常期间的澳门市场蔬菜价格变化、内地货源对物价平抑作用等对民生的影响进行初步探讨。

（一）气候异常情况下澳门市场的蔬菜供给

就蔬菜销售而言，其价格上涨导致市民不会购买或减少购买，从而降低生活品质和水平。因此，气候异常时期蔬菜供给对民生的影响主要通过价格变化体现出来。20 世纪 50 年代以来，干扰菜农种植活动的自然灾害较多，受资料和篇幅的限制，本节拟选择 60 ~ 70 年代对菜农影响较大的暴雨、台风、寒潮三种气候异常期间蔬菜供给和价格波动情况进行探讨。

1. 暴雨期间蔬菜供给和价格变化

澳门半岛大部分菜田不仅处于低洼地带，而且一些区域的排水系统

---

① 《关怀澳门同胞生活》，《华侨报》1978 年 3 月 25 日，第 8 版。

欠佳，每当暴雨（24 小时降雨量大于或等于 50 毫米）来临时，菜田均会受到不同程度的浸淹。蔬菜成长受到影响，上市量减少，进而抬高市场价格（参见表 5 – 12）。

表 5 – 12　20 世纪 50 ~ 70 年代部分年份暴雨期间蔬菜供应和价格变化

时间	过程或概况	后果或影响
1959 年	4 月下旬的"几场豪雨"，部分蔬菜生长受到影响，虽经菜农抓紧时间赶种蔬菜，但时值"旧菜割清，新菜未上市之青黄不接时期"，故蔬菜供应"转趋短绌"	菜价"均告上涨"，白菜每担批发价由 3 元涨至 10 元，菜心升至 20 元。到 5 月初，菜心涨至 25 元，芥菜、白菜亦售 15 元，仅有黄瓜、节瓜等大量从外地运入的根茎块状类蔬菜，"售价稍平"[1]
1959 年	6 月中旬连降暴雨，将蔬菜摧毁至"七零八落"。6 月 15 日，雨仍未停止，上市蔬菜"已告紧张"	菜价已比雨前贵三分之一至一倍左右。有澳门菜栏正加紧收购任何品种的蔬菜，运往香港销售。每担蕹菜的收购价由 3 ~ 4 元涨至 11 元左右[2]
1960 年	6 月 10 日出现暴风雨，新口岸、马场等"成一片汪洋，菜农损失甚巨，估计两处损失超逾三十万元以上，须经过一时期，方能复原"	当日已无优质蔬菜上市，只有菜农在暴风雨前抢收的烂菜，以每担 1 ~ 2 元的价格作为喂猪菜出售。内地运来的芥菜等亦多萎黄，豆角每担售价高达 70 元，有些品质不佳的亦跌至 30 元。菜商称，暴风雨过后，除尚有部分留在冷藏库内的蔬菜可售高价外，其余多属贱价之烂菜。在肉类食品方面，菜农的鸡鸭上市供应量少，售价提高，然因"销途甚滞，形成有价无市"，货主不能将售价减低应市。由于暴风雨期间鱼类来货缺少，猪牛肉销量大增，生猪由原每日屠宰 100 头增至 120 头，生猪存货"仍甚充裕"，但需求量大，6 月 10 日的猪肉每担售价涨至 205 元[3]
1965 年	上半年发生气候反常现象，春天雨水较少，但入夏以来却连降暴雨，仅 6 月 14 日至 6 月 28 日的半月内，共录得雨量 360 毫米。暴雨对正在生长的菜心、白菜、芥菜等夏季蔬菜影响最大	6 月 28 日，营地街市菜摊的蔬菜零售价是：芥菜每斤 1 元，苦瓜、豆角均为 0.8 元，菜心 0.6 元，白菜 0.5 元，丝瓜 0.4 元，蕹菜 0.3 元。这些蔬菜的售价比 6 月上半月"约提高四至五倍"[4]

时间	过程或概况	后果或影响
1965 年	6 月暴雨造成的影响未结束,7 月上旬又降暴雨。蔬菜收成"欠佳",以及"近日来货,仍属疏渴"	7 月 11 日,菜心每担批发价升至 60 元,西洋菜 70 元,芥菜 40 元,豆角 50 元,"价格均有一定幅度的上涨"。但瓜类价格下降,冬瓜 15 元,番薯 5.5 元。"菜贵而瓜廉"的原因是"瓜类受雨影响较少"[5]
1966 年	6 月上旬连降大雨,6 月 12 日的雨量达到 12.1 英寸。95% 以上的菜田受到水淹,瓜菜及菜苗均遭"破坏",上市量锐减。加之从外地运来的蔬菜以冬瓜及番薯为主,叶菜较少,这些因素使得叶菜售价上涨	6 月 15 日,蕹菜每担批发价 40 元,豆角 53 元,菜心 55 元,苦瓜 45 元,白菜 20 元,冬瓜 12 元,番薯最便宜仅为 5 元。各市场菜摊"十档九空",极少数仍在销售的,仅有内地运来的少量蔬菜,加之无鲜鱼供应,市民均以"杂食品,罐头佐膳"[6]
1970 年	9 月 9 日以来不断降雨。在本地蔬菜减产的情况下,9 月 10 日由内地运来的蔬菜只有 5 车,比以往少一半,致使"菜价高昂"	9 月 10 日,豆角每担批发价 118 ~ 135 元,菜心 80 ~ 100 元,芥菜 100 元,白菜 80 元,节瓜 50 ~ 85 元,丝瓜 50 元,平日市价"最平"的蕹菜亦售 50 元,冬瓜 40 ~ 50 元,马铃薯 27 ~ 32 元[7]
1971 年	8 月上旬"霪雨成灾",瓜菜上市量下降,其中的白菜、芥菜"充场甚少",因而推高菜价	8 月 9 日,菜心每担批发价 130 元;蕹菜 30 元;丝瓜 50 元至 65 元;以往价格"最平"的冬瓜"来途甚疏",有一部分由香港转来,售 70 元;苦瓜 100 元;芋头 50 元;由辽宁、湖北运来的马铃薯,售 25 元[8]
1972 年	5 月上旬开始的暴雨一直延续到中旬,蔬菜被"雨水摧残,上市渐少",再加上内地"来货渐疏"(例如 5 月 12 日仅有 5 车蔬菜运至),价格攀升	5 月 12 日,冬瓜、苦瓜每担批发价由 80 元升至 100 元;黄瓜由 20 元升至 30 元[9]。5 月 21 日,内地部分蔬菜每担批发价:苦瓜 50 ~ 80 元,冬瓜 55 元,青椒 45 元,豆角 150 ~ 160 元,黄瓜 35 ~ 45 元,蕹菜 40 元,丝瓜 100 ~ 130 元。"菜价猛涨,主妇上街市买菜,大叹:'食菜贵过食鸡鸭'"[10]
1972 年	8 月立秋后的数天连降雨,蔬菜产量萎缩,上市供应量减少	8 月 16 日,丝瓜批发价每斤由 0.2 元涨至 1 元,白菜由 0.3 元涨至 1 元多,内地豆角由 1 元涨至 2.8 元,本地豆角涨至 3 元多[11]

续表

时间	过程或概况	后果或影响
1973 年	5 月上旬以来"连场暴雨，来势惊人"。菜田蔬菜"几乎全都受到摧残"，蔬菜来货减少，价格逐日上涨	5 月 13 日部分蔬菜批发价：白菜、薤菜每担各售 120 元，豆角 200 元，这些蔬菜的菜价不仅比上月底涨一倍或以上，而且质量较差[12]
1975 年	5 月上中旬"风雨交加，菜蔬大受摧残"，使得一周以来的蔬菜"来途"比上周减少 20%	5 月 22 日部分蔬菜批发价是：薤菜每斤 0.8 元，菜心 1.1～2.7 元，丝瓜 1.2～1.4 元，葱 1.2～2.1 元。价格均上升 30% 左右。而街市零售价升幅更大，苋菜 3 元，白菜 1.4 元，薤菜 2.2 元，马铃薯 0.7 元[13]

注：[1]《菜蔬供应疏　市价续上涨》，《华侨报》1959 年 4 月 30 日，第 3 版。《菜蔬供应少　售价转高昂》，《华侨报》1959 年 5 月 6 日，第 3 版。

[2]《暴雨摧毁郊区菜蔬　连日菜价扶摇直上》，《澳门日报》1959 年 6 月 16 日，第 4 版。

[3]《农作物大部被风摧毁　鱼蔬稀少猪牛肉畅销》，《华侨报》1960 年 6 月 11 日，第 3 版。

[4]《半月来雨量等于前年总和　暴雨连降蔬菜损失大　菜价比上半月涨数倍》，《澳门日报》1965 年 6 月 29 日，第 4 版。

[5]《菜蔬供应疏渴　鸡鸭价均廉宜　瓜类番薯价廉合销》，《华侨报》1965 年 7 月 12 日，第 4 版。

[6]《菜蔬受雨摧残　供应少价上升》，《华侨报》1966 年 6 月 17 日，第 4 版。

[7]《霪雨连绵影响生长　菜蔬渴市价高昂》，《华侨报》1970 年 9 月 11 日，第 4 版。

[8]《豪雨摧毁农作物　瓜菜少到价奇昂》，《华侨报》1971 年 8 月 10 日，第 4 版。

[9]《菜地为雨水摧残　瓜类售价渐报升》，《华侨报》1972 年 5 月 13 日，第 4 版。

[10]《大雨连绵菜价贵　昨天售价已较稳》，《澳门日报》1972 年 5 月 22 日，第 4 版。

[11]《立秋后雨水过多　郊区瓜菜受影响　售价涨三至五倍》，《澳门日报》1972 年 8 月 17 日，第 4 版。

[12]《天气反常大雨早临廿年罕见　郊区农作物受摧残》，《澳门日报》1973 年 5 月 14 日，第 4 版。

[13]《风雨交加下　瓜菜价上升》，《华侨报》1975 年 5 月 23 日，第 4 版。

　　如将 60～70 年代暴雨期间与气候正常时期的蔬菜价格相比较，其价格变化呈现以下波动趋势（参见图 5－8）。

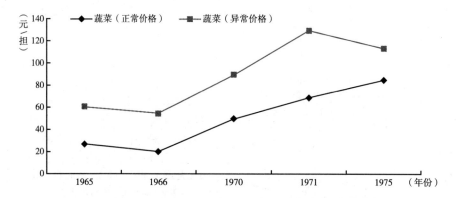

图 5 − 8　20 世纪 60 ~ 70 年代部分年份暴雨期间蔬菜价格波动趋势

说明：第一，正常价格是采用当年剔除异常月份后的各月份批发价的算术平均价，异常价格是采用异常气候当月的批发价（下同）。第二，蔬菜品种均选择以菜心为样本（下同）。其原因：（1）"本澳种的蔬菜，以菜心和白菜最普遍，且菜心是蔬菜中生长最快的一种，一般从播种到收割只需 45 天。"[1]（2）菜心是澳门市民最喜爱食用，一年四季均有供应且销售量最大的蔬菜。

注：[1]务农：《常年可种　只有菜心》，《澳门日报》1976 年 9 月 22 日，第 5 版。

资料来源：根据这一时期报刊资料综合整理而成。

从图 5 − 8 可以发现：暴雨期间蔬菜价格普遍高于气候正常时期的价格，其在振幅上，除 1971 年的稍大和 1975 年的收窄之外，两者的曲线完全呈同向变动趋势。受经济发展、市民收入增加、通货膨胀等因素的影响，1966 ~ 1975 年正常时期的蔬菜价格缓慢上涨，而同期暴雨情况下蔬菜的价格变动也呈现这一趋势。

2. 台风期间蔬菜供给和价格变化

台风灾害的主要表现形式之一是暴雨，其对蔬菜的影响与上述暴雨灾害相似。俗谚说"打风不成三日雨"，只不过这种暴风雨是由台风引起的，其对蔬菜的破坏力更大。20 世纪 60 ~ 70 年代对菜农蔬菜种植具有较大影响的台风如表 5 − 13 所示。

倘将上述台风期间与气候正常时期的蔬菜价格相比较，呈现以下波动趋势（参见图 5 −9）。

表 5 – 13　20 世纪 60～70 年代部分年份台风期间蔬菜供应和价格变化

时间	过程或概况	后果或影响
1964 年 9 月 台 风"露比"	有媒体指出,9 月初台风"露比"将蔬菜全部"吹坏",蔬菜价格"直线上升"。此"不但给郊区带来严重的损失,而且连累全澳居民还要吃贵菜"	9 月 7 日,营地街市的蔬菜零售价:菜心、芥蓝、生葱由每斤 0.8 元左右涨至 1.6 元,芥菜、番茄由 0.8 元涨至 1.2 元,豆角由 1 元涨至 1.6 元,白菜由 0.5 元涨至 1 元,丝瓜由 0.5 元涨至 0.8 元,冬瓜由 0.4 元涨至 0.6 元,芋头、马铃薯也由 0.2 元涨至 0.35 元[1]
1964 年 9 月 台风"莎莉"	"露比"刚消失,"莎莉"接着登场,"莎莉"于 9 月 11 日带来的暴雨,给予新口岸菜田的蔬菜以"重创",故当天本地蔬菜仅有数担上市。而香港蔬菜价格比澳门升幅更大,故吸引澳门部分菜商于 9 月 11 日将蔬菜"运往香港放沽,以求厚利"	由于接连两次台风的侵袭,"致菜蔬成为奇货,价格一日数涨,有数种菜蔬日告断市,无以供应"。9 月 11 日,菜心零售价每担升至 300 元,芥蓝 100 多元,"非常昂贵"。至 9 月 12 日的"情形更严重,菜心、豆角每斤超过 3 元,且不易购得",即使"平日来货最多之内地,昨日亦无货到"[2]
1968 年 8 月 台 风"雪丽"	8 月 22 日,台风"雪丽"在澳门东北 30 海里掠过,"虽不至有大破坏,但带来几场豪雨,使郊区菜蔬,为水浸毁"。而内地来货量大幅度减少,9 月 1 日仅有珠海湾仔 14 箩蔬菜(此前每日有 100 箩)供澳,有珠海前山 3 车蔬菜(原每日有约 8 车至 9 车)运到	9 月 1 日,"到埠菜蔬,价钱飞涨",如芥菜批发价每担 100 元,菜心 120 元,豆角 130 元,白菜及丝瓜均为 70 元,韭菜 80 元。根茎块状类蔬菜"货价亦坚好",芋头 25 元,冬瓜 25 元,沙葛、番薯"最平",仅售 20 元[3]
1976 年 8 月的台风	8 月下旬以来,"台风频频威胁澳门,带来连场暴雨,不少刚种的菜苗被水淹坏"。本地瓜菜上市量减少,价格上涨	8 月 31 日,菜心零售价每斤涨至 2.5 元至 3 元,芥菜、苋菜、生葱也升至 2 元多。"家庭主妇走进街市,均大皱眉头"[4]
1976 年 9 月 台 风"爱莉斯"	9 月 19 日,台风"爱莉斯"在澳门掠过后,大部分蔬菜受狂风吹袭而受损。街市"蔬菜货疏市爽,供不应求,价格上扬"	9 月 20 日,本地白菜每斤零售价 2 元,芥菜 2 元,菜心 2.5 元;本地丝瓜 1.6 元,比平日涨近一倍。内地菜心 1 元,马铃薯 1.2 元,苦瓜 1 元,莲藕 0.9 元。家庭主妇"徘徊市场,大伤脑筋"[5]
1978 年 7 月 台 风 "爱娜斯"	7 月 30 日,台风"爱娜斯"带来的暴风雨对蔬菜造成摧残,供澳蔬菜货源减少约一半,丝瓜、草菇、苦瓜、豆角的上市量分别仅有 200 斤至 600 斤	7 月 30 日的蔬菜上涨五成以上,例如白菜每斤 0.8～1.3 元,芥菜 1.1～1.2 元,丝瓜 1.3～1.8 元,苦瓜 1～1.6 元,豆角 1～2 元[6]

续表

时间	过程或概况	后果或影响
1979 年 8 月台风"荷贝"	8 月 5 日，受台风"荷贝"的影响，90% 以上的蔬菜被风雨损坏，本地瓜菜供应量减少。"部分被抢摘应市的，多数已发黄或太过幼嫩，不受欢迎"	8 月 5 日，薤菜每斤零售价由 0.8 元跃升至 1.7 ~ 2 元，瓜类由 1.3 元升至 2.5 ~ 3 元。由于瓜菜上市"稀疏且品质较劣，但价格暴涨逾倍，主妇大皱眉头"[7]
1980 年 7 月台风"艾黛"	自 7 月台风"艾黛"袭澳以来，"豪雨连绵"，菜田蔬菜受到严重摧残，供应量减少	7 月 27 日，菜心零售价每斤 2.8 ~ 3 元，白菜 2.4 元，芥菜 2.8 ~ 3 元，苋菜 1.7 元，韭菜 3.4 元，青、白豆角 3.7 ~ 3.9 元，丝瓜 2.8 元，节瓜 2.8 ~ 3 元，内地苦瓜 1.7 元。菜价整体升幅约为 40% ~ 50%[8]

注：[1]《"露比"为祸郊区菜农　蔬菜牲畜损失大》，《澳门日报》1964 年 9 月 8 日，第 4 版。

[2]《经两风姐蹂躏后　瓜菜上市成奇货》，《澳门日报》1964 年 9 月 12 日，第 4 版。《菜蔬供应奇渴　菜干涨价数倍　腐竹豆芽亦成奇货》，《华侨报》1964 年 9 月 13 日，第 4 版。

[3]《"雪丽"风姐带来豪雨　菜蔬被浸损失大　连日菜蔬价飞涨》，《华侨报》1968 年 9 月 2 日，第 4 版。

[4]《天气变幻晴雨无常　蔬菜量少价报涨》，《澳门日报》1976 年 9 月 1 日，第 4 版。

[5]《菜地瓜棚遭台风摧毁　蔬菜供应减少价上扬》，《澳门日报》1976 年 9 月 21 日，第 4 版。

[6]《台风过后菜价涨》，《华侨报》1978 年 7 月 31 日，第 4 版。

[7]《台风摧毁九成瓜菜　菜价暴升主妇皱眉》，《澳门日报》1979 年 8 月 6 日，第 1 版。

[8]《农作物受损　鱼菜货疏价昂》，《澳门日报》1980 年 7 月 28 日，第 1 版。

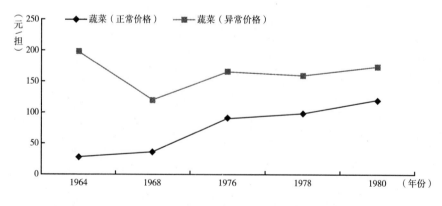

图 5 - 9　20 世纪 60 ~ 70 年代部分年份台风期间蔬菜价格波动趋势

资料来源：根据这一时期的报刊资料整理而成。

从图 5 - 9 可以发现：台风期间蔬菜价格普遍高于其正常气候时期的价格。在振幅上，除 1964 年的异常扩大之外，两者的曲线呈现同向，并有缩小的趋势。1964 年是珠江口岸受到台风侵袭最多的一年（下文将要分析），本地蔬菜种植及供澳蔬菜来源地受台风影响较大，导致该年台风期间的蔬菜价格大幅度高于正常气候时期的蔬菜价格。此后，由于外来货源地结构稳定，特别是内地货源的增加，台风期间蔬菜价格与正常气候时期的价格差距不断缩小。

3. 寒潮期间的蔬菜供给和价格变化

每年 11 月至次年 1 月期间是澳门的冬季。澳门冬季气候一般比较暖和，但容易受北方的强冷空气或寒潮影响，气温明显下降，两三天内日平均气温降低 10 多摄氏度，最低气温会降至 5 摄氏度以下[1]。在低温或持续低温的阴雨天气下，菜农种植的蔬菜长势较为缓慢[2]，或受到冻害[3]，也容易腐烂，蔬菜供给量下降，价格波动。有关典型事例见表 5 - 14。

表 5 - 14 20 世纪 50 ～ 70 年代部分年份寒潮期间蔬菜供应和价格变化

时间	过程或概况	后果或影响
1955 年	12 月以来，由于寒潮袭澳，蔬菜生长缓慢，加上 11 月台风"柏美拉"掠过澳门时，部分蔬菜被吹毁，蔬菜供应品种和数量无法满足市场需求	蔬菜售价上涨。12 月 11 日的菜心批发价最高，每担涨至 40 余元；西洋菜 31 元，涨数元；仅白菜为 16 元，涨势较缓[1]
1965 年	12 月 19 日，"北风虽没有前两天那样凛冽，但是细雨霏霏，寒气依然迫人"。菜农种植蔬菜供应量和种类减少，加上"打边炉"者增多，叶菜特别畅销，价格"一涨再涨"	12 月 17 日的生菜批发价为每担 20 多元，到 19 日再涨至 30 多元；芥蓝、菜心等蔬菜也由 30 多元涨至 50 多元[2]

---

① 2012 年 2 月 28 日访问曾在澳门担任 52 年地理教职的黄就顺先生（1926 年在澳门出生）的记录。

② 《寒潮盘桓未去 蔬菜鱼鲜市价继续扳升》，《澳门日报》1965 年 12 月 20 日，第 4 版。

③ 梁必骐主编《广东的自然灾害》，广东人民出版社，1993，第 160 页。

续表

时间	过程或概况	后果或影响
1969 年	1 月以来天气寒冷,蔬菜正常生长受到干扰,上市量减少。其中,绍菜(北京大白菜,下同)属时令蔬菜,销量大,价格涨幅小;生菜、莴苣来货少,价格攀升	1 月 16 日"菜蔬栏价"(即本地批发价,下同):绍菜每担 26 ~ 27 元,椰菜 20 多元,菜心 70 元,西洋菜 30 多元,生菜 70 元,莴苣 55 元,萝卜 27 ~ 30 元[3]
1970 年	1 月,受低温天气影响,气候干燥,菜农提供的蔬菜数量下降,价格"扳高"	菜心每斤 0.7 ~ 0.8 元,芥蓝 0.5 ~ 0.8 元,比暖和季节上涨 0.2 ~ 0.3 元。但内地蔬菜如常供应,价格平稳,如绍菜、慈姑每斤仅售 0.2 ~ 0.3 元[4]
1976 年	集结在蒙古的强烈反气旋带来一冷气团,于 12 月 27 日影响澳门,天气骤冷,"打边炉"的市民较多,蔬菜需求量增加,价格上升	生菜每斤由 0.6 ~ 0.8 元,涨至 1.5 ~ 1.8 元;芥蓝由 0.3 ~ 0.4 元,涨至 1 元左右;菜心由 0.4 ~ 0.5 元,涨至 1 元以上[5]
1978 年	1 月 18 日,受一股强烈反气旋笼罩中国内地、朝鲜及邻近海域的影响,澳门气温骤然下降至 4 摄氏度。各街市蔬菜上市量充裕,每斤零售价普遍上涨 0.3 ~ 0.4 元,一些与"打边炉"有关的蔬菜如菠菜、生菜、莴苣等价格涨幅大,但"销途甚畅",部分菜贩更出现脱销现象	以红街市 1 月 17 日的蔬菜零售价为例:内地菜心每斤 2.5 元,荷兰豆 2 元,绍菜 0.8 元,莴苣 1.8 元,番茄 1.88 元,萝卜 0.8 元,西洋菜 0.6 元,红萝卜 0.6 元,椰菜每个 0.8 元。在细雨纷飞的寒冷天气中,"馈菜价格全面报涨,货疏市爽,主妇大为伤神"[6]

注:[1]《天寒少到菜蔬涨价》,《华侨报》1955 年 12 月 12 日,第 2 版。

[2]《寒潮盘桓未去 蔬菜鱼鲜市价继续扳升》,《澳门日报》1965 年 12 月 20 日,第 4 版。

[3]《天气寒冷鱼菜价涨 国产腊味销途畅旺》,《澳门日报》1969 年 1 月 18 日,第 4 版。

[4]《寒风冷雨气温降 鱼菜市价略扳升》,《澳门日报》1970 年 1 月 19 日,第 4 版。

[5]《棉毛御寒衣物旺 市蔬菜售价骤涨数倍》,《澳门日报》1976 年 12 月 28 日,第 4 版。

[6]《馈菜货疏市爽价格上涨 主妇为之皱眉头》,《澳门日报》1978 年 1 月 18 日,第 4 版。

如将上述寒潮期间与气候正常时期之蔬菜价格相比较,其价格波动趋势如下(参见图 5-10)。

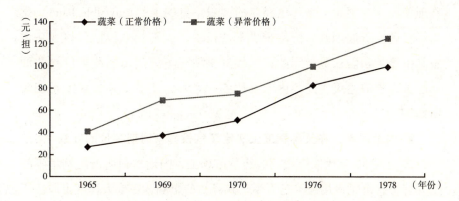

图 5 - 10　20 世纪 60 ~ 70 年代部分年份寒潮期间蔬菜价格波动趋势

资料来源：根据这一时期报刊资料整理而成。

从图 5 - 10 可以发现：寒潮期间蔬菜价格高于正常气候时期的价格，其在振幅上，除 1969 年的稍大和 1970 年的略有收窄之外，两者的曲线完全呈现同向变动趋势。这和前述暴雨期间的菜价变动波幅相似，即受经济发展、市民收入增加、通货膨胀等因素的影响，60 ~ 70 年代的蔬菜价格缓慢上涨，而同期寒潮情况下的蔬菜价格也呈现出同向变动的趋势。

（二）气候异常情况下澳门蔬菜市场的物价变化

蔬菜价格与别的物品有异，并无固定的标准，往往随季节气候变化而升降。就一般情况而言，春、秋季气候最适宜蔬菜生长，市民此时常会买到价廉物美的蔬菜；夏季是蔬菜歉收的季节，菜价有所升高；而冬天蔬菜长势较慢，价钱也会稍贵[1]。同时，气候异常对菜农种植的蔬菜生长产生不利影响，蔬菜供给量也随之减少，在此期间的蔬菜价格将会上涨。然而，与此相反的是，受某些因素的影响，气候异常期间的蔬菜价格不仅不一定会上涨，有时反而会出现平稳运行甚至下跌的特

---

[1]　务农：《菜地日少难以解决》，《澳门日报》1976 年 9 月 25 日，第 6 版。

殊现象。这在实质上体现出经典的"看不见的手"（invisible hand）之市场化理论所揭示的，价格是供需的反映，供需双方根据价格变化调整其供给量和需求量。因此，气候异常情况下澳门市场蔬菜价格的波动趋势，除前述菜农蔬菜供给量的变化之外，还受下列供求关系因素所影响：

1. 内地因素：在某种程度上决定了气候异常时期菜价的升跌

20 世纪 50 年代以来澳门的蔬菜市场上，内地货源所占比例呈不断上升趋势，市民食用蔬菜是否受气候异常的影响，在很大程度上取决于内地供给量。有记者指出，这是由于新鲜蔬菜不能久存，货到市场一定要尽快销售。"外来数量多少，特别是内地来量如何，与价格有很大关系。"[1] 笔者认为，这些"关系"可分为以下几类：

第一，内地供给增加，弥补菜农蔬菜供给量减少的缺口后还有剩余，菜价下跌。这是因为，气候异常情况下菜农货源的减少，可从内地输入比平时更多的货源中补充。蔬菜供给均衡，可使其价格保持类似气候正常时期的平稳甚至略有下降状态，市民生活不受影响。例如，1964 年冬天到 1965 年春天的澳门一直干旱，可踏入夏季后连降暴雨，在 4 月下旬的一天内降雨近 4 英寸，导致蔬菜受损产量减少，但市场蔬菜价格不升反降，与 4 月上旬比较，豆角零售价每斤由 2 元降至 1.1 元，苦瓜由 1 元多降至 0.4 元，蕹菜由 0.7 元降至 0.3 元，丝瓜由 0.6 元降至 0.3 元，大部分均降价 50% 左右。蔬菜降价的主要原因在于，暴雨期间内地供澳蔬菜比平时增加，每天达 25 吨左右，澳门市民才不至于"吃贵菜"[2]。

第二，内地供给不增不减，菜农蔬菜上市量减少的缺口仍然存在，菜价略有上涨。例如，1976 年 8 月下旬，当台风"爱伦"接近澳门时，接连下了几场暴雨，菜农种植的菜心、白菜等经过持续下雨浸

① 楚学文：《最近蔬菜市道》，《澳门日报》1959 年 12 月 12 日，第 4 版。

② 《夏蔬多淹坏产量大减　赖内地蔬菜大量供应　故市价能保持稳定》，《澳门日报》1965 年 5 月 17 日，第 4 版。

泡，菜根、菜叶不是被沤烂，就是被冲走，损失率高达六七成以上。但市场上的蔬菜售价涨幅不大，以 8 月 25 日为例，多数蔬菜每斤上涨 0.2 ~ 0.5 元。有记者认为，"菜价的稳定，主要原因是内地菜蔬供应正常"①。

第三，内地供给减少，不能弥补菜农蔬菜上市量减少的缺口，菜价上涨。例如，1961 年 9 月上旬，由于频频下雨，许多蔬菜被雨水浸坏，台风"奥嘉"袭澳，又带来一场大暴雨。而 9 月 11 日内地仅有三车蔬菜运澳，比平时少一半。当日的蔬菜行情是：菜心每担批发价 75 元、白菜 50 元、芥菜 55 元、蕹菜 25 元、苋菜 40 元、苦瓜 70 元、丝瓜 30 元、芋头 45 元、番薯 15 元、沙葛 30 元、辣椒 70 元、生葱 100 元，价格上涨几乎达到一倍②。

2. 香港因素：澳门蔬菜运往香港销售，也会相应抬升价格

在气候异常期间，如香港市场某些品种的蔬菜价格高于澳门，有菜商就会将这些蔬菜运往香港销售，以图更多利润，此亦会相应推高这些蔬菜的售价。以 1965 年 11 月中旬的情况为例，当时的澳门"连日风雨"，但内地蔬菜"照常运到，供应不缺"。11 月 13 日，天色转晴，内地共有六车蔬菜运澳，比上日多到 1 车，使得西洋菜每担批发价售30 ~ 40 元，"价已研顺"；白菜 7 元，芋头 5 元，"价最低廉"。但菜心批发价 23 元，"则比前稍起"，原因是"香港市道好，菜心到港大为抢手，故该货运港颇多，价钱乃告坚稳"③。

3. 蔬菜品种因素：叶菜、根茎块状类蔬菜涨跌不同步

其因一是气候异常对在露天生长的叶菜（又称青苗类蔬菜）损害最大，而对有些并非全暴露在地面生长的根茎块状类蔬菜（澳门市民

---

① 《"风姐爱伦"过后带来豪雨　不少地区水浸幸未造成灾害　菜蔬瓜豆最受影响》，《华侨报》1976 年 8 月 26 日，第 4 版。

② 《月来风雨摧残下　菜蔬生产受影响　上市减少售价昂》，《华侨报》1961 年 9 月 12 日，第 3 版。

③ 《连日风雨昨回晴　菜蔬大量运澳》，《华侨报》1965 年 11 月 14 日，第 4 版。

俗称"硬头货"或"干口货"）的损害程度则相对较小，加之其容易保管或运输，气候异常期内地供澳货源中这些品种的蔬菜数量变动不大。因此，蔬菜价格上涨有时会体现在叶菜品种类，而根茎块状类蔬菜价格则有可能保持平稳甚至下降。例如，自 1965 年 9 月 26 日起，受台风"爱娜斯"的影响，澳门连降五天暴雨，半岛菜田几乎全部被淹。蔬菜上市量大幅度减少，售价创当年以来的最高纪录，"全澳居民都要吃贵菜，贻祸不小"。10 月 5 日，营地街市菜摊的零售价：芥蓝每斤售 0.6～1.2 元，菜心、芥菜、西洋菜、绍菜均为 1.2 元，生菜、椰菜均为 1 元，白菜、苦瓜均为 0.8 元。这些叶菜售价"最为惊人，与平时相差三四倍"。在叶菜价格暴涨的同时，只有根茎块状类蔬菜涨幅不大，如莲藕、沙葛均为 0.25 元，马铃薯、芋头、冬瓜均为 0.4 元，萝卜为 0.5 元，一般居民多购买该类蔬菜"佐膳"[1]。从而体现出市民消费需求量变动的替代效果，即在叶菜价格暴涨时，他们将需求转移到可以替代但价格变化不大的根茎块状类蔬菜上[2]。

二是在寒潮时期，市民在饮食方面通常采用"打边炉"方法抵御寒冷。叶菜作为"打边炉"的常用蔬菜，需求量大，价格涨幅最高。关于这方面的例证是，1969 年 1 月，天气寒冷，菜价上升。1 月 16 日，每担蔬菜的批发价：绍菜 26～27 元，涨幅不大；而菜心 70 元，生菜 70 元左右，莴苣 55 元。这三种蔬菜因来货量少，更兼是"围炉佐膳的理想蔬菜，故甚为抢手"，价格涨幅较大[3]。

4. 气候条件因素：交通中断，餐饮停业，主妇困守家中等也会使菜价下跌

当气候异常影响餐饮业营业以及市民外出购菜时，市民消费意欲需求受到压抑，菜价也会下跌。比如，1971 年 6 月 18 日，澳门遭受台风"法妮黛"侵袭；7 月 23 日，另一个台风"露丝"又逼近澳门，

---

① 《霆雨为害菜农大 损失约卅万元》，《澳门日报》1965 年 10 月 6 日，第 4 版。
② 参见蔡宏进《经济学》，五南图书出版股份有限公司，2006 年，第 35 页。
③ 《天气寒冷鱼菜价涨 国产腊味销途畅旺》，《澳门日报》1969 年 1 月 18 日，第 4 版。

其带来的狂风暴雨严重摧残蔬菜。台风期间，豆角每担售价高达 100 多元。本来菜农可将"奄奄一息"的豆角运到市场出售，弥补风灾带来的损失。但情况"刚巧相反"，"瓜菜价格竟然大跌"。原因是标志着台风来临的"风球一扯起，自澳门开往香港的船只都停止开航。瓜菜无法销港，全部充塞在本澳市场"；又遇上有些饭店、"大排档"停业；家庭"主妇又为风雨所阻，不上街市卖菜，瓜菜价格便直线下降"[1]。

总之，气候异常情况下影响农产品价格升降和波动的因素很多，波动幅度也随着气候异常程度的不同而不断变化，不能一概而论；但其中最主要的因素是本地和内地供给数量的变化。

（三）平抑物价：气候异常情况下澳门蔬菜市场的内地因素

通常，气候异常时期的蔬菜价格会高于平时价格。但在某些气候异常时期，由于内地货源大量供给，弥补了本地蔬菜供给的不足，维持供求均衡，蔬菜价格平稳运行甚至下降。这方面的事例太多，限于篇幅，仅以 1964 年的台风以及 1965 年春天发生干旱、夏天连降暴雨、秋天出现台风的气候异常情况为例，展现内地政府有关部门为减轻气候异常对澳门民生造成影响所做出的不懈努力。

1. 及时调配货源供澳，缓解澳门蔬菜缺乏的局面

1964 年是珠江口岸受台风侵袭最多的一年，澳门先后受到"维奥娜""芸妮""艾黛""露比""莎莉"五个台风的侵袭和影响。菜农刚恢复种植的蔬菜又不断遭受台风的蹂躏，蔬菜供给减少，售价上涨。9 月中旬，豆角每斤零售价 3 元，生葱、菜心、芥蓝、芥菜 2.6 元，冬瓜 1 元，"比吃肉还贵"。正当澳门蔬菜售价飞涨的时候，中央政府时刻关怀着港澳同胞的生活，为协助解决蔬菜供应的困难，特地从华北、湖南、湖北等地运来大批冬瓜、萝卜、绍菜等蔬菜。当珠江口岸附近地区

---

[1] 《风后郊区菜地巡礼》，《华侨报》1971 年 7 月 24 日，第 4 版。

逐渐恢复生产以后，又大量运销叶菜来澳。因此，1964 年全年由内地运销来澳的蔬菜达 11600 多吨，使澳门蔬菜供应的紧张情况及时得到缓解①。供澳之邻近地区的蔬菜，主要来自珠海县、中山县以及江门县等地。其中，"湾仔竹仙洞的油瓜仔，翠薇的凉瓜，翠薇、高沙等地的豆角，都是著名的品种"②。

2. 从各地组织货源供澳，丰富澳门市民的"菜篮子"

1965 年 9 月底的台风"爱娜斯"袭澳后，"菜价狂涨"，突破当年最高纪录，"一般居民均不胜负担"。"爱娜斯"消失半个多月后，蔬菜生产仍未恢复，10 月 18 日，营地街市蔬菜零售价"仍然坚挺"，芥蓝每斤仍售 1 元左右，生菜 1 元多，菜心、芥菜 1 元，白菜 0.7 元，"一般居民还是不易负担"。此时，一直向澳门供应蔬菜的珠海县、中山县等地菜田同样受暴雨侵袭，蔬菜产量减少。当内地政府得悉澳门蔬菜供应紧张情况后，立即从北京、大连、广州等地调来大批绍菜、马铃薯、莲藕、芋头、沙葛等。其中以北京供澳绍菜数量最多，每日约 10 吨。有媒体报道，"北京大白菜营养丰富，鲜甜可口，煲汤、炒煮均宜，因此甚受居民欢迎，十分畅销"③。除绍菜外，其他品种的蔬菜每日运澳 1 万斤左右。由于输澳蔬菜品种多，数量大，"使本澳蔬菜供应的紧张情况得以缓和"，菜价下降。以 10 月 18 日菜摊零售价为例，绍菜由 1 元多降至 0.4～0.5 元，芋头由 0.4 元降至 0.2 元，马铃薯由 0.45 元降至 0.35 元，沙葛 0.2 元，冬瓜 0.3 元，莲藕 0.3～0.4 元。因此，有评论认为，"祖国对同胞的关怀无微不至"，"菜蔬紧张情况缓和，居民不致食无菜"④。

---

① 《去年台风多澳蔬菜奇缺　内地蔬菜大力调运供应》，《澳门日报》1965 年 1 月 30 日，第 4 版。

② 《夏蔬多淹坏产量大减　赖内地蔬菜大量供应　故市价能保持稳定》，《澳门日报》1965 年 5 月 17 日，第 4 版。

③ 《祖国关怀同胞民食　绍菜大量运澳　其他莲藕沙葛薯仔芋头也源源供应》，《澳门日报》1965 年 10 月 19 日，第 4 版。

④ 《祖国关怀同胞民食　绍菜大量运澳　其他莲藕沙葛薯仔芋头也源源供应》，《澳门日报》1965 年 10 月 19 日，第 4 版。

3. 从周边地区调配叶菜供澳，让澳门市民每日均能享用新鲜蔬菜

尽管内地倾力为澳门提供货源，但鉴于当时长途运输冷藏技术不发达等因素，供澳蔬菜中的叶菜货源仍然缺乏，澳门市场的芥蓝、菜心、白菜等售价"仍然坚挺"，而灾后菜农恢复此类蔬菜的供应也要一段时间。内地有关部门为使澳门居民能吃到新鲜叶菜，千方百计地从澳门近邻的广州、江门、石岐、珠海等地运来大批叶菜。当年10月下旬每日运来白菜约3吨，菜心约2吨，芥蓝、生菜、芥菜约1吨，每日上市叶菜共达7吨左右；比10月上旬蔬菜供应最紧张时增加约6～7倍。从外地运来的莲藕、芋头、莎葛等根茎块状类蔬菜亦有增无减。再加上澳门菜农种植的菜心、白菜陆续开始供应市场，10月底的"菜价已回顺"。10月29日，营地街市菜档零售价：芥蓝、菜心每斤售0.6元，白菜0.2～0.3元，绍菜0.4元，莲藕0.3元，芋头0.15元，生菜0.6元。而在菜栏批发价中，白菜每担8元多，菜心、芥蓝30元左右[①]。

上述事例表明，在澳门处于诸如台风、暴雨、寒潮等自然灾害、气候变化期间，由于菜农种植的蔬菜减产，品种和数量供给不足等导致物价上涨，出现"入市主妇莫不皱眉，贫苦居民更感痛苦"[②]的现象，成为反映民生的一个缩影。在这样的情况下，党和国家十分关心澳门同胞的日常生活，内地人民加快生产甚至节衣缩食扩大供澳货源，使得市场供求均衡，气候异常条件下澳门蔬菜价格必涨的常态才得以改变。

总之，"民以食为天"，农产品是维系市民日常生活的必需品，获取该产品的质量和数量是反映民生状况的主要指标，也是反映市民综合生活质量高低的内容之一，其对民生影响的重要性不言而喻。从上述内容中可以发现，50～70年代澳门各类节庆假日农产品的供应，体现出

---

① 《内地大批调运来澳　蔬菜售价近日回顺　本澳郊区蔬菜相继恢复供应》，《澳门日报》1965年10月30日，第4版。

② 《市内饮食业遭受严重打击　居民生活受影响同感威胁》，《华侨报》1959年1月6日，第3版。

市民日常生活质量的不断提高。特别是澳门市场农产品货源地结构主要由澳门菜农和内地双方供给到内地一方供给的平稳转换，不仅从一个侧面显示出菜农由大规模产生、发展到日趋式微的轨迹，而且还表明党和中央政府以及内地有关部门通过不懈努力，对澳农产品实现均衡、稳定供给，较好地填补了本地菜农留下的货源缺口，承担起满足新形势下澳门市民对该类产品强劲需求的重任，成为澳门长期稳定发展的强大靠山。无论是澳门菜农在艰苦条件下努力劳作提供农产品，还是内地人民加快生产甚至节衣缩食扩大供澳货源，都起到了平抑物价、保障民生、促进经济社会发展的重大作用。因此，从澳门市民的"菜篮子"到普通家庭的"餐桌子"，都离不开在党中央领导下的内地人民加快生产甚至节衣缩食扩大供澳货源，以及菜农在艰苦条件下提供农产品的大力支持。而党和中央政府长期以来一直心系和倾力支持的澳门"菜篮子"等工程，也是澳门经济发展的根基、社会和谐稳定的后盾，更是澳门长治久安的关键因素之一。

第六章 挤出效应：城市化浪潮 下的农地用途转移

研究城市史的美国学者塞缪尔·P.海丝（Samuel P. Hays）指出，城市化带来土地使用程度的不断增强，尚未发展和开放的空间不断减少的状态①。澳门也不例外，在边缘区的城市化进程中，也存在农地用途转移导致其面积不断缩小的趋势。在这一趋势下，由于土地管理牵涉土地规划，因此，澳葡政府的相关政策措施对菜农的生存构成哪些间接或直接的"门槛"？菜农试图在跨越这些"门槛"的过程中，是怎样与澳葡政府发生碰撞的？城市化浪潮下的大环境对菜农形成的挤压，带来何种后果？这些都是牵涉菜农最终命运的问题。对此，本章拟以澳葡政府与菜农在上述过程中的互动为视角，以澳葡政府有关边缘区城市规划的制定、农地收回等对菜农及边缘区的影响为主线，以"本澳最大一幅菜地"新口岸从边缘区到城市的演变为个案，探讨城市空间向边缘区延伸的具体路径。力图通过这些探讨，揭示菜农由兴盛变为衰落的历史必然性。

一 不断搁置：边缘区城市建设规划

在 20 世纪 50～80 年代，澳葡政府曾制订了多份城市建设计划。其

---

① Samuel P. Hays, "From the History of the City to the History of the Urbanized Society," *Journal of Urban History* 19 (1993), p. 19.

中包括内容较为宏观的对在澳门半岛、冰仔岛、路环岛进行的城市建设
规划，即都市化总体计划；也有仅对某些特定区域所做的规划，即各区
的都市化①计划②。当澳门的城市化步伐不断加快，城市空间向边缘区
扩展，农地逐渐消失时，澳葡政府是否制订了包含与城市发展速度相符
合的城市和农业用地规划？澳葡政府有关规划的特征是什么？这些规划
对城市发展以及菜农有何影响等？这些都是本节要探讨的问题。

（一）边缘区建设计划的制订

1. 20世纪50年代：葡萄牙出台《省会都市化计划规则》对澳门的影响

20世纪50年代初，因应澳葡政府的鼓励垦荒政策，菜农在澳门大
规模产生，并在新口岸、马场、青洲、黑沙环、台山等边缘区土地从事
农业活动。关于这一时期澳门城市规划的资料比较少③，但值得一提的

---

① 本书此前的各章节包括标题在内，均统一使用"城市化"的术语。但本节引述的许多
材料，例如政府公报及各大报章大多使用"都市化"，例如将葡文"Plano de Urbanização"
译为都市化计划等。实际上，城市化又称城镇化或都市化，三者意思相同。

② 这两类计划的关系类似于城市总体规划与区域规划，即"都市化总体计划先订出各
项使用目的的地段，如住宅区或工业区，主要道路（框架）的设计，然后订出各区
每段的都市化计划（社区规划）"。参见黄就顺、郑天祥《澳门城市形态与城市规
划》，载杨允中主编《澳门人文社会科学研究文选·经济卷》，社会科学文献出版社，
2009，第196页。但是在本书所涉及的时间范围内，澳葡政府并未系统地制订这两类
计划，往往是未有一个明确的都市化总体计划之前即提出个别区域的都市化计划，
例如1964年新口岸与南湾新填地区都市化计划就是在"本澳仍欠缺一整体性之都市
发展计划"的背景下编制的。参见《新口岸与南湾新填地区都市化计划方案》，澳门
大众报社编印《澳门工商年鉴》[第八回（1964～1965）]，1965，第一篇第81页。

③ 需要指出的是，自1953年起，葡萄牙开始为澳门制订繁荣计划（Plano de Fomento，又
译促进计划、发展计划或六年建设计划）。该计划一共制订五期，每次为期六年，最后
一期繁荣计划是从1974年开始的。从现有资料来看，该计划更多体现的是一种建设工
程的简单罗列，而非严格意义上的规划。例如第一期繁荣计划纳入下列建设项目：

　　（一）1953年内，市面完成之建设计划：（1）南湾辟建马路；（2）冰仔开建
新大水池；（3）冰仔筑公路；（4）跑马场建路；（5）林茂塘及青洲建石基；
（6）马交石开路直通电灯公司车房；（7）冰仔炮台仔建新路；（8）竹湾直通公路。
　　（二）1954年拟定完成之工程：（1）松山下建马路；（2）马场马路铺沥青；
（3）培正中学后门铺沥青；（4）青洲建环海马路；（5）冰仔建马路；（6）镜湖
马路铺沥青；（7）路环开建自来水池；（8）路环修路；（9）新填海 　（转下页）

是，1956 年由葡萄牙制订的《省会都市化计划规则》①。其规定"各海外省之首府及其他具有可以证明其重要性的地区或市镇政府所在地，必须受城市规划规范"②。这一立法三段前言中，分别指出了城市规划的目的和意义、各"海外省"辖区内城市发展所带来的问题及解决这些问题应采取的方法。由于这项立法的前言对本研究有重要意义，特将其全文③转述如下：

> 海外属地多个居民聚居地的迅速发展，要求有关负责当局注意并随时警惕保证合理使用都市空间的及时规划及建筑条例，使之符合这些规划中表现的总体利益。城市规划的制订及有关

（接上页注③）未铺沥青处铺沥青；（10）在新填海萨拉沙马路海边建造马路直通马交石；（11）氹仔开辟机场，并辟公路与市区沟通；（12）氹仔公路与新路连接。

转引自《未来澳门商业地位可提高》，《华侨报》1953 年 11 月 25 日，第 3 版。
　　在这些项目中，很多都没有按期完成，并且也有一些不切实际的部分，例如该计划规定在 1954 年就要完成在"氹仔开辟机场，并辟公路与市区沟通"等项目。早在 1958 年，就有葡萄牙国会议员左雅拨在国会发言时指出第二期繁荣计划"有很多工程和计划对澳门无大利益，反而加重澳门负担"，例如兴建旱坞及机场等。此观点得到本地媒体认同，当年澳门大众报编印的《澳门工商年鉴》也认为"建旱坞和机场都因环境关系，不能和香港争衡，与其把大量金钱虚耗于没有发展希望的事务上，还是考虑如何利用这些款项投资到有利于本澳市民，或有利于澳门经济发展的地方"。参见《繁荣投资建设》及《发展旅游建议》，转引自澳门大众报编印《澳门工商年鉴》[第三回（1958～1959）]，1959，第一篇第 2 页、第七篇第 2 页。为免内容过于繁杂，仅介绍繁荣计划中与新口岸等边缘区相关的内容。

① 该译名转引自〔葡〕施白蒂《澳门编年史（二十世纪 1950～1988）》，思磊译，澳门基金会，1999，第 41 页。而阿丰索则将其称为第 40472 号国令。参见〔葡〕阿丰索《20 世纪葡萄牙与澳门——城市规划法律史之研究》，载吴志良、林发钦、何志辉主编《澳门人文社会科学研究文选·历史卷（含法制史）》（下卷），社会科学文献出版社，2010，第 1485～1486 页。

② 〔葡〕阿丰索：《20 世纪葡萄牙与澳门——城市规划法律史之研究》，载吴志良、林发钦、何志辉主编《澳门人文社会科学研究文选·历史卷（含法制史）》（下卷），社会科学文献出版社，2010，第 1484 页。

③ 〔葡〕阿丰索：《20 世纪葡萄牙与澳门——城市规划法律史之研究》，载吴志良、林发钦、何志辉主编《澳门人文社会科学研究文选·历史卷（含法制史）》（下卷），社会科学文献出版社，2010，第 1484～1485 页。

条例的产生即是为了这一目的，他们早在几年前就在海外省的主要居民聚居地使用，并由海外属地城市化办公室进行研究及引导。

但是，人们一直发现，由法律赋予行政机关的权力无法使其对在其司法管辖权范围内发生的事宜予以响应，亦无法对经常出现的有损大众利益的违规和力有不逮的工程的行为进行快速及有效的约束。为此，这已造成了过多的、严重的城市化问题，严重危及未来，如果没有更有力的介入，单纯以最基本的善意及适当的介入手段是难以予以阻止的。

目前急需避免危及最重要的居民点前途之行为，并为此需要给予其行政机关有效地及时地进行保护之可能性，以使在其司法管辖下的区域的城市发展依据已被通过的规划及规范而进行，或在临时欠缺这些规范的情况下（因为有时不可能按照居民点之迅速增长相应地制定这些规划及规范），采取必要之谨慎，以不阻止对不同的城市区域可推定的最有益之利用及有机的组织。

除了前言以外，该立法的条文也明确规定了海外各省"包括城市周边地或用于其自然扩张之地区，受本法规特订之城市化规范之制约"（第一条）。这些区域内，"禁止在没有有关行政当局之预先许可的情形下建造新的建筑物，或对现存建筑物进行修改、翻新或修整"（第二条）①。

仅从上述立法的前言和条文的内容来看，其对澳门的城市发展具有一定的指导意义。尤其是前言中指出了城市规划制订的背景是"聚居地的迅速发展"，而这种城市发展带来了许多严重的"城市化问题"，需要各"海外省"有关部门制订规划加以解决。该立法也刊载于澳门《政府

---

① 〔葡〕阿丰索：《20世纪葡萄牙与澳门——城市规划法律史之研究》，载吴志良、林发钦、何志辉主编《澳门人文社会科学研究文选·历史卷（含法制史）》（下卷），社会科学文献出版社，2010，第1484～1485页。

公报》上①，但葡萄牙学者认为，该立法在澳门的执行情况并不理想②。因此，对于该项立法给澳门城市发展和规划带来的实际影响仍有待进一步的研究。

2. 20 世纪 60 年代：边缘区的部分城市计划

20 世纪 60 年代，澳葡政府积极编制各区都市化计划（Plano de Urbanização）。就本书研究的范围而言，需要关注的是这一时期澳葡政府将边缘区两个主要菜农地域——黑沙环区（Arela Preta）、新口岸区（Zona dos Atenas do Porto Exterior，ZAPE）分别规划为工业区和住宅区。这两份计划体现出与城市化相伴而生的产业结构转移和城市空间向边缘区扩展的两大趋势，因而值得进一步探讨。

（1）产业结构转移：黑沙环工业区都市化计划及其对邻近马场区的影响。

黑沙环区和邻近的马场区一样，都是 20～30 年代填海而成的土地。在填海工程完成后，人们在这里"辟地种菜，搭屋聚居"且"建避风塘，塘湾深处靠近今佑汉新村入口附近"。到了 60 年代，黑沙环区的土地基本被菜农用于从事农业。例如 1961 年就有报道指出，"黑沙环电力厂附近一带菜田，亦有百多单位农牧户"③。但在同一时期，该区也出现了有利于工业，尤其是纺织业等出口加工业发展的现象。

首先，由于当时的欧洲市场开始限制香港纺织品出口，但澳门却未受此限，"使不少香港厂家往澳门投资，或将订单分判给澳门，在 60 年

---

① 该立法公布于 1956 年 9 月 8 日《政府公报》第 36 期。

② 阿丰索指出："执行 1956 年 9 月 8 日第 40472 号国令（载于 1956 年 8 月 25 日第 180 期《政府公报》（D. G.）第 1 组）并使作为省府的澳门受城市化规定之制约的意图，直到该法规公布 7 年之后，才伴随总督 12 月 29 日第 66/63 批示产生。该批示任命了一个委员会，去制定澳门调整规划，但有关这一制定的研究成果从未得以公布。"参见〔葡〕阿丰索《20 世纪葡萄牙与澳门——城市规划法律史之研究》，载吴志良、林发钦、何志辉主编《澳门人文社会科学研究文选·历史卷（含法制史）》（下卷），社会科学文献出版社，2010，第 1485～1486 页。

③ 《青洲 马场 黑沙环平民区新面貌》，《华侨报》1961 年 2 月 15 日，第 11 版。

代初期已经建成纺织业"①。这就形成了有利于澳门工业发展的经济环境。

其次，黑沙环区在 60 年代初进行了一次小规模填海，填海所得土地大部分用于兴建工厂大厦及相关建筑，这对该区工业发展有促进作用。据邢荣发的研究，黑沙环港（Ponto de Areia Preta）原为避风塘式的码头卸货区（Doca），于 1925 年建成。黑沙环港所在的海面，"在 20 世纪 60 年代初因新工业区及其配套计划的展开而被填平"②。这项填筑工程由锦荣置业公司负责，从 1963 年开工。到 1964 年 3 月，填筑工程已进行了接近三分之二，该公司"每日出动约二十辆大货车运载西望洋山之泥石填筑"，施工进度非常迅速。对于这项填海造地工程完成后所形成的 4 万平方米土地，该公司计划兴建住宅和工厂大厦③。

最后，澳葡政府顺应该区工业发展的潮流，批出许多土地给商人兴建工厂。1964 年有报道指出，"黑沙环附近一带，新设立的工厂不少，有油厂、制衣厂、汽车修理厂等"④。在此基础上，工务厅又将黑沙环区多达 12000 多平方米的土地批给商人兴建工厂及相关设施。例如，亚洲汽水厂就在其中批得位于当时绿村电台发射塔旁的 2800 多平方米土地，用于兴建厂房；另也有商人或建筑公司从政府批到土地，便积极和"原在该地耕作的菜农协商搬迁费"，获得搬迁费的菜农迁离后，该农地被砖厂和制衣厂等建筑物所取代。

除澳葡政府批出土地之外，在填海工程的进行与澳葡政府计划在黑沙环发展工业消息的刺激下，许多建筑商也看好该区未来的发

---

① 彭琪瑞等：《香港与澳门》，香港商务印书馆，1986，第 266～267 页。
② 邢荣发：《澳门马场区　沧桑六十年（1925～1985）》，《文化杂志》2005 年第 56 期，第 6 页。
③ 《黑沙环可望成工业区　不少地皮批出数家工厂兴建中》，《澳门日报》1964 年 3 月 13 日，第 4 版。
④ 《黑沙环可望成工业区　不少地皮批出数家工厂兴建中》，《澳门日报》1964 年 3 月 13 日，第 4 版。

展前景，纷纷与这里的菜农商讨购地建厂事宜。例如，1964 年安达成置业公司就购得了黑沙湾马路 43 号和 45 号占地 3000 多平方米的大块农地。该置业公司购得土地后，准备兴建名为"好时年"的工厂大厦。在这种以填海造地为主导，澳葡政府和建筑商共同推动的发展模式下，该区工业发展欣欣向荣，成为媒体眼中的"新工业区"①。

澳葡政府对黑沙环区的工业发展情况有所察觉，并且乐见其成②。因此其通过制订政策及规划，明确该区发展成为工业区的定位。首先，在 1962 年 11 月 17 日，澳督罗必信颁布第 7092 号训令，称"兹认为有紧急规定市北区，指定其兴筑各款屋宇，以便利私人向政府申请土地的必要"，并"将马场南部黑沙环区辟为工厂地区"③。

1966 年 1 月 1 日，澳葡政府发布《实施黑沙环工业区都市化计划》（*Plano de Urbanização de Zora Industriãl dã Areiã Pretã*）④。该计划提出将在黑沙环设工业区，其范围在黑沙环与马交石之间，即当时的马交石电厂背后一带。虽然在 1966 年这一区域的土地仍以农地为主，但也有

---

① 《黑沙环可望成工业区　不少地皮批出数家工厂兴建中》，《澳门日报》1964 年 3 月 13 日，第 4 版。

② 对于 60 年代澳葡政府发展工业的决心，可以参见澳督罗必信在 1962 年 8 月 25 日记者会上的发言，他表示："澳门为一小小地方，人口过多，又无任何天然资源可供利用，故除商业外，吾人必须发展工业。"对澳门发展工业的必要性和有利条件，其进一步阐述为"一种经济不能继续保持纯粹商业性，及不能靠赖农业为一有价值之要素时，即必须转移其目光于工业之展望。本澳居民劳力充足，其有能干之工人与其勤勉刻苦之性质"，暗示"逐步发展澳门之自然出路，乃为扩展其工业能力，及其制品之销路"。参见《澳门繁荣计划》，转引自澳门大众报社编印《澳门工商年鉴》［第六回（1961～1962）］，1962，第一篇第 41 页。

③ 该训令中明确划定这一"工厂地区"的范围是"北至黑沙环船坞海边马路，及马交石船坞旷地，东至马交石旷地围墙，南至好景及渔翁街，西至黑沙环马路及骑士斜坡"。参见 1962 年 11 月 7 日，《政府公报》第 46 号。另见《六二年度法例：市北申领公地条例》，载澳门大众报社编印《澳门工商年鉴》［第七回（1962～1963）］，1963，第一篇第 14 页。

④ 〔葡〕阿丰索：《20 世纪葡萄牙与澳门——城市规划法律史之研究》，载吴志良、林发钦、何志辉主编《澳门人文社会科学研究文选·历史卷（含法制史）》（下卷），社会科学文献出版社，2010，第 1486 页。

许多工商业人士在此兴建货仓和工业大厦。澳葡政府对外宣布，这个新工业区"目前仍有颇多公地，市民可申请建筑工厂"，同时在有必要时，"可以无条件批给具有经验技术之个人或集团，承批公地建设也"①。

1969 年 11 月，澳葡政府颁布第 9195 号训令，对上述 1966 年的计划进行复查和修改，提出了一份新的《黑沙环工业区都市化计划章程》②。该章程共 21 条，对黑沙环区内部区域划分、土地利用、屋宇高度、内部设施等都做出了规定，内容翔实具体，包括屋宇天台、楼梯、阁楼在内的建筑细节③均有提及。此外，对于工业区可能产生的环境问题，章程中也有所考虑④。由于内容偏重于建筑方面，该章程又称"都市化建筑条例"⑤。

可以说，60 年代初，澳葡政府采取的上述举措，是该区小规模填海后工业不断发展的产物，是农业区逐步向工业区转变的标志⑥。笔者认为，黑沙环区在 60 年代的发展可以视作澳门城市化浪潮下第一产业（农业）向第二产业（工业）转型的典型案例。在这一过程中，澳葡政府的规划起到了一定的引导作用。

---

① 《黑沙环与马交石间设新工业区》，《华侨报》1966 年 2 月 4 日，第 4 版。

② 该章程在一年后被《澳门工商年鉴》翻译并全文转载。参见《六九年度法例：黑沙环工业区计划进行都市化建筑》，载澳门大众报社编印《澳门工商年鉴》[第十一回（1970～1971）]，1971，第一篇第 17～20 页。

③ 例如第 7 条第 2 款规定："最上一层之天面只准建筑水池、水箱、蓄水器及空气调节系统之机器房或其他同类设备。"澳门大众报社编印《澳门工商年鉴》[第十一回（1970～1971）]，1971，第一篇第 18 页。

④ 例如第 18 条规定："距离澳门自来水塘四周边缘一百公尺以内不准开设其制造过程可产生烟或毒气之工厂。"澳门大众报社编印《澳门工商年鉴》[第十一回（1970～1971）]，1971，第一篇第 20 页。

⑤ 《澳门工商年鉴》中以《六九年度法例：黑沙环工业区计划进行都市化建筑》为标题转载该训令。澳门大众报社编印《澳门工商年鉴》[第十一回（1970～1971）]，1971，第一篇第 17 页。

⑥ 有观点认为，该区大量农地的存在是其发展工业的一个有利条件，因为到了 70 年代末 80 年代初这些农地可以较为容易地被转换为工业，特别是重工业用地（easily converted to heavy industrial use）。参见 Richard Louis Edmonds, "Land Use in Macau: Changes Between 1972 and 1983," *Land Use Policy* 1 (1986), p. 55.

还要说明的是，黑沙环被澳葡政府规划为工业区后，其在工业上的发展逐渐影响到临近的另一大菜农地域，即马场区。70 年代初，佑兴置业公司开始在马场收购农地兴建住宅①。此后，该地兴建了保留至今的"佑汉新村"。在这一建设项目的带动下，到 1976 年马场区已经被划分成"菜地、木屋区及工商业新区"。该工商业新区"以关闸马路及马场海边马路之夹角为中心，已兴建了佑汉新村楼宇、工业大厦等十多廿幢，其中一些住宅楼宇还高达七层"；而且"马路阔宽笔直整齐，车辆来往畅通无阻"。而作为该工商业区核心建筑群的佑汉新村更是"开设了制衣厂、印花厂、珠绣厂"等，"生产兴旺"②。1976 年，《华侨报》记者对于该区工业发展的景况做出进一步描述：

> 目前，随着新区之变化，工商业亦相继发展起来，新村内已出现银行、粮油店、士多、药品店、装修店、铁店、饭店等。在新村右侧之关闸马路，已兴建了澳门毛纺厂、太平毛绒厂、华大工业大厦（开设了岭南制衣厂）、南通银行黑沙环办事处；左侧马场海边马路一带，新厦林立，工厂包括有制衣厂、彩瓷厂、织袜厂、印花厂、绣花厂、花线厂、五金电镀厂、电子厂、铁厂、汽车修理厂、樟木杠厂、油库等，其中以制衣厂为多，一幢五层高之工业大厦，各层分别开设了不同厂号之制衣厂。因此，每到工厂小休时间，工人纷从工厂出来，街道上一片热闹，附近一些饮食店也食客盈门，座无虚设。据开设在新美安大厦一家咖啡室的人说，由于各厂小休时间不同，工人分厂分批先后涌至，咖啡室生意因此接续不断，刚送走一批顾客，抽空清理地方，洗净碗碟后，又迎来了一批顾客，

---

① 《拟购马场菜地建新厦　地皮广达一万五千平方公尺》，《华侨报》1972 年 6 月 4 日，第 4 版；《居民激增几十倍约万余人　马场二十五年来的变迁》，《澳门日报》1975 年 4 月 14 日，第 4 版。

② 《马场黑沙接壤地带　成为发展工商业新区》，《澳门日报》1976 年 4 月 27 日，第 4 版。

由朝至晚，店员忙个不停①。

但澳葡政府对该区的区域规划并未重视。直到 70 年代末，才"决定重新检讨有关黑沙环及马场区的城市化计划，以便适应该区将来工业的发展"②。有趣的是，到了 1983 年，该区北边靠近海边的部分仍有许多农地，相较于邻近的黑沙环以及新口岸区，其农地用途转移的速度较为缓慢，但也能明显看到农地不断被工业或者住宅用地所侵蚀的趋势（参见图 6-1）。据研究澳门土地利用的外国学者分析，这与马场区相对距离半岛中心区（新马路及港澳码头）较远有关③。此后，澳葡政府聘请外国公司对马场区编制了新的规划，随着 80 年代中期新一轮填海工程的展开，"马场菜地逐年递减，以至最后全区变为一片高厦林立，澳

图 6-1　1984 年的马场区

资料来源：澳门华侨报社编《1984~1986 澳门经济年鉴》，华侨报社，1987。

---

① 《马场黑沙接壤地带　成为发展工商业新区》，《澳门日报》1976 年 4 月 27 日，第 4 版。
② 《马场区考虑填海　黑沙环填平低地》，《华侨报》1977 年 9 月 25 日，第 4 版。
③ Richard Louis Edmonds，"Land Use in Macau：Changes Between 1972 and 1983，"*Land Use Policy* 1（1986），p. 55.

门居住人口密度最高的社区"①。

（2）城市空间向边缘区扩展：新口岸区都市化计划。

新口岸区（或称为外港新口岸区）原本是马交石、劏狗环及嘉思栏等一带的海滩，与澳门西部沿岸码头一带的内港相区分。后经过填海，这里形成了友谊大马路与松山之间、从葡京酒店到水塘之间的狭长区域，在当时被称为新口岸(ZAPE)②（见图6-2）。

新口岸区与马场、黑沙环区一样，是在20~30年代填海而成的。随

图6-2 20世纪60年代的新口岸（局部）

资料来源：《寻找澳门——李超宏濠江摄影作品集》，澳门艺术博物馆，2004，第14页。

---

① 邢荣发：《澳门马场区 沧桑六十年（1925~1985）》，《文化杂志》2005年第56期，第13页。笔者认为，如果说在黑沙环区的产业结构转移过程中，澳葡政府的相关规划尚起到了一定作用的话，马场区在本书研究的时间范围内逐渐由边缘区变成一个工业区和住宅区的过程中，起主要作用的是因为澳门工业发展而在马场投资建厂的私人投资者，澳葡政府城市规划所起到的作用很小。正如外国学者所言，1972~1983年，澳门土地利用模式的变化在很大程度上是由私人公司而不是政府规划来主导的（largely determined by free enterprise and not by government planning）。参见 Richard Louis Edmonds, "Land Use in Macau: Changes Between 1972 and 1983," *Land Use Policy* 1 (1986), pp. 55–56。

② 邢荣发：《澳门马场区 沧桑六十年（1925~1985）》，《文化杂志》2005年56期，第6页。该区的名称很容易与80年代中期填成的外港新填海区NAPE相混淆，所以有必要做出区分。也有资料将这两片区域分别译作外港填海区和外港新填海区。参见〔葡〕科斯塔《澳门建筑史》，《文化杂志》1998年第35期，第15页。

着 50 年代初澳葡政府鼓励垦荒政策的出台，这里和黑沙环、马场等一起成为菜农主要聚居和耕种的地域。与其他菜农地域相比，由于该区面积广阔，位置重要，澳葡政府对该区的发展也更为重视。在 50 年代的繁荣计划中，已多次提出要在新口岸建设机场等工程①。到了 60 年代，随着澳门经济发展和人口增长②，半岛原有的土地资源已经无法满足城市发展的需要，除了填海造地以外，将新口岸区拓展为城市空间、改变该区农地用途成为澳门城市化进程的必由之路。据相关资料记载，在 60 年代初已经有多位葡萄牙设计师提出了该区的发展计划③。

1964 年，澳葡政府公布了第二次世界大战后第一份新口岸区正式规划，即第 7471 号训令所载《新口岸与南湾新填地区都市化计划方案》（*Plano de Urbanização da Zona dos Atenas do Porto Exterior e Praia Grande*）（参见图 6 - 3）。该规划由建筑师莱奥波尔多·德·阿尔梅达负责④。同年 3 月，新闻旅游处将这份计划分别以中、葡文编印成册⑤，并附刊示意模型照片多帧，公开发表。该计划的主要内容如下：

---

① 详见本章第二节中对于这一问题的叙述。

② 1960 ~ 1962 年，一方面由于内地遭受自然灾害，内地人口大量迁移澳门；另一方面由于东南亚政治动荡，也有部分华侨进入澳门定居，仅 1962 年上半年就有 55000 名华侨进入澳门。参见郑天祥等《澳门人口》，澳门基金会，1994，第 31 页。

③ 据葡萄牙建筑师利马（Miguel Lima）所述，1960 年建筑师卡尔莫（Garizo do Carmo）已开始为新口岸进行规划。参见〔葡〕米格尔·利马（Miguel Lima）《遗失山海之间的联系——澳门外港新填海区规划回顾》，《世界建筑》2009 年第 12 期，第 32 页。葡萄牙建筑师菲格拉（Francisco Figueira）则指出，在 60 年代初已有葡萄牙建筑师对该区提出了四份计划，"其中之一是由一个包括六位建筑设计师的小组于 1963 年从澳门带来葡萄牙……这些计划倒是制定出来了，但由于有关方面不重视，没有一个得到实施"。参见〔葡〕菲格拉（Franciscco Figueira）《澳门究竟是怎样的一座城市》，《文化杂志》1998 年第 36、37 期，第 205 页。

④ 〔葡〕科斯塔：《澳门建筑史》，《文化杂志》1998 年第 35 期，第 15 页。

⑤ 新闻旅游司出版的该计划中文版由当年的《澳门工商年鉴》部分转载，参见《新口岸与南湾新填地区都市化计划方案》，转引自澳门大众报社编印《澳门工商年鉴》〔第八回（1964 ~ 1965）〕，1965，第一篇第 81 ~ 84 页。

图 6 - 3　新口岸都市化计划模型图

资料来源：《南湾新填海区　都市化计划公布》，《澳门日报》1964 年 3 月 18 日，第 4 版。

新口岸与南湾两地区，是以罗德礼博士马路为分界。为使新口岸区有宽敞马路能迅速通往市区起见，当局决将罗德礼博士大马路加以扩建：东端直伸至水塘，再由水塘折而伸至堤边；西端伸展至萨拉沙博士大马路（即殷皇子中学附近）[1]；同时为使萨拉沙博士大马路现有之面貌与海滨一致，有必要将行车路靠近堤边之一边改铺碎石人行道，或在其上加种路树一列及其他应建工程，使之成为市民憩息、乘凉之所。

在都市化计划中，新口岸新填地区与市区之间，原则上应增筑新的马路两条：一条由新口岸经若宪山谷至市区，另一条由新口岸经松山东边山坡直达黑沙环，而避免绕经水塘角。新口岸住宅区内之交通，依下列原则扩建两条干线：一条为连贯海滨与罗德礼博士大马路的横断马路，另一条为与横断马路成直角的纵贯马路。

新口岸新填地区大部分地方，将用以兴建住宅屋宇。东部空地，将用以建设码头及扩建机场设备。位于罗德礼博士大马路与若

---

[1]　即现在的苏亚利斯大马路和友谊大马路。

宪山坡间一带空地，则保留作植林及辟建运动场之用①。

不难看出，这份规划的主要内容是在新口岸区开展道路以及住宅建设，使相关地区"之建设合乎都市化"②。在道路交通方面，计划通过延伸当时的罗德礼博士大马路（从葡京酒店至水塘）和开辟新马路使新口岸与黑沙环直接相连（而不必绕行水塘），以达到"新区和老区既隔离又连接"的目的③。在住宅区的建设方面，将该区大部分地方规划为住宅区，同时辅以运动场、绿化带等设施。按照该计划的推算，"新口岸区将可兴建三千一百三十二个住户单位，约可容一万九千人"④。

这份规划在内容上将重点放在新口岸区未来主要道路和其他各种设施的建设上，符合当时葡萄牙城市规划的主要特点。因为葡萄牙的城市规划，"从没有忘记对大规模的交通和相关道路的设计，就基本上遵循以杜阿尔特·帕谢科（Duarte Pacheco）为代表的所谓'公共工程'的理念……其主要特点是优先兴建城市公共设施，如桥梁、马路、街道及大型公路网路……"⑤。同时，如果我们将这一规划放在当时澳门城市化的背景下，也可以将其视作澳葡政府推进新口岸区与当时的市区融为一体的第一步，而其背后的推动力源自城市化进程的不断推进，城市化促使城市空间向边缘区延伸。澳葡政府认为，新口岸区背山濒海、面积较大，且邻近建设中的码头和计划建设的机场等重要交通设施，是一片具有优良发展前景的区域。不能任由菜农用于发展农业，而要使

---

① 《南湾新填海区　都市化计划公布》，《澳门日报》1964 年 3 月 18 日，第 4 版。此外，该计划还对该区未来住宅结构与人口密度等有详细描述，参见《新口岸与南湾新填地区都市化计划方案》，转引自澳门大众报社编印《澳门工商年鉴》［第八回（1964～1965）］，1965，第一篇第 81～84 页。

② 参见《新口岸与南湾新填地区都市化计划方案》，转引自澳门大众报社编印《澳门工商年鉴》［第八回（1964～1965）］，1965，第一篇第 81 页。

③ 〔葡〕科斯塔：《澳门建筑史》，《文化杂志》1998 年第 35 期，第 15 页。

④ 《南湾新填海区　都市化计划公布》，《澳门日报》1964 年 3 月 18 日，第 4 版。

⑤ 〔葡〕马萨皮纳（João Vicente Massapina）：《澳门城市建设的发展　城市规划面面观》，黄徽现译，《文化杂志》2003 年第 46 期，第 165 页。

之成为城市中心的一部分。因此，需要在这里修建马路，使之和当时的南湾、新马路等城市中心区紧密相连；同时在该区大量修建住宅，进行城市建设。在此之后，很多规划拟在这里继续填海，以获得更大的发展空间。可以说，这份规划的内容较为实际，针对交通设施等基本问题进行改善，倘能得到实施，将会对新口岸区的城市发展发挥极大的促进作用。

但是，从当时的环境来看，实施这个规划面临着很大的困难。

首先，该区作为澳门的一个主要菜农地域，这里的土地有许多被菜农开垦耕种；除了菜农以外，由于新口岸离市中心比较近，很多市区底层居民由于无力承担昂贵房租，"多到那里（即新口岸区——笔者注）找片菜地，搭间木屋居住"，使得很大一部分土地也变成木屋区①。如要落实上述规划，必须首先考虑对众多菜农和木屋居民的迁移、安置问题。此乃实施该规划的主要障碍。

其次，当时澳葡政府制定的有关规划配套措施，实际上并不利于私人投资者对该区进行投资。例如，1965 年，澳葡政府按照规划批租新口岸公地给商人时，就规定"必须依照新市区图则兴建，每座楼宇须兴建五层以上者，不能只建两三层"②。"其所兴建之屋宇，一律须依照当局原定之建设计划办理，否则，当局不将此等地段批租。"③ 这样的规定，固然可以使建设的住宅严格按照政府的规划进行，但也对投资者承批公地做建设用途的积极性造成了打击，主动向政府申请承批土地的投资者较少。根据 1966 年有关媒体对批地情况的报道，包括新口岸在内的三个"新城市地区"，"依然未有人申请批租，其中只有一外籍人领取一部分地方，以兴建一间别墅"④。

---

① 《青洲　马场　黑沙环平民区新面貌》，《华侨报》1961 年 2 月 15 日，第 11 版。
② 《政府收回新口岸菜地建设新市区》，《华侨报》1965 年 6 月 29 日，第 4 版。
③ 《新口岸嘉思栏附近公地　将建十二层邮电大厦》，《华侨报》1965 年 7 月 11 日，第 4 版。
④ 《澳政府新城市计划地区　公地无人请批租》，《华侨报》1966 年 9 月 22 日，第 4 版。

最后，该规划相关配套措施的实施仍需经葡萄牙海外部批准，费时过多。这份规划在 1964 年初完成并公布后，直到一年多以后的 1965 年 8 月，关于该区土地的批租办法仍需由澳督罗必信述职时带返葡萄牙，"由葡京批准，方能开始"①。

有关新口岸土地的批租办法在 1965 年 12 月才最终订定，即《新口岸市区化条例》。该条例共 12 条，其将新口岸区的土地划分为使用区域（即该区必须按计划来建设，如住宅区、绿化区等）与承诺区域（投资者可分情况将计划规定的目的进行变更），并对该区的楼宇建设做出许多细节性规定②。这一条例作为 1964 年新口岸区都市化计划的配套措施，直到 1965 年末才得以最终颁布，因此，新口岸区在 1966 年才开始招商建设。但是 1966 年末发生的"一二·三"事件对上述计划的实施产生了较大影响。

面临上述阻碍，新口岸区并未如预想的那样迅速"都市化"，开辟马路和兴建住宅等规划的内容只有部分完成。1969 年，该区呈现出一派典型的"城乡结合部"（即边缘区）景象，农地、木屋以及现代化建筑并存：

> 今天的新填海区，一派田园风光，绿油油的菜田一垄连接一垄；栉比鳞次的木屋有如星罗棋布。而近年来，随着城市的发展，新填海的面貌也逐渐改变，在菜田和木屋旁边修建起罗理基博士大马路、贡沙咸塞古舰大马路、慕拉士大马路；贾罗布马路那边，已建起了一座座洋房，有学校、有别墅、有住宅③。

而上述 1964 年的新口岸都市化计划也因"没有立即实施，不久后

---

① 《新口岸公地批租办法　尚待葡京批准》，《华侨报》1965 年 8 月 15 日，第 4 版。
② 参见《本年行政法例：新口岸市区化条例》，转引自澳门大众报编印《澳门工商年鉴》[第九回（1965~1966）]，1966，第一篇第 5~6 页。
③ 《新填海区的变迁》，《澳门日报》1969 年 8 月 12 日，第 4 版。

被认为已经过时"①。

3. 20世纪70年代：受内外部环境影响的边缘区及城市规划

20世纪60年代末开始建设的澳凼大桥，为澳葡政府对城市规划的制订注入了一剂"强心针"，使其开始站在澳门三岛的整体角度进行规划。但1974年发生的葡萄牙"四二五革命"，使得许多葡萄牙海外部为澳门制订的规划搁置，导致澳葡政府制订城市规划的步伐暂时中断。70年代末，随着新任澳督的上台，各种新的建设计划又被提上日程。

（1）澳凼大桥的兴建以及1971年的《澳门城市建设总计划草图》。

在70年代初，随着跨海交通设施的兴建，澳门三岛将连为一体。这是澳门城市发展的一个重要契机，也促使葡萄牙海外部及澳葡政府开始着眼于新的城市整体规划的制订。

跨海交通设施的建设从60年代中后期已经开始。1966年，澳葡政府开始兴修路凼连贯公路，这条公路全长2200米，宽7米。这条公路的兴修改变了两个离岛之间需要靠水运联系的情况②。

在澳门半岛与凼仔之间，澳葡政府也筹备兴建一座跨海大桥，即后来的澳凼大桥。整个大桥于1969～1973年分五期兴建，并对兴建大桥的费用进行了规定。1969年6月18日，澳督嘉乐庇和何贤参加仪式，为澳凼大桥打下了第一支桩③。此后，经过四年的修建，澳凼大桥在1974年10月6日正式建成。

作为第一座连接澳门半岛与凼仔的大桥，其建成改变了过去两地之间需靠汽船通行，航行时间受气候条件影响不稳定的状况。该桥全长2569.8米，宽9.2米，可双线行车，且"在航道上距离水面约三十五公

---

① 〔葡〕科斯塔：《澳门建筑史》，《文化杂志》1998年第35期，第15页。
② 〔葡〕施白蒂：《澳门编年史（二十世纪1950～1988）》，思磊译，澳门基金会，1999，第79页。
③ 〔葡〕施白蒂：《澳门编年史（二十世纪1950～1988）》，思磊译，澳门基金会，1999，第85页。

尺，容许所有类型的船只通行无阻"。这座大桥的落成被媒体称作"澳门经济地理划时代的一页"，"一桥飞架，澳门、离岛变通途"①。

乘着大桥兴建的东风，澳葡政府开始站在澳门全局的高度，为日后三岛连成一体的城市空间制订新的规划。1971 年 10 月，葡萄牙海外工程视察专员和制订城市规划小组成员召开新闻发布会，公布了酝酿中的《澳门城市建设总计划》② 草图。葡萄牙专家在发布会上展示了草图的各部分（参见图 6 - 4）。具体来说，草图包括 11 个部分，前 8 个部分涵盖了澳门城市的基本情况，最后 3 个部分则详述了计划实施的新建设专案。其基本内容如表 6 - 1 所示③。

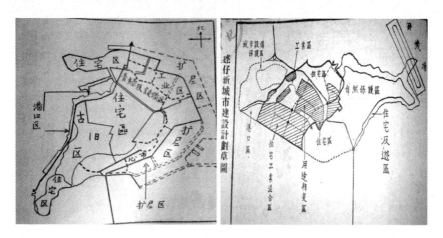

图 6 - 4 1971 年《澳门城市建设总计划》草图中对澳门半岛以及氹仔的规划图

资料来源：《工作小组昨招待记者　公布澳门城市计划草图》，《华侨报》1971 年 10 月 27 日，第 4 版；《氹仔谈远景　疑幻亦疑真》，《华侨报》1971 年 11 月 28 日，第 5 版。

---

① 《澳门经济地理划时代的一页》，《华侨报》1974 年 10 月 6 日，第 4 版；《澳路氹三地从此连成一片　跨海大桥昨开放通车》，《澳门日报》1974 年 10 月 6 日，第 4 版；张云：《澳门新景话大桥》，《澳门日报》1978 年 8 月 16 日，第 6 版。

② 在不同史料中，该计划译名各不相同，有《澳门城市建设总计划》《澳门新城市计划》《城市规划草图》等多种译名。由于尚未查到该计划的葡文名称，笔者在文中暂取《澳门城市建设总计划》这一译名，对此有待于进一步考证。

③ 整理自《澳门城市建设总计划草图内容》，转引自澳门大众报社编印《澳门工商年鉴》[第十一回（1970～1971）]，1971，第一篇第 93～94 页；《工作小组昨招待记者　公布澳门城市计划草图》，《华侨报》1971 年 10 月 27 日，第 4 版。

表 6 - 1 1971 年《澳门城市建设总计划》草图的基本内容

框架结构	内　　　容
第 1 部分	(一)建机场地点;(二)通往珠江及香港的航道;(三)澳门地质研究;(四)澳门地形;(五)原有河流之涨退
第 2 部分	(一)路氹横贯公路建成后之河水涨退;(二)路氹横贯公路完成后之河床深度改变;(三)水利及农业分配;(四)行政区域之划分、人口分配
第 3 部分	(一)年龄与人口变迁;(二)澳门市调查图
第 4 部分	路、氹面积全图
第 5 部分	(一)澳门半岛使用分析图;(二)扩展区域;(三)增加地区步骤;(四)交通网设计
第 6 部分	地方用途之分配
第 7 部分	路、氹交通网
第 8 部分	氹仔住宅和工厂图
第 9～11 部分	这三个部分对澳门三岛将要进行的建设给予了更详尽的分析。简言之,在澳门半岛方面,准备修筑更多马路,并将市中心区迁移到新口岸。新口岸将重建码头、货仓,使进港的客轮亦集中到新口岸停泊。氹仔方面,建设大型游乐场;鸡颈山建机场,以加强对东南亚的空运。路环方面,辟为旅游专区,九澳开辟深水港,停泊远洋巨轮;同时,九澳的西北方,设电力厂、疯人院及监狱

　　总体而言，这份草图内容翔实具体，"根据地质地形、河海变迁和人口、经济发展，确定城市发展、用地、交通网、机场、港口、住宅、工厂的布置"，因此，被视为"澳门比较详细的城市规划的代表"[1]。但在规划何时实施这个问题上，公布这份草图的葡方工程视察专员强调，该计划仍处在起草阶段，有待草图完成后才能具体实施[2]。

　　（2）20 世纪 70 年代中后期的规划制订。

　　上述计划的草图颁布以后，估计受到 1974 年葡萄牙"四二五革命"外溢效应的影响，正式计划一直未能完成[3]。这一时期澳葡政府的

① 缪鸿基等：《澳门》，中山大学出版社，1988，第 219 页。

② 《工作小组昨招待记者　公布澳门城市计划草图》，《华侨报》1971 年 10 月 27 日，第 4 版。

③ 1974～1979 年，出台的重要计划只有 1974 年末由三位葡萄牙专家来澳公布的新一期繁荣计划。该计划涉及的新口岸区部分将在后文详述。

城市规划也受其影响而在很大程度上陷入停滞状态。但在 70 年代中后期，澳门缺乏一个城市整体规划的问题已经引起澳葡政府的重视。1975年 1 月 28 日，澳督李安道发出第 6 号批示，设立辅导发展处负责解决澳门的规划问题。他在该批示中提及，当时有许多投资者申请发展离岛，但"由于尚无地区上的都市化与占用总计划，致使从客观去研究该等申请或建议，产生困难，因而妨碍着当然所希望的适时决定，这些情况、结果对澳门经济发展造成显著影响"。因此，"认为政府有必要设立一专门机构，由该机构不但执行总规划所订的原则，并且在各方面合并和设立对任何计划和建议的实现，估计其能使当地的社会、政治与经济生活可能产生的影响"①。

1977 年 11 月 4 日，李安道在立法会上做出的施政报告中也提及，政府将努力解决技术人员缺乏的问题，并计划以此为契机重组有关机构，来解决缺乏城市中心规划问题。报告中的相关内容如下：

> 随着此项人员的增加，有关机构的重组及职责的重订，正在编制中，我们不但预算重组工务运输厅，也预算重组经济计划汇集厅，而以其下辖的地区计划部门（辅导发展处）为主。此外，还有澳门地图绘制研究委员会，其职责将予扩大，并重订其组织，合法地拨入有关团体。我们想通过这种形式，有效地应付目前进行中的大量专门工作，以及透过一个真正有系统和联系的方法来应付本地区的实质计划，尤其是有关中心计划方面。政府对于这个责任是不能也不应推卸的②。

到了 1979 年 2 月 8 日，中葡宣布正式建交；2 月 9 日，新一届澳督

---

① 《行政法例　辅导发展处组织及职权批示》，转引自澳门大众报社编印《澳门工商年鉴》［第十三回（1975～1977）］，1977，第一篇第 16 页。
② 澳门大众报社编印《澳门工商年鉴》［第十三回（1975～1977）］，1977，第一篇第 63～64 页。

伊芝迪宣誓就职①，也给澳门规划界吹来了新风。5 月 24 日，时任工务交通政务司的施利华（Henrique M. Correia da Silva）在接受媒体采访时表示，"当前修改城市计划是当务之急"。因为"中葡建交之后，政治稳定，更多本地投资及外来投资，以前的城市计划已经不合时宜，不适合当前的投资情况，修改城市计划时将注意新增加的工业、建造平民屋、住宅区城市化、建筑文物的保存等，并有计划填海增加新土地，开辟新城市区、新发展区等"。具体到如何制订城市规划这一问题上，施利华表示"若干间葡国公司对澳门城市规划非常之感兴趣"，因此可以借助葡萄牙的技术协助澳门发展②。于是就在这一年，在有关设计公司的参与和协助下，澳葡政府公布了两份计划，一份是由葡萄牙 Profabril 设计公司编制的澳门整体整治方案（也被称为澳门地区整体发展规划、重整计划，以下简称重整计划），另一份是年底（12 月 22 日）工务交通政务司在立法会上陈述的澳门城市发展总计划。

葡萄牙海外部于 1970 年编制了一个澳门的地区发展规划（plano territorial）③。该规划经过长时间的不断修订，到 1978 年才制作完毕，但内容已与澳门的实际情况相距甚远。1979 年，澳督伊芝迪表示缺乏整体规划是澳门存在的一个"大问题"。他进一步解释说，由于"澳门地理面积十分小"，"对我来说，发展澳门地区要解决的最重要的事情是要有一个整体发展规划"。并且，他对当时澳门城市发展存在的一些

---

① 〔葡〕施白蒂：《澳门编年史（二十世纪 1950~1988）》，思磊译，澳门基金会，1999，第 124~125 页。

② 《修改城市计划　本澳当务之急》，《华侨报》1979 年 5 月 24 日，第 4 版。

③ 关于这个 1970 年澳门地区发展规划的制订方式，究竟是 1970 年由葡萄牙海外部开始制订而到 1978 年完成，还是由澳门方面在 1970 年编制寄交海外部直到 1978 年才批复的，资料中的记载并不一致。据《澳门日报》当时的报道，澳督伊芝迪表示这个区域规划是 1970 年在澳门制订后寄往葡萄牙海外部等候批复。参见刘青华《澳督谈本澳整体发展规划》，《澳门日报》1979 年 5 月 12 日，第 1 版。而相关学者的文章指出，该计划是由海外部在 1970 年开始制订，到 1978 年才完成。参见〔葡〕科斯塔《澳门建筑史》，《文化杂志》1998 年第 35 期，第 13 页。至于 1970 年规划是如何制订的，暂无进一步的相关史料，本书采用学者的表述。

问题感到不满。他指出：

> 工厂和住宅混在一起，有时一间工厂就设在一幢住宅楼宇的地下，整天敲锤打铁，吵得令人头痛，楼上特别是二楼的住客怎么过日子？工厂区要有水电供应；住宅区的周围环境要符合卫生条件；工人住宅当然离工厂越近越好，但决不能设在工厂楼上。有了整体发展规划后，就不能批准一间工厂设在住宅的地方①。

城市整体发展规划的制订将有助于改善这些问题。至于如何制订这样的规划，他认为，需要改变以往编制规划经常拖延的情况，"要在非常短的期间内完成。比方说，由开始工作之日起，两三个月内就要搞妥"。因此，澳葡政府加强与葡萄牙各大工程公司的接触。在 1979 年 4 月中旬，葡萄牙 Profabri 设计公司负责人来澳逗留了一周，到了 4 月 27 日，该公司向澳葡政府递交了一份整体发展建议书②。澳葡政府经过审议，在 6 月 23 日与该公司签订了一项合约，修改澳门城市总计划③。6 月，葡萄牙公司的四人小组开始工作，到了 8 月 1 日，计划基本完成，伊芝迪以及政府官员在当日即听取了有关人员对计划的陈述。计划经过反复协商修改后，到 8 月下旬正式提交政府批准④。

这份新的城市重整计划"旨在成为城市发展的基本原则，为以后的详细计划提供总体参数"⑤。其目的在于规划现有土地及将来填海地区的使用，以便适应政府在短期、中期及长期的具体需要。这份规划的

---

① 刘青华：《澳督谈本澳整体发展规划》，《澳门日报》1979 年 5 月 12 日，第 1 版。
② 刘青华：《澳督谈本澳整体发展规划》，《澳门日报》1979 年 5 月 12 日，第 1 版。
③ 《当局修改城市总计划　寻求建筑业发展新区》，《澳门日报》1979 年 6 月 23 日，第 1 版；《政府与葡公司签合约　修改澳门城市总计划》，《华侨报》1979 年 6 月 23 日，第 4 版。
④ 《葡国设计公司草拟澳门城市重整计划》，《澳门日报》1979 年 8 月 4 日，第 1 版。
⑤ 〔葡〕科斯塔：《澳门建筑史》，《文化杂志》1998 年第 35 期，第 13～14 页。

完成，使政府可采取实际的措施，适应有意在澳发展的私人投资者，亦可推动及吸引新的发展方式。

在城市不同的土地分区上，该规划按照当时澳门的情况，进行重新调整，划分澳门的住宅区、工业区、旅游处、港口区、未来可能建机场的地区等。对于澳门城市的中期和短期规划，该重整计划主要强调的是，"通过填海来扩展澳门，以满足住宅和发展工业的需要"。因此，该规划初步考虑在新口岸及黑沙环继续进行填海。除了填海之外，在城市方面需要"搞好水电、地下水道、公路等基础建设"，港口方面在"内港一带要加以改善，以进一步发展成渔业区"。最后，该规划也涉及文物保存的内容，指出，"澳门的自然环境及珍贵历史文物建筑要好好地保存，才能保留澳门吸引西方游客的独特之处"①。

对于当时的澳葡政府来说，这个重整规划的出台对整个澳门的城市建设起到了指导作用，"它规划出澳门整体发展的大致轮廓"，且"有了这个发展规划，才能产生都市化计划"②。1979 年 8 月初，该重整计划大致获得通过以后，工务交通政务司施利华表示，将展开第二阶段的工作，即草拟澳门城市建设总计划③。于是，以葡萄牙设计公司的重整计划为基础，工务交通政务司与有关部门经过一段时间研究及设计后，赶在年底完成了这个澳门城市建设总计划的草图，并在 12 月 22 日的立法会议上向立法议员陈述。

施利华在会议上表示，这个总计划全面考虑到澳门长远的发展，顾及内外投资和加强与内地的交通运输联系，整个计划分为城市房屋建设和道路两大目标，此外还计划了下水道，水、电设施和电话线的建设等。

在澳门半岛方面，因土地面积狭小，该计划准备以填海来增加土地。在城市分区方面，计划将城市分为五区：中心区，包括西湾、主教山、南湾、新马路中区、荷兰园、水坑尾、大三巴、白鸽巢等区域，此

---

① 《澳门城市重整计划着重交通运输建设》，《澳门日报》1979 年 8 月 9 日，第 1 版。
② 刘青华：《澳督谈本澳整体发展规划》，《澳门日报》1979 年 5 月 12 日，第 1 版。
③ 《葡国设计公司草拟澳门城市重整计划》，《澳门日报》1979 年 8 月 4 日，第 1 版。

区域由于人口稠密，房屋建设难伸展，只能拆旧建新；发展区，可以继续建新屋，包括筷子基及雅廉坊马路一带；社会坊区，包括台山、青洲区，被列为"敏感副城市区"，可迅速发展住宅，在筷子基及青洲附近并进行填海，多建平民屋及商业楼宇；黑沙环至新口岸区，包括填海及建扩大工业区；新填海区，在包括西湾、葡京酒店对面与新口岸区、西湾至葡京铜马像前海湾在内的这片区域修建人工湖，该人工湖将来可成为娱乐性质用途，或可以作为水塘①。

在上述规划制订之后，80年代初的澳门开始了大规模的城市建设，这一过程甚至引起了世界媒体的关注。在《纽约时报》（*New York Times*）1982年10月18日D12和D13页上刊登了一篇题为《一个拥挤地区的庞大计划》的文章，该文在开头部分就开宗明义地介绍了当时澳门在该计划指导下的建设面貌：

> 对一个几年来未曾涉足澳门的游客来说，他得到的第一个印象会是感到惊讶。澳门经过一九四五年以来的长期落后之后，目前已经出现朝气蓬勃的发展。澳门已为它狭小的地面制订了宏大计划。从北部的拱北到南端的路环岛，到处都在重建和扩展，同时也没有摒弃或破坏它的古老特色，而是极力使新旧事物结合起来②。

在1983年《澳门日报》中，有报道对当年澳门城市化建设快速推进概况的描述是：

> 从南看，新口岸填海区，近几年来，高矗着总统酒店那几幢十多层高的大厦，乳白色的外墙，在灿烂的阳光照射下，格外耀眼。

---

① 《工务交通司在立法会议上陈述澳门城市发展总计划》，《华侨报》1979年12月22日，第4版；《城市发展规划全澳分为五大区》，《澳门日报》1979年12月22日，第2版。

② 转引自柳佐《〈纽约时报〉谈澳门》，《澳门日报》1982年11月7日，第3版。

正在兴建中的怡东酒店、利宵学校、大型体育馆等建筑物一旦落成，新口岸这块以往长期变动缓慢的填海区，又将加快了其发展的步伐……朝西看，大炮台周围和塔石球场附近，也有很大的改观，尤其是沿着塔石球场向两旁伸展的土多纽拜斯马路，十几二十层高的高层大厦，如雨后春笋般涌现。往北望，螺丝山和佑汉新邨周围的大厦固然醒眼，而拱北那边海傍的发展也令人刮目相看①。

然而，这篇文章的结尾却认为，"这几年内，澳门的新建筑不断涌现，原来那些低矮的古老建筑群已几乎被掩没。澳门的确在大的变化中，只是这种变化还欠缺了城市发展的规划性"②。这表明当时的人们已经意识到澳葡政府的城市规划存在一定问题。

（二）边缘区城市规划的不断搁置

从上述多份规划的介绍中，可以看出，澳葡政府以及葡萄牙海外部对澳门的城市规划不可谓不重视。这一点也得到了学者的认同，他们指出：

> 葡人重视澳门城市规划，澳督亲自参加澳门城市规划工作会议。都市化总计划工作组设于海外部工务交通司内，工作组组长由工务交通厅厅长兼任，成员有当地的商会代表、厂商代表、建筑商代表及澳门市与海岛市政委员会主席，葡国委派高级视察专员指导规划，还有一名海上工程师参加③。

与此同时，在规划的内容方面，不可否认，澳葡政府制订的多份规划内容具有可操作性，且在一定程度上顺应了城市化的潮流，前述

---

① 濠江客：《从灯塔瞭望澳门变化大》，《澳门日报》1983 年 8 月 1 日，第 3 版。
② 濠江客：《从灯塔瞭望澳门变化大》，《澳门日报》1983 年 8 月 1 日，第 3 版。
③ 黄就顺、郑天祥：《澳门城市形态与城市规划》，载杨允中主编《澳门人文社会科学研究文选·经济卷》，社会科学文献出版社，2009，第 196 页。

1966 年的《实施黑沙环工业区都市化计划》和 1971 年的《澳门新城市计划草图》就是例证。

但综观规划的实施情况，可以发现，其中存在一个重大问题，简言之，就是规划不断编制，不断交替，但到最后大多未得到切实、有效的实施，出现反复制订、修改后的不断搁置现象①。这类似于葡萄牙学者贡萨维斯（Fernando Gonçalves）提出的"无穷循环的规划"概念。他研究了 1944 年到 1971 年间的所有葡萄牙城市总体规划，认为这些规划"没有任何一个城市总体规划达到符合法律的'被通过之规划'的地位"②。因为这些规划都陷入了一个"无穷循环的规划程序中"。在这一时期，由于葡萄牙在 1946 年（第 35931 号）和 1951 年（38382 号）两项法律创设的"先期规划"与"规划"两种概念以及在规划通过程序上相冲突的规定，使得葡萄牙这一时期的规划长期处于"关于一个城市总体规划的研究由草图变为待修订的先期规划；由对先期规划的修订图再到待重审的、已做过修订的先期规划；再由对已被修订的先期规划的重审图样，到对已被修订并待重审的先期规划，如此循环往复"的过程中③。这一现象不仅出现在 40 年代后的葡萄牙城市规划当中，其影响也延伸到了受葡萄牙管治的澳门。在澳门 50~70 年代的规划文件中，也经常能找到这种规划"无穷循环"的影子。

1. 城市规划不断搁置的表现

无论是澳门的城市总体规划还是区域规划，在本书研究的时间段内都不断出现新规划取代旧规划的现象，而最后的结果就是规划的大部分

---

① 也有学者将这一现象称为规划"'烂尾'的恶性循环"。参见林守儒《澳门的"繁荣计划"》，《澳门日报》2011 年 8 月 16 日，第 D8 版。

② 〔葡〕冈萨雷斯（Fernando Gonçalves）：《城市化法律》，第 229 页，转引自〔葡〕阿丰索《20 世纪葡萄牙与澳门——城市规划法律史之研究》，载吴志良、林发钦、何志辉主编《澳门人文社会科学研究文选·历史卷（含法制史）》（下卷），社会科学文献出版社，2010，第 1491 页。

③ 参见〔葡〕阿丰索《20 世纪葡萄牙与澳门——城市规划法律史之研究》，载吴志良、林发钦、何志辉主编《澳门人文社会科学研究文选·历史卷（含法制史）》（下卷），社会科学文献出版社，2010，第 1491 页。

内容未得到及时和有效的实施。上述包含 11 个部分、内容翔实具体的 1971 年《澳门新城市计划草图》因各种原因并未得到实施。而到了 70 年代末，两任澳督都表示他们曾等待或者急需修改葡萄牙海外部于 1970 年就开始制订的澳门发展总计划①。直到 1978 年，葡萄牙海外部因 1974 年"四二五革命"而改为国际合作部后，这份计划才最终制订完成并寄回澳门。其内容显然不可能再符合澳门的实际需要。因此，澳督伊芝迪在 1979 年上任后注意到此问题，并宣布要改变上述规划制订过程的不断拖延状况，要求在较短时间内完成②。

在区域规划中，这种不断搁置的现象集中体现在当时澳门的一个主要菜农地域：新口岸区。据相关资料显示，早在 1923 年，澳葡政府已开始编制外港新口岸区的填海和城市化计划③。到 30 年代填海工程完成后，澳葡政府已有计划"将新填海还辟为机场，并曾与某航空公司签约，后因第二次世界大战爆发而废止"④。第二次世界大战结束后的 1946 年，"澳门经济落后，新市区计划一时尚难以实现，至今尚无人居"⑤。

在本书涉及的时间范围内，葡萄牙海外部及澳葡政府对新口岸区的发展也提出了种种计划和构想，使该区在各种不同时期的规划中经历了"重要交通设施用地""住宅区"及"新城市中心"等多种不同的定位。在这几十年间，关于澳葡政府对该区规划的演变过程，可以简述如下。

---

① 除了澳督伊芝迪对葡萄牙编制澳门规划极其缓慢表示不满之外，1975 年 3 月，澳督李安道表示："现在我只等待里斯本一项计划，那就是发展各岛的全盘大计。那个计划一九七〇年就已经在里斯本——由此你可见到时间的浪费。那个计划尚未完成，但我已得其纲要。那是一很广泛的计划。"参见《澳督向记者畅谈澳门问题》，《华侨报》1975 年 3 月 22 日，第 4 版。

② 刘青华：《澳督谈本澳整体发展规划》，《澳门日报》1979 年 5 月 12 日，第 1 版。

③ 李崇汾：《澳门公共行政中的土地政策和管理》，《澳门研究》1998 年第 8 期，第 196 页。另据葡萄牙学者指出，在 20 世纪 30 年代新口岸区填海完成后，澳葡政府已着手制订了许多计划。只是"南湾和外港的填海区虽然在那些计划中曾被多次提及，但到 60 和 70 年代才变为现实"。参见〔葡〕卡拉多、门德斯等《澳门从开埠至 20 世纪 70 年代社会经济和城建方面的发展》，《文化杂志》1998 年第 36、37 期，第 67 页。

④ 《新填海区的变迁》，《澳门日报》1969 年 8 月 12 日，第 4 版。

⑤ 何大章、缪鸿基：《澳门地理》，广东省文理学院，1946，第 85 页。

20 世纪 50 年代，并无一个涵盖全区的发展计划，只有部分土地在繁荣计划中被设为重要交通设施用地，尤其是计划在该地兴建机场。但纵观整个 50 年代，对于究竟是在新口岸还是在离岛兴建这个计划中的机场，澳葡政府及有关方面是摇摆不定的，具体情况如表 6-2 所示。

表 6-2　20 世纪 50~60 年代初关于机场选址的计划

时间	计　划　内　容
1952 年	有媒体指出，澳葡政府有计划在"新口岸建筑机场"，因为澳门缺乏一个陆上机场的现状，"对于航空交通显然是一大缺点"。因此"澳政府为了促进本澳的对外航空交通，因此也计划着在新口岸旷地兴建民航机场"。但是在同年发表的第一期繁荣计划中，却只提及要在新口岸修路，而机场则计划在氹仔兴建。同年 4 月，新任澳督史伯泰在接受葡萄牙媒体访问时也称："本省与其他地区并无空中交通，新口岸定期出海的水上飞机除外，这显示缺乏飞行的场地或跑道……在澳门建一机场，但因在半岛欠缺有利条件，使澳门考虑氹仔和路环提供的可能性……我认为，为大型飞机而准备和兴建的飞行场地，是对澳门有相当价值的显著事业"[1]
1955 年	尽管在上述 1952 年公布的繁荣计划中称将在氹仔兴建机场，但到了 1955 年澳葡政府却突然宣布将在 1956 年填筑新口岸区土地，并停止批租新口岸土地给菜农，外界纷纷猜测此举与其计划在新口岸兴建机场以及深水港有关[2]
1958 年	澳葡政府并未在 1956 年收回该区农地并填筑土地兴修机场。但在 1958 年公布的第二期繁荣计划中，在新口岸兴建机场仍被列为计划建设专案之一。同年葡萄牙国民会议员左雅拨对此提出了批评，他认为："……计划拟拨款九十万元在新口岸兴建机场和改善海岛镇交通，此亦无大作用。因新口岸所填地段须用大工程打椿始能兴建机场，费用浩大。同时因接近中国大陆，起飞亦有困难，恐会越界。况且这机场也只便利港澳航空，无大作用。如有必需，大可以改作利用以前的水上机场，或采用直升机，则费用更能节省。希望将这笔款项改用于增建新屋，或开辟规模美好之大花园，或拆除木屋另建新平民大厦，使市民能更好地解决住的问题。至于海岛镇交通亦应改善，应多设舒适浅水轮船，便利来往"[3]
1962 年	尽管上述 1958 年的繁荣计划将新口岸修机场列为建设专案，但澳督马济时在 1962 年年度预算方针中却提出计划"在氹仔兴建机场"。这一建议却被同年接任澳督的罗必信所反对，因为他认为"耗资一千万元于兴建机场，是无补于港澳交通的，因为港澳距离太近，而机场设备远不如香港，故此项计划将予搁置"。但后来的史实表明他并未放弃机场计划，而是打算另寻别处兴建。同年 8 月 25 日，他召开记者会，发布任内的建设计划，称"计划内，并订定动用港币一千二百万元在填海地区建有一机场"[4]。也就是说，罗必信搁置了前任澳督在离岛建机场的计划，再度准备在新口岸地区（即他口中的"填海地区"）兴建机场

续表

时间	计 划 内 容
1963 年	由于出现了澳葡政府和澳门旅游娱乐股份有限公司（Sociedade de Turismo e Diversões de Macau, S. A., 缩写:STDM, 简称娱乐公司）签订博彩专营合约的新情况, 罗必信关于机场选址问题态度发生转变, 一方面改称机场宜在氹仔兴建, 另一方面又认为建机场与其他交通工具比, 优势不大。4 月 29 日, 他在政务会议上发表的《施政纲要》中称:"开辟外港, 建设码头, 系按照幸运博彩合约进行的。但在发展港口和浚深河道的同时, 当然会影响到建筑飞机跑道, 如此一来, 就只余利用氹仔的鸡颈山建设跑道一个办法了。这个办法虽然对于远航程是有利的, 不过将来港澳的交通, 一有水翼船航行, 它的效能便要减低了。因为水翼船只花一小时零十九秒的时间便可到达, 比较飞机的时间差不了多少"[5]

　　注：[1]综合整理自《一年来的政治：发展的计划》, 转引自澳门大众报社编印《澳门工商年鉴》[第二回（1952～1953）], 1953, 第一篇第 4 页；《未来澳门商业地位可提高》,《华侨报》1953 年 11 月 25 日, 第 3 版；[葡]施白蒂：《澳门编年史（二十世纪 1950～1988）》, 思磊译, 澳门基金会, 1999, 第 9 页。

　　[2]《新口岸地区计划兴建机场》,《华侨报》1955 年 9 月 22 日, 第 3 版。1955 年相关事件对该区菜农带来的影响将在下文中详述。

　　[3]《发展旅游建议》, 澳门大众报社编印《澳门工商年鉴》[第三回（1958～1959）], 1959, 第七篇第 1 页。

　　[4]《澳门繁荣计划》, 转引自澳门大众报社编印《澳门工商年鉴》[第六回（1961～1962）], 1962, 第一篇第 3、42 页。

　　[5]《六三年施政纲要》, 转引自澳门大众报社编印《澳门工商年鉴》[第七回（1962～1963）], 1963, 第一篇第 43 页。

　　如表 6－2 所示, 整个 50 年代以及 60 年代初, 澳葡政府在是否建设机场及其选址问题上不断反复。在 50 年代中前期, 澳萄政府确定要建机场, 只是对于选址问题（新口岸区还是氹仔岛）举棋不定；50 年代后期至 60 年代, 不仅是选址问题, 对于要不要建机场, 都成为尚待解决的问题。这一过程, 既体现了澳葡政府以及为澳门制订繁荣计划的葡萄牙海外部之间对于这个问题的不同设想（例如, 1952 年第一期繁荣计划称将在氹仔建机场, 1958 年第二期繁荣计划则提出在新口岸建机场, 而澳葡政府在 50 年代一直考虑在新口岸填筑土地建机场）, 也反映出澳葡政府内部人员更换对计划带来的影响（例如, 前述 1962 年新任澳督罗必信就搁置了前任澳督马济时关于在新口岸建机场的计划）。再加上 60 年代初, 旅游娱乐公司获得博彩专营权, 并在专营合约中承诺在新口岸区兴建水翼船码头的重要事件，有关在新口岸建机场的计划最后只能被搁置。到 60 年代中期，已经很少看到关于在新口岸建机场等交通设施的想法，取而代之的是 60 年代初该区都市化计划的出台。

关于 1964 年新口岸区的都市化计划，本章第一节已从澳门城市化的角度出发，探讨该规划中所体现出的都市空间向郊区扩张的趋势。在这里主要探讨该规划对新口岸区的定位问题。如上所述，50 年代至 60 年代初，澳葡政府及有关方面将新口岸区部分土地定位为重要交通设施所在地，并计划在该区建机场或港口等。在 60 年代的都市化计划中，新口岸区除了兴建马路连接市区外，大部分土地被划作住宅区。对于这样设计的理由，该规划是这样叙述的："新口岸新填地区大部分地方，将用以兴建住宅屋宇，其理由：该区隶属市区一部分，为澳门市内唯一空旷而平坦之地。由于本澳仍欠缺一整体性之都市发展计划。因此，市民金望该区辟为住宅区，吾人只在技术上予以协助，促其实现而矣。"①

对于新口岸区与当时以新马路为中心的澳门市区的关系，有一种设想认为，可以如同当时两个离岛设置"海岛市"一样，将新口岸区设为一个独立的行政单位，和澳门其他地方区分开来。而该规划却否认了这一设想，认为该区属澳门城市的一部分，而"不可能成为一独立新城市"。具体来说，新口岸区"只能建立供应日常生活必需之设施，而将非必要之设施，如电影、戏剧、夜总会、医院等撤销。又由于未来澳门市之重心，将渐次转移至南湾区一带，吾人拟在该区内辟建旅游中心，建立公园、大会堂。如能实现，则本澳其他政府机构亦必须集中在南湾区。因此，在新口岸区设立庞大之行政机构，实无必要"。也就是说，新口岸区在该规划中被定位为紧邻"城市重心"南湾区的一个住宅区，其"应避免与市区竞争"②。

---

① 参见《新口岸与南湾新填地区都市化计划方案》，转引自澳门大众报社编印《澳门工商年鉴》［第八回（1964～1965）］，1965，第一篇第 81 页。

② 《新口岸与南湾新填地区都市化计划方案》，转引自澳门大众报社编印《澳门工商年鉴》［第八回（1964～1965）］，1965，第一篇第 83 页。

如上所述，60 年代中期制订的新口岸区规划"不久后被认为已经过时"，因而被弃之不用①。而在 70 年代，作为澳葡政府城市规划"重中之重"，新口岸区的城市规划更是经常被葡萄牙专家改动和发表，几乎每年都可以看到有关该区规划进展的报道。1971～1974 年，该规划草图数次往返于葡萄牙澳门计划小组和澳门城市计划委员会之间进行审批和修改。1974 年，新口岸区也在葡萄牙专家公布的新一期繁荣计划中占据重要位置。但在 70 年代末，该区规划又开始重新制订。其审批和修改过程如表 6－3 所示。

表 6－3　20 世纪 70 年代新口岸规划不断搁置的过程

时间	规划名称	规划内容及编制、审批过程
1971 年年底	《新口岸新城市发展规划》[1]	经过澳门城市设计委员会的研究和修改，作为"本澳新城市计划第一部曲"的新口岸城市规划草图寄往葡萄牙审批[2]
1972 年 3 月	《新口岸新城市发展规划》	3 月，这份草图经葡萄牙方面修改和批复后寄回澳门，按规划，新口岸将成为澳门市中心区。此地将兴建一些新型商业大厦、酒店、学校、住宅及一个面积较大之室内运动场。但该规划仍需待收集更好资料及意见后，再次寄往葡萄牙批核[3]
1972 年 10 月	《新口岸新城市发展规划》	里斯本澳门计划工作组两名设计师携草图来澳，准备根据实地情况，对规划进行最后修订。"但修改的都是细节部分，大问题当没有什么变化。"在内容方面，有关专家计划在该区建体育区、学校区、街市区及多层停车场等。另外，还计划在新口岸填海，兴建新码头，辟建为海港区[4]
1973 年 1 月	《新口岸新城市发展规划》	1 月，又有一名葡萄牙专家来澳对此规划经过鉴定后，认为之前计划在新口岸建造的体育区占地太广，需要缩小并改建综合性体育馆。澳督要求其在澳对规划加速修改[5]
1973 年 4 月	《新口岸新城市发展规划》	经过葡方专家、澳门城市设计委员会的多番修改和研究后，终于在 4 月传出消息，修改已经完成。据报道，虽然该规划"经过无数次修改，但原则上没有多大改变，只将建筑物之位置对调，以及修改路线网等"[6]
1973 年 9～10 月	《新口岸新城市发展规划》	尽管该规划在澳门已经修改完成，但仍需要寄回葡萄牙澳门计划工作组进行最后研究。澳督嘉乐庇于 9 月 22 日对外界表示，该规划只剩下小部分需要修改，预计在 10 月底可将修改的规划书寄回澳门[7]

---

① 〔葡〕科斯塔：《澳门建筑史》，《文化杂志》1998 年第 35 期，第 15 页。

续表

时间	规划名称	规划内容及编制、审批过程
1974 年 11 月	《繁荣计划》（第 5 期）	上述新口岸城市规划尚未实施，但在 11 月却有三位葡萄牙专家来澳发布了新一期《繁荣计划》。在该计划中，对新口岸的未来发展也进行了一番规划。具体来说，包括两个计划：(1) 新口岸城市计划，拟将新口岸农地和木屋建设成为澳门之城市发展中心，内有商业大厦、酒店、球场和道路网。(2) 新口岸填海计划：新口岸将被填成一个人工半岛，由大桥侧至赛车看台前进行填海计划，整个面积大约为 110 万平方米，在大桥起点处两边亦填部分海域，作为游艇俱乐部区，近赛车看台对海处侧辟为码头区[8]
1977 年 2 月～4 月	《都市化计划》	但上述新口岸城市规划和繁荣计划在接下来的数年内都未得到实施。直至 1977 年 2 月，立法会通过的预算草案中，又将制定该区"都市化计划"提上议程。同年 4 月，澳葡政府工务交通政务司高理雅指出，有关新口岸发展的技术性计划"尚未定出"，因此澳葡政府并未催促旅游娱乐公司在新口岸开展农地收回工作[9]
1977 年 9 月	《新城市发展计划》	高理雅对外透露，有关新口岸区的"新城市发展计划，十年前已着手设计，有关设计方案曾多次更改，最近又重新设计，现已完成。"该计划不再需要提交葡萄牙，而交由一个政府内部的最高工程技术委员会研究[10]

注：[1] 媒体报道这份规划时使用了不一致的译名。《华侨报》前期称为《新口岸新城市发展规划》，后来则称为《新口岸新城市计划》；而《澳门日报》一直称之为《新口岸都市化计划》。本书以该规划第一次出现在报纸上的名称为准，统一称之为《新口岸新城市发展规划》。

[2]《发展规划已由葡京寄返　新口岸变闹市》，《华侨报》1972 年 3 月 31 日，第 4 版。

[3]《发展规划已由葡京寄返　新口岸变闹市》，《华侨报》1972 年 3 月 31 日，第 4 版。

[4]《望梅堪止渴画饼可充饥　新口岸建设蓝图呈眼底》，《华侨报》1972 年 10 月 9 日，第 4 版；《新填海区都市化计划　葡京拟就草图寄抵澳》，《澳门日报》1972 年 10 月 9 日，第 4 版。

[5]《新口岸建设图则加紧最后修改　建运动场体育馆》，《华侨报》1973 年 1 月 7 日，第 4 版。

[6]《新口岸建设计划　至昨日修改完成》，《华侨报》1973 年 4 月 16 日，第 4 版。

[7]《嘉乐庇报告返葡洽谈经过　新填海建新都市区》，《澳门日报》1973 年 9 月 21 日，第 4 版。

[8]《三名葡国专家发表繁荣计划》，《华侨报》1974 年 11 月 5 日，第 4 版；《本澳发展规划公布　何时实现却无确期》，《澳门日报》1974 年 11 月 5 日，第 4 版。

[9]《葡贷澳三千万作今年繁荣费　立法会通过批准及使用草案》，《华侨报》1977 年 2 月 12 日，第 5 版；《新口岸建设缓慢　缺乏专责技术员》，《华侨报》1977 年 4 月 21 日，第 4 版。

[10]《新填海木屋居民　两年内逐步迁徙》，《澳门日报》1977 年 9 月 23 日，第 4 版。另一种说法是"有关新填海区新城市发展计划，澳葡发展辅导处已组织一个专门委员会进行草拟，预计在本年内可草拟完毕，然后提交有关方面进行研究"。参见《澳葡派出工作人员登记新填海区木屋》，《澳门日报》1977 年 10 月 19 日，第 4 版。

如表 6 – 3 所示，20 世纪 70 年代有关部门对新口岸区的规划陷入了一个不断制订又不断搁置的过程。其在 70 年代初酝酿制订新口岸新城市规划，1974 年又推出了大量涉及该区发展的第五期繁荣计划，每一期计划均对新口岸的建设和发展许下美好"愿景"。在这些计划中，新口岸区的地位不再像 1964 年的规划那样仅作为一个住宅区，而是被提升到"新城市中心区"的高度。该区土地被细分为商业区、住宅区、体育区、学校区、海港区等。1973 年，有关葡萄牙专家还计划在这里建造"两座规模宏大之运动场及室内体育馆"，"前者可容纳三万人"，而后者"要求达到外形美观，设备现代化"，建造费估计超过 1000 万元①。但由于葡萄牙政权更迭以及澳门政府换届等种种原因，这些计划成为一纸空谈。70 年代末，随着有关公司在新口岸展开收地行动，有关计划又开始重新制订。

在 20 世纪 80 年代初，新口岸区的规划与 70 年代末的总体规划一样，由澳葡政府聘请的葡萄牙 Prescott 公司和香港 GMW 公司共同设计（参见图 6 – 5）②，该规划确定了新口岸区收地后的土地分配和建设蓝图，并在旅游娱乐公司对新口岸收地完成后执行。

综上所述，在本书研究的时间范围内，澳葡政府和葡萄牙为新口岸区制订了多份规划，其在规划中的地位也经历了一个从 20 世纪 50 年代的大型交通设施用地、60 年代的住宅区，到 70 年代的"新城市中心"的转变过程。但最后这些计划大部分均未得到有效实施。在 70 年代中后期之前，整个新口岸区自 50 年代以来逐渐形成的"城乡结合部"面貌，并未因为这些规划而发生较大改变。对此，诚如有关媒体在 1974

---

① 详细参见《发展规划已由葡京寄返　新口岸变闹市》，《华侨报》1972 年 3 月 31 日，第 4 版；《新填海区都市化计划　葡京拟就草图寄抵澳》，《澳门日报》1972 年 10 月 9 日，第 4 版；《新口岸建设图则加紧最后修改　建运动场体育馆》，《华侨报》1973 年 1 月 7 日，第 4 版。

② 该规划的图则刊载于 1982 年政府和旅游娱乐公司签订的新一期博彩合约附件 2 的附图中，并转载在 1983 年 1 月 22 日的《政府公报》，葡文名称为：*Plano Geral de Ordenamenta*，*Anexo II*，*Anexos ao traslado da escritura de revisão do contrato de jogos*。

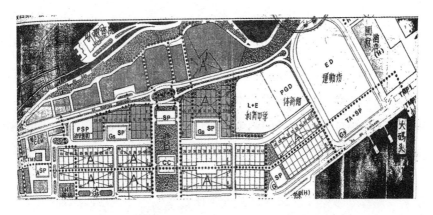

图 6 - 5　20 世纪 80 年代初制定的新口岸区规划图

说明：A 字地段为政府批给娱乐公司的土地，大小共十处。B 字地段为绿化区，停车场（SP）及社区中心（CC）。若政府将来批给第三者，可将之公开开投，如不开投，娱乐公司有优先承批权。黑点地段：表示限建 14 层高商业大厦。方格地段：表示可建 20～30 层高商住大厦。斜线地段：表示已占用地段（如国际酒店等）。空白地段：表示指定用途（如利宵中学、警察厅），或政府未定用途地区。花点地段：表示绿化区。SP：表示停车场。GSSP：表示地下停车场。

资料来源：《宪报昨公布新口岸批地图则　透露新口岸发展规划》，《华侨报》1983 年 1 月 23 日，第 4 版。

年提出的批评：“新口岸现时之木屋区，存在了数十年，初期亦是有计划发展的，但时至今日，又发展了多少呢？”①

2. 城市规划不断搁置的原因

城市规划不断搁置，主要原因有以下几方面：

第一，规划需在澳门和葡萄牙之间来回修改和批示。与葡萄牙城市规划的“无穷循环”不同的是，澳门的城市规划不再表现为在一国之间的不同级别规划机构中的“循环”，而是形成了管治地域与宗主国之间（澳葡政府、葡萄牙海外部）的繁杂批示、研究过程。例如，1964 年编制的新口岸都市化计划最终没有实行，很大程度上是由于规划申请批准的时间较长（规划在 1964 年初制订，直到 1965 年末还需要澳督罗必信回葡萄牙请示批准）而渐渐被搁置。而 1972～1974 年在澳葡政府

---

① 参见《三名葡国专家发表繁荣计划》，《华侨报》1974 年 11 月 5 日，第 4 版。

和葡萄牙之间不断讨论和反复修改的新口岸新城市发展规划，最终也不知下文。这一现象导致上述规划长期无法正式出台。但为了应对城市发展的需要，又不得不编制新的规划，以避免与城市发展相脱节，从而形成了新旧规划在同一事宜上的不断搁置。

第二，城市规划编制技术人员的不足。即使 1974 年葡萄牙"四二五"革命后，澳督李安道已明确表示"关于繁荣建设计划方面……由澳门本身自行设计和解决，不再依赖葡京"①。这意味着澳葡政府在规划上获得较大的自主发展空间，但其规划的自主制订仍面临着许多问题，规划制订滞后与不断搁置的现象并未得到改变。造成这一现象的主要原因在于，澳葡政府缺乏技术人员来研究和编制符合城市发展要求的规划。例如 1977 年，对于收回新口岸农地木屋后如何进行规划和建设的问题，此时的工务交通政务司高理雅指出，"有关的技术性的计划尚未定出"，"缺乏技术人员及没有专责的办事处，是新口岸发展工作进行缓慢的主要原因"。他进一步表示："由于澳葡没有技术人员，以便设立一办事处专门负责辅助及监督厘定发展新口岸的计划，及视察所有工程的进行。虽然基本的建设计划可交由私人机构负责作出，但政府亦需要一些具体的资料，来研究各项工程的可行性。"②

另一个例子是，澳葡政府于 1975 年成立澳门辅导发展处，负责规划方面的工作。但是直到 1980 年，这个机构改组为建设计划协调厅之前，该机构人手严重不足，包括技术人员在内仅有 16 人③。1980 年，澳督伊芝迪在接受访问时表示，"我要指出虽然今年初开始已努力为建设计划协调厅招聘技术人员，特别是工程师及则师（即建筑师——笔者注），但目前只找到两名技术人员……"由此可见，澳葡政府在规划

---

① 《澳督昨举行记者招待会》，《华侨报》1975 年 2 月 7 日，第 4 版。
② 《新口岸建设缓慢 缺乏专责技术员》，《华侨报》1977 年 4 月 21 日，第 4 版；《澳葡缺技术人员 新口岸发展缓慢》，《澳门日报》1977 年 4 月 21 日，第 4 版。
③ 参见《澳门城市总计划 部分资料葡转来》，《澳门日报》1975 年 8 月 9 日，第 4 版。该处的名称在一些资料中也被称为"澳门地区发展与辅导办公室"。参见谭纵波、董珂《澳门土地利用与规划体制研究》，《城市规划》1999 年第 12 期，第 32 页。

技术人员上的窘迫状况①。直到 1982 年，该厅才从葡萄牙招聘 8 名技术人员来澳，1984 年的建设计划协调厅共有工作人员 30 人，其中 12 名是技术人员②。可以说，直到这一年，澳葡政府规划技术人员不足的情形才稍有改善。

第三，政府官员的更换带来的规划编制工作效率低下以及对规划不必要的修改。这一点首先表现在澳葡政府最高长官即澳门总督身上。由于这些总督大多是军人出身，且热衷于在任期内留下自己的"印记"或"政绩"，因此他们往往推翻前任的计划，另起炉灶。这也就使得不同澳督在任期内提出的发展计划大都缺乏衔接，失去了政策的延续性。对于这一点，不论是本地学者还是葡萄牙学者均提出了批评意见。例如葡萄牙建筑师马萨皮纳（João Vicente Massapina）指出：

> 澳门城市规划中缺乏民主性，在我看来，已经造成了严重的后果，因为所有的城市规划决策都是根据每届总督的发展纲要做出来的，而每位总督的明确目标都是要在其任期内在本澳留下自己的"印记"。……这些被任命的总督，大部分都是军人出身。他们虽然实施了一系列所谓的"发展计划"，但都不重视澳门的城市规划③。

---

① 《水电下水道有关改革　后年之前可次第完成》，《华侨报》1980 年 8 月 30 日，第 3 版。

② 《建设计划协调厅厅长马光兆透露　今年公共投资预算四亿五千万》，《澳门日报》1984 年 6 月 20 日，第 1 版。实际上，不仅在城市建设领域，70 年代末澳葡政府许多方面都存在人才不足的问题，例如 1980 年香港《亚洲周刊》曾指出尽管当时的澳葡政府想尽办法招募人才，但其做法都难以在根本上解决问题，且"拖延了政府计划的实行"。参见《澳门的崛起：柳佐民译自香港〈亚洲周刊〉（Asia Weeks）》，《澳门日报》1980 年 11 月 2 日，第 2 版。直到高斯达总督执政时期，"先后有好几十个技术员来本地区充实当时仍极为薄弱的公务员队伍"，情况才得以"逐步改变"。参见〔葡〕菲格拉（Franciscco Figueira）《澳门究竟是怎样的一座城市》，《文化杂志》1998 年第 36、37 期，第 206 页。

③ 〔葡〕马萨皮纳：《澳门城市建设的发展　城市规划面面观》，《文化杂志》2003 年第 46 期，第 165、166 页。

除了澳督以外的其他高级官员，也往往采取相似的做法，诚如李崇汾所指出的：

城市规划的蓝图虽已确定，但各高级官员都是以合约形式受聘来澳，为期一般三年。虽可续约，但多在三、五年后便更换另一批人员。当每一届新人上任，便作一次全面研究、分析，然后重新规划，对前人所定的计划，要不是全盘否定，就是东改西改，反正不创一番新，便表示不出专家的身份来。结果是有蓝图等于没蓝图①。

直到澳门回归前夕，时任澳门土地工务运输司城市规划厅厅长的郑冠伟在回顾澳门的城市规划工作时也承认："政府班子的经常更换，新到任的并不一定跟从上任的规划延续下去，因此除缺乏连续性外更经常改变。"②

具体到本书的研究范围内，有不少规划搁置的例子符合上述特征。最明显的例子就是上述新口岸不同时期的多份内容各异的规划，很多都是在澳督更替时做出的。

3. 社会各界及政府内部对城市规划不断搁置的反应

不断搁置的城市发展计划，无疑对澳门的城市发展带来巨大的负面影响。尤其是 20 世纪 70 年代，澳葡政府几乎每隔 1～2 年就提出新的计划，却总是"雷声大，雨点小"，未得到及时有效的实施。社会各界对此颇有意见，而与城市规划密切相关的工商界人士、建筑师（则师）以及相关媒体的意见更值得关注。

（1）工商界人士对城市规划感到失望。

城市规划带来的旧城改造以及新工程项目，对工商界人士尤其是地

---

① 李崇汾：《澳门公共行政中的土地政策和管理》，《澳门研究》1998 年第 8 期，第 188 页。
② 郑冠伟：《澳门城市规划的发展及延续方向》，《建筑学报》1999 年第 12 期，第 9 页。

产商和开发商来说意味着巨大的商机。因城市规划制订后，往往会使商人"趋之若鹜"，希望借此获得投资机会。但澳葡政府在规划方面的举棋不定，优柔寡断，使很多投资机会化为泡影。这一点在新口岸规划的制订和实施方面体现得最为明显。1974 年 11 月 4 日，三名葡萄牙专家来澳发表新一期繁荣计划后，澳门的商人对此极为关注，甚至"马上引起外地财团之热烈反应"。一天后立即有香港"十余名地产置业巨子"① 应何鸿燊的邀请前来澳门"联袂访晤护督"，呈交一份投资 1 亿元的新口岸填海计划书，并计划在此地填海兴建马场以及酒店、高尔夫球场、住宅楼宇等②。对于这一计划，从葡萄牙归来的澳督曾表示在 1975 年 1 月底前答复，但在 2 月 6 日的招待会上又表示，这项计划必须详细研究后才能答复③。此后，港澳商人和澳葡政府进行了多轮接触，时至 1975 年 5 月，澳葡政府已批准马场的兴建方案④，但双方在兴建马场的地点上仍存在分歧。澳葡政府认为，在新口岸码头附近填海兴建马场不妥，因为对该地段的使用另有计划，所以建议他们在新口岸其他地点或在离岛兴建，但商人不愿接受⑤，因此兴建地点成为"本澳

---

① 据报道，成员中包括立信置业公司霍英东，新世界发展公司郑裕彤、卢道和，新鸿基地产公司郭德胜、冯景禧，华光地产发展公司赵世曾，利兴发展公司胡汉辉，恒隆地产公司陈曾熙，达成置业公司许达三，泰盛发展公司香植球，长江实业发展公司李嘉诚等。参见《应娱乐公司霍英东何鸿燊邀请　香港十余地产巨子来澳投资一亿填海》，《华侨报》1974 年 11 月 6 日，第 4 版；《港十地产商集资亿元　拟在新口岸进行填海》，《澳门日报》1974 年 11 月 6 日，第 4 版。

② 参见《应娱乐公司霍英东何鸿燊邀请　香港十余地产巨子来澳投资一亿填海》，《华侨报》1974 年 11 月 6 日，第 4 版；《港十地产商集资亿元　拟在新口岸进行填海》，《澳门日报》1974 年 11 月 6 日，第 4 版。

③ 1975 年 2 月 6 日，澳督李安道就香港商人投资计划的进展向媒体表示："此事有关澳门整个繁荣建设计划，对政府原定计划发展方面有影响，建马场地点是否适合，仍须作详细考虑，故未能在一月初答复，尚须研究。"参见《自力更生繁荣澳门　填海建马场待研究》，《华侨报》1975 年 2 月 7 日，第 4 版。

④ 《马仔车场投资计划重新考虑》，《澳门日报》1975 年 5 月 29 日，第 4 版。

⑤ 何鸿燊当时对媒体表示，"新口岸的堤基是现成的，对填海工程进行较为有利，可加快工程进行，而且离港澳渡轮码头较近，因此赛马场方面将力争在新口岸填海区兴建"。参见《已集资七千余万　有关条件十二日将正式洽谈》，《澳门日报》1975 年 6 月 7 日，第 4 版。

开设赛马场之主要障碍之一"，谈判陷入僵局①。为此，双方在 7 月、9 月两次延长谈判期限，但仍未达成共识②。由于谈判拖延时间过长，再加上商人与香港赛马会方面的协商也并不顺利，到了 1976 年，何鸿燊对外界证实，因"投资者兴趣越来越淡，有不少已中途退出"，投资填海建马场计划已"胎死腹中"③。

从上述事例中不难看出，澳葡政府不断提出的城市规划固然可以给有意投资的工商界人士带来刺激和鼓舞；另外，政府的规划不一定与投资者的投资目的相符，使得回应政府规划前来投资的商人面临种种问题，最后只能打退堂鼓。就上述港澳商人投资填海建马场失败一事，当时的澳门工商界人士提出了尖锐批评。他们认为：

> 当局缺乏远大眼光，对定下之每一项重大计划和每一项重大措施，均从短暂之利益着眼，而不是从长远打算。具体来说，有如下几点：（一）政府所定下之计划经常变卦，每换一任总督，就推翻以前所定下之计划，或将之大肆修改，而不是像香港政府那样，按照原来计划执行，这使投资者存有戒心。如新口岸城市计划就不知改了多少次。（二）政府就算接纳投资者之计划，但却对计划有太多之考虑，优柔寡断，往往批复过迟，而且所索条件太苛，使投资者难于接受，因而自动放弃，错过了机会。如马场、马仔车场等投资便是一例④。

---

① 参见《开设赛马场条件　经洽谈后颇接近》，《澳门日报》1975 年 7 月 3 日，第 4 版；《填海建马场计划　只余地点尚研究》，《华侨报》1975 年 7 月 3 日，第 4 版；《筹设马场洽谈期限　财团要求延长一月》，《澳门日报》1975 年 9 月 1 日，第 4 版。

② 《筹设马场洽谈期限　财团要求延长一月》，《澳门日报》1975 年 9 月 1 日，第 4 版；《建马场继续努力　谈判期再延两月》，《华侨报》1975 年 9 月 30 日，第 4 版。

③ 《何鸿燊答记者询问时证实　填海建筑马场计划已成泡影》，《华侨报》1976 年 4 月 25 日，第 4 版。

④ 《澳当局对繁荣计划　优柔寡断目光短浅》，《华侨报》1976 年 4 月 4 日，第 4 版。

（2）媒体的有关报道也反映出对城市规划的讽刺和批评。

《华侨报》在 1971 年和 1972 年对澳葡政府提出的新城市计划以及新口岸规划的报道，均使用了近似的标题，前者为"虽云画饼充饥，亦可望梅止渴，澳门未来建设呈眼底"；后者为"望梅堪止渴，画饼可充饥，新口岸建设蓝图呈眼底"①。由于这是同一家报纸在时间间隔较近的报道，标题相似并不奇怪，但可以从这样的标题中了解到，一方面，媒体并不否认 1971 年提出的澳门新城市计划草图以及 1972 年在研究的新口岸新城市计划勾勒出了未来城市及区域发展的蓝图，另一方面，使用"画饼充饥""望梅止渴"这样的含有讽刺意味的成语，正是立足在澳葡政府的规划长期不断编制而又不断搁置这一基本事实之上，对日后这些规划能否落到实处持有悲观态度。

1974 年末，葡萄牙专家来澳门发布新一期繁荣计划，而此前的新城市计划尚不知下文时，《澳门日报》与《华侨报》的报道不仅在标题的文字上持讽刺态度，这也反映到报道的内容中。《华侨报》于 1974 年 11 月 5 日对一天前发表的这份规划，使用了长达 60 个字的主、副标题：

> 三名葡国专家发表繁荣计划　诚洋洋乎大矣　惜戞戞乎难成
> 雷声虽大雨点却小　好高骛远无补目前急需　何如脚踏实地先解决
> 离岛交通及水电问题②

这既表达了对规划内容难以实现的担忧，也指出了当时城市建设应当优先解决的问题。这篇报道结尾的文字也提出了类似的观点，作为点题：

---

① 《虽云画饼充饥　亦可望梅止渴　澳门未来建设呈眼底》，《华侨报》1971 年 11 月 25 日，第 4 版。《望梅堪止渴画饼可充饥　新口岸建设蓝图呈眼底》，《华侨报》1972 年 10 月 9 日，第 4 版。标点为笔者所加。

② 参见《三名葡国专家发表繁荣计划》，《华侨报》1974 年 11 月 5 日，第 4 版。

　　上述计划，我们认为只可能当是一幅美丽的图画，是完全不符合实际的，我们知道葡国政府过去对澳门之所谓繁荣计划，早在十多二十年前已有草图，但时至今日，除了筑了一条大桥外，有什么地方能实现过呢……我们认为，目前澳门之发展计划，最实际的是要充分利用大桥连贯澳氹路之有利条件，集中力量将路、氹两地之道路网搞好，并解决水电的问题，才能侈言其他①。

　　同日的《澳门日报》也以"本澳发展规划公布何时实现却无确期"为题进行报道，尤其关注这份规划如何实施的问题，反映出对规划能否如期实行表示怀疑②。

　　1979 年，工务交通政务司宣布城市总计划时，《华侨报》记者的怀疑态度依然未改变，认为"上述这些，每一项均是庞大工程，此计划何时开始，何时完成，却未见发表，因此这个庞大的澳门城市总计划，现只能把它看作是一个'美丽的愿景'，能否一一实现，实在天晓得"③。

　　（3）设计师也对城市规划存在的问题提出了自己的看法。

　　1978 年，著名的设计师陈炳华在《澳门日报》上发表文章。该文首先指出了当时负责城市发展工作的澳门辅导发展处和工务交通政务司存在的问题，认为行政程序繁复及结构不健全是这两个机构中存在的主要问题，"故必须作一个彻底的改革，以尽量减少导致时间、人力及金钱上损失的繁冗手续"。对于澳葡政府当时的城市规划，他从专业人士的角度提出"澳门还急需一个脚踏实地的城市计划，一个实际的、适合于当地环境及居民期望的计划，使能够对将来地方发展起着正确的辅导"。同时，他认为，澳门具有特殊的经济及地理环境，"由于澳门的

① 《三名葡国专家发表繁荣计划》，《华侨报》1974 年 11 月 5 日，第 4 版。
② 《本澳发展规划公布　何时实现却无确期》，《澳门日报》1974 年 11 月 5 日，第 4 版。
③ 《工务交通司在立法会议上陈述澳门城市发展总计划》，《华侨报》1979 年 12 月 22 日，第 4 版。

经济发展、物资来源及产品市场的流动性和时间性很大，它的生存及发展都需要依靠特强的适应力来适应环境的转变"，所以，城市计划的首要条件应该是"具有相当的弹性，否则将会是纸上谈兵重蹈以前不少不切实际计划的覆辙"①。可以说，陈炳华的观点代表了规划界对澳葡政府多年来不切实际且不断搁置的城市规划的反思，在其看来，这样的做法无法跟上城市发展的脚步，迫切需要在规划程序、内容上进行改革。

（4）立法议员对城市规划不断搁置提出批评。

据李炳时在《澳门总督与立法会》一书中的介绍，1978 年 7 月 31 日，黎祖智议员做出一篇以《从计划到现实——不可逾越的鸿沟?》为题的发言，要求政府就 14 项城市建设工程提供资料以便于研究。黎祖智在谈到新口岸的城市化计划时指出：

> 在澳门居住多年的人对批准有关这个广阔的、未利用的地区的计划的诺言多少持不信任的眼光。再说，当年青一辈以特别的热情去品评向公众展示的计划和模型时，那就是十五年以前的事了。当时曾宣称要大事发展和利用新口岸，那时候，年老一辈微笑地说，未必吧！还要等着瞧。

在四个多月后的 12 月 17 日，黎祖智继续批评政府 1979 年施政方针中关于"继续编制都市化计划"项目。他说："这计划是编制、再编制，始终未予实现。"而马丁士议员则指责在新口岸兴建新的政府合署大厦的计划，认为如此一来，纳税人就须长途跋涉地由市区远赴新口岸缴税，十分不便②。

（5）政府内部也出现了对城市规划不满或抱怨的声音。

1976 年 12 月，当获知社会各界对工务厅在城市改建过程中出现的

---

① 陈炳华：《建筑置业与城市发展存在的问题》，《澳门日报》1978 年 1 月 11 日，第 3 版。

② 李炳时：《澳门总督与立法会》，澳门基金会，1994，第 26～28 页。

问题进行质疑和批评后，工务交通政务司高理雅也不得不承认："由于澳门建筑方面的压力与缺乏技术性的辅助，工务厅多年前已不能负起本身的责任，致令在城市改建计划上出现了混乱的情况。"他进一步指出："由于当时没有而现在亦未有澳门改建计划书，人们逐渐采取了一个较容易解决问题的方式，但这种方式经常是不规则的，特别是在批准拆卸与建筑方面。因此，街道的扩阔，是在没有任何技术或法律的基础上进行的。"同时，高理雅认为，负责城市规划的相关机构也面临诸多技术问题时，"需要聘请更多的技术人员来实现澳门城市的改建"[①]。由此可见，在当时的澳葡政府内部，已经意识到城市规划、土地管理法律以及机构人员等方面存在的不足，有必要改进。

（三）　城市规划不断搁置对菜农的影响

中国城市规划学会理事长仇保兴指出："城市规划既是一项政府行为，又是一项社会运动。"一方面，城市的发展不能完全交给市场和私人单位来推动，必须依赖政府通过城市规划这一"政府行为"来进行调整，在宏观层面上对城市的发展方向制订蓝图。另一方面，城市规划作为一项"社会运动"，"是一个由全体市民参与的实践过程，是一种现代文明（生活方式）的传播、集聚和提炼过程"[②]。这些观点对探讨澳葡政府的城市规划提供了两个分析视角，有助于我们透过现象，看到澳葡政府城市规划对菜农造成的影响等方面的本质。

1. 基于"政府行为"的视角：不具备延续性、确定性和时效性

一般而言，作为"政府行为"的城市规划"应该顾及整体性，功能性和前瞻性"[③]，且应与实际情况相符合；否则城市的发展和建设将

---

① 《工务厅多年不能负起本身责任　澳城市改建计划混乱》，《华侨报》1976 年 12 月 11 日，第 4 版。

② 仇保兴：《城市经营、管治和城市规划的变革》，《城市规划》2004 年第 2 期，第 9～10 页。

③ 〔葡〕马萨皮纳：《澳门城市建设的发展　城市规划面面观》，《文化杂志》2003 年第 46 期，第 164 页。

会与规划蓝图里的设想大相径庭，而政府的公信力也因未及时实施的规划而受到损害。同时，由于澳葡政府在执行规划的方式上倾向于"未雨绸缪"，即规划尚未正式编制完成前，就在某些规划目标地区采取收回农地等行动，从而导致菜农在远早于正式规划出台的时候，就因农地被纳入规划中而面临土地不予批租的困境；但正式城市规划又经常被后续规划取代而不断搁置。这就使土地长期处于"被规划"的状态，而这些被规划土地上的菜农也无法专心务农，形成了一种"双输"的格局。

受规划不断搁置影响最明显的例子是 20 世纪 50 ~ 60 年代的新口岸区。如上所述，第二次世界大战后新口岸区的第一个正式规划是 1964 年的都市化计划，可是早在 1953 年，澳葡政府就曾禁止菜农开垦部分新口岸土地，此后数年，也多次"传出风声"，准备收回该区土地并迁移该地菜农。在 1964 年以前，澳葡政府的相关行动如表6－4所示。

表 6－4　新口岸区城市规划不断搁置对菜农的影响

时间	地点	过　　程
1953 年 10 ~ 11 月	新口岸旧机场附近荒地	菜农准备开垦一块"前经核准拨用"的土地时，突遭工务厅人员禁止。原因是"当局目前决不准居民再予扩展"。有媒体猜测应与澳葡政府计划在该处兴修机场及浚深河道修建港口有关[1]
1955 年 9 月	新口岸全区	澳葡政府计划在 1956 年将新口岸全区的土地加以填高，以便兴建机场。因此，除不再将这里的土地批租外，已在该地菜农"便须迁往别处"。此消息传出后，该区数千名菜农多次举行座谈会，会后联名致函商会，希望政府能够延长迁移时间和指定迁移地点。让菜农继续从事农业[2]
1959 年 3 月	新口岸部分土地	尽管澳葡政府宣布在 1956 年起停止将公地批租给菜农，但是直到 1959 仍未有对这些土地进行处置的行动。而在当年 3 月，澳葡政府又传出消息，计划收回该区部分土地，开辟港口及建筑码头[3]

续表

时间	地点	过　　程
1962 年 11 月	新口岸农地	在这一年澳葡政府和旅游娱乐公司签订的第一份博彩专营合约中，约定由娱乐公司负责新口岸的都市化工作。因此在 11 月再次传出"新口岸菜地政府已决定于短期内收回，以为繁荣澳门之用"的消息。同时，澳葡政府还派人将该区菜园用铁丝网隔开，并通知附近菜农"预作准备，设法迁离"。但直至 1976 年娱乐公司与澳葡政府签订第三期专营合约后，针对新口岸全区的收地行动才逐步展开，因此上述 1962 年的预备迁离菜农和收回新口岸农地的行动均未实施[4]
1962 年 7 月	新口岸木屋区	工务厅派出工作人员到新口岸木屋区测量面积及登记住户姓名，但未透露原因，"即登记人员，亦说不知"。有媒体推测这是其为了建设新口岸，迁移木屋区进行的"未雨绸缪"之举[5]

注：[1]《新口岸荒地各菜农　复遭当局禁止耕种》，《华侨报》1953 年 10 月 24 日，第 3 版；《新口岸政府公地　不准菜农再扩展》，《华侨报》1953 年 11 月 6 日，第 4 版。

[2]整理自以下材料：《新口岸地区进行建设　实施新计划填筑该区一带地基》，《华侨报》1955 年 9 月 20 日，第 3 版；《新口岸地区计划兴建机场》，《华侨报》1955 年 9 月 22 日，第 3 版；《新口岸地区决定填筑　该区菜园明年尽停批》，《华侨报》1955 年 9 月 24 日，第 3 版；《停止新填海地区租用　数百家菜园急于迁地甚感彷徨》，《华侨报》1955 年 9 月 25 日，第 3 版；《新口岸菜农　决定联函商会》，《华侨报》1955 年 10 月 8 日，第 2 版。

[3]《新口岸沿岸部分菜园公地　政府将予收回》，《华侨报》1959 年 3 月 13 日，第 3 版。

[4]《新口岸菜地将收回　农户谋作善后准备》，《华侨报》1962 年 11 月 22 日，第 3 版。

[5]《派员测量新口岸地区　并有人挨户登记各木屋住客姓名》，《华侨报》1962 年 7 月 1 日，第 3 版。

如表 6-4 所示，在 1964 年新口岸都市化规划正式提出之前，澳葡政府多次表示要在新口岸建设机场或者深水港等大型交通设施并迁离当地菜农，但实际上只是在纸上谈兵而已。该区的发展在实际上与澳葡政府纸面上的规划大相径庭，菜农仍然从事其农耕事业，而 60 年代末木屋区甚至有进一步扩大的趋势。如前所述，1964 年的都市化计划也未完全实行，直到 1969 年新口岸区仍然是一片"田园风光"。由此可见，新口岸区规划在多年来陷入不断搁置的怪圈当中，规划屡次做出，屡次修改，但都未能得到彻底的实行。这种不断搁置现象对该区的城市化进程带来了严重的负面影响。

一是澳葡政府做出规划却不实行，无疑令人觉得规划只是"空谈"。以上述 1955 年澳葡政府计划在新口岸区填筑土地修建机场为例，从政府对此事的宣传中，可以看出其对新口岸的填筑工程是确定无疑的，而且在政府公报上也做出了说明①。但最终这一计划不知下文，土地也未被澳葡政府收回。这种做法使人觉得澳葡政府的决定十分"儿戏"，政府的公信力因而受损。二是对菜农而言，其在新口岸区辛苦开垦的土地长期处于"被规划"的状态中，澳葡政府不断传出要收回土地，将他们迁离新口岸的消息，对他们的生产和生活无疑带来了较大困扰②。三是由于新口岸区的规划不断修改，难以实行，而规划中所设想的将该区建设成为"新城市中心"的美好设想迟迟无法实现，使该区长期处于农地和各种建筑、洋房夹杂存在的无序状态中。从这个角度而言，新口岸区规划长期无法实行也使得该区土地被闲置，是一种土地资源的浪费。因此，澳葡政府在新口岸区城市规划的不断搁置带来了公信力受损、菜农发展受限、土地资源浪费等后果，成为该区城市化演进过程中的一个障碍。

在 70 年代末 80 年代初的市政建设中，也可以找到规划不断变化且难以实施并对菜农造成影响的例子，如在马场新建屠宰场的计划。1978年，市政厅考虑到原有屠宰场的猪仓狭窄，设备不足，屠宰效率低，无法满足人口增加、经济日益发展的需要，于是寻觅地点建新屠宰场，最

---

① 在 1955 年 9 月 24 日的政府公报上，刊载了工务厅关于此事的布告一则："澳门省工务、港务及运输厅布告：为布告事，照得外港新填地区，在短期内须进行填筑工程，特行布告，仰该地段批领作为耕地之土地领用人知悉，一九五六年度，不再发给使用准证，本案归土地测量及房屋登记科主办，合并叙明。此布，一九五五年九月十三日，厅长毕士达。"转引自《停止新填海地区租用 数百家菜园急于迁地甚感彷徨》，《华侨报》1955 年 9 月 25 日，第 3 版。

② 尤其是 1955 年和 1962 年澳葡政府两次传出停止批租或收回新口岸农地的消息后，菜农要么"急于迁地甚感彷徨"；要么"纷纷将畜养猪只，家畜放盘沽售，另行择地迁移"。但在 70 年代中后期以前，大规模收回该区农地的计划实际上并未实行，对已做好准备迁离的菜农来说实在是"瞎折腾"一场。参见《停止新填海地区租用 数百家菜园急于迁地甚感彷徨》，《华侨报》1955 年 9 月 25 日，第 3 版；《新口岸菜地将收回 农户谋作善后准备》，《华侨报》1962 年 11 月 22 日，第 3 版。

后选址在马场①。为此，市政厅在 1979 年组成筹建屠宰场小组，并与该地菜农就收地价格补偿进行多轮谈判②。到年底，市政委员会在讨论 1980 年预算时，也决定拨款数百万元用以"兴建新屠场，包括补偿新屠场所在地之马场木屋居民和耕地的搬迁费用和新屠场的搬迁费等"③。但此事却因政府换届而搁置。1981 年 7 月新任澳督高斯达上任后，经过新的计划设备暨建设政务司卫而立与有关部门研究后，推翻了以前的决定，计划在路环与凼仔之间填海取地，用来兴建新屠宰场。有评论认为，"……计划填海和兴建新屠场，恐怕非花上五年至七年时间不可，急切的公共事情要花这么长时间，是不切实际的"。该评论还指出：

> 有关政府的新决定，据市民的意见，认为是夜长梦多的做法，极不切实际。对于前任政府确定下来的计划，新任政府予以推翻，使急切的工作变为缓慢，市民对此亦大有意见。据一般市民批评政府最大的弊端是政府当计划做一件事时，首先是意见多多，往往花数年时间才做出决定，但当决定后换了新政府，原有计划又往往被推翻，一改再改，以致难以成事④。

综上所述，澳葡政府这一时期不断搁置的城市规划，无法具备作为"政府行为"的城市规划应有的延续性和确定性，使得其既不能为城市化进程的顺利进行提供科学指导，带来了土地资源浪费、公信力下降等

---

① 另一个说法是选在关闸彩虹村附近的旷地。参见《市政厅答复肉商代表　选择彩虹村兴建新屠场》，《华侨报》1979 年 8 月 14 日，第 4 版。

② 谈判过程参见下述报道：《建屠场小组晤菜农代表　洽谈有关补偿搬迁问题》，《澳门日报》1979 年 9 月 19 日，第 2 版；《市政厅收地建屠场　每平方公尺九十元》，《华侨报》1979 年 9 月 19 日，第 4 版；《市政厅认为住户索偿太高　中止谈判交由当局处理》，《澳门日报》1979 年 9 月 26 日，第 2 版；《菜农提出平方公尺补回三百五十元》，《华侨报》1979 年 9 月 26 日，第 4 版；《市政厅认为住户索偿太高　中止谈判交由当局处理》，《澳门日报》1979 年 9 月 26 日，第 2 版。

③ 《市政委会讨论明年预算　拨巨款建新屠场》，《华侨报》1979 年 12 月 4 日，第 4 版。

④ 《计划常改变形成缓滞》，《华侨报》1981 年 11 月 2 日，第 1 张第 4 版。

恶果；也使菜农时常处于"土地将被收回"的困境之中，思想和行动上也必须一直做好搬迁准备，生存发展受到制约。

2. 基于"社会运动"的视角：缺乏市民的广泛参与

作为一项"社会运动"的城市规划是一个全体市民参与的实践过程。这种参与"并不是一种公众对城市规划结果的被动了解和接受，而是对城市规划过程的主动参与，是一种观念和思想的交流和整合过程"①。因为城市规划与包括菜农在内的每一个居民息息相关。这种规划理念在世界范围中被广泛接受。例如，马萨皮纳就认为，一种公众参与型的城市规划实际上已在全欧洲实行，"这种规划具有灵活性，不强加于人，管理有透明度，注意直接听取所有可能对城市和农村建设和发展做出贡献的人士的意见"，是一种"公众参与管理城市的模式"②。对于探讨澳葡政府发展计划不断搁置对菜农带来的影响，这一视角具有重要意义。

实际上，城市化的进程也就是农业用地不断减少、非农业用地不断增加的过程，这一变化必然要反映到城市规划中。这也就意味着为了执行这些规划，往往需要收回菜农的土地。而土地又是菜农最大的利益保障，失去土地的菜农生存更加困难。由此可见，城市规划与菜农可否继续从事农业紧密相连。在这一背景下，菜农理应参与到城市规划的编制过程中来。然而，由于当时澳门处于管治之下，无论在澳葡政府还是葡萄牙海外部做出的城市规划都难以体现公众的参与。而对菜农来说，遑论参与，就连基本的知情权都难以保障。总体而言，这一时期大多数规划的编制、审批和形成阶段，均存在不透明、不公开的问题，由此而引发菜农和澳葡政府之间的矛盾（参见图6-6）。

第一，规划的编制和审批过程不透明。这就使得可能受规划影响而

---

① 陈锦富：《论公众参与的城市规划制度》，《城市规划》2000年第7期，第54～57页。
② 〔葡〕马萨皮纳：《澳门城市建设的发展 城市规划面面观》，《文化杂志》2003年第46期，第164页。

失去土地的菜农，无法得知自己土地已被划作他用。这在多年来被澳葡政府反复规划的新口岸区体现得最为明显。例如，1956～1962年，为编制新口岸都市化计划，工务厅对该区进行了多次农地面积调查和木屋居民登记①。这种不明原因的调查，无疑使该区人心惶惶，对未来能否在该区继续从事农业紧张不已。如果此时有关单位能够出面向菜农解释政府拟对该区进行规划，将有助于菜农了解情况，从而减少规划执行阶段（农地收回）对菜农造成的"突然打击"。

第二，许多规划完成后不公开。这种做法饱受国内外专家学者的质疑，诚如一些内地学者所指出的："澳门长期以来没有一个公开的作为城市规划主要内容的土地利用规划，以至于被误认为澳门没有土地利用规划或城市规划，并将澳门城市发展中的某些无序现象归罪于此。"②葡萄牙学者也指出，1966年1月1日第8096号训令通过的黑沙环工业区城市规划是"澳门城市化法律史上的一个标志"，因为该规划被"公布于《政府公报》之上，故一反当时普遍见于葡国及澳门的情形"③。也就是说，当时"普遍"的情形是，未将规划公布在《政府公报》上，仅存在于政府内部。此外，在80年代也有英国的观察家在研究了当时澳门的城市发展后指出，"澳门的发展模式究竟如何，人们难以捉摸，澳门的城市规划部门拒绝接待来访者"④。以上种种现象，都反映出澳门有许多已经完成的城市规划处于"秘密"状态。据许昌研究，这种不公开的、缺乏对公众特别是业界的咨询的规划，降低了规划的强制性，"不便于市民包括投资者和开发商了解和遵守，造成不应有的混乱

---

① 参见《派员测量新口岸地区 并有人挨户登记各木屋住客姓名》，《华侨报》1962年7月1日，第3版。

② 谭纵波、董珂：《澳门土地利用与规划体制研究》，《城市规划》1999年12期，第33页。

③ 〔葡〕阿丰索：《20世纪葡萄牙与澳门——城市规划法律史之研究》，载吴志良、林发钦、何志辉主编《澳门人文社会科学研究文选·历史卷（含法制史）》（下卷），社会科学文献出版社，2010，第1486页。

④ 〔英〕斯太凡尼·威廉士：《澳门往何处去？》，《澳门日报》1981年5月22日，第3版。

和浪费"①。菜农作为普通居民的一部分，必然难以接触到这种缺乏公众参与的规划的实质内容，了解这些规划对其种植事业带来的影响，也为其之后突遭收地所带来的困惑埋下了伏笔。

第三，以土地被规划的理由敷衍菜农。如上所述，由于规划不透明，不公开，菜农并不知道自己土地被划作其他用途。在很多农地收回案例中，相关单位未对菜农解释政府收地的原因、收回土地后做何用途，只笼统地告诉收回农地"另有规划"或者"用于建设"，然后要求菜农在短期内迁离。这样的做法无疑对菜农造成极大的心理压力，甚至引发菜农和澳葡政府之间的暴力冲突（参见图6-6）。

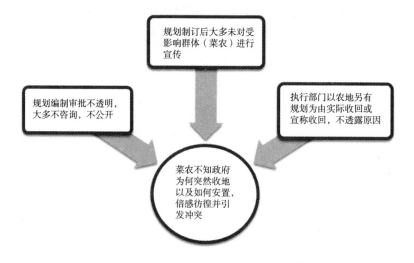

图6-6 澳葡政府与菜农由于规划问题发生矛盾的原因

以新口岸为例，澳葡政府以该地另有规划为名，实施了多起收地行动，引起菜农极大的不满。例如，1962年7月30日，工务厅派出三名职员前往新口岸区赛车跑道起点之看台背后的农地，要求收回该区土地，并让受影响的32户菜农签名，等待安置。对此，该处的菜农深感不解，

---

① 许昌：《澳门城市规划法律制度综述》，载崔世平等策划《21世纪澳门城市规划纲要研究专题报告》，澳门发展与合作基金会，1999，第4~5页。

大为彷徨。他们认为，"这地区是他们用多年血汗开垦出来的"，倘若被收回，"他们顿失去生活凭借，然后获得别处徙置，但是多年血汗，等于虚掷。到新徙置之地区，却要从头开始，中间有一段时期的生活将难以解决，因此他们希望当局能收回成命"①。8月22日，这些菜农派代表面见工务厅厅长并提出了三个问题，其中第一个就是问"当局收回该地段打算作何用途"，因此地是他们辛苦开垦出来的，即使收回也要给出理由；而澳葡政府笼统地回答，"该地段收回后，将用作修建球场"②。

实际上，菜农对于农地被收回用作城市建设，总体来说是可以接受的。例如1962年就有青洲菜农表示"现政府计划收回之公地，拟将之起建屋宇，本为一种有关繁荣之建设，本属无可厚非者"③。因此，如果澳葡政府在上述规划编制过程中的各个阶段保持透明与公开，如果按照规划收回农地时，也应做好对菜农的宣传工作，并充分照顾失地菜农的补偿、安置问题，相信其在收地时遇到的阻力会大为减少。而菜农也会因为规划的透明公开而及时了解澳葡政府对其农地的未来规划，并为日后的生活做好准备，而非如上述事件那样遭到澳葡政府突然收地的打击，"大为不解，彷徨无措"。

总之，无论是将澳葡政府的城市规划运动视作一种"政府行为"，还是一项"社会运动"，20世纪50~80年代陷入不断搁置状态中的澳门城市总体规划以及边缘区规划都是存在问题的（参见图6-7）。在这种情况下，本应对澳门的城市发展方向做出总体指导的城市规划不但未能实现这一功能，反而在不断搁置的过程中滞后于澳门的城市化进程，这种情况不利于城市发展，也是政府部门在编制、审批、执行城市规划时需要特别注意的。

---

① 《当局要收回赛车看台后菜地　三十二农户盼收回成命》，《澳门日报》1962年8月1日，第4版。
② 《新填海菜农访市行政局长　协商有关拆迁问题》，《澳门日报》1962年8月23日，第4版。
③ 《收回菜地将改建球场　安置办法可呈函澳督》，《华侨报》1962年8月23日，第3版。

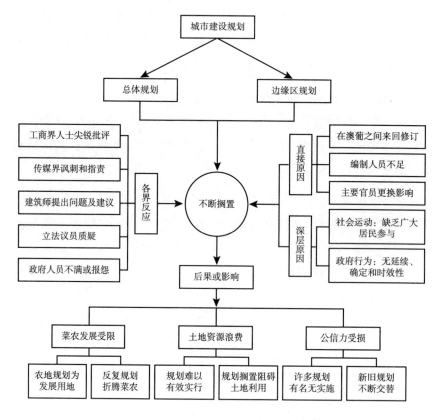

图 6-7　城市规划制订、后果及影响结构图

二　利益博弈：农地收回补偿行为选择

正如樊纲所指出："城市化又是土地用途转移的过程"，因为"城市化进程又要求城市用地、商业用地增加，要求一部分土地的用途发生转换。这时就会发生城市用地与农业用地的冲突问题"[①]。菜农在边缘区开垦耕作，是特殊历史时期的特殊产物，随着澳门城市化进程的不断推进，同样产生了城市用地与农业用地的冲突。冲突行为来源于资源分

---

① 樊纲、武良成编《城市化：一系列公共政策的集合》，中国经济出版社，2009，第3页。

配不均、生活贫困，冲突行为主体以追求自身利益最大化为目标。冲突行为往往以妥协或者抵制、击败对方而结束①。由此可见，上述城市用地与农业用地冲突过程，实质上是一个由利益再分配而引发的冲突过程，由于各行为主体都具有不同的利益诉求，预期目标收益也不一致，因而出现利益冲突的动态博弈行为。

在动态博弈过程中，按照 2005 年诺贝尔经济学奖得主罗伯特·奥曼（Robert J. Aumann）的分析，人们之间的决策与行为形成互为影响的关系，一个经济主体在决策时必然会考虑对方的反应。因为人是经济人，是理性的自利主义者，总是在给定的约束条件下追求自身利益的最大化②。对于这种博弈状态下任何个体的福利，格若赫姆·罗珀（Graham Romp）认为其至少是部分取决于博弈中其他博弈者的行动。注意到这种相互依赖性，个体可能会有激励策略性地采取行动。策略性行动的个体会寻求预见他们自己的行动对其他主体行动产生的影响。在这个期望下，每个个体为了得到他们最满意的结果做出自己的最佳选择③。正是在此基础上，奥曼指出，一个经济主体所做出的决策不一定就是他最喜欢的决策，因为他的决策以及决策结果还取决于其他参与者的决策。将此理论运用到澳葡政府的收地过程中，我们可以发现，菜农针对政府的决策与行为做出回应，而这种决策与行为反过来影响政府的决策与行为，政府又根据菜农的决策与行为调整自身的决策与行为。由此构成奥曼所描述的博弈论是交互条件下的"最优理性决策"④。有鉴于此，本节将以这种"交互的决策论"即博弈论为分析框架，围绕澳

---

①　邹秀清等：《征地冲突中地方政府、中央政府和农户行为的动态博弈分析》，《中国土地科学》2012 年第 10 期，第 55 页。

②　祖强：《博弈论：增进世人对合作与冲突理解的理论——2005 年诺贝尔经济学奖评析》，《世界经济与政治论坛》2006 年第 2 期，第 102 页。

③　〔美〕格若赫姆·罗珀（Graham Romp）：《博弈导论及其应用》，柯庆华等译，中国政法大学出版社，2005，第 3 页。

④　祖强：《博弈论：增进世人对合作与冲突理解的理论——2005 年诺贝尔经济学奖评析》，《世界经济与政治论坛》2006 年第 2 期，第 102 页。

葡政府就农地收回问题的背景、博弈模型的构建、博弈策略的运用这三条线索展开分析，并从博弈论视野下的制度观去破解其中的难题。

（一）菜农土地收回利益博弈的背景

1. 博弈的缘起：农地管理制度的缺失

本书第二章曾做出分析，菜农是在特殊条件下出现的，由此导致农地的出现及管理也具有特殊性。如前所述，20 世纪 40 年代的澳门半岛农地面积很少。1946 年仅"关闸土腰旁，遍植蔬菜，为澳门唯一之农艺区，附近居民多事种植，茅舍草庐，宛成小村，别有田家风味"[1]。从本书第二章引述理查德·L. 埃德蒙斯（Richard Louis Edmonds）重新绘制的 1946 年澳门土地利用图，可以看出仅在关闸两边有一点农地[2]。总体而言，澳门半岛农地面积、菜农人数激增是 50 年代初开始的。特别是受 1952 年"关闸事件"的影响，农产品极为短缺，澳葡政府"力求农产品自给自足"[3]，公开呼吁市民自由开垦荒地。这样一来，在马场等边缘区"立即涌来大批贫苦失业者"响应政府号召进行开荒[4]。此后，一场"大开荒"运动在各边缘区兴起[5]。

出于特殊的历史背景，澳葡政府鼓励垦荒的政策具有一定的合理性。但需要指出的是，由于当时边缘区土地主要是政府公地，为了推行该政策，其宣布"政府无偿供地，市民可自行划地耕作"[6]。这就使农业用地（以下简称农地）的批给处于一种无序状态，农民可随意选择一块荒地开垦[7]。

---

① 何大章、缪鸿基：《澳门地理》，广东省文理学院，1946，第 85 页。

② Richard Louis Edmonds, "Land Use in Macau: Changes Between 1972 and 1983," *Land Use Policy* 1 (1986), p. 49.

③ 《力求农产品自给自足　当局准备广辟农场》，《华侨报》1954 年 7 月 16 日，第 4 版。

④ 《居民激增几十倍约万余人　马场二十五年来的变迁》，《澳门日报》1975 年 4 月 14 日，第 4 版；施肇：《澳门马场沧桑》，《华侨报》1981 年 4 月 9 日，第 4 版。

⑤ 群：《台山菜地经历百余年》，《澳门日报》1977 年 9 月 11 日，第 5 版。

⑥ 2012 年 6 月 19 日访问江荣辉的记录。

⑦ 据江荣辉回忆，"当年澳门政府在土地管理方面仍未有严格的限制，农民可因需要自行开垦土地"。参见 2012 年 6 月 19 日访问江荣辉的记录。

再加之当时农产品价格较高①，投身农业意味着从"赤手空拳变成不忧两餐"②，使得一般贫民趋之若鹜。在这些因素的共同作用下，澳门半岛农地面积和菜农人数不断增长。到1954年，已有媒体估计当时边缘区农地面积达到全澳土地的"五分之一"：

　　查近来本澳各处菜园，增加甚速，全澳约有百余处之多……倘统计全部面积，可能占整个澳门五分之一地段，在未来发展下，实可以使澳门能办到农产品自给自足之情况。现约略将各处菜园之情形录下：（一）目前澳门种植最大地区，系近关闸一带，此中以黑沙环、马场菜园最多，计由马场起直至黑沙环及电灯俱乐部处分布开，共有五十余户菜农；（二）渔翁街约有十余户；（三）关闸至台山间，亦有二十余户；（四）青洲十余户；（五）新口岸有三四十户；（六）其他雅廉坊马路附近，亦有十户八户，合计约共百五六十户之多③。

对于边缘区农地面积急速增长而占据建设用地的态势，澳葡政府是有所察觉的，但又希望通过发展农业来实现农产品自给自足的既定目标。这种矛盾的心态造成政府在对于是否限制农地扩展的问题上摇摆不定，这从1953~1954年有关部门的表态中可看出端倪。1953年9月，工务厅对外表示："为增加农产品，空地改建菜园，目前仍暂通融。"④两个月后，该厅又称："全澳各处菜园已多，不能再行增加。"⑤ 但上述

---

① 2012年6月19日访问江荣辉的记录。
② 《肉价奇昂饲猪者获大利　澳路氹养猪场大量增加》，《华侨报》1954年2月28日，第4版。
③ 《力求农产品自给自足　当局准备广辟农场》，《华侨报》1954年7月16日，第4版。由于该报道所提供的资料属于《华侨报》记者对当时农地的情况的估算，故可能存在不准确之处。经江荣辉回忆，在1954年时"马场起直至黑沙环及电灯俱乐部处"应有数十户菜农，但没有50户之多。渔翁街菜农不止"10余户"，而有20~30户之多；青洲菜农也不止"十余户"，而应有20多户。参见2012年7月5日访问江荣辉的记录。
④ 《空地改建菜园　目前仍暂通融》，《华侨报》1953年9月18日，第3版。
⑤ 《全澳各区菜园　不准再行增加》，《华侨报》1953年11月10日，第3版。

表态并未付诸实施，至 1954 年 7 月，相关报道指出，工务厅和卫生厅为了"力求农产品自给自足"，仍支持菜农在边缘区开荒务农。因为其"对于居民如有请求在新口岸及黑沙环设农场种植者，经认为对地方上并无妨碍时，便予批准"①。直到 1955 年 9 月，工务厅才正式做出"市郊一带未经许可禁止私擅垦荒"的决定，并称"倘发觉农民未经许可擅垦旷地，即予拘究，并着令填回地面泥土"②。

但该决定实际上已于事无补，因为在澳葡政府相关政策摇摆期间，边缘区农地面积仍保持快速增长。在 1955 年出现"农牧事业畸形发展下，郊区荒地尽辟设菜园农圃"的景象。据调查，当时菜农数目"较去年约多一倍以上"。《华侨报》记者对当时农地情况做出如下统计：

> 据一般估计：（一）旧台山菜地，约有百余农户，菜田面积七八十亩；（二）台山尾菜田约二三十亩，养猪之人家达五十余户……；（四）青洲菜田四十余亩，农户及养猪户百余家；（五）黑沙环一带菜田百余亩，农户七八十家；（六）新口岸菜地百余亩，农户百余家；（七）其他散于望厦亦有数十家农户……③

笔者认为，自 20 世纪 50 年代初农业在澳门的"畸形发展"以后，除了与前述因素有关之外，澳葡政府在土地管理方面存在的问题也是造成这一现象的重要原因。正是由于其在最初对农地开垦采取放任态度，

---

① 《力求农产品自给自足　当局准备广辟农场》，《华侨报》1954 年 7 月 16 日，第 4 版。

② 《农业事业畸形发展下　郊区荒地尽辟设农圃》，《华侨报》1955 年 9 月 5 日，第 3 版。

③ 参见《农业事业畸形发展下　郊区荒地尽辟设农圃》，《华侨报》1955 年 9 月 5 日，第 3 版。需要指出的是，该报道认为当时马场"菜田凡四百余亩，农户七八十家"。笔者综合相关史料认为，这一菜田面积数字有误，故未引用。

且在 1953～1954 年又因政策摇摆而没有实施科学有效的土地管理①，才导致边缘区农地面积过度扩张。这种扩张带来两个问题，一是因菜农各自的菜田无明确的法定界限，菜农之间的农地纠纷频发正源于此；二是空置土地几乎全被占用，在城市化进程中必然面临解决大量农地收回的问题。

关于农地纠纷的问题，在 1954 年 4 月，工务厅已对外表示，多次接到一些菜农的农地被他人"越界强耕"的投诉。但经调查后发现，这些农地都是擅自开垦的，并未办理有关手续，"故难以知悉该公地究属谁人先占用者"②。随后，这种农地纠纷有愈演愈烈之势，同年 10 月已有多名在马场及台山耕作的菜农"互向工务局投诉，谓其菜田被邻农越界强耕"，但与此前相似，这些菜农在开垦政府公地前都"未循正常手续向该局申请登记"，"孰是孰非，该局无从根据办理"③。至 1955 年，这类纠纷仍不断发生，还出现了部分菜农虽在公地上务农多时，却未办理手续，而被他人"利用此弱点先向工务局登记，继提出该地乃属其本人者"的情况，使该局难以调解，并对此类纠纷深感"理不胜理"④。由于纠纷频发且难以解决，因此，工务厅多次提醒菜农，开垦公地需要办理相关手续。也就是说，"凡拟领用公地开垦辟作菜地者，须向该局申请派员测量地界面积，并登记图则，当局为协助市民发展农牧事业，经勘查认为农地不妨碍将来之马路及建筑物兴筑时，即予以批准，菜农领地后，每一公尺地面按年纳

---

① 除了菜农的登记问题外，澳葡政府对菜农开荒缺乏管理尤其表现在征收"地米税"的问题上。当时菜农开垦荒地经常未在政府登记，而澳葡政府对这些土地的唯一管理手段是向菜农征收"地米税"。但这种征税方式很不合理，当时澳葡政府仅对部分地区，例如在关闸附近开荒的菜农征收"地米税"。而此后在其他地区开荒的很多菜农则不用交。这种不公平的征税方式带来的结果自然是"最后大家都不交"。参见 2012 年 6 月 19 日访问江荣辉的记录。

② 《领用公地须先请批准》，《华侨报》1954 年 4 月 7 日，第 4 版。

③ 《菜农争地纠纷蔓延》，《华侨报》1954 年 10 月 16 日，第 4 版。

④ 《菜农申领耕地　须依规例办理》，《华侨报》1955 年 6 月 23 日，第 3 版；《农业事业畸形发展下　郊区荒地尽辟设农圃》，《华侨报》1955 年 9 月 5 日，第 3 版。

地资一毫"①。

但受此前澳葡政府的鼓励垦荒政策影响，未经申请擅垦公地的菜农实际上数不胜数。《华侨报》于 1954 年刊登的一篇调查指出，"菜田已登记及纳资者不足百分之二十，余大部分系擅开公地耕种"②。由此可见，大部分菜农在垦荒时均未履行必要手续，而政府也未对他们的行为进行有效管理。这种情况不仅造成上述农地纠纷频发且难以调解的情况，还使得菜农开垦公地的行为缺乏合法性，为日后被指责"非法占地"埋下了隐患。

2. 20 世纪 50 年代的收地事件

由于边缘区农地的"畸形发展"，另有用途但暂时空置的政府公地被菜农所占用，此乃澳葡政府认为需要限制农地扩展的主要原因。早在 1953 年，工务厅已表示，其不支持菜农占用边缘区空地务农的主要理由是"因空地系用来建业，不能设为菜园，倘准承批，则菜园更多，空地建屋减少"。与之相对应的，则是"不妨碍将来之马路及建筑物兴建"是澳葡政府审查菜农批地申请的一个前提条件③。但是，如上文所述，由于边缘区农地急速扩张且多属菜农擅自开垦，这就使得政府的规定形同虚设，而大量建设用地为菜农所占已成既成事实。当政府的有关工程需要展开时，就必须将菜农占用的土地收回。

与此后的农地收回事件相比，这一时期澳葡政府在边缘区开展的修路及建设活动并不多，收地事件大多以另拨农地给予菜农耕种的方式予以解决。以 1953 年发生的数起收地事件为例，这些事件的经过及处理方式如表 6－5 所示。

---

① 《菜农争地纠纷蔓延》，《华侨报》1954 年 10 月 16 日，第 4 版；另可参见《倘欲申领公地　须先列明图则》，《华侨报》1954 年 3 月 7 日，第 4 版；《避免菜园因占地争执》，《华侨报》1955 年 1 月 18 日，第 3 版。

② 《菜农争地纠纷蔓延》，《华侨报》1954 年 10 月 16 日，第 4 版。

③ 《空地改建菜园　目前仍暂通融》，《华侨报》1953 年 9 月 18 日，第 3 版。

表 6 – 5　1953 年的收地事件

时间	地点	收地处理方式
1953 年 3～4 月	台山	澳葡政府通知菜农，将收回该处农地做建设之用。市行政局长当面给失地菜农派发通知书一张，称政府批准他们赴离岛继续开垦耕种[1]
1953 年 4 月	青洲马路附近	澳葡政府收回该处农地兴建二等公务员住宅。该地菜农致函商会，请代转政府拨出空地给他们继续务农。商会答复菜农，该会已为菜农觅得青洲木屋区、青洲大成货仓附近及新口岸煤仓附近三处荒地，这些荒地有的是公地，而有的是私人土地，该会正与相关私人业主和工务厅协商，从中选出一块荒地给菜农耕种[2]
1953 年	马场北角[3]	该处 20 多名菜农的农地被澳葡政府收回后，他们在商会的帮助下，获政府同意另拨新口岸原机场附近的荒地继续耕种[4]

注：[1]《台山菜农　改迁路氹》，《华侨报》1953 年 4 月 23 日，第 3 版。对于这起事件的后续发展，据江荣辉回忆，尽管 1953 年澳葡政府表示可以让该批菜农到离岛开荒，但是菜农去离岛考察情况后发现路环等地面对大海，自然条件恶劣，所以"菜农不爱在那里耕种"。由于当时澳门半岛尚有空地，他们大多在半岛另觅土地继续开荒务农。参见 2012 年 6 月 27 日访问江荣辉的记录。

[2]《商会为青洲菜农觅得三处耕种地区》，《华侨报》1953 年 4 月 24 日，第 2 版。

[3]另一报道称这批菜农来自"马场西边"。参见《新口岸政府公地　不准菜农再扩展》，《华侨报》1953 年 11 月 6 日，第 3 版。

[4]《新口岸荒地各菜农　复遭当局禁止耕种》，《华侨报》1953 年 10 月 24 日，第 3 版。

　　不难看出，这一时期收地事件并未引发太多矛盾与冲突，无论是政府还是菜农都显得"游刃有余"。澳葡政府并未采取诸如强拆菜农木屋、强行拔除农地蔬菜等粗暴方式迫迁，失地菜农也大多选择与有关部门接触或向社团反映，寻求协助以解决问题。这与此后的收地事件是截然不同的。出现这一现象的根本原因是，20 世纪 50 年代城市空间拓展的速度极为缓慢，政府的建设项目不多，边缘区尚有少量剩余土地可做农业用途，使得城市建设用地与农业用地之间的矛盾并不突出。例如，上述 1953 年青洲菜农的农地被收回后，商会尚能联系到三处荒地，并考虑从中选出一块给这些菜农耕作，由此可见，当时仍有一些待垦的荒地。在这一背景下，对于菜农来说，如果农地被收回，还可通过社团等管道另寻土地继续耕作，虽经济上蒙受一定损失，但仍属可以接受的范围。因此，他们并未向政府要求补偿与安置，只求另拨土地使其农耕生活得到延续。而澳葡政府基于边缘区特别是离岛仍有荒地，加上其仍想实施包括"农产品自给自足"的繁荣计划，也愿意另拨荒地给菜农开垦。这从而使得这一时期的收地事件大都未发生激烈碰撞与冲突。

这里必须指出的是，上述景象仅存于 20 世纪 50 年代初期。随着澳门半岛农地面积的增长，如前所述，在 50 年代中期澳葡政府计划停止批租新口岸农地时，已令该地菜农"急于迁地甚感彷徨"[①]。当此后的城市发展不断加速，边缘区农地已成为城市发展阻碍时，农地收回则成为澳门城市化进程中必须妥善处理的关键环节。

3. 20 世纪 60 ~ 70 年代的收地事件

20 世纪 60 年代，在菜农的辛勤劳作之下，农业蓬勃发展，农地面积和菜农人数都不断攀升，在 60 年代中期达到顶峰，新口岸、马场等边缘区土地正是菜农生产、生活的基本依凭和保障。

与此同时，随着 20 世纪 60 年代澳门经济发展，人口增加，城市发展也开始"蚕食"农地。不仅有澳葡政府在黑沙环、新口岸制订新的都市化计划，计划收回农地用于市政建设，而且工商界人士鉴于"市内绝大部分空置地段已'名花有主'"，也开始收购农地兴建工厂或住宅。因此，60 年代的澳门，正是"屋宇建筑伸向郊区，菜农忧虑失去土地"[②] 的时期，菜农依靠农地谋生与城市发展需要农地的冲突不可避免。但解决冲突的关键在于，既要顺应城市化的潮流，又要给予失去农地的菜农一定的补偿安置。可在这一时期的农地收回过程中，澳葡政府只顾及城市发展的需要，采取了一系列"迁离期短，缺乏安置"的方式，在个别案例中甚至通过强行拔菜等粗暴手段来"逼迁"。这样的做法剥夺了菜农的生存基础，使其成为城市发展的"牺牲品"，也导致菜农和

---

① 《停止新填海地区租用 数百家菜园急于迁地甚感彷徨》，《华侨报》1955 年 9 月 25 日，第 3 版。该事件将在本章第三节详述。

② 《屋宇建筑伸向郊区 菜农忧虑失去土地》，《澳门日报》1963 年 8 月 31 日，第 4 版。

澳葡政府之间爆发冲突。这一时期有较大影响的政府收地事件如下。

（1）1962年新口岸收地事件。

这一事件在本章规划部分已从规划的社会参与的视角进行了探讨，这里则着重介绍事件中澳葡政府对菜农的安置。1962年7月29日上午，工务厅派三名职员到新口岸赛车起点看台后①的农地，向这里的菜农表示，政府将收回此处农地，并提出路环、氹仔、青洲三个安置地点供选择，并要求他们签名及捺手印确认，还宣称先签字者可得到较好的安置地段。"但是大部分农户在还没有得知详细的安置办法时，都不放心签字"。他们认为，该地是其辛苦开垦出来的，"如非收回这地区不可时，也应作出合理的徙置，使这三十二家农户能得到妥善的安排"②。但有关方面对如何安置他们却一直没有做出详细说明。直到8月21日，市行政局再次派八名警察和工务厅三名人员来到该地，要求菜农在30天期限内"将所种蔬菜收割，木屋则予以拆除"，然后迁离。菜农认为，他们"一月后将失去生活之依凭，而拆迁期限又是这样短促"，于是不得不在一天后派代表前往市行政局面见局长，提出三点疑问："（一）当局收回该地段后打算作何用途；（二）当局打算如何安置该区农户；（三）三十天内拆迁，时间太过仓促，希望能把期限延长一点。"而市行政局长做出如下答复："（一）该地段收回后，将用作修建球场；（二）他个人认为对于拆迁之农户，当局应负徙置责任，至于徙置的问

---

① 当时的报道对这起收地事件的具体信息表述不一。许多将收地的地点称为"新口岸松山脚，晓明学校至容记咖啡档一带"，而对收地面积和涉及菜农户数则有不一样的表述：有报道则称收回土地20多亩，涉及菜农37户；并对该处菜农的经营情况做了详细描述："查该被收回地区，面积约二十多亩，经营者有养猪、养鸡、养鸽及种菜不等，其中最大规模者，为东生祥农场，占地超过十亩，全部种菜，其次是濠江农场，统计月出农产恒在三万元以上，来往商号不下二百余家。"《新填海还被徙置农户 暂仍未有解决办法》，《华侨报》1962年8月16日，第3版。另有报道则称收回土地30亩，涉及7户人家的农地和木屋。《收回菜地将改建球场 安置办法可呈函澳督》，《华侨报》1962年8月23日，第3版。

② 《当局要收回赛车看台后菜地 三十二农户盼收回成命》，《澳门日报》1962年8月1日，第4版。

题，他建议该区菜农开会提出初步解决办法，交他转递澳督作决定。（三）他建议菜农可于致澳督的函件中提出延长期限的请求。"①

作者认为，上述答复的后两点充分体现了澳葡政府对失地菜农安置问题上采取的敷衍态度。因为其作为收地方，不但在收地的时候迟迟未能给出一个合理的安置方案，反而要被收地方提出一个安置方案呈报澳督批复，这就说明其在做出收地决定时，并未认真考虑失地菜农的安置问题。

（2）1962 年青洲收地事件。

在上述新口岸收地事件中，政府有关负责人尚且表示，对于失地菜农"当局应负徙置责任"。但就在同一时间发生的青洲收地事件中，澳葡政府只告知菜农要收回土地，并要求其限期迁离，完全未提及任何安置办法，使得该地菜农一直处在"生活依托即将失去"的恐慌当中，加之与澳葡政府的沟通不畅，因此，菜农和警察之间爆发了肢体冲突。

该事件的简要经过如下：

1962 年 8 月 8 日，市行政局工作人员前往青洲大马路附近的农地，告知菜农该处将兴建平民大厦，要求他们在三个月内迁离，但并未说明任何安置办法。菜农突然听说农地要被收回，于是"群起惊慌"。8 月20 日上午 10 点，工务厅工作人员数人到该地进行划界和立界桩的活动。尽管澳葡政府认为："此项工作，对于该处居住之农民，绝无影响，彼等暂仍可继续使用该地。"但对菜农来说，此举刺激了他们紧张的神经，使他们情绪激动②。所以，已如惊弓之鸟的菜农对于上述划界

① 《新填海菜农访市行政局长　协商有关拆迁问题》，《澳门日报》1962 年 8 月 23 日，第 4 版；《收回新口岸菜地拆除木屋　菜农代表今请示安置办法》，《华侨报》1962 年 8 月 22 日，第 3 版。

② 上述事件经过取材于下述报道：《新口岸菜地拆除木屋　菜农代表今请示安置办法》，《华侨报》1962 年 8 月 22 日，第 3 版；《青洲被拘农民五人　今日解司法处》，《华侨报》1962 年 8 月 23 日，第 3 版；《各区菜农昨集会　抗议司法处判决》，《澳门日报》1962 年 8 月 24 日，第 4 版；《青洲菜农与警冲突事　警方昨公布详予解释》，《华侨报》1962 年 8 月 28 日，第 3 版。

行动产生怀疑，认为这批工作人员就是来收回他们的土地，于是"群起反对"，双方发生了口角和纠纷。工作人员因此报警，而菜农则与前来维持秩序的警察发生冲突，最后造成了两名菜农受伤、五名菜农被捕的不愉快事件[①]（参见图6-8）。

图6-8 青洲警民发生冲突后当地菜农拉横幅抗议

资料来源：菜农合群社提供。

关于这场警民冲突的具体经过，特别是谁先动手以及警方是否使用橡胶警棍打人等细节，警察和媒体各执一词，难辨真假[②]。但毫无疑问

[①] 1962年8月21日下午3时，妇联、工联派代表慰问受伤及被拘捕者之家属；该地菜农代表四人，当日也到四区警察署保安及赴警察厅请求放人。22日下午4时，菜农代表继续前往警察厅请求放人，及请示对失地菜农的安置办法。8月23日，澳葡政府司法警察处进行判处：四名菜农分别入狱二、四、六个月，仅一名获释。"各区菜农闻讯后无不哗然"，他们在23日举行会议，表示对这一结果难以接受，并于23日、24日连续两次派出代表到司法警察处抗议。

[②] 菜农认为警察方面主动用橡胶警棍打人，且无故拘捕菜农；而警方则否认用警棍伤人，并认为是肇事菜农首先对工务厅职员呈"攻击之姿态，甚至手执石块，预备掷击"，因此警察才抓人。参见《各区菜农昨集会 抗议司法处判决》，《澳门日报》1962年8月24日，第4版；《青洲菜农与警冲突事 警方昨公布详予解释》，《华侨报》1962年8月28日，第3版。

的是，冲突起因与澳葡政府的收地有关。此正如菜农指出的："在这次冲突事件发生前，当局对于树立界桩之事并无通知该地区之菜农，亦没有通知菜农合群社和中华总商会，而且对于该区菜农之徙置办法也没有公布，该区菜农一想到生活依托即失去，因此不由一时情急才企图阻止工务局人员工作。"① 此后，据笔者调查，不知是因为受到来自菜农的阻力，还是由于计划的变更，澳葡政府尽管在该地树立了界桩，但最终并未收回该幅菜地②。

（3）1964 年台山收地事件。

上述警民冲突发生后，澳葡政府收回农地的手段日渐粗暴，因此就有了 1964 年发生在台山的"拔菜收地"事件。10 月 20 日，市行政局派员到台山牧场街附近一块面积 700 多平方米的农地，对在这里耕作的两户菜农宣布，政府将收回这块农地，以做开辟马路和建设牛房之用，并限令菜农在十日内迁离。菜农表示，这块土地本是"一片荒丘"，他们"早于十多年前，几经艰苦，胼手胼足的进行开荒，才开辟了这块菜地"。现在突然要求在十日内迁离，且无任何安置办法，实在难以接受。在菜农合群社代表的陪同下，他们前往市行政局询问安置办法。但市行政局局长表示"政府没有理由要负责安置他们的生活"，只建议菜农另找其他地段，再向该局申请。但该局工作人员同时强调，菜农必须在十天内迁离，否则将强行收回该农地。可以想见，在当时的环境下，要求菜农在十天内找到一块耕地是极为困难的。况且当时正值蔬菜生长季节，农地上的蔬菜仍未完全长成，强行逼迫菜农搬走也是不近人情的。

但澳葡政府显然并未考虑菜农的处境，11 月 1 日，澳葡政府派人将这块农地围上铁丝网。11 月 5 日下午 3 时，市行政局突然派出十多名警察和杂工，将该农地上重约四担的蔬菜，全部拔除③。

① 《各区菜农昨集会　抗议司法处判决》，《澳门日报》1962 年 8 月 24 日，第 4 版。
② 2012 年 6 月 27 日访问江荣辉的记录。
③ 《收回台山尾一幅菜地　所种蔬菜全部被拔起》，《澳门日报》1964 年 11 月 6 日，第 4 版。

　　拔菜事件在菜农当中引起较大反响。菜农合群社在事发后第二日立即去函商会，"恳代请当局拨地，供失地农户耕种"。在信函中，提出了两点要求请商会转达："（一）拨出相当于旧耕地之土地予农友耕种，合理补偿蔬菜损失；（二）或不批出新耕地，亦请按情给予合理补偿，使能另购耕地，以维持其今后一家之生活。"①

　　数日后，"全部农作物被摧残殆尽"的失地菜农生活陷于困境。各区菜农对他们的境遇"极表同情"，纷纷展开捐款活动。11月10日前后，菜农派代表前往慰问，并送上慰问金及食粮。对于这一事件，菜农普遍认为"当局只在十天前通知要收回这一地段，十天后就派人来强行将所种蔬菜全部拔起"，这样的做法是"不讲理"的②。因此，马场、黑沙环、台山、新口岸的菜农分别于12月12日、13日、16日和17日派出代表，赴市行政局，陈述被拔除蔬菜之菜农的困难处境，并要求赔偿损失以及予以合理安置；但市行政局对此漠不关心，该局工作人员答道："市行政局此举，只是执行上峰命令。"而对于失地菜农的困境，该局认为："这不关我们的事；至于拔菜带给菜农的损失，那是小意思，你们大家帮下他手，就可搞掂。"③据江荣辉回忆，这起收地事件在何贤的出面协调下，以菜农迁出土地，商会适当补偿菜农的损失而告终④。

　　到了20世纪70年代，主要是建筑商在收购农地。其中最突出的例子是1972年佑兴公司为建成"澳门首个具规模的建筑群"佑汉新村而收购马场区48757.5平方米的农地⑤，以及1976年新一期博彩专营合约签订后，澳门旅游娱乐公司委托北泰公司对新口岸全区农地进行的收地

---

① 《恳代请当局拨地　供失地农户耕种》，《澳门日报》1964年11月7日，第4版。
② 《陈作南举家陷困境　各区农户昨往慰问》，《澳门日报》1964年11月11日，第4版。
③ 《各区菜农派代表向市行政局交涉》，《澳门日报》1964年12月19日，第4版。
④ 2012年6月27日访问江荣辉的记录。
⑤ 参见《在佑汉新村收地范围内　林某突建搭木屋》，《华侨报》1973年2月23日，第4版；邢荣发：《澳门马场区　沧桑六十年（1925～1985）》，《文化杂志》2005年第56期，第13页。

和对菜农的安置工作（这一收地事件将在本章第三节详述）。整体来看，建筑商收地容易受到经济发展状况的影响，例如在 70 年代初，受港客在澳门"炒楼"等因素的影响，澳门地价上涨①，农地价格屡创新高，曾达到每平方米 300 元的高价，但受 1974 年西方经济危机的影响，农地价格不断下降，至 1975 年跌回每平方米 80 元的价格，出现"既不抢手亦不易收购，菜地买卖两闲"的状况②。而与之形成对比的则是，在 70 年代中前期澳葡政府收回农地的行动并不多，其原因可能与 1974 年葡萄牙"四二五革命"导致的政府轮换有关。

20 世纪 60 年代收地事件折射出的一些特征，与当时城市建设和边缘区农业的发展状况是紧密联系的。

第一，澳葡政府为城市发展而强迫菜农迁离农地。这一特征表现在其收回农地时采取的"迁离期短、缺乏安置"的方式上。首先，上述三起事件中，澳葡政府要求菜农在很短的期限（最多三个月，最少十天）内迁离，并且"将所种蔬菜收割，木屋则予以拆除"。考虑到这一时期澳葡政府不再像过去那样另拨土地给菜农耕种，也就是说，菜农需再寻找土地耕种或另寻居所，这在上述期限尤其是十天之内显然是不易做到的。其次，在菜农最为关心的安置问题上，澳葡政府要么语焉不详或漠不关心，要么干脆认为"政府没有理由要负责安置他们的生活"，既未考虑能否另拨土地供菜农继续从事农业，也未给予菜农任何补偿。在这些收地事件中，澳葡政府收回土地是为了兴建球场、平民大厦等城市建筑或设施，要求菜农在最短时间内迁离，正是为了上述建设可尽早进行；而其采取的在农地边缘围铁丝网甚至强行拔菜等粗暴方式，也是为了追求城市建设"效率"而采取的迫迁行动。但这反映出澳葡政府为了城市发展而罔顾菜农的基本利益，遭受收地、拔菜而流离失所的菜农成为其粗暴收地方式的"牺牲品"。

---

① 缪鸿基等：《澳门》，中山大学出版社，1988，第 115 页。
② 《建筑生意不景气　地价大幅度下跌》，《华侨报》1975 年 3 月 31 日，第 4 版；《既不抢手亦不易收购　菜地买卖两闲》，《华侨报》1976 年 1 月 20 日，第 4 版。

第二，面对澳葡政府的粗暴收地方式，菜农团结一致进行抗争，意图在于保住土地，维系生存。实际上，菜农对于澳葡政府收回农地用于城市建设并非一概拒绝，关键是澳葡政府如果能在收地的同时给予合理补偿和安置，收地产生的冲突和矛盾必定大为减少。然而，澳葡政府采取了粗暴的收地方式，这就倒逼菜农团结起来应对，例如派代表直接询问、与警察发生肢体冲突、多次派代表前往有关政府部门抗议等。其原因除了对澳葡政府收地方式表示极大的愤慨之外，还有"唇亡齿寒"的心理因素在内，即菜农担心澳葡政府的收地行动迟早也会降临到自己头上，所以，在对失地菜农伸出援手的同时，也要对澳葡政府的做法表示坚决反对。

第三，这一时期的菜农即使在失去土地后，仍希望另获土地继续从事农业。前述台山收地事件发生后，菜农合群社给商会的信函中就"恳代请当局拨地"，或请求澳葡政府给予一定补偿，"使能另购耕地，以维持其今后一家之生活"。也就是说，在经济补偿方面，被收地的菜农仍希望另获土地继续从事农业[①]，这和此后的情况是截然不同的。

（二）20 世纪 80 年代菜农土地收回利益博弈模型分析

到了 20 世纪 80 年代，澳门的城市化进程步入"快车道"，急需兴建大量市政工程、公共设施（如平民大厦、发电站等），这使得澳门有限的土地资源被赋予了无限的使用憧憬。同样，这也使得这一时期失地菜农与政府利益之间的博弈关系趋于"白热化"。其中一个原因是，70

[①]　得到土地继续从事农业是 20 世纪 60 年代失地菜农的普遍诉求。60 年代中期在新口岸相关的一些收地事件中，由于旅游娱乐公司的介入，澳葡政府遂表示将把菜农安置到平民大厦中。但失去土地的菜农即使被告知将被安置到平民大厦中，却仍表示"当局最好能以地易地的办法，另拨地段给他们种植"，或认为"迁到平民大厦居住后，无法畜牧"。因此，要求当局"拨出一些地方给他们作畜牧之用"。参见《新填海木屋拆迁问题　商会交涉获结果》，《澳门日报》1964 年 6 月 29 日，第 4 版。这一时期在新口岸发生的收地事件和澳葡政府在其他地区的收地事件有着截然不同的特征，故将其纳入本章第三节详述。

年代末 80 年代初，菜农与农地数量快速减少，整个城市出现了"工商经济发展与农争地"的景象，"菜园变高楼"现象十分普遍。关于边缘区农地面积锐减的情况，1982 年的《华侨报》记者做出如下描述：

> 本澳的台山和青洲的菜园几乎全部湮没；几年之后，关闸马路旁的菜地，将改变成政府平民大厦；黑沙环区的佑汉新村和慕拉士大马路附近的菜地亦不断锐减之中，现尚余农地不多；新填海区的农地，目前虽然高厦不是太多，但实际上，整区 70% 以上的土地，已由北泰建筑公司替澳门娱乐有限公司收购，一半以上的原居民已迁出，搬到台山的平民大厦区，只有马场仍然是目前本澳最大的菜园①，生产蔬菜占本澳蔬菜产量的 80%，而这幅从 50 年代开发的土地，亦有很大的改变，例如三分之一的土地已成为佑兴建筑公司的发展地段，部分的马场区域变成了货仓，将来政府屠场亦准备在该区兴建，马场的周边亦建成许多房屋，连区内的许多菜地都搭起了小木屋出租②。

在菜田数量大幅度减少的情况下，原以种菜为主要收入的菜农，此时只能依赖其他收入，例如将猪舍拆建用作住宅出租，或依靠子女收入供养维持生活等。"而土地被收购的菜农，部分转业作小生意，例如开士多，或者干脆退休"③。这样一来，菜农在收地时的主要诉求已不再是另谋土地

① 尽管马场在 20 世纪 80 年代仍保留一定农地，但有关报道指出，1980 年"马场一带亦只剩下五六十亩左右"的农地，其面积相比过去也大为减少。参见靖斋《工商经济发展与农争地　本澳农业生产日趋衰落》，《华侨报》1980 年 12 月 8 日，第 4 版。——笔者注

② 《本地农业日趋没落　农民只有二百多人》，《华侨报》1982 年 4 月 12 日，第 3 张第 1 版。另据 1983 年香港大学地质地理系安瑞志编《澳门半岛土地利用图》（1∶8000）量算结果，当时澳门半岛的农业用地面积为 0.2 平方公里，仅占半岛总面积的 3.5%。参见黄就顺、郑天祥《澳门城市形态与城市规划》，载杨允中主编《澳门人文社会科学研究文选·经济卷》，社会科学文献出版社，2009，第 189 页。

③ 《城市发展郊区相对缩小　农地转移用途蔬菜减产》，《华侨报》1981 年 11 月 5 日，第 3 张第 1 版。

继续从事农业，而是获得妥善补偿和安置，使其能够继续在城市中生存。

　　然而，澳葡政府换届导致其在农地收回问题上出现了政策转向，如70年代末伊芝迪担任澳督时，政府在收地的同时愿意主动与菜农展开协商，听取菜农对补偿和安置的要求①；对批给建筑商的土地，也要求其与菜农协商解决补偿问题②。由于伊芝迪时期的政府在部分收地过程中的"拖沓"③，而且80年代计划开展多项政府工程，急需收回农地，80年代澳督高斯达上台以后，政府有关部门在收地态度上转于强硬，采取了多种手段逼迫菜农迁离。菜农在收地过程中的利益诉求往往得不到充分满足，与政府之间的利益冲突日趋激烈。其根本原因在于，"收地的一方，总是希望少付出一点；要搬迁的一方，则总想多得一些。于

---

① 20世纪70年代末，澳葡政府曾多次计划收回菜农土地，但大部分计划均未实施。具体事例包括本文第一节引述的1979年政府欲在马场兴修屠场，因此与当地菜农洽谈收地，在收地过程中对补偿办法展开了多轮谈判，尽管后因政府改变建屠场地点而使此事告吹，但澳葡政府的基本态度是愿意和菜农就补偿问题进行平等协商的。另一个事例是1977年市政厅计划扩建慕拉士大马路，市政厅厅长申道恕和当时的市政委员崔德祺与该地的30多户菜农和木屋居民进行协商，双方商定农地每公尺补偿90元，木屋另外计算补偿。但是由于双方在补偿发放、是否允许另建木屋等问题上又发生纠纷，致使该工程费时许久，仍未实施。尽管如此，该事件同样反映出伊芝迪时期的澳葡政府愿意和菜农就补偿安置展开平等协商。对于这次事件的相关报道参见《慕拉士大马路破烂不堪　农地补偿未解决》，《华侨报》1977年7月2日，第4版；《与菜农谈妥屋地补偿　慕拉士大马路翻修可期》，《华侨报》1977年7月28日，第4版；《黑沙环慕拉士大马路翻修　官民量度面积有出入》，《华侨报》1977年9月7日，第4版；《黑沙环慕拉士大马路　尚有四户未迁》，《华侨报》1978年1月18日，第4版；《慕拉士大马路翻修无期　农地补迁及敷水管计划未解决》，《华侨报》1978年7月31日，第4版。
② 这点集中体现在自新口岸区20世纪70年代中后期展开的大规模收地上。据江荣辉回忆，时任澳督伊芝迪非常"识做"，曾主动召集菜农合群社与代表娱乐公司进行收地的北泰公司开会协商补偿安置办法。参见2012年7月5日访问江荣辉的记录。关于这起收地事件，因为在过程和结果上体现出了许多和同时期澳葡政府收地事件所不同的特征，将在本章第三节详述。
③ 例如在上述1977～1978年的收地事件中，以市政厅为代表的收地方和此后政府有关部门在收地时的表现截然不同，致使整个收地过程较为拖沓。其既未如后续同类事件那样指责菜农"非法占地"，也未强调政府收地建路是为了公共利益而压低补偿金额。甚至当菜农因重搭木屋等问题拒绝迁出时，也并未采取相应的行政手段，用强拆方式威胁逼迫菜农迁离。参见《收地开路补偿搬迁农户　市厅曾允另搭屋　为何竟出尔反尔》，《华侨报》1977年10月14日，第4版。

是便出现了拉锯的局面"①。收地方（政府）与失地方（菜农）就土地利益分配出现了"讨价还价"的博弈（bargaining game），这在博弈论中是典型的多回合动态博弈过程。有鉴于此，本节拟以 1982 年的两次收地事件为例，研究政府、用地单位与失地菜农之间的博弈关系。

1. 1982 年台山收地事件

1982 年，澳葡政府准备实施台山区重建计划，兴建平民大厦安置该区居民。此计划自 1981 年 10 月传出消息后，备受该区数千名居民的关注。"去年底曾听取该区部分居民的意见，他们一般对政府的新城镇计划表示理解，认为这个是社会发展的需要，亦可以改善他们的居住环境。"② 但是，收回居住在这里的 20 户菜农的农地，成为动工兴建平民大厦首先必须解决的问题。

与台山收地相关的博弈要素如下：

（1）博弈参与人：政府与菜农。

（2）行动：政府希望台山收地问题尽快解决，使该区重建计划能顺利进行。而菜农则希望政府在收地的同时能给予合理的补偿和安置。

（3）信息：两者的信息不对称，其源于两者的权利不对称。政府位于权力金字塔的顶层。在收地过程中，它不仅是利益的博弈者，同时也是博弈规则的制定者；它可广泛征集各种资讯，成为信息的垄断者。而菜农却处于权力底层和信息的底端，属于弱势群体，抵制手段、力度及意志力均属于劣势，只能被动地接受有关条件。

（4）战略：有鉴于（2）和（3），显然只能是政府的行动在先，而菜农根据政府的行动再做出自身的行为选择。

（5）支付函数：政府期望用尽可能少的货币，甚至不花钱就完成此次收地任务。因为政府收地之目的就是修建平民大厦，更何况政府认为此土地原本就是公地。而菜农则期望争取更多补偿。

---

① 南阳：《收地谈判时间拖延》，《华侨报》1984 年 8 月 24 日，第 1 张第 4 版。

② 《台山区全部改建廉租大厦　居民多表赞同但担心租贵》，《华侨报》1982 年 4 月 18 日，第 1 张第 3 版。

（6）结果：博弈分析者期望通过台山收地问题的解决，分析菜农和政府的博弈在何时达到均衡，以及达到何种均衡。

（7）均衡：政府与菜农的最优战略，也就是台山收地事件的顺利解决[1]。

为谋求各自利益的最大化，政府和菜农双方进行着讨价还价的博弈活动。"在普通的讨价还价过程中，如果一方不知道另一方的真实价格，双方之间也许存在一个互相探询对方底线的过程。但是，这一过程会很快发展为相互发盘与还盘的过程。由于各种实际原因，双方的讨价还价总会影响'真实'的价格底线。"[2] 在台山收地事件中，政府与菜农的具体博弈过程如下：

第一回合：1982年3月初起，澳葡政府有关部门开始与该地菜农进行初步协商。菜农认为政府应先提出一个补偿方案，他们才考虑是否接受及迁出。于是，政府有关部门就此向菜农"发盘"：菜农占据公地从事农业活动，"政府一直不承认这些菜农的占地是合法的"，所以"无必要再花一笔钱作不合理的补偿"[3]，仅同意将土地收回后，安置他们到筷子基平民大厦中居住，但不给予现金补偿[4]。也就是说，政府期望不花钱将台山土地收回。这在博弈模型中可表示为 S_1。此时的菜农可选择接受或不接受（但是，如果从博弈的结果倒推，菜农期望此时政府提出既有房屋安置又有现金补偿的方案，其总收益为 S_0）。若菜农接受政府的方案仅得益 $S_0 - S_1$；则双方的得益分别为 S_1 和 $S_0 - S_1$。

若以政府提出一个补偿方案和菜农是否接受为一个回合，则讨价还价每多进行一个回合，由于谈判所涉及的经济及时间成本等方面的损失，设政府和菜农的贴现因子分别为 δ_1 和 δ_2。

---

① 参见张维迎《博弈论与信息经济学》，上海人民出版社，2004，第27~30页。

② 〔美〕托马斯·谢林：《冲突的战略》，赵华等译，华夏出版社，2006，第24页。

③ 《首期工程受阻 因农户搬迁问题未获解决》，《华侨报》1982年4月18日，第1张第3版。

④ 《台山建屋待迁地段 政府着令拆卸木屋》，《澳门日报》1982年4月25日，第2版。

显然，因与政府的提议有分歧，无法达成共识，菜农不接受政府提出的方案。由于菜农的要求没有得到满足，导致第一回合博弈的结束。这表明该博弈过程必须进入第二回合。

第二回合：菜农对政府的"发盘"及时予以"复盘"：同意接受政府的安置补偿，并希望政府给予每户一定的现金补偿（其假定的现金额为每户现金 1.2 万 ~ 1.5 万元），即 S_2。这时由政府选择是否接受，若政府接受，得益为 $\delta_1 S_2$，则双方得益分别为 $\delta_1 S_2$ 和 $\delta_2 (S_0 - S_2)$。协商的结果是：政府不能接受菜农提出的既要安置补偿又要现金补偿的方案。由此导致第二回合博弈的结束。这表明该博弈过程必须进入第三回合。

第三回合：因协商拖而不决，政府考虑到重建工程急需展开，于是暂停协商，并于 4 月 25 日通过政府新闻处发出消息（这就是政府发出的"定盘"强制执行信息），称"对于现住该地段的居民提出的补偿问题，政府认为不合理，并决定只接受已定的补偿"，"政府已着令拆卸该地段的木屋，以便第一幢平民大厦兴建工程能在五月三日展开"[1]。迫于澳葡政府表示将要拆屋的压力之下，菜农不得不立即与政府有关部门重新展开协商，且双方于 4 月 26 日达成协定。菜农表示，在补偿方面，社会工作处拨出 25 万元用作安置费。其中 3.5 万元拨给 3 户养猪的农户，剩下由 9 户有农地的农户按面积平分，每平方米 58 元；另外 8 户既无农地也未养猪的农户，每户仅拨给 2000 元搬迁费。在安置问题上，所有菜农均被安置到筷子基平民大厦暂住，待台山平民大厦建成后，再按人数分配单位。有农地或养猪的菜农均获分配地下铺位一间。这体现出澳葡政府的补偿主要是针对有农地和养猪的农户。补偿协定达成后，处于第一期开工地段的菜农于 5 月前迁离，处于第二期开工地段的菜农在 6 月前搬离[2]。将上述文字浓缩的话，即政府的"定盘"信息是：收地安置菜农，并给予 25 万元的现金补偿，而菜农必须接受此方

① 《台山建屋待迁地段　政府着令拆卸木屋》，《澳门日报》1982 年 4 月 25 日，第 2 版。
② 《台山农户搬迁问题获解决》，《澳门日报》1982 年 4 月 27 日，第 2 版。

案，即 S。菜农接受了政府的新补偿方案，双方实际得益分别为 $\delta_1^2 S$ 和 $\delta_2^2 (S_0 - S)$，博弈宣告结束。

第三回合中，由于政府提出的 S 为 25 万元，那么 S_1 和 S_2 都可以是 0 ~ 25 万元的任意金额，其取值的可能也有无数种。而在第二回合中所提出的假设"每户最低要求现金 1.2 万 ~ 1.5 万元"为最接近 25 万元的整数金额。因为，此地共居住 20 户菜农，若按每户现金补偿 1.2 万元计算，政府需支付 24 万元；若按每户现金补偿 1.5 万元计算，政府需支付 30 万元。最终的博弈结果是：政府对 12 户菜农支付现金补偿 25 万元，对 8 户没有农地和养猪的菜农仅支付 1.6 万元的搬迁费。这 20 户菜农从该地彻底迁出。

在这三个回合的讨价还价博弈中，政府和菜农可提出的 S_1、S_2 和 S 都有无限种可能，是一个无限策略的动态博弈，无法用标准扩展形来表示。但是，若先不考虑政府和菜农对 S_1、S_2 和 S 的具体选择，则在形式上也可以用一个扩展形（参见图 6 - 9）来表示该博弈过程。

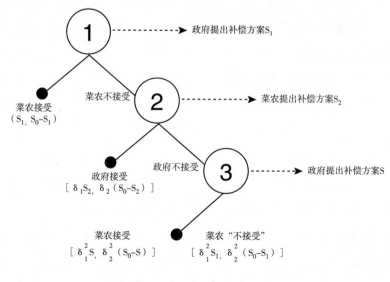

图 6 - 9　三回合讨价还价博弈

该博弈过程有两个特点：一是第三回合政府提出的方案具有强制力，即此时政府提出既有安置补偿又有现金补偿的方案，菜农必须接受，这一点是政府与菜农都清楚的。二是台山平民大厦开工在即，那么，政府与菜农的谈判时间拖得越长，对双方都不利。因此，政府在第一回合的"发盘"实际上发的是一个"虚盘"，以此探询菜农的"底线"——既要安置补偿又要现金补偿。在第二回合，菜农的"还盘"果然如此。政府能接受的"底线"（指现金补偿标准）也许就定在 30 万元之下；既然菜农对现金补偿的要求在政府的预料之中，这一现金数量可以支付则不如尽快兑现。所以，政府尽早发出"定盘"依据，表明一切均在政府的掌控中，对树立政府威信和形象都是有利的[①]。

由政府与菜农博弈的扩展式可知：台山收地博弈模型属于有限完美信息动态博弈。有限是指这个博弈过程只有三个回合即告结束；完美信息是指政府或菜农，对菜农或政府的行动选择有准确了解；动态博弈是指在台山收地事件中，如第一回合是政府的行动在先，菜农的行动在后，且菜农在自己行动之前能观测到政府的行动；第二回合是菜农的行动在先，政府的行动在后，且政府在自己行动之前能观测到菜农的行动；等等。"对于有限完美信息博弈，逆向归纳法是求解子博弈纳什均衡的最简便方法。……用逆向归纳法求解子博弈精练纳什均衡的过程，实质是重复剔除劣战略过程的扩展式表述博弈上的扩展；从最后一个决策结开始依次剔除掉每个子博弈的劣战略，最后生成下来的战略构成精炼纳什均衡。"[②] 由于台山收地事件是菜农与政府之间的三回合讨价还价博弈，在第三回合，政府出价，其所得益即其愿意付出的最大数额是 $S = 266000$ 元。因为政府在第三回合时的 266000 元等价于第二回合时的 δ_1 元，如果菜农在第二回合时出价

① 参见谢识予《经济博弈论》，复旦大学出版社，2002，第 146 页。
② 张维迎：《博弈论与信息经济学》，上海人民出版社，2004，第 100 ~ 101 页。

$S_2 = \delta_1$，政府将会接受；因为菜农在第二回合时的（266000 − δ_1）元等价于第一回合时的δ_2（266000 − δ_1）元，如果政府在第一回合时出价266000 − $S_1 = \delta_2$（266000 − δ_1）元，菜农将会接受。因此，台山收地博弈的子博弈精炼纳什均衡（subgame perfect Nash equilibrium）的解是$S = 266000 − \delta_2$（266000 − δ_1）[①]元。虽然，政府所给的266000元并不是菜农期望的S_0，但是，在政府看来，能给予菜农现金补偿，亦可算是"恩赐"了。

从台山收地事件的博弈后果来看，由于政府的强势，失地菜农对补偿方案进行了妥协才达成协议。对菜农而言，一方面是失去农地后的这20户菜农（倘以每户2名劳动力计算，为40人）将不得不面临无居所状态下的转行或退休的结局，必须有相应的经济和安置补偿才能继续生存。另一方面，此次政府收地虽不能与企业的收地行为相提并论，但现金补偿数量的不足，对菜农此后的工作、生活也带来不利影响。对政府而言，此次收地面积多达3700平方米，涉及20户菜农（倘以每户5人计算，为100人）的安置问题得到解决。政府收回农地后，"第一步准备兴建四栋楼宇，将可容纳台山现有居民的七百六十八户，……第二步陆续兴建多座平民大厦，再容纳五千多户居民"[②]。同时，政府也积累了与菜农就收地开展博弈的经验。

2. 1982年慕拉士大马路收地事件

如上所述，澳葡政府在20世纪70年代末计划翻修慕拉士大马路，曾与该地菜农展开协商。而在80年代，在该马路附近的澳门电力股份有限公司（Companhia de Electricidade de Macau S. A.，简称澳电、电力公司或CEM）为了扩建、新建厂房，也计划收回电厂附近的农地。尽管电力公司收地与政府收地不能一概而论。鉴于"多人博弈一般由三个或三个以上局中人组成，它在理论上有别于单人和两人博弈，因为它

---

① 张维迎：《博弈论与信息经济学》，上海人民出版社，2004，第120页。
② 《首期工程受阻　因农户搬迁问题未获解决》，《华侨报》1982年4月18日，第1张第3版。

很可能涉及联盟问题"①。由此可考虑到电力公司作为供电公共服务专营机构，与政府关系密切，政府对用地单位即电力公司利益的"联结"必然有所偏好，其原因在于该公司获得的电力提供权是政府以专营合约的方式授予，政府行政权与企业财权的结盟，在实质上构成利益联合体，电力公司的利益可以获得政府行政权的保护而减少损失或不受损失。这在客观上形成了行政权与资本权对土地使用权的绝对优势，政府与电力公司"强强联合"去对付分散弱小的农民②。因此，在电力公司收回农地的过程中，相关政府部门如市行政局、新闻处、社会工作处等也都参与其中，而菜农在收地事件中除向电力公司表达诉求外，也与上述政府部门进行交涉。由此可见，电力公司收地事件在很大程度上可看作澳葡政府和电力公司结成利益共同体，参与到与菜农的博弈过程中，所以本书也将其一并进行探讨。

1982 年电力公司的收地事件，涉及周边 2000 多平方米的农地和四户菜农（其农地和木屋参见图 6 – 10）。

电力公司收地事件的博弈过程由三个基本要素组成：一是参与人有三方，即政府、电力公司和菜农；二是策略集，指参与人（政府、电力公司和菜农）可选择的策略和行动空间；三是支付函数，指参与人从博弈中获得的收益。此时所构建的博弈模型是完全信息静态博弈。此外，还需增设以下假设条件：

（1）在收地过程中，政府可利用公权力采取强制措施，其支付成本很低；菜农若选择抵制措施，则要付出高额成本。

（2）在收地过程中，政府基于"维稳"等因素的考虑，会优先选择协商措施；菜农在自身利益得不到有效补偿时，则会选择抵制措施。

（3）电力公司发电厂所在地点就在慕拉士大马路，出于"距离代

---

① 〔英〕安东尼·凯利：《决策中的博弈论》，李志斌等译，北京大学出版社，2007，第 138 页。

② 钟祥虎：《博弈论视角下的交通建设征地拆迁利益透视——基于广东 H 市的实证研究》，《社会工作》2012 年第 5 期，第 40 页。

图 6 - 10　慕拉士大马路收地事件中 4 户菜农的农地位置

资料来源：《黑沙环电厂附近四农户　盼望当局暂缓迁徙行动》，《澳门日报》1982 年 4 月 16 日，第 2 版。

价最小"原则，在此扩建、新建厂房有利于扩大其生产能力，只能在此选址，不可能另择其他地段。

　　根据博弈论的基本原理，博弈均衡是达成该均衡状态过程中的一个函数，参与人在各优势策略中可以相互转换。然而，参与人究竟会选择哪一种均衡状态则取决于其固有的知识结构、社会习俗、心理和行为习惯等非理性因素。因此，在电力公司收地过程中，各参与人之间可以形成三个策略集，即政府策略集 {协商、强制}、菜农策略集 {合作、抵制}、电力公司策略集 {补偿、无补偿}。上述三个策略集的组合，可形成政府与菜农、电力公司与菜农的两个博弈矩阵（参见表 6 - 6、表 6 - 7）。为明显地表示各参与人的收益，在矩阵中用数字"1"表示得益，用数字"0"表示不得益。

表 6 - 6　政府与菜农博弈矩阵

菜　　　　　农　　　　政　　　府	协　商	强　制
合　作	(1,1)	(1,0)
抵　制	(0,1)	(0,0)

依据前述假设条件，并考虑到博弈三方（即政府、电力公司和菜农）所处的环境和所持的立场均不相同，博弈时间从 1982 年 3 月 25 日由市行政局召见四户菜农传递电力公司拟收回其农地的信息起，至 4 月 17 日三方达成协议。通过对上述博弈矩阵的分析，可得结论如下：

第一，在表 6 - 6 政府与菜农的博弈矩阵中，当政府采取协商策略时，菜农采取合作策略则得益为 1，选择抵制策略则得益为 0；反之，当政府采取强制策略时，菜农采取合作策略得益为 1，选择抵制策略得益为 0。由此可见，对菜农而言，3 月 25 日的政府召见，得知收地一事将成为现实，而政府有无补偿不详。4 月 8 日，从电力公司处得知，政府决定对农地不做补偿。但菜农很清楚，若其选择抵制策略时付出的成本较大，故政府采取协商策略时，菜农倾向于合作，即 1 > 0；而政府一旦采取强制策略，从理论上看，菜农可选择抵制策略，即 0，即菜农明白既然自己失去农地后生活面临困境，不如"拼个鱼死网破"，采取抵制策略，但在菜农处于完全弱势地位的前提下，"胳膊拧不过大腿"，加之农地是政府的公地，政府强制收回时，这种方法必然带来农地、补偿"两头落空"的后果。与此相反，若菜农采取合作策略，还有可能争取到缓时搬迁或适当安置补偿的结局。所以，除选择合作外，菜农没有其他选项，即 1 > 0。有鉴于此，该收地事件的演变途径是：4 月 15 日，菜农收到市行政局通知，要求其 4 月 17 日前迁出并将木屋拆除搬走，还被告知其已被分配到筷子基的平民大厦暂住。当日下午，四户菜农在菜农合群社举行记者招待会，将此前的协商全过程对外界公开，表示其提出的条件并非土地买卖，只要求补偿一点开荒费，并希望有关当局暂缓采取行动。最终，4月17日下午3时，政府在维持15日通知的基础上，另决定给人口较多的两户菜农分配一个地下铺位使其可以经营小生意。菜农必须于4月21日前彻底迁离原居地。

对政府而言，当菜农采取合作策略时，政府会采取协商策略，即双方都得益；当菜农采取抵制策略时，政府会采取强制策略，即双方都不得益；因为当菜农采取合作策略时，政府采取强制策略，将会受到社会舆论的谴责，有损其形象；也有可能迫使菜农集会抗争，影响社会稳定。因此，4月15日，政府派人通知菜农的同时，新闻处也将上述菜农被分配到平民大厦暂住的决定对外公布，以取得社会舆论的理解和支持。4月16日，市行政局、社会工作处等机构派人到该地，要求菜农按时迁离。

上述分析表明，政府采用协商策略时，菜农多选择合作策略；政府采用强制策略时，菜农在理论上可以选择抵制策略，但现实中也只能选择合作策略。依据假设条件，政府与菜农均会优先选择 |协商，合作|。因此，该博弈矩阵的博弈均衡应为双方都得益，即 |协商，合作|。

表6-7　电力公司与菜农博弈矩阵

菜　　　　　　　农　　　　电力公司	补偿	无补偿
合　　作	(1,1)	(1,0)
抵　　制	(0,1)	(0,0)

第二，在表6-7所示的电力公司与菜农的博弈矩阵中，电力公司因扩建厂房选择慕拉士地段已成定局，菜农关心的是其有无经济补偿。若电力公司给予补偿，菜农采取合作策略时，得益为1>0；反之，若电力公司不给予补偿，菜农选择抵制策略时，得益为0<1。这是因为在政府与电力公司结成强大利益同盟，并利用谴责菜农"非法占地"为收地筹码的情况下，处于弱势地位的菜农一般不会选择抵制策略，如

前所述，菜农深知抵制不仅不会获得经济补偿，同时还会失去农地。这样一来，从菜农的角度分析，3月27日，电力公司派代表与菜农在菜农合群社商讨搬迁问题。电力公司代表称，愿意将市行政局提出的将农地收购价格由80元/平方米提升至100元/平方米。但菜农希望参照此前开发商收地的价格：建有木屋的土地600元/平方米，农地以500元/平方米为基数来补偿。双方未能达成协定。4月8日，电力公司派人通知菜农，表示"政府决定对菜地不作补偿，只由电力公司付出十万元充作补偿费"。菜农对此并未接受。菜农也清楚因其选择抵制策略时要付出的成本较大，故电力公司选择有经济补偿策略时，菜农倾向于合作，即1 > 0；而电力公司一直并未采取无经济补偿的做法，菜农也并未采取抵制的策略。

对电力公司而言，当菜农采取合作策略时，电力公司会采取有经济补偿策略，即1 > 0；当菜农采取抵制策略时，电力公司会采取无经济补偿策略，即0，不得益。根据假设条件，电力公司的原厂房就在附近，其扩建新厂房在别处另行选址，显然增加运作成本，首选慕拉士地段也是符合经济效益原则的。菜农因此而失去了土地，电力公司必然要给予一定的经济补偿；又因为电力公司作为供电公共服务的专营机构，它所提供的经济补偿，显然不能满足菜农所期望的比照上述发展商收地的"数额"。即从得益分析可知：1 > 0。4月17日，电力公司仅向每户菜农支付2.5万元，即共付出10万元便获得了其偏好的慕拉士大马路农地扩建新厂房①。

从上述分析可以看出，电力公司采用有经济补偿策略时，菜农多选择合作策略，则电力公司与菜农均有利可图，双方都会得益，只是得益的多少不同而已。因此，该博弈矩阵的博弈均衡为（1，1），即｛补

---

① 1982年慕拉士大马路收地事件资料来源于《黑沙环电厂附近四农户 盼望当局暂缓迁徙行动》，《澳门日报》1982年4月16日，第2版；《电力公司与黑沙环四住户获协议》，《澳门日报》1982年4月18日，第1版；《占用电厂地段四户菜农昨经协定获补偿后迁出》，《华侨报》1982年4月18日，第1张第3版。

偿，合作}。

此外，1982年的台山和慕拉士收地事件有一个共同的特点，即一旦菜农对政府和电力公司的收地补偿有异议之时，双方无法达成共识之际，政府（及电力公司）即将此事搁置，一直拖延至在该农地上的工程动工前夕。从双方开始协商到在农地上的工程开始动工期间，就是政府、电力公司对菜农的"摸底"过程。当农地上的工程即将开工之时，政府立即通过新闻处对外公布强制收地的消息。这是因为政府、电力公司已经摸清菜农的"底"，凭借政府的"公权力"强制亮出政府和电力公司的"底"，进而迫使菜农接受政府和电力公司的"既定方案"。

上述博弈结果表明：在缺乏有效监督和约束的背景下，无论菜农是否合作，澳葡政府都可以利用法律授予的公权力实施收地行为。对于菜农而言，与内地农户的情况相似，只要能够保证基本的生活，无论政府采取怎样的收地措施，菜农的理性行为最终都只能是合作[1]。换言之，澳葡政府与菜农关于收回农地的利益博弈实际上是一种强权博弈，其对局结果只能是菜农被动地接受补偿条件。

（三）20世纪80年代收地谈判策略选择

近十多年来，内地学术界运用博弈论对农地征用行为进行了大量的研究，取得了许多极富理论创新和实际应用价值的成果。在这些成果中，主要集中在对征地冲突的动因、结果以及建立相应补偿机制保障失地农民合法权益等的研究上[2]，但对此过程中涉及谈判策略的探讨却不多。

实际上，正如2005年度诺贝尔经济学奖得主谢林（Thomas C.

---

[1] 王小宁：《城市化进程中失地农民与政府之间的利益博弈分析》，《经济问题》2010年第5期，第63页。

[2] 参见柯小兵、何高潮《从三层博弈关系看土地征收制度改革——基于某大学城征地案例的分析》，《中国土地科学》2006年第3期；刘吉军、许实等：《土地非农化过程中的博弈关系》，《中国土地科学》2010年第6期；王小宁：《城市化进程中失地农民与政府之间的利益博弈分析》，《经济问题》2010年第5期；邹秀清等：《征地冲突中地方政府、中央政府和农户行为的动态博弈分析》，《中国土地科学》2012年第10期。

Schelling）在其《冲突的战略》一书中指出的，博弈当事人的利益是对应的，任何一个人效用的增加都会损害另一个人的利益。但博弈当事人的利益也有一致的地方，博弈者都希望避免两败俱伤，他们希望至少达成某种协议，这样谈判方就需要在达成协议的底线和争取较优结果中权衡①。这就出现了一个类似前述"讨价还价"（bargaining）的过程。在谢林对"讨价还价"的广义解释中，就包括买卖双方之间的明确谈判，其博弈结果也就是在谈判中实现的②。按照谢林的说法，谈判不仅涉及双方的动机结构，而且还涉及各自的收益分配。谈判的含义十分广泛，既包括谈判主体之间的唇枪舌剑，也包括双方无声无息的心理斗争。虽然谈判涉及多种因素，但无一例外地涉及谈判条件、威胁、允诺和信息沟通的问题③。就澳门的情况来看，澳葡政府、用地单位与菜农之间的收地博弈过程，也主要是采用谈判方式而展开的。"收地谈判时间拖延"，也是源自事件双方"讨价还价"④ 的行为选择。双方有些行为，例如指责、威胁即使没有在谈判桌上进行，也与谈判有着内在的关联性，其目的是"通过自己的一举一动都将对对方产生影响，从而试图通过各种具体行为来达到自己预期的目的"⑤。因此，本节拟运用谢林关于谈判的理论，分析澳葡政府与菜农之间围绕收地进行的谈判及其相关行为选择，力图找出其中问题的症结，寻求破解之道。

1. 谈判焦点：澳葡政府以"公共利益"名义压低价格与菜农要求较高补偿之间的较量

如前所述，补偿金额的高低，是这一时期收地利益博弈的焦点所

---

① 祖强：《博弈论：增进世人对合作与冲突理解的理论——2005 年诺贝尔经济学奖评析》，《世界经济与政治论坛》2006 年第 2 期，第 106 页。

② 郭其友、李宝良：《冲突与合作：博弈理论的扩展与应用——2005 年度诺贝尔经济学奖得者奥曼和谢林的经济理论贡献评述》，《外国经济与管理》2005 年第 11 期，第 8～9 页。

③ 〔美〕托马斯·谢林：《冲突的战略》，赵华等译，华夏出版社，2006，第 19、38、40页。

④ 参见南阳《收地谈判时间拖延》，《华侨报》1984 年 8 月 24 日，第 1 张第 4 版。

⑤ 〔美〕托马斯·谢林：《冲突的战略》，赵华等译，华夏出版社，2006，第 19 页。

在。其中，菜农为了争取自身利益最大化，常以个别开发商收购农地所给出的高价①为标准，希望澳葡政府的收地也能参照这一价格标准。北泰公司曾接受娱乐公司委托在新口岸收地，尽管该公司收地补偿方案的优厚之处主要体现在为菜农提供廉租/廉售住宅单位上，但对农地和木屋的收购价格并不如其他一些开发商高②，因此，菜农并未要求澳葡政府比照新口岸收地的补偿方案来进行补偿。这就表明，菜农参照的补偿标准是在与先例的比较中而得出的，这是符合人们寻求利益最大化过程中利益量化比较原则的，"因为判断利益得失，不只以实际占有的物质的多少来衡量，更在于与社会利益和他人利益或利益关系的比较上"③。也就是在这一过程中，"先例所产生的影响也许远远大于逻辑的重要性和法律效力"④。

　　作为收地方的澳葡政府及相关机构对菜农的补偿要求，往往以"公共利益"为名义，指出其收地是为了兴建平民大厦、发电站等公共设施，而非如开发商那样收地建屋牟利，借此压低补偿价格。例如，在20世纪80年代的收地事件中，收地方均做出了类似的表态。

---

① 　由于当时对农地收回并无统一的补偿标准，除政府收地外，各开发商收地付出的价格也大不相同。如果开发商急于收地建楼，则往往给予菜农较高的补偿，否则就和菜农拖时间，给予较低的补偿。参见2012年6月19日访问江荣辉的记录。而某些急于收地的开发商提供的高额补偿往往成为此后收地事件中菜农索偿所比照的理据。例如在1982年收地事件中，菜农出于自身利益考虑，希望澳葡政府比照当年某开发商收购黑沙环农地的高标准进行补偿。当时的报道指出，当年某开发商收购黑沙环农地和木屋，以每平方米500~600元成交，参见《本地农业日趋没落　农民只有二百多人》，《华侨报》1982年4月12日，第1张第3版。而同年慕拉士大马路收地事件中，菜农也根据此标准，希望收地方可以"建有木屋的土地600元/平方米，农地以500元为基数来补偿"。
② 　北泰公司在1975~1985年曾两次提高补偿价格。对不需要分配廉租/廉售单位的收地对象给予（每平方英尺）农地250元、木屋350元的补偿，而需要分配廉租/廉售单位的以农地115元、木屋160元补偿（关于新口岸收地事件的经过将在本章第三节详述）。倘就补偿金额来看，低于个别开发商所付出的价格。
③ 　郝云：《利益比较理论研究》，复旦大学出版社，2007，第51页。
④ 　〔美〕托马斯·谢林：《冲突的战略》，赵华等译，华夏出版社，2006，第60页。

社会福利处有关人员表示：最重要的一点，政府认为，他们同其他地产商不同，收地不是牟利，而是兴建平民大厦，改善本澳居民的居住环境，故此无必要再花一笔钱做不合理的补偿①。

电力公司行政委员会负责人表示：四家住户要求补偿搬迁，其价格是合理的，但可能他们忽略了一点，即电力公司收回该地段非用作牟利，只为扩建电厂，加建发电机，与建筑商收购土地兴建大厦出售有根本区别，电力公司亦难以接受住户提出的补偿条件②。

建设计划协调司代表地亚士接见了菜农代表，称以往某些建筑商的太高补偿是"不合理"的，他只强调建设变压站，是澳门工业发展所需。至于无地容身的菜农，电力公司亦无多余房屋安置③。

上述说法的由来，也容易使人联想起近年来以"公共利益"为名"侵害公民个人权利行为"④。当然，必须承认上述多起收地事件的出发点是为了实现"公共利益"。但政府作为"公共利益"的代表者和维护者，在做出决策行为前需要综合考虑和权衡菜农、用地单位以及社会整体等各方面的利益。在这里需要分析的是，政府与用地单位通过"公共利益"幌子而结盟背后的动机。在利益的天平上，政府显然更多地向自身建设资金的不足或企业经济成本的"自利性"倾斜。由此带来的后果是，政府可能会利用手中的征地拆迁权实现权力的"公寻租"，损害被征地拆迁者的利益，最终难以实现社会利益的公平与公正，政府

① 此为1982年台山收地事件中，澳葡政府社会福利处有关人员在接受澳门电台采访时的表态。《首期工程受阻　因农户搬迁问题未获解决》，《华侨报》1982年4月18日，第1张第3版。
② 此为1982年幕拉士大马路收地事件解决后，电力公司行政委员会负责人的表态。《电力公司与黑沙环四住户获协议》，《澳门日报》1982年4月18日，第1版。
③ 此为1985年收地事件中，菜农与澳葡政府建设计划协调司交涉时，该司代表地亚士的表态。《二十七户菜农拒搬迁　合群社向当局交涉》，《澳门日报》1985年10月31日，第1版。
④ 参见王景斌《论公共利益之界定——一个公法学基石性范畴的法理学分析》，《法制与社会发展》2005年第1期，第133页；余少祥《什么是公共利益——西方法哲学中公共利益概念解析》，《江淮论坛》2010年第2期，第97页。

所代表的"公共利益"演变成政府的"私利"，导致双方的利益冲突①。以 1982 年为例，这一年开发商在黑沙环收地付出了农地每平方米 500 元的高价，而与之相比，同年澳葡政府及有关单位收地时的补偿标准远低于此，两者差距约十倍（参见表 6 – 8）。

表 6 – 8　20 世纪 80 年代三次收地事件补偿金额比较

事件	涉及菜农户数和农地面积	补偿金额（每平方米）	补偿差距
1982 年建筑商收购黑沙环农地	不明	农地 500 元，木屋 600 元	—
1982 年幕拉士大马路收地事件	4 户（2000 多平方米）	付给菜农安置费 10 万元	按上述建筑商收地标准，则菜农至少可获约 100 万元补偿
1982 年台山收地事件	20 多户（有农地菜农 9 户，农地约 3700 平方米）	9 户有农地的菜农获得 21.5 万元，平均每平方米约 58 元	按上述建筑商收地标准，该 9 户菜农可获补偿约 185 万元

澳葡政府收地补偿过低，使失地菜农生活陷入困境，其继续在城市居住的合理权利得不到保障。就菜农来看，他们是在前述特定历史条件下出现的，属于自然经济下的生存模式，土地是劳动的载体，载于土地之上的劳动所得以及土地上的附着物（木屋）成为菜农生活的物质基础。倘菜农失去了木屋和土地，既不能继续种菜谋生，又无居所可住，必须改变原有生存模式转而依靠货币生存。因此，若得不到相应的利益补偿，他们将无法在城市中觅得住处以及维持基本的生活水平，不能在城市中立足。从 20 世纪 80 年代收地事件来看，由于澳葡政府在 1982 年的两起收地事件中，为失地菜农分配了平民大厦的廉租单位，使得他们在获取低额补偿后尚不至于流落街头。但在 1985 年的收地事件中，收地方提出了较低的补偿，且未明确如何安置。这就引发了菜农的普遍担忧，他们认为，"政府应当安置他们入住平民屋和支付搬迁费，至于

---

① 钟祥虎：《博弈论视角下的交通建设征地拆迁利益透视——基于广东 H 市的实证研究》，《社会工作》2012 年第 5 期，第 39 页。

电力公司补偿的款项，亦比同类菜地的澳门工业发展中心地盘差之甚远。如果按现在的补偿办法，菜农既不可能买得起居址，又没有地方再建木屋，谋生的菜地也没有了，生活顿陷入困境"①。在这次事件中，还造成木屋租客和菜农屋主之间的纠纷。有评论认为，被迫拆掉木屋的菜农也是迫于无奈，且日后生活堪忧："业主夹在中间，也有他的难处，因为他们在该处已住了数十年，并以养猪种菜为生。一旦失去居所，失去工作，拿着那三、五万元赔偿费，顾得了发住客的搬迁费，还是顾得重新安家及一家大细（广东话：大小——笔者注）的糊口?"②据江荣辉回忆，尽管后来政府同意分配一些平民大厦单位给予该收地事件中失地的菜农，但此前菜农饱受因收地而流离失所的困扰也是存在的③。

就上述菜农的担忧以及坊间的评论来看，1985年慕拉士大马路的收地方未考虑菜农被收地后的安置问题。联系到收地方在该事件中给出低廉补偿金额的理由是，他们兴建变压站不为牟利，而是为了公共利益的话，那么，是不是政府为了所谓的"公共利益"就可以剥夺菜农在城市中生活的权利，任由菜农"拿着那三五万元赔偿费"，生活陷入困境呢？

从上可以看出，同样是在黑沙环从事农业的菜农，同样是在1982年被收地，但得到的补偿可能差距数倍，这种情况对那些被政府低价收地的菜农是不公平的。另一个明显的例子是，娱乐公司在1975～1985年在新口岸的收地行动中，通过灵活的补偿方案和兴建平民大厦廉租或廉售的方式，妥善安置了新口岸近千户菜农和木屋居民。相比之下，这一时期的政府收地行动，不仅收地金额不一致，安置方式也没

---

① 《二十七户菜农拒搬迁　合群社向当局交涉》，《澳门日报》1985年10月31日，第1版。

② 《木屋住客顿失住所　不满屋主匆忙拆屋》，《澳门日报》1985年11月14日，第2版。

③ 2012年7月5日访问江荣辉的记录。

有一个定案，被政府收回土地的台山、马场、黑沙环等地的菜农难免会感叹"同人不同命"。同样是菜农，为何新口岸的菜农就可以得到相对优厚的补偿和安置，而马场、台山、慕拉士马路附近菜农就只能接受政府以"公共利益"为由压低补偿价格呢？如何对所有失地菜农进行公平补偿？这就成为政府和菜农之间利益博弈带来的一个社会问题。

2. 谈判筹码：澳葡政府提出菜农"非法占地"的依据，而菜农则表示此是多年耕种的事实

土地性质是决定收地利益重新分配的关键。菜农耕种的土地基本上是 20 世纪 50 年代初"大垦荒"时期经正规手续向政府承批或擅自开垦的公地，政府对于这些土地可以"随时取回，以便利各项建筑"①。在上述多起收地博弈过程中都可看到，澳葡政府指责菜农"非法占地"，以此为由要求其尽早迁离，其中最极端的说法是"非法占地牟利说"，即在上述 1982 年台山收地事件中，有关部门在接受澳门电台采访时所提出的：

> 因为这些土地是本澳公共土地，政府一直不承认这些菜农的占地是合法的，亦无收取他们任何租金或税款。政府同时认为，在过去几十年，这些菜农在土地上已赚取了可观的收益，因此政府不可能对他们再作任何方式的补偿，政府只考虑按价收购那些农户所种植的蔬菜及饲养的牲畜②。

为了证明菜农确属"非法占地"，澳葡政府在个别收地事件中还出动保安部队，对菜农的身份进行了查证，诚如澳葡政府在 1985 年慕拉士大马路收地事件（以下简称 1985 年收地事件）发出的通知中所提

---

① 《倘欲申领公地 须先列明图则》，《华侨报》1954 年 3 月 7 日，第 4 版。
② 《首期工程受阻 因农户搬迁问题未获解决》，《华侨报》1982 年 4 月 18 日，第 1 张第 3 版。

及的：

> 上述地段是属政府所有，但被非法占用作为菜园、养猪及养鸡场、货仓、种花及盖搭木屋居住。在一九八五年中，澳门保安部队对占用者的身份展开调查，发现他们没有任何文件证明能使用上述地段，同时，亦发现大部分的违例建筑物之所有人是居住在住宅楼宇内，其中一些是住在市中心区，这点证明出非法占用土地，对一些人来说得到的利润甚高①。

但菜农对于"非法占地"的指责完全无法接受。面对这种指控，"农友都是一肚子气"②。在 1985 年收地事件中被政府强拆木屋的菜农认为"农友回应当局号召开垦菜园，如今竟被指'非法占地'，实欠公允"。《澳门日报》在同日的报道中也指出：

> 对于政府方面用"非法占用土地"的词句对待菜农，菜农们更为不满。他们指出，在该地作息的菜农，已在该处安居工作了三十多年，他们是在 50 年代初澳门经济困难时，由当时的澳门政府发动鼓励开荒种菜，以解决民生所需的。当年，该片土地全是乱石、烂泥和荒丘，有一部分还是海滩。他们挖石填坑，搬泥引水，开垦所得。三十多年来，他们就利用该地居住谋生，除了种菜外，还种花、养猪、养鸡鸭等③。

正如该报道中菜农所述，指责菜农"非法占地"的行为既是对已

---

① 《澳电与占地者协议不成　决拆除建筑物收回土地》，《华侨报》1985 年 10 月 30 日，第 1 张第 3 版。
② 2012 年 6 月 19 日访问江荣辉的记录。
③ 《二十七户菜农拒搬迁　合群社向当局交涉》，《澳门日报》1985 年 10 月 31 日，第 1版。

形成的历史既定事实的无视，同时也与情理不符，表现出了澳葡政府一开始对农地疏于管理、此后又长期漠视的状态①。

事实上，澳葡政府在 20 世纪 50 年代初实行的鼓励垦荒政策，是造成菜农"非法占地"的直接原因。因为澳葡政府在 50 年代初对土地批给不加限制，反而宣布"政府无偿供地，市民可自行划地耕作"②。就菜农本身而言，他们当时占用政府公地耕种仅为响应政府号召而已。尽管后来澳葡政府意识到这样的做法存在问题，进而在各种场合强调菜农耕种必须办理手续，不得擅自耕种，但估计碍于澳葡政府无足够的人力、物力应付菜农"大垦荒"活动中的土地管理，导致实际情况如同《华侨报》在 1954 年报道的那样，"菜田已登记及纳资者不及百分之二十，余大部分系擅开公地耕种"③。由此可见，当时旷地较多，菜农也并不太明了使用土地需要履行的基本手续，觉得有必要扩大生产，便自行开垦。而由于语言不通、权利意识薄弱等原因，后来要求菜农主动前往有关单位补回手续也是难以实现的④。就此而言，如果深究这段历史，与其认为菜农"非法占地"，不如说问题的关键在于澳葡政府鼓励

---

① 据江荣辉回忆，在 20 世纪 70 年代末到 80 年代末的多次收地事件中，双方达成协定时都需要他去签字证明所涉及的土地确为相关菜农所有。一般来说，土地所有权应当在政府有关部门登记备案，当涉及产权转移时，到相关部门查阅便可知悉土地的产权人状况。但在当时的澳门，由于澳葡政府对农地疏于管理，这样的做法行不通。相关土地交易，无论是政府收地还是私人收地，在程序上都需要江荣辉代表菜农合群社对相关菜农是否属于农地的"真正主人"进行证明。这一事例体现出了澳葡政府对菜农土地管理存在严重的疏漏。参见 2012 年 6 月 19 日采访江荣辉的记录。另据路环黑沙村民互助会会长吴观洋于 2013 年 6 月向《澳门日报》记者反映，按往往惯例，该村农民要出售村屋和农地，都需由村民互助会开具农地和村屋的业权所属证明。《澳门日报》2013 年 6 月 28 日，第 A02 版。

② 郑淑贤：《菜农合群社风雨半世纪》，《澳门杂志》2002 年 6 月，第 43 页。

③ 《菜农争地纠纷蔓延》，《华侨报》1954 年 10 月 16 日，第 4 版。

④ 另外一个值得注意的问题是，政府批给电力公司等公共服务专营机构的土地，有些被长期空置，这些空地因而逐渐被菜农用作种菜和建造木屋等。考虑到慕拉士大马路收地事件中的土地都是电力公司在 60 年代就得到的批给，因长期空置被菜农占用。在这样的背景下，菜农占用土地固然不合法理，但是专营公司批得土地后长期空置也应负有一定的责任。

居民垦荒的同时疏于对土地的管理。在占地从事农业成为一种普遍现象的大环境下，将一顶"非法占地"的帽子扣在菜农头上，要求其尽快迁离，这显然是不能令人信服的。

同时，澳葡政府认为菜农"非法占地"也与情理不符。菜农属于贫苦阶层，在50年代历尽千辛万苦才将荒地、烂地开垦出来。如前所述，50年代在澳门马场、新口岸等地开荒的菜农"有些白天当泥工或者行乞，晚上则摸黑开荒，披星戴月。有些连买锄头的钱也没有，向亲友借贷"①。他们费尽心血和汗水，终于将荒地开垦成为农地。但20多年后不仅因为城市发展被迫迁出赖以生存的土地，而且还要蒙受"非法占地"的罪名导致利益受损，这种做法无疑是不公平的。

3. 谈判过程：澳葡政府主导的"初步谈判→中止谈判→重新谈判"的三回合博弈

谈判过程中，澳葡政府动用手中的行政权力，对外界宣布将对菜农木屋实施强拆，以高压行政手段威胁菜农尽快放弃博弈，达成妥协。这就与菜农希望以平等谈判的方式争取较高利益补偿的诉求产生了冲突。因为澳葡政府在80年代的农地收回中不再像1976～1978年慕拉士大马路收地事件那样，全程以平等谈判的方式来进行，而是策划了一个"初步谈判→中止谈判→重新谈判"的过程，如表6-9所示。

具体来说，在第一阶段中双方展开初步接触，对补偿安置等问题进行平等谈判，但菜农和收地方往往在补偿金额上产生分歧，即菜农希望澳葡政府比照开发商的高价来收地，而政府则认为他们为了公共利益，不能付出这样的高额补偿，只愿付出一个很低的补偿金额，而这个偏低的金额必然遭到菜农的拒绝。在这一过程中，由于谈判主体对成本和利

---

① 《居民激增几十倍约万余人　马场二十五年来的变迁》，《澳门日报》1975年4月14日，第4版；施肇：《澳门马场区沧桑》，《华侨报》1981年4月9日，第4版。

表 6 - 9　20 世纪 80 年代收地事件的三回合博弈过程

名称	初步谈判	中止谈判	重新谈判
1982 年慕拉士大马路收地事件	3 月 25～27 日：电力公司、市行政局与四户菜农就补偿问题进行初步谈判，双方提出的补偿金额差距过大，无法达成协议	4 月 8～14 日：收地方对菜农表示"政府决定对菜地不作补偿，只由电力公司付出十万元充作补偿费"。并对菜农派发通知，要求他们在 17 日之前迁离，否则将拆除木屋	4 月 16 日：双方在一日之内进行谈判，菜农最后同意了收地方的补偿方案，并按期迁离农地
1982 年台山收地事件	3 月初至 4 月 24 日：有关部门与台山 20 多户菜农进行谈判，双方无法达成协议	4 月 25 日：澳葡政府停止与菜农谈判，通过新闻处发出消息，称"政府已着令拆卸该地段的木屋，以便第一幢的平民大厦兴建工程能在五月三日展开"	4 月 26 日：菜农主动与政府谈判，最后接受了补偿方案，迁离原址
1985 年慕拉士大马路收地事件	1985 年夏至 10 月 29 日：有关部门、电力公司及该地菜农就收地进行谈判，但一直没有具体结果	10 月 30 日上午：澳葡政府通过新闻处对外界发布消息，指责菜农"非法占地"并盖搭木屋等"非法建筑物"。提出电力公司"兴建变压站的工程不能再延期，于是决定拆卸有关建筑物及收回土地"。同日上午，有关部门派员赴该地强拆菜农木屋	10 月 30 日：下午 3 时，来自坊会、菜农合群社以及菜农代表到建设计划协调司谈判，并希望政府暂缓拆屋。双方对补偿展开新一轮谈判。至 11 月 4 日达成协议，菜农基本同意收地方的补偿方案，并须于 11 月 15 日前迁离

益的再分配方式发生分歧，因而无法达成共识。但澳葡政府往往因为工程进度等原因，并没有足够的时间和耐心与菜农谈判。澳葡政府显然意识到，这种"讨价还价"的博弈，"每多进行一个回合总得益就会下降一个比例"[①]，拖延对自己和收地方均不利。于是，其在双方尚未达成协议之前中止谈判。第一阶段的初步谈判在无结果的情况下结束。

　　在接下来所进行的第二回合即中止谈判阶段，澳葡政府采取的策略

———————

① 谢识予：《经济博弈论》，复旦大学出版社，2002，第 146 页。

主要有以下三种：

第一，通知限期迁离。这是澳葡政府常用的行政手段。在与菜农初步谈判达不成协议后，澳葡政府往往中止谈判，发出通知要求菜农限期迁离。例如在 1982 年的慕拉士大马路收地事件中，菜农已与澳葡政府进行了两轮谈判，但到了 4 月 14 日，政府方面却不再谈判，而是将通知书直接发给菜农。通知中指出，其农地是"按一九六七年四月一日第八四一一号训令批给澳门电力公司者。仰上述个人按本通知书所指日期起至本月十七日止，依期迁出其棚寮及将设备搬走，并于即时放弃该地段"①。显然，收地方已无耐心继续与菜农讨价还价，而是希望菜农可以按通知要求在规定期限内迁出。因此，发出通知可算是一种通过行政手段迫迁的表现。

第二，发布消息制造舆论。在发出通知要求菜农限期迁离的同时，澳葡政府也会通过新闻处向全澳媒体发布消息，此与发给菜农的通知大同小异。但在发布消息时，澳葡政府往往会强调菜农非法占地且提出的补偿不合理，而政府为市民服务的工程需要尽快展开等，以制造对己有利而对菜农不利的社会舆论氛围。

第三，发出强拆菜农木屋以收回土地的威胁。一般而言，澳葡政府在发布消息制造舆论的同时，还会提出，倘菜农未按期迁离，政府将"拆除建筑物收回土地"。发出威胁成为 80 年代收地博弈过程中政府行为选择的"偏好"。例如在 1985 年的慕拉士大马路收地事件中，新闻处发出了如下消息：

> 澳门政府拨地给澳门电力公司，兴建马交石电力变压站。该幅地段位于慕拉士大马路，与澳门发电厂毗邻，面积约为七千平方公尺。兴建该变压站是按照上述公司投资的计划来进行，目的为使澳

---

① 《黑沙环附近四农户　盼望当局暂缓迁徙行动》，《澳门日报》1982 年 4 月 16 日，第 2 版。

门的供电有更佳的条件，电力公司最近亦签订了购置设施的合约。上述地段属政府所有，但被非法占用作为菜园，养猪及养鸡场，货仓，种花及盖搭木屋居住。

澳门电力公司在收到资料后，即与他们展开谈判，并愿作如下补偿：非法建筑物的地下——每平方公尺三百五十元。二楼——每平方公尺二百五十元。种植的土地——每平方公尺一百四十元。有关农作物归他们所有。

澳门电力公司给予的补偿额被视为是合理的。由于尚不能达成协定，而自愿迁出的日期已于本年九月二十三日告满，且兴建变压站的工程不能再延期，于是决定拆卸有关建筑物及收回土地[①]。

由上可以看出：

（1）在澳葡政府清楚知道菜农不获补偿不会按期迁出的情况下，第一种策略可视为澳葡政府实施威胁的辅助性的"次要行为"。这是为了化解菜农反威胁的努力，有助于实现其行为目标。因为从表面看，实施威胁前的一些步骤也许没有重大意义或不能得到对方的认可，但却可以打破对方的准备计划，分散对方的注意力，从而有助于主体工作的有效开展[②]。

（2）为了保证威胁的可信性，澳葡政府需要隐藏自己推出威胁的真实目的和意图，即政府的本意在于迫使菜农重新回到谈判桌上接受收地方提出的补偿方案，是为下一阶段谈判的重开做出铺垫或创造条件，而并非拆除建筑物。这就证明了威胁"与可见的行为，而非隐藏性的行为密切相关"。

（3）澳葡政府运用宣传工具制造包括政府将要强拆菜农木屋以收

---

① 《澳电与占地者协议不成　决拆除建筑物收回土地》，《华侨报》1985 年 10 月 30 日，第 1 张第 3 版。

② 〔美〕托马斯·谢林：《冲突的战略》，赵华等译，华夏出版社，2006，第 36 页。

回土地的威胁，意图对菜农产生强大的舆论压力，迫使其尽快结束博弈，接受补偿条件，早日迁离农地。事实上，澳葡政府通过宣传上的威胁能够达到预期目的，"也就不存在实施的必要性了"。

（4）威胁的"要点在于其显著的效用性"。澳葡政府的上述威胁往往会对菜农产生心理压力，从而达到迫使其配合政府尽早迁离农地的目的。这可说是澳葡政府手中最强有力的行政手段，对菜农的震慑力也最大。在澳葡政府发出强拆木屋收回土地的威胁实施期限之前，菜农便会与澳葡政府重新谈判，并在数日后达成协议，愿意接受政府订立的补偿并按期迁出，由此可见威胁手段的"威力"。这也证明了谢林所言"威胁的目的在于事前预防，而非事后报复"与"一个成功的威胁就是不需要付诸实施的威胁"① 观点的正确性。

由于澳葡政府在谈判中使用了威胁的策略，从而能够阻止博弈的重复进行。面对澳葡政府利用行政手段发出威胁所带来的压力，菜农通常会选择重新谈判且很快与澳葡政府达成协议。值得注意的是，这一阶段尽管表面形式上仍是双方平等谈判，但内容上已出现了变化，即"尽管谈判双方都有提出条件的机会，但是机会对双方而言并非均等"②。迫于政府实施强拆的威胁，菜农已经很难像第一阶段那样通过谈判争取最有利的补偿方案，而是需要避免遭受澳葡政府的强拆行动。因为一旦其木屋遭到强拆，菜农将一无所有。为了避免这一后果，菜农不得不接受澳葡政府支付偏低的补偿金额。于是就出现了80年代的收地事件中常见的，一旦澳葡政府采取行政手段威胁迫迁，菜农就被迫重新与澳葡政府展开谈判，并接受政府的补偿条件而结束博弈。这就是谢林所说的"当一方最后一次作出充分的让步时，一场谈判也就宣告结束"的典型例子。在这一过程中，政府使用行政手段实施威胁的行为有效阻挡博弈继续演绎，形成政府与农民之间的三回合重复博弈（参见图 6 - 11）。菜农做出让步的根本原因在于政府的威胁，

---

① 对澳葡政府在谈判中使用威胁策略的分析中，有引号的观点依次分别来自〔美〕托马斯·谢林《冲突的战略》，赵华等译，华夏出版社，2006，第31、35、147、155 页。

② 〔美〕托马斯·谢林：《冲突的战略》，赵华等译，华夏出版社，2006，第25 页。

这种威胁也就是发出要菜农知道政府不会让步的信号，从而使得菜农认为"我必须让步，因为对方不让步"①。

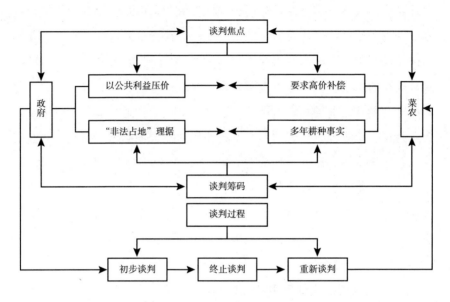

图 6 – 11　农地收回谈判策略选择

这里还需指出的是，澳葡政府导演下的"初步谈判→中止谈判→重新谈判"博弈过程并不能全部实现其收益最大化的预期目标。换言之，菜农并非总是利益博弈的失败者，他们也能借助一定的博弈策略获取某些正当收益。例如，在 1982 年慕拉士大马路收地事件中：一方面，收地方在整个谈判中占主导地位。其在 3 月底的最初接触中提出每平方米 80 元，而后又加价至 100 元，希望菜农能尽快接受并迅速迁离。但在得知菜农希望获得更高补偿后，就立即中止了谈判，在 4 月初对菜农直接发出通知，要求他们在较短的限期内迁离②，并通过新闻处发布消

---

① 〔美〕托马斯·谢林：《冲突的战略》，赵华等译，华夏出版社，2006，第 20 页。

② 从事件经过来看，通知送达菜农两天后（15 号接到通知要求菜农在 17 号前迁离）就要求其迁离，这应是政府采取的一种强迫甚至恐吓性的手段，以达到迫使菜农接受条件尽早迁离的目的。

息指责他们私占电厂土地，迫使菜农接受 10 万元的一次性安置费，并最终获得了成功①。另一方面，尽管在整个谈判过程中菜农处于弱势地位且最后被迫接受了金额较低的一次性安置费，但四户菜农为保护自身利益，改变被动接受的立场，做出了反击。在接到要求他们领钱并迁离的通知后，菜农不再像过去那样"顿感彷徨"、手足无措，而是借助菜农合群社的帮助，召开新闻发布会对外界解释整个事件的过程，表达他们在这件事中的立场和利益诉求。这种行动也给收地方造成了舆论及社会压力，迫使收地方在菜农召开发布会后立即与他们重新谈判，并在安置问题上给予种种便利，如给予人数较多的家庭分配做小生意的铺位，电力公司也立即为分给他们的廉租住宅接上电源，且对菜农搬迁猪舍、鸡舍在时间上给予一定宽限等。这些可以说是双方在经过一场博弈之后所达成的妥协，即收地方在一定程度上压低了补偿金额，而菜农在安置以及迁离期限上也获得了一些便利，减少了自身既得利益的损失。

4. 土地收回博弈制度困境的破解之道

澳葡政府在收地过程中经常运用行政强制性威胁方法，使得菜农与澳葡政府的博弈处于一个非均等的地位，菜农在收地前的知情权和咨询权、收地中的参与权和话语权、收地后的受益权和监督权等均没有得到应有的尊重，甚至连利益受损后的法律救济权也被剥夺②。倘若追究根源，有评论谈及：

当局对于各类形式的收地补偿问题，从来没有定出准则和有关

---

① 据上述报道，这四户菜农的农地面积约 2000 平方米，如果按照之前两次政府提出的条件（每平方米 80 元和 100 元），则菜农实际上可以得到至少约 16 万元，至多 20 万元的补偿。所以四户菜农最后仅得到 10 万元补偿，是远不如前两次谈判时政府提出的补偿方案的。从另一个角度来看，考虑到最初政府并未提出分配住宅单位给他们，而在 4 月份的通知中则提出政府同意分配筷子基平民大厦的廉租单位给他们。我们可以据此揣测澳葡政府在对菜农补偿这一问题上的想法，即尽管只给予菜农远低于同期某建筑商收地价格的一次性安置费，但为他们解决了住房安置问题。

② 王俊风：《政府权力和失地农民权利的博弈现状及其重构》，《行政论坛》2012 年第 6 期，第 12 页。

法例，每一次收地事件，都要经一番讨论和商谈。其实，当局对于收地问题，早应订定法例，对市区、郊区、各种屋宇土地，分门别类地定出补偿的标准。这个标准可以用当时的物价指数去衡量，并灵活地作出一定的上下限度。这样，人们对于土地楼宇的买卖，便可以有一个可靠的预算。对于郊区地段和农田的收购补偿，新旧楼宇的交易，以至保护文物单位的承购等，都有所本。正是有法可依，大众方便，只不知当局和立法机构为什么不作此想①。

这一评论表明，收地过程中的各利益主体博弈失衡的原因在于，政府没有通过立法分门别类地定出补偿的标准。但青木昌彦在《比较制度分析》一书中，仅将这种成文的法律法规视为定义博弈形式的外生参数，即博弈的外生规则②。笔者认为，出现上述问题的根源在于没有建立约束各利益主体行为的制度。那么，什么是制度？长期以来，各国学者给制度所下的定义形形色色。其中，按照诺思的观点，"制度是一系列被制订出来的规则、守法程序和行为的道德伦理规范，它旨在约束追求主体福利或效用最大化利益的个人行为"③。威廉森认为，"制度的这些定义主要在制度环境层次即所谓的博弈规则层次上生效，而制度经济学发挥作用的第二种更为微观的分析层次是治理制度层次"④。在参考包括诺思等关于制度定义的基础上，青木昌彦总结

① 南阳：《购地补偿应有法例》，《华侨报》1986年2月24日，第1张第4版。值得一提的是，该作者在此前已在报上撰文提出类似观点。他认为"收地谈判时间拖延"，源自事件双方的"讨价还价"。因为"收地的一方，总是希望少付出一点；要搬迁的一方，则总想多得一些。于是便出现了拉锯的局面"。对此，他认为应该通过政府立法制定一个"真不二价"，来解决收地过程中的讨价还价问题。参见南阳《收地谈判时间拖延》，《华侨报》1984年8月24日，第1张第4版。

② 〔日〕青木昌彦：《比较制度分析》，周黎安译，上海远东出版社，2001，第2、22页。

③ 〔美〕道格拉斯·C.诺思：《经济史中的结构与变迁》，陈郁等译，上海三联书店，1994，第225～226页。

④ 〔美〕奥利弗·E.威廉森：《治理机制》，王健等译，中国社会科学出版社，2001，第3页。

出博弈论视野下的三种制度观：一是人们在日常交谈中所涉及的制度，通常是指重要的组织机构，一些经济学家沿袭这种习惯，"将制度明确等同于博弈的特定参与人"，诸如行业协会、技术协会、政府机构、司法等等；二是认为制度"应该被视为博弈规则，以区别于它的参与人"；三是博弈过程中参与人的均衡策略①。按照青木昌彦的三种制度观做分析框架，结合澳葡政府与菜农就收地博弈的历史过程，可相应地总结出制度改革的建议。

第一，立足实际，充分发挥社团的中介协调作用。

青木昌彦在《比较制度分析》一书中，引用了格雷夫从博弈均衡角度给制度下的定义："在博弈论框架中，两个相互联系的制度要素是（关于别人行为的）预期和组织……组织是非技术因素决定的约束，它们通过引入新的参与人（即该组织本身），改变参与人所得的信息，或者改变某些行动的报酬来影响行为。"青木昌彦认为，这里的"组织"指的是如商人行会之类的社会组织，它们构成博弈参与人集合的一部分，受到博弈均衡所衍生的约束制约②。因此，商会、菜农合群社等澳门的重要社团可视为博弈参与人。本书所涉及的许多案例表明，在华人占绝大多数人口比例的澳门社会结构中，华人社团是民间社会与官方（即澳葡政府）联系沟通的重要桥梁和纽带。但不无遗憾的是，在上述80年代收地过程中，商会没有介入，坊会、菜农合群社在最后个案的第三回合才介入。缺乏社团的相互协作与配合，仅靠政府机构、用地单位与菜农三方的博弈，既无法对各主体利益诉求进行沟通协调，又不能改变三方信息不对称的地位。相反，在本章第三节的新口岸土地非农化过程中，菜农合群社获政府的授权，介入收地程序中土地使用权归属的认证等环节，对利益的协调取得了明显的效果。

第二，建立农地收回制度，优化各项约束条件。

---

① 〔日〕青木昌彦：《比较制度分析》，周黎安译，上海远东出版社，2001，第5~6页。
② 〔日〕青木昌彦：《比较制度分析》，周黎安译，上海远东出版社，2001，第6页。

农地收回离不开制度的建立。这是因为制度是社会的博弈规则，即人类设计的制约人们相互行为的约束条件，这些约束条件可以是非正式的（如社会规范、惯例、习俗、道德准则等），也可以是有意识设计或规定的正式的政治规则（宪法、政府管制）、经济规则和合同①。建立这些规则，方能界定人们行为的选择空间，规范人们之间的相互关系，减少交往的不确定性，"各方才有了以制度约束自身机会主义行为的激励"②。与此相对照可以看出，澳葡政府仅以"公共利益"为名压低菜农的补偿金额，而没有规范收地程序，尤其是上述评论所指出的未能在法律上制定一个明确、统一的补偿标准来解决不同收地事件补偿差距过大导致的不公平问题。除此之外，澳葡政府对土地管理的缺位也是导致收地的随意性和菜农利益受损现象不断发生的根源。其解决之道除了要建立正式和非正式的约束条件之外，例如建立包括收地程序、补偿标准、监管督察等在内的制度体系等；还要建立"协商谈判机制"，也就是要为政府与被收地农民之间设计一个平等谈判沟通以及农民信息反馈的平台，并提出双方在达成收地共识后才能启动收地程序的规定和要求等。这是鉴于经济博弈的正式规则不可能由博弈之中的参与人自己制定（变更），它们的确立必须先于博弈过程的原理。由于农地收回涉及各方利益，只有通过建立"协商谈判机制"，充分考虑并照顾到各相关主体的利益，保障信息交流的畅通，才能真正有效设计行动决策规则。但这一设计理念要由参与人共同分享和维系，以具备足够考虑的均衡基础③。

第三，重视沟通互动，合理运用博弈策略。

谢林将谈判以及"讨价还价"等"冲突与互存同在"行为归类为混合博弈。在混合博弈过程中，谢林特别强调互动行为的重要作用。他指出，互动行为可揭示双方的价值观及其选择的空间；当对话无法发挥应

---

① 〔日〕青木昌彦：《比较制度分析》，周黎安译，上海远东出版社，2001，第6页。
② 王志锋：《城市治理的经济学分析》，北京大学出版社，2010，第191页。
③ 〔日〕青木昌彦：《比较制度分析》，周黎安译，上海远东出版社，2001，第6、12页。

用的作用时，互动行为却可以促使谈判双方采取必要的行为。换句话说，"双方之间的谈判博弈是一个动态的互谅过程"。他认为，要做到此：一是需要设计好谈判的"议程"（agenda）。由于谈判主体能否达成共识在很大程度上取决于成本和利益的再分配方式，因此，如果一定要分配属于某人的东西时，则分配的成本取决于补偿的程度。在这种情况下，谈判的"议程"就变得尤其重要。二是互动行为意味着双方间的心理沟通。谢林将谈判一方不急于得到最终结果，而是更重视与谈判对手的沟通，作为谈判取得成功的第一个特点。鉴于补偿的主要方式是一方在其他问题上的妥协让步。这就需要"谈判主体应该寻找一个'合理'的理由来说服对方，最好能对自己此前的立场进行理性化重释"①。三是将复杂的谈判过程阶段化，实现谈判的连贯"等效性"（equivalence）。他表示，将谈判分为多个阶段，可使谈判主体不断地预测对方意图，并不断协调双方行为，从而降低谈判初期阶段的风险性，也让谈判主体清楚地认识到诚信的重要价值和作用②。换言之，就是在这种重复交往的条件下，每个局中人都会学会调整自己的策略，以避免无效结果的出现③，从而使得博弈均衡更合理化，达到一种纳什均衡。

土地用途转移是城市化进程中不可阻挡的潮流，收回农地也是澳葡政府拥有的公权力，自从菜农大规模产生以来，澳葡政府从未停止过使用这种权力，只不过使用的博弈策略和力度有所不同。其根源在于，客观上是城市化推进速度加快，在主观上是收地过程中各关联主体利益互动博弈的影响。20世纪70年代以来，在城市化迅猛推进的形势下，城市用地与农业用地的冲突达到顶峰，迫使澳葡政府不得不推出多元博弈策略，在"强政府—弱菜农"的格局下，尽管菜农不断抗争，亦无法有效对抗政府强大的公权力博弈，多数仍不能通过土地利益的再分配分

———————

① 〔美〕托马斯·谢林：《冲突的战略》，赵华等译，华夏出版社，2006，第30、88页。

② 〔美〕托马斯·谢林：《冲突的战略》，赵华等译，华夏出版社，2006，第40、77页。

③ 〔英〕安东尼·凯利：《决策中的博弈论》，李志斌等译，北京大学出版社，2007，第126页。

享城市化带来的收益，最终只能放弃博弈，无奈地迁出其赖以生存的土地。

三 从边缘区到城市：公私伙伴模式与 新口岸土地非农化

20 世纪 50～80 年代，新口岸区逐渐由"本澳最大一幅菜地"朝着澳葡政府拟打造的"澳门的新城市中心"转变①。其转变过程一方面较好地体现了城市化过程中的产业结构转变以及城市空间结构向边缘区拓展的趋势；另一方面，该区一直是澳葡政府城市规划的重心所在，但农地、木屋的存在严重阻碍其城市版图扩展方案的落实。在澳葡政府解决新口岸城市化问题有心无力的情况下，60 年代初的博彩专营权合约到期，为其解决此问题提供了契机。此后，获得博彩专营权的澳门旅游娱乐公司（以下简称娱乐公司），按照与澳葡政府签订的专营合约委托北泰公司在该区收回农地，菜农逐步迁离并入住平民大厦或融入城市，新口岸的土地又回到填海完成后的城市建设用地状态，可谓回到了该填海地形成时的起点。新口岸菜农的兴衰过程，正好反映了本书开篇所探讨的由新填海的城市土地变为边缘区，再从边缘区变为城市的一个轮回，成为菜农变迁的完整缩影。

实际上，不同国家、国际组织以及学者有关公私伙伴关系（Public-Private Partnership，以下简称 PPP）的定义各不相同②。从 PPP 的发展

---

① 《新填海区都市化计划 葡京拟就草图寄抵澳》，《澳门日报》1972 年 10 月 9 日，第 4 版。
② 例如澳大利亚国家在 PPP 指导中称："作为一种采购模式的 PPP 是公共部门和私营部门关于基础设施建设或者进行服务的合约关系的部分。"印度政府经济事务部给出的相关定义为："公共主体（受赞助的有关当局）和一个私主体（一家 51% 或以上股份由私人持有的法人）之间基于公共目的在一定时期内建设和管理公共设施的伙伴关系。"南非财政部在公共财政管理法（*Public Finance Management Act*）中指出："公私伙伴关系意味着政府机构和私人主体之间的商业交易。"参见 H. K. Yong, *Public-Private Partnerships Policy and Practice*, *A Reference Guide*, London: Commonwealth Secretariat, 2010, pp. 9 – 10.

历程来看，自 20 世纪 80 年代以来，以英国为代表的西方国家开始推动多部门之间的合作，以此作为解决日益严重的城市问题的重要手段①。尽管英国政府一直希望城市治理可以更多地包含居民、社区以及志愿者组织等，但实践中往往私营部门和商业精英才是新的城市治理架构中最受欢迎的"外来者"②。在城市公共服务和基础设施建设领域，私营部门通过与政府签署长期服务供应合同为主要模式展开合作③。在城市开发和重建等涉及转变土地利用类型的问题上，由于城市公共部门日渐演变成多元利益主体的角力场，公共和私人利益必须重新协调。因此，PPP 也成为一种被广泛应用且"颇为流行的制度安排"，皆因该安排可以在伙伴之间的互利关系以及经济社会利益相互平衡的基础上实现双赢。PPP 在城市开发实践中并无固定的架构和模式，而是根据目标项目的实际情况灵活变动组织形式，灵活性、成本效益以及交易成本的下降是这种安排的主要优点，其存在的主要问题包括各类城市土地开发项目的复杂性、公私伙伴之间的文化差异等④。

在我国，PPP 也日益受到学术界的关注。特别是在城市治理领域，其被视为城市治理的一种基本结构⑤。有学者提出，我们应"从传统的城市管理走向公私合作伙伴的现代城市治理"⑥。但就笔者掌握的资料

① Annette Hastings, "Unraveling the Process of Partnership in Urban Regeneration Policy," *Urban Studies* 2 (1996), p. 253.

② Ian Cook, "Private Sector Involvement in Urban Governance: the Case of Business Improvement Districts and Town Centre Management Partnerships in England," *Geoforum* 5 (2009), p. 935.

③ H. K. Yong, *Public-Private Partnerships Policy and Practice*, *A Reference Guide*, London: Commonwealth Secretariat, 2010, p. 11.

④ Peter Nijkamp, Marc Burch and Gabriella Vindigni, "A Comparative Institutional Evaluation of Public-Private Partnerships in Dutch Urban Land-use and Revitalisation Projects," *Urban Studies* 39 (2002), p. 1869.

⑤ 盛广耀：《城市治理研究评述》，《城市问题》2012 年第 10 期，第 83 页。

⑥ 陶希东：《公私合作伙伴：城市治理的新模式》，《城市发展研究》2005 年第 5 期，第 82 页。

来看，现有的研究更多的是从宏观层面把握这种制度安排，尚缺少对包括土地非农化等实践问题中出现的 PPP 进行微观实证分析的论述。因此，有必要以澳葡政府与娱乐公司合作承担新口岸区土地非农化任务为案例，以国内外 PPP 理论和研究成果构建分析为框架，从土地非农化进程中公私伙伴互动的视角，探究践行这种关系的前提、路径以及经验。

（一）有心无力：20 世纪 50 年代的澳葡政府与新口岸城市化

新口岸区的土地是 20～30 年代填海所得。该地背山濒海，面积广阔，地理位置优越，是一片具有良好发展前景的区域。因此，澳葡政府高度重视此地的发展，早在填海工程正式展开之际，即着手制订发展规划，该规划并在此后的一段时间内也被多次提及①。然而，直到 50 年代初，受客观环境和时局的影响，澳葡政府仍无力开展城市建设，导致该地处于荒芜状态。其原因如下：（1）经济实力不足。据何大章、缪鸿基的考察，澳葡政府在 1938 年澳门半岛东部新填海工程完成后，"计划辟为新市区及新住宅区，建有三合土大道若干，惟以澳门经济落后，新市区计划一时难以实现，至今尚荒无人居住"②。（2）战争等外部形势的影响。由于抗日战争的爆发，"对土地的需求相对有限"，以及 50 年代初美国对港澳贸易实行管制等造成的经济萧条，"导致社会对土地的需求锐减。所以新口岸和南湾填海工程在 30 年代末已完成，但此后的 20 多年一直空置未用"③。（3）地质条件限制。新填海地大多是注入海泥填成的，水分多，咸度大，地质黏重，地基不稳固，地面仍常下陷，虽经 20 余年雨水冲洗，"表土下仍属碱性，且受强速风之影响"，

---

① 参见李崇汾《澳门公共行政中的土地政策和管理》，《澳门研究》1998 年第 8 期，第 196 页；〔葡〕卡拉多、门德斯等《澳门从开阜至 20 世纪 70 年代社会经济和城建方面的发展》，《文化杂志》1998 年第 36、37 期，第 67 页。

② 何大章、缪鸿基：《澳门地理》，广东省文理学院，1946，第 85 页。

③ 谭光民：《澳门的土地资源与经济发展》，《热带地理》1999 年第 4 期，第 326 页。谭光民曾任澳门特别行政区政府房屋局局长。

不仅农业"收成无甚把握"①，建筑也存在困难。

至于该区农地出现的时间，有一种观点认为，在抗战时期这里就有农地出现②。但 1946 年出版的《澳门地理》将该处标注为"人口最疏区"，因为该处"尚未有正式之居住"③。也就是说：

溯至 1953 年以前，新填海地区除近东望洋山边之少数已开垦耕地以外，其余尽是野草丛生的沼泽或荒野。当时当局鼓励农民在此开垦耕作。因此农户们开辟草莱，填平沼泽洼地，花尽不少血汗，使这里得以成为稍微像样的农牧区④。

由于菜农不断辛勤劳作，该区农业发展很快，从 50 年代初至 1954 年，新口岸农地已在"五六十亩"至"百余亩"之间⑤。"菜园约数百家，农民有二三千人。"⑥ 这在很大程度上满足了市民对鲜活农产品消费的需要。但在另一方面，作为政府的公地，新口岸由荒地变为农业"可以利用的土地"⑦，即城乡边缘区（rural-urban fringe）⑧，显然是有

---

① 黄浩然主编《澳门华商年鉴》（第一回上卷），澳门精华报社，1952，第 38 页。
② 例如，黄衫客认为"在战时新口岸一带，多菜农聚居，渐形成为今日的村落"。参见黄衫客《长命桥与新口岸的变迁》，《华侨报》1977 年 11 月 25 日，第 5 版。
③ 何大章、缪鸿基：《澳门地理》，广东省文理学院，1946，第 57 页。
④ 《当局要收回赛车看台后菜地 三十二农户盼收回成命》，《澳门日报》1962 年 8 月 1 日，第 4 版。
⑤ 有资料显示，仅 1952 年新口岸菜田就有"百余亩"。参见黄浩然主编《澳门华商年鉴》（第一回上卷），澳门精华报社，1952，第 37 页。1953 年，《华侨报》记者估计该区菜农有"三四十户"。参见《全澳各区菜园 不准再行增加》，《华侨报》1953 年 11 月 10 日，第 3 版。1954 年时，该区又称新口岸有菜田"约五六十亩"。参见《菜农争地纠纷蔓延》，《华侨报》1954 年 10 月 16 日，第 3 版。
⑥ 参见《菜农争地纠纷蔓延》，《华侨报》1954 年 10 月 16 日，第 3 版；《停止新填海地区租用 数百家菜园急于迁地甚感彷徨》，《华侨报》1955 年 9 月 25 日，第 3 版。
⑦ Craig Duncun, "The Macau City Region, A Priori Urban Concepts and Macau Development," in Victor F. S. Sit, eds., *Resources and Development of the Pearl River Delta*, Hong Kong: Wide Angle Press, 1983, p. 152.
⑧ R. G. Golledge, "Sydney's Metropolitan Fringes: A Study in Rural-urban Relations," *The Australian Geographer* 7 (1960), p. 243.

违澳葡政府填海造地初衷的，这在客观上无疑是一种城市化的倒退。

出于特殊的历史背景，澳葡政府实施的鼓励垦荒政策具有一定的合理性。但其未曾预料到新口岸农地面积急速增长而占据计划中建设用地的势态，又希望通过发展农业来实现农产品的自给自足。这种矛盾心态造成澳葡政府对该区的发展缺乏准确定位，对是否限制农地的扩展摇摆不定。例如，在鼓励市民开垦荒地后不久，澳葡政府已采取有关措施，限制新口岸农地面积的拓展。1953 年 10 月，一批新口岸菜农联名致函商会，表示政府原本同意拨出新口岸土地供他们务农。但其中部分"经核准拨用"的地段因受雨水淹浸，他们起初并未前往开垦，而后准备开垦时，却被工务厅人员制止。因此，希望商会代向政府请求，准许他们开垦这些土地。1953 年 11 月 6 日，澳葡政府答复商会，称这块土地"当局目前决不准居民再予扩展，如经开垦者，则仍许用作种植"①。

据相关资料显示，鉴于新口岸土地的特殊性，澳葡政府在 50 年代中期已对该区木屋的建造颁布了特殊政策。具体来说，1955 年末澳葡政府工务厅即有停止批租新口岸土地给予新口岸菜农和木屋居民的计划，因而在那一年对外宣布"惟恐有人乘机在该处增加建搭木屋及开辟菜园，现特规定，禁止居民乘机在该处加搭木屋及增辟菜园地段，倘有发觉，即着令迁出，以免菜园再增加"②。但就笔者接触的资料来看，如前所述，由于在 50 年代澳葡政府并未真正收回新口岸土地，所以，在有关媒体上也未见到其真正执行禁止新口岸居民建木屋和开垦菜园的措施。

1955 年 9 月，澳葡政府决定将新口岸低地一律填高，因此，自 1956 年起停止将该区土地批租给菜农。由于政府对于收回该地后做何用途并无明确解释，坊间众说纷纭。据《华侨报》记者猜测，该地可能兴建机

① 《新口岸政府公地 不准菜农再扩展》，《华侨报》1953 年 11 月 6 日，第 4 版。
② 参见《新口岸菜园 明年租约停批》，《华侨报》1955 年 12 月 27 日，第 3 版。

场，因政府"计划发展本澳对外空运"，且"近数月来，已有不少外国航空界人士，来澳策划，但因本澳仍缺乏一良好机场之兴建，致使该项计划，难于实现，有见及此，已决定设法在澳增建机场，最近计划将利用该区飞机仓库旧址重建机场，故准备明年起将新口岸地基一律填高，至停止批租公地与菜农，相信即因该处扩建机场之故"①。几天后，该报记者又猜测该地有可能兴建深水港，因为"将来本澳及海岛镇建设计划，新口岸地区，占重要地位，因该处面对氹仔及外港，当局已决定将该区扩大建设，除浚深新口岸内外港外，并拟在该处辟为深水港，以便巨轮之湾泊"②。但直到1959年，"仍未有将该等地段，收回作新建筑"③。

　　1962年，据新口岸区的木屋住户透露，工务厅于当年对该区农地和木屋展开了多次调查行动，派员挨家挨户登记姓名以及丈量土地面积。澳葡政府并未透露展开调查的原因，仅有媒体推测其举动可能是拟迁置该区木屋居民，以便为开展新口岸建设做准备④。据后续历史发展来看，这些调查活动并未成为在该区开展大规模建设工程的前兆。

　　无论是为了建设机场还是深水港，澳葡政府计划填筑该区土地并停止批租给菜农的行为以及对新口岸木屋区人口、面积的调查等，均可认为是其对该区发展具有宏伟规划的表现。因此，澳葡政府对于新口岸区大面积土地被菜农用于发展农业感到不满，认为其存在阻碍了政府在此地的城市化布局，准备以填筑土地、停止批租为理由，将该区菜农迁离。但诚如本章第一节所介绍的，澳葡政府50年代对该地的种种建设大型交通设施的计划仅是纸面上的意图，并未付诸实施，造成该区的土地开垦和使用处于无序状态。这反映出澳葡政府作为一个外来统治者，在城市建设和管理上功能的缺失，由此而衍生出收回农地所涉及的菜农

① 《新口岸地区计划兴建机场》，《华侨报》1955年9月22日，第3版。
② 《新口岸地区决定填筑　该区菜园明年尽停批》，《华侨报》1955年9月24日，第3版。
③ 《新口岸沿岸部分菜园公地　政府将予收回》，《华侨报》1959年3月13日，第3版。
④ 《派员测量新口岸地区　并有人挨户登记各木屋住客姓名》，《华侨报》1962年7月1日，第3版。

居住木屋拆迁以及补偿、安置等方面的问题，就成为此后新口岸城市化首先必须跨越的难关（参见图 6－12）。

图 6－12 1969 年的新口岸（局部）

资料来源：《逝水年华——李超宏摄影集》，澳门综艺摄影会，2001，第 133 页。

（二）构建公私伙伴模式：新口岸土地非农化的一种制度选择

自 20 世纪 60 年代初开始，澳门人口增长，加工工业、对外贸易兴起[1]，土地利用明显从此前填海地上的农业用途向商业或者居住用途转变[2]。同时，澳葡政府曾对新口岸区制订了多项方案，开始考虑对新口岸土地进行非农化处理，意图将该区建设成"新的城市中心"。但对该区面积庞大的农地和星罗棋布的木屋，澳葡政府无力承担菜农居住木屋

---

[1] 国务院办公厅：《港澳经济考察报告》（1978 年 6 月 16 日），广东省档案馆藏，档案号：235－2－144－070－083。

[2] Jonathan Porter, "The Transformation of Macau," *Pacific Affairs* 1 (1993), p. 11.

的拆迁、补偿和安置费用。在澳葡政府一直无力推进新口岸区农地城市化的情况下，60年代初博彩专营权的竞投为其解决此问题提供了契机。因此，澳葡政府试图借助博彩专营合约条款的规定以及此后的不断修订，与博彩企业建立公私伙伴关系，作为推动其实现土地非农化目标的重要约束手段。

1. 新口岸土地非农化过程中公私伙伴模式的建立

20世纪60年代初，泰兴公司拥有的澳门幸运博彩专营合约到期，澳葡政府瞄准这个机会，意图借此将长期以来无法解决的新口岸土地非农化问题"捆绑"式处理。1961年7月，澳葡政府颁布第1496号立法条例，公开招商承投博彩专营权，并在这份条例中特别附带了所谓"繁荣澳门"的额外条件，即参与竞投的公司除需满足缴纳年饷、建设娱乐场和酒店等"最低限度之条件"外，还须满足一系列附带条件，以便在承投时获得"优先权"。这些附带条件中，第一条就是"在旅游区进行都市化及改善卫生工作"①。博彩专营权最终由以何鸿燊等为首的香港财团夺得。当时有媒体称，该财团"出价年饷三百一十六万，仅超过泰兴约八万元而已"。其击败在澳经营赌业多年的泰兴公司，关键是"香港集团所提繁荣建设附带条件远较泰兴为优"②。这也就意味着在推进新口岸土地非农化方面，香港财团比泰兴公司做出了更多

---

① 参见《第1496号立法条例》第十条，附款一。此前葡萄牙海外部曾发布第18267号训令，宣布澳门为旅游区，正式允许澳门开展赌博娱乐业。该训令载于1961年3月4日的《政府公报》。

② 澳门大众报社编印《澳门工商年鉴》［第六回（1961～1962）］，1962，第七篇第1页。此外，据何鸿燊忆述，在投标过程中"我还承诺将清理沿南湾和外港一带的所有居民安置点"。因为这里有许多农民居住在"低矮的小窝棚里。我的责任之一将所有这些清理干净"。此可以作为其对竞投专营权承诺的旁证。参见《何鸿燊博士：赌王之王》，载麦洁玲（Jill McGivering）《说吧，澳门》，吴承义、高骏译，香港牛津大学出版社，1999，第111页。在《澳门回归历程纪事》中，何鸿燊也指出，"记得60至70年代，外港区仍是一片农田，为配合政府的都市化计划，我通过澳娱参与了新口岸的填海整治工程，并于台山区兴建大厦，以迁徙原居民"。何鸿燊：《我对澳门的承诺》，载澳门文史资料征集办公室编《澳门回归历程纪事》（第一辑），澳门文史资料工作计划有限公司，2006，第13～14页。

承诺。

获取博彩专营权的香港财团，按照合约规定于 1962 年 1 月 1 日成立博彩专营公司——澳门旅游娱乐公司。1962 年 3 月底，娱乐公司代表何鸿燊与澳督罗必信在葡萄牙签订《中西幸运博彩专营合约》（以下简称 1962 年合约）①。为了兑现竞投博彩专营权时做出促进澳门城市化的承诺，娱乐公司在该合约第九条附款一中做出专门规定：

　　附款一：承投人应即建议投资下列各项：

　　（甲）建筑屋宇及卫生：

　　一、依照政府规定条件，将新口岸水塘南部松山脚，直至亚马留铜像堤岸边所有在该区暂建筑之屋宇（即菜农木屋）予以搬迁，并由行政当局及警察予以协助。迁徙上述居民于政府所指定地点，建造屋宇，给迁徙居民居住。

　　二、依照澳门政府规定条件，在上述地区建筑屋宇楼房，并包括开辟街道计划，兴建上述地区下水道网，及该地区的一切卫生设备。

这表明澳葡政府在与娱乐公司签订的第一期合约中，明确规定搬迁新口岸菜农木屋、安置菜农是娱乐公司必须承担的一项义务。同时，对于菜农搬迁后土地分配问题，双方同意娱乐公司有权在计划兴建的"酒店"（即日后建成的葡京酒店）附近批租占该区三分之一大小的土地；其余土地仍归澳葡政府所有，可以公开招商承投，做建设楼宇之用。1964 年，澳葡政府和娱乐公司决定用新的专

---

①　第一期专营合约全文载于 1962 年 4 月 21 日《政府公报》："Da mesma Repartição, sobre o contrato entre o Governo da Província de Macau e Stanley Ho para a concessão em regime de exclusivo da exploração de jogos de fortuna ou azar na província de Macau," *Boletim Oficial de Macau*, No. 16, 21 de Abril de 1962。中文版刊载于《澳门工商年鉴》第六回。参见澳门大众报编印《澳门工商年鉴》[第六回（1961~1962）]，1962，第七篇第 1~4 页。

营合约代替原合约①，上述义务被明确纳入"专营公司的义务和权利"一章中，并被细化为新口岸区的"都市化"与"卫生化"②。简言之，该合约明确规定娱乐公司在获得博彩专营权的同时，需要承担新口岸区内包括拆迁菜农木屋、提供补偿安置以及修建道路和下水道网等土地一级开发的义务③。这表明双方建立 PPP 模式，展开新口岸土地非农化工作。

2. 菜农补偿安置新方式的探索：20 世纪 60 年代中后期新口岸收地事件

如本章第二节所述，澳葡政府在 60 年代中前期的一系列收地事件中，采取了"迁离期短，缺乏安置"的收地模式。这种片面追求城市发展而忽视菜农合理安置的做法导致双方矛盾重重，进而产生警民暴力冲突等不愉快事件。但是，在 1965 年对新口岸区嘉思栏 47 户菜农的收地事件中，澳葡政府在安置问题上一改此前的粗暴做法，给予菜农相对来说较为优厚的补偿与安置。因此，该事件值得在此

---

① 载于 1964 年 12 月 5 日的《政府公报》，葡文名称："Escritura de contrato para concessão, em regime de exclusivo, da exploração de jogos de fortuna ou azar na Província de Macau celebrado entre o Governo da Província e a Sociedade de Turismo e Diversões de Macau, sociedade anónima de responsabilidade limitade com sede em Macau," *Boletim Oficial de Macau*, No. 49, 5 de Dezembro de 1964。

② 1964 年专营合约第 13 条规定："专营公司有责任完成由水塘南面起沿东望洋斜坡，至铜马像广场并以海边为界的新口岸填海地区的都市化及卫生化，包括拆除该地区的临时建筑并按照省政府核准的细则性计划书实施都市化，且不妨碍至本合约签署日批出的土地及政府认为应该为自己保留的建设用地。"此外，该期专营合约的另一个重点是提出了在娱乐公司完成其都市化义务之后，该区三分之一的土地将批给该公司，而三分之二的土地仍归政府所有，政府可决定是否批给其他投资者。合约第 18 条指出："……专营公司有权按照甲方订定的条件，以租赁的方式批出三分之一由它按照第 13 条规定进行卫生化和都市化的地区。"第 18 条第 1 款指出："这三分之一地区将位于离'娱乐场/酒店'旅游综合体尽可能近的地方，且将随着专营公司对由省政府核准的都市化计划中划定的每一个单位的卫生化和都市化的完成批给专营公司。"第 18 条第二款指出："其余三分之二用于建设的地区只能通过竞投方式向私人批出，已合法承批的不在此限。"

③ 土地一级开发是指开发主体对已建成区进行拆迁补偿，然后进行土地整理使之达到建设条件。参见姜仁荣《城市土地二次开发问题研究》，《中国土地》2012 年第 11 期，第 36 页。

探讨。

　　1965 年 6 月 28 日，澳葡政府计划在新口岸嘉思栏附近农地兴建 12 层高的邮电大厦和招商承建其他楼宇①。为此，市行政局通知当地 47 户菜农迁离。经商会斡旋，澳葡政府提出一个优厚的补偿/安置条件。其中，有农地的 11 户菜农，政府以每平方米 6 元的价格进行补偿。这些菜农将以户为单位入住青洲平民大厦，他们迁入大厦后第一年免缴租金，由第二年起每月缴租金 3 元。在搬迁过程中，市行政局用货车将其家俱运至平民大厦，还将派人代拆木屋，木屋木料等仍归他们所有②。

　　对此补偿条件，大部分菜农表示满意。但仍有部分无农地、仅利用木屋门前旷地饲养鸡鸭的菜农表示，如果迁往大厦居住，将"无法畜牧"，生活受到影响，因而要求拨出土地给他们继续饲养家禽，否则也应给予一定补偿。在商会与澳葡政府进行交涉后，仅过了约一周时间，政府给予答复：无法拨出土地，但可以给予适当的补偿。最后，根据他们饲养家禽土地的面积，分别给予 100~2000 元的补偿，使迁离问题得到顺利解决③。

　　如果与本章第二节中所列的同期澳葡政府收地事件进行对比，不难看出此次补偿和安置方式的特点。具体来说，澳葡政府采取了"补偿金＋平民大厦廉租单位"的新模式进行补偿和安置，并在租金、拆迁等问题上给予菜农优惠和便利。同时，还听取部分菜农的请求，因他们日后无法继续饲养家禽而追加一笔补偿金。而仅在一年之前（1964 年）发生的台山收地事件中，澳葡政府不但不给予菜农任何补偿或者安置，反而以拔菜为手段强行迫迁。与此相比较，可发现这次收地活动标志着一种新方式的形成。

---

① 《新口岸嘉思栏附近公地将建十二层邮电大厦》，《华侨报》1965 年 7 月 11 日，第 4 版。

② 《新填海木屋拆迁问题　商会交涉获结果》，《澳门日报》1965 年 6 月 29 日，第 4 版；《嘉思栏附近木屋住户迁出》，《华侨报》1965 年 6 月 29 日，第 4 版。

③ 《新填海一批木屋拆迁　畜牧户用地折价补偿》，《澳门日报》1965 年 7 月 6 日，第 4 版；《新口岸收回地段　补偿问题已解决》，《华侨报》1965 年 7 月 6 日，第 4 版。

3. 菜农补偿安置新方式的示范效应

新口岸嘉思栏收地事件与同一时期的其他收地事件出现较大差异，收地方不像同期政府收地时采用的"期限短，无安置"的手段，而是给予菜农相对较优厚的条件。究其原因，除了有商会在政府与菜农之间进行协调外，也与当时成立不久的娱乐公司有关联。因为对新口岸的农地和木屋进行"都市化"与"卫生化"，是该公司自成立伊始就负有的一项义务。由此可见，1965 年对新口岸嘉思栏 47 户菜农的收地属于上述专营合约所规定的义务范围之内，所以该公司理应参与这次收地行动，而其参与的形式就是为该地菜农提供了青洲平民大厦的住宅。这既写进专营合约里，又体现在娱乐公司的实际行动中。

这可以从两方面来看：其一是在 1962 年和 1964 年签订的两期专营合约中，对兴建平民大厦一事已有所规定。第一期专营合约中规定娱乐公司每年纯利中的百分之十，指定用作慈善用途[1]。而第二期专营合约中更明确提出：娱乐公司有义务"继续青洲住宅楼宇的建设"，而这些住宅楼宇是"提供给依照甲方和专营公司的共同协议挑选出来的经济能力低弱的家庭的"[2]。其二是相关报道指出的，1963 年"旅游娱乐公司为实践合约，准备在青洲兴建平民大厦"，地点是在靠近台山花地玛南路的面积 1620 平方米的农地。经同年 8 月政府与该地的三位菜农协商以后，菜农同意迁出，而娱乐公司投资兴建的大厦也于该月动工[3]。

---

① 1962 年专营合约第九款规定："承投人依照第二款成立之公司所得每年之纯利，百分之十，指定用于慈善……"参见澳门大众报社编印《澳门工商年鉴》［第六回 (1961～1962)］，1962，第一篇 56 页。

② 参见 1964 年专营合约，第 14 条。

③ 据报道，1963 年 8 月初，澳葡政府和该地的三位菜农展开谈判，最后决定以台山尾的一块空地与菜农交换，另外分别补偿三名菜农 784 元、798 元和 836 元。最后，平民大厦也得以顺利兴建。参见《屋宇建筑伸向郊区　菜农忧虑失去土地》，《澳门日报》1963 年 8 月 31 日，第 4 版。这次小规模收地得以顺利解决，澳葡政府也未采取这一时期在青洲和台山的粗暴收地手段，笔者认为和娱乐公司的参与有关，相关补偿费用也可能是该公司支付的。对此的研究尚待深入。

这幢平民大厦的部分廉租单位在嘉思栏收地事件中发挥了安置菜农的作用①。由此可见，娱乐公司 1963 年开始在青洲兴建的该幢平民大厦，除了供一般贫民居住外，也有为安置新口岸区迁离菜农之目的。

由于收回新口岸农地及安置该区菜农是娱乐公司的一项重要义务，因此，在 1965 年对嘉思栏 47 户菜农的收地事件中，澳葡政府除根据农地面积给予菜农一定补偿之外，也利用该公司在 1963 年出资兴建的平民大厦来安置菜农。这就使该事件中出现了一种新的补偿安置方式，即提供补偿金 + 分配廉租单位，这种方式对消除澳葡政府与菜农之间的强权博弈具有重大作用。

我们知道，菜农属于自然经济条件下的生存模式，依靠土地生存，搭建木屋居住。木屋成为农地上的"固着物"，使得房和地成为不可分割的整体。而澳葡政府的收地行动必然是既要收回农地，又要拆除木屋。因此，菜农在被收地后面临的困境是双重的，一方面因为农地被收回而失去谋生手段，另一方面因为木屋被拆而失去居所。所以，对失地菜农的补偿需要考虑到这两方面的问题。但如前所述，20 世纪 60 年代以来，澳葡政府收回农地时仅着眼于如何迫使菜农尽早迁离，而忽略对菜农进行合理补偿。这样的做法往往使菜农因补偿安置而与政府产生矛盾，同时也因为补偿纠纷迟迟未能解决，使得政府原定的建设计划无法按期展开。因此，这种做法既不公平也行不通。例如，在 1962 年的青洲收地事件中，澳葡政府因缺乏补偿安置办法且与菜农沟通不畅，导致警民冲突；又在 1964 年的台山收地事件中，采取拔菜迫迁的粗暴手段，造成恶劣的社会影响。从社会发展的角度来看，农地收回是城市化进程中难以避免的客观现实，但失地的随意性和权益的缺失并非农民应为社会进步所

---

① 1965 年嘉思栏收地事件中，菜农被安置到"青洲花地玛学校附近的平民大厦"中，与上述娱乐公司兴建的平民大厦位置相符。《新填海木屋拆迁问题　商会交涉获结果》，《澳门日报》1965 年 6 月 29 日，第 4 版。

付出的代价，更非城市化的必要内容①。在这样的背景下，如何在城市空间结构拓展而改变农地用途的时候兼顾菜农利益，不使他们因城市发展而失去工作和居所，成为 60 年代以来澳门城市化道路上的一大难题。

可以说，1965 年嘉思栏收地事件采取的收地新方式，正是解决这一难题的较好办法。因为该方式较好地满足了失地菜农的实际需求：在给予菜农合理的物质补偿的同时，将菜农安置到平民大厦中，解除其后顾之忧。一方面，以农地面积给予相应的物质补偿，既具有"开荒费""青苗费"的性质，补偿菜农多年来开垦土地的辛苦劳作，又使菜农在被收地后不至于生活无保障。另一方面，分配平民大厦的廉租单位给菜农居住，既符合菜农的经济承受能力，又充分体现了对菜农这类贫苦居民的福利与照顾。因此，菜农基本满意这种新方式，并很快迁出，政府也决定立即在农地上实施既定的建设计划，达到了城市空间拓展需要土地与失地菜农得到合理补偿安置之间的平衡。

有了该起收地事件的经验，澳葡政府在此后的一些收地事件中也采取了类似的方式②，使得收地过程的矛盾大为减少。因此，这一新收地方式的开创，对于加快城市化进程有着重要的意义。但是，正如上述收地事件中饲养家禽的农户所提出的，他们被安置到了平民大厦以后，尽管居住有了保障，但无土地供他们继续从事农业继续谋生。澳门土地资源紧缺，在城市高速发展的背景下，不可能有足够土地供菜农使用，

---

① 王俊风：《政府权力和失地农民权利的博弈现状及其重构》，《行政论坛》2012 年第 6 期，第 14 页。

② 例如在 1965 年 7 月，拥有青洲和台山交界处的 8 间木屋以及在 2000 多平方米菜田耕作的菜农，接到市行政局的通知，该土地要在短期内收回，并明确告知，政府将仿照一个月前的嘉思栏木屋区收地时，解决菜农和木屋居民的徙置办法，将他们徙置到平民大厦中居住，并参照该地收购价给予菜农一定的补偿。参见《八间木屋及菜地　当局又下令收回》，《澳门日报》1965 年 7 月 10 日，第 4 版。

对菜农来说，这种方式也意味着他们的农地被收回后将被迫转行，即由农民转入市民的行列，而市民则属于市场经济的生存模式，依靠货币而生存。因此，新收地方式在 20 世纪 70 年代末的广泛采用，加速了农业消失的进程，而菜农在赖以生存的农地被收回后，必须改变原有的生存模式。这样一来，他们的主要诉求，也从原要求的另拨农地从事农业，顺理成章地转到了争取更优厚的货币补偿和房屋安置条件上来。

（三）20 世纪 70~80 年代中期：公私伙伴模式主导下的土地非农化

从本章的相关介绍中可以看出，澳葡政府对新口岸区的建设制订了多项方案，并希望尽快完成对新口岸全区的收地任务，从而将该区建设成澳门"新的城市中心"。其在 20 世纪 60 年代尝试过收回部分土地（1962 年，收回赛车场看台后的农地；禁止火灾后木屋灾民原地重建，借机收回他们的土地等），但成效不大。直到 1965 年，在娱乐公司的协助下（娱乐公司在台山花地玛南路兴建平民大厦供迁出居民安置），嘉思栏区土地的顺利收回，使政府看到了借助娱乐公司力量完成全区收地的希望。因此，在 1972 年和 1976 年通过两次修改专营合约，将早在娱乐公司成立之时就确定的对新口岸"都市化"及"卫生化"的义务进一步具体化，由此拉开了新口岸区大规模土地非农化的序幕。如以不同时期农地收回补偿方案的变化为标准，70~80 年代中期娱乐公司委托北泰公司对新口岸的农地收回行动，可分为三个阶段。

1. 第一阶段（1973~1976 年）

1972 年，澳葡政府和娱乐公司修订专营合约。合约中仍然保留了有关该公司收回新口岸土地并拆迁该区木屋的义务[①]。为履行这一义

---

① 载于 1972 年 6 月 10 日的《政府公报》，葡文名称："Escritura de alteração de algumas cláusulas do contrato celebrado em 5 de Dezembro de 1964 entre o Governo da Província e a Sociedade de Turismo e Diversões de Macau, S. A. R. L. ," *Boletim Oficial de* （转下页注）

务，娱乐公司在外港信德码头二楼设立办事处，专责办理收地及拆迁事宜①。但在 20 世纪 70 年代初，由于地价上涨，出现了个别开发商与新口岸菜农或木屋居民签订土地转让协定的情况。因此，澳葡政府在 1973 年 4 月对外宣布，新口岸土地"不得出让或承顶，概由娱乐公司办理拆迁事宜"。其提出以下两点声明：

　　一、所有外港新填地地段不得作任何目的交易的物品，但由澳门旅游娱乐有限公司为履行上述合约规定的义务而办理者不在此限。
　　二、对于该等地段的转移予个人或法人，不论买、卖、出让、承顶或其他性质所订合约或协议，绝对无效，应予作废②。

　　两个月后，娱乐公司总经理何鸿燊对外界透露，政府已批给该公司位于新口岸斗牛场附近的土地。娱乐公司计划以 80 元/平方米的价格为基础，对该处木屋居民及菜农进行补偿③。数日后已有消息称，该地 60 余户菜农和木屋居民基本同意娱乐公司提出的补偿方案，短期内领取补

（接上页注①）*Macau*，No. 24，10 de Junho de 1972。与 1964 年的条款相比较，娱乐公司对新口岸区都市化的义务并无改变，条文只是对新口岸区域范围做了一定修正。该条全文如下："第 13 条：专营公司应承担外港新填海地区的都市化和卫生化。这个地区从水塘南面起，沿东望洋斜坡，到铜马像回旋地直至海边，包括迁离那里直至本合约签署之日仍存在的所有临时建筑，并借助细则性计划书实施省政府核准的该地区的都市化计划，且不妨碍至本合约签署之日已批出的土地及政府认为应该为自己保留的建筑用地。"值得注意的是，该契约中的第 14 条还提出专营公司有义务在氹仔兴建"4 座 7 层高的住宅楼宇"供迁离新口岸的菜农和其他居民居住，但由于双方很快在 1976 年再度修约，并对如何安置新口岸居民做出新的规定，加上在有关媒体上也未见到关于娱乐公司履行上述条款在氹仔建屋的报道，笔者据此推测这一条款并未履行。

① 《新填海地段禁私相授受》，《华侨报》1973 年 4 月 5 日，第 4 版；《外港新填海地段不得出让或承顶　概由娱乐公司办理拆迁事宜》，《澳门日报》1973 年 4 月 5 日，第 4 版。
② 《新填海地段禁私相授受》，《华侨报》1973 年 4 月 5 日，第 4 版；《外港新填海地段不得出让或承顶　概由娱乐公司办理拆迁事宜》，《澳门日报》1973 年 4 月 5 日，第 4 版。
③ 《何鸿燊向各报界记者透露　在斗牛场建大酒店》，《华侨报》1973 年 6 月 1 日，第 4 版。

偿金迁出[1]。

尽管北泰公司对外界表示，娱乐公司委托其对新口岸全区的收地行动自 1973 年已经展开，但如上所述，除了对斗牛场附近的收地之外，这一阶段对该区其他土地的收地并未大规模展开。尽管北泰公司采取了一些行动，但收效不大[2]。其后收地一度搁置，直到 1976 年上旬，有一位新口岸木屋居民计划举家迁往香港，而向有关方面了解相关事宜时并未得到具体答复，仅被告知"待到要收地时才去找他"[3]。因此，就相关资料来看，这一时期对新口岸的大规模收地并未展开，1976 年以前有关公司对该区的收地范围仅限于新口岸斗牛场附近。

2. 第二阶段（1976～1982 年）

在澳葡政府 1976 年与娱乐公司修订专营合约以及 1977 年与菜农合群社就解决木屋问题达成协议的推动下，受娱乐公司委托的北泰公司于 1978 年提出了新的补偿安置方案，从而使得该区收地进程打破此前的胶着状态，取得较快的进展。

从 1975 年 12 月到 1976 年 4 月，澳葡政府和娱乐公司在经过 5 个月的"马拉松"式谈判后，终于对修改专营合约达成协定[4]。与此前的版本相比较，这一版合约条款正式要求娱乐公司须清拆新口岸所有临时建筑，同时也对新口岸撤迁居民提出具体的安置方案：

第十一条 专营公司（乙方——笔者注）有责任承担外港新填海地区的都市化和卫生化工作，这一地区从水塘南面起，沿

---

① 《斗牛场附近收地 补偿谈判颇顺利》，《华侨报》1973 年 6 月 13 日，第 4 版。
② 据江荣辉回忆，20 世纪 70 年代中前期，北泰公司"并不出名"，尽管该公司也曾派"伙计"找菜农谈收地事宜，但由于当时给出的补偿金额不高，菜农也没有积极回应。参见 2012 年 7 月 5 日访问江荣辉的记录。
③ 《当局决不再批准新填海木屋维修》，《华侨报》1976 年 6 月 21 日，第 4 版。
④ 《澳督与娱乐公司何鸿燊叶德利签署修正博彩合约》，《华侨报》1976 年 4 月 24 日，第 4 版；《自今年六月一日起生效 增赌税新约昨签订》，《澳门日报》1976 年 4 月 24 日，第 4 版。

东望洋斜坡、到铜马像圆形地直至海边。借助政府（甲方——笔者注）有关迁离和决定现金赔偿的法律和行政及治安命令给予的权能，专营公司要负责清拆那里所有的临时建筑，但不妨碍至合约签署之日要批出的土地以及政府认为应为自己保留的建设用地。

第十二条 专营公司有责任在 5 年中，在政府制定的政府土地上至少要建 200 个住宅单位，用以安置所有从第十一条划定的填海地区临时建筑迁离的家庭入住，迁离事务也将由专营公司负责。

第一款 用于建设住宅楼宇的土地将是完全的空地，仅以象征性租金批给乙方。住宅楼宇的设计图应在签署批地契约后 3 个月内提交甲方核准。

第二款 住宅楼宇的独立单元应由专营公司给予无家可归者，并成为他们的合法财产而无须承担任何转移费用①。

该期专营合约在 1976 年 6 月 1 日正式生效，正如前述，就在合约生效当日，澳葡政府立即采取行动，计划拆除新口岸一间在建木屋。同月 15 日，市行政局也拒绝了两户新口岸菜农扩建木屋的申请。总体而言，澳葡政府针对新口岸木屋采取的上述行动，旨在防止新口岸菜农及木屋居民趁机加建或扩建木屋，以便在收地时索要更高的补偿。对此，有关方面和菜农合群社进行了多次协商。12 月 31 日，政府有关单位（市行政局、辅导发展处、工务交通司等）、北泰公司及菜农合群社代表举行会议，并达成协定，决定日后该区木屋居民如申请扩建时，还须

---

① 载于 1976 年 4 月 28 的《政府公报》，葡文名称："Escritura de revisão do contrato para a concessão do exclusivo de exploração de jogos de fortuna ou azar no território de Macau, celebrado entre o Governo de Macau e a Sociedade de Turismo e Diversões de Macau, S. A. R. L. ," por escritura de 5 de Dezembro de 1964, *Boletim Oficial de Macau*, No. 17, 28 de Abril de 1976。

附加一项声明："不得以扩建木屋为理由要求更高的补偿"，将来计算木屋补偿面积时，"应以昔日居住的面积来计算"。这一协议表明，澳葡政府改变了此前为防止"在徙置时可能引起比预料中更大的补偿"而坚决不允许新口岸菜农扩建木屋的态度，做出了一定妥协；而新口岸菜农在自己耕作的农地被改变用途之前，也可以合理地修理与扩建木屋。这一协议使双方在木屋修理及扩建问题上的分歧得到解决，为此后对新口岸农地的收回和木屋拆迁扫清了障碍①。

有上述法规和协议做基础，又经新口岸坊众和菜农代表多次与北泰公司洽谈后，1978 年 9 月，北泰公司宣布修改收地补偿方案，不再采用过去收回斗牛场土地时所制定的 80 元/平方米的标准，而将农地"开耕"补偿费提升为 115 元/平方米，另设木屋工料补偿费 160 元/平方米，双层木屋按照双倍计算补偿价格。1979 年 3 月，北泰公司宣布，新口岸菜农和木屋居民可以选择廉购或廉租两种方式入住娱乐公司在台山兴建的第一期平民大厦。该平民大厦楼高七层，地下一层已用作娱乐公司的货仓，二楼至七楼共有 107 个住宅单位，面积分别为 400 平方英尺、450 平方英尺、550 平方英尺、600 平方英尺②四类。如选择廉购，每单位每平方英尺售价 60 元，迁入者可按先后顺序选择位置和大小不同的单位。如选择廉租，租金以每平方英尺 3.3 分计算，以 600 平方英尺的单位为例，每月租金 19.8 元。承租者按规定不得随意选择大小单位；但通常以每人可租住面积为 50 ~ 60 平方英尺计算，家庭人口较少，可选择租

---

① 《新口岸木屋可申请扩建　徙置时不得索更高补偿》，《华侨报》1976 年 12 月 31 日，第 4 版。木屋的修理或者扩建问题在新口岸收地过程中一直是一个敏感问题，因为在补偿方案中，双层木屋可以给予更高补偿，难免会有木屋居民为此趁机加建木屋以赚取更高补偿。因此有关公司对此一直严加防范，据江荣辉回忆，除了签订上述修建木屋的协定外，北泰公司在收地过程中也常派员到该区巡查木屋，如发现有菜农或木屋居民擅自改建的情况，则通知政府有关部门及菜农合群社前来处理。参见 2012 年 7 月 5 日访问江荣辉的记录。

② 澳门的土地面积一般以平方米计算，住宅单位面积大多以平方英尺衡量。

住面积最小的单位①。

上述补偿方案的改动，对被收地的菜农和木屋居民而言是极为有利的。一方面，补偿金额不但提高，而且还考虑到了那些没有农地的木屋居民，为他们提供木屋工料补偿费；另一方面，新补偿方案与 1965 年的嘉思栏收地事件一样，也为菜农和木屋居民提供了相关的平民大厦单位作为安置。而且颇具新意的是，被收地的菜农和木屋居民不仅可以选择廉租，还可以选择廉购，这种优惠办法是当时少见的，因而对收地起到了立竿见影的推动作用。自上述补偿方案公布后，收地进程不断加速。总体而言，新口岸区 1979 年待收地面积 275000 平方米，居民约950 户，自 1979 年 4 月起，收地进程如表6 – 10 所示。

表6 – 10　1979 年 4 月至年底新补偿方案实施后的收地进程

时　间	截至该月收购面积（平方米）	接受补偿迁离居民（户）	备　　注
1979 年 4 月	141355.66	472	从调升补偿方案之日起到 1979 年 4 月,收地行动获得较大进展,共有 198 户居民登记接受该方案[1]
1979 年 6 月	144407.29	493	1 个多月后,又有 21 户居民同意按新补偿方案迁离[2]
1979 年 9 月	153678.72	541	同意迁离人数持续上升,仅 8 月份就有 30 户居民愿意按补偿办法迁离[3]
1979 年 12 月	175366.14	591	已收购土地接近总面积三分之二,居民户数过半[4]

注：[1]《新口岸收购土地逾半　预算明夏将全部完成》，《澳门日报》1979 年 4 月 19日，第 1 版。

[2] 麟湘：《新口岸正逐步走向都市化　当局建平民大厦徙置居民》，《澳门日报》1979 年 6 月 8 日，第 6 版。

[3]《配合发展计划　收地加速进行　新口岸收农地已过半》，《澳门日报》1979 年 9 月 18 日，第 2 版。

[4]《新口岸收菜地　已接近三分二》，《华侨报》1979 年 12 月 7 日，第 4 版。

---

① 《新口岸收购土地逾半　预算明夏将全部完成》，《澳门日报》1979 年 4 月 19 日，第 1 版；《双方协商有结果　徙置大厦将入伙》，《华侨报》1979 年 2 月 21 日，第 4 版。

1979 年收地工作的顺利推进使北泰公司充满信心，该公司负责人曾表示"计划于 1980 年 6 月以前全部收购安置完毕"①。但此后的进展并未如其所预料那样顺利。1981 年 9 月底，尽管已有 690 户居民同意迁离②，但仍有超过 100 户居民和约四分之一的土地未被收购。此外，由于迁出居民人数众多，第一期平民大厦早已"租售一空"。娱乐公司在台山兴建的第二期平民大厦也于同年 10 月 24 日完工，该幢大厦楼高 11 层，有 373 个单位，各个单位面积平均为 300 平方英尺。而收地仍提供廉租及廉购方式供迁出的菜农和木屋居民选择，价格如前未变。另外，鉴于当时的平民大厦仍不能满足全部安置新口岸居民的需求，娱乐公司已开始在第一期平民大厦旁筹建第三期平民大厦③。

3. 第三阶段（1982~1985 年）

北泰公司为尽快完成收地任务，同时考虑到新口岸有很多尚未迁出的居民属于经营商户者，他们"拥有大量地段但又无需要分配住宅单位"。经过与有关居民及社团的反复协商后，北泰公司于 1982 年 8 月提出了新的现金补偿方案，而原补偿安置方案不变。新现金补偿方案针对上述特定商户，将土地补偿价格从每平方米 115 元提升至 250 元，木屋价格由原每平方米 160 元增至 350 元，"收购价格增幅调高一倍多，但不再另配售楼宇"④。

新现金补偿方案于 1982 年 8 月 1 日开始实施。截至 1982 年 9 月，北泰公司已收购土地面积累计达 223395.22 平方米，占全部收

---

① 《新口岸收菜地 已接近三分二》，《华侨报》1979 年 12 月 7 日，第 4 版。

② 《新填海区原来居民 将于明后年全部迁出》，《澳门日报》1981 年 11 月 10 日，第 3 版。

③ 《台山第二期平民屋落成 新口岸居民下月可入住》，《华侨报》1981 年 10 月 24 日，第 3 版。

④ 《配楼收购办法仍照旧 新订现金收购价倍增》，《华侨报》1982 年 8 月 8 日，第 1 张第 3 版；《新口岸农地已被收购近八成 北泰新设现金收购提供选择》，《澳门日报》1982 年 8 月 8 日，第 2 版。

地面积的 81.2%。被收购土地的居民为 728 户，占全部居民的
76.63%。自从实施新现金补偿方案后，收地进度明显加快。仅当
年的 8~9 月，新收购土地 9688.73 平方米，其中 80% 以上的土地
是按新方案收购的①。在此后的三年时间内，收地进程顺利。截至
1984 年 5 月 30 日，新口岸全区已有 98% 以上待收回的土地被收
购，只有 4893.34 平方米的土地尚待补偿收购，约占收地面积的
1.78%②。

　　1985 年 8 月，收地工作结束。新口岸收地工作历时 12 年零 4
个月，耗费约 2 亿元（含补偿和安置）。最后收购的实际土地面积
和安置的居民户数和此前估算的数字略有出入。据 1985 年 8 月 21
日北泰公司总经理陶开裕召开记者会公布的数据，新口岸实际收购
土地面积为 276175.77 平方米，拆卸木屋总面积 111785 平方米，
补偿安置居民户数共 921 户（而不是此前一直公布的 275000 平方
米和 950 户）。在这些居民中，接受现金补偿共 472 户；安排入住
廉售廉租房屋共 846 个楼宇单位，其中，廉售单位 819 个（售价每
平方英尺 60 元），廉租单位 27 个（每平方英尺租金 3.3 分）。与此
同时，为配合由新口岸区迁出居民的安置，娱乐公司在台山区先后
兴建平民大厦 A、B、C 座，以及在兴建的 D 座③。这次收地事件的
历程及新口岸区多年来所经历的重要农地收回事件如表 6 - 11、表
6 - 12 所示。

---

① 《提高收购价后反应佳　新口岸收地加速进行》，《澳门日报》1982 年 10 月 13
日，第 2 版；《已收购八成尚余二百余户》，《华侨报》1982 年 10 月 13 日，第 1
张第 3 版。需要指出的是，《华侨报》1982 年 10 月 13 日对现金收购办法中的木
屋收购价报道为"每平方英尺六百五十元"。经过笔者对同年各媒体现金收购
方法的查证，这些报道均称木屋收购价为每平方英尺"三百五十元"，因此证实
前者有误。
② 《新口岸收地七月完成》，《华侨报》1984 年 6 月 1 日，第 1 张第 3 版。
③ 《新填海收地昨告完成》，《华侨报》1985 年 8 月 22 日，第 1 张第 4 版；《新口岸收地
完成　耗资二亿》，《澳门日报》1985 年 8 月 22 日，第 1 版。

表 6-11 北泰公司在新口岸全区的收地进程

（实际收地总面积 276175.77 平方米，安置居民 921 户）

时间	收地面积 （平方米）	安置居民 （户）	时间	收地面积 （平方米）	安置居民 （户）
1979 年 4 月	141355.66	472[1]	1982 年 9 月	223395.22	728[5]
1979 年 9 月	153678.72	541[2]	1983 年 10 月	256156.58	806[6]
1979 年 12 月	175366.14	591[3]	1984 年 6 月	27128544	899[7]
1981 年 2 月	206817.76	635[4]	1985 年 8 月	收地工作完成[8]	

注：[1]《新口岸收购土地逾半 预计明夏将全部完成》，《澳门日报》1979 年 4 月 19 日，第 1 版

[2]《配合发展计划 收地加速进行 新口岸收农地已过半》，《澳门日报》1979 年 9 月 18 日，第 2 版。

[3]《新口岸收菜地 已接近三分二》，《华侨报》1979 年 12 月 7 日，第 4 版。

[4]《新口岸收地逾四分三》，《华侨报》1981 年 2 月 3 日，第 2 版。

[5]《提高收购价后反应佳 新口岸收地加速进行》，《澳门日报》1982 年 10 月 13 日，第 2 版。

[6]《新填海收地工作 明年首季可完成》，《华侨报》1983 年 11 月 2 日，第 1 张第 4 版；《新口岸收回九成地段 预料明春将全部收购》，《澳门日报》1983 年 1 月 2 日，第 1 版。

[7]余 4893.34 平方米未收。《新口岸收地七月完成》，《华侨报》1984 年 6 月 1 日，第 1 张第 3 版。

[8]《新填海收地昨告完成》，《华侨报》1985 年 8 月 22 日，第 1 张第 4 版。

表 6-12 20 世纪 60~70 年代新口岸历次收地基本情况

时间	地点	面积	菜农（户）	补偿/安置方案
1962 年	赛车看台北面，晓明学校左边	超过 10 亩	32	限期一个月拆迁，无补偿[1]
1965 年	嘉思栏区	未有资料	47	农地每平方米 6 元,受影响无法畜牧的农民另给补偿；全部居民安置到平民大厦居住[2]
1973 年	旧斗牛场附近地段	万余平方米	60 多	农地每平方米 80 元[3]

续表

时间	地点	面积	菜农（户）	补偿/安置方案
1976～1985 年	新口岸全区剩余农地和木屋	276175 多平方米	921	分三次调高补偿金额,详细情况参见上文内容

注：[1]《政府要收回赛车看台后菜地　三十二农户盼收回成命》,《澳门日报》1962 年 8 月 1 日,第 4 版。

[2]《新填海一批木屋拆迁　畜牧户用地折价补偿》,《澳门日报》1965 年 7 月 6 日,第 4 版。

[3]《何鸿燊向各报界记者透露　在斗牛场建大酒店》,《华侨报》1973 年 6 月 1 日,第 4 版。

（四）案例分析：基于土地非农化过程中公私互动关系的视角

不可否认的是,本书所探讨的案例无论在社会结构还是伙伴关系的参与者上,均具有特殊性。彼时的澳门正处于华洋共处的特殊社会结构中,娱乐公司也是博彩专营公司而非房地产公司,其价值取向与合作目标也不完全等同于和政府合作开发土地直接牟利,而是一种间接牟利,即主要考虑以此来改变营商环境,巩固博彩专营权的地位,确保它的延续性,以获取长远利益。除此之外,澳葡政府在土地非农化过程中面临的问题,有赖双方通过建立行之有效的 PPP 加以解决。在此背景下,尽管澳葡政府和娱乐公司之间的伙伴关系建立在专营合约这种"早期 PPP 模式"①上,但该模式在此后新口岸土地非农化尤其是在解决菜农补偿安置这一核心问题上,取得了良好的成效。因此,这种成效与 PPP 过程中双方的良性互动是分不开的。

1. 建立伙伴关系的前提：制度空间与利益诉求

作为过程而言,PPP 的启动应具备一定的前提条件——来自政府创造的制度空间和私营部门的利益需求。有学者认为,促使私营部门

---

① 专营合约（concession agreement,又称特许合约）与现代欧美盛行的强调公私之间风险分配的伙伴制合约不同,是 19～20 世纪初较为流行的合作模式,特别是在美国的基础设施建设领域中得到普遍应用。参见 H. K. Yong, *Public-Private Partnerships Policy and Practice, A Reference Guide*, London：Commonwealth Secretariat, 2010, p. 21.

广泛参与城市治理并与政府建立伙伴关系的重要前提，源自转型中的政府所创造的制度空间（institutional space）。具体来说，政府通过策略性地授予部分权力，才使私营部门得以参与本属政府权力范围内的各项公共事务中来，并在双方之间建立伙伴关系①。这在新口岸的案例中得到体现。因为新口岸土地属政府公地，土地非农化和城市建设的责任主体是政府。倘政府无能力承担这种责任，那么应该按照澳门的土地制度通过土地拍卖的形式寻找开发者。但受制于前述无力承担对菜农的庞大补偿安置费用，澳葡政府对新口岸土地非农化深感力不从心，被迫将政府在这方面的部分权力授予财力雄厚且熟悉华人社会事务的博彩企业，为双方建立伙伴关系创造制度空间。加之新口岸农地收回后澳葡政府获得三分之二土地的开发权，这些都表明公私伙伴关系的缔结不仅达到了政府的施政目标，而且实现了自身利益的最大化。

当然，除政府创造的制度空间外，PPP 仍需要私营部门的积极参与方能实现。在分析私营部门参与伙伴关系的各种因素时，伊恩·R. 库克（Ian R. Cook）指出，相比其他因素，追求利益最大化是私营部门的首要动力。参与伙伴关系的决定是其在衡量了潜在利益和风险以后决定的②。这也与新口岸土地非农化的案例相符合，尽管娱乐公司为新口岸菜农的迁出提供补偿和安置费用付出大量资金，但其同样获得了该区三分之一土地的开发权。同时，考虑到其兴建的葡京酒店和码头均位于该区，改造该区环境对于娱乐公司来说，利益大于风险。

2. 伙伴关系运行路径：彼此协作、利益协调与制度保障

公私伙伴过程中的互动是取得良好成效的关键。其原因在于：现代

---

① Jamie Peck, "Moving and Shaking: Business Elites, State Localism and Urban Privatism," *Progress in Human Geography* 1 (1995), p. 36.

② Ian R. Cook, "Private Sector Involvement in Urban Governance: the Case of Business Improvement Districts and Town Centre Management Partnerships in England," *Geoforum*, 2009 (5), p. 936.

城市政府在积极引入 PPP 时，不仅在于为解决特定城市问题而引入包括公私主体在内的组织架构的需要；而且在这种制度安排中，城市政府更加注重与来自私营部门的伙伴进行互动，并从这种互动的过程中获益①。结合相关理论和新口岸案例，笔者认为公私伙伴的互动体现在彼此协作、利益协调和建立制度保障三个方面。

（1）PPP 是一个伙伴之间的协作过程。

对于如何理解 PPP 的过程及伙伴之间的互动，一些学者提出了"协作"（synergy）框架，并以此作为模型来分析 PPP。具体来说，PPP 过程中存在伙伴之间在资源上的协作（resource synergy）和政策上的协作（policy synergy）。资源上的协作是指伙伴之间在资源上实现合作与互补，并最终提升伙伴关系的效率。政策协作（policy synergy）指的是，公共部门和私营部门在技能、能力和目标上均有显著差异，对产生问题的看法也不一致。因此，在伙伴关系运行过程中综合吸纳双方的观点，可能会产生解决具体问题的创新方案（innovative solution）②。

在新口岸案例中，公私伙伴关系在资源和政策上的彼此协作均得到体现。就前者而言，双方的资源协作基本上涵盖了 PPP 的整个过程。一方面，澳葡政府允许娱乐公司具体负责新口岸的土地非农化，并拨出位于澳门台山的政府公地给娱乐公司兴建用作安置菜农的平民大厦。另一方面，娱乐公司则需要全额投资整个新口岸土地的非农化工作，包括向菜农支付交出土地后的补偿费用以及兴建大厦安置菜农的费用。双方在资源上的彼此协作实现了土地资源和私人财力的协作和互补，极大提升了土地非农化的效率和进程。

---

① Annette Hastings, "Unraveling the Process of 'Partnership' in Urban Regeneration Policy," *Urban Studies* 2 (1996), p. 254.

② Maureen Mackintosh, "Partnership: Issues of Policy and Negotiation," *Local Economy* 7 (1992), p. 213; Annette Hastings, "Unraveling the Process of Partnership in Urban Regeneration Policy," *Urban Studies* 2 (1996), pp. 259 – 260.

政策协作在新口岸案例中也有所体现。在伙伴关系过程中，如前所述，怎样在城市空间结构拓展而需要改变农地用途的同时兼顾菜农利益，不使他们因城市发展而失去赖以生存的农地和居所，一直是 20 世纪 60 年代以来澳门城市化道路上的极大挑战。在这样的背景下，娱乐公司在 1965 年初步实践专营合约义务之际，就在青州兴建一幢平民大厦廉租给被收回农地的 47 户菜农，并且支付一笔补偿金。这是补偿安置问题的创新方案，其效果远胜于同期澳葡政府针对农地所采取的简单粗暴模式①。由此可见，私营部门参与 PPP，能对破解现实中的"老大难"问题带来创新方式，对实现既定目标具有积极促进作用。

（2）PPP 也是一个需要在伙伴和关联方之间不断进行利益协调的过程。

如前所述，私营部门参与伙伴关系的主要原因是来自利益最大化的诉求，这种诉求如果不加以引导，很容易导致私营部门在城市土地开发中过度追求利益，而使结成伙伴关系的意图和目标背道而驰或大打折扣。另外，城市土地开发往往涉及多元利益主体，在这一领域展开的 PPP 离不开各利益主体之间的利益协调。这就要求"城市政府需要更多地成为协调者"，调动包括企业在内的其他利益相关者共同协同工作②。具体来说，城市政府必须协调政府内部、政府与市场、政府与社会等方面的利益，整合不同的利益关系来促进城市的发展③。

在新口岸案例中，澳葡政府和娱乐公司进行多次利益协调，这种协调建立在双方反复协商和修订专营合约基础上。在实际操作的层面，考

① 在 20 世纪 60 年代，澳葡政府因为城市用地需要而收回菜农土地时，往往采取各种粗暴手段，例如 1964 年，澳葡政府为迫使台山两户菜农迁离，派出多名警察将农地上的蔬菜全部拔后，强逼其迁出，而引致民怨沸腾。参见《收回台山尾一幅菜地所种蔬菜全部拔起》，《澳门日报》1964 年 11 月 6 日，第 4 版。

② 顾朝林：《发展中国家城市管治研究及其对我国的启发》，《城市规划》2001 年第 9 期，第 18 页。

③ 王佃利：《城市治理中的政府作用机制浅析——从治理主体利益定位的角度》，《甘肃行政学院学报》2008 年第 6 期，第 105 页。

虑到前述在 1964 年专营合约中已具体划分了收地后新口岸土地的归属（三分之一属于娱乐公司，三分之二属于政府），因此，政府实际上也是新口岸收地事件的参与者，在很多问题上对娱乐公司以及受娱乐公司委托收地的北泰公司给予便利。例如，一方面，为防止新口岸菜农及居民趁机扩建木屋以索取娱乐公司更高的补偿，澳葡政府多个部门在政策措施和行动上对新口岸新建木屋做出限制，并与菜农合群社协商这一问题。另一方面，在台山区批出土地，使娱乐公司可以兴建平民大厦解决新口岸菜农和其他居民迁出后的安置问题，促使新口岸收地行动顺利完成。在菜农迁出过程中，澳葡政府也给予"博彩合约内规定的协助"。例如，针对当时有"一个商人其店铺面积很小，却要求补偿七百五十万元"的"钉子户"，市行政局分别于 1983 年 6 月 11 日和 7 月 27 日对其发出通知，劝他们"尽早与北泰接触，以便商讨收取补偿的办法及研究有关准则"。在"政府有关部门配合下，收地工作亦已顺利地合理解决"①。

　　在补偿安置这一关键问题上，前述 20 世纪 80 年代政府主导的收地事件中，收地补偿标准低，执行期限短，还动辄指责菜农"非法占地"或威胁要"强拆木屋"等，这都是导致冲突的原因。有了 PPP 的运作模式后，澳葡政府也在与补偿安置相关的多元利益主体之间扮演了协调者的角色。例如，其与娱乐公司委托的北泰公司、菜农、菜农合群社、新口岸坊众联谊会等进行多轮协商，就补偿金额、安置方式、收地程序等进行多次协商，使北泰公司在很大程度上省却了和每户菜农逐一谈判补偿方案的时间成本。加之北泰公司更加贴近澳门经济社会发展的实际，更加掌握房地产市场的动态，更加了解菜农的具体需求，容易与其沟通协商，进而制订政府、菜农等都能接受的补偿方案，这在一定程度上消除了收地过程中可能出现的碰撞与摩擦，从而突破了政府或政府与

---

① 《新口岸地段收地补偿　建设司署发出解释书》，《澳门日报》1983 年 8 月 4 日，第 4 版。

用地单位此前行动的局限，成为一种创新。

对失地菜农的补偿和安置这一核心问题的科学处理，通过不断协商提出切合实际并充分照顾菜农利益的补偿安置方案，是公私伙伴关系能否成功的关键。在补偿金额方面，收地方从当时通胀的实际出发，在1978 年和 1982 年两次对应市场物价水准提高补偿金额（参见图 6 - 13），使得愿意接受收地方案迁离的菜农数量大增，这直接加快了收地的总体进度。在安置问题上，娱乐公司在台山兴建了多幢平民大厦，提供 500 多个住宅单位安置新口岸菜农。而且自 1978 年平民大厦廉购、廉租方案制订之后，尽管通胀持续，但廉购、廉租价格一直未变①，这也在很大程度上缓解了菜农的后顾之忧。由于补偿条件优厚，很多菜农可以利用迁离新口岸时所获补偿金加上一定数量的积蓄，即可廉价购买台山平民大厦的住宅单位，实现从"木屋到高楼大厦"居住条件的重大改善，而无须在农地收回后再斥资购买市区商业住宅。这种安置办法对菜农具有很大的诱惑力，正如北泰公司有关负责人所指出的："由开始到现在，标准没有改变，比起目前澳门市面的租金同楼价，相差很远，故此有些原来租住的，最近都要求重新购买。可以说，新填海居民绝大部分愿意搬去台山平民大厦，大部分都愿意买，不愿意租。"②

如将新口岸收地的价格补偿、安置条件与同期政府主导的收地事件相比较，可看出澳葡政府仅愿支付较低的补偿金额且缺乏灵活的安置方式（参见表 6 - 13）。因此，边缘区其他被政府收地的菜农和木屋居民对新口岸收地补偿方案大为羡慕，并对自身命运发出"同人唔同命"的感叹③。

---

① 值得一提的是，在兴建平民大厦安置居民方面，收地方的相关做法充分体现了对新口岸区居民和菜农的照顾。在收地过程中，娱乐公司不但没有改变平民大厦单位的廉租和廉售价格，还随时根据安置居民的数量增建住宅安置居民。例如陶开裕在1981 年 2 月对外表示："由于收购新口岸土地时，发现该处的居民比预计的要多，再加上不少刚从内地来澳的移民居住该处，娱乐公司计划兴建第三期平民大厦。"参见《新口岸收地逾四分三》，《华侨报》1981 年 2 月 3 日，第 2 版。
② 《新填海区原来居民 将于明后年全部迁出》，《澳门日报》1981 年 11 月 10 日，第 3 版；《台山平民屋陆续落成》，《华侨报》1981 年 11 月 6 日，第 1 张第 3 版。
③ 《马场木屋拆迁问题 读者指出补偿过低》，《华侨报》1986 年 6 月 11 日，第 3 版。

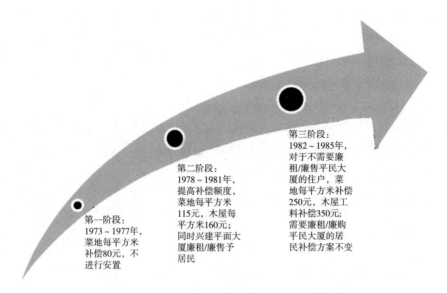

第一阶段：
1973～1977年，
菜地每平方米
补偿80元，不
进行安置

第二阶段：
1978～1981年，
提高补偿额度，
菜地每平方米
115元，木屋每
平方米160元；
同时兴建平面大
厦廉租/廉售予
居民

第三阶段：
1982～1985年，
对于不需要廉
租/廉售平民大
厦的住户，菜
地每平方米补偿
250元，木屋工
料补偿350元；
需要廉租/廉购
平民大厦的居
民补偿方案不变

图 6－13　北泰公司根据通胀等因素不断提高补偿标准

表 6－13　新口岸收地事件与同期政府收地事件在补偿安置上的对比

收地事件	涉及居民	补偿金额（每平方米）	安置方式
1975～1985 年北泰公司对新口岸全区的土地非农化	950 多户	经过两次提价后，不需另提供住宅的：农地 250 元，木屋 350 元；需要廉租或廉购的：农地 115 元，木屋 160 元	在台山兴建平民大厦多幢进行安置
1977 年慕拉士大马路翻修收地事件	30 多户	农地 90 元	无
1982 年电力公司收回慕拉士大马路农地事件	4 户	每户一次性补偿 2.5 万元,折合农地面积约 50 元	安排入住筷子基经济房屋
1982 年台山收地事件	20 多户	农地约 58 元，养猪户另行补偿；既无农地也未养猪的,给予 2000 元搬迁费	安排入住筷子基社会房屋
1985 年电力公司慕拉士大马路收地事件	27 户	木屋：250 元 农地：140 元	无

说明：新口岸收地事件与同期政府收地事件相比较，可以看出，前者为不需要安置的菜农提供的补偿金额高于后者同期所付出的补偿金额；而对于需要另觅住处的菜农来说，安排他们廉租或廉购台山平民大厦单位的安置方式也是十分划算的。

实际上，相比 1982 年个别开发商收购黑沙环农地所提出的 500 元/平方米的价格，北泰公司在新口岸收地事件中制定的补偿金额远非"高不可攀"；但正是这样不算最高的补偿金额却能为新口岸居民普遍接受。而在同期政府收地行动中，收地方却屡屡强调收地是为实现"公共利益"，从而要求菜农尽早接受低廉的补偿金额而迁出。这两者在对菜农补偿安置上存在的差异是值得反思的。

同时，菜农合群社也在上述协商过程中扮演了积极角色，例如，在收地程序上，"农地收回洽谈可到菜农合群社登记，由北泰公司新口岸办事处具体接洽"①。而在新口岸菜农和北泰公司正式签约时，还需要当时菜农合群社主席江荣辉从旁签名作证，以证明协商所涉及的土地确实归该菜农所使用。据江荣辉回忆，他在收地过程中曾为所有迁离的菜农（921 户）签名作证②，而这本应属于政府物业登记范围的权力。这反映出，尽管经过多次木屋人口调查，但澳葡政府在木屋治理中仍未能建立有效的正式制度，其中所产生的缝隙效应则需要菜农合群社等相关社团来弥补。因此，可以说，新口岸收地的最终完成与有关社团的努力是分不开的。这一点在收地过程中也多次被相关负责人提及和肯定③。相比之下，同期其他澳葡政府主导的收地事件，澳葡政府很少与社团进行沟通。更何况由于菜农往往面临政府低价收地及逼迁的局面，菜农合群社也并未考虑与政府合作，反而协助菜农召开新闻发布会及代表菜农与政府谈判，站到了政府的对立面。因此，与新口岸收地事件相对比，澳葡政府在其他地方收地时，未与社团商量后提出的补偿方案往往有诸

① 《新口岸农地已被收购近八成　北泰新设现金收购提供选择》，《澳门日报》1982 年 8 月 8 日，第 2 版。

② 参见 2012 年 6 月 19 日访问江荣辉的记录。

③ 北泰公司总经理陶开裕于 1981 年 11 月、1984 年 5 月及 1985 年 8 月，在公开场合提及菜农合群社及新填海坊众互助会对该公司收地的支持。参见《新填海区原来居民　将于明后年全部迁出》，《澳门日报》1981 年 11 月 10 日，第 3 版；《新口岸收地七月完成》，《华侨报》1984 年 6 月 1 日，第 1 张第 3 版；《新填海收地昨告完成》，《华侨报》1985 年 8 月 22 日，第 1 张第 4 版。

多不合理之处。因为其未能善用社团力量，使收地方案遭到有关社团的反对，令收地进程事倍功半。而菜农合群社在私营企业与菜农协商清拆安置的过程中也发挥了重要作用，并在一定程度上弥补了正式制度缺失所造成的影响。

（3）PPP 是一个双方建立和完善制度保障的过程。

作为公私部门之间的制度安排，一个成功的伙伴关系离不开相应的制度保障。按照前述诺思的观点，"制度是一系列被制订出来的规则、守法程序和行为的道德伦理规范，它旨在约束追求主体福利或效用最大化利益的个人行为"①。如从制度分析的博弈规则观点出发，诺思对"非正式规则"（规范、习俗）和"正式规则"（合同、产权、宪法）做了区分②。这种制度在 PPP 中的体现就是一种类似合同即专营合约的"正式规则"。专营合约针对具体土地非农化项目的实际情况，明晰伙伴之间的权利和义务，以避免伙伴关系中公私部门之间产生"灰色地带"，导致伙伴关系中"关于确定正当性、责任和控制框架的不再清晰"③。

在新口岸案例中，公私伙伴之间权利义务分配明确，并未产生上述灰色地带，全赖双方通过签署和不断修订专营合约的方式为伙伴关系建立了良好的制度保障。例如，从 1962 年开始缔约到 1985 年新口岸收地正式结束，澳葡政府与娱乐公司对专营合约做了四次修订，形成了四版修订后的专营合约（分别修订于 1964 年、1972 年、1976 年和 1982 年）。在多次合约修订过程中，关于娱乐公司的对收回农地的相关义务可以用"变与不变"来概括。

首先，在"不变"方面，1962 年合约中所确定的基本内容，包括

---

① 〔美〕道格拉斯·C. 诺思：《经济史中的结构变迁》，上海三联书店，1994，第 225 ~ 226 页。

② 〔日〕青木昌彦：《比较制度分析》，周黎安译，上海远东出版社，2001，第 206 页。

③ Matthew Flinders, "Public/Private: the Boundaries of the State," in Hay. C, Lister C, Marsh, D., eds., *The State: Theories and Issues*, Basingstoke: Palgrave Macmilliam, 2006, p. 225.

菜农搬迁范围、搬迁对象和收地后在新口岸兴建道路网和下水道网等内容在历次条约修订中基本没有改变。这体现出这些基本内容已为缔约双方所一致认可，且在多次修约时均认为并无修改的必要。可以说，1962版专营合约明确规定了新口岸土地的范围、开发义务以及土地分配等核心内容，成为整个伙伴关系的制度基础，此后的土地非农化活动均是围绕该合约而展开的。

其次，在"变"的方面，缔约双方与时俱进，对条约进行多次修订。一是前述双方对条约中"都市化""卫生化"地域边界和概念的修订。这些条约用语的清晰明确化，使得娱乐公司在新口岸推进城市化等义务更具体，且凸显了收回农地的重要性。由于新口岸区在很长一段时间内，都是一片片"绿油油的菜田"以及"星罗棋布"的木屋，无论娱乐公司打算如何实现条约中所规定的"都市化"和"卫生化"，收回农地且拆除菜农居住的木屋都是其实现义务的必要前提。二是如前所述，关于迁离菜农的补偿、安置内容也成为历次条约修订的重点。这反映出补偿安置问题实属能否顺利收回新口岸农地的关键。因为补偿和安置菜农均离不开娱乐公司的资金支持，否则无论是支付菜农补偿金还是兴建平民大厦均无从谈起。这就需要慎重对待和根据实际情况不断修改，形成完善的制度安排。例如，澳葡政府和娱乐公司在 1972 年、1976 年和 1982 年三次修订专营合约，分别规定娱乐公司应在氹仔岛兴建四座住宅楼宇安置迁离新口岸的菜农，在政府指定的土地上兴建至少200 个住宅单位安置菜农，以及对兴建平民大厦的范围和期限提出了明确要求。在合约中创设博彩企业的相关义务以及此后根据形势变化及时修订有关条款内容，对大规模收地行动提供了明确指引，并发挥了重要促进作用。

总之，公私伙伴双方根据形势变化不断修订专营合约，使得专营合约能够符合实际需要，成为公私伙伴关系的制度保障，为娱乐公司和北泰公司在具体解决补偿安置等问题上提供了重要指导，也成为澳葡政府推动娱乐公司实现其农地收回目标的重要约束措施。

3. 伙伴关系达至的效能：在一定程度上实现相互转变

如将公私伙伴模式视作一种伙伴之间合作和互动的过程，那么采用这种新的制度模式则有可能对合作的内容、目标、方法乃至各个伙伴的工作方式和作风带来一定影响。这种影响也是分析伙伴关系结果时需要关注的对象，并可以运用相互转变的框架进行分析。相互转变（mutual transformation）是指公私伙伴之间的相互影响。具体来说，在伙伴关系过程中，私营部门可以带来更合理的决策和更具企业精神的工作作风，而公共部门也可以使私营部门接受更"社会化"的目标，而不是被短期利益所驱动①。在新口岸土地非农化过程中，公私伙伴的决策和行为模式受到相互影响，均出现了不同程度的转变。

就娱乐公司而言，其受到包括澳葡政府在内的多方影响，在处理菜农的补偿安置问题上并未忽视其利益诉求。这集中体现在 20 世纪 70 年代后的澳葡政府和娱乐公司在修订专营合约时已将重点转向解决对菜农的补偿安置问题上，娱乐公司在支付 1 亿元款项补偿菜农的同时，还需斥资 1 亿元在台山兴建多幢平民大厦，以廉价出租、出售给菜农并得到菜农的普遍接受。这一例子体现出，参与 PPP 的私营伙伴，在受到包括公共部门在内的其他伙伴影响的情况下，也会关注基层群体的福利，从而取得良好的社会效益。

在澳葡政府方面，受私营伙伴的影响和启发，其在房屋政策上出现转变。更重要的是，在 20 世纪 70 年代末至 80 年代关于木屋区清拆安置等复杂问题上，澳葡政府在不同的场合扮演了合作者、协调者和维护者等多重角色。其合作者的角色主要体现在，澳葡政府与地产商、博彩企业等私营企业建立 PPP 模式，对新口岸这一主要的菜农木屋区展开清拆和安置工作，并取得了显著成效。其协调者的角色体现在，新口岸区清拆安置工作进程中，澳葡政府和私营企业及有关社团进行多轮协

---

① Maureen Mackintosh, "Partnership: Issues of Policy and Negotiation," *Local Economy* 7 (1992), pp. 215 – 216; Annette Hastings, "Unraveling the Process of Partnership in Urban Regeneration Policy," *Urban Studies* 2 (1996), p. 262.

商，对该区菜农木屋修理和扩建达成协议，为后续工作铺平了道路。其维护者的角色体现在，必要时澳葡政府会动用其公权力维护木屋清拆安置工作的顺利进行。1983 年市行政局发文要求新口岸索偿过高的木屋居民配合清拆工作即是一个很好的例子。80 年代中前期，娱乐公司在台山兴建平民大厦安置新口岸菜农的同时，澳葡政府在 1980 年颁布《经济房法》（第 13/80/M 号法令），在房屋政策上开创了"使低下及中产阶级有机会购买价格受管制并低于自由市场的房屋"的经济房屋模式。其后经过四年筹备，澳葡政府成立了房屋协调署，并通过了《房屋发展合同法》（第 124/84/M 号法令），其中就规定了经济房屋兴建模式，即由政府批出土地给建筑企业兴建房屋，建筑企业则承诺建造低价格的房屋，并在建成后将一定数量的住宅单位交付行政机构支配，作为对政府批出土地的回报①。在新口岸土地非农化过程中，娱乐公司从澳葡政府处批得土地，兴建平民大厦廉价出售给迁出新口岸菜农；而澳葡政府在同一时期逐渐构建的经济房屋模式，则是由政府和私人开发商合作建楼，然后低价出售给城市低收入者。接着，澳葡政府于 80 年代后期在另一个菜农聚集的马场区建设"庞大经济房屋村"等。这些都表明，澳葡政府推出的经济房屋制度客观上与娱乐公司安置新口岸菜农的做法具有一定的关联性。换言之，澳葡政府在一定程度上受到与娱乐公司合作推进新口岸土地非农化的影响，在同期的房屋政策上更加关注城市低收入者的住房问题，并将其与娱乐公司合作的经验加以推广。

同样，北泰公司坚持以平等协商的态度与菜农沟通，并使活动过程公开、透明，也可视为私营部门带来的合理决策和具企业精神的工作作风。该公司接受娱乐公司委托承担新口岸土地非农化任务的原因，正如该公司总经理陶开裕在 1985 年收地完成后所总结的："牵动近一千户人家的收地工作是很不简单的，如果处理得不好，将会影响本澳的安定繁

---

① 整理自〔葡〕Joaquim Mendes Macedo de Loureiro《澳门的社会房屋》，《行政》1994 年第 7 册第二十四/二十五期，第 506～508 页；郑国明：《住房资源配置与政府行为——澳门公共房屋政策的若干分析》，《澳门研究》1998 年第 8 期，第 229 页。

荣。因此当时的北泰公司董事长何贤先生对此事十分重视，为了澳门的繁荣，责无旁贷地欣然接受了澳门旅游娱乐公司的委托。"① 这说明，该公司是站在新口岸菜农和木屋居民角度着想的②。由于新口岸收地后的"都市化"规划在很长一段时间未出台，政府未对北泰公司收地进度设置"时间表"，该公司的收地活动可以采取"顺其自然"的方式，即使在一定时期内的收地进度未尽如人意，该公司也会继续耐心地和菜农、木屋居民、商户以及菜农合群社等协商，以求圆满解决问题，而非采用强暴手段快速拆迁。在这一过程中，该公司按照他们的不同需求，在 1978 年和 1982 年分别提出两种补偿方案，从而得以尽快解决各方的分歧。同时，在涉及切身利益的木屋清拆安置补偿方案的制订上，菜农代表也参与商讨，争取到相对较为优越的补偿待遇。这种做法是前述政府收地事件中从未有过的。因此，与被收地者平等协商且充分照顾其利益，是新口岸土地非农化得以顺利推进的一个重要因素，亦使之得以较快收回面积相对庞大的农地和拆迁数量众多的木屋。

此外，自 1979 年 4 月到 1985 年 8 月期间，北泰公司定期向外界通报进度也是一大亮点。北泰公司通过经常召开新闻发布会等形式，公布收地进展（包括已购土地面积、木屋面积、居民户数以及尚未收购的土地、木屋面积及居民户数等）和台山平民大厦的建筑进度（包括提供的单位、面积、安置方案、建筑成本等），向全社会提供清晰准确的资料。这些都是同期政府收地难以做到的。由于全程信息公开和透明化，避免了暗箱操作现象的发生，更为重要的是，菜农在信息的收集上无须付出成本，可清晰了解事情的全部真相，在维护自身正当与合法权益方面具有发言权，并且主动配合北泰公司的收地行动，使得新口岸土地非农化任务得以圆满完成。

因应城市发展的需要，20 世纪 70 年代末 80 年代初澳葡政府也对

---

① 《新口岸收地完成　耗资二亿》，《澳门日报》1985 年 8 月 22 日，第 1 版。

② 即"收购土地将采取协商和顺其自然的方法"。《新口岸收地逾四分三》，《华侨报》1981 年 2 月 3 日，第 2 版。

慕拉士大马路、台山附近的农地采取了多次收地行动。与这些行动相比，新口岸土地非农化涉及的土地面积大、菜农户数多，通过建立 PPP 实现了多方的利益诉求。这不仅局限于前述澳葡政府和娱乐公司本身，如将其结果上升到整个社会层面来审视，不难发现，公私伙伴模式在整个事件中较好地平衡了土地非农化与近千户受影响菜农的利益，这一点在收地完成时陶开裕的总结中得到了充分体现，他表示："收地的工作长达十二年，其中虽有反复，尚幸没有闹出不愉快事件。这是有赖澳门政府之配合，菜农合群社、新口岸坊众互助会，以及社会人士、社会舆论之支持。"① 在此过程中，社会稳定和谐，可以说是实现了经济效益和社会效益的"双丰收"，因而在社会上引起极大反响，有评论称其"收地经验，可足借镜"②。这表明，在土地非农化过程中，面对包含多元主体利益博弈复杂的城市化问题，仅依靠政府本身的力量是不够的，建立 PPP 也是一种行之有效的制度安排：一是可以通过政府与私营部门合作的模式，通过多元主体合作共治，合力解决土地非农化过程中出现的问题，加速推动发展滞后区域的城市化进程；二是通过 PPP 模式，治理主体在一系列彼此利益互动中转变，而治理结构也在发展中重塑，最终利益主体之间通过合作共治实现多赢，带来政府决策创新、企业更注重社会效益等方面的转变；三是弥补了澳葡政府受主客观条件制约，无力推进新口岸农地城市化的功能缺失，为此后城市的进一步发展创造了条件。但建立 PPP 的前提是，政府要转变自身角色，为私营部门的加入创造部分制度空间，满足其合理的利益需求。在伙伴合作过程中，要互相提供资源合作，政府对私营部门的利益诉求也要不断地进行利益协调，特别是要建立相应的制度保障。这些经验可为我们提供一定的启示与借鉴。

耗时 12 年、耗资 2 亿元的新口岸这一"澳门最大菜田"非农化任务的完成，标志着 30 年来菜农赖以生存之农地、木屋的基本消失。从

---

① 《新口岸收地完成　耗资二亿》，《澳门日报》1985 年 8 月 22 日，第 1 版。
② 南阳：《购地补偿应有法例》，《华侨报》1986 年 2 月 24 日，第 1 张第 4 版。

本书开篇探讨的"地理维度：城市边缘区的由来"，即具有一定规模的菜农从边缘缝隙中出现，到经历自然灾害的威胁、城市治理、农产品与市场、农地规划、土地利用等各个领域的风风雨雨，处处碰撞，一路艰辛，终于完成了自身的历史使命，结束其独特的发展历程，转变成为"新市民"。菜农全部从新口岸撤出，实现了这块农地的用途转移。边缘区的终结，又成为本书开篇探讨的新填海地作为城市建设用途的起点，形成了一个周期性的循环。这一轮循环以无可比拟的事实表明，城市化是经济发展到一定历史阶段必然产生的规律性现象，是任何国家和地区经济社会发展中不可逾越的历史阶段，任何力量和事物都不可能阻挡或扭转，只能在充分尊重和顺应它的前提下，抓住城市化带来的机遇，有计划、分步骤、全方位、多角度地做好相关配合工作，才能获取相应的城市化红利，加快现代化的步伐以及实现经济持续增长。

第七章　结语

城市化是任何国家和地区经济社会发展过程中不可逾越的历史阶段，但社会制度和实际情况的不同决定了其发展模式的差异性。在澳门，20 世纪 50~80 年代的郊区即边缘区的城市化道路，通过菜农在变迁过程中与自然、治理、市场、规划、土地等要素的碰撞关系深刻地显现出来。这条道路折射出的经验教训，也具有重要的借鉴或参考价值。

1. 菜农处于一个边缘缝隙的生存环境，成为其与各关联要素碰撞的根源

20 世纪初至 30 年代，澳葡政府通过填海获取大片土地，但此后未具备开发条件而变为荒地。40 年代的抗日战争和边境争端导致外来农产品货源渠道受堵，严重影响市民生活。与此同时，广东潮汕地区一带的农民为逃避战争、灾荒来到澳门，为农业生产提供了人力资源储备。民生问题的紧迫性迫使澳葡政府改变填海地作为城市建设用途的计划，转而鼓励和支持居民在这些荒地上发展农业，城市边缘区（urban fringe）由此产生。在这种内外关联要素"合力"挤压的缝隙中，50 年代初澳门出现了具有一定规模的菜农。从 60 年代开始，当外来农产品货源渠道畅通后，澳葡政府的政策偏好转为发展工业、旅游业，农业不再受到扶持，反而成为受限制和取缔的行业。由此可见，菜农仅能在 50 年代享受澳葡政府的帮助，形成一种阶段性的政策扶持缝隙。这样一来，由填海地形成的边缘区生态系统的易损性（vulnerability）、菜农从事行业的临时性，不仅显示出菜农群体的弱势特点，而且埋下了其在城市化过程中不断与自然、社会、市场、政府等"门槛"（threshold）碰撞的根源。

2. 面对频繁灾害形成的"自然门槛"，本属重要补充力量的民间组织反而成为菜农灾害救助以及公共危机管理的主角，弥补政府组织功能的缺失

菜农在其存在的 30 年左右的时间里，经常陷入持续性、广泛性和严重性的灾害链条中，损失惨重。致灾要素主要是天然与人化自然的夹击。前者主要是降雨失衡、台风多发和地势易灾等脆弱的自然生态环境；后者主要是城市化、工业化对生态环境的破坏以及澳葡政府在灾害防范和救助中的缺位。在澳葡政府未能完全承担减灾救助主体责任的环境中，四大社团等民间组织担当起对菜农灾害救助以及公共危机管理的重任，协调、动员和凝聚全社会力量有条不紊地开展应急救助、灾后救助；适时转达广大菜农诉求，充当连接他们与澳葡政府之间的桥梁；努力解决灾害期间菜农生活、生产的困难，协助灾后重建等，成为灾害艰难动荡社会环境的中流砥柱。对于构建相对完善的澳门公共危机应对机制而言，四大社团主导的减灾防灾与救助的经验有四大要点：与时并进，传承创新，适应需求形势下民间公益慈善力量的整合；行善助人，率先垂范，社团领袖凝铸强大的社会感召力；紧急动员，协调组织，应变迅速的公共危机处理能力；缓解民怨，化解冲突，维护经济社会稳定发展的"调节器"。这些都远超出了时空界限，仍具有现实启示作用。

3. 澳葡政府采用城市治理"单中心"模式，对菜农居住区域的环境卫生治理陷入困境

对于人口集聚、人与自然关系发生重大改变等城市化要素对澳门城市及边缘区环境带来的新矛盾和新问题，澳葡政府无法消除公共政策"路径依赖"（path dependence）的自我强化效应，仍沿袭传统的单一权力中心、单一治理主体以及自上而下传统单向管理方式，即"单中心"模式。在这种治理模式的主导下，尽管澳葡政府做了大量工作，但自 20 世纪 50 年代以来城市及边缘区蚊蝇猖獗的问题，直至 70 年代仍无法解决。其因在于这种模式管理僵化反应慢、行动单一欠周全、各行其是无协调、配置失衡效率低的特点。同时，受到蚊蝇肆虐和社会舆论批评形成的双重压力，澳葡政府被迫在菜农水凼喷洒杀虫油剂，严重影响菜农的生产和生活，双方为此不断发生矛盾和冲突，环境卫生整治未能取得实效。这就表明，澳葡政府"单中心"治理模式不仅没有吸纳民意，反而在忽略甚至损害菜农利益的基础上片面追求整治效益，这种未能得到相关利益主体参与和支持的治理模式，使其不可避免地陷入困境而难以突围。

4. 澳葡政府的菜农木屋治理形成僵局，因相关利益主体角色的转变才得以缓解

抗日战争结束后澳门半岛木屋大量出现的主要原因是澳葡政府治理能力不足与城市住房需求激增之间的矛盾。从 20 世纪 50 年代末开始，澳葡政府没有从几千名菜农无经济能力入住市区房屋的最基本生存条件出发，改善他们恶劣的居住环境，反而不顾实际地采用"一刀切"的方式来"消灭木屋"，这种只顾拆迁而不考虑安置的治理方式引发了双方近十年拆建之争的角力。当 60 年代后期澳葡政府木屋治理措施有所松动时，木屋数量迅速反弹。此表明这种不切实际的木屋治理政策不得不退回到现实所能允许的范围内，显示出一种治理僵局。以 1966 年的"一二·三"事件为转折点，在城市的政经背景出现重大转折的情况下，各相关利益主体也在一定程度上实现转变。其中，澳葡政府实现从强硬到妥协的转变；有关社团从扮演协助角色转变为直接参与菜农木屋修理和清拆安置等实践问题的治理当中；菜农也经历了从被动接受到积极应对的转变。这些转变促成了木屋治理僵局的缓解。

5. 澳葡政府对菜农农产品安全应急治理领域实施监管，也存在薄弱环节和片面性

菜农利用进口农药"富粒多"喷洒蔬菜等造成的系列中毒事件，

是 20 世纪 50 年代发生的重大食品安全事件，给公众健康带来了严重危害。针对中毒事件，澳葡政府采取颁布禁令、搜查店铺没收农药并罚款等监管措施，经过多年努力才阻止了"富粒多"危害的蔓延。澳葡政府的监管措施在干预程度上，并未采用中等强度的干预，而是实现了从最低到最高的跳跃式转变；在监管功效方面，澳葡政府的监管无法及时切断"富粒多"危害生成链条，表明其监管仍有漏洞；在监管策略上，如与港英政府的监管措施相比较，后者注意到农业发展与农产品安全之间的平衡，前者所采用的严禁所有农药输入的"一刀切"做法则有片面性，阻碍了农业生产的开展。这就表明：澳葡政府在履行"保护性职能"的过程中，倘若不理会有关行为是否构成强加于菜农的"服从成本"（compliance costs），且不以服务他们为"终极目的"，其推出的措施不可能取得理想的效果。

6. 随着城市化带来的空间版图向边缘区扩展，澳门农产品市场主要货源地结构实现从菜农与内地双方供给到内地一方供给的平稳转换

自 20 世纪 60 年代后期开始，菜农的农产品供给量迅速下降，而内地农产品的供给量却快速增加，呈现出此消彼长的态势。到 70 年代末 80 年代初，城市化、工业化以前所未有的速度迅猛发展，一方面是人口集聚、人均收入增加以及消费偏好和方式的改变，相应带来农产品消费的大幅度增长，从而形成了强劲需求的"拉力因素"（pull factors）。另一方面是菜田面积迅速减少以及生产成本增加等的制约，菜农的农产品供给量大幅度缩减。正当菜农产品迅速缩减与市民对农产品的需求猛增产生较大矛盾并无法解决之际，恰好内地结束了"文化大革命"，特别是以党的十一届三中全会为标志，国家将工作重点转移到以经济建设为中心的轨道上来，加上党和国家高度重视对港澳民生具有重要影响的农产品的供给，在港澳邻近地区建立农产品出口基地，供澳货源大幅度增加，这些都形成了对澳门农产品货源地结构转换的"推力因素"（push factors）。内地对澳鲜活农产品实现均衡、稳定供给，及时填补菜农供给量快速下降留下的货源缺口，承担起满足新时期澳门市民对该类产品强劲消费需求的重任，实现了澳门市场农产品货源地结构的平稳转换，起到了平抑物价、保障民生、促进经济社会发展的作用。

7. 城市化浪潮下农地用途转移对菜农构成的挤出效应，主要通过边缘区城市规划、农地收回利益博弈、新口岸土地非农化三个环节展现出来

第一，边缘区城市规划存在不断搁置、缺乏效能的现象。这是由澳门的城市规划需送葡萄牙海外部审批修改而耗时漫长、澳葡政府编制规划技术力量不足、政府官员或总督更换以及形势变化等因素造成的。这与城市规划应具备的延续性、确定性和时效性以及与实际情况相符合之"政府行为"相背离。与此同时，澳葡政府制订城市规划又不符合"社会运动"需全民参与的原则。大多数规划制订过程不透明、规划完成后不公开、以规划名义收地时不透露原因等，使那些受规划影响失去土地的菜农，对涉及自身利益的事件毫无表达看法的机会。政府有关部门在规划尚未编制完成之前，就对某些规划目标地区采取收回农地等行动，菜农处于农地被纳入规划而不予续租的困境。这就使得农地长期处于"被规划"状态中，既造成资源浪费，又对菜农生产、生活带来困扰以及经济损失。由此可见，本应对澳门的城市发展方向做出总体指导的城市规划不但未能实现这一功能，反而在不断搁置的过程中滞后于城市化进程，既不利于城市发展，政府公信力亦因规划未及时实施而受损。这些都是后来的政府部门在编制、审批、执行城市规划时需要特别注意的。

第二，澳葡政府与菜农关于收回农地的利益博弈实际上是一种强权博弈，其对局结果只能是菜农被动地接受补偿条件。20世纪50年代初澳葡政府实施的鼓励垦荒政策，为菜农获取土地大开方便之门，但好景不长，自从1953年澳葡政府在台山、青洲收回农地开始，收地魔咒一直罩在菜农头上，随着时间的推移，双方就此的冲突不断发生。面对澳葡政府的粗暴收地方式，菜农也团结一致进行抗争，意图在于保住土地或希望另获土地维系生存。到了 80 年代，菜农在收地时的主要利益诉求已不再是另谋土地继续从事农业，而是获得妥善补偿和安置以便能在城市中继续生存。但政府与电力专营企业结盟构成利益博弈联合体逼迫菜农迁离，菜农的利益诉求往往得不到充分满足，使得这一时期的失地菜农与政府之间的博弈冲突更趋激烈。对收地利益博弈模型的分析结果表明：在缺乏有效监督和约束的背景下，无论菜农是否合作，澳葡政府都可以利用法律授予的公权力实施收地行为。对于菜农而言，只要能够保证基本的生活，无论政府采取怎样的收地措施，菜农的理性行为最终都是合作。上述过程主要是通过"讨价还价"的博弈（bargaining game）即谈判而进行的，谈判的焦点是澳葡政府以"公共利益"名义压低价格，与菜农要求较高补偿之间的较量；谈判的筹码是澳葡政府提出菜农"非法占地"的依据，而菜农则表示此是多年耕种的事实；谈判过程是澳葡政府主导的"初步谈判、中止谈判、重新谈判"三回合博弈。特别是澳葡政府运用行政强制性的威胁方法，使得菜农与其在博弈中处于非均等的地位，大多难以避免"零和博弈"的结局。因此，建立农地收回制度，优化各项约束条件；立足实际，充分发挥社团的中介协调作用；重视沟通互动，合理运用策略就成为脱离土地收回博弈制度困境的破解之道。

第三，澳葡政府与博彩企业建立公私伙伴模式，加快推进新口岸土地非农化的步伐。早在 20 世纪 60 年代，新口岸区就成为城市化的目标，但面对该区面积庞大的农地和星罗棋布的木屋，澳葡政府无力承担相关的拆迁、补偿和安置费用。在此背景下，60 年代初博彩专营权的竞投为其解决此问题提供了契机。因此，澳葡政府试图借助博彩专营合约条款的规定以及此后的不断修订，与博彩企业建立公私伙伴关系（Public-Private Partnership，PPP），作为推动其实现土地非农化目标的重要约束手段。新口岸土地非农化取得成功的经验显示：面对包含多元主体利益博弈的复杂问题，仅依靠政府本身的力量是无法解决的，建立 PPP 也是一种行之有效的制度安排。建立 PPP 的前提是政府要转变自身角色，为私营部门的加入创造部分制度空间，满足其合理的利益需求。在伙伴合作过程中，要互相提供资源合作，政府对私营部门的利益诉求也要不断进行利益协调，特别是要建立相应的制度保障等。此一方面可以运用政府与私营部门的合作模式，通过多元主体合力解决土地非农化过程中出现的问题，加速推动发展滞后区域的城市化进程。另一方面，通过 PPP 模式，治理主体在一系列彼此利益互动中转变，而治理结构也在发展中重塑，最终利益主体之间通过合作共治实现多赢，带来政府决策创新、企业更注重社会效益等方面的转变。

新口岸土地实现非农化，既是菜农 30 年来耕作的终点，又回到了其最初用途即开展城市建设的新起点，从而开启了新的一个轮回。这是澳门经济社会发生根本性变革并获得进一步发展的空间表现，也意味着边缘区初级阶段城市化任务的基本完成。但此并非城市化步伐的停止，倘进一步考察其变迁方向，我们可以看到：菜农退出边缘区后，城市化开启新的篇章，理应在生活方式、经济社会结构方面由传统社会朝着城市化的高级形态即现代化社会迈进。但甚为遗憾的是，由于缺乏科学合理的规划，澳门在城市化进程中虽然达到经济快速增长，但不可能同时实现经济适度多元、环境可持续发展等多重目标。以新口岸这一采用土地过度消耗与低效率利用的发展模式为例，往昔一派田园风光的菜田，以及 20 世纪 80 年代中期填海而形成的新口岸近邻大片空置土地，被一栋栋火柴盒式高密度建筑的商住混合区取代，而澳葡政府极力打造的"新城市中心"却无踪影。

抚今思昔，我们不禁要追问：澳门边缘区需要什么样的城市化？对此，罗马俱乐部（Club of Rome）的观点可供借鉴："当一个社会认识到它不可能为每个人把每样东西都增加到最大限度时，它就必须开始作出选择。是否应当有更多的人或者更多的财富？更多的荒地或者更多的汽车？给穷人更多的粮食，或者给富人更多的服务？对这些问题确立社会的答案，并把那些答案转化为政策，这是政治过程的本质。"① 在澳门，"城市阴影笼罩下的农业"（agriculture under the urban shadow）从盛转衰期间发生的各种碰撞不可避免，但在菜农撤离家园的变迁过程中，澳葡政府城市治理等方面的一些制度性阻碍却是可以避免的。例如，当菜农离开边缘区后，对于这些重要的土地资源，能否如上所述，借助全民参与"确立社会的答案"，科学合理地制订相应的城市发展与土地利用规划，从而在一定程度上填补结构转换型城市化所需土地要素的缺口，使得制约经济社会可持续发展的包袱不至于变得如此沉重？如果可以，那么在全球经济竞争更加剧烈的今天，澳门就有可能降低城市运行的"摩擦成本"，换一种姿势赛跑。

---

① 〔美〕丹尼斯·米都斯等：《增长的极限》，李宝恒译，吉林人民出版社，1997，第140～141页。

参考文献

一 中文著作、档案文献

〔法〕H. 孟德拉斯:《农民的终结》,李培林译,中国社会科学出版社,1991。

〔英〕Mike Savage Alan Warde:《都市社会学》,孙清山译,五南图书出版股份有限公司,2004。

〔美〕Samuel P. Huntington:《转变中社会的政治秩序》,江炳伦等译,黎明文化事业公司,1983。

〔美〕安东尼·M. 奥勒姆:《政治社会学导论——对政治实体的社会剖析》,董云虎等译,浙江人民出版社,1989。

〔英〕安东尼·凯利:《决策中的博弈论》,李志斌等译,北京大学出版社,2007。

〔法〕奥利维埃·多尔富斯:《地理观下全球化》,张戈译,社会科学文献出版社,2010。

〔美〕奥利弗·E. 威廉森:《治理机制》,王健等译,中国社会科学出版社,2001。

《澳门菜农合群社成立五十周年纪念特刊（1952~2002)》,澳门菜农合群社,2002。

澳门大众报社编印《澳门工商年鉴》（*Anuário Comercia l e Industrial*

de Macau）［第一回（1951～1952）至第十五回（1983）］。

《澳门工会联合总会成立四十周年纪念特刊（1950～1990)》，澳门工会联合总会，1990。

澳门华侨报社编《1984～1986 澳门经济年鉴》，1987。

《澳门日报》，1958～1990。

澳门特别行政区物理暨气象局网页：www. smg. gov. mo。

澳门统计暨普查司：《一九八一年第二次居住调查研究报告》，澳门统计暨普查司，1987。

澳门文史资料征集办公室编《澳门回归历程纪事》（第一辑），澳门文史资料工作计划有限公司，2006。

〔美〕保罗·A. 萨缪尔森、威廉·D. 诺德豪斯：《经济学》，高鸿业等译，中国发展出版社，1992。

〔英〕保尔·汤普逊：《过去的声音：口述史》，覃方明等译，辽宁教育出版社，2000。

薛凤旋：《澳门五百年：一个特殊中国城市的兴起与发展》，香港三联书店、澳门大学、香港浸会大学当代中国研究所，2012。

薛凤旋、邝智文：《新界乡议局史：由租借地到一国两制》，香港三联书店、香港浸会大学当代中国研究所，2011。

薛益忠：《都市地理学》，三民书局股份有限公司，2006。

〔美〕布坎南：《自由、市场和国家》，吴良健等译，北京经济学院出版社，1988。

〔美〕布赖恩·贝利：《比较城市化——20 世纪的不同道路》，顾朝林等译，商务印书馆，2008。

蔡宏进：《经济学》，五南图书出版股份有限公司，2006。

蔡佩玲主编《口述历史——昔日中秋在澳门》，澳门东亚大学公开学院同学会、录像空间、澳门历史学会，2007。

陈昕等主编《澳门全记录》，上海人民出版社，1999。

陈甬军等：《中国城市化道路新论》，商务印书馆，2009。

陈玉书主编《澳门社会大典》，网联国际出版社有限公司，1999。

成德宁：《城市化与经济发展——理论、模式与政策》，科学出版社，2004。

程道平：《现代城市规划》，科学出版社，2004。

崔功豪、王本炎、查彦育编著《城市地理学》，江苏教育出版社，1992。

崔世平等策划《21世纪澳门城市规划纲要研究专题报告》，澳门发展与合作基金会，1999。

《大公报》，香港，1955～1960。

〔美〕丹尼斯·米都斯等：《增长的极限》，李宝恒译，吉林人民出版社，1997。

〔美〕道格拉斯·C. 诺思：《经济史中的结构与变迁》，陈郁等译，上海三联书店，1994。

〔德〕迪尔克·克斯：《马克斯·韦伯的生平、著述及影响》，郭锋译，法律出版社，2000。

樊纲、武良成主编《城市化：一系列公共政策的集合》，中国经济出版社，2009。

费成康：《澳门四百年》，上海人民出版社，1988。

傅玉兰主编《抗战时期的澳门》，澳门文化局澳门博物馆，2001。

高佩义：《中外城市化比较研究》，南开大学出版社，1991。

〔美〕格若赫姆·罗珀：《博弈导论及其应用》，柯庆华等译，中国政法大学出版社，2005。

〔葡〕古万年、戴敏丽：《澳门及其人口演变五百年（一五零零年至二零零零年)》，澳门统计暨普查司工作小组译，澳门统计暨普查司，1998。

顾朝林：《城市管治》，东南大学出版社，2003。

关振东、陈树荣：《何贤传》，澳门出版社，1999。

广东省档案馆编《广东澳门中文档案史料选编》，中国档案出版社，1999。

广东省档案馆藏：229、235、264、294、297、302、324、325 等类档案。

广东省地方史志办公室编辑《广东历代方志集成》（广州府部35），岭南美术出版社，2007。

郝云：《利益比较理论研究》，复旦大学出版社，2007。

何大章、缪鸿基：《澳门地理》，广东省文理学院，1946。

胡振洲：《聚落地理学》，三民书局股份有限公司，1993。

《华侨报》，1950～1990。

黄汉强、吴志良主编《澳门总览》，澳门基金会，1996。

黄汉强主编《澳门经济年鉴》（1983），华侨报，1983。

黄浩然主编《澳门华商年鉴》（第一回上卷），澳门精华报，1952。

黄就顺：《澳门的天地人》，澳门历史教育学会，2011。

黄就顺：《澳门地理》，香港三联书店、澳门基金会，2009。

黄就顺等：《澳门地图集》，澳门基金会，1997。

黄就顺先生访问记录。

黄启臣：《澳门通史（自远古至1998年)》，广东教育出版社，1999。

江荣辉先生访问记录。

〔澳〕杰弗里·C. 冈恩：《澳门史：1557～1999》，秦传安译，中央编译出版社，2009。

金国平、吴志良：《东西望洋》，澳门成人教育学会，2002。

金国平、吴志良：《镜海飘渺》，澳门成人教育学会，2001。

〔德〕柯武刚、史漫飞：《制度经济学——社会秩序与公共政策》，韩朝华译，商务印书馆，2000。

〔美〕拉雷·N. 格斯顿：《公共政策的制定——程序和原理》，朱子文译，重庆出版社，2001。

黎小江、莫世祥主编《澳门大辞典》，广州出版社，1999。

李炳时：《澳门总督与立法会》，澳门基金会，1994。

李福麟：《澳门四个半世纪》，澳门松山学会，1995。

李鹏翥主编《澳门手册——澳门日报创刊二十五周年纪念特刊》（1983），澳门日报，1983。

李鹏翥主编《澳门手册——澳门日报创刊三十周年纪念特刊》（1988），澳门日报，1988。

联合国人居署编《贫民窟的挑战——全球人类住区报告2003》，于静等译，中国建筑工业出版社，2006。

梁必骐主编《广东的自然灾害》，广东人民出版社，1993。

梁启超：《中国历史研究法》，中国人民大学出版社，2012。

刘传江：《中国城市化的制度安排与创新》，武汉大学出版社，1999。

刘芳辑、章文钦校《葡萄牙东波塔档案馆藏清代澳门中文档案汇编》（上册），澳门基金会，1999。

刘南威、何广才主编《澳门自然地理》，广东省地图出版社，1992。

刘平量、曾赛丰：《城市化：制度创新与道路选择》，湖南人民出版社，2006。

〔瑞典〕龙思泰：《早期澳门史》，吴义雄等译，东方出版社，1997。

娄胜华、潘冠瑾、林媛：《新秩序：澳门社会治理研究》，社会科学文献出版社，2009。

娄胜华：《转型时期澳门社团研究——多元社会中法团主义体制解析》，广东人民出版社，2004。

〔英〕罗纳德·麦吉尔：《制度发展：第三世界管理透视》，姜杰等译，北京大学出版社，2009。

麻宝斌等：《公共治理理论与实践》，社会科学文献出版社，2013。

〔德〕马克斯·韦伯：《非正当性的支配——城市的类型学》，康乐等译，远流出版事业股份有限公司，1993。

马克思、恩格斯：《马克思恩格斯全集》（第12卷），人民出版社，1962。

马克思、恩格斯：《马克思恩格斯选集》（第23卷），人民出版社，

1972。

马克思、恩格斯：《马克思恩格斯选集》（第 2 卷上），人民出版社，1972。

马克思、恩格斯：《马克思恩格斯选集》（第 4 卷），人民出版社，1995。

〔英〕麦洁玲：《说吧，澳门》，吴承义等译，牛津大学出版社，1999。

毛连奴、李子龙等编《澳门八一新闻年报》，澳门新闻处，1982。

缪鸿基、何大章、雷强、郑天祥、黄就顺：《澳门》，中山大学出版社，1988。

莫世祥、虞和平、陈奕平编译《近代拱北海关报告汇编（1887～1946）》，澳门基金会，1998。

潘冠瑾：《澳门社团体制变迁——自治、代表与参政》，社会科学文献出版社，2010。

〔葡〕潘日明：《殊途同归——澳门的文化交融》，苏勤译，澳门文化司署，1992。

彭琪瑞等：《香港与澳门》，香港商务印书馆，1986。

彭文伟主编《传染病学》，人民卫生出版社，2006。

〔德〕乔治·恩德勒：《面向行动的经济伦理学》，高国希等译，上海社会科学出版社，2002。

〔日〕青木昌彦：《比较制度分析》，周黎安译，上海远东出版社，2001。

〔美〕塞缪尔·亨廷顿、琼·纳尔逊：《难以抉择——发展中国家的政治参与》，汪晓寿等译，华夏出版社，1989。

深圳市史志办公室：《中国共产党深圳历史》（第二卷 1949～1978），中共党史出版社，2012。

〔葡〕施白蒂：《澳门编年史（二十世纪 1900～1949）》，金国平译，澳门基金会，1999。

〔葡〕施白蒂：《澳门编年史（二十世纪 1950～1988）》，思磊译，澳门基金会，1999。

〔葡〕施白蒂：《澳门编年史（十九世纪）》，姚京明译，澳门基金会，1998。

〔葡〕施达时、白加路：《离岛绿化区的发展》，周庆忠译，澳门特别行政区民政总署，2002。

〔葡〕施华：《澳门政府船坞——造船和修船一百年》，蔚玲译，澳门海事博物馆，1996。

〔美〕斯皮罗·科斯托夫：《城市的组合——历史进程中的城市形态》，邓东译，中国建筑工业出版社，2008。

苏祥基主编《马黑佑居民联谊会成立四十五周年纪念特刊》，澳门马黑佑居民联谊会，2010。

孙东升：《中国饲料产业发展研究》，中国农业出版社，2001。

孙天法：《非均衡经济学》，经济科学出版社，2003。

汤开建：《澳门开埠初期史研究》，中华书局，1999。

汤开建、陈文源、叶农主编《鸦片战争后澳门社会生活记实——近代报刊澳门资料选粹》，花城出版社，2001。

汤开建、吴志良主编《〈澳门宪报〉中文资料辑录（1850～1911)》，澳门基金会，2002。

唐思：《澳门风物志续篇》，中国文联出版社，1999。

童乔慧：《澳门城市环境与文脉研究》，广东人民出版社，2008。

〔美〕托马斯·谢林：《冲突的战略》，赵华等译，华夏出版社，2006。

〔美〕托马斯·谢林：《微观动机与宏观行为》，谢静等译，中国人民大学出版社，2006。

王文达：《澳门掌故》，澳门教育出版社，1999。

王志锋：《城市治理的经济学分析》，北京大学出版社，2010。

魏刚才等主编《鸡场疾病预防与控制》，化学工业出版社，2011。

《文汇报》，香港，1955～1956。

吴郁文主编《香港、澳门地区经济地理》，新华出版社，1990。

吴志良：《澳门政制》，澳门基金会，1995。

吴志良：《澳门政治发展史》，上海社会科学院出版社，1999。

吴志良、陈欣欣：《澳门政治社会研究》，澳门成人教育学会，2000。

吴志良：《东西交汇看澳门》，澳门基金会，1996。

吴志良、金国平、汤开建主编《澳门史新编》，澳门基金会，2008。

吴志良：《生存之道：论澳门政治制度与政治发展》，澳门成人教育学会，1998。

吴志良、汤开建、金国平主编《澳门编年史》［第五卷：民国时期（1912～1949）］，广东人民出版社，2009。

吴志良、杨允中主编《澳门百科全书》，澳门基金会，2005。

〔美〕西蒙·库兹涅茨：《各国的经济增长：总产值和生产结构》，常勋等译，商务印书馆，1999。

肖蔚云主编《澳门现行法律汇编》，北京大学出版社，1996。

谢识予：《经济博弈论》，复旦大学出版社，2002。

邢荣发：《明清澳门城市建筑研究》，华夏文化艺术出版社，2007。

徐怀礼：《灾害经济学研究》，吉林大学博士学位论文，2007。

〔葡〕徐萨斯：《历史上的澳门》，黄鸿钊等译，澳门基金会，2000。

许昌：《澳门过渡期重要法律问题研究》，北京大学出版社，1999。

〔美〕亚伯拉罕·马斯洛：《动机与人格》，许金声等译，中国人民大学出版社，2007。

严忠明：《一个海风吹来的城市：早期澳门城市发展史研究》，广东人民出版社，2006。

阎守诚主编《危机与应对：自然灾害与唐代社会》，人民出版社，2008。

杨铭华等：《当代北京菜篮子史话》，当代中国出版社，2008。

杨顺江：《中国蔬菜产业发展研究》，中国农业出版社，2004。

叶裕民主编《中国城市化与可持续发展》，科学出版社，2007。

（清）印光任、张汝霖、祝淮等编纂《澳门记略·澳门志略》，国家图书馆出版社，2010。

（清）印光任、张汝霖著，赵春晨校注《澳门记略校注》，澳门文化司署，1992。

元邦建等：《澳门史略》，中流出版社有限公司，1988。

〔英〕约翰·托尼：《城市秩序：城市、文化和权力导论》，郑娟等译，上海人民出版社，2010。

张维迎：《博弈论与信息经济学》，上海人民出版社，2004。

赵晓雷主编《城市经济与城市群》，上海人民出版社，2009。

赵艳珍：《珠澳关系史话》，珠海出版社，2006。

郑国明主编《房屋局十五周年特刊》，澳门特别行政区政府房屋局，2005。

郑天祥、黄就顺等：《澳门人口》，澳门基金会，1994。

郑炜明：《氹仔路环历史论集》，澳门特别行政区民政总署文化康体部，2007。

郑欣：《乡村政治中的博弈生存——华北农村村民上访研究》，中国社会科学出版社，2005。

中共中央文献研究室编《陈云年谱》（下册），中央文献出版社，2000。

中共中央文献研究室编《陈云年谱》（中册），中央文献出版社，2000。

中共中央文献研究室编《邓小平年谱（1975～1977）》（上），中央文献出版社，2004。

中共中央文献研究室编《建国以来重要文献选编》（第12册），中央文献出版社，1996。

中共中央文献研究室编《建国以来重要文献选编》（第13册），中央文献出版社，1996。

中共中央文献研究室编《建国以来重要文献选编》（第 14 册），中央文献出版社，1997。

中国第一历史档案馆等：《明清时期澳门问题档案文献汇编》（三），人民出版社，1999。

中国第一历史档案馆等选编《澳门历史地图精选》，华文出版社，2000。

中国拱北海关编《拱北海关志》，海洋出版社，1993。

中国国家发展计划委员会地区经济司、日本国际协力事业团：《城市化：中国现代化的主旋律》，湖南人民出版社，2001。

周一星：《城市地理学》，商务印书馆，1995。

朱德新、孟庆顺、周运源：《二十世纪澳门渔民研究》，中国档案出版社，2002。

二　中文学术论文

〔英〕Anthony R. Dicks：《一个无法有天的世界——一位西方记者笔下 50、60 年代的澳门》，《澳门研究》2006 年第 35 期。

〔葡〕Joaquim Mendes Macedo de Loureiro：《澳门的社会房屋》，《行政》1994 年第 24～25 期。

〔葡〕阿丰索（José da Conceição Afonso）：《20 世纪葡萄牙与澳门——城市规划法律史之研究》，载吴志良、林发钦、何志辉主编《澳门人文社会科学研究文选·历史卷（含法制史）》（下卷），社会科学文献出版社，2010，第 1477～1532 页。

〔葡〕安娜·玛利亚·阿马罗（Ana Maria Amaro）：《卢廉若花园的建造与沿革》，《澳门研究》2012 年第 2 期。

蔡辉等：《新城市主义产生的背景与借鉴》，《城市问题》2010 年第 2 期。

常宗耀：《乡村城市化：马克思的理论及其启示》，《北方论丛》

2010 年第 3 期。

陈锦富：《论公众参与的城市规划制度》，《城市规划》2000 年第 7 期。

陈映芳：《城市开发的正当性危机和合理空间》，《社会学研究》2008 年第 3 期。

陈甫军：《中国城市化发展实践的若干理论和政策问题》，《经济学动态》2010 年第 1 期。

陈章喜、李厚强、何文辉、区楚东：《澳门土地开发与城市空间发展的实证研究》，《澳门研究》，2010 年第 3 期。

仇保兴：《城市管理、经营和城市规划的变革》，《城市规划》2004 年第 2 期。

崔胜辉等：《城市化与可持续城市化的理论探讨》，《城市发展研究》，2010 年第 3 期。

邓荣成等：《为澳门市区重建未雨绸缪》，载杨允中主编《澳门现代化进程与城市规划》，澳门大学澳门研究中心，2007，第 187～204 页。

〔葡〕菲格拉（Francisco Figueira）：《澳门究竟是怎样的一座城市》，《文化杂志》1998 年第 36、37 期。

〔葡〕费尔南德斯（José Manuel Fernandes）：《自本世纪 20 年代迄今的澳门》，《文化杂志》1998 年第 36、37 期。

冯忠泽、李庆江、任爱胜：《中国农产品及农产品市场特点分析》，《中国农学通报》2008 年第 9 期。

高鹏：《社区建设对城市规划的启示——关于住宅区规划建设的几个问题》，《城市规划》2001 年第 2 期。

〔英〕格里·斯托克（Gerry Stoker）：《作为理论的治理：五个论点》，《国际社会科学》（中文版）1999 年 2 期。

龚维斌：《公共危机管理的内涵及其特点》，《西南政法大学学报》2004 年第 3 期。

顾朝林：《城市化的国际研究》，《城市规划》2010 年第 2 期。

顾朝林：《发展中国家城市管治研究及其对我国的启发》，《城市规划》2001 年第 9 期。

关锋：《经济发展和收入分配》，载杨允中主编《澳门人文社会科学研究文选·经济卷》，社会科学文献出版社，2009，第 511～529 页。

郭其友、李宝良：《冲突与合作：博弈理论的扩展与应用——2005 年度诺贝尔经济学奖获得者奥曼和谢林的经济理论贡献评述》，《外国经济与管理》2005 年第 11 期。

郭声波等：《百年沧桑：试论 1849～1949 年间澳门半岛填海工程与街道建设的关系》，《澳门历史研究》2010 年第 9 期。

汉平：《澳门经贸发展与内地贸易前景》，《香港市场》杂志 1987 年 10 月 21 日。

郝雨凡、汤开建、朱寿桐、林广志：《全球文明史互动发展的澳门范式——论澳门学的学术可能性》，《学术研究》2011 年第 12 期。

黄就顺：《澳门填海造地、海岸线变迁的历史及土地利用》，载杨允中主编《澳门现代化进程与城市规划》，澳门大学澳门研究中心，2007，第 448～460 页。

黄就顺、郑天祥：《澳门城市形态与城市规划》，载杨允中主编《澳门人文社会科学研究文选·经济卷》，社会科学文献出版社，2009，第 188～198 页。

姜仁荣：《城市土地二次开发问题研究》，《中国土地》2012 年第 11 期。

〔葡〕卡拉多（Maria Calado）、门德斯（Maria Clara Mendes）等：《澳门从开埠至 20 世纪 70 年代社会经济和城建方面的发展》，《文化杂志》1998 年第 36、37 期。

柯小兵、何高潮：《从三层博弈关系看土地征收制度改革——基于某大学城征地案例的分析》，《中国土地科学》2006 年第 3 期。

〔葡〕科斯塔（Maria de Lourdes Rodrigues Costa）：《澳门建筑史》，

《文化杂志》1998 年第 35 期。

〔美〕克莱顿（Cathryn Hope Clayton）：《论当代澳门特征及其形成与城市变迁》，《文化杂志》2003 年第 48 期。

冷夏：《"二元政治"的客观存在与重新整合——兼议澳门特别行政区管治模式的构筑》，载余振、林媛主编《澳门人文社会科学研究文选·政治卷》，社会科学文献出版社，2010，第 205～217 页。

李宝梁：《中国城市化研究：西方有关理论的演进及意义》，《江西社会科学》2005 年第 4 期。

李崇汾：《澳门公共行政中的土地政策和管理》，《澳门研究》1998 年第 8 期。

李东泉：《近代青岛城市规划与城市发展关系的历史研究及启示》，《中国历史地理论丛》2007 年第 2 期。

李光和：《试论新中国外贸史上的内销服从外销的方针》，《中共党史研究》2011 年第 1 期。

李光和、苏盾：《改革开放前广东省出口商品生产基地建设的历史考察》，《当代中国史研究》2011 年第 5 期。

李怀等：《中国食品安全规章制度的变迁与设计》，《财经问题研究》2009 年第 10 期。

李名梁：《我国食品安全问题研究综述及展望》，《西北农林科技大学学报》（社会科学版）2013 年第 3 期。

廉联：《澳门的娱乐博彩业》，《比较法研究》1999 年第 1 期。

林发钦：《澳门历史研究内容革新刍议》，《澳门日报》2004 年 12 月 12 日，第 D06 版。

林建永等：《农产品价格波动的非典型因素探析》，《理论探索》2009 年第 5 期。

林青枫：《澳门零售业发展前景》，《澳门研究》1997 年第 5 期。

林守儒：《澳门的"繁荣计划"》，《澳门日报》2011 年 8 月 16 日，第 D8 版。

刘传江等：《重新解读城市化》，《华中师范大学学报》（人文社会科学版）2001 年第 4 期。

刘吉军、许实等：《土地非农化过程中的博弈关系》，《中国土地科学》2010 年第 6 期。

刘素英：《关于政府管制理论和实践的新思考》，《理论与现代化》2010 年 4 期。

刘泽生：《回归十年澳门研究的回顾与思考——以澳门历史研究为中心》，《澳门研究》2010 年第 1 期。

娄胜华：《澳门华人早期民间结社及其近代变迁》，载程惕洁主编《澳门人文社会科学研究文选·社会卷》，社会科学文献出版社，2009，第 156～185 页。

娄胜华：《合作主义与澳门公民社会的发展》，《学术研究》2009 年第 12 期。

罗淼、赵俊：《我国农村集体土地征收中的利益博弈及其法律规制》，《科学·经济·社会》2012 年第 2 期。

〔葡〕马萨皮纳（João Vicente Massapina）：《澳门城市建设的发展 城市规划面面观》，《文化杂志》2003 年第 46 期。

马若龙、黄如楷：《澳门建筑从 16 世纪到现在》，《建筑学报》1999 年第 12 期。

茅铭晨：《政府管制理论研究综述》，《管理世界》2007 年第 2 期。

米格尔·利马：《遗失山海之间的联系——澳门外港新填海区规划回顾》，《世界建筑》2009 年第 12 期。

任燕等：《政府在食品安全监管中的职能转变与策略选择——基于北京市场的案例调研》，《公共管理学报》2011 年第 8 期。

申剑、白庆华：《城市治理理论在我国的适用》，《现代城市研究》2006 年第 9 期。

盛广耀：《城市治理研究评述》，《城市问题》2012 年第 10 期。

〔英〕斯太凡尼·威廉士：《澳门往何处去?》，《澳门日报》1981

年 5 月 22 日，第 3 版。

宋冬林等：《灾害经济学方法论初探——基于马克思两种关系再生产理论》，《北方论丛》2009 年第 3 期。

孙施文：《有关城市规划实施的基础研究》，《城市规划》2000 年第 7 期。

谭光民：《澳门的土地资源与经济发展》，《热带地理》1999 年第 4 期。

谭世宝：《关于开埠前澳门半岛上的"村"的传说探真》，《文化杂志》1996 年第 26 期。

谭纵波、崔世平等：《澳门土地利用现状及展望》，载崔世平等策划《21 世纪澳门城市规划纲要研究专题报告》，澳门发展与合作基金会，1999，第 2~44 页。

谭纵波、董珂：《澳门土地利用与规划体制研究》，《城市规划》1999 年第 12 期。

汤开建、马根伟：《清末澳门镜湖医院的建立与发展》，《澳门研究》2005 年 12 期。

汤开建：《明代澳门城市建置考》，《文化杂志》1998 年第 35 期。

汤开建：《走出瓶颈：澳门历史研究现状与前瞻》，《澳门理工学报》2013 年第 2 期。

陶希东：《公私合作伙伴：城市治理的新模式》，《城市发展研究》2005 年第 5 期。

田渝：《澳门近代城市的发展与演变——〈澳门及帝汶省宪报〉公牍选译》，《澳门研究》2011 年第 2 期。

童乔慧、盛建荣：《澳门城市规划发展历程研究》，《武汉大学学报》（工学版）2005 年第 6 期。

王佃利：《城市治理体系及其分析维度》，《中国行政管理》2008 年第 12 期。

王佃利：《城市治理中的政府作用机制浅析——从治理主体利益定位的角度》，《甘肃行政学院学报》2008 年第 6 期。

王佃利、任宇波：《城市治理模式：类型与变迁分析》，《中共浙江省委党校学报》2009 年第 5 期。

王刚等：《西方城市规划史对我国城市规划的启示》，《城市规划》2007 年第 2 期。

王宏伟等：《城市增长理论述评与启示》，《国外城市规划》2005 年第 3 期。

王景斌：《论公共利益之界定——一个公法学基石性范畴的法理学分析》，《法制与社会发展》2005 年第 1 期。

王俊风：《政府权力和失地农民权利的博弈现状及其重构》，《行政论坛》2012 年第 6 期。

王培刚：《当前农地征用中的利益主体博弈路径分析》，《农业经济问题》2007 年第 10 期。

王小宁：《城市化进程中失地农民与政府之间的利益博弈分析》，《经济问题》2010 年第 5 期。

吴宏歧、赵湘军：《〈望厦及其附近村落地图〉初步研究》，《文化杂志》2010 年第 77 期。

吴志良：《澳门历史话语权的回归》，《澳门日报》2012 年 9 月 25 日，第 F5 版。

吴志良：《澳门历史研究述评——兼谈中国与西方的观点和方法之沟通》，《史学理论研究》2002 年第 1 期。

吴志良等：《澳门研究历程回顾》，《澳门人文社会科学研究文选·综合卷序》，载吴志良、陈震宇主编《澳门人文社会科学研究文选·综合卷》，社会科学文献出版社，2009，第 1～11 页。

吴志良：《国内外澳门历史研究的现状与趋势》，《澳门研究》2005 年第 29 期。

吴志良、林发钦：《澳门人文社会科学研究文选·历史卷前言》，载吴志良、林发钦、何志辉主编《澳门人文社会科学研究文选·历史卷》，社会科学文献出版社，2010，第 1～3 页。

邢荣发：《澳门马场区　沧桑六十年（1925～1985）》，《文化杂志》2005 年第 56 期。

徐静：《城市治理研究的最新进展及一般分析框架》，《珠江经济》2008 年第 5 期。

杨艳东：《中国城市治理困境中的公众参与机制与效果分析》，《云南社会科学》2011 年第 5 期。

杨兆贵：《筚路蓝缕、艰苦卓越——菜农子弟学校简史》，《澳门研究》2009 年第 52 期。

杨忠伟、徐勇：《基于多元利益的当代苏州市边缘区空间结构演化》，《城市规划学刊》2012 年第 3 期。

姚力：《中国当代社会史研究的学术视野与问题意识》，《中共党史研究》2011 年第 1 期。

姚顺良、刘怀玉：《自在自然、人化自然与历史自然——马克思哲学的唯物主义基础概念发生逻辑研究》，《河北学刊》2007 年第 5 期。

叶凤仙、张宇：《从博弈论看土地征用进程中农民的弱势地位》，《三农问题》2001 年第 3 期。

叶农：《澳门地区台风考》，《文化杂志》2002 年第 43 期。

〔日〕宜野座伸治：《太平洋战争时期的澳日关系——关于日军不占领澳门的初步考察》，《澳门研究》1997 年第 5 期。

余少祥：《什么是公共利益——西方法哲学中公共利益概念解析》，《江淮论坛》2010 年第 2 期。

张贡生：《世界城市化规律：文献综述》，《兰州商学院学报》2005 年第 2 期。

张季秋：《浅析农产品流通中存在的问题及解决对策》，《三农问题》2010 年第 10 期。

张文礼：《多中心治理：我国城市治理的新模式》，《开发研究》2008 年第 1 期。

张晓涛等：《我国食品安全监管体制：现状、问题与对策——基于食品安全监管主体角度分析》，《经济体制改革》2008 年第 1 期。

张舟、谭荣等：《走出政府治理下土地二次开发的实践困境》，《中国土地科学》2012 年第 10 期。

张书函等：《城市雨水利用措施的灾害防御作用》，《水利水电科技进展》2010 年第 5 期。

郑冠伟：《澳门城市规划的发展及延续方向》，《建筑学报》1999 年第 12 期。

郑光滨：《澳门经济的发展及对 1990 年代前景的探讨》，载杨允中主编《澳门人文社会科学研究文选·经济卷》，社会科学文献出版社，2009，第 35~50 页。

郑国明：《住房资源分配与政府行为——澳门公共房屋政策的若干分析》，《澳门研究》1998 年第 8 期。

郑淑贤：《菜农合群社风雨半世纪》，《澳门杂志》2002 年 6 月。

郑思尧：《澳门经济的发展与前景展望》，载李鹏翥主编《澳门手册》（1983 年），澳门日报，1983。

钟祥虎：《博弈论视角下的交通建设征地拆迁利益透视——基于广东 H 市的实证研究》，《社会工作》2012 年第 5 期。

仲崇盛等：《现代西方的公共行政模式与理论》，《社会科学战线》2009 年第 8 期。

仲小敏：《世纪之交中国城市化道路问题的讨论》，《科学·经济·社会》2000 年第 1 期。

周毅：《城市化理论的发展与演变》，《城市问题》2009 年第 11 期。

朱传耿等：《中国人口城市化的影响要素与空间格局》，《地理研究》2008 年第 1 期。

朱德米：《网路状公共治理：合作与共治》，《华中师范大学学报（人文社会科学版）》2004 年第 2 期。

邹秀清等：《征地冲突中地方政府、中央政府和农户行为的动态博弈分析》，《中国土地科学》2012 年第 10 期。

祖强：《博弈论：增进世人对合作与冲突理解的理论——2005 年诺贝尔经济学奖评析》，《世界经济与政治论坛》2006 年第 2 期。

左静：《非理性征地补偿的制度诱因》，《改革与战略》2009 年第 5 期。

三　外文文献

A. D. Van Der Woude, Akira Hayami, Jan De Vries, eds. , *Urbanization in History*: *A Process of Dynamic Interactions*, Oxford: Oxford University Press, 1995.

Annette Hastings, "Unraveling the Process of 'Partnership' in Urban Regeneration Policy," *Urban Studies* 2 (1996), pp. 253 – 262.

Addel-Rahman, "Product Differentiantion, Monopolistic Competition and City Size," *Regional Science and Urban Economics* 18 (1998), pp. 69 – 86.

Ade Kearns and Ronan Paddison, "New Challenges for Urban Governance," *Urban Studies* 37 (2000), pp. 845 – 850.

Alan Smart, "Unruly Place: Urban Governance and the Persistence of Illegality in Hong Kong's Urban Squatter Areas," *American Anthropologist* 1 (2001), pp. 35 – 36.

Alan Digaetano and Elizabeth Strom, "Comparative Urban Governance: An Integrated Approach," *Urban Affairs Review* 38 (2003), pp. 356 – 395.

Bristow, R. , "Planning by Demand: A Possible Hypothesis about Town Planning in Hong Kong," *Hong Kong Journal of Public Administration* 3 (1981), pp. 199 – 223.

Black, D. and J. V. Henderson, "A Theory of Urban Growth," *Journal of Political Economic* 107 (1999), pp. 252 – 284.

Carter Harold, *The Study of Urban Geography* (3nd ed.), London:

Edward Arnold, 1981.

Craig Duncun, "The Macau City Region, A Priori Urban Concepts and Macau Development," in Victor F. S. Sit, eds., *Resources and Development of the Pearl River Delta*, Hong Kong: Wide Angle Press, 1984, pp. 149 – 164.

Cathryn Clayton, "The Hapless Imperialist? Portuguese Rule in 1960s Macau," in Bryba Goodman and David Goodman, eds., *Twentieth Century Colonialism and China : Localities, the Everyday, and the World*, New York: Routledge, 2012.

"Da mesma Repartição, sobre o contrato entre o Governo da Província de Macau e Stanley Ho para a concessão em regime de exclusivo da exploração de jogos de fortuna ou azar na província de Macau," *Boletim Oficial de Macau*, N⁰. 16, 21 de Abril de 1962.

"Escritura de contrato para concessão, em regime de exclusivo, da exploração de jogos de fortuna ou azar na Província de Macau celebrado entre o Governo da Província e a Sociedade de Turismo e Diversões de Macau, sociedade anónima de responsabilidade limitada com sede em Macau," *Boletim Oficial de Macau*, N⁰. 49, 5 de Dezembro de 1964.

"Escritura de alteração de algumas cláusulas do contrato celebrado em 5 de Dezembro de 1964 entre o Governo da Província e a Sociedade de Turismo e Diversões de Macau, S. A. R. L.," *Boletim Oficial de Macau*, N⁰. 24, 10 de Junho de 1972.

"Escritura de revisão do contrato para a concessão do exclusivo de exploração de jogos de fortuna ou azar no território de Macau, celebrado entre o Governo de Macau e a Sociedade de Turismo e Diversões de Macau, S. A. R. L.," por escritura de 5 de Dezembro de 1964, *Boletim Oficial de Macau*, N⁰. 17, 28 de Abril de 1976.

"Escritura de revisão do contrato para a concessão do exclusivo da exploração de jogos de fortuna ou azar no território de Macau, celebrado entre o Governo de Macau e a Sociedade de Turismo e Diversões de Macau, S. A. R. L. ," *Boletim Oficial de Macau*, N°. 3, 15 de Janeiro de 1983.

Edmonds, R. L. and W. J. Kyle, "Land Use in Macau: Changes Between 1972 and 1994," *Land Use Policy* 15 (1998), pp. 271 – 292.

H. J. Gayler, "Conservation and Development in Urban Growth: the Preservation of Agricultural Land in the Rural-Urban Fringe of Ontario, " *The Town Planning Review* 53 (1982), pp. 321 – 341.

Henderson, J. V. , and A. Mitra, " The New Urban Landscape Developers and Edge Cities," *Regional Science and Urban Economics* 26 (1996), pp. 613 – 643.

H. K. Yong, *Public-Private Partnerships Policy and Practice*, *A Reference Guide*, London: Commonwealth Secretariat, 2010.

Ian R. Cook, "Private Sector Involvement in Urban Governance: the Case of Business Improvement Districts and Town Centre Management Partnerships in England, " *Geoforum* 5 (2009), pp. 935 – 936.

Ian Scott, "Social Stability and Economic Growth," in Newman M. K. Lam and Ian Scott, eds. , *Gaming*, *Governance and Public Policy in Macao*, Hong Kong: Hong Kong University Press, 2011.

J. W. R. Whitehand, "Building Cycles and the Spatial Pattern of Urban Growth," *Transactions of the Institute of British Geographers* 56 (1972), pp. 39 – 55.

Jonathan Porter, "The Transformation of Macau," *Pacific Affairs* 1 (1993), pp. 7 – 20.

Jamie Peck, "Moving and Shaking: Business Elites, State Localism and Urban Privatism," *Progress in Human Geography* 1 (1995), pp. 16 – 46.

Jon Pierre, " Comparative Urban Governance: Uncovering Complex Causalities," *Urban Affairs Review* 4 (2005), pp. 452 – 453.

John Strickland, *Southern District Officer Reports Islands and Villages in Rural Hong Kong*, 1910 ~ 1960, Hong Kong: Hong Kong University Press, 2010, pp. 112 – 113.

Marian Garcia Martinez, Andrew Fearne, Julie A. Caswell, Spencer Henson, "Co-regulation as a possible model for food safety governance: Opportunities for Public-private Partnerships," *Food Policy* 32 (2007), pp. 299 – 320.

Maureen Mackintosh, "Partnership: Issues of Policy and Negotiation," *Local Economy* 7 (1992), pp. 213 – 216.

Matthew Flinders, "Public/Private: the Boundaries of the State," in Hay. C, Lister C, Marsh, D. eds., *The State: Theories and Issues*, Basingstoke: Palgrave Macmilliam, 2006, pp. 213 – 225.

Northam, Ray M., *Urban Geography* (2nd ed.), New York: John Wiley & Sons Inc, 1979.

Peter Nijkamp, Marc Burch and Gabriella Vindigni, "A Comparative Institutional Evaluation of Public-Private Partnerships in Dutch Urban Land-use and Revitalisation Projects," *Urban Studies* 39 (2002), pp. 1865 – 1880.

R. G. Golledge, "Sydney's Metropolitan Fringes: A Study in Rural-urban Relations," *The Australian Geographer* 7 (1960), pp. 243 – 255.

Richard Louis Edmonds, "Land Use in Macau: Changes Between 1972 and 1983," *Land Use Policy* 1 (1986), pp. 54 – 67.

Samuel P. Hays, "From the History of the City to the History of the Urbanized Society," *Journal of Urban History* 19 (1993), pp. 3 – 25.

Samuel P. Hays, "The Role of Urbanization in Environmental History," in Samuel P. Hays ed., *Explorations in Environmental History*, Pittsburgh: Pittsburgh University Press, 1998, pp. 69 – 100.

Tilly, Charles, *An Urban World*, Boston: Little Brown and Company.

Inc, 1974.

T. N. Chiu, "The First Land Use Map of Macau," *Hong Kong Geographical Association Bulletin* 5 (1975), pp. 31 – 39.

T. Tabuchi, "Urban Agglomeration and Dispersion: A Synthesis of Alonso and Krugman," *Journal of Urban Economics* 44 (1998), pp. 333 – 351.

Thomas Aguilera, *The Hidden Side of Metropolization: Governing Squats and Slums in Paris: Illegal Cities and Public Policy Dilemmas*, Paper presented at the International RC21 Conference, Amsterdam, July, 2011.

Victor F. S. Sit, "Agriculture under the Urban Shadow," in Victor Sit Fung-shuen, eds., *Urban Hong Kong*, Hong Kong: Summerson Eastern Publishers Ltd., 1981, pp. 125 – 140.

"The Challenges of Slums Global Report on Human Settlements," *United Nations Human Settlements Program* (2003), p. 40.

World Health Organization: FAQ: from farm to table, a new approach to global food safety, http://www.fao.org/english/newsroom/news/2003/15903 – en.html.

后　记

　　本书付梓之际，正值澳门回到祖国怀抱的第 15 载春秋，"一国两制"实践迈上新台阶。躬逢民族盛事的我，心情十分激动，首先谨以此书敬献澳门回归祖国 15 周年。

　　我与港澳结缘始于 1993 年，当年我在中山大学从事港澳经济、政治与历史的科研与教学。两年后，我来到澳门，先后服务于新华通讯社澳门分社、中央政府驻澳联络办公室和澳门理工学院，至今已在祖国的这块莲花宝地上工作生活了近 20 年。在此期间，无论是参与澳门回归祖国的筹备活动，还是担负高校教学、科研和行政任务，我都在关注澳门的农民问题，其因一是我生长在贵州山区，20 世纪 70 年代中期曾在当地农村务农；二是我于 90 年代初在南开大学全职攻读博士学位期间，参与导师魏宏运先生主持的国家社会科学基金重点资助项目《20 世纪 30～40 年代冀东农村社会》的研究，多次深入村落社会进行调查；三是我在 90 年代以来发表的科研成果，大多涉及 30～40 年代的华北农村与农民。有着务农经历且长期关注"三农问题"的我，对农民具有深厚的感情。正是在这样的研究背景下，此次获得澳门特别行政区政府文化局学术研究奖励金，探讨 50～80 年代的澳门菜农，亦可视为我对上述研究地域和时段的延伸。

　　本书就是在向文化局呈交（项目编号 82/AH/2010）研究报告的基

础上，经过多次修改而成的。由于学科跨度大，涉及范围广，可说是一项系统工程，使得选题构思、报批、收集资料、调查采访、撰写、反复修改、出版等每一个环节，无不包含着诸多单位、社团、专家学者、朋友、同事、亲人以及菜农老人的关爱之心、帮助之情、推动之力。因此，本书能够出版，应属团队合作的功劳，完全有赖于下列各方的支持：

本课题申报的前期资料收集、课题申请报告构思以及在此后的调研过程中，都承蒙中央政府驻澳联络办公室社会工作部的指导和协助，这是继 1996 年我主持澳门文化司署《二十世纪澳门渔民研究》学术研究项目获得该部支持后的又一次合作。有了社工部的鼓励和帮助，我才得以有机会、有信心涉足这一极具研究价值的领域，顺利展开各方面的调研活动。

承担澳门特别行政区政府文化局学术奖励金项目开展科研也是一个不断提高调研和撰写报告水准的过程。我呈交的研究计划以及初期、中期和最终研究报告都得到了文化局学术奖励金评审委员会的悉心指导。该委员会的匿名评审专家从研究方法到史料的运用、从研究报告的框架结构到内容撰写等诸多环节不吝赐教，使我获益良多，既为我指明了正确的研究方向和方法，又有助于提高该报告的学术水准。

通过实地调查、访谈获取有关菜农的"鲜活"资料，成为构建本书资料"大厦"的重要途径。在此过程中：澳门菜农合群社原任会长余少凤、现任会长江晓瑜、秘书长于静涛，菜农子弟学校校长王国英等抽出宝贵时间与我们座谈，介绍情况，提供资料尤其是珍贵的历史图片。1926 年在澳门出生并担任 52 年地理教职的黄就顺先生也数次接受采访。特别令我终生难忘的是，菜农合群社创会会长江荣辉生前多次接受访谈，忆述许多珍贵的史料，并叮嘱我脚踏实地、刻苦钻研，将菜农的研究工作做好，力争推出超过以往著述水平的研究成果。江会长的教诲时刻在我耳边回响，催我奋进，克服困难探索历史真相。今天，本书得以面世，我也算没有辜负江会长的殷切期望，并以此告慰他的英灵。

澳门中华总商会附设阅书报室（俗称八角亭图书馆）、澳门大学图书馆、澳门理工学院图书馆、澳门中央图书馆、澳门何东图书馆、澳门历史档案馆、澳门特别行政区政府统计暨普查局、香港大学图书馆、香港城市大学图书馆、香港理工大学图书馆、北京大学图书馆、中山大学图书馆、华南师范大学图书馆、广东省档案馆等以热情周到的态度和高效的工作，为我提供了各种报刊、中外文书籍或档案文献。

中国口述历史研究会秘书长左玉河研究员，中国社会科学院经济研究所封越健研究员，中共中央党史研究室高远戎副编审，中国社会科学院当代中国研究所叶张瑜副编审，中山大学吴义雄教授、赵立彬教授、雷强教授、郑天祥教授、郑佩玉教授、陈广汉教授、孟庆顺教授、周运源教授，南京大学潘天群教授，华南师范大学程振源教授，广东省社会科学院江中孝研究员，台湾"中国文化大学"邵宗海教授，香港树仁大学莫世祥教授，葡萄牙科英布拉大学 José Pedro Paiva 博士，澳门大学汤开建教授，澳门中华教育会刘羡冰副会长，澳门历史学会陈树荣理事长，澳门历史文化研究会胡根理事长，澳门东亚大学公开学院同学会蔡佩玲副理事长，澳门特别行政区政府政策研究室阮建中博士、黄雁鸿博士，澳门理工学院院长李向玉教授、副院长殷磊教授、杨允中教授、陈庆云教授、谢安邦教授、崔维孝教授、毛思慧教授、林子予教授、杨再淮教授、谭世宝教授、周荐教授、曾忠禄教授、李长森教授、王五一教授、娄胜华教授、崔明芬教授、刘泽生教授、朱显龙教授、江淳教授、郑云杰副主任、林发钦博士、冷铁勋博士、赖少英副教授、王熹博士、陈志雄博士、张红峰博士、郭永中博士、鄞益奋博士、吕开颜博士、俞翔博士、彭艳崇博士、陈慧红小姐、张泳篮小姐、林继强先生等，或给予指导，或提供资料和协助，或提供良好的科研条件，或给予关心及支持，这些均为提高书稿整体品质的关键。

华南师范大学尚慧然博士、北京大学博士生朱峰参与资料的收集、整理以及第五章、第六章初稿的撰写；澳门理工学院谭佩宁博士则对归类、分析和草拟专题资料提供协助。这些以付出辛勤劳动和智慧的方式所给予的帮助，使我能够腾出时间和精力，利用多学科理论、方法去消化和分析纷繁复杂的资料。

澳门特别行政区政府文化局研究、调查暨刊物处黄文辉处长，袁绍珊小姐，朱培贞小姐，关慧斌小姐；社会科学文献出版社以及责任编辑王玉敏女士、沈艺小姐等对我的研究给予鼎力相助，并对书稿的出版耗费大量时间和精力，为本书的质量提供保障。

借此机会，谨向上述单位和个人致以诚挚的谢忱！

朱德新

2014 年 3 月 28 日于澳门新口岸

图书在版编目（CIP）数据

碰撞与变迁：城市化进程中的澳门菜农：全2册/朱德新著.
—北京：社会科学文献出版社，2014.10
（澳门文化丛书）
ISBN 978 - 7 - 5097 - 6284 - 4

Ⅰ.①碰…　Ⅱ.①朱…　Ⅲ.①蔬菜园艺 - 农民 - 城市化 -
研究 - 澳门　Ⅳ.①D422.64

中国版本图书馆 CIP 数据核字（2014）第 164248 号

·澳门文化丛书·

碰撞与变迁：城市化进程中的澳门菜农（上、下册）

著　　者 / 朱德新

出 版 人 / 谢寿光
项目统筹 / 王玉敏
责任编辑 / 沈　艺　王玉敏

出　　版 / 社会科学文献出版社·全球与地区问题出版中心（010）59367004
　　　　　　地址：北京市北三环中路甲29号院华龙大厦　邮编：100029
　　　　　　网址：www. ssap. com. cn
发　　行 / 市场营销中心（010）59367081　59367090
　　　　　　读者服务中心（010）59367028
印　　装 / 北京季蜂印刷有限公司

规　　格 / 开 本：787mm × 1092mm　1/16
　　　　　　印 张：37.25　字 数：521 千字
版　　次 / 2014 年 10 月第 1 版　2014 年 10 月第 1 次印刷
书　　号 / ISBN 978 - 7 - 5097 - 6284 - 4
定　　价 / 149.00 元（上、下册）